Comentário ao Regulamento
Geral de Proteção de Dados

Comentário ao Regulamento
Geral de Proteção de Dados

Comentário ao Regulamento Geral de Proteção de Dados

Alexandre Sousa Pinheiro (Coordenador)
Cristina Pimenta Coelho
Tatiana Duarte
Carlos Jorge Gonçalves
Catarina Pina Gonçalves

ALMEDINA

COMENTÁRIO AO REGULAMENTO GERAL
DE PROTEÇÃO DE DADOS
AUTORES
Alexandre Sousa Pinheiro (coordenador)
Cristina Pimenta Coelho
Tatiana Duarte
Carlos Jorge Gonçalves
Catarina Pina Gonçalves
EDITOR
EDIÇÕES ALMEDINA, S.A.
Rua Fernandes Tomás, nºs 76-80
3000-167 Coimbra
Tel.: 239 851 904 · Fax: 239 851 901
www.almedina.net · editora@almedina.net
DESIGN DE CAPA
FBA.
PRÉ-IMPRESSÃO
EDIÇÕES ALMEDINA, SA
IMPRESSÃO E ACABAMENTO

Dezembro, 2018
DEPÓSITO LEGAL

Os dados e as opiniões inseridos na presente publicação são da exclusiva responsabilidade do(s) seu(s) autor(es).
Apesar do cuidado e rigor colocados na elaboração da presente obra, devem os diplomas legais dela constantes ser sempre objeto de confirmação com as publicações oficiais.
Toda a reprodução desta obra, por fotocópia ou outro qualquer processo, sem prévia autorização escrita do Editor, é ilícita e passível de procedimento judicial contra o infrator.

 GRUPOALMEDINA

BIBLIOTECA NACIONAL DE PORTUGAL – CATALOGAÇÃO NA PUBLICAÇÃO
COMENTÁRIO AO REGULAMENTO GERAL
DE PROTEÇÃO DE DADOS
Coord. Alexandre Sousa Pinheiro; autores Cristina Pimenta Coelho... [et al.]
ISBN 978-972-40-7786-4
I – PINHEIRO, Alexandre Sousa
II – COELHO, Cristina Pimenta
CDU 342

APRESENTAÇÃO

Com o presente trabalho os autores pretendem apresentar os aspetos essenciais de cada artigo do RGPD. Não existiu, evidentemente, a intenção de esgotar todas as dispoções deste instrumento jurídico, mas um livro desta natureza visa apresentar um *corpus* significativo da informação – embora parca – já existente sobre o RGPD.

Trata-se de um texto complexo, como 99 artigos e 173 considerandos, repleto de conceitos vagos e indeterminados e que obrigam a um esforço interpretativo assinalável.

A par deste aspeto foi considerado, amiúde, importante aludir à história da elaboração do Regulamento, bem como à sua relação com a Diretiva 95/46/CE, de 24 de outubro.

Foi também entendido como relevante apresentar a jurisprudência nacional e elementos direta ou indiretamente relacionados com a proteção de dados.

Trata-se de um texto que comunga das preocupações de rigor e atualização académica, mas não uma obra para consumo preferencial das academias.

O objetivo deste comentário consiste em garantir que o profissional do Direito que trabalha nas áreas do RGPD encontra neste livro um amparo importante não tanto para fornecer respostas imediatas, mas para transmitir informação que permite refletir sobre a complexidade óbvia dos diversos assuntos da proteção de dados.

Se este desiderato for alcançado, os autores lograram plenamente o seu propósito.

Lisboa, XI/2018.

Os autores,

ALEXANDRE SOUSA PINHEIRO (Coordenador)
CRISTINA PIMENTA COELHO
TATIANA DUARTE
CARLOS JORGE GONÇALVES
CATARINA PINA GONÇALVES

ABREVIATURAS

ADN	Ácido desoxirribonucleico
AEPD	Autoridade Europeia de Proteção de Dados
ARN	Ácido ribonucleico
BverfG	Bundesverfassungsgericht – Tribunal Constitucional da República Federal Alemã
CDFUE	Carta de Direitos Fundamentais da União Europeia
CE	Comunidade Europeia
CEDH	Convenção Europeia dos Direitos do Homem
CNPD	Comissão Nacional de Proteção de Dados
Comité «LIBE»	Comité das Liberdades Civis, Justiça e Assuntos Internos (Parlamento Europeu)
CRP	Constituição da República Portuguesa
EEE	Espaço Económico Europeu
EHR	Electronic Health Records
EIRL	Estabelecimento Individual de Responsabilidade Limitada.
FAQ	Frequently Asked Questions
IoT	Internet of Things – Radiofrequência
IP	Protocolo Internet
JAI	Justiça e Assuntos Internos
JO	Jornal Oficial
NIF	Número de Identificação Fiscal
RFID	Radiofrequência
RGPD	Regulamento Geral de Proteção de Dados
SCAP	Sistema de Certificação de Atributos Profissionais
SNS	Social Network Service – rede social
TFUE	Tratado de Funcionamento da União Europeia
TJUE	Tribunal de Justiça da União Europeia
TUE	Tratado da União Europeia
UE	União Europeia
WP	Working Paper

O processo de aprovação do RGPD: breve introdução e contexto

1. O RGPD tem um lugar próprio na construção do Mercado Único Digital[1], havendo por parte das instituições europeias um cuidado especial com o modo como vai ser aplicado, reconhecendo a Comissão Europeia que:

"Os dados são algo cada vez mais valioso para a economia atual e são fundamentais para a vida quotidiana dos cidadãos. As novas regras constituem uma oportunidade única tanto para as empresas como para o público. As empresas, em especial as de menor dimensão, poderão beneficiar de um conjunto de regras único e inovador e «pôr as suas casas em ordem» em termos de dados pessoais para reconquistar a confiança dos consumidores e usar isso como vantagem competitiva na UE. Os cidadãos poderão beneficiar de uma maior proteção em matéria de dados pessoais e conseguir maior controlo sobre a forma como os dados são tratados pelas empresas.
Num mundo moderno com uma economia digital em crescimento, a União Europeia, os seus cidadãos e as suas empresas devem estar totalmente preparados para colher os benefícios e compreender as consequências da economia de dados. O novo regulamento oferece os instrumentos necessários para preparar a Europa para o século XXI."[2]

---

[1] Conselho Europeu/Conselho da União Europeia, "Mercado Único Digital" disponível em https://www.consilium.europa.eu/pt/policies/digital-single-market/ (consultado em 16 de novembro de 2018).
[2] COM(2018) 43 final Comunicação da Comissão ao Parlamento Europeu e ao Conselho. "Maior proteção, novas oportunidades – Orientações da Comissão relativas à aplicação direta do Regulamento Geral sobre a Proteção de Dados a partir de 25 de maio de 2018." Disponível

2. Integrado no contexto do desenvolvimento do Mercado Único Digital afigura-se óbvia a importância económica da confiança de cidadãos europeus ou que se relacionam com o espaço económico europeu no que respeita ao tratamento de dados pessoais.

Esta foi uma das razões aventadas para a revogação da Diretiva 95/46/CE do Parlamento Europeu e do Conselho, de 24 de Outubro de 1995, relativa à proteção das pessoas singulares no que diz respeito ao tratamento de dados pessoais e à livre circulação desses dados e para a sua substituição pelo Regulamento (UE) 2016/679 do Parlamento Europeu e do Conselho de 27 de abril de 2016 relativo à proteção das pessoas singulares no que diz respeito ao tratamento de dados pessoais e à livre circulação desses dados que o mundo já conhece por RGPD.

São relevantes neste contexto os seguintes Considerandos do RGPD:

"(2) (...) O presente regulamento tem como objetivo contribuir para a realização de um espaço de liberdade, segurança e justiça e de uma união económica, para o progresso económico e social, a consolidação e a **convergência das economias a nível do mercado interno e para o bem-estar das pessoas singulares.**"

"(6) A rápida evolução tecnológica e a globalização criaram novos desafios em matéria de proteção de dados pessoais. A recolha e a partilha de dados pessoais registaram um aumento significativo. As novas tecnologias permitem às empresas privadas e às entidades públicas a utilização de dados pessoais numa escala sem precedentes no exercício das suas atividades. As pessoas singulares disponibilizam cada vez mais as suas informações pessoais de uma forma pública e global. **As novas tecnologias transformaram a economia e a vida social e deverão contribuir para facilitar a livre circulação de dados pessoais na União e a sua transferência para países terceiros e organizações internacionais, assegurando simultaneamente um elevado nível de proteção dos dados pessoais.**"

em https://eur-lex.europa.eu/legal-content/PT/TXT/PDF/?uri=CELEX:52018DC0043&-from=pt (consultado em 16 de novembro de 2018).

"(7) Esta evolução exige um quadro de proteção de dados sólido e mais coerente na União, apoiado por uma aplicação rigorosa das regras, pois é importante gerar a confiança necessária ao desenvolvimento da economia digital no conjunto do mercado interno. As pessoas singulares deverão poder controlar a utilização que é feita dos seus dados pessoais. **Deverá ser reforçada a segurança jurídica e a segurança prática para as pessoas singulares, os operadores económicos e as autoridades públicas.**"

Com base neste contexto – cujo diagnóstico não nos convence por inteiro, como procuraremos justificar *infra* – a componente económica surge em harmonia com a proteção de direitos fundamentais de proteção de dados, especialmente depois da integração na CDFUE cujo artigo 8.º prevê:

"**Artigo 8.º**
Proteção de dados pessoais

1. Todas as pessoas têm direito à proteção dos dados de carácter pessoal que lhes digam respeito.
2. Esses dados devem ser objeto de um tratamento leal, para fins específicos e com o consentimento da pessoa interessada ou com outro fundamento legítimo previsto por lei. Todas as pessoas têm o direito de aceder aos dados coligidos que lhes digam respeito e de obter a respetiva retificação.
3. O cumprimento destas regras fica sujeito a fiscalização por parte de uma autoridade independente."

A previsão de um direito específico à proteção de dados[3], distinto da reserva da vida privada (artigo 7.º)[4], contribuiu para uma jurisprudência desenvolvida e ousada do TJUE na interpretação de normas que previam regimes jurídicos com repercussão na informação pessoal.

---

[3] Qualificado como direito de "última geração". Ver Vital Moreira, "Carta dos Direitos Fundamentais da União Europeia" in Manuel Lopes Porto e Gonçalo Anastácio (coordenadores), "Tratado de Lisboa Anotado e Comentado", Almedina, Coimbra, 2012, p. 1400.
[4] Ver Catarina Sarmento e Castro, "Comentário ao Artigo 8.º" in Alessandra Silveira e Mariana Canotilho (coordenadoras), "Carta dos Direitos Fundamentais da União Europeia Comentada", Coimbra, Almedina, 2013, p. 121.

O artigo, para além da referência ao bem jurídico protegido, enuncia no n.º 2 princípios fundamentais da proteção de dados, a par de fundamentos de legitimidade e direitos básicos dos titulares. Assim: (i) referem-se os tratamentos desenvolvidos através dos princípios da lealdade e da finalidade; (ii) menciona-se a necessidade de fundar o tratamento numa condição de legitimidade legalmente prevista ou no consentimento; (iii) estabelecem-se os direitos de acesso e de retificação.

Como elemento institucional, figura a autoridade independente no n.º 3.

Pode considerar-se uma "disposição de conteúdo dogmático mínimo" – uma comparação, por exemplo, com o artigo 35.º da CRP demonstra que este tem um conteúdo muito mais desenvolvido – cuja grande expressão jurídica está em fazer parte da CDFUE.

Para um setor da doutrina, o RGPD tem como um dos seus objetivos fundamentais a regulação fundamental do direito à proteção de dados pessoais, apesar de nenhuma referência ser feita à CDFUE no articulado do RGPD [5].

Dentro desta lógica merecem referência algumas decisões do TJUE icónicas em sede de proteção de dados.

Assim, vejam-se os simbólicos Acórdãos Digital Rights Ireland, de 8 de abril de 2014, (Processos C-293/12 e C-594/12)[6], Google Spain SL e Google Inc, de 13 de maio de 2014 (Processo C-131/12)[7] e Maximillian Schrems, de 6 de outubro de 2015, (Processo C-362/2014)[8].

---

[5] José Luis Piñar Mañas, "Objeto del Reglamento" in "Reglamento General de Protección de Datos. Hacia un nuevo modelo europeo de protección de datos" (direção: José Luis Piñar Mañas), Reus Editorial, Madrid, 2016, p. 18.

[6] Disponível em: http://curia.europa.eu/juris/document/document.jsf;jsessionid=3F3E0A AEC02EBAE16B64B5B529B9EAD6?text=&docid=150642&pageIndex=0&doclang= PT&mode=lst&dir=&occ=first&part=1&cid=1617420 (consultado em 15 de novembro de 2018).

[7] Disponível em: http://curia.europa.eu/juris/document/document.jsf;jsessionid=B31C53 9FAF2B770CAA44C72362081321?text=&docid=152065&pageIndex=0&doclang= PT&mode=lst&dir=&occ=first&part=1&cid=3901909 (consultado em 15 de novembro de 2018).

[8] Disponível em: http://curia.europa.eu/juris/document/document.jsf?docid=169195&mo de=req&pageIndex=1&dir=&occ=first&part=1&text=&doclang=PT&cid=3902072 (consultado em 15 de novembro de 2018).

No Acórdão Digital Rights Ireland, o TJUE decidiu invalidar a Diretiva 2006/24/CE do Parlamento Europeu e do Conselho, de 15 de março de 2006, relativa à conservação de dados gerados ou tratados no contexto da oferta de serviços de comunicações eletrónicas publicamente disponíveis ou de redes públicas de comunicações, que alterava a Diretiva 2002/58/CE. Na argumentação utilizada figurava extensamente o artigo 8.º da CDFUE, em exemplos que apresentamos:

"(66) Acresce que, **no que respeita às regras relativas à segurança e à proteção dos dados conservados pelos fornecedores de serviços de comunicações eletrónicas publicamente disponíveis ou de redes públicas de comunicações, há que concluir que a Diretiva 2006/24 não prevê garantias suficientes, como exige o artigo 8.º da Carta, que permitam assegurar uma proteção eficaz dos dados conservados contra os riscos de abuso e contra qualquer acesso e utilização ilícita dos mesmos.** Com efeito, em primeiro lugar, o artigo 7.º da Diretiva 2006/24 não estabelece regras específicas e adaptadas à grande quantidade de dados cuja conservação é imposta por esta diretiva, ao caráter sensível destes dados e ao risco de acesso ilícito aos mesmos, regras que se destinariam, designadamente, a regular de maneira clara e estrita a proteção e a segurança dos dados em causa, a fim de garantir a sua plena integridade e confidencialidade. Além disso, também não foi prevista uma obrigação precisa de os Estados-Membros estabelecerem tais regras."

"(69) Face ao exposto, há que considerar que, ao adotar a Diretiva 2006/24, o legislador da União excedeu os limites impostos pelo respeito do princípio da proporcionalidade à luz dos artigos 7.º, 8.º e 52.º, n.º 1, da Carta."

No Acórdão Google Spain SL e Google Inc., o TJUE decidiu sobre o direito à desindexação e o «direito a ser esquecido» (90 e 91 da decisão):

"Os artigos 12.º, alínea b), e 14.º, primeiro parágrafo, alínea a), da Diretiva 95/46 devem ser interpretados no sentido de que, no âmbito da apreciação das condições de aplicação destas disposições, importa designadamente examinar se a pessoa em causa tem o direito de que a informação em questão sobre a sua pessoa deixe de ser associada ao seu nome através de uma lista de resultados exibida na sequência de uma pesquisa efetuada a partir do seu nome, sem que, todavia, a constatação desse direito pressuponha que a inclusão dessa informação nessa lista causa prejuízo a essa pessoa. **Na medida em que esta pode, tendo em conta os seus direitos fundamentais nos termos dos artigos 7.º e 8.º da Carta, requerer que a informação em questão deixe de estar à disposição do grande público devido à sua inclusão nessa lista de resultados, esses direitos prevalecem, em princípio, não só sobre o interesse económico do operador do motor de busca mas também sobre o interesse desse público em aceder à informação numa pesquisa sobre o nome dessa pessoa.** No entanto, não será esse o caso se se afigurar que, por razões especiais como, por exemplo, o papel desempenhado por essa pessoa na vida pública, a ingerência nos seus direitos fundamentais é justificada pelo interesse preponderante do referido público em ter acesso à informação em questão, em virtude dessa inclusão."[9]

No Acórdão Schrems, o TJUE, quando invalidou a Decisão 2000/520 sobre o *Safe Harbour*, entendeu que:

"(91) No que respeita ao nível de proteção das liberdades e direitos fundamentais garantido dentro da União, uma regulamentação dessa proteção que implique uma ingerência nos direitos fundamentais garantidos pelos artigos 7.º e 8.º da Carta deve, segundo a jurisprudência constante do Tribunal de Justiça, estabelecer regras claras e precisas que regulem o âmbito e a aplicação de uma medida e imponham exigências mínimas, de modo a que as pessoas cujos dados pessoais estejam em causa disponham de garantias suficientes que permitam proteger eficazmente os seus dados contra os riscos de abuso e contra qualquer acesso e qualquer utilização ilícita desses dados. A necessidade de dispor destas garantias é ainda mais importante quando os dados pessoais sejam sujeitos a tratamento automático e exista um risco significativo de acesso ilícito aos mesmos (Acórdão Digital Rights Ireland e os C-293/12 e C-594/12, EU:C:2014:238, n.ᵒˢ 54 e 55 bem como jurisprudência aí referida)."

"O artigo 25.º, n.º 6, da Diretiva 95/46/CE do Parlamento Europeu e do Conselho, de 24 de outubro de 1995, relativa à proteção das pessoas singu-

---

[9] Loc. cit.

lares no que diz respeito ao tratamento de dados pessoais e à livre circulação desses dados, conforme alterada pelo Regulamento (CE) n.º 1882/2003 do Parlamento Europeu e do Conselho, de 29 de setembro de 2003, lido à luz dos artigos 7.º, 8.º e 47.º da Carta dos Direitos Fundamentais da União Europeia, deve ser interpretado no sentido de que uma decisão adotada ao abrigo desta disposição, como a Decisão 2000/520/CE da Comissão, de 26 de julho de 2000, nos termos da Diretiva 95/46 relativa ao nível de proteção assegurado pelos princípios de «porto seguro» e pelas respetivas questões mais frequentes (FAQ), emitidos pelo *Department of Commerce* dos Estados Unidos da América, através da qual a Comissão Europeia constata que um país terceiro assegura um nível de proteção adequado, não obsta a que uma autoridade de controlo de um Estado-Membro, na aceção do artigo 28.º desta diretiva, conforme alterada, examine o pedido de uma pessoa relativo à proteção dos seus direitos e liberdades em relação ao tratamento de dados pessoais que lhe dizem respeito que foram transferidos de um Estado-Membro para esse país terceiro, quando essa pessoa alega que o direito e as práticas em vigor neste último não asseguram um nível de proteção adequado." [10]

3. Bem diferente é a análise do RGPD à face de uma luta pela política de proteção de dados (*Kampf um die Datenschutzpolitik*)[11].

A avaliação começará com a apreciação da Proposta apresentada pela Comissão a 25 de janeiro de 2012.[12] Apesar de importantes alterações relativamente ao texto final do RGPD, a estrutura da proposta manteve-se semelhante.[13]

A proposta foi enviada ao Parlamento Europeu, e no Comité "LIBE" foi distribuído ao Deputado ecologista Jan Philipp Albrecht que em

---

[10] Loc. Cit.
[11] Alexander Roßnagel, "Einleitung: Das künftige Datenschutzrecht in Europa" in "Das neue Datenschutzrecht. Europäische Datenschutz-Grundverordnung und deutsche Datenschutzgesetze", Alexander Roßnagel (coordenação), Nomos, Baden-Baden, 2018, p. 27.
[12] COM(2012) 11 final, 2012/0011 (COD)
[13] Alexandre Sousa Pinheiro, "Apresentação do Regulamento (UE) 2016/679 do Parlamento Europeu e do Conselho, de 27 de abril de 2016 – Regulamento Geral de Proteção de Dados (RGPD)." in "Revista do Centro de Estudos Judiciários", 2018-1, p. 304.

janeiro de 2013 publicou um documento propondo as primeiras alterações institucionais ao texto inicial da Comissão.[14]

A 11 de março de 2013 foram apresentadas cerca de 4000 emendas na primeira leitura[15], das quais foram aceites à discussão 2600[16].

Com esta volumosa massa de trabalho, o Comité «LIBE» aprovou o Relatório, a apresentar na votação da primeira leitura a apresentar posteriormente ao Plenário, a 22 de novembro de 2013[17].

O Relatório foi aprovado no Comité «LIBE» por 49 votos a favor, um contra e 3 abstenções.[18]

A votação em Plenário, e consequente aprovação, da primeira leitura verificou-se a 12 de março de 2014[19].

A negociação do futuro RGPD demonstrou uma grande complexidade e mobilização de meios, através de, por exemplo, a realização de Conselhos informais ou da criação do Grupo DATIX que, no âmbito do Conselho, estudou o instrumento jurídico norma a norma.[20]

Foram, igualmente, fundamentais os grupos de trabalho "tripartidos" – envolvendo as instituições da União Europeia – que, de forma informal, garantiram o debate técnico entre 2015 e 2016. Assim, conseguiu-se che-

---

[14] José Luis Piñar Mañas, "Objeto del Reglamento" in "Reglamento General de Protección de Datos. Hacia un nuevo modelo europeo de protección de datos", cit., p. 45.

[15] Ibidem. Resolução legislativa do Parlamento Europeu, de 12 de março de 2014, sobre a proposta de regulamento do Parlamento Europeu e do Conselho relativo à proteção das pessoas singulares no que diz respeito ao tratamento de dados pessoais e à livre circulação desses dados (regulamento geral de proteção de dados) (COM(2012)0011 – C7-0025/2012 – 2012/0011(COD)), disponível em http://www.europarl.europa.eu/sides/getDoc.do?type=TA&reference=P7-TA-2014-0212&language=PT&ring=A7-2013-0402#BKMD-5 (consultado em 16 de novembro de 2018)

[16] Ibidem.

[17] Disponível em: http://www.europarl.europa.eu/sides/getDoc.do?pubRef=-//EP//TEXT+REPORT+A7-2013-0402+0+DOC+XML+V0//PT (consultado em 16 de novembro de 2018).

[18] Loc. Cit.

[19] Disponível em: http://www.europarl.europa.eu/sides/getDoc.do?type=PV&reference=20140312&secondRef=ITEM-008-05&language=PT&ring=A7-2013-0402 (consultado em 16 de novembro de 2018)

[20] José Luis Piñar Mañas, "Antecedentes e processo de reforma sobre protección de datos personales en la Unión Europea" in "Reglamento General de Protección de Datos. Hacia un nuevo modelo europeo de protección de datos", cit., p. 49.

gar à ratificação formal do acordo previamente obtido pelo Conselho a 12 de fevereiro de 2016. A aprovação definitiva pelo Plenário do Parlamento Europeu deu-se a 14 de abril de 2016.[21]

4. A complexidade do processo assentou, claramente, numa "luta" entre a Comissão e os Estados-Membros numa matéria que tem uma projeção financeira, social e cultural de grande dimensão.

A escolha da forma de regulamento e a inclusão de 23 atos de execução e 26 atos delegados[22] com a iniciativa na Comissão representaram a tentativa de centrar este tema na União Europeia.[23]

---

[21] Idem, pp. 48 e 49.
[22] Ver os conceitos em Ana Maria Guerra Martins, "Manual de Direito da União Europeia", Coimbra, Almedina, 2017, pp. 471 e ss.
[23] Atente-se no artigo 86.º da Proposta apresentada pela Comissão:
"*Artigo 86.º*
Exercício de delegação
1. É conferido à Comissão o poder de adotar atos delegados, sob reserva das condições estabelecidas no presente artigo.
2. A delegação de poderes a que se refere o artigo 6.º, n.º 5, o artigo 8.º, n.º 3, o artigo 9.º, n.º 3, o artigo 12.º, n.º 5, o artigo 14.º, n.º 7, o artigo 15.º, n.º 3, o artigo 17.º, n.º 9, o artigo 20.º, n.º 6, o artigo 22.º, n.º 4, o artigo 23.º, n.º 3, o artigo 26.º, n.º 5, o artigo 28.º, n.º 5, o artigo 30.º, n.º 3, o artigo 31.º, n.º 5, o artigo 32.º, n.º 5, o artigo 33.º, n.º 6, o artigo 34.º, n.º 8, o artigo 35.º, n.º 11, o artigo 37.º, n.º 2, o artigo 39.º, n.º 2, o artigo 43.º, n.º 3, o artigo 44.º, n.º 7, o artigo 79.º, n.º 6, o artigo 81.º, n.º 3, o artigo 82.º, n.º 3 e artigo 83.º, n.º 3, é conferida à Comissão por um período indeterminado a contar da data de entrada em vigor do presente regulamento.
3. A delegação de poderes a que se refere o artigo 6.º, n.º 5, o artigo 8.º, n.º 3, o artigo 9.º, n.º 3, o artigo 12.º, n.º 5, o artigo 14.º, n.º 7, o artigo 15.º, n.º 3, o artigo 17.º, n.º 9, o artigo 20.º, n.º 6, o artigo 22.º, n.º 4, o artigo 23.º, n.º 3, o artigo 26.º, n.º 5, o artigo 28.º, n.º 5, o artigo 30.º, n.º 3, o artigo 31.º, n.º 5, o artigo 32.º, n.º 5, o artigo 33.º, n.º 6, o artigo 34.º, n.º 8, o artigo 35.º, n.º 11, o artigo 37.º, n.º 2, o artigo 39.º, n.º 2, o artigo 43.º, n.º 3, o artigo 44.º, n.º 7, o artigo 79.º, n.º 6, o artigo 81.º, n.º 3, o artigo 82.º, n.º 3 e o artigo 83.º, n.º 3, pode ser revogada a qualquer momento pelo Parlamento Europeu ou pelo Conselho. A decisão de revogação põe termo à delegação dos poderes nela especificados. A revogação produz efeitos no dia seguinte ao da sua publicação no *Jornal Oficial da União Europeia* ou numa data posterior nela especificada. A decisão de revogação não prejudica a validade dos atos delegados já em vigor.
4. Logo que adote um ato delegado, a Comissão notifica-o simultaneamente ao Parlamento Europeu e ao Conselho.

A doutrina assinala que esta concentração normativa na Comissão começou a ser desmembrada a 12 de março de 2014 com a aprovação da Posição do Parlamento Europeu em primeira leitura.[24]

Assim, de acordo com o resultado da intervenção parlamentar, o artigo 86.º ficou reduzido ao seguinte:

"Artigo 86.º
Exercício de delegação

1. É conferido à Comissão o poder de adotar atos delegados, sob reserva das condições estabelecidas no presente artigo.

2. A delegação de poderes a que se refere o artigo 6.º, n.º 5, o artigo 8.º, n.º 3, o artigo 9.º, n.º 3, o artigo 12.º, n.º 5, o artigo 14.º, n.º 7, o artigo 15.º, n.º 3, o *O poder de adotar atos delegados referido no artigo 13.º-A, n.º 5, no artigo 17.º,* n.º 9, o artigo 20.º, n.º 6, o artigo 22.º, n.º 4, o artigo 23.º, n.º 3, o artigo 26.º, n.º 5, o artigo 28.º, n.º 5, o artigo 30.º, n.º 3, o artigo 31.º, n.º 5, o artigo 32.º, n.º 5, o artigo 33.º, n.º 6, o artigo 34.º, n.º 8, o artigo 35.º, n.º 11, o artigo 37.º, n.º 2, o *no artigo 38.º, n.º 4, no* artigo 39.º, n.º 2, o *no artigo 41.º, n.º 3, no artigo 41.º, n.º 5, no* artigo 43.º, n.º 3, o artigo 44.º, n.º 7, o *no* artigo 79.º, n.º 6 *7, o* artigo 81.º, n.º 3, o *e no* artigo 82.º, n.º 3 e o artigo 83.º, n.º 3, é conferida *conferido* à Comissão por um período indeterminado a contar da data de entrada em vigor do presente regulamento. [Alt. 200]

5. Um ato delegado adotado em conformidade com o artigo 6.º, n.º 5, o artigo 8.º, n.º 3, o artigo 9.º, n.º 3, o artigo 12.º, n.º 5, o artigo 14.º, n.º 7, o artigo 15.º, n.º 3, o artigo 17.º, n.º 9, o artigo 20.º, n.º 6, o artigo 22.º, n.º 4, o artigo 23.º, n.º 3, o artigo 26.º, n.º 5, o artigo 28.º, n.º 5, o artigo 30.º, n.º 3, o artigo 31.º, n.º 5, o artigo 32.º, n.º 5, o artigo 33.º, n.º 6, o artigo 34.º, n.º 8, o artigo 35.º, n.º 11, o artigo 37.º, n.º 2, o artigo 39.º, n.º 2, o artigo 43.º, n.º 3, o artigo 44.º, n.º 7, o artigo 79.º, n.º 6, o artigo 81.º, n.º 3, o artigo 82.º, n.º 3 e o artigo 83.º, n.º 3, só pode entrar em vigor se não forem formuladas objeções pelo Parlamento Europeu ou pelo Conselho no prazo de dois meses a contar da notificação desse ato ao Parlamento Europeu e ao Conselho ou se, antes do termo do referido prazo, o Parlamento Europeu e o Conselho tiverem informado a Comissão de que não pretendem formular objeções. Esse prazo é prorrogável por dois meses por iniciativa do Parlamento Europeu ou do Conselho."

Os Considerandos 129 e 130 da Proposta explicam a dimensão desta concentração de atos na Comissão, com base no artigo 290.º do TFUE.

[24] Alexander Roßnagel, "Einleitung: Das künftige Datenschutzrecht in Europa" in "Das neue Datenschutzrecht. (...)", cit, 29.

3. A delegação de poderes a que se refere o artigo 6.º, n.º 5, o artigo 8.º, n.º 3, o artigo 9.º, n.º 3, o artigo 12.º, n.º 5, o artigo 14.º, n.º 7, o artigo 15.º, n.º 3, *o artigo 13.º-A, n.º 5*, o artigo 17.º, n.º 9, o artigo 20.º, n.º 6, o artigo 22.º, n.º 4, o artigo 23.º, n.º 3, o artigo 26.º, n.º 5, o artigo 28.º, n.º 5, o artigo 30.º, n.º 3, o artigo 31.º, n.º 5, o artigo 32.º, n.º 5, o artigo 33.º, n.º 6, o artigo 34.º, n.º 8, o artigo 35.º, n.º 11, o artigo 37.º, n.º 2, *o artigo 38.º, n.º 4*, o artigo 39.º, n.º 2, *o artigo 41.º, n.º 3, o artigo 41.º, n.º 5*, o artigo 43.º, n.º 3, o artigo 44.º, n.º 7, o artigo 79.º, n.º 6 7, o artigo 81.º, n.º 3; *e* o artigo 82.º, n.º 3 e o artigo 83.º, n.º 3, pode ser revogada a qualquer momento pelo Parlamento Europeu ou pelo Conselho. A decisão de revogação põe termo à delegação dos poderes nela especificados. A revogação produz efeitos no dia seguinte ao da sua publicação no *Jornal Oficial da União Europeia* ou numa data posterior nela especificada. A decisão de revogação não prejudica a validade dos atos delegados já em vigor. [Alt. 201]

4. Logo que adote um ato delegado, a Comissão notifica-o simultaneamente ao Parlamento Europeu e ao Conselho.

5. Um ato delegado adotado em conformidade com o artigo 6.º, n.º 5, o artigo 8.º, n.º 3, o artigo 9.º, n.º 3, o artigo 12.º, n.º 5, o artigo 14.º, n.º 7, o artigo 15.º, n.º 3, *o artigo 13.º-A, n.º 5*, o artigo 17.º, n.º 9, o artigo 20.º, n.º 6, o artigo 22.º, n.º 4, o artigo 23.º, n.º 3, o artigo 26.º, n.º 5, o artigo 28.º, n.º 5, o artigo 30.º, n.º 3, o artigo 31.º, n.º 5, o artigo 32.º, n.º 5, o artigo 33.º, n.º 6, o artigo 34.º, n.º 8, o artigo 35.º, n.º 11, o artigo 37.º, n.º 2, *o artigo 38.º, n.º 4*, o artigo 39.º, n.º 2,, *o artigo 41.º, n.º 3, o artigo 41.º, n.º 5*, o artigo 43.º, n.º 3, o artigo 44.º, n.º 7, o artigo 79.º, n.º 7, o artigo 81.º, n.º 3; *e* o artigo 82.º, n.º 3 e o artigo 83.º, n.º 3, só pode entrar em vigor se não forem formuladas objeções pelo Parlamento Europeu ou pelo Conselho no prazo de dois *seis* meses a contar da notificação desse ato ao Parlamento Europeu e ao Conselho ou se, antes do termo do referido prazo, o Parlamento Europeu e o Conselho tiverem informado a Comissão de que não pretendem formular objeções. Esse prazo é prorrogável por *seis* meses por iniciativa do Parlamento Europeu ou do Conselho. [Alt. 202]"[25]

---

[25] (129) Por forma a cumprir os objetivos do presente regulamento, nomeadamente proteger os direitos e liberdades fundamentais das pessoas singulares e, em especial, o seu direito à proteção dos dados pessoais, e assegurar a livre circulação desses dados na União, o poder de adotar atos em conformidade com o artigo 290.º do Tratado sobre o Funcionamento da União Europeia deve ser delegado na Comissão. Em especial, devem ser adotados atos delegados em

A explicação fornecida pelo Considerando 129 é entendida como pertinente.

5. As negociações caminharam no sentido da ampliação da intervenção dos Estados-Membros, o que pode ser surpreendido, designadamente, nas seguintes circunstâncias:

(i) na legitimidade genérica para os Estados-Membros definirem o fundamento jurídico do tratamento de dados de acordo com o Direito interno (alínea b), do n.º 3, do artigo 6.º);

(ii) na existência de normas cuja concretização carece da mediação do Direito Constitucional dos Estados-Membros, como surge na alínea a), do n.º 3, do artigo 17.º; nos artigos 85.º, 86.º, e no debate

relação ~~à licitude do tratamento; à especificação dos critérios e condições aplicáveis ao consentimento das crianças; ao tratamento de categorias especiais de dados; à especificação dos critérios e condições aplicáveis aos pedidos manifestamente abusivos e às taxas pelo exercício de direitos do titular dos dados; aos critérios e requisitos aplicáveis às informações do titular dos dados e ao direito de acesso;~~ *das condições do modo de informação por meio de símbolos;* ao direito ~~a ser esquecido e~~ ao apagamento de dados; às medidas com base na definição de perfis; ~~aos critérios e requisitos em relação à responsabilidade do responsável pelo tratamento e à proteção de dados desde a conceção e por defeito; aos subcontratantes; aos critérios e requisitos específicos para a documentação e a segurança do tratamento; aos critérios e requisitos para determinar uma violação de dados pessoais e notificá-la à autoridade de controlo, e às circunstâncias em que uma violação de dados pessoais é suscetível de prejudicar o titular dos dados; aos critérios e condições que determinam operações de tratamento que necessitem de uma avaliação de impacto sobre a proteção de dados; aos critérios e requisitos para determinar o grau elevado de risco específico que careçam de consulta prévia; à designação e atribuições do delegado para a proteção dos dados; aos~~ ; *à declaração dos* códigos de conduta *em conformidade com o presente regulamento* ; aos critérios e requisitos aplicáveis aos mecanismos de certificação; *o nível adequado de proteção prestado por um país terceiro ou uma organização internacional;* aos critérios e mecanismos para as transferências através de regras vinculativas para empresas; ~~às derrogações relativas às transferências;~~ às sanções administrativas; ao tratamento para fins de saúde; ao tratamento de dados no domínio laboral ~~e ao tratamento de dados para fins de investigação histórica, estatística e científica~~ . É especialmente importante que a Comissão proceda a consultas adequadas ao longo dos seus trabalhos preparatórios, incluindo a nível de peritos, *em particular com o Comité Europeu para a Proteção de Dados* . A Comissão, aquando da preparação e elaboração dos atos delegados, deve assegurar uma transmissão simultânea, em tempo útil e em devida forma, dos documentos relevantes ao Parlamento Europeu e ao Conselho. [Alt. 91]

– que não teremos neste trabalho – sobre o saber se a "vida privada", constante do n.º 3 do artigo 35.º da CRP deve ser considerado uma categoria especial de dados;
(iii) na existência expressa de permissão para aprovar legislação nacional específica, como resulta, por exemplo, do n.º 4 do artigo 9.º ou do artigo 88.º;
(iv) da existência de um capítulo IX – artigo 85.º e ss – que se baseia na concretização do RGPD através de legislação nacional;
(v) da pulverização do RGPD de conceitos indeterminados que permitem uma maior intervenção normativa e administrativa dos Estados-Membros.

6. Apesar de se tratar de um texto normativo cuja fonte é o regulamento, já afirmámos em outra sede que, "(...) **não pensamos que o RGPD possa ser considerado como um texto paradigmaticamente unificador da matéria da proteção de dados no domínio da União Europeia.**

Esta conclusão é extraída pela abertura legislativa fornecida aos Estados membros, não pela atuação das autoridades de controlo cuja ação está sujeita ao procedimento do controlo da coerência."[26]

Um setor importante da doutrina germânica entende, igualmente, que os objetivos do mercado único, bem como a proibição de impedir a circulação de dados pessoais entre Estados da UE não pressupõe uma uniformização do direito de proteção de dados.[27]

Tem-se bem claro que os regulamentos "expressa ou implicitamente, habilitam os Estados-Membros a adotar medidas de aplicação legislativas, regulamentares, administrativas e financeiras necessárias à sua necessária aplicação (...)."[28][29]

---

[26] Alexandre Sousa Pinheiro, "Apresentação do Regulamento (UE) 2016/679 (...)", cit., p. 306.
Ver artigo 60.º e seguintes e respetivas notas.
[27] Alexander Roßnagel, Alexander Roßnagel, "Einleitung: Das künftige Datenschutzrecht in Europa" in "Das neue Datenschutzrecht.", cit., p. 37.
[28] Miguel Gorjão-Henriques, "Direito da União. História, Direito, Cidadania, Mercado Interno e Concorrência", Coimbra, Almedina, 2017, p. 308.
[29] Advertindo também para a natureza "enfraquecida" do RGPD, ver Franco Pizzeti, "Privacy e il Diritto Europeo alla Protezioni dei Dati Personali. Dalla Direttiva 95/46 al nuovo Regolamento europeo", G. Giappichelli Editore, Turim, p. 150.

Porém, o que se passa com o RGPD parece-nos ir além da legislação interna de concretização, mas impele os Estados-Membros a aprovar legislação que pode ser essencial em aspetos fulcrais do instrumento de Direito Europeu como seja a componente sancionatória (ver nota ao artigo 83.º).

7. É necessário tomar em consideração que existe um conjunto impressivo de legislação e de práticas administrativas que contrariam o RGPD.

Tal já sucedia nos tempos da Diretiva 95/46/CE. No entanto, a centralidade que o RGPD adquiriu com a extensa publicidade que o acompanha faz com que seja de refletir sobre a alteração de legislação nacional que, a ser desaplicada por atentar contra o regulamento, pode dar origem a indesejáveis lacunas e situações de incerteza na aplicação da legislação.

Por outro lado, no plano administrativo, não pode olvidar-se o RGPD como fundamento de aplicação do Direito. Também terá que ser integrado dentro do bloco de legalidade através do qual se afere a licitude e a validade de atos jurídicos.

8. Como base jurídica do RGPD tem-se em conta o TFUE, nomeadamente o artigo 16.º

Como já foi afirmado: "O regime europeu de proteção de dados pessoais, considerado um dos mais avançados a nível mundial, veio a ser consideravelmente reforçado com a consagração do artigo 16.º do TFUE. Este artigo estabelece pela primeira vez uma base jurídica expressamente aplicável aos tratamentos de dados pessoais pelos Estados-Membros."[30]

9. A final, há a notar que o RGPD esteve já na base da alteração de legislação da UE nos últimos meses. Assim, no Regulamento (UE) 2018/1541 do Conselho de 2 de outubro de 2018 que altera os Regulamentos (UE) n.º 904/2010 e (UE) 2017/2454 no que diz respeito às medidas destina-

---

[30] Luís Neto Galvão, "Comentário ao artigo 16.º do TFUE" in Manuel Lopes Porto e Gonçalo Anastácio, (coordenadores), "Tratado de Lisboa Anotado e Comentado", op. cit., p. 252.

das a reforçar a cooperação administrativa no domínio do imposto sobre o valor acrescentado[31].

Na alteração ao Regulamento (UE) n.º 904/2010 são relevantes os Considerandos (13) e (14):

> (13) O Regulamento (UE) 2016/679 do Parlamento Europeu e do Conselho (2) é aplicável ao tratamento de dados pessoais para efeitos do Regulamento (UE) n.º 904/2010. O Regulamento (CE) n.º 45/2001 do Parlamento Europeu e do Conselho é aplicável ao tratamento de dados pessoais pelas instituições e organismos da União para efeitos desse regulamento. A luta contra a fraude ao IVA é reconhecida como um importante objetivo de interesse público, tanto da União como dos seus Estados-Membros. Para que se alcancem os objetivos do Regulamento (UE) n.º 904/2010, nomeadamente o objetivo de cooperar e trocar informações que ajudem a realizar a correta avaliação do IVA, controlar a correta aplicação do IVA, designadamente o relativo às operações intracomunitárias, e lutar contra a fraude ao IVA, é adequado prever restrições específicas e limitadas no que se refere a certos direitos e obrigações estabelecidos no Regulamento (UE) 2016/679.

> (14) Mais concretamente, a plena aplicação dos direitos e obrigações previstos no Regulamento (UE) 2016/679 prejudicaria gravemente a eficácia da luta contra a fraude ao IVA, uma vez que, em particular, permitiria aos titulares dos dados colocar entraves às investigações em curso e à definição de perfis de risco.

Para evitar os perigos citados no Considerando (14) foi aprovada a seguinte alteração:

O artigo 55.º é alterado do seguinte modo:

a) (...)

b) O n.º 5 passa a ter a seguinte redação:

"«5. A conservação, o tratamento ou as trocas de informações abrangido pelo presente regulamento está sujeito aos Regulamentos (UE) 2016/679

---

[31] Publicado em L 259/2 Jornal Oficial da União Europeia, 16.10.2018.

e (CE) 45/2001 do Parlamento Europeu e do Conselho. No entanto, os Estados-Membros restringem, para efeitos da correta aplicação do presente regulamento, o âmbito das obrigações e dos direitos previstos nos artigos 12.º a 15.º, 17.º, 21.º e 22.º do Regulamento (UE) 2016/679.

Essas restrições devem ser limitadas ao estritamente necessário para salvaguardar os interesses a que se refere artigo 23.º, n.º 1, alínea e), do referido regulamento, designadamente:

a) Permitir que as autoridades competentes dos Estados-Membros desempenhem cabalmente as funções que lhes são cometidas para os fins previstos no presente regulamento; ou

b) Evitar que constituam um entrave aos inquéritos, análises, investigações ou procedimentos oficiais ou legais desencadeados para efeitos do presente regulamento e garantir que a prevenção, a investigação e a deteção da evasão e da fraude fiscais não sejam comprometidas. O tratamento e a conservação das informações a que se refere o presente regulamento devem ser efetuados apenas para os fins contemplados no artigo 1.º, n.º 1, não podendo essas informações ser posteriormente tratadas de forma incompatível com as referidas finalidades. É proibido o tratamento de dados pessoais com base no presente regulamento para quaisquer outros fins, nomeadamente comerciais.

Os prazos de conservação dessas informações devem ser limitados ao necessário para alcançar esses fins. Os prazos de conservação das informações referidas no artigo 17.º do presente regulamento são determinados de acordo com os prazos de prescrição previstos na legislação do Estado-Membro em causa, não podendo, contudo, ser superiores a dez anos."

10. Na sequência da aprovação de legislação europeia exigida pelo RGPD, foi revogado o Regulamento (CE) n.º 45/2001 e a Decisão n.º 1247/2002/CE pelo:

"Regulamento (UE) 2018/1725 do Parlamento Europeu e do Conselho de 23 de outubro de 2018 relativo à proteção das pessoas singulares no que diz respeito ao tratamento de dados pessoais pelas instituições e pelos órgãos e organismos da União e à livre circulação desses dados."

Os primeiros considerandos deste Regulamento enunciam o seguinte:

"(1) A proteção das pessoas singulares, no que diz respeito ao tratamento de dados pessoais, é um direito fundamental. O artigo 8.º, n.º 1, da Carta dos Direitos Fundamentais da União Europeia («Carta») e o artigo 16.º, n.o 1, do Tratado sobre o Funcionamento da União Europeia (TFUE) estabelecem que todas as pessoas têm direito à proteção dos dados de caráter pessoal que lhes digam respeito. Este direito é igualmente garantido pelo artigo 8.º da Convenção Europeia para a Proteção dos Direitos do Homem e das Liberdades Fundamentais.

(2) O Regulamento (CE) n.º 45/2001 do Parlamento Europeu e do Conselho confere às pessoas singulares direitos suscetíveis de proteção judicial, especifica as obrigações em matéria de tratamento de dados dos responsáveis pelo tratamento a nível das instituições e dos órgãos comunitários, e cria uma autoridade de controlo independente, a Autoridade Europeia para a Proteção de Dados, responsável pelo controlo do tratamento de dados pessoais pelas instituições e pelos órgãos da União. Contudo, não se aplica ao tratamento de dados pessoais efetuado no exercício de uma atividade das instituições e dos órgãos da União que se encontre fora do âmbito de aplicação do direito da União.

(3) O Regulamento (UE) 2016/679 do Parlamento Europeu e do Conselho e a Diretiva (UE) 2016/680 do Parlamento Europeu e do Conselho foram adotados em 27 de abril de 2016. Enquanto o regulamento estabelece regras gerais para proteger as pessoas singulares no que diz respeito ao tratamento de dados pessoais e para assegurar a livre circulação de dados pessoais na União, a diretiva estabelece as regras específicas para proteger as pessoas singulares no que diz respeito ao tratamento de dados pessoais e para assegurar a livre circulação de dados pessoais na União nos domínios da cooperação judiciária em matéria penal e da cooperação policial.

(4) O Regulamento (UE) 2016/679 prevê a adaptação do Regulamento (CE) n.º 45/2001, a fim de garantir um regime de proteção de dados sólido e coerente na União e de permitir a sua aplicação em paralelo com o Regulamento (UE) 2016/679."

Como veremos, o Regulamento (UE) 2018/1725 integra-se dentro da necessidade de revisão de atos de Direito Europeu prevista no artigo 98.º do RGPD (ver nota).

(Alexandre Sousa Pinheiro)

Regulamento (UE) 2016/679
do Parlamento Europeu e do Conselho
de 27 de abril de 2016

Relativo à proteção das pessoas singulares no que diz respeito ao tratamento de dados pessoais e à livre circulação desses dados e que revoga a Diretiva 95/46/CE (Regulamento Geral sobre a Proteção de Dados)

(Texto relevante para efeitos do EEE)

Com as retificações publicadas no JO L 119 de 4.5.2016

O PARLAMENTO EUROPEU E O CONSELHO DA UNIÃO EUROPEIA,

Tendo em conta o Tratado sobre o Funcionamento da União Europeia, nomeadamente o artigo 16.º,

Tendo em conta a proposta da Comissão Europeia,

Após transmissão do projeto de ato legislativo aos parlamentos nacionais,

Tendo em conta o parecer do Comité Económico e Social Europeu[32],

Tendo em conta o parecer do Comité das Regiões[33],

Deliberando de acordo com o processo legislativo ordinário[34],

---

[32] JO C 229 de 31.7.2012, p. 90.
[33] JO C 391 de 18.12.2012, p. 127.
[34] Posição do Parlamento Europeu de 12 de março de 2014 (ainda não publicada no Jornal Oficial) e posição do Conselho em primeira leitura de 8 de abril de 2016 (ainda não publicada no Jornal Oficial). Posição do Parlamento Europeu de 14 de abril de 2016.

Considerando o seguinte:

(1) A proteção das pessoas singulares relativamente ao tratamento de dados pessoais é um direito fundamental. O artigo 8.º, n.º 1, da Carta dos Direitos Fundamentais da União Europeia («Carta») e o artigo 16.º, n.º 1, do Tratado sobre o Funcionamento da União Europeia (TFUE) estabelecem que todas as pessoas têm direito à proteção dos dados de caráter pessoal que lhes digam respeito.

(2) Os princípios e as regras em matéria de proteção das pessoas singulares relativamente ao tratamento dos seus dados pessoais deverão respeitar, independentemente da nacionalidade ou do local de residência dessas pessoas, os seus direitos e liberdades fundamentais, nomeadamente o direito à proteção dos dados pessoais. O presente regulamento tem como objetivo contribuir para a realização de um espaço de liberdade, segurança e justiça e de uma união económica, para o progresso económico e social, a consolidação e a convergência das economias a nível do mercado interno e para o bem-estar das pessoas singulares.

(3) A Diretiva 95/46/CE do Parlamento Europeu e do Conselho[35] visa harmonizar a defesa dos direitos e das liberdades fundamentais das pessoas singulares em relação às atividades de tratamento de dados e assegurar a livre circulação de dados pessoais entre os Estados-Membros.

(4) O tratamento dos dados pessoais deverá ser concebido para servir as pessoas. O direito à proteção de dados pessoais não é absoluto; deve ser considerado em relação à sua função na sociedade e ser equilibrado com outros direitos fundamentais, em conformidade com o princípio da proporcionalidade. O presente regulamento respeita todos os direitos fundamentais e observa as liberdade e os princípios reconhecidos na Carta, consagrados nos Tratados, nomeadamente o respeito pela vida privada e familiar, pelo domicílio e pelas comunicações, a proteção dos dados pessoais, a liberdade de pensamento, de consciência e de religião, a liberdade de expressão e de informação, a liberdade de empresa, o

---

[35] Diretiva 95/46/CE do Parlamento Europeu e do Conselho, de 24 de outubro de 1995, relativa à proteção das pessoas singulares no que diz respeito ao tratamento de dados pessoais e à livre circulação desses dados (JO L 281 de 23.11.1995, p. 31).

direito à ação e a um tribunal imparcial, e a diversidade cultural, religiosa e linguística.

(5) A integração económica e social resultante do funcionamento do mercado interno provocou um aumento significativo dos fluxos transfronteiriços de dados pessoais. O intercâmbio de dados entre intervenientes públicos e privados, incluindo as pessoas singulares, as associações e as empresas, intensificou-se na União Europeia. As autoridades nacionais dos Estados-Membros são chamadas, por força do direito da União, a colaborar e a trocar dados pessoais entre si, a fim de poderem desempenhar as suas funções ou executar funções por conta de uma autoridade de outro Estado-Membro.

(6) A rápida evolução tecnológica e a globalização criaram novos desafios em matéria de proteção de dados pessoais. A recolha e a partilha de dados pessoais registaram um aumento significativo. As novas tecnologias permitem às empresas privadas e às entidades públicas a utilização de dados pessoais numa escala sem precedentes no exercício das suas atividades. As pessoas singulares disponibilizam cada vez mais as suas informações pessoais de uma forma pública e global. As novas tecnologias transformaram a economia e a vida social e deverão contribuir para facilitar a livre circulação de dados pessoais na União e a sua transferência para países terceiros e organizações internacionais, assegurando simultaneamente um elevado nível de proteção dos dados pessoais.

(7) Esta evolução exige um quadro de proteção de dados sólido e mais coerente na União, apoiado por uma aplicação rigorosa das regras, pois é importante gerar a confiança necessária ao desenvolvimento da economia digital no conjunto do mercado interno. As pessoas singulares deverão poder controlar a utilização que é feita dos seus dados pessoais. Deverá ser reforçada a segurança jurídica e a segurança prática para as pessoas singulares, os operadores económicos e as autoridades públicas.

(8) Caso o presente regulamento preveja especificações ou restrições das suas regras pelo direito de um Estado-Membro, estes podem incorporar elementos do presente regulamento no respetivo direito nacional, na medida do necessário para manter a coerência e tornar as disposições nacionais compreensíveis para as pessoas a quem se aplicam.

(9) Os objetivos e os princípios da Diretiva 95/46/CE continuam a ser válidos, mas não evitaram a fragmentação da aplicação da proteção dos dados ao nível da União, nem a insegurança jurídica ou o sentimento

generalizado da opinião pública de que subsistem riscos significativos para a proteção das pessoas singulares, nomeadamente no que diz respeito às atividades por via eletrónica. As diferenças no nível de proteção dos direitos e das pessoas singulares, nomeadamente do direito à proteção dos dados pessoais no contexto do tratamento desses dados nos Estados-Membros, podem impedir a livre circulação de dados pessoais na União. Essas diferenças podem, por conseguinte, constituir um obstáculo ao exercício das atividades económicas a nível da União, distorcer a concorrência e impedir as autoridades de cumprirem as obrigações que lhes incumbem por força do direito da União. Essas diferenças entre os níveis de proteção devem-se à existência de disparidades na execução e aplicação da Diretiva 95/46/CE.

(10) A fim de assegurar um nível de proteção coerente e elevado das pessoas singulares e eliminar os obstáculos à circulação de dados pessoais na União, o nível de proteção dos direitos e liberdades das pessoas singulares relativamente ao tratamento desses dados deverá ser equivalente em todos os Estados-Membros. É conveniente assegurar em toda a União a aplicação coerente e homogénea das regras de defesa dos direitos e das liberdades fundamentais das pessoas singulares no que diz respeito ao tratamento de dados pessoais. No que diz respeito ao tratamento de dados pessoais para cumprimento de uma obrigação jurídica, para o exercício de funções de interesse público ou o exercício da autoridade pública de que está investido o responsável pelo tratamento, os Estados-Membros deverão poder manter ou aprovar disposições nacionais para especificar a aplicação das regras do presente regulamento. Em conjugação com a legislação geral e horizontal sobre proteção de dados que dá aplicação à Diretiva 95/46/CE, os Estados-Membros dispõem de várias leis setoriais em domínios que necessitam de disposições mais específicas. O presente regulamento também dá aos Estados-Membros margem de manobra para especificarem as suas regras, inclusive em matéria de tratamento de categorias especiais de dados pessoais («dados sensíveis»). Nessa medida, o presente regulamento não exclui o direito dos Estados-Membros que define as circunstâncias de situações específicas de tratamento, incluindo a determinação mais precisa das condições em que é lícito o tratamento de dados pessoais.

(11) A proteção eficaz dos dados pessoais na União exige o reforço e a especificação dos direitos dos titulares dos dados e as obrigações dos

responsáveis pelo tratamento e pela definição do tratamento dos dados pessoais, bem como poderes equivalentes para controlar e assegurar a conformidade das regras de proteção dos dados pessoais e sanções equivalentes para as infrações nos Estados-Membros.

(12) O artigo 16.º, n.º 2, do TFUE incumbe o Parlamento Europeu e o Conselho de estabelecerem as normas relativas à proteção das pessoas singulares no que diz respeito ao tratamento de dados pessoais, bem como as normas relativas à livre circulação desses dados.

(13) A fim de assegurar um nível coerente de proteção das pessoas singulares no conjunto da União e evitar que as divergências constituam um obstáculo à livre circulação de dados pessoais no mercado interno, é necessário um regulamento que garanta a segurança jurídica e a transparência aos operadores económicos, incluindo as micro, pequenas e médias empresas, que assegure às pessoas singulares de todos os Estados-Membros o mesmo nível de direitos suscetíveis de proteção judicial e imponha obrigações e responsabilidades iguais aos responsáveis pelo tratamento e aos seus subcontratantes, que assegure um controlo coerente do tratamento dos dados pessoais, sanções equivalentes em todos os Estados-Membros, bem como uma cooperação efetiva entre as autoridades de controlo dos diferentes Estados-Membros. O bom funcionamento do mercado interno impõe que a livre circulação de dados pessoais na União não pode ser restringida ou proibida por motivos relacionados com a proteção das pessoas singulares no que respeita ao tratamento de dados pessoais. Para ter em conta a situação particular das micro, pequenas e médias empresas, o presente regulamento prevê uma derrogação para as organizações com menos de 250 trabalhadores relativamente à conservação do registo de atividades. Além disso, as instituições e os órgãos da União, e os Estados-Membros e as suas autoridades de controlo, são incentivados a tomar em consideração as necessidades específicas das micro, pequenas e médias empresas no âmbito de aplicação do presente regulamento. A noção de micro, pequenas e médias empresas ter em conta deverá inspirar-se do artigo 2.º do anexo da Recomendação 2003/361/CE da Comissão[36].

---

[36] Recomendação 2003/361/CE da Comissão, de 6 de maio de 2003, relativa à definição de micro, pequenas e médias empresas (JO L 124 de 20.5.2003, p. 36).

(14) A proteção conferida pelo presente regulamento deverá aplicar-se às pessoas singulares, independentemente da sua nacionalidade ou do seu local de residência, relativamente ao tratamento dos seus dados pessoais. O presente regulamento não abrange o tratamento de dados pessoais relativos a pessoas coletivas, em especial a empresas estabelecidas enquanto pessoas coletivas, incluindo a denominação, a forma jurídica e os contactos da pessoa coletiva.

(15) A fim de se evitar o sério risco sério de ser contornada a proteção das pessoas singulares, esta deverá ser neutra em termos tecnológicos e deverá ser independente das técnicas utilizadas. A proteção das pessoas singulares deverá aplicar-se ao tratamento de dados pessoais por meios automatizados, bem como ao tratamento manual, se os dados pessoais estiverem contidos ou se forem destinados a um sistema de ficheiros. Os ficheiros ou os conjuntos de ficheiros bem como as suas capas, que não estejam estruturados de acordo com critérios específicos, não deverão ser abrangidos pelo âmbito de aplicação do presente regulamento.

(16) O presente regulamento não se aplica às questões de defesa dos direitos e das liberdades fundamentais ou da livre circulação de dados pessoais relacionados com atividades que se encontrem fora do âmbito de aplicação do direito da União, como as que se prendem com a segurança nacional. O presente regulamento não se aplica ao tratamento de dados pessoais pelos Estados-Membros no exercício de atividades relacionadas com a política externa e de segurança comum da União.

(17) O Regulamento (CE) n.º 45/2001 do Parlamento Europeu e do Conselho[37][38] é aplicável ao tratamento de dados pessoais pelas instituições, órgãos, organismos ou agências da União. O Regulamento (CE) n.º 45/2001, bem como outros atos jurídicos da União aplicáveis ao trata-

---

[37] Regulamento (CE) n.º 45/2001 do Parlamento Europeu e do Conselho, de 18 de dezembro de 2000, relativo à proteção das pessoas singulares no que diz respeito ao tratamento de dados pessoais pelas instituições e pelos órgãos comunitários e à livre circulação desses dados (JO L 8 de 12.1.2001, p. 1).

[38] **Nota dos autores**: Entretanto revogado pelo Regulamento (UE) 2018/1725 do Parlamento Europeu e do Conselho, de 23 de outubro de 2018, relativo à proteção das pessoas singulares no que diz respeito ao tratamento de dados pessoais pelas instituições e pelos órgãos e organismos da União e à livre circulação desses dados, e que revoga o Regulamento (CE) n.º 45/2001 e a Decisão n.º 1247/2002/CE (JOUE N.º 295, Série L, 21 Novembro 2018).

mento de dados pessoais, deverão ser adaptados aos princípios e regras estabelecidos pelo presente regulamento e aplicados à luz do mesmo. A fim de proporcionar um quadro de proteção de dados sólido e coerente na União, e após a adoção do presente regulamento, deverão ser realizadas as necessárias adaptações do Regulamento (CE) n.º 45/2001, a fim de permitir a aplicação em simultâneo com o presente regulamento.

(18) O presente regulamento não se aplica ao tratamento de dados pessoais efetuado por pessoas singulares no exercício de atividades exclusivamente pessoais ou domésticas e, portanto, sem qualquer ligação com uma atividade profissional ou comercial. As atividades pessoais ou domésticas poderão incluir a troca de correspondência e a conservação de listas de endereços ou a atividade das redes sociais e do ambiente eletrónico no âmbito dessas atividades. Todavia, o presente regulamento é aplicável aos responsáveis pelo tratamento e aos subcontratantes que forneçam os meios para o tratamento dos dados pessoais dessas atividades pessoais ou domésticas.

(19) A proteção das pessoas singulares em matéria de tratamento de dados pessoais pelas autoridades competentes para efeitos de prevenção, investigação, deteção e repressão de infrações penais ou da execução de sanções penais, incluindo a salvaguarda e a prevenção de ameaças à segurança pública, e de livre circulação desses dados, é objeto de um ato jurídico da União específico. O presente regulamento não deverá, por isso, ser aplicável às atividades de tratamento para esses efeitos. Todavia, os dados pessoais tratados pelas autoridades competentes ao abrigo do presente regulamento deverão ser regulados, quando forem usados para os efeitos referidos, por um ato jurídico da União mais específico, a saber, a Diretiva (UE) 2016/680 do Parlamento Europeu e do Conselho[39]. Os Estados-Membros podem confiar às autoridades competentes na aceção da Diretiva (UE) 2016/680 funções não necessariamente a executar para efeitos de prevenção, investigação, deteção e repressão de infrações

---

[39] Diretiva (UE) 2016/680 do Parlamento Europeu e do Conselho, de 27 de abril de 2016, relativa à proteção das pessoas singulares no que diz respeito ao tratamento de dados pessoais pelas autoridades competentes para efeitos de prevenção, investigação, deteção ou repressão de infrações penais ou execução de sanções penais, e à livre circulação desses dados e que revoga a Decisão-Quadro 2008/977/JAI do Conselho (ver página 89 do presente Jornal Oficial).

penais ou da execução de sanções penais, incluindo a salvaguarda e a prevenção de ameaças à segurança pública, de modo a que o tratamento dos dados pessoais para esses outros efeitos, na medida em que se insira na esfera do direito da União, seja abrangido pelo âmbito de aplicação do presente regulamento. No que respeita ao tratamento de dados pessoais pelas referidas autoridades competentes para efeitos que sejam abrangidos pelo presente regulamento, os Estados-Membros deverão poder manter ou aprovar disposições mais específicas para adaptar a aplicação das regras previstas no presente regulamento. Tais disposições podem estabelecer requisitos mais específicos e precisos a respeitar pelas referidas autoridades competentes no tratamento dos dados pessoais para esses outros efeitos, tendo em conta as estruturas constitucionais, organizativas e administrativas do respetivo Estado-Membro. Nos casos em que o tratamento de dados pessoais por organismos privados fica abrangido pelo presente regulamento, este deverá prever a possibilidade de os Estados-Membros restringirem legalmente, em determinadas condições, certas obrigações e direitos, quando tal restrição constitua medida necessária e proporcionada, numa sociedade democrática, para salvaguardar interesses específicos importantes, incluindo a segurança pública e a prevenção, investigação, deteção ou repressão de infrações penais ou a execução de sanções penais, incluindo a salvaguarda e a prevenção de ameaças à segurança pública. Tal possibilidade é importante, por exemplo, no quadro da luta contra o branqueamento de capitais ou das atividades dos laboratórios de polícia científica.

(20) Na medida em que o presente regulamento é igualmente aplicável, entre outras, às atividades dos tribunais e de outras autoridades judiciais, poderá determinar-se no direito da União ou dos Estados-Membros quais as operações e os procedimentos a seguir pelos tribunais e outras autoridades judiciais para o tratamento de dados pessoais. A competência das autoridades de controlo não abrange o tratamento de dados pessoais efetuado pelos tribunais no exercício da sua função jurisdicional, a fim de assegurar a independência do poder judicial no exercício da sua função jurisdicional, nomeadamente a tomada de decisões. Deverá ser possível confiar o controlo de tais operações de tratamento de dados a organismos específicos no âmbito do sistema judicial do Estado-Membro, que deverão, nomeadamente, assegurar o cumprimento das regras do presente regulamento, reforçar a sensibilização os membros do poder judicial para

as obrigações que lhe são impostas pelo presente regulamento e tratar reclamações relativas às operações de tratamento dos dados.

(21) O presente regulamento aplica-se sem prejuízo da aplicação da Diretiva 2000/31/CE do Parlamento Europeu e do Conselho[40], nomeadamente das normas em matéria de responsabilidade dos prestadores intermediários de serviços previstas nos seus artigos 12.º a 15.º. A referida diretiva tem por objetivo contribuir para o correto funcionamento do mercado interno, garantindo a livre circulação dos serviços da sociedade da informação entre Estados-Membros.

(22) Qualquer tratamento de dados pessoais efetuado no contexto das atividades de um estabelecimento de um responsável pelo tratamento ou de um subcontratante situado na União deverá ser feito em conformidade com o presente regulamento, independentemente de o tratamento em si ser realizado na União. O estabelecimento pressupõe o exercício efetivo e real de uma atividade com base numa instalação estável. A forma jurídica de tal estabelecimento, quer se trate de uma sucursal quer de uma filial com personalidade jurídica, não é fator determinante nesse contexto.

(23) A fim de evitar que as pessoas singulares sejam privadas da proteção que lhes assiste por força do presente regulamento, o tratamento dos dados pessoais de titulares que se encontrem na União por um responsável pelo tratamento ou subcontratante não estabelecido na União deverá ser abrangido pelo presente regulamento se as atividades de tratamento estiverem relacionadas com a oferta de bens ou serviços a esses titulares, independentemente de estarem associadas a um pagamento. A fim de determinar se o responsável pelo tratamento ou subcontratante oferece ou não bens ou serviços aos titulares dos dados que se encontrem na União, há que determinar em que medida é evidente a sua intenção de oferecer serviços a titulares de dados num ou mais Estados-Membros da União. O mero facto de estar disponível na União um sítio *web* do responsável pelo tratamento ou subcontratante ou de um intermediário, um endereço eletrónico ou outro tipo de contactos, ou de ser utilizada uma

---

[40] Diretiva 2000/31/CE do Parlamento Europeu e do Conselho, de 8 de junho de 2000, relativa a certos aspetos legais dos serviços da sociedade de informação, em especial do comércio eletrónico, no mercado interno («Diretiva sobre o comércio eletrónico») (JO L 178 de 17.7.2000, p. 1).

língua de uso corrente no país terceiro em que o referido responsável está estabelecido, não é suficiente para determinar a intenção acima referida, mas há fatores, como a utilização de uma língua ou de uma moeda de uso corrente num ou mais Estados-Membros, com a possibilidade de encomendar bens ou serviços nessa outra língua, ou a referência a clientes ou utilizadores que se encontrem na União, que podem ser reveladores de que o responsável pelo tratamento tem a intenção de oferecer bens ou serviços a titulares de dados na União.

(24) O tratamento de dados pessoais de titulares de dados que se encontrem na União por um responsável ou subcontratante que não esteja estabelecido na União deverá ser também abrangido pelo presente regulamento quando esteja relacionado com o controlo do comportamento dos referidos titulares de dados, na medida em que o seu comportamento tenha lugar na União. A fim de determinar se uma atividade de tratamento pode ser considerada «controlo do comportamento» de titulares de dados, deverá determinar-se se essas pessoas são seguidas na Internet e a potencial utilização subsequente de técnicas de tratamento de dados pessoais que consistem em definir o perfil de uma pessoa singular, especialmente para tomar decisões relativas a essa pessoa ou analisar ou prever as suas preferências, o seu comportamento e as suas atitudes.

(25) Sempre que o direito de um Estado-Membro seja aplicável por força do direito internacional público, o presente regulamento deverá ser igualmente aplicável aos responsáveis pelo tratamento não estabelecidos na União, por exemplo numa missão diplomática ou num posto consular de um Estado-Membro.

(26) Os princípios da proteção de dados deverão aplicar-se a qualquer informação relativa a uma pessoa singular identificada ou identificável. Os dados pessoais que tenham sido pseudonimizados, que possam ser atribuídos a uma pessoa singular mediante a utilização de informações suplementares, deverão ser considerados informações sobre uma pessoa singular identificável. Para determinar se uma pessoa singular é identificável, importa considerar todos os meios suscetíveis de ser razoavelmente utilizados, tais como a seleção, quer pelo responsável pelo tratamento quer por outra pessoa, para identificar direta ou indiretamente a pessoa singular. Para determinar se há uma probabilidade razoável de os meios serem utilizados para identificar a pessoa singular, importa considerar todos os fatores objetivos, como os custos e o tempo necessário

para a identificação, tendo em conta a tecnologia disponível à data do tratamento dos dados e a evolução tecnológica. Os princípios da proteção de dados não deverão, pois, aplicar-se às informações anónimas, ou seja, às informações que não digam respeito a uma pessoa singular identificada ou identificável nem a dados pessoais tornados de tal modo anónimos que o seu titular não seja ou já não possa ser identificado. O presente regulamento não diz, por isso, respeito ao tratamento dessas informações anónimas, inclusive para fins estatísticos ou de investigação.

(27) O presente regulamento não se aplica aos dados pessoais de pessoas falecidas. Os Estados-Membros poderão estabelecer regras para o tratamento dos dados pessoais de pessoas falecidas.

(28) A aplicação da pseudonimização aos dados pessoais pode reduzir os riscos para os titulares de dados em questão e ajudar os responsáveis pelo tratamento e os seus subcontratantes a cumprir as suas obrigações de proteção de dados. A introdução explícita da «pseudonimização» no presente regulamento não se destina a excluir eventuais outras medidas de proteção de dados.

(29) A fim de criar incentivos para aplicar a pseudonimização durante o tratamento de dados pessoais, deverá ser possível tomar medidas de pseudonimização, permitindo-se simultaneamente uma análise geral, no âmbito do mesmo responsável pelo tratamento quando este tiver tomado as medidas técnicas e organizativas necessárias para assegurar, relativamente ao tratamento em questão, a aplicação do presente regulamento e a conservação em separado das informações adicionais que permitem atribuir os dados pessoais a um titular de dados específico. O responsável pelo tratamento que tratar os dados pessoais deverá indicar as pessoas autorizadas no âmbito do mesmo responsável pelo tratamento

(30) As pessoas singulares podem ser associadas a identificadores por via eletrónica, fornecidos pelos respetivos aparelhos, aplicações, ferramentas e protocolos, tais como endereços IP (protocolo internet) ou testemunhos de conexão (cookie) ou outros identificadores, como as etiquetas de identificação por radiofrequência. Estes identificadores podem deixar vestígios que, em especial quando combinados com identificadores únicos e outras informações recebidas pelos servidores, podem ser utilizados para a definição de perfis e a identificação das pessoas singulares.

(31) As autoridades públicas a quem forem divulgados dados pessoais em conformidade com obrigações jurídicas para o exercício da sua mis-

são oficial, tais como as autoridades fiscais e aduaneiras, as unidades de investigação financeira, as autoridades administrativas independentes ou as autoridades dos mercados financeiros, responsáveis pela regulamentação e supervisão dos mercados de valores mobiliários, não deverão ser consideradas destinatárias se receberem dados pessoais que sejam necessários para efetuar um inquérito específico de interesse geral, em conformidade com o direito da União ou dos Estados-Membros. Os pedidos de divulgação enviados pelas autoridades públicas deverão ser sempre feitos por escrito, fundamentados e ocasionais e não deverão dizer respeito à totalidade de um ficheiro nem implicar a interconexão de ficheiros. O tratamento desses dados pessoais por essas autoridades públicas deverá respeitar as regras de proteção de dados aplicáveis de acordo com as finalidades do tratamento.

(32) O consentimento do titular dos dados deverá ser dado mediante um ato positivo claro que indique uma manifestação de vontade livre, específica, informada e inequívoca de que o titular de dados consente no tratamento dos dados que lhe digam respeito, como por exemplo mediante uma declaração escrita, inclusive em formato eletrónico, ou uma declaração oral. O consentimento pode ser dado validando uma opção ao visitar um sítio *web* na Internet, selecionando os parâmetros técnicos para os serviços da sociedade da informação ou mediante outra declaração ou conduta que indique claramente nesse contexto que aceita o tratamento proposto dos seus dados pessoais. O silêncio, as opções pré-validadas ou a omissão não deverão, por conseguinte, constituir um consentimento. O consentimento deverá abranger todas as atividades de tratamento realizadas com a mesma finalidade. Nos casos em que o tratamento sirva fins múltiplos, deverá ser dado um consentimento para todos esses fins. Se o consentimento tiver de ser dado no seguimento de um pedido apresentado por via eletrónica, esse pedido tem de ser claro e conciso e não pode perturbar desnecessariamente a utilização do serviço para o qual é fornecido.

(33) Muitas vezes não é possível identificar na totalidade a finalidade do tratamento de dados pessoais para efeitos de investigação científica no momento da recolha dos dados. Por conseguinte, os titulares dos dados deverão poder dar o seu consentimento para determinadas áreas de investigação científica, desde que estejam de acordo com padrões éticos reconhecidos para a investigação científica. Os titulares dos dados

deverão ter a possibilidade de dar o seu consentimento unicamente para determinados domínios de investigação ou partes de projetos de investigação, na medida permitida pela finalidade pretendida.

(34) Os dados genéticos deverão ser definidos como os dados pessoais relativos às características genéticas, hereditárias ou adquiridas, de uma pessoa singular que resultem da análise de uma amostra biológica da pessoa singular em causa, nomeadamente da análise de cromossomas, ácido desoxirribonucleico (ADN) ou ácido ribonucleico (ARN), ou da análise de um outro elemento que permita obter informações equivalentes.

(35) Deverão ser considerados dados pessoais relativos à saúde todos os dados relativos ao estado de saúde de um titular de dados que revelem informações sobre a sua saúde física ou mental no passado, no presente ou no futuro. O que precede inclui informações sobre a pessoa singular recolhidas durante a inscrição para a prestação de serviços de saúde, ou durante essa prestação, conforme referido na Diretiva 2011/24/UE do Parlamento Europeu e do Conselho[41], a essa pessoa singular; qualquer número, símbolo ou sinal particular atribuído a uma pessoa singular para a identificar de forma inequívoca para fins de cuidados de saúde; as informações obtidas a partir de análises ou exames de uma parte do corpo ou de uma substância corporal, incluindo a partir de dados genéticos e amostras biológicas; e quaisquer informações sobre, por exemplo, uma doença, deficiência, um risco de doença, historial clínico, tratamento clínico ou estado fisiológico ou biomédico do titular de dados, independentemente da sua fonte, por exemplo, um médico ou outro profissional de saúde, um hospital, um dispositivo médico ou um teste de diagnóstico *in vitro*.

(36) O estabelecimento principal de um responsável pelo tratamento na União deverá ser o local onde se encontra a sua administração central na União, salvo se as decisões sobre as finalidades e os meios de tratamento dos dados pessoais forem tomadas noutro estabelecimento do responsável pelo tratamento na União. Nesse caso, esse outro estabelecimento deverá ser considerado o estabelecimento principal. O estabe-

---

[41] Diretiva 2011/24/UE do Parlamento Europeu e do Conselho, de 9 de março de 2011, relativa ao exercício dos direitos dos doentes em matéria de cuidados de saúde transfronteiriços (JO L 88 de 4.4.2011, p. 45).

lecimento principal de um responsável pelo tratamento na União deverá ser determinado de acordo com critérios objetivos e deverá pressupor o exercício efetivo e real de atividades de gestão que determinem as decisões principais quanto às finalidades e aos meios de tratamento mediante instalações estáveis. Esse critério não deverá depender do facto de o tratamento ser realizado nesse local. A existência e utilização de meios técnicos e de tecnologias para o tratamento de dados pessoais ou as atividades de tratamento não constituem, em si mesmas, um estabelecimento principal nem são, portanto, um critério definidor de estabelecimento principal. O estabelecimento principal do subcontratante é o local da sua administração central na União, ou, caso não tenha administração central na União, o local onde são exercidas as principais atividades de tratamento de dados na União. Nos casos que impliquem tanto o responsável pelo tratamento como o subcontratante, a autoridade de controlo principal deverá continuar a ser a autoridade de controlo do Estado-Membro onde o responsável pelo tratamento tem o estabelecimento principal, mas a autoridade de controlo do subcontratante deverá ser considerada uma autoridade de controlo interessada e deverá participar no processo de cooperação previsto pelo presente regulamento. Em qualquer caso, as autoridades de controlo do Estado-Membro ou Estados-Membros em que o subcontratante tenha um ou mais estabelecimentos não deverão ser consideradas autoridades de controlo interessadas caso o projeto de decisão diga respeito apenas ao responsável pelo tratamento. Sempre que o tratamento dos dados seja efetuado por um grupo empresarial, o estabelecimento principal da empresa que exerce o controlo deverá ser considerado o estabelecimento principal do grupo empresarial, exceto quando as finalidades e os meios do tratamento sejam determinados por uma outra empresa.

(37) Um grupo empresarial deverá abranger uma empresa que exerce o controlo e as empresas que controla, devendo a primeira ser a que pode exercer uma influência dominante sobre as outras empresas, por exemplo, em virtude da propriedade, da participação financeira ou das regras que a regem ou da faculdade de fazer aplicar as regras relativas à proteção de dados pessoais. Uma empresa que controla o tratamento dos dados pessoais nas empresas a ela associadas deverá ser considerada, juntamente com essas empresas, um «grupo empresarial».

(38) As crianças merecem proteção especial quanto aos seus dados pessoais, uma vez que podem estar menos cientes dos riscos, consequências e garantias em questão e dos seus direitos relacionados com o tratamento dos dados pessoais. Essa proteção específica deverá aplicar-se, nomeadamente, à utilização de dados pessoais de crianças para efeitos de comercialização ou de criação de perfis de personalidade ou de utilizador, bem como à recolha de dados pessoais em relação às crianças aquando da utilização de serviços disponibilizados diretamente às crianças. O consentimento do titular das responsabilidades parentais não deverá ser necessário no contexto de serviços preventivos ou de aconselhamento oferecidos diretamente a uma criança.

(39) O tratamento de dados pessoais deverá ser efetuado de forma lícita e equitativa. Deverá ser transparente para as pessoas singulares que os dados pessoais que lhes dizem respeito são recolhidos, utilizados, consultados ou sujeitos a qualquer outro tipo de tratamento e a medida em que os dados pessoais são ou virão a ser tratados. O princípio da transparência exige que as informações ou comunicações relacionadas com o tratamento desses dados pessoais sejam de fácil acesso e compreensão, e formuladas numa linguagem clara e simples. Esse princípio diz respeito, em particular, às informações fornecidas aos titulares dos dados sobre a identidade do responsável pelo tratamento dos mesmos e os fins a que o tratamento se destina, bem como às informações que se destinam a assegurar que seja efetuado com equidade e transparência para com as pessoas singulares em causa, bem como a salvaguardar o seu direito a obter a confirmação e a comunicação dos dados pessoais que lhes dizem respeito que estão a ser tratados. As pessoas singulares a quem os dados dizem respeito deverão ser alertadas para os riscos, regras, garantias e direitos associados ao tratamento dos dados pessoais e para os meios de que dispõem para exercer os seus direitos relativamente a esse tratamento. Em especial, as finalidades específicas do tratamento dos dados pessoais deverão ser explícitas e legítimas e ser determinadas aquando da recolha dos dados pessoais. Os dados pessoais deverão ser adequados, pertinentes e limitados ao necessário para os efeitos para os quais são tratados. Para isso, é necessário assegurar que o prazo de conservação dos dados seja limitado ao mínimo. Os dados pessoais apenas deverão ser tratados se a finalidade do tratamento não puder ser atingida de forma razoável por outros meios. A fim de assegurar que os dados pessoais sejam conser-

vados apenas durante o período considerado necessário, o responsável pelo tratamento deverá fixar os prazos para o apagamento ou a revisão periódica. Deverão ser adotadas todas as medidas razoáveis para que os dados pessoais inexatos sejam retificados ou apagados. Os dados pessoais deverão ser tratados de uma forma que garanta a devida segurança e confidencialidade, incluindo para evitar o acesso a dados pessoais e equipamento utilizado para o seu tratamento, ou a utilização dos mesmos, por pessoas não autorizadas.

(40) Para que o tratamento seja lícito, os dados pessoais deverão ser tratados com base no consentimento da titular dos dados em causa ou noutro fundamento legítimo, previsto por lei, quer no presente regulamento quer noutro ato de direito da União ou de um Estado-Membro referido no presente regulamento, incluindo a necessidade de serem cumpridas as obrigações legais a que o responsável pelo tratamento se encontre sujeito ou a necessidade de serem executados contratos em que o titular dos dados seja parte ou a fim de serem efetuadas as diligências pré-contratuais que o titular dos dados solicitar.

(41) Caso o presente regulamento se refira a um fundamento jurídico ou a uma medida legislativa, não se trata necessariamente de um ato legislativo adotado por um parlamento, sem prejuízo dos requisitos que decorram da ordem constitucional do Estado-Membro em causa. No entanto, esse fundamento jurídico ou essa medida legislativa deverão ser claros e precisos e a sua aplicação deverá ser previsível para os seus destinatários, em conformidade com a jurisprudência do Tribunal de Justiça da União Europeia («Tribunal de Justiça») e pelo Tribunal Europeu dos Direitos do Homem.

(42) Sempre que o tratamento for realizado com base no consentimento do titular dos dados, o responsável pelo tratamento deverá poder demonstrar que o titular deu o seu consentimento à operação de tratamento dos dados. Em especial, no contexto de uma declaração escrita relativa a outra matéria, deverão existir as devidas garantias de que o titular dos dados está plenamente ciente do consentimento dado e do seu alcance. Em conformidade com a Diretiva 93/13/CEE do Conselho[42],

---

[42] Diretiva 93/13/CEE do Conselho, de 5 de abril de 1993, relativa às cláusulas abusivas nos contratos celebrados com os consumidores (JO L 95 de 21.4.1993, p. 29).

uma declaração de consentimento, previamente formulada pelo responsável pelo tratamento, deverá ser fornecida de uma forma inteligível e de fácil acesso, numa linguagem clara e simples e sem cláusulas abusivas. Para que o consentimento seja dado com conhecimento de causa, o titular dos dados deverá conhecer, pelo menos, a identidade do responsável pelo tratamento e as finalidades a que o tratamento se destina. Não se deverá considerar que o consentimento foi dado de livre vontade se o titular dos dados não dispuser de uma escolha verdadeira ou livre ou não puder recusar nem retirar o consentimento sem ser prejudicado.

(43) A fim de assegurar que o consentimento é dado de livre vontade, este não deverá constituir fundamento jurídico válido para o tratamento de dados pessoais em casos específicos em que exista um desequilíbrio manifesto entre o titular dos dados e o responsável pelo seu tratamento, nomeadamente quando o responsável pelo tratamento é uma autoridade pública pelo que é improvável que o consentimento tenha sido dado de livre vontade em todas as circunstâncias associadas à situação específica em causa. Presume-se que o consentimento não é dado de livre vontade se não for possível dar consentimento separadamente para diferentes operações de tratamento de dados pessoais, ainda que seja adequado no caso específico, ou se a execução de um contrato, incluindo a prestação de um serviço, depender do consentimento apesar de o consentimento não ser necessário para a mesma execução.

(44) O tratamento deverá ser considerado lícito caso seja necessário no contexto de um contrato ou da intenção de celebrar um contrato.

(45) Sempre que o tratamento dos dados for realizado em conformidade com uma obrigação jurídica à qual esteja sujeito o responsável pelo tratamento, ou se o tratamento for necessário ao exercício de funções de interesse público ou ao exercício da autoridade pública, o tratamento deverá assentar no direito da União ou de um Estado-Membro. O presente regulamento não exige uma lei específica para cada tratamento de dados. Poderá ser suficiente uma lei para diversas operações de tratamento baseadas numa obrigação jurídica à qual esteja sujeito o responsável pelo tratamento, ou se o tratamento for necessário ao exercício de funções de interesse público ou ao exercício da autoridade pública. Deverá também caber ao direito da União ou dos Estados-Membros determinar qual a finalidade do tratamento dos dados. Além disso, a referida lei poderá especificar as condições gerais do presente regulamento que regem a

legalidade do tratamento dos dados pessoais, estabelecer regras específicas para determinar os responsáveis pelo tratamento, o tipo de dados pessoais a tratar, os titulares dos dados em questão, as entidades a que os dados pessoais podem ser comunicados, os limites a que as finalidades do tratamento devem obedecer, os prazos de conservação e outras medidas destinadas a garantir a licitude e equidade do tratamento. Deverá igualmente caber ao direito da União ou dos Estados-Membros determinar se o responsável pelo tratamento que exerce funções de interesse público ou prerrogativas de autoridade pública deverá ser uma autoridade pública ou outra pessoa singular ou coletiva de direito público, ou, caso tal seja do interesse público, incluindo por motivos de saúde, como motivos de saúde pública e proteção social e de gestão dos serviços de saúde, de direito privado, por exemplo uma associação profissional.

(46) O tratamento de dados pessoais também deverá ser considerado lícito quando for necessário à proteção de um interesse essencial à vida do titular dos dados ou de qualquer outra pessoa singular. Em princípio, o tratamento de dados pessoais com base no interesse vital de outra pessoa singular só pode ter lugar quando o tratamento não se puder basear manifestamente noutro fundamento jurídico. Alguns tipos de tratamento podem servir tanto importantes interesses públicos como interesses vitais do titular dos dados, por exemplo, se o tratamento for necessário para fins humanitários, incluindo a monitorização de epidemias e da sua propagação ou em situações de emergência humanitária, em especial em situações de catástrofes naturais e de origem humana.

(47) Os interesses legítimos dos responsáveis pelo tratamento, incluindo os dos responsáveis a quem os dados pessoais possam ser comunicados, ou de terceiros, podem constituir um fundamento jurídico para o tratamento, desde que não prevaleçam os interesses ou os direitos e liberdades fundamentais do titular, tomando em conta as expectativas razoáveis dos titulares dos dados baseadas na relação com o responsável. Poderá haver um interesse legítimo, por exemplo, quando existir uma relação relevante e apropriada entre o titular dos dados e o responsável pelo tratamento, em situações como aquela em que o titular dos dados é cliente ou está ao serviço do responsável pelo tratamento. De qualquer modo, a existência de um interesse legítimo requer uma avaliação cuidada, nomeadamente da questão de saber se o titular dos dados pode razoavelmente prever, no momento e no contexto em que os dados

pessoais são recolhidos, que esses poderão vir a ser tratados com essa finalidade. Os interesses e os direitos fundamentais do titular dos dados podem, em particular, sobrepor-se ao interesse do responsável pelo tratamento, quando que os dados pessoais sejam tratados em circunstâncias em que os seus titulares já não esperam um tratamento adicional. Dado que incumbe ao legislador prever por lei o fundamento jurídico para autorizar as autoridades a procederem ao tratamento de dados pessoais, esse fundamento jurídico não deverá ser aplicável aos tratamentos efetuados pelas autoridades públicas na prossecução das suas atribuições. O tratamento de dados pessoais estritamente necessário aos objetivos de prevenção e controlo da fraude constitui igualmente um interesse legítimo do responsável pelo seu tratamento. Poderá considerar-se de interesse legítimo o tratamento de dados pessoais efetuado para efeitos de comercialização direta.

(48) Os responsáveis pelo tratamento que façam parte de um grupo empresarial ou de uma instituição associada a um organismo central poderão ter um interesse legítimo em transmitir dados pessoais no âmbito do grupo de empresas para fins administrativos internos, incluindo o tratamento de dados pessoais de clientes ou funcionários. Os princípios gerais que regem a transmissão de dados pessoais, no âmbito de um grupo empresarial, para uma empresa localizada num país terceiro mantêm-se inalterados.

(49) O tratamento de dados pessoais, na medida estritamente necessária e proporcionada para assegurar a segurança da rede e das informações, ou seja, a capacidade de uma rede ou de um sistema informático de resistir, com um dado nível de confiança, a eventos acidentais ou a ações maliciosas ou ilícitas que comprometam a disponibilidade, a autenticidade, a integridade e a confidencialidade dos dados pessoais conservados ou transmitidos, bem como a segurança dos serviços conexos oferecidos ou acessíveis através destas redes e sistemas, pelas autoridades públicas, equipas de intervenção em caso de emergências informáticas (CERT), equipas de resposta a incidentes no domínio da segurança informática (CSIRT), fornecedores ou redes de serviços de comunicações eletrónicas e por fornecedores de tecnologias e serviços de segurança, constitui um interesse legítimo do responsável pelo tratamento. Pode ser esse o caso quando o tratamento vise, por exemplo, impedir o acesso não autorizado a redes de comunicações eletrónicas e a distribuição de códigos malicio-

sos e pôr termo a ataques de «negação de serviço» e a danos causados aos sistemas de comunicações informáticas e eletrónicas.

(50) O tratamento de dados pessoais para outros fins que não aqueles para os quais os dados pessoais tenham sido inicialmente recolhidos apenas deverá ser autorizado se for compatível com as finalidades para as quais os dados pessoais tenham sido inicialmente recolhidos. Nesse caso, não é necessário um fundamento jurídico distinto do que permitiu a recolha dos dados pessoais. Se o tratamento for necessário para o exercício de funções de interesse público ou o exercício da autoridade pública de que está investido o responsável pelo tratamento, o direito da União ou dos Estados-Membros pode determinar e definir as tarefas e finalidades para as quais o tratamento posterior deverá ser considerado compatível e lícito. As operações de tratamento posterior para fins de arquivo de interesse público, para fins de investigação científica ou histórica ou para fins estatísticos, deverão ser consideradas tratamento lícito compatível. O fundamento jurídico previsto no direito da União ou dos Estados-Membros para o tratamento dos dados pessoais pode igualmente servir de fundamento jurídico para o tratamento posterior. A fim de apurar se a finalidade de uma nova operação de tratamento dos dados é ou não compatível com a finalidade para que os dados pessoais foram inicialmente recolhidos, o responsável pelo seu tratamento, após ter cumprido todos os requisitos para a licitude do tratamento inicial, deverá ter em atenção, entre outros aspetos, a existência de uma ligação entre a primeira finalidade e aquela a que se destina a nova operação de tratamento que se pretende efetuar, o contexto em que os dados pessoais foram recolhidos, em especial as expectativas razoáveis do titular dos dados quanto à sua posterior utilização, baseadas na sua relação com o responsável pelo tratamento; a natureza dos dados pessoais; as consequências que o posterior tratamento dos dados pode ter para o seu titular; e a existência de garantias adequadas tanto no tratamento inicial como nas outras operações de tratamento previstas. Caso o titular dos dados tenha dado o seu consentimento ou o tratamento se baseie em disposições do direito da União ou de um Estado-Membro que constituam uma medida necessária e proporcionada, numa sociedade democrática, para salvaguardar, em especial, os importantes objetivos de interesse público geral, o responsável pelo tratamento deverá ser autorizado a proceder ao tratamento posterior dos dados pessoais, independentemente da compatibilidade das finalidades.

Em todo o caso, deverá ser garantida a aplicação dos princípios enunciados pelo presente regulamento e, em particular, a obrigação de informar o titular dos dados sobre essas outras finalidades e sobre os seus direitos, incluindo o direito de se opor. A indicação pelo responsável pelo tratamento de eventuais atos criminosos ou ameaças à segurança pública e a transmissão dos dados pessoais pertinentes, em casos individuais ou em vários casos relativos ao mesmo ato criminoso ou ameaça à segurança pública, a uma autoridade competente, deverão ser consideradas como sendo do interesse legítimo do responsável pelo tratamento. Todavia, deverá ser proibido proceder à transmissão no interesse legítimo do responsável pelo tratamento ou ao tratamento posterior de dados pessoais se a operação não for compatível com alguma obrigação legal, profissional ou outra obrigação vinculativa de confidencialidade.

(51) Merecem proteção específica os dados pessoais que sejam, pela sua natureza, especialmente sensíveis do ponto de vista dos direitos e liberdades fundamentais, dado que o contexto do tratamento desses dados poderá implicar riscos significativos para os direitos e liberdades fundamentais. Deverão incluir-se neste caso os dados pessoais que revelem a origem racial ou étnica, não implicando o uso do termo «origem racial» no presente regulamento que a União aceite teorias que procuram determinar a existência de diferentes raças humanas. O tratamento de fotografias não deverá ser considerado sistematicamente um tratamento de categorias especiais de dados pessoais, uma vez que são apenas abrangidas pela definição de dados biométricos quando forem processadas por meios técnicos específicos que permitam a identificação inequívoca ou a autenticação de uma pessoa singular. Tais dados pessoais não deverão ser objeto de tratamento, salvo se essa operação for autorizada em casos específicos definidos no presente regulamento, tendo em conta que o direito dos Estados-Membros pode estabelecer disposições de proteção de dados específicas, a fim de adaptar a aplicação das regras do presente regulamento para dar cumprimento a uma obrigação legal, para o exercício de funções de interesse público ou para o exercício da autoridade pública de que está investido o responsável pelo tratamento. Para além dos requisitos específicos para este tipo de tratamento, os princípios gerais e outras disposições do presente regulamento deverão ser aplicáveis, em especial no que se refere às condições para o tratamento lícito. Deverão ser previstas de forma explícita derrogações à proibição geral

de tratamento de categorias especiais de dados pessoais, por exemplo, se o titular dos dados der o seu consentimento expresso ou para ter em conta necessidades específicas, designadamente quando o tratamento for efetuado no exercício de atividades legítimas de certas associações ou fundações que tenham por finalidade permitir o exercício das liberdades fundamentais.

(52) As derrogações à proibição de tratamento de categorias especiais de dados pessoais deverão ser igualmente permitidas quando estiverem previstas no direito da União ou dos Estados-Membros e sujeitas a salvaguardas adequadas, de forma a proteger os dados pessoais e outros direitos fundamentais, caso tal seja do interesse público, nomeadamente o tratamento de dados pessoais em matéria de direito laboral, de direito de proteção social, incluindo as pensões, e para fins de segurança, monitorização e alerta em matéria de saúde, prevenção ou controlo de doenças transmissíveis e outras ameaças graves para a saúde. Essas derrogações poderão ser previstas por motivos sanitários, incluindo de saúde pública e de gestão de serviços de saúde, designadamente para assegurar a qualidade e a eficiência em termos de custos dos procedimentos utilizados para regularizar os pedidos de prestações sociais e de serviços no quadro do regime de seguro de saúde, ou para fins de arquivo de interesse público, para fins de investigação científica ou histórica ou para fins estatísticos. Uma derrogação deverá também permitir o tratamento desses dados pessoais quando tal for necessário à declaração, ao exercício ou à defesa de um direito, independentemente de se tratar de um processo judicial ou de um processo administrativo ou extrajudicial.

(53) As categorias especiais de dados pessoais que merecem uma proteção mais elevada só deverão ser objeto de tratamento para fins relacionados com a saúde quando tal for necessário para atingir os objetivos no interesse das pessoas singulares e da sociedade no seu todo, nomeadamente no contexto da gestão dos serviços e sistemas de saúde ou de ação social, incluindo o tratamento por parte da administração e das autoridades sanitárias centrais nacionais desses dados para efeitos de controlo da qualidade, informação de gestão e supervisão geral a nível nacional e local do sistema de saúde ou de ação social, assegurando a continuidade dos cuidados de saúde ou de ação social e da prestação de cuidados de saúde transfronteiras, ou para fins de segurança, monitorização e alerta em matéria de saúde, ou para fins de arquivo de interesse público, para

fins de investigação científica ou histórica ou para fins estatísticos baseados no direito da União ou dos Estados-Membros e que têm de cumprir um objetivo, assim como para os estudos realizados no interesse público no domínio da saúde pública. Por conseguinte, o presente regulamento deverá estabelecer condições harmonizadas para o tratamento de categorias especiais de dados pessoais relativos à saúde, tendo em conta necessidades específicas, designadamente quando o tratamento desses dados for efetuado para determinadas finalidades ligadas à saúde por pessoas sujeitas a uma obrigação legal de sigilo profissional. O direito da União ou dos Estados-Membros deverá prever medidas específicas e adequadas com vista à defesa dos direitos fundamentais e dos dados pessoais das pessoas singulares. Os Estados-Membros deverão ser autorizados a manter ou introduzir outras condições, incluindo limitações, no que diz respeito ao tratamento de dados genéticos, dados biométricos ou dados relativos à saúde. Tal não deverá, no entanto, impedir a livre circulação de dados pessoais na União, quando essas condições se aplicam ao tratamento transfronteiriço desses dados.

(54) O tratamento de categorias especiais de dados pessoais pode ser necessário por razões de interesse público nos domínios da saúde pública, sem o consentimento do titular dos dados. Esse tratamento deverá ser objeto de medidas adequadas e específicas, a fim de defender os direitos e liberdades das pessoas singulares. Neste contexto, a noção de «saúde pública» deverá ser interpretada segundo a definição constante do Regulamento (CE) n.º 1338/2008 do Parlamento Europeu e do Conselho[43], ou seja, todos os elementos relacionados com a saúde, a saber, o estado de saúde, incluindo a morbilidade e a incapacidade, as determinantes desse estado de saúde, as necessidades de cuidados de saúde, os recursos atribuídos aos cuidados de saúde, a prestação de cuidados de saúde e o acesso universal aos mesmos, assim como as despesas e o financiamento dos cuidados de saúde, e as causas de mortalidade. Tais atividades de tratamento de dados sobre a saúde autorizadas por motivos de interesse público não deverão ter por resultado que os dados sejam tratados para

---

[43] Regulamento (CE) n.º 1338/2008 do Parlamento Europeu e do Conselho, de 16 de dezembro de 2008, relativo às estatísticas comunitárias sobre saúde pública e saúde e segurança no trabalho (JO L 354 de 31.12.2008, p. 70).

outros fins por terceiros, como os empregadores ou as companhias de seguros e entidades bancárias.

(55) Além disso, o tratamento de dados pessoais pelas autoridades públicas tendo em vista realizar os objetivos, consagrados no direito constitucional ou no direito internacional público, de associações religiosas oficialmente reconhecidas, é efetuado por motivos de interesse público.

(56) Sempre que, no âmbito do exercício de atividades eleitorais, o funcionamento do sistema democrático num Estado-Membro exigir que os partidos políticos recolham dados pessoais sobre a opinião política dos cidadãos, o tratamento desses dados pode ser autorizado por motivos de interesse público, desde que sejam estabelecidas garantias adequadas.

(57) Se os dados pessoais tratados pelo responsável pelo tratamento não lhe permitirem identificar uma pessoa singular, aquele não deverá ser obrigado a obter informações suplementares para identificar o titular dos dados com o único objetivo de dar cumprimento a uma disposição do presente regulamento. Todavia, o responsável pelo tratamento não deverá recusar receber informações suplementares fornecidas pelo titular no intuito de apoiar o exercício dos seus direitos. A identificação deverá incluir a identificação digital do titular dos dados, por exemplo com recurso a um procedimento de autenticação com os mesmos dados de identificação usados pelo titular dos dados para aceder aos serviços do responsável pelo tratamento por via eletrónica.

(58) O princípio da transparência exige que qualquer informação destinada ao público ou ao titular dos dados seja concisa, de fácil acesso e compreensão, bem como formulada numa linguagem clara e simples, e que se recorra, adicionalmente, à visualização sempre que for adequado. Essas informações poderão ser fornecidas por via eletrónica, por exemplo num sítio *web*, quando se destinarem ao público. Isto é especialmente relevante em situações em que a proliferação de operadores e a complexidade tecnológica das práticas tornam difícil que o titular dos dados saiba e compreenda se, por quem e para que fins os seus dados pessoais estão a ser recolhidos, como no caso da publicidade por via eletrónica. Uma vez que as crianças merecem proteção específica, sempre que o tratamento lhes seja dirigido, qualquer informação e comunicação deverá estar redigida numa linguagem clara e simples que a criança compreenda facilmente.

(59) Deverão ser previstas regras para facilitar o exercício pelo titular dos dados dos direitos que lhe são conferidos ao abrigo do presente regulamento, incluindo procedimentos para solicitar e, sendo caso disso, obter a título gratuito, em especial, o acesso a dados pessoais, a sua retificação ou o seu apagamento e o exercício do direito de oposição. O responsável pelo tratamento deverá fornecer os meios necessários para que os pedidos possam ser apresentados por via eletrónica, em especial quando os dados sejam também tratados por essa via. O responsável pelo tratamento deverá ser obrigado a responder aos pedidos do titular dos dados sem demora injustificada e o mais tardar no prazo de um mês e expor as suas razões quando tiver intenção de recusar o pedido.

(60) Os princípios do tratamento equitativo e transparente exigem que o titular dos dados seja informado da operação de tratamento de dados e das suas finalidades. O responsável pelo tratamento deverá fornecer ao titular as informações adicionais necessárias para assegurar um tratamento equitativo e transparente tendo em conta as circunstâncias e o contexto específicos em que os dados pessoais forem tratados. O titular dos dados deverá também ser informado da definição de perfis e das consequências que daí advêm. Sempre que os dados pessoais forem recolhidos junto do titular dos dados, este deverá ser também informado da eventual obrigatoriedade de fornecer os dados pessoais e das consequências de não os facultar. Essas informações podem ser fornecidas em combinação com ícones normalizados a fim de dar, de modo facilmente visível, inteligível e claramente legível uma útil perspetiva geral do tratamento previsto. Se forem apresentados por via eletrónica, os ícones deverão ser de leitura automática.

(61) As informações sobre o tratamento de dados pessoais relativos ao titular dos dados deverão ser a este fornecidas no momento da sua recolha junto do titular dos dados ou, se os dados pessoais tiverem sido obtidos a partir de outra fonte, dentro de um prazo razoável, consoante as circunstâncias. Sempre que os dados pessoais forem suscetíveis de ser legitimamente comunicados a outro destinatário, o titular dos dados deverá ser informado aquando da primeira comunicação dos dados pessoais a esse destinatário. Sempre que o responsável pelo tratamento tiver a intenção de tratar os dados pessoais para outro fim que não aquele para o qual tenham sido recolhidos, antes desse tratamento o responsável pelo tratamento deverá fornecer ao titular dos dados informações sobre esse

fim e outras informações necessárias. Quando não for possível informar o titular dos dados da origem dos dados pessoais por se ter recorrido a várias fontes, deverão ser-lhe fornecidas informações genéricas.

(62) Todavia, não é necessário impor a obrigação de fornecer informações caso o titular dos dados já disponha da informação, caso a lei disponha expressamente o registo ou a comunicação dos dados pessoais ou caso a informação ao titular dos dados se revele impossível de concretizar ou implicar um esforço desproporcionado. Este último seria, nomeadamente, o caso de um tratamento efetuado para fins de arquivo de interesse público, para fins de investigação científica ou histórica ou para fins estatísticos. Para esse efeito, deverá ser considerado o número de titulares de dados, a antiguidade dos dados e as devidas garantias que tenham sido adotadas.

(63) Os titulares de dados deverão ter o direito de aceder aos dados pessoais recolhidos que lhes digam respeito e de exercer esse direito com facilidade e a intervalos razoáveis, a fim de conhecer e verificar a tomar conhecimento do tratamento e verificar a sua licitude. Aqui se inclui o seu direito de acederem a dados sobre a sua saúde, por exemplo os dados dos registos médicos com informações como diagnósticos, resultados de exames, avaliações dos médicos e quaisquer intervenções ou tratamentos realizados. Por conseguinte, cada titular de dados deverá ter o direito de conhecer e ser informado, nomeadamente, das finalidades para as quais os dados pessoais são tratados, quando possível do período durante o qual os dados são tratados, da identidade dos destinatários dos dados pessoais, da lógica subjacente ao eventual tratamento automático dos dados pessoais e, pelo menos quando tiver por base a definição de perfis, das suas consequências. Quando possível, o responsável pelo tratamento deverá poder facultar o acesso a um sistema seguro por via eletrónica que possibilite ao titular aceder diretamente aos seus dados pessoais. Esse direito não deverá prejudicar os direitos ou as liberdades de terceiros, incluindo o segredo comercial ou a propriedade intelectual e, particularmente, o direito de autor que protege o *software*. Todavia, essas considerações não deverão resultar na recusa de prestação de todas as informações ao titular dos dados. Quando o responsável proceder ao tratamento de grande quantidade de informação relativa ao titular dos dados, deverá poder solicitar que, antes de a informação ser fornecida, o titular especifique a que informações ou a que atividades de tratamento se refere o seu pedido.

(64) O responsável pelo tratamento deverá adotar todas as medidas razoáveis para verificar a identidade do titular dos dados que solicite o acesso, em especial no contexto de serviços e de identificadores por via eletrónica. Os responsáveis pelo tratamento não deverão conservar dados pessoais com a finalidade exclusiva de estar em condições de reagir a eventuais pedidos.

(65) Os titulares dos dados deverão ter direito a que os dados que lhes digam respeito sejam retificados e o «direito a serem esquecidos» quando a conservação desses dados violar o presente regulamento ou o direito da União ou dos Estados-Membros aplicável ao responsável pelo tratamento. Em especial, os titulares de dados deverão ter direito a que os seus dados pessoais sejam apagados e deixem de ser objeto de tratamento se deixarem de ser necessários para a finalidade para a qual foram recolhidos ou tratados, se os titulares dos dados retirarem o seu consentimento ou se opuserem ao tratamento de dados pessoais que lhes digam respeito ou se o tratamento dos seus dados pessoais não respeitar o disposto no presente regulamento. Esse direito assume particular importância quando o titular dos dados tiver dado o seu consentimento quando era criança e não estava totalmente ciente dos riscos inerentes ao tratamento, e mais tarde deseje suprimir esses dados pessoais, especialmente na Internet. O titular dos dados deverá ter a possibilidade de exercer esse direito independentemente do facto de já ser adulto. No entanto, o prolongamento da conservação dos dados pessoais deverá ser efetuado de forma lícita quando tal se revele necessário para o exercício do direito de liberdade de expressão e informação, para o cumprimento de uma obrigação jurídica, para o exercício de funções de interesse público ou o exercício da autoridade pública de que está investido o responsável pelo tratamento, por razões de interesse público no domínio da saúde pública, para fins de arquivo de interesse público, para fins de investigação científica ou histórica ou para fins estatísticos, ou para efeitos de declaração, exercício ou defesa de um direito num processo judicial.

(66) Para reforçar o direito a ser esquecido no ambiente por via eletrónica, o âmbito do direito ao apagamento deverá ser alargado através da imposição ao responsável pelo tratamento que tenha tornado públicos os dados pessoais da adoção de medidas razoáveis, incluindo a aplicação de medidas técnicas, para informar os responsáveis que estejam a tratar esses dados pessoais de que os titulares dos dados solicitaram a supressão

de quaisquer ligações para esses dados pessoais ou de cópias ou reproduções dos mesmos. Ao fazê-lo, esse responsável pelo tratamento deverá adotar as medidas que se afigurarem razoáveis, tendo em conta a tecnologia disponível e os meios ao seu dispor, incluindo medidas técnicas, para informar do pedido do titular dos dados pessoais os responsáveis que estejam a tratar os dados.

(67) Para restringir o tratamento de dados pessoais pode recorrer-se a métodos como a transferência temporária de determinados dados para outro sistema de tratamento, a indisponibilização do acesso a determinados dados pessoais por parte dos utilizadores, ou a retirada temporária de um sítio *web* dos dados aí publicados. Nos ficheiros automatizados, as restrições ao tratamento deverão, em princípio, ser impostas por meios técnicos de modo a que os dados pessoais não sejam sujeitos a outras operações de tratamento e não possam ser alterados. Deverá indicar-se de forma bem clara no sistema que o tratamento dos dados pessoais se encontra sujeito a restrições.

(68) Para reforçar o controlo sobre os seus próprios dados, sempre que o tratamento de dados pessoais for automatizado, o titular dos dados deverá ser autorizado a receber os dados pessoais que lhe digam respeito, que tenha fornecido a um responsável pelo tratamento num formato estruturado, de uso corrente, de leitura automática e interoperável, e a transmiti-los a outro responsável. Os responsáveis pelo tratamento de dados deverão ser encorajados a desenvolver formatos interoperáveis que permitam a portabilidade dos dados. Esse direito deverá aplicar-se também se o titular dos dados tiver fornecido os dados pessoais com base no seu consentimento ou se o tratamento for necessário para o cumprimento de um contrato. Não deverá ser aplicável se o tratamento se basear num fundamento jurídico que não seja o consentimento ou um contrato. Por natureza própria, esse direito não deverá ser exercido em relação aos responsáveis pelo tratamento que tratem dados pessoais na prossecução das suas atribuições públicas. Por conseguinte, esse direito não deverá ser aplicável quando o tratamento de dados pessoais for necessário para o cumprimento de uma obrigação jurídica à qual o responsável esteja sujeito, para o exercício de atribuições de interesse público ou para o exercício da autoridade pública de que esteja investido o responsável pelo tratamento. O direito do titular dos dados a transmitir ou receber dados pessoais que lhe digam respeito não deverá implicar para os responsáveis

pelo tratamento a obrigação de adotar ou manter sistemas de tratamento que sejam tecnicamente compatíveis. Quando um determinado conjunto de dados pessoais disser respeito a mais de um titular, o direito de receber os dados pessoais não deverá prejudicar os direitos e liberdades de outros titulares de dados nos termos do presente regulamento. Além disso, esse direito também não deverá prejudicar o direito dos titulares dos dados a obter o apagamento dos dados pessoais nem as restrições a esse direito estabelecidas no presente regulamento e, nomeadamente, não deverá implicar o apagamento dos dados pessoais relativos ao titular que este tenha fornecido para execução de um contrato, na medida em que e enquanto os dados pessoais forem necessários para a execução do referido contrato. Sempre que seja tecnicamente possível, o titular dos dados deverá ter o direito a que os dados pessoais sejam transmitidos diretamente entre os responsáveis pelo tratamento.

(69) No caso de um tratamento de dados pessoais lícito realizado por ser necessário ao exercício de funções de interesse público ou ao exercício da autoridade pública de que está investido o responsável pelo tratamento ou ainda por motivos de interesse legítimo do responsável pelo tratamento ou de terceiros, o titular não deverá deixar de ter o direito de se opor ao tratamento dos dados pessoais que digam respeito à sua situação específica. Deverá caber ao responsável pelo tratamento provar que os seus interesses legítimos imperiosos prevalecem sobre os interesses ou direitos e liberdades fundamentais do titular dos dados.

(70) Sempre que os dados pessoais forem objeto de tratamento para efeitos de comercialização direta, o titular deverá ter o direito de se opor, em qualquer momento e gratuitamente, a tal tratamento, incluindo a definição de perfis na medida em que esteja relacionada com a referida comercialização, quer se trate do tratamento inicial quer do tratamento posterior. Esse direito deverá ser explicitamente levado à atenção do titular e apresentado de modo claro e distinto de quaisquer outras informações.

(71) O titular dos dados deverá ter o direito de não ficar sujeito a uma decisão, que poderá incluir uma medida, que avalie aspetos pessoais que lhe digam respeito, que se baseie exclusivamente no tratamento automatizado e que produza efeitos jurídicos que lhe digam respeito ou o afetem significativamente de modo similar, como a recusa automática de um pedido de crédito por via eletrónica ou práticas de recrutamento

eletrónico sem qualquer intervenção humana. Esse tratamento inclui a definição de perfis mediante qualquer forma de tratamento automatizado de dados pessoais para avaliar aspetos pessoais relativos a uma pessoa singular, em especial a análise e previsão de aspetos relacionados com o desempenho profissional, a situação económica, saúde, preferências ou interesses pessoais, fiabilidade ou comportamento, localização ou deslocações do titular dos dados, quando produza efeitos jurídicos que lhe digam respeito ou a afetem significativamente de forma similar. No entanto, a tomada de decisões com base nesse tratamento, incluindo a definição de perfis, deverá ser permitida se expressamente autorizada pelo direito da União ou dos Estados-Membros aplicável ao responsável pelo tratamento, incluindo para efeitos de controlo e prevenção de fraudes e da evasão fiscal, conduzida nos termos dos regulamentos, normas e recomendações das instituições da União ou das entidades nacionais de controlo, e para garantir a segurança e a fiabilidade do serviço prestado pelo responsável pelo tratamento, ou se for necessária para a celebração ou execução de um contrato entre o titular dos dados e o responsável pelo tratamento, ou mediante o consentimento explícito do titular. Em qualquer dos casos, tal tratamento deverá ser acompanhado das garantias adequadas, que deverão incluir a informação específica ao titular dos dados e o direito de obter a intervenção humana, de manifestar o seu ponto de vista, de obter uma explicação sobre a decisão tomada na sequência dessa avaliação e de contestar a decisão. Essa medida não deverá dizer respeito a uma criança.

A fim de assegurar um tratamento equitativo e transparente no que diz respeito ao titular dos dados, tendo em conta a especificidade das circunstâncias e do contexto em que os dados pessoais são tratados, o responsável pelo tratamento deverá utilizar procedimentos matemáticos e estatísticos adequados à definição de perfis, aplicar medidas técnicas e organizativas que garantam designadamente que os fatores que introduzem imprecisões nos dados pessoais são corrigidos e que o risco de erros é minimizado, e proteger os dados pessoais de modo a que sejam tidos em conta os potenciais riscos para os interesses e direitos do titular dos dados, e evitar, por exemplo, efeitos discriminatórios contra pessoas singulares em razão da sua origem racial ou étnica, opinião política, religião ou convicções, filiação sindical, estado genético ou de saúde ou orientação sexual, ou que o tratamento dos dados resulte em medidas que venham a ter tais efeitos[44]. A decisão e definição de perfis automatizada baseada em categorias especiais de dados pessoais só deverá ser permitida em condições específicas.

(72) A definição de perfis está sujeita às regras do presente regulamento que regem o tratamento de dados pessoais, como o fundamento jurídico do tratamento ou os princípios da proteção de dados. O Comité Europeu para a Proteção de Dados criado pelo presente regulamento («Comité») deverá poder emitir orientações nesse âmbito.

(73) O direito da União ou dos Estados-Membros podem impor restrições relativas a princípios específicos e aos direitos de informação, acesso e retificação ou apagamento de dados pessoais e ao direito à portabilidade dos dados, ao direito de oposição, às decisões baseadas na definição de perfis, bem como à comunicação de uma violação de dados pessoais ao titular dos dados, e a determinadas obrigações conexas dos responsáveis pelo tratamento, na medida em que sejam necessárias e proporcionadas numa sociedade democrática para garantir a segurança pública, incluindo a proteção da vida humana, especialmente em resposta a catástrofes naturais ou provocadas pelo homem, para a prevenção, a investigação e a repressão de infrações penais ou a execução de sanções penais, incluindo a salvaguarda e a prevenção de ameaças à segurança pública ou violações da deontologia de profissões regulamentadas, para outros objetivos importantes de interesse público geral da União ou de um Estado-Membro, nomeadamente um interesse económico ou financeiro importante da União ou de um Estado-Membro, para a conservação de registos públicos por motivos de interesse público geral, para posterior tratamento de dados pessoais arquivados para a prestação de informações específicas relacionadas com o comportamento político no âmbito de antigos regimes totalitários ou para efeitos de defesa do titular dos dados ou dos direitos e liberdades de terceiros, incluindo a proteção social, a saúde pública e os fins humanitários. Essas restrições deverão respeitar as exigências estabelecidas na Carta e na Convenção Europeia para a Proteção dos Direitos do Homem e das Liberdades Fundamentais.

(74) Deverá ser consagrada a responsabilidade do responsável por qualquer tratamento de dados pessoais realizado por este ou por sua

[44] Retificação publicada em JO L 119 de 4.5.2016.

conta. Em especial, o responsável pelo tratamento deverá ficar obrigado a executar as medidas que forem adequadas e eficazes e ser capaz de comprovar que as atividades de tratamento são efetuadas em conformidade com o presente regulamento, incluindo a eficácia das medidas. Essas medidas deverão ter em conta a natureza, o âmbito, o contexto e as finalidades do tratamento dos dados, bem como o risco que possa implicar para os direitos e liberdades das pessoas singulares.

(75) O risco para os direitos e liberdades das pessoas singulares, cuja probabilidade e gravidade podem ser variáveis, poderá resultar de operações de tratamento de dados pessoais suscetíveis de causar danos físicos, materiais ou imateriais, em especial quando o tratamento possa dar origem à discriminação, à usurpação ou roubo da identidade, a perdas financeiras, prejuízos para a reputação, perdas de confidencialidade de dados pessoais protegidos por sigilo profissional, à inversão não autorizada da pseudonimização, ou a quaisquer outros prejuízos importantes de natureza económica ou social; quando os titulares dos dados possam ficar privados dos seus direitos e liberdades ou impedidos do exercício do controlo sobre os respetivos dados pessoais; quando forem tratados dados pessoais que revelem a origem racial ou étnica, as opiniões políticas, as convicções religiosas ou filosóficas e a filiação sindical, bem como dados genéticos ou dados relativos à saúde ou à vida sexual ou a condenações penais e infrações ou medidas de segurança conexas; quando forem avaliados aspetos de natureza pessoal, em particular análises ou previsões de aspetos que digam respeito ao desempenho no trabalho, à situação económica, à saúde, às preferências ou interesses pessoais, à fiabilidade ou comportamento e à localização ou às deslocações das pessoas, a fim de definir ou fazer uso de perfis; quando forem tratados dados relativos a pessoas singulares vulneráveis, em particular crianças; ou quando o tratamento incidir sobre uma grande quantidade de dados pessoais e afetar um grande número de titulares de dados.

(76) A probabilidade e a gravidade dos riscos para os direitos e liberdades do titular dos dados deverão ser determinadas por referência à natureza, âmbito, contexto e finalidades do tratamento de dados. Os riscos deverão ser aferidos com base numa avaliação objetiva, que determine se as operações de tratamento de dados implicam risco ou risco elevado.

(77) As orientações sobre a execução de medidas adequadas e sobre a comprovação de conformidade pelos responsáveis pelo tratamento

ou subcontratantes, em especial no que diz respeito à identificação dos riscos relacionados com o tratamento, à sua avaliação em termos de origem, natureza, probabilidade e gravidade, bem como à identificação das melhores práticas para a atenuação dos riscos, poderão ser obtidas nomeadamente recorrendo a códigos de conduta aprovados, a certificações aprovadas, às orientações fornecidas pelo Comité ou às indicações fornecidas por um encarregado da proteção de dados. O Comité poderá emitir igualmente orientações sobre operações de tratamento de dados que não sejam suscetíveis de resultar num elevado risco para os direitos e liberdades das pessoas singulares e indicar quais as medidas adequadas em tais casos para diminuir esse risco.

(78) A defesa dos direitos e liberdades das pessoas singulares relativamente ao tratamento dos seus dados pessoais exige a adoção de medidas técnicas e organizativas adequadas, a fim de assegurar o cumprimento dos requisitos do presente regulamento. Para poder comprovar a conformidade com o presente regulamento, o responsável pelo tratamento deverá adotar orientações internas e aplicar medidas que respeitem, em especial, os princípios da proteção de dados desde a conceção e da proteção de dados por defeito. Tais medidas podem incluir a minimização do tratamento de dados pessoais, a pseudonimização de dados pessoais o mais cedo possível, a transparência no que toca às funções e ao tratamento de dados pessoais, a possibilidade de o titular dos dados controlar o tratamento de dados e a possibilidade de o responsável pelo tratamento criar e melhorar medidas de segurança. No contexto do desenvolvimento, conceção, seleção e utilização de aplicações, serviços e produtos que se baseiam no tratamento de dados pessoais ou recorrem a este tratamento para executarem as suas funções, haverá que incentivar os fabricantes dos produtos, serviços e aplicações a ter em conta o direito à proteção de dados quando do seu desenvolvimento e conceção e, no devido respeito pelas técnicas mais avançadas, a garantir que os responsáveis pelo tratamento e os subcontratantes estejam em condições de cumprir as suas obrigações em matéria de proteção de dados. Os princípios de proteção de dados desde a conceção e, por defeito, deverão também ser tomados em consideração no contexto dos contratos públicos.

(79) A defesa dos direitos e liberdades dos titulares dos dados, bem como a responsabilidade dos responsáveis pelo seu tratamento e dos subcontratantes, incluindo no que diz respeito à supervisão e às medi-

das adotadas pelas autoridades de controlo, exigem uma clara repartição das responsabilidades nos termos do presente regulamento, nomeadamente quando o responsável pelo tratamento determina as finalidades e os meios do tratamento conjuntamente com outros responsáveis, ou quando uma operação de tratamento de dados é efetuada por conta de um responsável pelo tratamento.

(80) Sempre que um responsável pelo tratamento ou um subcontratante não estabelecidos na União efetuarem o tratamento de dados pessoais de titulares de dados que se encontrem na União, e as suas atividades de tratamento estiverem relacionadas com a oferta de bens ou serviços a esses titulares de dados na União, independentemente de a estes ser exigido um pagamento, ou com o controlo do seu comportamento na medida que o seu comportamento tenha lugar na União, o responsável pelo tratamento ou o subcontratante deverão designar um representante, a não ser que o tratamento seja ocasional, não inclua o tratamento, em larga escala, de categorias especiais de dados pessoais, nem o tratamento de dados pessoais relativos a condenações penais e infrações, e não seja suscetível de implicar riscos para os direitos e liberdades das pessoas singulares, tendo em conta a natureza, o contexto, o âmbito e as finalidades do tratamento ou se o responsável pelo tratamento for uma autoridade ou organismo público. O representante deverá agir em nome do responsável pelo tratamento ou do subcontratante e deverá poder ser contactado por qualquer autoridade de controlo. O representante deverá ser explicitamente designado por um mandato do responsável pelo tratamento ou do subcontratante, emitido por escrito, que permita ao representante agir em seu nome no que diz respeito às obrigações que lhes são impostas pelo presente regulamento. A designação de um tal representante não afeta as responsabilidades que incumbem ao responsável pelo tratamento ou ao subcontratante nos termos do presente regulamento. O representante deverá executar as suas tarefas em conformidade com o mandato que recebeu do responsável pelo tratamento ou do subcontratante, incluindo no que toca à cooperação com as autoridades de controlo competentes relativamente a qualquer ação empreendida no sentido de garantir o cumprimento do presente regulamento. O representante designado deverá estar sujeito a procedimentos de execução em caso de incumprimento pelo responsável pelo tratamento ou pelo subcontratante.

(81) Para assegurar o cumprimento do presente regulamento no que se refere ao tratamento a efetuar pelo subcontratante por conta do responsável pelo tratamento, este, quando confiar atividades de tratamento a um subcontratante, deverá recorrer exclusivamente a subcontratantes que ofereçam garantias suficientes, especialmente em termos de conhecimentos especializados, fiabilidade e recursos, quanto à execução de medidas técnicas e organizativas que cumpram os requisitos do presente regulamento, nomeadamente no que se refere à segurança do tratamento. O facto de o subcontratante cumprir um código de conduta aprovado ou um procedimento de certificação aprovado poderá ser utilizado como elemento para demonstrar o cumprimento das obrigações do responsável pelo tratamento. A realização de operações de tratamento de dados em subcontratação deverá ser regulada por um contrato ou por outro ato normativo ao abrigo do direito da União ou dos Estados-Membros, que vincule o subcontratante ao responsável pelo tratamento e em que seja estabelecido o objeto e a duração do contrato, a natureza e as finalidades do tratamento, o tipo de dados pessoais e as categorias dos titulares dos dados, tendo em conta as tarefas e responsabilidades específicas do subcontratante no contexto do tratamento a realizar e o risco em relação aos direitos e liberdades do titular dos dados. O responsável pelo tratamento e o subcontratante poderão optar por utilizar um contrato individual ou cláusulas contratuais-tipo que são adotadas quer diretamente pela Comissão quer por uma autoridade de controlo em conformidade com o procedimento de controlo da coerência e adotadas posteriormente pela Comissão. Após concluído o tratamento por conta do responsável pelo tratamento, o subcontratante deverá, consoante a escolha do primeiro, devolver ou apagar os dados pessoais, a menos que seja exigida a conservação dos dados pessoais ao abrigo do direito da União ou do Estado- -Membro a que o subcontratante está sujeito.

(82) A fim de comprovar a observância do presente regulamento, o responsável pelo tratamento ou o subcontratante deverá conservar registos de atividades de tratamento sob a sua responsabilidade. Os responsáveis pelo tratamento e subcontratantes deverão ser obrigados a cooperar com a autoridade de controlo e a facultar-lhe esses registos, a pedido, para fiscalização dessas operações de tratamento.

(83) A fim de preservar a segurança e evitar o tratamento em violação do presente regulamento, o responsável pelo tratamento, ou o subcon-

tratante, deverá avaliar os riscos que o tratamento implica e aplicar medidas que os atenuem, como a cifragem. Essas medidas deverão assegurar um nível de segurança adequado, nomeadamente a confidencialidade, tendo em conta as técnicas mais avançadas e os custos da sua aplicação em função dos riscos e da natureza dos dados pessoais a proteger. Ao avaliar os riscos para a segurança dos dados, deverão ser tidos em conta os riscos apresentados pelo tratamento dos dados pessoais, tais como a destruição, perda e alteração acidentais ou ilícitas, e a divulgação ou o acesso não autorizados a dados pessoais transmitidos, conservados ou sujeitos a qualquer outro tipo de tratamento, riscos esses que podem dar azo, em particular, a danos físicos, materiais ou imateriais.

(84) A fim de promover o cumprimento do presente regulamento nos casos em que as operações de tratamento de dados sejam suscetíveis de resultar num elevado risco para os direitos e liberdades das pessoas singulares, o responsável pelo seu tratamento deverá encarregar-se da realização de uma avaliação de impacto da proteção de dados para determinação, nomeadamente, da origem, natureza, particularidade e gravidade desse risco. Os resultados dessa avaliação deverão ser tidos em conta na determinação das medidas que deverão ser tomadas a fim de comprovar que o tratamento de dados pessoais está em conformidade com o presente regulamento. Sempre que a avaliação de impacto sobre a proteção de dados indicar que o tratamento apresenta um elevado risco que o responsável pelo tratamento não poderá atenuar através de medidas adequadas, atendendo à tecnologia disponível e aos custos de aplicação, será necessário consultar a autoridade de controlo antes de se proceder ao tratamento de dados pessoais.

(85) Se não forem adotadas medidas adequadas e oportunas, a violação de dados pessoais pode causar danos físicos, materiais ou imateriais às pessoas singulares, como a perda de controlo sobre os seus dados pessoais, a limitação dos seus direitos, a discriminação, o roubo ou usurpação da identidade, perdas financeiras, a inversão não autorizada da pseudonimização, danos para a reputação, a perda de confidencialidade de dados pessoais protegidos por sigilo profissional ou qualquer outra desvantagem económica ou social significativa das pessoas. Por conseguinte, logo que o responsável pelo tratamento tenha conhecimento de uma violação de dados pessoais, deverá notificá-la à autoridade de controlo, sem demora injustificada e, sempre que possível, no prazo de 72

horas após ter tido conhecimento do ocorrido,a menos que seja capaz de demonstrar em conformidade com o princípio da responsabilidade, que esssa violação não é suscetível de implicar um risco para os direitos e liberdades das pessoas singulares. Se não for possível efetuar essa notificação no prazo de 72 horas, a notificação deverá ser acompanhada dos motivos do atraso, podendo as informações ser fornecidas por fases sem demora injustificada.

(86) O responsável pelo tratamento deverá informar, sem demora injustificada, o titular dos dados da violação de dados pessoais quando for provável que desta resulte um elevado risco para os direitos e liberdades da pessoa singular, a fim de lhe permitir tomar as precauções necessárias. A comunicação deverá descrever a natureza da violação de dados pessoais e dirigir recomendações à pessoa singular em causa para atenuar potenciais efeitos adversos. Essa comunicação aos titulares dos dados deverá ser efetuada logo que seja razoavelmente possível, em estreita cooperação com a autoridade de controlo e em cumprimento das orientações fornecidas por esta ou por outras autoridades competentes, como as autoridades de polícia. Por exemplo, a necessidade de atenuar um risco imediato de prejuízo exigirá uma pronta comunicação aos titulares dos dados, mas a necessidade de aplicar medidas adequadas contra violações de dados pessoais recorrentes ou similares poderá justificar um período mais alargado para a comunicação.

(87) Há que verificar se foram aplicadas todas as medidas tecnológicas de proteção e de organização para apurar imediatamente a ocorrência de uma violação de dados pessoais e para informar rapidamente a autoridade de controlo e o titular. Para comprovar que a notificação foi enviada sem demora injustificada importa ter em consideração, em especial, a natureza e a gravidade da violação dos dados pessoais e as respetivas consequências e efeitos adversos para o titular dos dados. Essa notificação poderá resultar numa intervenção da autoridade de controlo em conformidade com as suas funções e competências, definidas pelo presente regulamento.

(88) Ao estabelecer regras pormenorizadas relativamente ao formato e aos procedimentos aplicáveis à notificação das violações de dados pessoais, deverá ter-se devidamente em conta as circunstâncias dessa violação, nomeadamente a existência ou não de proteção dos dados pessoais através de medidas técnicas de proteção adequadas para reduzir eficaz-

mente a probabilidade de usurpação da identidade ou outras formas de utilização abusiva. Além disso, tais regras e procedimentos deverão ter em conta os legítimos interesses das autoridades de polícia nos casos em que a divulgação precoce de informações possa dificultar desnecessariamente a investigação das circunstâncias da violação de dados pessoais.

(89) A Diretiva 95/46/CE estabelece uma obrigação geral de notificação do tratamento de dados pessoais às autoridades de controlo. Além de esta obrigação originar encargos administrativos e financeiros, nem sempre contribuiu para a melhoria da proteção dos dados pessoais. Tais obrigações gerais e indiscriminadas de notificação deverão, por isso, ser suprimidas e substituídas por regras e procedimentos eficazes mais centrados nos tipos de operações de tratamento suscetíveis de resultar num elevado risco para os direitos e liberdades das pessoas singulares, devido à sua natureza, âmbito, contexto e finalidades. Os referidos tipos de operações de tratamento poderão, nomeadamente, envolver a utilização de novas tecnologias, ou pertencer a um novo tipo e não ter sido antecedidas por uma avaliação de impacto sobre a proteção de dados por parte do responsável pelo tratamento, ou ser consideradas necessárias à luz do período decorrido desde o tratamento inicial responsável pelo tratamento.

(90) Nesses casos, o responsável pelo tratamento deverá proceder, antes do tratamento, a uma avaliação do impacto sobre a proteção de dados, a fim de avaliar a probabilidade ou gravidade particulares do elevado risco, tendo em conta a natureza, o âmbito, o contexto e as finalidades do tratamento e as fontes do risco. Essa avaliação do impacto deverá incluir, nomeadamente, as medidas, garantias e procedimentos previstos para atenuar esse risco, assegurar a proteção dos dados pessoais e comprovar a observância do presente regulamento.

(91) Tal deverá aplicar-se, nomeadamente, às operações de tratamento de grande escala que visem o tratamento de uma grande quantidade de dados pessoais a nível regional, nacional ou supranacional, possam afetar um número considerável de titulares de dados e sejam suscetíveis de implicar um elevado risco, por exemplo, em razão da sua sensibilidade, nas quais, em conformidade com o nível de conhecimentos tecnológicos alcançado, seja utilizada em grande escala uma nova tecnologia, bem como a outras operações de tratamento que impliquem um elevado risco para os direitos e liberdades dos titulares dos dados, em especial

quando tais operações dificultem aos titulares o exercício dos seus direitos. Dever-se-á realizar também uma avaliação de impacto sobre a proteção de dados nos casos em que os dados pessoais são tratados para tomar decisões relativas a determinadas pessoas singulares na sequência de qualquer avaliação sistemática e completa dos aspetos pessoais relacionados com pessoas singulares baseada na definição dos perfis desses dados ou na sequência do tratamento de categorias especiais de dados pessoais, de dados biométricos ou de dados sobre condenações penais e infrações ou medidas de segurança conexas. É igualmente exigida uma avaliação do impacto sobre a proteção de dados para o controlo de zonas acessíveis ao público em grande escala, nomeadamente se forem utilizados mecanismos optoeletrónicos, ou para quaisquer outras operações quando a autoridade de controlo competente considere que o tratamento é suscetível de implicar um elevado risco para os direitos e liberdades dos titulares dos direitos, em especial por impedirem estes últimos de exercer um direito ou de utilizar um serviço ou um contrato, ou por serem realizadas sistematicamente em grande escala. O tratamento de dados pessoais não deverá ser considerado de grande escala se disser respeito aos dados pessoais de pacientes ou clientes de um determinado médico, profissional de cuidados de saúde, hospital ou advogado. Nesses casos, a realização de uma avaliação de impacto sobre a proteção de dados não deverá ser obrigatória.

(92) Em certas circunstâncias pode ser razoável e económico alargar a avaliação de impacto sobre a proteção de dados para além de um projeto único, por exemplo se as autoridades ou organismos públicos pretenderem criar uma aplicação ou uma plataforma de tratamento comum, ou se vários responsáveis pelo tratamento planearem criar uma aplicação ou um ambiente de tratamento comum em todo um setor ou segmento profissional, ou uma atividade horizontal amplamente utilizada.

(93) No contexto da adoção da legislação dos Estados-Membros que regula a prossecução das atribuições da autoridade ou do organismo público, bem como a operação ou o conjunto de operações em questão, os Estados-Membros podem considerar necessário proceder à avaliação antes de iniciar as atividades de tratamento.

(94) Sempre que uma avaliação de impacto relativa à proteção de dados indicar que o tratamento, na falta de garantias e de medidas e procedimentos de segurança para atenuar os riscos, implica um elevado

risco para os direitos e liberdades das pessoas singulares e o responsável pelo tratamento considerar que o risco não poderá ser atenuado através de medidas razoáveis, atendendo à tecnologia disponível e aos custos de aplicação, a autoridade de controlo deverá ser consultada antes de as atividades de tratamento terem início. Provavelmente, esse elevado risco decorre de determinados tipos de tratamento e da extensão e frequência do tratamento, que podem originar igualmente danos ou interferir com os direitos e liberdades da pessoa singular. A autoridade de controlo deverá responder ao pedido de consulta dentro de um determinado prazo. Contudo, a ausência de reação da autoridade de controlo no decorrer desse prazo não prejudicará qualquer intervenção que esta autoridade venha a fazer em conformidade com as suas funções e competências, definidas pelo presente regulamento, incluindo a competência para proibir certas operações de tratamento. No âmbito desse processo de consulta, o resultado de uma avaliação do impacto sobre a proteção de dados efetuada relativamente ao tratamento em questão pode ser apresentado à autoridade de controlo, em especial as medidas previstas para atenuar o risco para os direitos e liberdades das pessoas singulares.

(95) O subcontratante deverá prestar assistência ao responsável pelo tratamento, se necessário e a pedido deste, para assegurar o cumprimento das obrigações decorrentes da realização de avaliações do impacto sobre a proteção de dados e da consulta prévia à autoridade de controlo.

(96) Deverá ter também lugar uma consulta à autoridade de controlo durante os trabalhos de elaboração de uma medida legislativa ou regulamentar que preveja o tratamento de dados pessoais, de modo a assegurar a conformidade do tratamento pretendido com o presente regulamento e, em particular, a atenuar o respetivo risco para o titular dos dados.

(97) Sempre que o tratamento dos dados for efetuado por uma autoridade pública, com exceção dos tribunais ou de autoridades judiciais independentes no exercício da sua função jurisdicional, sempre que, no setor privado, for efetuado por um responsável pelo tratamento cujas atividades principais consistam em operações de tratamento que exijam o controlo regular e sistemático do titular dos dados em grande escala, ou sempre que as atividades principais do responsável pelo tratamento ou do subcontratante consistam em operações de tratamento em grande escala de categorias especiais de dados pessoais e de dados relacionados com condenações penais e infrações, o responsável pelo tratamento destes

ou o subcontratante pode ser assistido por um especialista em legislação e prática de proteção dados no controlo do cumprimento do presente regulamento a nível interno. No setor privado, as atividades principais do responsável pelo tratamento dizem respeito às suas atividades primárias e não estão relacionadas com o tratamento de dados pessoais como atividade auxiliar. O nível necessário de conhecimentos especializados deverá ser determinado, em particular, em função do tratamento de dados realizado e da proteção exigida para os dados pessoais tratados pelo responsável pelo seu tratamento ou pelo subcontratante. Estes encarregados da proteção de dados, sejam ou não empregados do responsável pelo tratamento, deverão estar em condições de desempenhar as suas funções e atribuições com independência.

(98) As associações ou outras entidades que representem categorias de responsáveis pelo tratamento ou de subcontratantes deverão ser incentivadas a elaborar códigos de conduta, no respeito do presente regulamento, com vista a facilitar a sua aplicação efetiva, tendo em conta as características específicas do tratamento efetuado em determinados setores e as necessidades específicas das micro, pequenas e médias empresas. Esses códigos de conduta poderão nomeadamente regular as obrigações dos responsáveis pelo tratamento e dos subcontratantes, tendo em conta o risco que poderá resultar do tratamento dos dados no que diz respeito aos direitos e às liberdades das pessoas singulares.

(99) Durante o processo de elaboração de um código de conduta, ou na sua alteração ou aditamento, as associações e outros organismos representantes de categorias de responsáveis pelo tratamento ou de subcontratantes deverão consultar as partes interessadas, nomeadamente os titulares dos dados, se possível, e ter em conta os contributos recebidos e as opiniões expressas em resposta a essas consultas.

(100) A fim de reforçar a transparência e o cumprimento do presente regulamento, deverá ser encorajada a criação de procedimentos de certificação e selos e marcas de proteção de dados, que permitam aos titulares avaliar rapidamente o nível de proteção de dados proporcionado pelos produtos e serviços em causa.

(101) A circulação de dados pessoais, com origem e destino quer a países não pertencentes à União quer a organizações internacionais, é necessária ao desenvolvimento do comércio e da cooperação internacionais. O aumento dessa circulação criou novos desafios e novas preocupa-

ções em relação à proteção dos dados pessoais. Todavia, quando os dados pessoais são transferidos da União para responsáveis pelo tratamento, para subcontratantes ou para outros destinatários em países terceiros ou para organizações internacionais, o nível de proteção das pessoas singulares assegurado na União pelo presente regulamento deverá continuar a ser garantido, inclusive nos casos de posterior transferência de dados pessoais do país terceiro ou da organização internacional em causa para responsáveis pelo tratamento, subcontratantes desse país terceiro ou de outro, ou para uma organização internacional. Em todo o caso, as transferências para países terceiros e organizações internacionais só podem ser efetuadas no pleno respeito pelo presente regulamento. Só poderão ser realizadas transferências se, sob reserva das demais disposições do presente regulamento, as condições constantes das disposições do presente regulamento relativas a transferências de dados pessoais para países terceiros e organizações internacionais forem cumpridas pelo responsável pelo tratamento ou subcontratante.

(102) O presente regulamento não prejudica os acordos internacionais celebrados entre a União Europeia e países terceiros que regulem a transferência de dados pessoais, incluindo as garantias adequadas em benefício dos titulares dos dados. Os Estados-Membros poderão celebrar acordos internacionais que impliquem a transferência de dados pessoais para países terceiros ou organizações internacionais, desde que tais acordos não afetem o presente regulamento ou quaisquer outras disposições do direito da União e prevejam um nível adequado de proteção dos direitos fundamentais dos titulares dos dados.

(103) A Comissão pode decidir, com efeitos no conjunto da União, que um país terceiro, um território ou um setor determinado de um país terceiro, ou uma organização internacional, oferece um nível adequado de proteção de dados adequado, garantindo assim a segurança jurídica e a uniformidade ao nível da União relativamente ao país terceiro ou à organização internacional que seja considerado apto a assegurar tal nível de proteção. Nestes casos, podem realizar-se transferências de dados pessoais para esse país ou organização internacional sem que para tal seja necessária mais nenhuma autorização. A Comissão pode igualmente decidir, após enviar ao país terceiro ou organização internacional uma notificação e uma declaração completa dos motivos, revogar essa decisão.

(104) Em conformidade com os valores fundamentais em que a União assenta, particularmente a defesa dos direitos humanos, a Comissão deverá, na sua avaliação do país terceiro ou de um território ou setor específico de um país terceiro, ter em consideração em que medida esse país respeita o primado do Estado de direito, o acesso à justiça e as regras e normas internacionais no domínio dos direitos humanos e a sua legislação geral e setorial, nomeadamente a legislação relativa à segurança pública, à defesa e à segurança nacional, bem como a lei da ordem pública e a lei penal. A adoção de uma decisão de adequação relativamente a um território ou um setor específico num país terceiro deverá ter em conta critérios claros e objetivos, tais como as atividades de tratamento específicas e o âmbito das normas jurídicas aplicáveis, bem como a legislação em vigor no país terceiro. Este deverá dar garantias para assegurar um nível adequado de proteção essencialmente equivalente ao assegurado na União, nomeadamente quando os dados pessoais são tratados num ou mais setores específicos. Em especial, o país terceiro deverá garantir o controlo efetivo e independente da proteção dos dados e estabelecer regras de cooperação com as autoridades de proteção de dados dos Estados-Membros, e ainda conferir aos titulares dos dados direitos efetivos e oponíveis e vias efetivas de recurso administrativo e judicial.

(105) Além dos compromissos internacionais assumidos pelo país terceiro ou pela organização internacional, a Comissão deverá ter em conta as obrigações decorrentes da participação do país terceiro ou da organização internacional nos sistemas multilaterais ou regionais, em especial no que diz respeito à proteção dos dados pessoais, bem como o cumprimento de tais obrigações. Em especial, há que ter em conta a adesão do país terceiro em causa à Convenção do Conselho da Europa para a Proteção das Pessoas relativamente ao Tratamento Automatizado de Dados de Caráter Pessoal, de 28 de janeiro de 1981, e ao seu Protocolo Adicional. A Comissão deverá consultar o Comité quando avaliar o nível de proteção nos países terceiros ou organizações internacionais.

(106) A Comissão deverá controlar a eficácia das decisões sobre o nível de proteção assegurado num país terceiro, num território ou num setor específico de um país terceiro, ou numa organização internacional, e acompanhar a eficácia das decisões adotadas com base no artigo 25.o, n.o 6, ou no artigo 26.o, n.o 4, da Diretiva 95/46/CE. Nas suas decisões de adequação, a Comissão deverá prever um procedimento de avaliação

periódica da aplicação destas. Essa revisão periódica deverá ser feita em consulta com o país terceiro ou a organização internacional em questão e ter em conta todos os desenvolvimentos pertinentes verificados no país terceiro ou organização internacional. Para efeitos de controlo e de realização das revisões periódicas, a Comissão deverá ter em consideração os pontos de vista e as conclusões a que tenham chegado o Parlamento Europeu e o Conselho, bem como outros organismos e fontes pertinentes. A Comissão deverá avaliar, num prazo razoável, a eficácia destas últimas decisões e comunicar quaisquer resultados pertinentes ao comité na aceção do Regulamento (UE) n.º 182/2011 do Parlamento Europeu e do Conselho[45], tal como estabelecido no presente regulamento, ao Parlamento Europeu e ao Conselho.

(107) A Comissão pode reconhecer que um país terceiro, um território ou um setor específico de um país terceiro, ou uma organização internacional, deixou de assegurar um nível adequado de proteção de dados. Por conseguinte, deverá ser proibida a transferência de dados pessoais para esse país terceiro ou organização internacional, a menos que sejam cumpridos os requisitos constantes do presente regulamento relativos a transferências sujeitas a garantias adequadas, incluindo regras vinculativas aplicáveis às empresas, e derrogações para situações específicas. Nesse caso, deverão ser tomadas medidas que visem uma consulta entre a Comissão e esse país terceiro ou organização internacional. A Comissão deverá, em tempo útil, informar o país terceiro ou a organização internacional das razões da proibição e iniciar consultas com o país ou organização em causa, a fim de corrigir a situação.

(108) Na falta de uma decisão sobre o nível de proteção adequado, o responsável pelo tratamento ou o subcontratante deverá adotar as medidas necessárias para colmatar a insuficiência da proteção de dados no país terceiro dando para tal garantias adequadas ao titular dos dados. Tais garantias adequadas podem consistir no recurso a regras vinculativas aplicáveis às empresas, cláusulas-tipo de proteção de dados adotadas pela Comissão, cláusulas-tipo de proteção de dados adotadas por uma auto-

---

[45] Regulamento (UE) n.º 182/2011 do Parlamento Europeu e do Conselho, de 16 de fevereiro de 2011, que estabelece as regras e os princípios gerais relativos aos mecanismos de controlo pelos Estados-Membros do exercício das competências de execução pela Comissão (JO L 55 de 28.2.2011, p. 13).

ridade de controlo, ou cláusulas contratuais autorizadas por esta autoridade. Essas medidas deverão assegurar o cumprimento dos requisitos relativos à proteção de dados e o respeito pelos direitos dos titulares dos dados adequados ao tratamento no território da União, incluindo a existência de direitos do titular de dados e de medidas jurídicas corretivas eficazes, nomeadamente o direito de recurso administrativo ou judicial e de exigir indemnização, quer no território da União quer num país terceiro. Deverão estar relacionadas, em especial, com o respeito pelos princípios gerais relativos ao tratamento de dados pessoais e pelos princípios de proteção de dados desde a conceção e por defeito. Também podem ser efetuadas transferências por autoridades ou organismos públicos para autoridades ou organismos públicos em países terceiros ou para organizações internacionais que tenham deveres e funções correspondentes, nomeadamente com base em disposições a inserir no regime administrativo, como seja um memorando de entendimento, que prevejam a existência de direitos efetivos e oponíveis dos titulares dos dados. Deverá ser obtida a autorização da autoridade de controlo competente quando as garantias previstas em regimes administrativos não forem juridicamente vinculativas.

(109) A possibilidade de o responsável pelo tratamento ou o subcontratante utilizarem cláusulas-tipo de proteção de dados adotadas pela Comissão ou por uma autoridade de controlo não os deverá impedir de incluírem estas cláusulas num contrato mais abrangente, como um contrato entre o subcontratante e outro subcontratante, nem de acrescentarem outras cláusulas ou garantias adicionais desde que não entrem, direta ou indiretamente, em contradição com as cláusulas contratuais-tipo adotadas pela Comissão ou por uma autoridade de controlo, e sem prejuízo dos direitos ou liberdades fundamentais dos titulares dos dados. Os responsáveis pelo tratamento e os subcontratantes deverão ser encorajados a apresentar garantias suplementares através de compromissos contratuais que complementem as cláusulas-tipo de proteção.

(110) Os grupos empresariais ou os grupos de empresas envolvidas numa atividade económica conjunta deverão poder utilizar as regras vinculativas aplicáveis às empresas aprovadas para as suas transferências internacionais da União para entidades pertencentes ao mesmo grupo empresarial ou grupo de empresas envolvidas numa atividade económica conjunta, desde que essas regras incluam todos os princípios essenciais

e direitos oponíveis que visem assegurar garantias adequadas às transferências ou categorias de transferências de dados pessoais.

(111) Deverá prever-se a possibilidade de efetuar transferências em determinadas circunstâncias em que o titular dos dados dê o seu consentimento explícito, em que a transferência seja ocasional e necessária em relação a um contrato ou a um contencioso judicial, independentemente de se tratar de um processo judicial, de um processo administrativo ou de um qualquer procedimento não judicial, incluindo procedimentos junto de organismos de regulação. Deverá também estar prevista a possibilidade de efetuar transferências no caso de motivos importantes de interesse público previstos pelo direito da União ou de um Estado-Membro o exigirem, ou se a transferência for efetuada a partir de um registo criado por lei e destinado à consulta por parte do público ou de pessoas com um interesse legítimo. Neste último caso, a transferência não deverá abranger a totalidade dos dados nem categorias completas de dados pessoais contidos nesse registo e, quando este último se destinar a ser consultado por pessoas com um interesse legítimo, a transferência apenas deverá ser efetuada a pedido dessas pessoas ou, caso sejam os seus destinatários, tendo plenamente em conta os interesses e os direitos fundamentais do titular dos dados.

(112) Essas derrogações deverão ser aplicáveis, em especial, às transferências de dados exigidas e necessárias por razões importantes de interesse público, por exemplo em caso de intercâmbio internacional de dados entre autoridades de concorrência, administrações fiscais ou aduaneiras, entre autoridades de supervisão financeira, entre serviços competentes em matéria de segurança social ou de saúde pública, por exemplo em caso de localização de contactos no que respeita a doenças contagiosas ou para reduzir e/ou eliminar a dopagem no desporto. Deverá igualmente ser considerada legal uma transferência de dados pessoais que seja necessária para a proteção de um interesse essencial para os interesses vitais do titular dos dados ou de outra pessoa, nomeadamente a integridade física ou a vida, se o titular dos dados estiver impossibilitado de dar o seu consentimento. Na falta de uma decisão de adequação, o direito da União ou de um Estado-Membro pode, por razões importantes de interesse público, estabelecer expressamente limites à transferência de categorias específicas de dados para países terceiros ou organizações internacionais. Os Estados-Membros deverão notificar essas decisões nacionais

à Comissão. As transferências, para uma organização humanitária internacional, de dados pessoais de um titular que seja física ou legalmente incapaz de dar o seu consentimento, com vista ao desempenho de missões, ao abrigo das Convenções de Genebra ou para cumprir o direito internacional humanitário aplicável aos conflitos armados, poderão ser consideradas necessárias por uma razão importante de interesse público ou por ser do interesse vital do titular dos dados.

(113) As transferências que possam ser classificadas como não repetitivas e que apenas digam respeito a um número limitado de titulares de dados podem igualmente ser admitidas para efeitos dos interesses legítimos imperiosos visados pelo responsável pelo tratamento, desde que a tais interesses não se sobreponham os interesses ou os direitos e liberdades do titular dos dados e desde que o responsável pelo tratamento destes tenha avaliado todas as circunstâncias associadas à operação de transferência. O responsável pelo tratamento deverá atender especialmente à natureza dos dados pessoais, à finalidade e à duração da operação ou operações de tratamento previstas, bem como à situação vigente no país de origem, no país terceiro e no país de destino final, e deverá apresentar as garantias adequadas para defender os direitos e liberdades fundamentais das pessoas singulares relativamente ao tratamento dos seus dados pessoais. Tais transferências só deverão ser possíveis em raros casos em que não se aplique nenhum dos outros motivos de transferência. Para fins de investigação científica ou histórica ou fins estatísticos, deverão ser tidas em consideração as expectativas legítimas da sociedade em matéria de avanço do conhecimento. O responsável pelo tratamento deverá informar da transferência a autoridade de controlo e o titular dos dados.

(114) Em qualquer caso, se a Comissão não tiver tomado nenhuma decisão relativamente ao nível de proteção adequado de dados num determinado país terceiro, o responsável pelo tratamento ou o subcontratante deverá adotar soluções que confiram aos titulares dos dados direitos efetivos e oponíveis quanto ao tratamento dos seus dados na União, após a transferência dos mesmos, e lhes garantam que continuarão a beneficiar dos direitos e garantias fundamentais.

(115) Alguns países terceiros aprovam leis, regulamentos e outros atos normativos destinados a regular diretamente as atividades de tratamento pelas pessoas singulares e coletivas sob a jurisdição dos Estados-Membros. Pode ser o caso de sentenças de órgãos jurisdicionais ou de decisões

de autoridades administrativas de países terceiros que exijam que o responsável pelo tratamento ou subcontratante transfira ou divulgue dados pessoais sem fundamento em nenhum acordo internacional, como seja um acordo de assistência judiciária mútua, em vigor entre o país terceiro em causa e a União ou um dos Estados-Membros. Em virtude da sua aplicabilidade extraterritorial, essas leis, regulamentos e outros atos normativos podem violar o direito internacional e obstar à realização do objetivo de proteção das pessoas singulares, assegurado na União Europeia pelo presente regulamento. As transferências só deverão ser autorizadas quando estejam preenchidas as condições estabelecidas pelo presente regulamento para as transferências para os países terceiros. Pode ser esse o caso, nomeadamente, sempre que a divulgação for necessária por um motivo importante de interesse público, reconhecido pelo direito da União ou dos Estados-Membros ao qual o responsável pelo tratamento está sujeito.

(116) Sempre que dados pessoais atravessarem fronteiras fora do território da União, aumenta o risco de que as pessoas singulares não possam exercer os seus direitos à proteção de dados, nomeadamente para se protegerem da utilização ilegal ou da divulgação dessas informações. Paralelamente, as autoridades de controlo podem ser incapazes de dar seguimento a reclamações ou conduzir investigações relacionadas com atividades exercidas fora das suas fronteiras. Os seus esforços para colaborar no contexto transfronteiras podem ser também restringidos por poderes preventivos ou medidas de reparação insuficientes, regimes jurídicos incoerentes e obstáculos práticos, tais como a limitação de recursos. Por conseguinte, revela-se necessário promover uma cooperação mais estreita entre as autoridades de controlo da proteção de dados, a fim de que possam efetuar o intercâmbio de informações e realizar investigações com as suas homólogas internacionais. Para efeitos de criação de regras de cooperação internacional que facilitem e proporcionem assistência mútua internacional para a aplicação da legislação de proteção de dados pessoais, a Comissão e as autoridades de controlo deverão trocar informações e colaborar com as autoridades competentes de países terceiros em atividades relacionadas com o exercício dos seus poderes, com base na reciprocidade e em conformidade com o presente regulamento.

(117) A criação de autoridades de controlo nos Estados-Membros, habilitadas a desempenhar as suas funções e a exercer os seus poderes

com total independência, constitui um elemento essencial da proteção das pessoas singulares no que respeita ao tratamento dos seus dados pessoais. Os Estados-Membros deverão poder criar mais do que uma autoridade de controlo, de modo a refletir a sua estrutura constitucional, organizacional e administrativa.

(118) A independência das autoridades de controlo não deverá implicar que estas autoridades não possam ser sujeitas a procedimentos de controlo ou monitorização no que diz respeito às suas despesas nem a fiscalização judicial.

(119) Os Estados-Membros que criem várias autoridades de controlo deverão prever na sua legislação procedimentos que garantam a participação efetiva dessas mesmas autoridades no procedimento de controlo da coerência. Esses Estados-Membros deverão, em particular, designar a autoridade de controlo que servirá de ponto de contacto único, para permitir a participação efetiva dessas autoridades no referido procedimentoo, a fim de assegurar uma cooperação rápida e fácil com outras autoridades de controlo, com o Comité e com a Comissão.

(120) Deverão ser dados às autoridades de controlo os recursos financeiros e humanos, as instalações e as infraestruturas necessárias ao desempenho eficaz das suas atribuições, incluindo as relacionadas com a assistência e a cooperação mútuas com outras autoridades de controlo da União. As autoridades de controlo deverão ter orçamentos anuais públicos separados, que poderão estar integrados no orçamento geral do Estado ou nacional.

(121) As condições gerais aplicáveis aos membros da autoridade de controlo deverão ser definidas por lei em cada Estado-Membro e deverão prever, em especial, que os referidos membros sejam nomeados, com recurso a um processo transparente, pelo Parlamento, pelo Governo ou pelo Chefe de Estado do Estado-Membro com base numa proposta do Governo, de um dos seus membros, do Parlamento ou de uma sua câmara, ou por um organismo independente incumbido da nomeação nos termos do direito do Estado-Membro. A fim de assegurar a independência da autoridade de controlo, os membros que a integram deverão exercer as suas funções com integridade, abster-se de qualquer ato incompatível com as mesmas e, durante o seu mandato, não deverão exercer nenhuma atividade, seja ou não remunerada, que com elas seja incompatível. A autoridade de controlo deverá dispor do seu próprio pessoal, sele-

cionado por si mesma ou por um organismo independente criado nos termos do direito do Estado-Membro, que deverá estar exclusivamente sujeito à orientação do membro ou membros da autoridade de controlo.

(122) As autoridades de controlo deverão ser competentes no território do respetivo Estado-Membro para exercer os poderes e desempenhar as funções que lhes são conferidas nos termos do presente regulamento. Deverá ser abrangido, em especial, o tratamento de dados efetuado no contexto das atividades de um estabelecimento do responsável pelo tratamento ou do subcontratante no território do seu próprio Estado-Membro, o tratamento de dados pessoais efetuado por autoridades públicas ou por organismos privados que atuem no interesse público, o tratamento que afete os titulares de dados no seu território, ou o tratamento de dados efetuado por um responsável ou subcontratante não estabelecido na União quando diga respeito a titulares de dados residentes no seu território. Deverá ficar abrangido o tratamento de reclamações apresentadas por um titular de dados, a realização de investigações sobre a aplicação do presente regulamento e a promoção da sensibilização do público para os riscos, regras, garantias e direitos associados ao tratamento de dados pessoais.

(123) As autoridades de controlo deverão controlar a aplicação das disposições do presente regulamento e contribuir para a sua aplicação coerente em toda a União, a fim de proteger as pessoas singulares relativamente ao tratamento dos seus dados pessoais e facilitar a livre circulação desses dados a nível do mercado interno. Para esse efeito, as autoridades de controlo deverão cooperar entre si e com a Comissão, sem necessidade de qualquer acordo entre os Estados-Membros quer sobre a prestação de assistência mútua quer sobre tal cooperação.

(124) Quando o tratamento de dados pessoais ocorra no contexto das atividades de um estabelecimento de um responsável pelo tratamento ou de um subcontratante na União e o responsável pelo tratamento ou o subcontratante esteja estabelecido em vários Estados-Membros, ou quando o tratamento no contexto das atividades de um único estabelecimento de um responsável pelo tratamento ou de um subcontratante, na União, afete ou seja suscetível de afetar substancialmente titulares de dados em diversos Estados-Membros, a autoridade de controlo do estabelecimento principal ou do estabelecimento único do responsável pelo tratamento ou do subcontratante deverá agir na qualidade de autoridade de controlo

principal. Esta autoridade deverá cooperar com as outras autoridades interessadas, porque o responsável pelo tratamento ou o subcontratante tem um estabelecimento no território do seu Estado-Membro, porque há titulares de dados residentes no seu território que são substancialmente afetados, ou porque lhe foi apresentada uma reclamação. Além do mais, quando tenha sido apresentada uma reclamação por um titular de dados que não resida nesse Estado-Membro, a autoridade de controlo à qual a reclamação tiver sido apresentada deverá ser também autoridade de controlo interessada. No âmbito das suas funções de emissão de orientações sobre qualquer assunto relativo à aplicação do presente regulamento, o Comité deverá poder emitir orientações nomeadamente sobre os critérios a ter em conta para apurar se o tratamento em causa afeta substancialmente titulares de dados em mais do que um Estado-Membro e sobre aquilo que constitui uma objeção pertinente e fundamentada.

(125) A autoridade principal deverá ser competente para adotar decisões vinculativas relativamente a medidas que deem execução às competências que lhe tenham sido atribuídas nos termos do presente regulamento. Na sua qualidade de autoridade principal, a autoridade de controlo deverá implicar no processo decisório e coordenar as autoridades de controlo interessadas. Nos casos em que a decisão consista em rejeitar no todo ou em parte a reclamação apresentada pelo titular dos dados, esta deverá ser adotada pela autoridade de controlo à qual a reclamação tenha sido apresentada.

(126) As decisões deverão ser acordadas conjuntamente pela autoridade de controlo principal e as autoridades de controlo interessadas e deverão visar o estabelecimento principal ou único do responsável pelo tratamento ou do subcontratante e ser vinculativas para ambos. O responsável pelo tratamento ou o subcontratante deverá tomar as medidas necessárias para assegurar o cumprimento do disposto no presente regulamento e a execução da decisão notificada pela autoridade de controlo principal ao estabelecimento principal do responsável pelo tratamento ou do subcontratante no que diz respeito às atividades de tratamento de dados na União.

(127) As autoridades de controlo que não atuem como autoridade de controlo principal deverão ter competência para tratar casos a nível local quando o responsável pelo tratamento ou subcontratante estiver estabelecido em vários Estados-Membros, mas o assunto do tratamento especí-

fico disser respeito unicamente ao tratamento efetuado num só Estado-
-Membro, e envolver somente titulares de dados nesse Estado-Membro,
por exemplo, no caso de o assunto dizer respeito ao tratamento de dados
pessoais de trabalhadores num contexto específico de emprego num
Estado-Membro. Nesses casos, a autoridade de controlo deverá informar imediatamente do assunto a autoridade de controlo principal. Após
ter sido informada, a autoridade de controlo principal decidirá se trata o
caso de acordo com o disposto em matéria de cooperação entre a autoridade de controlo principal e a outra autoridade de controlointeressada
(«mecanismo de balcão único»), ou se deverá ser a autoridade de controlo que a informou a tratar o caso a nível local. Ao decidir se trata o
caso, a autoridade de controlo principal deverá ter em conta se há algum
estabelecimento do responsável pelo tratamento ou subcontratante no
Estado-Membro da autoridade de controlo que a informou, a fim de
garantir a eficaz execução da decisão relativamente ao responsável pelo
tratamento ou subcontratante. Quando a autoridade de controlo principal decide tratar o caso, a autoridade de controlo que a informou deverá
ter a possibilidade de apresentar um projeto de decisão, que a autoridade
de controlo principal deverá ter na melhor conta quando prepara o seu
projeto de decisão no âmbito desse mecanismo de balcão único.

(128) As regras relativas à autoridade de controlo principal e ao mecanismo de balcão único não se deverão aplicar quando o tratamento dos
dados for efetuado por autoridades públicas ou organismos privados que
atuem no interesse público. Em tais casos, a única autoridade de controlo competente para exercer as competências que lhe são conferidas
nos termos do presente regulamento deverá ser a autoridade de controlo
do Estado-Membro em que estiver estabelecida tal autoridade pública ou
organismo privado.

(129) A fim de assegurar o controlo e a aplicação coerentes do presente regulamento em toda a União, as autoridades de controlo deverão ter, em cada Estado-Membro, as mesmas funções e poderes efetivos,
incluindo poderes de investigação, poderes de correção e de sanção, e
poderes consultivos e de autorização, nomeadamente em caso de reclamação apresentada por pessoas singulares, sem prejuízo dos poderes das
autoridades competentes para o exercício da ação penal ao abrigo do
direito do Estado-Membro, tendo em vista levar as violações ao presente
regulamento ao conhecimento das autoridades judiciais e intervir em

processos judiciais. Essas competências deverão incluir o poder de impor uma limitação temporário ou definitiva ao tratamento, ou mesmo a sua proibição. Os Estados-Membros podem estabelecer outras funções relacionadas com a proteção de dados pessoais ao abrigo do presente regulamento. Os poderes das autoridades de controlo deverão ser exercidos em conformidade com as garantias processuais adequadas previstas no direito da União e do Estado-Membro, com imparcialidade, com equidade e num prazo razoável. Em particular, cada medida deverá ser adequada, necessária e proporcionada a fim de garantir a conformidade com o presente regulamento, tendo em conta as circunstâncias de cada caso concreto, respeitar o direito de todas as pessoas a serem ouvidas antes de ser tomada qualquer medida individual que as prejudique, e evitar custos supérfluos e inconvenientes excessivos para as pessoas em causa. Os poderes de investigação em matéria de acesso às instalações deverão ser exercidos em conformidade com os requisitos específicos do direito processual do Estado-Membro, como, por exemplo, a obrigação de obter autorização judicial prévia. As medidas juridicamente vinculativas da autoridade de controlo deverão ser emitidas por escrito, claras e inequívocas, indicar a autoridade de controlo que as emitiu e a data de emissão, ostentar a assinatura do diretor ou do membro da autoridade de controlo por eles autorizada, indicar os motivos que as justifica e mencionar o direito de recurso efetivo. Tal não deverá impedir que sejam estabelecidos requisitos suplementares nos termos do direito processual do Estado-Membro. A adoção de uma decisão juridicamente vinculativa pode dar origem a controlo jurisdicional nos Estados-Membros da autoridade de controlo que tenha adotado a decisão.

(130) Nos casos em que a autoridade de controlo a que a reclamação é apresentada não seja a principal, a autoridade de controlo principal deverá cooperar estreitamente com a autoridade de controlo à qual tiver sido apresentada a reclamação, de acordo com as disposições em matéria de cooperação e coerência do presente regulamento. Nestes casos, a autoridade de controlo principal, ao tomar medidas destinadas a produzir efeitos jurídicos, incluindo a imposição de coimas, deverá ter na melhor conta o parecer da autoridade de controlo à qual tiver sido apresentada a reclamação, que deverá continuar a ser competente para levar a cabo qualquer investigação no território do respetivo Estado-Membro, em ligação com a autoridade de controlo principal.

(131) Nos casos em que as funções de autoridade principal de controlo devessem ser exercidas por outra autoridade de controlo relativamente às atividades de tratamento do responsável pelo tratamento ou do subcontratante, mas em que o conteúdo concreto da reclamação ou a eventual violação diga respeito apenas às atividades de tratamento do responsável ou do subcontratante realizadas no Estado-Membro onde tenha sido apresentada a reclamação ou detetada a eventual infração, e o assunto não afete nem seja suscetível de afetar substancialmente titulares de dados noutros Estados-Membros, a autoridade de controlo que recebe uma reclamação, deteta ou é de outro modo informada de situações que impliquem eventuais violações do presente regulamento deverá procurar obter um acordo amigável. Se tal não lhe for possível, deverá exercer todos os poderes de que dispõe. Deverão ficar abrangidas: as atividades de tratamento específicas realizadas no território do Estado-Membro da autoridade de controlo ou que digam respeito a titulares de dados em território desse Estado-Membro; as atividades de tratamento realizadas no contexto de uma oferta de bens ou serviços destinados especificamente a titulares de dados no território do Estado-Membro da autoridade de controlo; ou as atividades de tratamento que tenham de ser analisadas tomando em consideração as obrigações legais aplicáveis ao abrigo do direito do Estado-Membro.

(132) As atividades de sensibilização das autoridades de controlo dirigidas ao público deverão incluir medidas específicas a favor dos responsáveis pelo tratamento e subcontratantes, incluindo as micro, pequenas e médias empresas, bem como as pessoas singulares, em particular num contexto educacional.

(133) As autoridades de controlo deverão prestar-se mutuamente assistência no desempenho das suas funções, por forma a assegurar a execução e aplicação coerentes do presente regulamento no mercado interno. A autoridade de controlo que solicite assistência mútua pode adotar uma medida provisória se não obtiver resposta relativamente a um pedido de assistência mútua no prazo de um mês a contar da receção desse pedido da outra autoridade de controlo.

(134) As autoridades de controlo deverão participar, sempre que for adequado, em operações conjuntas com outras autoridades de controlo. A autoridade de controlo requerida deverá ser obrigada a responder ao pedido num prazo determinado.

(135) A fim de assegurar a aplicação coerente do presente regulamento em toda a União, deverá ser criado um procedimento de controlo da coerência e para a cooperação entre as autoridades de controlo. Esse procedimento deverá ser aplicável, nomeadamente, quando uma autoridade de controlo tenciona adotar uma medida que vise produzir efeitos legais em relação a operações de tratamento que afetem substancialmente um número significativo de titulares de dados em vários Estados-Membros. Deverá aplicar-se igualmente sempre que uma autoridade de controlo interessada, ou a Comissão, solicitar que essa matéria seja tratada no âmbito do procedimento de controlo da coerência. Esse procedimento não deverá prejudicar medidas que a Comissão possa tomar no exercício das suas competências nos termos dos Tratados.

(136) Quando aplicar o procedimento de controlo da coerência, o Comité deverá emitir um parecer, num prazo determinado, se a maioria dos seus membros assim o decidir ou se tal lhe solicitado por qualquer autoridade de controlo interessada ou pela Comissão. O Comité deverá também ser habilitado a adotar decisões juridicamente vinculativas em caso de litígio entre as autoridades de controlo. Para esse efeito, deverá emitir, em princípio por maioria de dois terços dos seus membros, decisões vinculativas em casos claramente definidos em que as autoridades de controlo tenham posições contraditórias, em especial no âmbito da cooperação entre a autoridade de controlo principal e as autoridades de controlo interessadas, a respeito da questão de fundo, designadamente se há violação do presente regulamento.

(137) Pode ser urgente agir, a fim de defender os direitos e liberdades dos titulares de dados, em especial quando haja perigo de impedimento considerável do exercício de um direito do titular dos dados. Por essa razão, a autoridade de controlo deverá poder adotar no seu território medidas provisórias devidamente justificadas, válidas por um período determinado que não deverá exceder os três meses.

(138) A aplicação desse procedimento deverá ser condição de legalidade das medidas tomadas pelas autoridades de controlo que visem produzir efeitos legais nos casos em que a sua aplicação seja obrigatória. Noutros casos com dimensão transfronteiras, deverá ser aplicado o procedimento de cooperação entre a autoridade de controlo principal e as autoridades de controlo interessadas e a assistência mútua e as operações conjuntas poderão ser realizadas entre as autoridades de controlo

interessadas, bilateral ou multilateralmente, sem desencadear o procedimento de controlo da coerência.

(139) A fim de promover a aplicação coerente do presente regulamento, o Comité deverá ser um órgão independente da União. Para atingir os seus objetivos, o Comité deverá ser dotado de personalidade jurídica. O Comité é representado pelo seu presidente. Este Comité deverá substituir o Grupo de Trabalho sobre a proteção das pessoas no que diz respeito ao tratamento de dados pessoais instituído pelo artigo 29.º da Diretiva 95/46/CE. Deverá ser composto pelo diretor de uma autoridade de controlo de cada Estado-Membro e da Autoridade Europeia para a Proteção de Dados ou pelos seus representantes. A Comissão deverá participar nas atividades do Comité, mas sem direito de voto, e a Autoridade Europeia para a Proteção de Dados deverá também participar nas suas atividades com direito de voto em casos particulares. O Comité deverá contribuir para a aplicação coerente do presente regulamento em toda a União, incluindo mediante o aconselhamento da Comissão, nomeadamente no que respeita ao nível de proteção em países terceiros ou em organizações internacionais, e mediante a promoção da cooperação das autoridades de controlo em toda a União. O Comité deverá ser independente na prossecução das suas atribuições.

(140) O Comité deverá ser assistido por um secretariado disponibilizado pela Autoridade Europeia para a Proteção de Dados. O pessoal da Autoridade Europeia para a Proteção de Dados encarregado de exercer as funções conferidas ao Comité pelo presente regulamento deverá agir sob a direção exclusiva do presidente deste Comité, sendo responsável perante o mesmo.

(141) Os titulares dos dados deverão ter direito a apresentar reclamação a uma única autoridade de controlo única, particularmente no Estado-Membro da sua residência habitual, e direito a uma ação judicial efetiva, nos termos do artigo 47.º da Carta, se considerarem que os direitos que lhes são conferidos pelo presente regulamento foram violados ou se a autoridade de controlo não responder a uma reclamação, a recusar ou rejeitar, total ou parcialmente, ou não tomar as iniciativas necessárias para proteger os seus direitos. A investigação decorrente de uma reclamação deverá ser realizada, sob reserva de controlo jursidicional, na medida adequada ao caso específico. A autoridade de controlo deverá informar o titular dos dados do andamento e do resultado da reclamação

num prazo razoável. Se o caso exigir maior investigação ou a coordenação com outra autoridade de controlo, deverão ser comunicadas informações intermédias ao titular dos dados. As autoridades de controlo deverão tomar medidas para facilitar a apresentação de reclamações, nomeadamente fornecendo formulários de reclamação que possam também ser preenchidos eletronicamente, sem excluir outros meios de comunicação.

(142) Se o titular dos dados considerar que os direitos que lhe são conferidos pelo presente regulamento foram violados, deverá ter o direito de mandatar um organismo, organização ou associação sem fins lucrativos que seja constituído ao abrigo do direito de um Estado-Membro, cujos objetivos estatutários sejam de interesse público e que exerça a sua atividade no domínio da proteção dos dados pessoais, para apresentar uma reclamação em seu nome junto de uma autoridade de controlo, ou exercer o direito de recurso judicial em nome dos titulares dos dados ou, se tal estiver previsto no direito de um Estado-Membro, exercer o direito à indemnização em nome dos titulares do dados. Os Estados-Membros podem prever que esse organismo, organização ou associação tenha o direito de apresentar no Estado-Membro em causa uma reclamação, independentemente do mandato do titular dos dados, e o direito a um recurso judicial efetivo, se tiver razões para considerar que ocorreu uma violação dos direitos do titular dos dados por o tratamento dos dados pessoais violar o presente regulamento. Esse organismo, organização ou associação pode não ser autorizado a pedir uma indemnização em nome do titular dos dados independentemente do mandato que lhe é conferido por este.

(143) Todas as pessoas singulares ou coletivas têm o direito de interpor recurso de anulação das decisões do Comité para o Tribunal de Justiça nas condições previstas no artigo 263.º do TFUE. Enquanto destinatárias dessas decisões, as autoridades de controlo interessadas que as pretendam contestar têm de interpor recurso no prazo de dois meses a contar da sua notificação, em conformidade com o artigo 263.º do TFUE. Se as decisões do Comité disserem direta e individualmente respeito a um responsável pelo tratamento, um subcontratante ou ao autor da reclamação, este pode interpor recurso de anulação dessas decisões no prazo de dois meses a contar da sua publicação no sítio *web* do Comité, em conformidade com o artigo 263.º do TFUE. Sem prejuízo do direito que lhes assiste ao abrigo do artigo 263.º do TFUE, todas as pessoas, singulares ou cole-

tivas, deverão ter direito a interpor junto dos tribunais nacionais competentes recurso efetivo das decisões das autoridades de controlo que produzam efeitos jurídicos em relação a essas pessoas. Tais decisões dizem respeito, em especial, ao exercício de poderes de investigação, correção e autorização pelas autoridades de controlo ou à recusa ou rejeição de reclamações. Porém, o direito a um recurso judicial efetivo não abrange medidas tomadas pelas autoridades de controlo que não sejam juridicamente vinculativas, como os pareceres emitidos ou o aconselhamento prestado pela autoridade de controlo. Os recursos intepostos contra as autoridades de controlo deverão ser intepostos nos tribunais do Estado-Membro em cujo território se encontrem estabelecidas e obedecer às disposições processuais desse Estado-Membro. Estes tribunais deverão ter jurisdição plena, incluindo o poder de analisar todas as questões de facto e de direito relevantes para o litígio. Se a autoridade de controlo recusar ou rejeitar uma reclamação, o seu autor pode intentar uma ação perante os tribunais do mesmo Estado-Membro. No contexto de recursos judiciais relacionados com a aplicação do presente regulamento, os tribunais nacionais que considerem que uma decisão sobre a matéria é necessária ao julgamento, poderão, ou, no caso previsto no artigo 267.º do TFUE, são mesmo obrigados a solicitar ao Tribunal de Justiça uma decisão prejudicial sobre a interpretação do direito da União, concretamente do presente regulamento. Além disso, se a decisão de uma autoridade de controlo que dá execução a uma decisão do Comité for contestada junto de um tribunal nacional e estiver em causa a validade desta última decisão, o tribunal nacional em questão não tem competência para a declarar inválida, devendo reenviar a questão da validade para o Tribunal de Justiça nos termos do artigo 267.º do TFUE, na interpretação que lhe dá este tribunal, quando considera a decisão inválida. No entanto, o tribunal nacional não pode reenviar a questão da validade da decisão do Comité a pedido de uma pessoa singular ou coletiva que, tendo a possibilidade de interpor recurso de anulação da mesma, sobretudo se for a destinatária direta e individual da decisão, não o tenha feito dentro do prazo fixado no artigo 263.º do TFUE.

(144) Sempre que um tribunal chamado a pronunciar-se num recurso da decisão de uma autoridade de supervisão tiver motivos para crer que foi interposto perante um tribunal competente noutro Estado-Membro um processo relativo ao mesmo tratamento, designadamente o mesmo

assunto no que se refere às atividades de tratamento do mesmo responsável ou subcontratante, ou ações com o mesmo pedido e a mesma causa de pedir, deverá contactar esse outro tribunal a fim de confirmar a existência de tal processo relacionado. Se estiverem pendentes processos relacionados perante um tribunal de outro Estado-Membro, o tribunal em que a ação tiver sido intentada em segundo lugar poderá suspender o processo ou pode, a pedido de uma das partes, declarar-se incompetente a favor do tribunal em que a ação tiver sido intentada em primeiro lugar se este for competente para o processo em questão e a sua legislação permitir a apensação deste tipo de processos conexos. Consideram-se relacionados os processos ligados entre si por um nexo tão estreito que haja interesse em que sejam instruídos e julgados simultaneamente a fim de evitar soluções que poderiam ser inconciliáveis se as causas fossem julgadas separadamente.

(145) No que diz respeito a ações intentadas contra o responsável pelo tratamento ou o subcontratante, o requerente pode optar entre intentar a ação nos tribunais do Estado-Membro em que está estabelecido o responsável ou o subcontratante, ou nos tribunais do Estado-Membro de residência do titular dos dados, salvo se o responsável pelo tratamento for uma autoridade de um Estado-Membro no exercício dos seus poderes públicos.

(146) O responsável pelo tratamento ou o subcontratante deverão reparar quaisquer danos de que alguém possa ser vítima em virtude de um tratamento que viole o presente regulamento responsável pelo tratamento. O responsável pelo tratamento ou o subcontratante pode ser exonerado da responsabilidade se provar que o facto que causou o dano não lhe é de modo algum imputável. O conceito de dano deverá ser interpretado em sentido lato à luz da jurisprudência do Tribunal de Justiça, de uma forma que reflita plenamente os objetivos do presente regulamento. Tal não prejudica os pedidos de indemnização por danos provocados pela violação de outras regras do direito da União ou dos Estados-Membros. Os tratamentos que violem o presente regulamento abrangem igualmente os que violem os atos delegados e de execução adotados nos termos do presente regulamento e o direito dos Estados-Membros que dê execução a regras do presente regulamento. Os titulares dos dados deverão ser integral e efetivamente indemnizados pelos danos que tenham sofrido. Sempre que os responsáveis pelo tratamento ou os subcontratantes esti-

verem envolvidos no mesmo tratamento, cada um deles deverá ser responsabilizado pela totalidade dos danos causados. Porém, se os processos forem associados a um mesmo processo judicial, em conformidade com o direito dos Estados-Membros, a indemnização poderá ser repartida em função da responsabilidade que caiba a cada responsável pelo tratamento ou subcontratante pelos danos causados em virtude do tratamento efetuado, na condição de ficar assegurada a indemnização integral e efetiva do titular dos dados pelos danos que tenha sofrido. Qualquer responsável pelo tratamento ou subcontratante que tenha pago uma indemnização integral, pode posteriormente intentar uma ação de regresso contra outros responsáveis pelo tratamento ou subcontratantes envolvidos no mesmo tratamento.

(147) Quando o presente regulamento previr regras específicas relativas à competência, nomeadamente no que respeita à interposição de recurso judicial, incluindo os pedidos de indemnização, contra um responsável pelo tratamento ou um subcontratante, a aplicação das regras específicas não deverá ser prejudicada por regras de competência gerais como as previstas no Regulamento (UE) n.º 1215/2012 do Parlamento Europeu e do Conselho[46].

(148) A fim de reforçar a execução das regras do presente regulamento, deverão ser impostas sanções, incluindo coimas, por violação do presente regulamento, para além, ou em substituição, das medidas adequadas que venham a ser impostas pela autoridade de controlo nos termos do presente regulamento. Em caso de infração menor, ou se o montante da coima suscetível de ser imposta constituir um encargo desproporcionado para uma pessoa singular, pode ser feita uma repreensão em vez de ser aplicada uma coima. Importa, porém, ter em devida conta a natureza, gravidade e duração da infração, o seu caráter doloso, as medidas tomadas para atenuar os danos sofridos, o grau de responsabilidade ou eventuais infrações anteriores, a via pela qual a infração chegou ao conhecimento da autoridade de controlo, o cumprimento das medidas ordenadas contra o responsável pelo tratamento ou subcontratante, o

---

[46] Regulamento (UE) n.º 1215/2012 do Parlamento Europeu e do Conselho, de 12 de dezembro de 2012, relativo à competência judiciária, ao reconhecimento e à execução de decisões em matéria civil e comercial (JO L 351 de 20.12.2012, p. 1).

cumprimento de um código de conduta ou quaisquer outros fatores agravantes ou atenuantes. A imposição de sanções, incluindo coimas, deverá estar sujeita às garantias processuais adequadas em conformidade com os princípios gerais do direito da União e a Carta, incluindo a proteção jurídica eficaz e um processo equitativo.

(149) Os Estados-Membros deverão poder definir as normas relativas às sanções penais aplicáveis por violação do presente regulamento, inclusive por violação das normas nacionais adotadas em conformidade com o presente regulamento, e dentro dos seus limites. Essas sanções penais podem igualmente prever a privação dos lucros auferidos em virtude da violação do presente regulamento. Contudo, a imposição de sanções penais por infração às referidas normas nacionais, bem como de sanções administrativas, não deverá implicar a violação do princípio *ne bis in idem*, conforme é interpretado pelo Tribunal de Justiça.

(150) A fim de reforçar e harmonizar as sanções administrativas para violações sdo presente regulamento, as autoridades de controlo deverão ter competência para impor coimas. O presente regulamento deverá definir as violações e o montante máximo e o critério de fixação do valor das coimas daí decorrentes, que deverá ser determinado pela autoridade de controlo competente, em cada caso individual, tendo em conta todas as circunstâncias relevantes da situação específica, ponderando devidamente, em particular, a natureza, a gravidade e a duração da violação e das suas consequências e as medidas tomadas para garantir o cumprimento das obrigações constantes do presente regulamento e para prevenir ou atenuar as consequências da infração. Sempre que forem impostas coimas a empresas, estas deverão ser entendidas como empresas nos termos dos artigos 101.º e 102.º do TFUE para esse efeito. Sempre que forem impostas coimas a pessoas que não sejam empresas, a autoridade de supervisão deverá ter em conta o nível geral de rendimentos no Estado-Membro, bem como a situação económica da pessoa em questão, no momento de estabelecer o montante adequado da coima. O procedimento de controlo da coerência pode ser utilizado igualmente para a promoção de uma aplicação coerente das coimas. Deverá caber aos Estados-Membros determinar se as autoridades públicas deverão estar sujeitas a coimas, e em que medida. A imposição de uma coima ou o envio de um aviso não afetam o exercício de outros poderes das autoridades de controlo ou a aplicação de outras sanções previstas no presente regulamento.

(151) Os sistemas jurídicos da Dinamarca e da Estónia não conhecem as coimas tal como são previstas no presente regulamento. As regras relativas às coimas podem ser aplicadas de modo que a coima seja imposta, na Dinamarca, pelos tribunais nacionais competentes como sanção penal e, na Estónia, pela autoridade de controlo no âmbito de um processo por infração menor, na condição de tal aplicação das regras nestes Estados--Membros ter um efeito equivalente às coimas impostas pelas autoridades de controlo. Por esse motivo, os tribunais nacionais competentes deverão ter em conta a recomendação da autoridade de controlo que propõe a coima. Em todo o caso, as coimas impostas deverão ser efetivas, proporcionadas e dissuasivas.

(152) Sempre que o presente regulamento não harmonize sanções administrativas, ou se necessário noutros casos, por exemplo, em caso de infrações graves às disposições do presente regulamento, os Estados--Membros deverão criar um sistema que preveja sanções efetivas, proporcionadas e dissuasivas. A natureza das sanções, penal ou administrativa, deverá ser determinada pelo direito do Estado-Membro.

(153) O direito dos Estados-Membros deverá conciliar as normas que regem a liberdade de expressão e de informação, nomeadamente jornalística, académica, artística e/ou literária com o direito à proteção de dados pessoais nos termos do presente regulamento. O tratamento de dados pessoais para fins exclusivamente jornalísticos ou para fins de expressão académica, artística ou literária deverá estar sujeito à derrogação ou isenção de determinadas disposições do presente regulamento se tal for necessário para conciliar o direito à proteção dos dados pessoais com o direito à liberdade de expressão e de informação, tal como consagrado no artigo 11.º da Carta. Tal deverá ser aplicável, em especial, ao tratamento de dados pessoais no domínio do audiovisual e em arquivos de notícias e hemerotecas. Por conseguinte, os Estados-Membros deverão adotar medidas legislativas que prevejam as isenções e derrogações necessárias para o equilíbrio desses direitos fundamentais. Os Estados--Membros deverão adotar essas isenções e derrogações aos princípios gerais, aos direitos do titular dos dados, ao responsável pelo tratamento destes e ao subcontratante, à transferência de dados pessoais para países terceiros ou para organizações internacionais, às autoridades de controlo independentes e à cooperação e à coerência e a situações específicas de tratamento de dados. Se estas isenções ou derrogações divergirem de

um Estado-Membro para outro, deverá ser aplicável o direito do Estado-Membro a que esteja sujeito o responsável pelo tratamento. A fim de ter em conta a importância da liberdade de expressão em qualquer sociedade democrática, há que interpretar de forma lata as noções associadas a esta liberdade, como por exemplo o jornalismo.

(154) O presente regulamento permite tomar em consideração o princípio do direito de acesso do público aos documentos oficiais na aplicação do mesmo. O acesso do público aos documentos oficiais pode ser considerado de interesse público. Os dados pessoais que constem de documentos na posse dessas autoridades públicas ou organismos públicos deverão poder ser divulgados publicamente por tais autoridades ou organismos, se a divulgação estiver prevista no direito da União ou do Estado-Membro que lhes for aplicável. Essas legislações deverão conciliar o acesso do público aos documentos oficiais e a reutilização da informação do setor público com o direito à proteção dos dados pessoais e podem, pois, prever a necessária conciliação com esse mesmo direito nos termos do presente regulamento. A referência a autoridades e organismos públicos deverá incluir, nesse contexto, todas as autoridades ou outros organismos abrangidos pelo direito do Estado-Membro relativo ao acesso do público aos documentos. A Diretiva 2033/98/CE do Parlamento Europeu e do Conselho[47] não modifica nem de modo algum afeta o nível de proteção das pessoas singulares relativamente ao tratamento de dados pessoais nos termos das disposições do direito da União ou do Estado-Membro, nem altera, em particular, as obrigações e direitos estabelecidos no presente regulamento. Em particular, a referida diretiva não deverá ser aplicável a documentos não acessíveis ou de acesso restrito por força dos regimes de acesso por motivos de proteção de dados pessoais nem a partes de documentos acessíveis por força desses regimes que contenham dados pessoais cuja reutilização tenha sido prevista na lei como incompatível com o direito relativo à proteção das pessoas singulares no que diz respeito ao tratamento de dados pessoais.

(155) O direito do Estado-Membro ou as convenções coletivas (incluindo «acordos setoriais») podem prever regras específicas para

---

[47] Diretiva 2003/98/CE do Parlamento Europeu e do Conselho, de 17 de novembro de 2003, relativa à reutilização de informações do setor público (JO L 345 de 31.12.2003, p. 90).

o tratamento de dados pessoais dos trabalhadores no contexto laboral, nomeadamente no que respeita às condições em que os dados pessoais podem ser tratados no contexto laboral, com base no consentimento do assalariado, para efeitos de recrutamento, execução do contrato de trabalho, incluindo o cumprimento das obrigações previstas por lei ou por convenções coletivas, de gestão, planeamento e organização do trabalho, de igualdade e diversidade no trabalho, de saúde e segurança no trabalho, e para efeitos de exercício e gozo, individual ou coletivo, dos direitos e benefícios relacionados com o emprego, bem como para efeitos de cessação da relação de trabalho.

(156) O tratamento de dados pessoais para fins de arquivo de interesse público, ou para fins de investigação científica ou histórica ou para fins estatísticos, deverá ficar sujeito à garantia adequada dos direitos e liberdades do titular dos dados nos termos do presente regulamento. Essas garantias deverão assegurar a existência de medidas técnicas e organizativas que assegurem, nomeadamente, o princípio da minimização dos dados. O tratamento posterior de dados pessoais para fins de arquivo de interesse público, ou para fins de investigação científica ou histórica ou para fins estatísticos, deverá ser efetuado quando o responsável pelo tratamento tiver avaliado a possibilidade de tais fins serem alcançados por um tipo de tratamento de dados pessoais que não permita ou tenha deixado de permitir a identificação dos titulares dos dados, na condição de existirem as garantias adequadas (como a pseudonimização dos dados pessoais). Os Estados-Membros deverão prever garantias adequadas para o tratamento dos dados pessoais para fins de arquivo de interesse público, ou fins de investigação científica ou histórica ou para fins estatísticos. Os Estados-Membros deverão ser autorizados a estabelecer, sob condições específicas e mediante garantias adequadas para o titular dos dados, especificações e derrogações dos requisitos de informação e direitos à retificação, ao apagamento dos dados pessoais, a ser esquecido, à limitação do tratamento e à portabilidade dos dados e de oposição aquando do tratamento de dados pessoais para fins de arquivo de interesse público, ou para fins de investigação científica ou histórica ou para fins estatísticos. As condições e garantias em causa podem implicar procedimentos específicos para o exercício desses direitos por parte do titular de dados, se tal for adequado à luz dos fins visados pelo tratamento específico a par de medidas técnicas e organizativas destinadas a reduzir o tratamento de

dados pessoais de acordo com os princípios da proporcionalidade e da necessidade. O tratamento de dados para fins científicos deverá igualmente respeitar outra legislação aplicável, tal como a relativa aos ensaios clínicos.

(157) Combinando informações provenientes dos registos, os investigadores podem obter novos conhecimentos de grande valor relativamente a problemas médicos generalizados, como as doenças cardiovasculares, o cancro e a depressão. Com base nos registos, os resultados da investigação podem ser melhorados, já que assentam numa população mais ampla. No âmbito das ciências sociais, a investigação com base em registos permite que os investigadores adquiram conhecimentos essenciais sobre a correlação a longo prazo entre uma série de condições sociais, como o desemprego e o ensino, e outras condições de vida. Os resultados da investigação obtidos através de registos fornecem conhecimentos sólidos e de elevada qualidade, que podem servir de base para a elaboração e a execução de políticas assentes no conhecimento, para melhorar a qualidade de vida de uma quantidade de pessoas e a eficácia dos serviços sociais. A fim de facilitar a investigação científica, os dados pessoais podem ser tratados para fins de investigação científica, sob reserva do estabelecimento de condições e garantias adequadas no direito da União ou dos Estados-Membros.

(158) Quando os dados pessoais sejam tratados para fins de arquivo, o presente regulamento deverá ser também aplicável, tendo em mente que não deverá ser aplicável a pessoas falecidas. As autoridades públicas ou os organismos públicos ou privados que detenham registos de interesse público deverão ser serviços que, nos termos do direito da União ou dos Estados-Membros, tenham a obrigação legal de adquirir, conservar, avaliar, organizar, descrever, comunicar, promover, divulgar e facultar o acesso a registos de valor duradouro no interesse público geral. Os Estados-Membros deverão também ser autorizados a determinar o posterior tratamento dos dados pessoais para efeitos de arquivo, por exemplo tendo em vista a prestação de informações específicas relacionadas com o comportamento político no âmbito de antigos regimes totalitários, genocídios, crimes contra a humanidade, em especial o Holocausto, ou crimes de guerra.

(159) Quando os dados pessoais sejam tratados para fins de investigação científica, o presente regulamento deverá ser também aplicável.

Para efeitos do presente regulamento, o tratamento de dados pessoais para fins de investigação científica deverá ser entendido em sentido lato, abrangendo, por exemplo, o desenvolvimento tecnológico e a demonstração, a investigação fundamental, a investigação aplicada e a investigação financiada pelo setor privado. Deverá, além disso, ter em conta o objetivo da União mencionado no artigo 179.º, n.º 1, do TFUE, que consiste na realização de um espaço europeu de investigação. Os fins de investigação científica deverão também incluir os estudos de interesse público realizados no domínio da saúde pública. A fim de atender às especificidades do tratamento de dados pessoais para fins de investigação científica, deverão ser aplicáveis condições específicas designadamente no que se refere à publicação ou outra forma de divulgação de dados pessoais no âmbito dos fins de investigação científica. Se o resultado da investigação científica designadamente no domínio da saúde justificar a tomada de novas medidas no interesse do titular dos dados, as normas gerais do presente regulamento deverão ser aplicáveis no que respeita a essas medidas.

(160) Quando os dados pessoais sejam tratados para fins de investigação histórica, o presente regulamento deverá ser também aplicável. Deverá também incluir-se nesse âmbito a investigação histórica e a investigação para fins genealógicos, tendo em mente que o presente regulamento não deverá ser aplicável a pessoas falecidas.

(161) Para efeitos do consentimento na participação em atividades de investigação científica em ensaios clínicos deverão ser aplicáveis as disposições relevantes do Regulamento (UE) n.º 536/2014 do Parlamento Europeu e do Conselho[48].

(162) Quando os dados pessoais sejam tratados para fins estatísticos, o presente regulamento deverá ser aplicável. O direito da União ou dos Estados-Membros deverá, dentro dos limites do presente regulamento, determinar o conteúdo estatístico, o controlo de acesso, as especificações para o tratamento de dados pessoais para fins estatísticos e as medidas adequadas para garantir os direitos e liberdades do titular dos dados e para assegurar o segredo estatístico. Por fins estatísticos entende-se todas

---

[48] Regulamento (UE) n.º 536/2014 do Parlamento Europeu e do Conselho, de 16 de abril de 2014, relativo aos ensaios clínicos de medicamentos para uso humano e que revoga a Diretiva 2001/20/CE (JO L 158 de 27.5.2014, p. 1).

as operações de recolha e de tratamento de dados pessoais necessárias à realização de estudos estatísticos ou à produção de resultados estatísticos. Esses resultados estatísticos podem ser utilizados posteriormente para fins diferentes, inclusive fins de investigação científica. No fim estatístico está implícito que os resultados do tratamento para esse fim não sejam já dados pessoais, mas dados agregados e que esses resultados ou os dados pessoais não sejam utilizados para justificar medidas ou decisões tomadas a respeito de uma pessoa singular.

(163) Deverão ser protegidas as informações confidenciais que a União e as autoridades nacionais de estatística recolham para a produção de estatísticas oficiais europeias e nacionais. Deverão ser desenvolvidas, elaboradas e divulgadas estatísticas europeias de acordo com os princípios estatísticos enunciados no artigo 338.º, n.º 2, do TFUE, devendo as estatísticas nacionais cumprir também o disposto no direito do Estado-Membro. O Regulamento (CE) n.º 223/2009 do Parlamento Europeu e do Conselho[49] fornece especificações suplementares em matéria de segredo estatístico aplicável às estatísticas europeias.

(164) No que se refere aos poderes das autoridades de controlo para obter, junto do responsável pelo tratamento ou do subcontratante, o acesso aos dados pessoais e o acesso às suas instalações, os Estados-Membros podem adotar no seu ordenamento jurídico, dentro dos limites do presente regulamento, normas específicas que visem preservar o sigilo profissional ou outras obrigações equivalentes, na medida do necessário para conciliar o direito à proteção dos dados pessoais com a obrigação de sigilo profissional. Tal não prejudica as obrigações de adotar regras em matéria de sigilo profissional a que os Estados-Membros fiquem sujeitos por força do direito da União.

(165) O presente regulamento respeita e não afeta o estatuto de que beneficiam, nos termos do direito constitucional vigente, as igrejas e

---

[49] Regulamento (CE) n.º 223/2009 do Parlamento Europeu e do Conselho, de 11 de março de 2009, relativo às Estatísticas Europeias e que revoga o Regulamento (CE, Euratom) n.º 1101/2008 relativo à transmissão de informações abrangidas pelo segredo estatístico ao Serviço de Estatística das Comunidades Europeias, o Regulamento (CE) n.º 322/97 do Conselho relativo às estatísticas comunitárias e a Decisão 89/382/CEE, Euratom do Conselho que cria o Comité do Programa Estatístico das Comunidades Europeias (JO L 87 de 31.3.2009, p. 164).

associações ou comunidades religiosas nos Estados-Membros, reconhecido pelo artigo 17.º do TFUE.

(166) A fim de cumprir os objetivos do presente regulamento, a saber, defender os direitos e liberdades fundamentais das pessoas singulares, nomeadamente o seu direito à proteção dos dados pessoais, e assegurar a livre circulação desses dados na União, o poder de adotar atos nos termos do artigo 290.º do TFUE deverá ser delegado na Comissão. Em especial, deverão ser adotados atos delegados em relação aos critérios e requisitos aplicáveis aos procedimentos de certificação, às informações a fornecer por meio de ícones normalizados e aos procedimentos aplicáveis ao fornecimento de tais ícones. É especialmente importante que a Comissão proceda a consultas adequadas ao longo dos seus trabalhos preparatórios, incluindo a nível de peritos. A Comissão, aquando da preparação e elaboração dos atos delegados, deverá assegurar o envio simultâneo, em tempo útil e em devida forma, dos documentos relevantes ao Parlamento Europeu e ao Conselho.

(167) A fim de assegurar condições uniformes para a execução do presente regulamento, deverão ser atribuídas competências de execução à Comissão nos casos previstos no presente regulamento. Essas competências deverão ser exercidas nos termos do Regulamento (UE) n.º 182/2011. Nesse contexto, a Comissão deverá ponderar medidas específicas para as micro, pequenas e médias empresas.

(168) O procedimento de exame deverá ser utilizado para a adoção de atos de execução em matéria de cláusulas contratuais-tipo entre os responsáveis pelo tratamento e os subcontratantes e entre subcontratantes; códigos de conduta; normas técnicas e procedimentos de certificação; nível de proteção adequado conferido por um país terceiro, um território ou um setor específico nesse país terceiro ou uma organização internacional; cláusulas normalizadas de proteção; formatos e procedimentos de intercâmbio de informações entre os responsáveis pelo tratamento, os subcontratantes e as autoridades de controlo no que respeita às regras vinculativas aplicáveis às empresas; assistência mútua; e regras de intercâmbio eletrónico de informações entre as autoridades de controlo e entre estas e o Comité.

(169) A Comissão deverá adotar atos de execução imediatamente aplicáveis quando haja elementos que comprovem que um país terceiro, um território ou um setor específico nesse país terceiro ou uma organização

internacional não assegura um nível de proteção adequado, e imperativos urgentes assim o exigirem.

(170) Atendendo a que o objetivo do presente regulamento, a saber, assegurar um nível equivalente de proteção das pessoas singulares e a livre circulação de dados pessoais na União, não pode ser suficientemente alcançado pelos Estados-Membros e pode, devido à dimensão e aos efeitos da ação, ser mais bem alcançado ao nível da União, a União pode adotar medidas em conformidade com o princípio da subsidiariedade consagrado no artigo 5.o do Tratado da União Europeia (TUE). Em conformidade com o princípio da proporcionalidade consagrado no mesmo artigo, o presente regulamento não excede o necessário para alcançar esse objetivo.

(171) A Diretiva 95/46/CE deverá ser revogada pelo presente regulamento. Os tratamentos de dados que se encontrem já em curso à data de aplicação do presente regulamento deverão passar a cumprir as suas disposições no prazo de dois anos após a data de entrada em vigor. Se o tratamento dos dados se basear no consentimento dado nos termos do disposto na Diretiva 95/46/CE, não será necessário obter uma vez mais o consentimento do titular dos dados, se a forma pela qual o consentimento foi dado cumprir as condições previstas no presente regulamento, para que o responsável pelo tratamento prossiga essa atividade após a data de aplicação do presente regulamento. As decisões da Comissão que tenham sido adotadas e as autorizações que tenham emitidas pelas autoridades de controlo com base na Diretiva 95/46/CE, permanecem em vigor até ao momento em que sejam alteradas, substituídas ou revogadas.

(172) A Autoridade Europeia para a Proteção de Dados foi consultada nos termos do artigo 28.º, n.º 2, do Regulamento (CE) n.º 45/2001 e emitiu parecer em 7 de março de 2012[50].

(173) O presente regulamento deverá aplicar-se a todas as matérias relacionadas com a defesa dos direitos e das liberdades fundamentais em relação ao tratamento de dados pessoais, não sujeitas a obrigações específicas com o mesmo objetivo, enunciadas na Diretiva 2002/58/CE

---

[50] JO C 192 de 30.6.2012, p. 7.

do Parlamento Europeu e do Conselho[51], incluindo as obrigações que incumbem ao responsável pelo tratamento e os direitos das pessoas singulares. A fim de clarificar a relação entre o presente regulamento e a Diretiva 2002/58/CE, esta última deverá ser alterada em conformidade. Uma vez adotado o presente regulamento, a Diretiva 2002/58/CE deverá ser revista, em especial a fim de assegurar a coerência com o presente regulamento,

---

[51] Diretiva 2002/58/CE do Parlamento Europeu e do Conselho, de 12 de julho de 2002, relativa ao tratamento de dados pessoais e à proteção da privacidade no setor das comunicações eletrónicas (Diretiva relativa à privacidade e às comunicações eletrónicas) (JO L 201 de 31.7.2002, p. 37).

ADOTARAM O PRESENTE REGULAMENTO:

CAPÍTULO I
Disposições gerais

ARTIGO 1.º
Objeto e objetivos

1. O presente regulamento estabelece as regras relativas à proteção das pessoas singulares no que diz respeito ao tratamento de dados pessoais e à livre circulação desses dados.

2. O presente regulamento defende os direitos e as liberdades fundamentais das pessoas singulares, nomeadamente o seu direito à proteção dos dados pessoais.

3. A livre circulação de dados pessoais no interior da União não é restringida nem proibida por motivos relacionados com a proteção das pessoas singulares no que respeita ao tratamento de dados pessoais.

COMENTÁRIO:
1. A disposição inicial do RGPD baseia-se na necessidade de garantir a integração económica e social resultante do funcionamento do mercado interno e impedir que o recurso a argumentos relacionados com a proteção de dados pessoais possa funcionar como um obstáculo ao seu funcionamento: "O bom funcionamento do mercado interno impõe que a livre circulação de dados pessoais na União não pode ser restringida ou proibida por motivos relacionados com a proteção das pessoas singulares no que respeita ao tratamento de dados pessoais" (considerando 13).

Desta forma, o RGPD organiza-se com base nos seguintes pressupostos: (i) existência de um complexo normativo que garante a proteção adequada de dados pessoais em todo os Estados da UE; (ii) existência de um complexo normativo que funda uma proteção idêntica dos dados pessoais nos Estados da UE, o que surge reforçado com a escolha do regulamento como forma de ato; (iii) inexistência de fundamentos para recusar a circulação de informação com base em dados pessoais por estar em causa o prejuízo de direitos tutelados pelos artigos 12.º e seguintes do RGPD.

Os considerandos não deixam, porém, de reconhecer a ausência de uniformidade do RGPD para todos os Estados da UE: "o presente regulamento não exclui o direito dos Estados-Membros que define as circunstâncias de situações específicas de tratamento, incluindo a determinação mais precisa das condições em que é lícito o tratamento de dados pessoais" (considerando 10).

O problema foi detetado na Diretiva 95/46[52], que enunciava a necessidade de intervenção comunitária, quando estivesse em causa legislação de transposição que afetasse a equivalência entre a legislação dos Estados-membros.

1.1. Importa sublinhar que, embora a relação entre os números 1 e 3 aponte para a circulação de dados pessoais, o número 1 menciona expressamente como objeto do RGPD o tratamento de dados pessoais independentemente das circunstâncias em que se verifique. Ou seja, não só quando existe transmissão de dados, mas também nos casos em que o tratamento opera em cada Estado ou estrutura organizativa abrangida pelo RGPD.

2. Merece atenção o n.º 2 da disposição em análise, na medida em que extende a proteção dos direitos fundamentais mesmo aos que não respeitem à proteção de dados. A versão em inglês parece-nos mais exata quando determina que: *The Regulation protects fundamental rights and freedoms of natural persons and in particular their right to the Protection of personal data.*

3. Especial relevância apresenta o considerando 8 do RGPD, que tem sido objeto de extensa análise pela doutrina no quadro do regulamento. Dele consta que:

> "Caso o presente regulamento preveja **especificações** ou **restrições** das suas regras pelo direito de um Estado-Membro, estes podem **incorporar elementos do presente regulamento no respetivo direito nacional**, na medida do necessário para manter a coerência e tornar as disposições nacionais compreensíveis para as pessoas a quem se aplicam."

---

[52] "Considerando que, para eliminar os obstáculos à circulação de dados pessoais, o nível de proteção dos direitos e liberdades das pessoas no que diz respeito ao tratamento destes dados deve ser equivalente em todos os Estados-membros; que a realização deste objetivo, fundamental para o mercado interno, não pode ser assegurada unicamente pelos Estados-membros, tendo especialmente em conta a dimensão das divergências que se verificam atualmente a nível das legislações nacionais aplicáveis na matéria e a necessidade do coordenar as legislações dos Estados-membros para assegurar que a circulação transfronteiras de dados pessoais seja regulada de forma coerente e em conformidade com o objetivo do mercado interno nos termos do artigo 7.º A do Tratado; que é portanto necessária uma ação comunitária com vista à aproximação das legislações" (considerando 8).

3.1. De acordo com o Parecer n.º 20/2017 da CNPD[53]:

"(...) Admite-se tão-só a incorporação de elementos de um regulamento no direito nacional apenas na medida do necessário para manter a coerência e tornar as disposições nacionais compreensíveis, tal como prevê o considerando 8 do RGPD, caso estejam previstas especificações das regras pelo direito do Estado-Membro.

Daqui se pode concluir que, à luz do direito da União interpretado pelo Tribunal de Justiça, as disposições de um Regulamento não podem ser introduzidas na ordem jurídica dos Estados-Membros através de disposições internas que se limitem a reproduzir aquelas normas."

Em comunicação da Comissão ao Parlamento e ao Conselho foi proibido[54]:

"Repetir o texto dos regulamentos no direito nacional também é proibido (ou seja, repetir definições ou os direitos dos indivíduos), salvo quando essas repetições são estritamente necessárias para manter a coerência e tornar as leis nacionais compreensíveis para as pessoas a quem se aplicam **40**. Reproduzir o texto do regulamento palavra por palavra no direito nacional que visa a especificação deve ser algo excecional e justificado, não podendo ser utilizado para acrescentar condições ou interpretações adicionais ao texto do regulamento."

Os autores interpretam, porém, o considerando 8 sublinhando a sua dimensão dogmática[55].

---

[53] Disponível em: http://app.parlamento.pt/webutils/docs/doc.pdf?path=6148523063446f 764c324679626d56304c334e706447567a4c c31684a53556c c4d5a5763765130394e 4c7a464451554e4554456376524739 6a 6457316 c626e527663306e6c7561574e705 9585270646d4644623231706333 34e686279396a 5a57593359544d794f4330325a 44526c4c54526 c4e546 b74596e 41304e4331694 e54426d4f5449314 d6a 6 a 4684d7a 45 756347526 d6d&fich=cef7a328-6d4e-4e59-b044-b50f92527a31.pdf&Inline=true (consultado em 9 de novembro de 2018). Citando jurisprudência do TJUE.

[54] Comunicação da Comissão ao Parlamento Europeu e ao Conselho: Maior proteção, novas oportunidades – Orientações da Comissão relativas à aplicação direta do Regulamento Geral sobre a Proteção de Dados a partir de 25 de maio de 2018. COM (2018) 43 final. Disponível em: https://eur-lex.europa.eu/legal-content/PT/TXT/HTML/?uri=CELEX%3A52018DC004 3&qid=1517578296944&from=EN (consultado em 9 de novembro de 2018).

[55] Para introduzir o tema ver: Alexandre Sousa Pinheiro, "Apresentação do Regulamento (UE) 2016/679 do Parlamento Europeu e do Conselho, de 27 de abril de 2016 – Regulamento

Assim, afirma-se que o considerando 8 admite poderem ser incluídas regras de direito nacional que tornem coerente e inteligível o RGPD [56]. Pensamos que de forma excessiva foi já afirmado que o RGPD tem uma natureza "quase herética na ortodoxia das fontes"[57].

Entendemos, contudo, que o papel da legislação interna adquire no RGPD uma dimensão necessária para que o mesmo se torne aplicável. Merece especial atenção o considerando 10:

"(...) Em conjugação com a legislação geral e horizontal sobre proteção de dados que dá aplicação à Diretiva 95/46/CE, os Estados-Membros dispõem de várias leis setoriais em domínios que necessitam de disposições mais específicas. O presente regulamento também dá aos Estados-Membros margem de manobra para especificarem as suas regras, inclusive em matéria de tratamento de categorias especiais de dados pessoais («dados sensíveis»). Nessa medida, **o presente regulamento não exclui o direito dos Estados-Membros que define as circunstâncias de situações específicas de tratamento, incluindo a determinação mais precisa das condições em que é lícito o tratamento de dados pessoais.**"[58] (negrito nosso)

(Alexandre Sousa Pinheiro)

ARTIGO 2.º
Âmbito de aplicação material

1. O presente regulamento aplica-se ao tratamento de dados pessoais por meios total ou parcialmente automatizados, bem como ao tratamento por meios não automatizados de dados pessoais contidos em ficheiros ou a eles destinados.

Geral de Proteção de Dados (RGPD).", cit., pp. 305-306.
[56] José Luis Piñar Mañas, "Introducion. Hacia un nuevo modelo europeo de protección de datos" in "Reglamento General de Protección de Datos. Hacia un nuevo modelo europeo de protección de datos", cit., p. 18.
[57] Pablo García Mexía, "La singular naturaleza jurídica del reglamento general de protección de datos de la EU. Sus efectos en el acervo nacional sobre protección de datos" in "Reglamento General de Protección de Datos.", cit, p. 25.
[58] Sobre a nossa posição ver *supra* "O processo de aprovação do RGPD: breve introdução e contexto".

2. O presente regulamento não se aplica ao tratamento de dados pessoais:

a) Efetuado no exercício de atividades não sujeitas à aplicação do direito da União:

b) Efetuado pelos Estados-Membros no exercício de atividades abrangidas pelo âmbito de aplicação do título V, capítulo 2, do TUE;

c) Efetuado por uma pessoa singular no exercício de atividades exclusivamente pessoais ou domésticas;

d) Efetuado pelas autoridades competentes para efeitos de prevenção, investigação, deteção e repressão de infrações penais ou da execução de sanções penais, incluindo a salvaguarda e a prevenção de ameaças à segurança pública.

3. O Regulamento (CE) n.º 45/2001 aplica-se ao tratamento de dados pessoais pelas instituições, órgãos, organismos ou agências da União. O Regulamento (CE) n.º 45/2001, bem como outros atos jurídicos da União aplicáveis ao tratamento de dados pessoais, são adaptados aos princípios e regras do presente regulamento nos termos previstos no artigo 98.º.

4. O presente regulamento não prejudica a aplicação da Diretiva 2000/31/CE, nomeadamente as normas em matéria de responsabilidade dos prestadores intermediários de serviços previstas nos seus artigos 12.º a 15.º.

COMENTÁRIO:

1. Relativamente à delimitação positiva da aplicação material do RGPD, o n.º 1 da disposição em análise coincide com o n.º 1, do artigo 3.º da Diretiva 95/46/CE.

O propósito existente consiste em assegurar a aplicação da RGPD respeitando o princípio da **neutralidade tecnológica**, o que significa que as suas disposições devem aplicar-se a tratamentos de dados automatizados ou manuais (considerando 15).[59]

---

[59] Na revisão constitucional de 1997, foi introduzido um n.º 7 ao artigo 35.º, prevendo-se que: "Os dados pessoais constantes de ficheiros manuais gozam de proteção idêntica à prevista nos números anteriores, nos termos da lei." O objetivo consistiu em acompanhar o regime da Diretiva 95/46.
Entre outros, ver Alexandre Sousa Pinheiro, "Privacy e Protecção de Dados Pessoais...", op. cit., p. 716.

A disposição esclarece que a aplicação do RGPD não pressupõe apenas dados pessoais, mas ficheiros de dados pessoais, cuja definição se encontra em 4.º, 6) (ver nota). Como se refere no considerando 15: "(...) ficheiros ou os conjuntos de ficheiros bem como as suas capas, que não estejam estruturados de acordo com critérios específicos, não deverão ser abrangidos pelo âmbito de aplicação do presente regulamento."

2. O n.º 2 da disposição sob comentário estabelece as delimitações negativas do âmbito material de aplicação do RGPD.

Na alínea a) estão as **atividades não sujeitas à aplicação do direito da União**, que tem como exemplo as atividades de defesa nacional mencionadas no considerando 16:

"O presente regulamento não se aplica às questões de defesa dos direitos e das liberdades fundamentais ou da livre circulação de dados pessoais relacionados com atividades que se encontrem fora do âmbito de aplicação do direito da União, como as que se prendem com a segurança nacional."[60]

Nos termos do n.º 2, do artigo 16.º do TFUE encontra-se o fundamento da norma do RGPD:

"O Parlamento Europeu e o Conselho, deliberando de acordo com o processo legislativo ordinário, estabelecem as **normas relativas à proteção das pessoas singulares no que diz respeito ao tratamento de dados pessoais pelas instituições, órgãos e organismos da União, bem como pelos Estados-Membros no exercício de atividades relativas à aplicação do direito da União e à livre circulação desses atos**. (...)" (negrito nosso)

Estando em causa a aplicação de um regime jurídico aplicável a direito fundamental – artigo 8.º relativo à proteção de dados pessoais – previsto na CDFUE, a doutrina sublinha a aplicação do artigo 51.º da Carta, segundo o qual – n.º 2 – este instrumento não cria "quaisquer novas atribuições ou competências para

---

[60] Sobre a ambiguidade da expressão segurança nacional e a posição da AEPD relativamente à proposta do regulamento, ver IñakiUriarte Landa, "Ámbito de Aplicación Material", in "Reglamento General de Protección de Datos. Hacia un nuevo modelo europeo de protección de datos", cit. pp 65-66.

a Comunidade ou para a União, nem modifica as atribuições e competências definidas nos Tratados."[61]

3. Nos termos da alínea b), o RGPD não se aplica às atividades abrangidas pelo título V, capítulo 2, do TUE que abrange os artigos 23.º a 46.º versando sobre disposições específicas relativas à política externa e de segurança comum.

4. Nos termos da alínea c), o RGPD não se aplica a tratamentos de dados pessoais efetuados por uma pessoa singular no exercício de **atividades exclusivamente pessoais ou domésticas** (norma idêntica ao n.º 2 do artigo 3.º, segundo travessão da Diretiva 95/46/CE).

A compreensão desta disposição obriga à avaliação de doutrina do Grupo do Artigo 29, de jurisprudência proveniente da jurisprudência do TJUE e do considerando 18 do RGPD (acompanhado pela recomendação do AEPD em adenda [62] ao Parecer n.º 3/2015).

Começando pelo considerando 18 há a notar que:

- as atividades exclusivamente pessoais ou domésticas não revestem qualquer ligação com uma atividade profissional ou comercial;
- as atividades pessoais ou domésticas **podem** incluir a troca de correspondência, a conservação de listas de endereços ou a atividade das redes sociais e do ambiente eletrónico no âmbito dessas atividades;
- o RGPD é aplicável, contudo, aos responsáveis pelo tratamento e aos subcontratantes que forneçam os meios para o tratamento dos dados pessoais dessas atividades pessoais ou domésticas.

Assim, os exemplos apresentados não configuram necessariamente casos de situações em que não se aplique o RGPD.

Sobre a atividade nas redes sociais, por exemplo, não será indiferente a natureza e as finalidades da rede. De acordo com o Parecer n.º 5/2009 – logo no período de aplicação da Diretiva 95/46 –, adotado a 12 de junho, pelo Grupo do Artigo 29.º [63]:

---

[61] Veja-se Thomas Zerdick in Eugen Ehmann e Martin Selmayr (coordenação), "Datenschutz-Grundverordnung", Beck, Lexis Nexis, Munique, 2018, p. 154.
[62] Disponível em: https://edps.europa.eu/sites/edp/files/publication/15-10-09_gdpr_recitals_en_0.pdf (consultado a 12 de novembro de 2018).
[63] Disponível em: https://ec.europa.eu/justice/article-29/documentation/opinion-recommendation/files/2009/wp163_en.pdf (consultado em 12 de novembro de 2018), p. 5.

> *In most cases, users are considered to be data subjects. The Directive does not impose the duties of a data controller on an individual who processes personal data "in the course of a purely personal or household activity" – the so-called "household exemption". In some instances, the activities of a user of an SNS may not be covered by the house hold exemption and the user might be considered to have taken on some of the responsibilities of a data controller.*

Ou seja, seguindo esta doutrina, a regra geral será a da não aplicação do RGPD na utilização das redes sociais. A boa leitura do considerando leva, no entanto, a concluir que nos **casos de natureza comercial ou profissional, por não se tratar de matéria exclusivamente pessoal ou doméstica, verificar-se-á a aplicação do RGPD, nomeadamente do complexo de direitos envolvidos.**

Tal significa que a rede social deve garantir aos utilizadores fórmulas de proteção da privacidade que permitam limitar o acesso à informação escolhendo-se destinatários exclusivos ou permitindo a criação de grupos fechados.

Ao mencionar-se que a atividade nas redes sociais pode incluir atividades pessoais ou domésticas, o Parecer leva a compreender que:

a) o recurso de uma rede a informação com finalidades comerciais, políticas ou sociais, não permite a aplicação da *"household exemption"*, o que faz com que nestes casos seja necessária a aplicação da regra do consentimento[64];

b) as redes sociais devem garantir os direitos dos titulares dos dados, incluindo pessoas que não façam parte do SNS, fornecendo os meios necessários para garantir a proteção dos direitos previstos na legislação.

Segundo a posição da AEPD sobre o considerando versando esta matéria, foi sugerido que:

> *"15) This Regulation should not apply to processing of personal data by a natural person in the course of an exclusively personal or household activity and thus without a connection with a professional or comercial activity. Personal and household activities normally include social networking. However, this Regulation should apply to controllers or processors which provide the means for processing personal data for such personal or domestic activities."*[65]

---

[64] Cit., p. 6.
[65] Cit., p. 19.

Uma análise monográfica deste tema leva a identificar os casos em que o titular dos dados se assume como responsável pelo tratamento e as obrigações da rede no que respeita às garantias de informação e restantes direitos constantes do RGPD[66].

4.1. Quanto à jurisprudência do TJUE, sublinha-se o Acórdão F. Ryneš de 2014 (processo C-212/13)[67] no qual a questão prejudicial tinha por objeto saber:

"(19) (...) se o artigo 3.º, n.º 2, segundo travessão, da Diretiva 95/46 deve ser interpretado no sentido de que a exploração de um sistema de câmara que dá lugar a uma gravação vídeo de pessoas, guardada num dispositivo de gravação contínua, como um disco rígido, sistema esse instalado por uma pessoa singular na sua casa de família para proteger os bens, a saúde e a vida dos proprietários dessa casa e que vigia igualmente o espaço público, constitui um tratamento de dados efetuado no exercício de atividades exclusivamente pessoais ou domésticas, na aceção desta disposição."

Para o TJUE os tratamentos em causa não se integravam na *"household exemption"*:

"(33) Uma videovigilância como a que está em causa no processo principal, na medida em que se estende, ainda que parcialmente, ao espaço público e, por esse motivo, se dirige para fora da esfera privada da pessoa que procede ao tratamento de dados por esse meio, não pode ser considerada uma atividade exclusivamente «pessoal ou doméstica», na aceção do artigo 3.º, n.º 2, segundo travessão, da Diretiva 95/46."

Daí que a decisão tenha sido:

"O artigo 3.º, n.º 2, segundo travessão, da Diretiva 95/46/CE do Parlamento Europeu e do Conselho, de 24 de outubro de 1995, relativa à proteção das

---

[66] Ver, também, Iñaki Uriarte Landa, "Ámbito de Aplicación Material" in "Reglamento General de Protección de Datos. Hacia un nuevo modelo europeo de protección de datos", cit. p. 69.

[67] Disponível em: http://curia.europa.eu/juris/document/document.jsf;jsessionid=743C9E3 C317EE1C2EDBBF56AA4B5D613?text=&docid=160561&pageIndex=0&doclang=pt& mode=lst&dir=&occ=first&part=1&cid=1023741 (consultado a 12 de novembro de 2018).

pessoas singulares no que diz respeito ao tratamento de dados pessoais e à livre circulação desses dados, deve ser interpretado no sentido de que a exploração de um sistema de câmara que dá lugar a uma gravação vídeo de pessoas, guardada num dispositivo de gravação contínua, como um disco rígido, sistema esse instalado por uma pessoa singular na sua casa de família, para proteger os bens, a saúde e a vida dos proprietários dessa casa, e que vigia igualmente o espaço público, **não constitui um tratamento de dados efetuado no exercício de atividades exclusivamente pessoais ou domésticas, na aceção desta disposição.**"

4.2. O assunto foi inicialmente tratado no Acórdão Lindqvist, de 2003 (processo C-101/01)[68], tendo o TJUE decidido que a publicação em uma página da Internet de informação pessoal referente a frequentadores de aulas de catequese não podia ser considerada "atividade pessoal ou doméstica":

"(47) Esta exceção deve, portanto, ser interpretada como tendo unicamente por objeto as atividades que se inserem no âmbito da vida privada ou familiar dos particulares, o que não é manifestamente o caso do tratamento de dados de caráter pessoal que consiste na sua publicação na Internet de maneira que esses dados são disponibilizados a um número indefinido de pessoas."

5. A exceção contida na alínea d) do n.º 2 do artigo 2.º, refere a não aplicação do RGPD a matérias incluídas na Diretiva 2016/680, do Parlamento Europeu e do Conselho, de 27 de abril de 2016, relativa à proteção das pessoas singulares no que diz respeito ao tratamento de dados pessoais pelas autoridades competentes para efeitos de prevenção, investigação, deteção ou repressão de infrações penais ou execução de sanções penais, e à livre circulação desses dados, e que revoga a Decisão-Quadro 2008/977/JAI do Conselho.

---

[68] Disponível em: http://curia.europa.eu/juris/liste.jsf?language=pt&num=C-101/01 (consultado em 12 de novembro de 2018).
Merece, igualmente, referência o Acórdão Satamedia (processo C-73/07), disponível em: http://curia.europa.eu/juris/document/document.jsf;jsessionid=8843D69EF1ED6AF847C7096DA91FBD3F?text=&docid=76075&pageIndex=0&doclang=PT&mode=lst&dir=&occ=first&part=1&cid=1037765 (consultado em 12 de novembro de 2018).

Nas situações em que as citadas autoridades sejam responsáveis pelo tratamento de dados pessoais para finalidades não previstas na Diretiva, permanece aplicável o RGPD [69].

De acordo com o considerando 19:

"Os Estados-Membros podem confiar às autoridades competentes na aceção da Diretiva (UE) 2016/680 funções não necessariamente a executar para efeitos de prevenção, investigação, deteção e repressão de infrações penais ou da execução de sanções penais, incluindo a salvaguarda e a prevenção de ameaças à segurança pública, de modo a que o tratamento dos dados pessoais para esses outros efeitos, na medida em que se insira na esfera do direito da União, seja abrangido pelo âmbito de aplicação do presente regulamento. No que respeita ao tratamento de dados pessoais pelas referidas autoridades competentes para efeitos que sejam abrangidos pelo presente regulamento, os Estados-Membros deverão poder manter ou aprovar disposições mais específicas para adaptar a aplicação das regras previstas no presente regulamento."

6. O artigo 98.º (ver nota) é aplicável ao Regulamento (CE) n.º 45/2001 do Parlamento Europeu e do Conselho[70] que versa sobre o tratamento de dados pessoais pelas instituições, órgãos, organismos ou agências da União. O objetivo consiste em manter uma "proteção uniforme e coerente de pessoas singulares" após a revogação da Diretiva 95/46[71].

---

[69] No mesmo sentido, Iñaki Uriarte Landa, "Ámbito de Aplicación Material" in "Reglamento General de Protección de Datos. Hacia un nuevo modelo europeo de protección de datos", cit. p. 71.

[70] Entretanto revogado pelo Regulamento (UE) 2018/1725 do Parlamento Europeu e do Conselho, de 23 de outubro de 2018, o que não colide com o objetivo assinalado de garantir a citada "proteção uniforme aos particulares".

[71] Ao invés do que constava da Proposta inicial da Comissão: "(14) O presente regulamento não cobre questões de proteção dos direitos e das liberdades fundamentais ou da livre circulação de dados relacionados com atividades que se encontrem fora do âmbito de aplicação do direito da União, nem abrange o tratamento de dados pessoais pelas instituições, órgãos, organismos ou agências da União, com base no Regulamento (CE) n.º 45/200144, ou o tratamento de dados pessoais pelos Estados-Membros no exercício de atividades relacionadas com a política externa e de segurança comum da União."
A primeira reação que fixou a superação da posição da Comissão partiu do Relator do regulamento no Parlamento Europeu, Jan Philipp Albrecht: "**As instituições da UE não são abran-**

Como consequência natural do artigo 98.º do RGPD, o Regulamento (UE) 2018/1725 do Parlamento Europeu e do Conselho de 23 de outubro de 2018 relativo à proteção das pessoas singulares no que diz respeito ao tratamento de dados pessoais pelas instituições e pelos órgãos e organismos da União e à livre circulação desses dados, procedeu já à revogação do Regulamento (CE) n.º 45/2001 e da Decisão n.º 1247/2002/CE.

De acordo com o considerando 17:

"A fim de proporcionar um quadro de proteção de dados sólido e coerente na União, e após a adoção do presente regulamento, deverão ser realizadas as necessárias adaptações do Regulamento (CE) n.º 45/2001, a fim de permitir a aplicação em simultâneo com o presente regulamento."

Encontra-se, agora, no considerando 4 do Regulamento (UE) 2018/1725:

"(4) O Regulamento (UE) 2016/679 prevê a adaptação do Regulamento (CE) n.º 45/2001, a fim de garantir um regime de proteção de dados sólido e coerente na União e de permitir a sua aplicação em paralelo com o Regulamento (UE) 2016/679."

7. O último número do artigo 2.º tem por objeto a Diretiva 2000/31/CE do Parlamento Europeu e do Conselho de 8 de Junho de 2000 relativa a certos aspectos legais dos serviços da sociedade de informação, em especial do comércio electrónico, no mercado interno («Diretiva sobre o comércio electrónico»).

Não se trata de uma exceção[72] ao RGPD, mas a afirmação da manutenção em vigor do normativo. Estão essencialmente em causa as normas em matéria de responsabilidade dos prestadores intermediários de serviços previstas nos seus artigos 12.º a 15.º (também considerando 21).

---

gidas pelo âmbito de aplicação do novo regulamento. Contudo, é necessário que estas sejam contempladas para assegurar um quadro coerente e uniforme em toda a União. Para o efeito, é necessário adaptar os instrumentos jurídicos da UE, em particular o Regulamento (CE) n.º 45/2001, para os tornar inteiramente consentâneos com o regulamento geral sobre a proteção de dados antes que este entre em aplicação." Disponível em: http://www.europarl.europa.eu/sides/getDoc.do?pubRef=-//EP//TEXT+REPORT+A7-2013-0402+0+DOC+XML+V0//PT#title2 (consultado a 16 de novembro de 2018).

[72] Thomas Zerdick in Eugen Ehmann e Martin Selmayr (coordenação), "Datenschutz-Grundverordnung", cit., p. 159.

Estas disposições referem-se a simples transporte, a armazenagem temporária ("caching"), a armazenagem em servidor e à ausência de obrigação geral de vigilância.

(Alexandre Sousa Pinheiro)

ARTIGO 3.º
Âmbito de aplicação territorial

1. O presente regulamento aplica-se ao tratamento de dados pessoais efetuado no contexto das atividades de um estabelecimento de um responsável pelo tratamento ou de um subcontratante situado no território da União, independentemente de o tratamento ocorrer dentro ou fora da União.

2. O presente regulamento aplica-se ao tratamento de dados pessoais de titulares que se encontrem no território da União, efetuado por um responsável pelo tratamento ou subcontratante não estabelecido na União, quando as atividades de tratamento estejam relacionadas com[73]:

a) A oferta de bens ou serviços a esses titulares de dados na União, independentemente da exigência de os titulares dos dados procederem a um pagamento;

b) O controlo do seu comportamento, desde que esse comportamento tenha lugar na União.

3. O presente regulamento aplica-se ao tratamento de dados pessoais por um responsável pelo tratamento estabelecido não na União, mas num lugar em que se aplique o direito de um Estado-Membro por força do direito internacional público.

COMENTÁRIO:

1. A presente disposição corresponde ao artigo 4.º da Diretiva 95/46/CE[74].

---

[73] Retificação publicada em JO L 119 de 4.5.2016.
[74] Artigo 4.º
Direito nacional aplicável
1. Cada Estado-membro aplicará as suas disposições nacionais adoptadas por força da presente directiva ao tratamento de dados pessoais quando:

2. O n.º 1 da disposição em comentário implica que se determine o conceito de estabelecimento de acordo com a herança da Diretiva 95/46/CE, com os considerandos do RGPD e com a jurisprudência do TJUE[75].

Assim, de acordo com o considerando 22:

"O estabelecimento pressupõe o exercício efetivo e real de uma atividade com base numa **instalação estável**. A forma jurídica de tal estabelecimento, quer se trate de uma sucursal quer de uma filial com personalidade jurídica, não é fator determinante nesse contexto." (sublinhado nosso)

Na área da proteção de dados, a jurisprudência do TJUE desenvolveu, também, o conceito de estabelecimento quer amplo, quer flexível, permitindo a sua aplicação no "contexto das suas atividades".

No Acórdão Google Spain SL e Google Inc., de 13 de maio de 2014 (Processo C-131/12),[76] o TJUE decidiu que:

"(55) Tendo em conta este objetivo da Diretiva 95/46 e a redação do seu artigo 4.º, n.º 1, alínea a), há que considerar que o tratamento de dados pessoais, realizado com vista às necessidades do serviço de um motor de busca como o Google Search, que é explorado por uma **empresa sediada num**

a) O tratamento for efetuado no contexto das atividades de um estabelecimento do responsável pelo tratamento situado no território desse Estado-membro; se o mesmo responsável pelo tratamento estiver estabelecido no território de vários Estados-membros, deverá tomar as medidas necessárias para garantir que cada um desses estabelecimentos cumpra as obrigações estabelecidas no direito nacional que lhe for aplicável;
b) O responsável pelo tratamento não estiver estabelecido no território do Estado-membro, mas num local onde a sua legislação nacional seja aplicável por força do direito internacional público;
c) O responsável pelo tratamento não estiver estabelecido no território da Comunidade e recorrer, para tratamento de dados pessoais, a meios, automatizados ou não, situados no território desse Estado-membro, salvo se esses meios só forem utilizados para trânsito no território da Comunidade.
2. No caso referido na alínea c) do n.º 1, o responsável pelo tratamento deve designar um representante estabelecido no território desse Estado-membro, sem prejuízo das acções que possam vir a ser intentadas contra o próprio responsável pelo tratamento.

[75] Ver Santiago Ripoll Carulla, "Aplicación Territorial de Reglamento" in "Reglamento General de Protección de Datos. Hacia un nuevo modelo europeo de protección de datos", cit. pp. 92 e ss.
[76] Cit.

Estado terceiro, mas que dispõe de um estabelecimento num Estado-
-Membro, é efetuado «no contexto das atividades» desse estabelecimento, se este se destinar a assegurar, nesse Estado-Membro, a promoção
e a venda dos espaços publicitários propostos por esse motor de busca, que
servem para rentabilizar o serviço prestado por esse motor.

(56) Com efeito, nestas circunstâncias, **as atividades do operador do
motor de busca e as do seu estabelecimento situado no Estado-Membro em causa estão indissociavelmente ligadas**, uma vez que as atividades
relativas aos espaços publicitários constituem o meio para tornar o motor
de busca em causa economicamente rentável e que esse motor é, ao mesmo
tempo, o meio que permite realizar essas atividades."

No Acórdão Weltimmo, de 1 de outubro de 2015 (Processo C-230/14),[77] o
TJUE decidiu que:

"(28) No que respeita, em primeiro lugar, ao conceito de «estabelecimento»,
há que recordar que o considerando 19 da Diretiva 95/46 enuncia que o estabelecimento no território de um Estado-Membro pressupõe o exercício efetivo e real de uma atividade mediante uma instalação estável e que a forma
jurídica de tal estabelecimento, quer se trate de uma simples sucursal ou de
uma filial com personalidade jurídica, não é determinante (acórdão Google
Spain e Google, C-131/12). Este considerando precisa, por outro lado, que,
quando no território de vários Estados-Membros estiver estabelecido um
único responsável pelo tratamento, deve assegurar-se, nomeadamente para
evitar que a legislação seja contornada, que cada um dos estabelecimentos
cumpra as obrigações impostas pela legislação nacional aplicável às respetivas atividades.
(29) **Daqui resulta**, conforme sublinhou o advogado-geral nos n.ᵒˢ 28 e 32
a 34 das suas conclusões, **uma conceção flexível do conceito de estabelecimento, que afasta qualquer abordagem formalista segundo a qual
uma empresa só se pode considerar estabelecida no lugar em que estiver
registada.** Assim, para determinar se uma sociedade, responsável por um
tratamento de dados, dispõe de um estabelecimento, na aceção da Diretiva
95/46, num Estado-Membro diferente do Estado-Membro ou do país ter-

---

[77] Disponível em: http://curia.europa.eu/juris/document/document.jsf;jsessionid=7428D2
D1D903D0FA4E56BD093AD2387D?text=&docid=171574&pageIndex=0&doclang=PT
&mode=req&dir=&occ=first&part=1&cid=1621339 (consultado em 15 de novembro).

ceiro em que está registada, **há que avaliar tanto o grau de estabilidade da instalação como a realidade do exercício das atividades nesse outro Estado-Membro, tendo em conta a natureza específica das atividades económicas e das prestações de serviços em causa.** Este entendimento vale especialmente para as empresas que se dedicam a oferecer serviços exclusivamente na Internet."

Com este *Marktortprinzip* baseado na *lex loci* pretende-se eliminar a não aplicação do Direito Europeu caso não exista estabelecimento ou sede localizados na UE.[78] A doutrina considera que a estabilidade da instalação pode ser obtida através da instalação de um servidor, da abertura de um apartado ou de uma conta bancária desde que se verifique uma ação ativa na matéria do tratamento de dados.[79]

O n.º 1 estabelece um âmbito territorial de aplicação do RGPD que transcende a UE na medida em que quando o (i) estabelecimento ou o (ii) contexto de atividades se situe em território da UE, se aplica a tratamentos de dados pessoais efetuados na UE ou fora dela.

Sobre o contexto de atividades no âmbito do artigo 4.º da Diretiva 95/46/CE, o Grupo de Trabalho do Artigo 29.º sustentou que: *The notion of "context of activities" does not imply that the applicable law is the law of the Member State where the controller is established, but where an establishment of the controller is involved in activities relating to data processing*.[80]

O problema levantado pelo Grupo do Artigo 29.º não se levantará, em princípio, quando estamos perante um ato regulamentar que unifica a lei material, ao invés do que se passa com uma diretiva (assim é, apesar do ceticismo já demonstrado relativamente à homogeneidade de regimes no RGPD).

Nos termos da parte final do n.º 1, garante-se a aplicação extraterritorial do RGPD: "independentemente de o tratamento ocorrer dentro ou fora da União", abrangendo os tratamentos em *cloud*.

3. Quanto ao proémio do n.º 2, há a notar a importante retificação já assinalada, em que deixou de se falar em titulares de dados residentes dos Esta-

---

[78] Thomas Zerdick in Eugen Ehmann e Martin Selmayr (coordenação), "Datenschutz-Grundverordnung", cit., p. 161.
[79] Idem, pp. 162-163.
[80] *Opinion 8/2010 on applicable law*, WP 179, adotado em 16 de dezembro de 2010 disponível em https://ec.europa.eu/justice/article-29/documentation/opinion-recommendation/files/2010/wp179_en.pdf (consultado em 12 de novembro de 2018).

dos-Membros da UE, para passar a referir-se, corretamente, titulares que se encontrem nos Estados-Membros seguindo, por exemplo, a versão inglesa: *This Regulation applies to the processing of personal data of data subjects **who are in the Union** by a controller or processor not established in the Union (...).*

A não ser assim, não podia considerar-se cumprido o artigo 15.º da CRP segundo o qual os direitos fundamentais devem ser aplicados identicamente a cidadãos nacionais, estrangeiros e apátridas.

A presença em território da UE respeita às duas alíneas do n.º 2 do artigo 2.º. Sobre a alínea a), o considerando 23 refere:

"A fim de evitar que as pessoas singulares sejam privadas da proteção que lhes assiste por força do presente regulamento, o tratamento dos dados pessoais de titulares que se encontrem na União por um responsável pelo tratamento ou subcontratante não estabelecido na União deverá ser abrangido pelo presente regulamento se as atividades de tratamento estiverem relacionadas com a oferta de bens ou serviços a esses titulares, independentemente de estarem associadas a um pagamento."

A expressão **independentemente de estarem associados a um pagamento** não significa a gratuitidade dos bens ou serviços. O que está em causa é a não ligação necessária a um pagamento financeiro. O pagamento neste caso pode fazer-se através da transação de dados pessoais do próprio ou de terceiros[81].

De acordo com o considerando 23:

"(...) A fim de determinar se o responsável pelo tratamento ou subcontratante oferece ou não bens ou serviços aos titulares dos dados que se encon-

---

[81] De acordo com a Proposta, o regulamento previa apenas:
"O presente regulamento aplica-se ao tratamento de dados pessoais de titulares de dados residentes no território da União, por um responsável pelo tratamento não estabelecido na União, cujas atividade de tratamento estejam relacionadas com:
a) A oferta de bens ou serviços a esses titulares de dados na União; ou
b) O controlo do seu comportamento."
O Redator no Parlamento Europeu sustentou que:
"O âmbito territorial do regulamento é um aspeto importante para a aplicação coerente da legislação da UE em matéria de proteção de dados. O relator gostaria de clarificar que o regulamento deve também ser aplicável a um responsável pelo tratamento não estabelecido na União sempre que as atividades de tratamento visem a oferta de bens ou serviços a titulares de dados na União, **independentemente da necessidade ou não de pagamento desses bens ou serviços ou do controlo desses titulares de dados** (artigo 3.º, n.º 2).". Loc. Cit.

trem na União, há que determinar em que medida é evidente a sua intenção de oferecer serviços a titulares de dados num ou mais Estados-Membros da União."

Como o RGPD não determina o que sejam bens e serviços[82], para efeitos desta disposição, afigura-se fundamental decompor o considerando 23. Assim:

- A disponibilidade de bens ou serviços em sítio *web* do responsável pelo tratamento ou subcontratante ou de um intermediário, um endereço eletrónico ou outro tipo de contactos, ou ser utilizada uma língua de uso corrente no país terceiro em que o referido responsável está estabelecido, não é suficiente para preencher a alínea a) do n.º 2 do artigo em comentário;
- Já o será a utilização de uma língua ou de uma moeda de uso corrente num ou mais Estados-Membros, com a possibilidade de encomendar bens ou serviços nessa outra língua, ou a referência a clientes ou utilizadores que se encontrem na União, que podem ser reveladores de que o responsável pelo tratamento tem a intenção de oferecer bens ou serviços a titulares de dados na União.

Atendendo a que a disposição se refere à "oferta", compreende-se que a proximidade com o titular dos dados relacionada com o registo linguístico, com a unidade monetária ou com a identificação de pessoas singulares forneça critérios para que se aplique o RGPD.

4. Relativamente à alínea b) do n.º 2 do artigo sob comentário está em causa o controlo do comportamento dos titulares dos dados, caso tenha lugar na UE.

Esta ação pode manifestar-se através da colocação de "gostos" em redes sociais, e da utilização de formas de vigilância e controlo como *webtracking*, *cookies* ou *social plug-ins*[83].

De acordo com o considerando 24:

"A fim de determinar se uma atividade de tratamento pode ser considerada «controlo do comportamento» de titulares de dados, **deverá determinar-se se essas pessoas são seguidas na Internet e a potencial utilização subsequente de técnicas de tratamento de dados pessoais que consistem em**

---

[82] Thomas Zerdick in Eugen Ehmann e Martin Selmayr (coordenação), "Datenschutz-Grundverordnung", cit., p. 164.
[83] Thomas Zerdick in Eugen Ehmann e Martin Selmayr (coordenação), "Datenschutz-Grundverordnung", cit., p. 166.

definir o perfil de uma pessoa singular, especialmente para tomar decisões relativas a essa pessoa ou analisar ou prever as suas preferências, o seu comportamento e as suas atitudes." (sublinhado nosso)

Existe uma relação evidente entre a necessidade de cumprir os direitos previstos no RGPD e a aplicação da disposição em causa. Esta matéria apresenta-se especialmente sensível na definição de perfis (artigo 4.º, 4), ver nota).

5. O n.º 3, determinando a aplicação do RGPD onde seja aplicável a lei de um Estado-Membro fora do seu território e com base no Direito Internacional Público aponta, por exemplo, para missões diplomáticas ou postos consulares (considerando 25).

(Alexandre Sousa Pinheiro)

ARTIGO 4.º
Definições

Para efeitos do presente regulamento, entende-se por:

1. «Dados pessoais», informação relativa a uma pessoa singular identificada ou identificável («titular dos dados»); é considerada identificável uma pessoa singular que possa ser identificada, direta ou indiretamente, em especial por referência a um identificador, como por exemplo um nome, um número de identificação, dados de localização, identificadores por via eletrónica ou a um ou mais elementos específicos da identidade física, fisiológica, genética, mental, económica, cultural ou social dessa pessoa singular;

2. «Tratamento», uma operação ou um conjunto de operações efetuadas sobre dados pessoais ou sobre conjuntos de dados pessoais, por meios automatizados ou não automatizados, tais como a recolha, o registo, a organização, a estruturação, a conservação, a adaptação ou alteração, a recuperação, a consulta, a utilização, a divulgação por transmissão, difusão ou qualquer outra forma de disponibilização, a comparação ou interconexão, a limitação, o apagamento ou a destruição;

3. «Limitação do tratamento», a inserção de uma marca nos dados pessoais conservados com o objetivo de limitar o seu tratamento no futuro;

4. «Definição de perfis», qualquer forma de tratamento automatizado de dados pessoais que consista em utilizar esses dados pessoais para ava-

liar certos aspetos pessoais de uma pessoa singular, nomeadamente para analisar ou prever aspetos relacionados com o seu desempenho profissional, a sua situação económica, saúde, preferências pessoais, interesses, fiabilidade, comportamento, localização ou deslocações;

5. «Pseudonimização», o tratamento de dados pessoais de forma que deixem de poder ser atribuídos a um titular de dados específico sem recorrer a informações suplementares, desde que essas informações suplementares sejam mantidas separadamente e sujeitas a medidas técnicas e organizativas para assegurar que os dados pessoais não possam ser atribuídos a uma pessoa singular identificada ou identificável;

6. «Ficheiro», qualquer conjunto estruturado de dados pessoais, acessível segundo critérios específicos, quer seja centralizado, descentralizado ou repartido de modo funcional ou geográfico;

7. «Responsável pelo tratamento», a pessoa singular ou coletiva, a autoridade pública, a agência ou outro organismo que, individualmente ou em conjunto com outras, determina as finalidades e os meios de tratamento de dados pessoais; sempre que as finalidades e os meios desse tratamento sejam determinados pelo direito da União ou de um Estado-Membro, o responsável pelo tratamento ou os critérios específicos aplicáveis à sua nomeação podem ser previstos pelo direito da União ou de um Estado-Membro;

8. «Subcontratante», uma pessoa singular ou coletiva, a autoridade pública, agência ou outro organismo que trate os dados pessoais por conta do responsável pelo tratamento destes;

9. «Destinatário», uma pessoa singular ou coletiva, a autoridade pública, agência ou outro organismo que recebem comunicações de dados pessoais, independentemente de se tratar ou não de um terceiro. Contudo, as autoridades que possam receber dados pessoais no âmbito de inquéritos específicos nos termos do direito da União ou dos Estados-Membros não são consideradas destinatários; o tratamento desses dados por essas autoridades públicas deve cumprir as regras de proteção de dados aplicáveis em função das finalidades do tratamento;

10. «Terceiro», a pessoa singular ou coletiva, a autoridade pública, o serviço ou organismo que não seja o titular dos dados, o responsável pelo tratamento, o subcontratante e as pessoas que, sob a autoridade direta do responsável pelo tratamento ou do subcontratante, estão autorizadas a tratar os dados pessoais;

11. «Consentimento» do titular dos dados, uma manifestação de vontade, livre, específica, informada e explícita, pela qual o titular dos dados aceita, mediante declaração ou ato positivo inequívoco, que os dados pessoais que lhe dizem respeito sejam objeto de tratamento;

12. «Violação de dados pessoais», uma violação da segurança que provoque, de modo acidental ou ilícito, a destruição, a perda, a alteração, a divulgação ou o acesso, não autorizados, a dados pessoais transmitidos, conservados ou sujeitos a qualquer outro tipo de tratamento;

13. «Dados genéticos», os dados pessoais relativos às características genéticas, hereditárias ou adquiridas, de uma pessoa singular que deem informações únicas sobre a fisiologia ou a saúde dessa pessoa singular e que resulta designadamente de uma análise de uma amostra biológica proveniente da pessoa singular em causa;

14. «Dados biométricos», dados pessoais resultantes de um tratamento técnico específico relativo às características físicas, fisiológicas ou comportamentais de uma pessoa singular que permitam ou confirmem a identificação única dessa pessoa singular, nomeadamente imagens faciais ou dados dactiloscópicos;

15. «Dados relativos à saúde», dados pessoais relacionados com a saúde física ou mental de uma pessoa singular, incluindo a prestação de serviços de saúde, que revelem informações sobre o seu estado de saúde;

16. «Estabelecimento principal»:

a) No que se refere a um responsável pelo tratamento com estabelecimentos em vários Estados-Membros, o local onde se encontra a sua administração central na União, a menos que as decisões sobre as finalidades e os meios de tratamento dos dados pessoais sejam tomadas noutro estabelecimento do responsável pelo tratamento na União e este último estabelecimento tenha competência para mandar executar tais decisões, sendo neste caso o estabelecimento que tiver tomado as referidas decisões considerado estabelecimento principal;

b) No que se refere a um subcontratante com estabelecimentos em vários Estados-Membros, o local onde se encontra a sua administração central na União ou, caso o subcontratante não tenha administração central na União, o estabelecimento do subcontratante na União onde são exercidas as principais atividades de tratamento no contexto das atividades de um estabelecimento do subcontratante, na medida em que se encontre sujeito a obrigações específicas nos termos do presente regulamento;

17. «Representante», uma pessoa singular ou coletiva estabelecida na União que, designada por escrito pelo responsável pelo tratamento ou subcontratante, nos termos do artigo 27.o, representa o responsável pelo tratamento ou o subcontratante no que se refere às suas obrigações respetivas nos termos do presente regulamento;

18. «Empresa», uma pessoa singular ou coletiva que, independentemente da sua forma jurídica, exerce uma atividade económica, incluindo as sociedades ou associações que exercem regularmente uma atividade económica;

19. «Grupo empresarial», um grupo composto pela empresa que exerce o controlo e pelas empresas controladas;

20. «Regras vinculativas aplicáveis às empresas», as regras internas de proteção de dados pessoais aplicadas por um responsável pelo tratamento ou um subcontratante estabelecido no território de um Estado-Membro para as transferências ou conjuntos de transferências de dados pessoais para um responsável ou subcontratante num ou mais países terceiros, dentro de um grupo empresarial ou de um grupo de empresas envolvidas numa atividade económica conjunta;

21. «Autoridade de controlo», uma autoridade pública independente criada por um Estado-Membro nos termos do artigo 51.o;

22. «Autoridade de controlo interessada», uma autoridade de controlo afetada pelo tratamento de dados pessoais pelo facto de:

a) O responsável pelo tratamento ou o subcontratante estar estabelecido no território do Estado-Membro dessa autoridade de controlo;

b) Os titulares de dados que residem no Estado-Membro dessa autoridade de controlo serem substancialmente afetados, ou suscetíveis de o ser, pelo tratamento dos dados; ou

c) Ter sido apresentada uma reclamação junto dessa autoridade de controlo;

23. «Tratamento transfronteiriço»:

a) O tratamento de dados pessoais que ocorre no contexto das atividades de estabelecimentos em mais do que um Estado-Membro de um responsável pelo tratamento ou um subcontratante na União, caso o responsável pelo tratamento ou o subcontratante esteja estabelecido em mais do que um Estado-Membro; ou *b)* O tratamento de dados pessoais que ocorre no contexto das atividades de um único estabelecimento de um responsável pelo tratamento ou de um subcontratante, mas que afeta substancialmente, ou é suscetível de afetar substancialmente, titulares de dados em mais do que um Estados-Membro;

24. «Objeção pertinente e fundamentada», uma objeção a um projeto de decisão que visa determinar se há violação do presente regulamento ou se a ação prevista relativamente ao responsável pelo tratamento ou ao subcontratante está em conformidade com o presente regulamento, demonstrando claramente a gravidade dos riscos que advêm do projeto de decisão para os direitos e liberdades fundamentais dos titulares dos dados e, eventualmente, para a livre circulação de dados pessoais no território da União;

25. «Serviços da sociedade da informação», um serviço definido no artigo 1.º, n.º 1, alínea *b)*, da Diretiva (UE) 2015/1535 do Parlamento Europeu e do Conselho[84];

26. «Organização internacional», uma organização e os organismos de direito internacional público por ela tutelados, ou outro organismo criado por um acordo celebrado entre dois ou mais países ou com base num acordo dessa natureza.

COMENTÁRIO:

Artigo 4.º, n.º 1)

1. Compaginando a Diretiva 95/46/CE com o RGPD verifica-se que o quadro de conceitos foi consideravelmente alargado.[85]

Enquanto que a diretiva continha 8 definições no artigo 2.º, o RGPD prevê 26 definições. A primeira observação leva a concluir que as 8 definições incluídas na diretiva permanecem, embora com alterações, não raro significativas. Trata-se das definições de: dados pessoais, tratamento de dados pessoais,

---

[84] Diretiva (UE) 2015/1535 do Parlamento Europeu e do Conselho, de 9 de setembro de 2015, relativa a um procedimento de informação no domínio das regulamentações técnicas e das regras relativas aos serviços da sociedade da informação (JO L 241 de 17.9.2015, p. 1).

[85] Alexandre Sousa Pinheiro, "Apresentação do Regulamento (UE) 2016/679 do Parlamento Europeu e do Conselho, de 27 de abril de 2016 – Regulamento Geral de Proteção de Dados (RGPD)" in "Revista do Centro de Estudos Judiciários", Lisboa, 2018-I, p. 307.

ficheiro, responsável pelo tratamento, subcontratante, terceiro, destinatário e consentimento[86].

A justificação para um aumento tão significativo de definições está em que se pretendeu acentuar as preocupações de segurança, já existentes na diretiva embora expostas de forma muito mais tímida. É o caso das definições de "limitação do tratamento" (n.º 3) (aqui, também, com claras preocupações da *accountability* dos tratamentos de dados pessoais); "pseudononimização" (n.º 5) e "violação de dados pessoais" (n.º 12).

Em outras situações, o objetivo consistiu na especialidade de certo tratamento ou na categoria especial de determinadas espécies de dados pessoais: "definição de perfis" (n.º 4); "dados genéticos" (n.º 13); "dados biométricos» (n.º 14); "dados relativos à saúde" (n.º 15).

O âmbito de aplicação do RGPD justificou, igualmente, as definições de: "estabelecimento principal" (n.º 16); "representante" (n.º 17); "empresa" (n.º 18), "grupo empresarial" (n.º 19); "regras vinculativas" (n.º 20); "tratamento transfronteiriço" (n.º 23) e "organização internacional» (n.º 26);

A alteração do modelo de supervisão explica a introdução dos conceitos de "autoridade de controlo" (n.º 21); "autoridade de controlo interessada" (n.º 22) e "objeção pertinente e fundamentada" (n.º 24).

Entendeu-se importante introduzir o conceito de "serviços da sociedade da informação" (n.º 25).

Em conceitos fundamentais como os de dados pessoais e de tratamento, a influência da Diretiva 95/46 é evidente, o que, entre outras razões, leva certa doutrina a mencionar a continuada centralidade da Diretiva de 1995 como *Direttiva "madre"* no que respeita à proteção de dados pessoais.[87]

---

[86] Ver, também, António Barreto Menezes Cordeiro, "Dados Pessoais, Conteúdo, Extensão e Limites", 2018, disponível em: https://blook.pt/profile/0f888c29df0b/ (consultado a 15 de novembro de 2018).
[87] Franco Pizzeti, "Privacy e il Diritto Europeo alla Protezioni dei Dati Personali. Dalla Direttiva 95/46 al nuovo Regolamento europeo", cit., p. 73.

RGPD	Diretiva 95/46 Artigo 2.º
1) «Dados pessoais», informação relativa a uma pessoa singular identificada ou identificável («titular dos dados»); é considerada identificável uma pessoa singular que possa ser identificada, direta ou indiretamente, em especial por referência a um identificador, como por exemplo um nome, um número de identificação, dados de localização, identificadores por via eletrónica ou a um ou mais elementos específicos da identidade física, fisiológica, genética, mental, económica, cultural ou social dessa pessoa singular;	Definições Para efeitos da presente diretiva, entende-se por: a) «Dados pessoais», qualquer informação relativa a uma pessoa singular identificada ou identificável («pessoa em causa»); é considerado identificável todo aquele que possa ser identificado, direta ou indiretamente, nomeadamente por referência a um número de identificação ou a um ou mais elementos específicos da sua identidade física, fisiológica, psíquica, económica, cultural ou social;

1. A distinção entre os conceitos de dados pessoais previstos no RGPD e na Diretiva 95/46/CE consistem em:

   a) Enquanto que a Diretiva refere "pessoa em causa", o RGPD menciona o "titular de dados pessoais";
   b) Ao invés da Diretiva, o RGPD menciona especificamente "dados de localização" e "identificadores por via eletrónica";
   c) O RGPD menciona em especial dados genéticos, ao contrário da Diretiva;
   d) O RGPD menciona, a título de exemplo, dados de caráter mental, substituindo os dados psíquicos da Diretiva.

Não pensamos que estas modificações sejam significativas e que, consequentemente, alterem expressivamente o conceito de "dado pessoal"[88].

2. Na Proposta apresentada pela Comissão em 2012, o conceito de "dados pessoais" era subalternizado em função do de "titular de dados pessoais", resultando, do artigo 4.º, o seguinte:

"(1) «Titular de dados», uma pessoa singular identificada ou identificável, direta ou indiretamente, por meios com razoável probabilidade de serem

---

[88] Já afirmamos em outra sede que a expressão que melhor qualifica o bem jurídico protegido é "informação pessoal" e não "dado pessoal". Alexandre Sousa Pinheiro, "*Privacy* e Proteção de Dados Pessoais: A Construção Dogmática do Direito à Identidade Informacional", cit., p. 811.

utilizados pelo responsável pelo tratamento ou por qualquer outra pessoa singular ou coletiva, nomeadamente por referência a um número de identificação, a dados de localização, a um identificador em linha ou a um ou mais elementos específicos próprios à sua identidade física, fisiológica, genética, psíquica, económica, cultural ou social;

(2) «Dados pessoais», qualquer informação relativa a um titular de dados (...)".

Esta posição foi alterada na primeira leitura no Parlamento Europeu:

"(1) ~~«Titular de dados», uma pessoa singular identificada ou identificável, direta ou indiretamente, por meios com razoável probabilidade de serem utilizados pelo responsável pelo tratamento ou por qualquer outra pessoa singular ou coletiva, nomeadamente por referência a um número de identificação, a dados de localização, a um identificador em linha ou a um ou mais elementos específicos próprios à sua identidade física, fisiológica, genética, psíquica, económica, cultural ou social;~~

(2) «Dados pessoais», qualquer informação relativa a ~~um~~ *uma pessoa singular identificada ou identificável* («*titular de dados*»). *É considerada identificável a pessoa que possa ser identificada, direta ou indiretamente, nomeadamente por referência a um identificador, tal como o nome, um número de identificação, dados de localização, um identificador único, ou a um ou mais elementos específicos da identidade física, fisiológica, genética, psíquica, económica, cultural, social ou de género dessa pessoa (...)"*[89]

3. Em primeiro lugar deve compreender-se adequadamente o que representa a proteção de **pessoas singulares**.

Para além do articulado, tal resulta claramente da disposição em análise e do Considerando 14, apesar de merecer apreciação jurisprudência do TJUE em sentido inverso.

De acordo com o considerando citado:

---

[89] Disponível em: http://www.europarl.europa.eu/sides/getDoc.do?type=TA&reference=P7-TA-2014-0212&language=PT&ring=A7-2013-0402 (consultado em 16 de novembro de 2018).

"(14) A proteção conferida pelo presente regulamento deverá aplicar-se às **pessoas singulares**, independentemente da sua nacionalidade ou do seu local de residência, relativamente ao tratamento dos seus dados pessoais. **O presente regulamento não abrange o tratamento de dados pessoais relativos a pessoas coletivas, em especial a empresas estabelecidas enquanto pessoas coletivas, incluindo a denominação, a forma jurídica e os contactos da pessoa coletiva.**" (sublinhado nosso)

Cremos que o legislador europeu, com este considerando, visou superar jurisprudência do TJUE[90].

No Acórdão Volker und Markus Schecke e Eifert, de 9 de novembro de 2010 (processo C-92/09), pode ler-se:

"(52) Assim, importa declarar, por um lado, que o respeito pelo direito à vida privada relativamente ao tratamento de dados pessoais, reconhecido pelos artigos 7.º e 8.º da Carta, abrange todas as informações relativas a qualquer pessoa singular identificada ou identificável (v., designadamente, TEDH, acórdãos Amann c. Suíça de 16 de Fevereiro de 2000, *Colectânea dos acórdãos e decisões* 2000-II, § 65, e Rotaru c. Roménia de 4 de Maio de 2000, *Colectânea dos acórdãos e decisões* 2000-V, § 43) e, por outro, que as restrições que podem ser legitimamente impostas ao direito à proteção dos dados pessoais correspondem às permitidas no quadro do artigo 8.º da CEDH.

b) Quanto à validade do artigo 44.º-A do Regulamento n.º 1290/2005 e do Regulamento n.º 259/2008

(53) Em primeiro lugar, recorde-se que a publicação imposta pelo artigo 44.º-A do Regulamento n.º 1290/2005 e pelo Regulamento n.º 259/2008, que dá execução a esse artigo, identifica nominalmente todos os beneficiários de ajudas do FEAGA e do Feader, entre os quais se encontram pessoas singulares e coletivas. **Ora, tendo em conta o que se afirmou no n.º 52**

---

[90] A Diretiva 95/46/CE apresentava um conteúdo menos nítido do que o RGPD, como resulta do Considerando (2):
"Considerando que os sistemas de tratamento de dados estão ao serviço do Homem; que devem respeitar as liberdades e os direitos fundamentais das pessoas singulares independentemente da sua nacionalidade ou da sua residência, especialmente a vida privada, e contribuir para o progresso económico e social, o desenvolvimento do comércio e o bem-estar dos indivíduos".

do presente acórdão, as pessoas coletivas só podem invocar a proteção dos artigos 7.º e 8.º da Carta a respeito de tal identificação desde que a denominação legal da pessoa coletiva identifique uma ou mais pessoas singulares."[91]

Entendemos que, com o RGPD, sociedades unipessoais que revelem a identificação de uma pessoa singular não se encontram abrangidas pelo instrumento de Direito Europeu[92].

4. Seguindo o considerando 26, em sede de anonimização de dados, deve considerar-se o seguinte: "os princípios da proteção de dados não deverão (...) aplicar-se às informações anónimas, ou seja, às informações que não digam respeito a uma pessoa singular identificada ou identificável **nem a dados pessoais tornados de tal modo anónimos que o seu titular não seja ou já não possa ser identificado. O presente regulamento não diz, por isso, respeito ao tratamento dessas informações anónimas, inclusive para fins estatísticos ou de investigação.**" (sublinhado nosso)

5. Relativamente à proteção de dados pessoais, tal como se encontra definida no artigo 8.º da CDFUE, respeita a "qualquer dado pessoal" no sentido de informação pessoal. Isto é, não existe uma delimitação de dados de natureza pessoal que revistam caraterísticas de maior sensibilidade ou relacionados com a intimidade dos titulares.

As espécies de tratamentos que podem ser realizadas sobre dados pessoais levam a que possamos estar perante dados potencialmente sensíveis, partindo de matéria aparentemente bagatelar: "Independentemente da natureza dos dados (sem portadores de maior reserva ou estejam abertos a ampla exposição), a possibilidade de os cruzar ou de proceder a interconexões torna informação de caráter bagatelar – desde que reunida coerentemente em um ficheiro – em um elemento potencialmente sensível"[93].

---

[91] Disponível em: http://curia.europa.eu/juris/document/document.jsf;jsessionid=076837527E287C7B1D11FBBF6187277F?text=&docid=79001&pageIndex=0&doclang=PT&mode=lst&dir=&occ=first&part=1&cid=1464043 (consultado a 15 de novembro de 2018).
[92] Em sentido contrário, ver Achim Klabunde in Eugen Ehmann e Martin Selmayr (coordenação), "Datenschutz-Grundverordnung", cit., p. 173.
[93] Alexandre Sousa Pinheiro, "Privacy e Protecção de Dados Pessoais...", op. cit., p. 642.

6. Esta disposição será analisada com base no Parecer n.º 4/2007 aprovado pelo Grupo do Artigo 29.º [94], nos considerandos do RGPD, na jurisprudência tida como pertinente e na nossa reflexão sobre todos estes elementos. Assim:

i) Os dados pessoais em causa pressupõem o que se designa como *higher risk of "easy access to personal data"*, o que pode significar a integração em ficheiros, tal como consta da definição de 4, 6) do artigo em apreciação (ver os considerandos 15 do RGPD e 27 da Diretiva)[95].

ii) Por *informação* deve entender-se informação "objetiva" de natureza essencialmente identificativa e informação "subjetiva" de natureza basicamente avaliativa[96].

Por vezes, erradamente, entende-se que dados pessoais visam dados de identificação, que apenas respondem a perguntas básicas relativas ao titular dos dados como *quem é?*, *onde mora?*, *qual o estado civil?*, etc.

Se assim fosse, a proteção oferecida ao titular dos dados pelo Direito seria mínima e versaria sobre aspetos muito incompletos da personalidade dos indivíduos.

Para além da proteção da "identidade do titular dos dados", deve verificar-se uma proteção da vivência do indivíduo, o que inclui as suas diversas atividades, desde, por exemplo, passatempos, habilitações académicas ou prestações sociais de que aufira[97].

A proteção da personalidade do titular dos dados não pode esgotar-se no "ser individual", mas deve ter uma repercussão que englobe a plenitude do sujeito.

iii) Sobre a natureza direta ou indireta da identificação, deve atender-se a que a identificação pressupõe, normalmente, duas informações, o nome e a associação a este de outra informação.

Apenas o nome, sem outro elemento, pode não ser suficiente para uma identificação direta.

Pode acontecer que com o nome se possa perceber da existência de um indivíduo com uma concreta identificação, sem se conhecer exatamente quem é, e para que tal aconteça seja necessário aditar informação suplementar.

---

[94] *Opinion 4/2007 on the concept of personal data WP 136* adotado a 20 de junho de 2007, Disponível em: http://ec.europa.eu/justice/article-29/documentation/opinion-recommendation/files/2007/wp136_pt.pdf (consultado em 14 de novembro de 2018).
[95] Idem., p. 5.
Veremos *infra*, a propósito do conceito de ficheiro, que a aplicação do RGPD não carece necessariamente da integração de dados pessoais em ficheiros.
[96] Idem., p. 6.
[97] Ibidem.

Daí que nos pareça pouco exata uma forma de distinção também criticada no Parecer n.º 4/2007[98]:

"*a person may be identified directly by name or indirectly by a telephone number, a car registration number, a social security number, a passport number or by a combination of significant criteria which allows him to be recognized by narrowing down the group to which he belongs (age, occupation, place of residence, etc.)*".

Reconhecendo-se que o nome pode não ser suficiente, o parecer alude à data de nascimento, ao nome dos progenitores ou à fotografia[99].

(iv) O desenvolvimento digital leva a que mesmo com a ausência de nome[100] possa existir a possibilidade de identificar um titular de dados através de meios de identificação como o IP, meios de geolocalização ou através de meios IoT.

Por esta razão o RGPD inclui os identificadores por via eletrónica e os dados de localização como dados pessoais, seguindo o considerando 30:

"(30) As pessoas singulares podem ser associadas a identificadores por via eletrónica, fornecidos pelos respetivos aparelhos, aplicações, ferramentas e protocolos, tais como **endereços IP (protocolo internet)** ou **testemunhos de conexão (cookie)** ou **outros identificadores, como as etiquetas de identificação por radiofrequência**[101]. Estes identificadores podem deixar vestí-

---

[98] Cit., p. 13.
[99] Idem.
De acordo com o considerando 51 do RGPD, "O tratamento de fotografias não deverá ser considerado sistematicamente um tratamento de categorias especiais de dados pessoais, uma vez que são apenas abrangidas pela definição de dados biométricos quando forem processadas por meios técnicos específicos que permitam a identificação inequívoca ou a autenticação de uma pessoa singular."
[100] No Acórdão Lindqvist, cit. é afirmado que: "(27) (...) a operação que consiste na referência, feita numa página da Internet, a várias pessoas e a sua identificação pelo nome ou por outros meios, por exemplo, o número de telefone ou informações relativas às suas condições de trabalho e aos seus passatempos, constitui um «tratamento de dados pessoais por meios total ou parcialmente automatizados» na acepção do artigo 3.º, n.º 1, da Directiva 95/46."
[101] (24) *O presente regulamento deve ser aplicável* ao utilizarem os serviços em linha, as pessoas singulares podem ser associadas a ao *tratamento envolvendo* identificadores em linha, fornecidos pelos respetivos *por* aparelhos, aplicações, ferramentas e protocolos, tais como endereços IP (Protocolo Internet) ou, testemunhos de conexão (*cookie*) *e etiquetas*. Estes identificadores podem deixar vestígios que, em combinação com identificadores únicos e outras informações recebidas pelos servidores, podem ser utilizadas para a definição de perfis e a *de* iden-

gios que, em especial quando combinados com identificadores únicos e outras informações recebidas pelos servidores, podem ser utilizados para a definição de perfis e a identificação das pessoas singulares." (sublinhado nosso)

O Parecer de 2007 [102], recorrendo, também, a documento de trabalho do Grupo do Artigo 29.º de 2000 [103], considera o IP um dado pessoal:

"Internet access providers and managers of local area networks can, using reasonable means, identify Internet users to whom they have attributed IP addresses as they normally systematically "log" in a file the date, time, duration and dynamic IP address given to the Internet user. The same can be said about Internet Service Providers that keep a logbook on the HTTP server. In these cases there is no doubt about the fact that one can talk about personal data in the sense of Article 2 a) of the Directive (...)"

"So, unless the Internet Service Provider is in a position to distinguish with absolute certainty that the data correspond to users that cannot be identified, it will have to treat all IP information as personal data, to be on the safe side."[104]

Com base na jurisprudência, deve citar-se o Acórdão do TJUE Patrick Breyer vs. República Federal da Alemanha, decidido a 19 de outubro de 2016 (processo C- 582/14)[105], que sobre a natureza do IP como dado pessoal referiu:

---

tificação *por radiofrequências (RFID), salvo se esses* ~~das pessoas. Daí decorre que números de identificação, dados de localização~~, identificadores ~~em linha ou outros elementos específicos não devem ser necessariamente considerados como dados pessoais em todas as circunstâncias~~ *não estiverem associados a uma pessoa singular identificada ou identificável* [Alt. 7]. Parlamento Europeu, aprovação em Plenário, primeira leitura: Disponível em: http://www.europarl. europa.eu/sides/getDoc.do?type=TA&reference=P7-TA-2014-0212&language=PT&ring= A7-2013-0402#BKMD-6 (consultado a 16 de novembro de 2018).
Ver: *Working document on data protection issues related to RFID technology January, adotado a 19, 2005 (WP 105)*, disponível em: https://ec.europa.eu/justice/article-29/documentation/opi nion-recommendation/files/2005/wp105_en.pdf (consultado a 16 de novembro de 2018).
[102] Cit., p.16.
[103] *Working Document Privacy on the Internet (WP 37) – An integrated EU Approach to On-line Data Protection*- adoptado a 21 de Novembro de 2000. Disponível em: https://ec.europa.eu/justice/ article-29/documentation/opinion-recommendation/files/2000/wp37_en.pdf (consultado a 16 de novembro de 2018)
[104] *Opinion 4/2007 on the concept of personal data (WP 136)*, cit., p. 17.
[105] Disponível em: http://curia.europa.eu/juris/document/document.jsf?text=&docid=18 4668&pageIndex=0&doclang=PT&mode=req&dir=&occ=first&part=1 (consultado em 16 de novembro de 2018).

"O artigo 2.º, alínea a), da Diretiva 95/46/CE do Parlamento Europeu e do Conselho, de 24 de outubro de 1995, relativa à proteção das pessoas singulares no que diz respeito ao tratamento de dados pessoais e à livre circulação desses dados, deve ser interpretado no sentido de que **um endereço de protocolo Internet dinâmico registado por um prestador de serviços de meios de comunicação em linha aquando da consulta por uma pessoa de um sítio Internet que esse prestador disponibiliza ao público constitui, relativamente a esse prestador, um dado pessoal na aceção dessa disposição,** quando este disponha de meios legais que lhe permitam identificar a pessoa em causa graças às informações suplementares que o fornecedor de acesso à Internet dessa pessoa dispõe." [106]

v) Quanto a dados de localização, a CNPD aprovou já a Deliberação n.º 7680/2014, emitida sobre tratamentos de geolocalização no ambiente laboral[107].

O Grupo do Artigo 29.º, havia já decidido que[108]:

With the help of geolocation technologies such as base station data, GPS and mapped WiFi access points, smart mobile devices can be tracked by all kinds of controllers, for purposes ranging from behavioural advertising to monitoring of children.

A doutrina já sustentou que: "A inserção dos "dados de localização" na definição de dados pessoais não constitui uma novidade no plano da construção

---

[106] No Acórdão Scarlet Extended (C-70/10, C:2011:771), de 24 de novembro de 2011, o TJUE decidiu que a recolha e identificação dos endereços IP dos utilizadores que estão na origem do envio de conteúdos ilícitos na rede, sendo esses endereços dados pessoais protegidos por permitirem a identificação precisa dos referidos utilizadores, configuravam dados e tratamentos de dados pessoais. Especialmente numa situação em que a recolha e a identificação dos endereços IP dos utilizadores de Internet era efetuada pelos fornecedores de acesso à Internet (n.º 51). Disponível em: http://curia.europa.eu/juris/document/document.jsf;jsessionid=9ea7d0f130de0733728db5a3438ea99488ebea705170.e34KaxiLc3eQc40LaxqMbN4Pb38Pe0?text=&docid=115202&pageIndex=0&doclang=PT&mode=lst&dir=&occ=first&part=1&cid=59941 (consultado em 16 de novembro de 2018).

[107] Disponível em: https://www.cnpd.pt/bin/orientacoes/DEL_7680-2014_GEO_LABORAL (consultado em 16 de novembro de 2018).

[108] *Opinion 13/2011 on Geolocation services on smart mobile devices (WP 185)* adotado em 16 de maio de 2011. Disponível em: https://ec.europa.eu/justice/article-29/documentation/opinion-recommendation/files/2011/wp185_en.pdf (consultado em 16 de novembro de 2018).

jurídica, mas esclarece eventuais dificuldades de compreensão que possam surgir relativamente ao conceito crucial de dados pessoais sediado no RGPD."[109]

vi) A informação protegida pelo conceito de dados pessoais tem que encontrar um titular destinatário, o que não significa necessariamente ser correta, verdadeira ou atualizada (para esse efeito são aplicáveis os artigos 16.º e 17.º do RGPD).

> *For information to be 'personal data', it is not necessary that it be true or proven. In fact, data protection rules already envisage the possibility that information is incorrect and provide for a right of the data subject to access that information and to challenge it through appropriate remedies.*[110]

vii) De acordo com o considerando 27, o RGPD não se aplica aos dados pessoais de pessoas falecidas, apesar de os Estados-Membros poderem estabelecer regras para o tratamento dos dados pessoais destas pessoas[111].

viii) A simples possibilidade de identificação de um titular de dados pessoais não exprime só por si dados pessoais que devam ser tratados nos termos do RGPD. Como anteriormente já se exprimiu relativamente à Diretiva de 1995, no Parecer de 2007 do Grupo do Artigo 29.º[112]:

> *Recital 26 of the Directive pays particular attention to the term "identifiable" when it reads that "whereas to determine whether a person is identifiable account should be taken of all the means likely reasonably to be used either by the controller or by any other person to identify the said person." This means that a mere hypothetical possibility to single out the individual is not enough to consider the person as "identifiable".*

O Considerando 26 do RGPD mantém o entendimento:

> "(26) Para determinar se uma pessoa singular é identificável, importa considerar todos os meios suscetíveis de ser razoavelmente utilizados, tais como a seleção, quer pelo responsável pelo tratamento quer por outra pessoa, para

---

[109] Alexandre Sousa Pinheiro, "Apresentação do Regulamento (UE) 2016/679 do Parlamento Europeu e do Conselho, de 27 de abril de 2016 – Regulamento Geral de Proteção de Dados (RGPD)", cit., p. 311.

[110] Cit., p. 6.

[111] Cit., p. 22. Ver a análise aí efetuada sobre as possíveis exceções ao não tratamento de dados pessoais de pessoas falecidas.

[112] Cit., p. 15.

identificar direta ou indiretamente a pessoa singular. Para determinar se há uma probabilidade razoável de os meios serem utilizados para identificar a pessoa singular, importa considerar todos os fatores objetivos, como os custos e o tempo necessário para a identificação, tendo em conta a tecnologia disponível à data do tratamento dos dados e a evolução tecnológica."

Por sua vez, o citado Acórdão Patrick Breyer vs. República Federal apresenta os seguintes *obter dicta* importantes para solucionar este problema:

"(45) Importa, contudo, **determinar se a possibilidade de combinar um endereço IP dinâmico com as referidas informações suplementares detidas por esse fornecedor de acesso à Internet constitui um meio suscetível de ser razoavelmente utilizado para identificar a pessoa em causa.**
(46) Como salientou o advogado-geral, em substância, no n.º 68 das suas conclusões, assim não será se a identificação da pessoa em causa for proibida por lei ou inexequível, por exemplo devido ao facto de implicar um esforço desmedido em termos de tempo, de custo e de mão de obra, de modo que o risco de uma identificação parece na realidade insignificante."

(*Alexandre Sousa Pinheiro*)

Artigo 4.º, n.º 2)

RGPD	Diretiva 95/46
2) «Tratamento», uma operação ou um conjunto de operações efetuadas sobre dados pessoais ou sobre conjuntos de dados pessoais, por meios automatizados ou não automatizados, tais como a recolha, o registo, a organização, a estruturação, a conservação, a adaptação ou alteração, a recuperação, a consulta, a utilização, a divulgação por transmissão, difusão ou qualquer outra forma de disponibilização, a comparação ou interconexão, a limitação, o apagamento ou a destruição;	Artigo 2.º Definições Para efeitos da presente directiva, entende-se por: b) «Tratamento de dados pessoais» («tratamento»), qualquer operação ou conjunto de operações efectuadas sobre dados pessoais, com ou sem meios automatizados, tais como a recolha, registo, organização, conservação, adaptação ou alteração, recuperação, consulta, utilização, comunicação por transmissão, difusão ou qualquer outra forma de colocação à disposição, com comparação ou interconexão, bem como o bloqueio, apagamento ou destruição;

(i) Ao invés do que é comum afirmar, o RGPD não foi aprovado para combater a natureza obsoleta da Diretiva 95/46. O conceito básico de "tratamento" que permitiu adaptar um texto dos anos 90 do século XX aos desafios dos motores de busca e dos identificadores *web* permanece quase igual ao da Diretiva de 24 de outubro. Varia a inclusão do conceito de "limitação" e a transição do conceito de bloqueio para os poderes das autoridades de controlo.

A continuidade deste conceito leva a que se perceba bem o papel da Diretiva 95/46 na história do Direito Europeu da proteção de dados.

(ii) Não se pode considerar que todas as fases sejam aplicáveis a todos os tratamentos. É frequente que a maioria dos tratamentos se cinja à recolha, registo e conservação[113].

(iii) A "recolha" trata-se de uma fase do tratamento que não constava da Convenção n.º 108 para a Proteção das Pessoas relativamente ao Tratamento Automatizado de Dados de Carácter Pessoal, de 1981. Ainda que numa fase indireta, estamos perante a fase do tratamento que revela uma "maior proximidade relativamente ao titular dos dados."[114]

(iv) O "registo e a organização" fixam e estruturam os dados recolhidos, apesar de não ser necessário que a organização acompanhe o primeiro elemento.[115]

O relevo do elemento organizatório pode manifestar-se, por exemplo, nos casos em que é referida a necessidade de conhecer a lógica subjacente de um tratamento, tal como sucede com as decisões automatizadas, incluindo a definição de perfis previstas nos números 1 e 4 do artigo 22.º.

(v) A conservação é um elemento típico dos tratamentos de dados pessoais. Adquire uma relevância especial no que respeita quer a períodos de conservação, quer a condições de segurança.[116]

(vi) Como foi já referido na doutrina; "as fases de «adaptação» e «alteração» relevam especialmente em tratamentos com natureza construtiva, ou seja, naqueles em que a partir de dados "primários" se criam novos dados pessoais. (...). A «adaptação» e a «alteração» têm uma aplicação mais evidente no plano da atualização de dados variáveis ou potencialmente variáveis no tempo".[117]

---

[113] Alexandre Sousa Pinheiro, "Privacy e Protecção de Dados Pessoais...", op. cit., p. 649.
[114] Ibidem.
[115] Idem, pp. 651-652.
[116] Idem, p. 651.
[117] Ibidem.

(vii) A "recuperação" de dados pessoais corresponde à "ação de dados pessoais que tenham sofrido qualquer tipo de deterioração."[118]

(viii) Relativamente à "consulta", ela deve ser considerada "uma operação intelectual conducente à apreensão do conteúdo material de dados pessoais para a prática de ato posterior conforme com o princípio da igualdade."[119]

(ix) A "utilização" consiste essencialmente num processo de recurso a dados pessoais que garantam o respeito pelos preceitos relativos à legitimidade do tratamento de dados.[120]

(x) Relativamente à fórmula "divulgação por transmissão, difusão ou qualquer outra forma de disponibilização", entende-se que "a «comunicação por transmissão» respeita aos casos em que existem destinatários conhecidos ou previsíveis, a «difusão» implica o envio maciço de informação com determinabilidade de recetores, enquanto a expressão residual «qualquer outra forma de colocação à disposição» se destina a acompanhar os desenvolvimentos da técnica."[121]

(xi) Relativamente à "limitação", ver nota a artigos 4. 3) e 18.º.

(xii) Quanto à fase final do «apagamento ou destruição», há a referir que o apagamento está pensado para a eliminação de dados automatizados, enquanto a destruição está vocacionada para dados manuais.[122]

(xiii) Quanto à "comparação" ou "interconexão", há a mencionar que não são fases do tratamento, mas "formas de tratamento": "A comparação corresponde ao exame de dados diferenciados de um mesmo titular, ou de titulares distintos relativamente a informação homogénea.

A «interconexão» implica a criação de novos dados pessoais a partir da interseção de dados já existentes e inseridos em ficheiros diferenciados"[123].

De acordo com o considerando (31):

"Os pedidos de divulgação enviados pelas autoridades públicas deverão ser sempre feitos por escrito, fundamentados e ocasionais e não deverão dizer respeito à totalidade de um ficheiro nem implicar a interconexão de ficheiros. O tratamento desses dados pessoais por essas autoridades públicas

---

[118] Idem, p. 652.
[119] Ibidem.
[120] Ibidem.
[121] Idem, p. 653.
[122] Ibidem.
[123] Idem, p. 654.

deverá respeitar as regras de proteção de dados aplicáveis de acordo com as finalidades do tratamento."

(*Alexandre Sousa Pinheiro*)

Artigo 4.º, n.º 3)

A limitação do tratamento nos termos desta definição obriga à conciliação entre os artigos 18.º e 42.º.

Assim, as situações descritas no artigo 18.º (ver nota), enquanto não derem origem ao apagamento de dados, devem poder ser assinaladas por um meio certificado que assinale a perspetiva do titular dos dados. A definição refere uma "marca de limitação", que tem sede no n.º 1 do artigo 42.º (ver nota).

Como já assinalamos, a limitação é uma forma de tratamento introduzida pelo RGPD e que consta do conceito de tratamento.

(*Alexandre Sousa Pinheiro*)

Artigo 4.º, n.º 4)

1. Relativamente à "definição de perfis", a disposição em comentário centra-se no "tratamento automatizado de dados". Assim, está a pensar-se em tratamentos de dados que envolvam a avaliação de aspetos da personalidade de titulares de dados com fins de análise ou preditivos. As análises comportamentais previstas na alínea b), do n.º 2, do artigo 3.º e as avaliações de *credit scoring* são exemplos da aplicação desta disposição.

Uma das características do RGPD consiste na valorização dos aspetos relacionados com a automação e com a inteligência artificial, o que tem claros efeitos na definição de perfis, dos mais variados tipos.

As relações da definição de perfis com os tratamentos de *big data* trazem um potencial desafio regulatório para o RGPD que não é, contudo, desenvolvido, adquirindo uma dimensão essencialmente formal. Como já foi notado:

> *Generally speaking, profiling as defined in Art. 4(4) of the GDPR in many situations is perfectly legal. Interestingly, the operative provisions of the GDPR do not provide a specific regulation on how the actual process of profiling should be conducted. The provisions given merely provide rather formal requirements. For instance, a data protection impact assessment within the meaning of Art. 35(1) of the GDPR must be conducted if "a systematic and extensive evaluation of personal aspects relating to*

natural persons", such as profiling, takes place and leads do decisions which "produce legal effects concerning the natural person or similarly significantly affect the natural person" (Art. 35(3)(a) of the GDPR). The remaining references to profiling primarily arise in the context of automated (as opposed to human) decision-making within the meaning of Art. 22 of the GDPR (...)"[124]

2. A disposição fundamental para a compreensão deste conceito encontra-se no artigo 22.º, merecendo, também, atenção o artigo 4.º, 11) na relação que estabeleceremos entre o consentimento e os tratamentos de *big data*.

Os considerandos ao RGPD apresentam traços de regime nesta matéria:

- "(30) (...) Os identificadores podem deixar vestígios que, em especial quando combinados com identificadores únicos e outras informações recebidas pelos servidores, podem ser utilizados para a definição de perfis e a identificação das pessoas singulares.";
- Relativamente ao princípio da transparência, no considerando (60); "O titular dos dados deverá também ser informado da definição de perfis e das consequências que daí advêm.";
- "(70) Sempre que os dados pessoais forem objeto de tratamento para efeitos de comercialização direta, o titular deverá ter o direito de se opor, em qualquer momento e gratuitamente, a tal tratamento, incluindo a definição de perfis na medida em que esteja relacionada com a referida comercialização (...)".

Nos dias de hoje estas preocupações são particularmente importantes no plano do turismo:

"Profiling is an important feature in tourism destinations. Tourism service providers are adapting their serviceable approach to meet the personalization expectation. In fact, data-processing scenarios collect user's input and feedback which are used to build fine-grained premium services and recommender systems in the form of trail packages. The richer the user profile, the higher the temptation for the operators to target a

---

[124] Klaus Wiedemann, "Automated Processing of Personal Data for the Evaluation of Personality Traits: Legal and Ethical Issues", Max Planck Institute for Innovation and Competition Research Paper No. 18-04, p. 12.

user with unsolicited advertising or to engineer a pricing structure capable to extract as much surplus from the user as possible."[125]

(Alexandre Sousa Pinheiro)

Artigo 4.º, n.º 5)

"A menos que, e até que, haja uma definição clara e juridicamente vinculativa do termo «dados sob pseudónimo», por oposição a «dados pessoais», este tipo de dados deve continuar a estar abrangido pelas regras de proteção de dados.", refere a AEPD no Parecer n.º 3/2015, de 28 de Julho de 2015 [126].

A pseudonimização está integrada nos meios de segurança no tratamento, particularmente na alínea a) do n.º 1 do artigo 32.º. Quer significar que um tratamento só pode ser realizado no caso de existirem informações suplementares que permita a identificação dos titulares.

As citadas informações suplementares são mantidas separadamente e sujeitas a medidas técnicas e organizativas para assegurar que os dados pessoais não possam ser atribuídos a uma pessoa singular identificada ou identificável.

O considerando 26 segue a linha do citado parecer da AEPD:

"os dados pessoais que tenham sido pseudonimizados, que possam ser atribuídos a uma pessoa singular mediante a utilização de informações suplementares, deverão ser considerados informações sobre uma pessoa singular identificável."

De acordo com o considerando 28 procede-se a uma relação entre pseudonimização de dados pessoais e redução de riscos para os titulares de dados em questão, auxiliando-se os responsáveis pelo tratamento e os seus subcontratantes a cumprir as suas obrigações de proteção de dados. De acordo com a doutrina: "a «pseudonimização» reduz a vinculação de um conjunto de dados com

---

[125] Manuel David Masseno e Cristiana Santos, "Assuring Privacy and Data Protection within the Framework of Smart Tourism Destinations" in "Rivista di Diritto dei Media", 2/2018, p. 10.
[126] Disponível em: https://edps.europa.eu/sites/edp/files/publication/15-10-09_gdpr_with_addendum_en.pdf (consultado a 20 de novembro de 2018).

a identidade do titular; trata-se de uma medida de segurança útil, mas que não representa a anonimização."[127]

De qualquer forma, a introdução explícita da «pseudonimização» no presente regulamento não se destina a excluir eventuais outras medidas de proteção de dados.

(Alexandre Sousa Pinheiro)

Artigo 4.º, n.º 6)

Sobre a definição de ficheiro, a alteração entre a Diretiva e o RGPD está em que a primeira se refere a um conjunto estruturado de dados (alínea c), do artigo 2.º), enquanto o Regulamento versa sobre qualquer conjunto estruturado de dados pessoais.

Em ambos os casos se referem critérios que podem ser centralizados, descentralizados ou repartidos de modo funcional ou geográfico.

De acordo como o considerando 15 do RGPD:

" (...) A proteção das pessoas singulares deverá aplicar-se ao tratamento de dados pessoais por meios automatizados, bem como ao tratamento manual, **se os dados pessoais estiverem contidos ou se forem destinados a um sistema de ficheiros.** Os ficheiros ou os conjuntos de ficheiros bem como as suas capas, que não estejam estruturados de acordo com critérios específicos, não deverão ser abrangidos pelo âmbito de aplicação do presente regulamento." (sublinhado nosso)

O articulado e o considerando parecem fazer excluir a aplicação do RGPD a realidades outras que não ficheiros.

Este elemento literal levaria a soluções indesejadas e incompatíveis com a natureza do RGPD. O Parecer 4/2007 menciona que para que estejamos perante informação a que é aplicável legislação europeia sobre proteção de dados não é necessária a existência de um ficheiro[128]:

(...) it is not necessary for the information to be considered as personal data that it is contained in a structured database or file. Also information contained in free text in

---

[127] Faustino Gudín Rodriguez-Magariños, "Nuevo Reglamento Europeo de Protección de Datos *Versus* Big Data", Tirant lo Blanch, Valência, 2018, p. 143.
[128] Cit., p. 8.

an electronic document may qualify as personal data, provided the other criteria in the definition of personal data are fulfilled. E-mail will for example contain "personal data".

A utilização do conceito de ficheiro tem essencialmente na base o tratamento de dados não automatizados: "Esta definição não deve excluir todas as formas não estruturadas de recolha da informação. Compaginando a definição de ficheiro com a parcela da informação de "tratamento" relativa a "registos" podem ocorrer situações de difícil destrinça. Pensa-se que a existência de "registos manuais" contendo informações determinadas ou determináveis, só por si, merece proteção à face da legislação de proteção de dados"[129].

(Alexandre Sousa Pinheiro)

Artigo 4.º, n.º 7)

1. O conceito de *responsável pelo tratamento* já se encontrava previsto no artigo 2.º, alínea d) da Convenção n.º 108 para a Proteção das Pessoas relativamente ao Tratamento Automatizado de Dados de Carácter Pessoal, de 1981, que definia *responsável pelo tratamento* como a *pessoa, singular ou coletiva, autoridade pública, serviço ou qualquer outro organismo competente, segundo a lei nacional, para decidir sobre a finalidade do ficheiro automatizado, as categorias de dados de carácter pessoal que devem ser registadas e as operações que lhes serão aplicadas.*

A qualificação de *responsável pelo tratamento*, nos termos da Convenção n.º 108, estava assim condicionada a uma determinação legal e caracterizava-se pela competência para decidir sobre a finalidade do ficheiro automatizado, as categorias de dados pessoais que deveriam ser objeto de registo e as obrigações que se lhes deveriam aplicar.

A noção prevista na Convenção n.º 108, de 1981, foi substancialmente alterada pela Diretiva 95/46/CE, cujo artigo 2.º, alínea d) definia *responsável pelo tratamento* como sendo *a pessoa singular ou coletiva, a autoridade pública, o serviço ou qualquer outro organismo que, individualmente ou em conjunto com outrem, determine as finalidades e os meios de tratamento dos dados pessoais; sempre que as finalidades e os meios do tratamento sejam determinadas por disposições legislativas ou regulamentares*

---

[129] Alexandre Sousa Pinheiro, "*Privacy* e Proteção de Dados Pessoais: A Construção Dogmática do Direito à Identidade Informacional", cit., pp. 656-657.

nacionais ou comunitárias, o responsável pelo tratamento ou os critérios específicos para a sua nomeação podem ser indicados pelo direito nacional ou comunitário.

Pela leitura comparativa dos conceitos de *responsável pelo tratamento* previstas na Convenção n.º 108, de 1981, e na Diretiva 95/46/CE é possível detetar diferenças com relevância substantiva.

A Diretiva desvinculou o estatuto de *responsável pelo tratamento* da necessidade de determinação pela *lei nacional*, expandindo-o para o seu papel concreto na determinação das finalidades e dos meios de tratamento; um conceito *normativista* foi, assim, substituído por um conceito que se pode dizer *funcionalista*. Esta alteração permitiu ampliar o âmbito do conceito e da alocação de responsabilidades, que deixa de estar na dependência de uma consagração formal (normativa) para poder irradiar da realidade subjacente às operações de tratamento em causa. Nesse sentido, pode igualmente afirmar-se o abandono de um paradigma *formal* por um conceito *material* de responsável pelo tratamento.

A Diretiva 95/46/CE o elevou o conceito de *responsável pelo tratamento* a conceito comunitário, deixando de estar como que agrilhoado às configurações determinadas pelas legislações nacionais.

Por outro lado, se a Convenção n.º 108, de 1981, previa que o responsável pelo tratamento decidia *sobre a finalidade do ficheiro automatizado, as categorias de dados de carácter pessoal que devem ser registadas e as operações que lhes serão aplicadas*, a Diretiva 95/46/CE passou a defini-lo como quem determina *as finalidades e os meios de tratamento dos dados pessoais*.

O conceito de *responsável pelo tratamento* já não respeita (apenas) à determinação da finalidade de um ficheiro automatizado, estático, mas de toda a dinâmica das operações de tratamento – e não apenas às categorias de dados de carácter pessoal que devem ser registadas e às operações que lhes seriam aplicadas. Como bem notou o Grupo de Trabalho do artigo 29.º, o conceito transfigurou-se, destarte, de *estático* em dinâmico, abrangendo toda a sequência das operações de tratamento[130].

A evolução da consagração do conceito de *responsável pelo tratamento* nos diplomas referidos demonstra um percurso de crescente amplitude e desformalização, que teve por efeito uma maior permeabilidade à realidade concreta do tratamento de dados. Na mesma proporção se expandiu a *accountability*, que consideramos ser um elemento essencial do conceito.

---

[130] Cf. *Opinion 1/2010 on the concepts of "controller" and "processor"* (WP 169), adotada em 16 de fevereiro de 2010, p. 12.

2. A partir da noção de *responsável pelo tratamento*, prevista no ponto 7) do artigo 4.º do RGPD, são identificáveis três elementos estruturais[131]:
   i. O elemento (não-)personalista;
   ii. A determinação das finalidades e dos meios de tratamento;
   iii. A possibilidade que tal determinação seja individual ou conjunta.

Deve recordar-se que não será responsável pelo tratamento a pessoa singular que trate (ou que determine as finalidades e/ou os meios de tratamento) dados pessoais no exercício de atividades exclusivamente pessoais ou domésticas, ou seja, se o tratamento não tiver qualquer ligação a uma atividade de natureza profissional ou comercial. Contudo, esta circunstância não exclui a aplicabilidade do RGPD aos responsáveis pelo tratamento e aos subcontratantes que forneçam os meios para o tratamento dos dados pessoais dessas atividades pessoais ou domésticas – cf. considerando 18 e artigo 2.º, n.º 2, alínea c) do RGPD.

3. O responsável pelo tratamento poderá assumir qualquer forma jurídica – pessoa singular, pessoa coletiva de direito público ou de direito privado (associação, fundação, cooperativa, sociedade comercial, com ou sem fins lucrativos), contemplando agências e outros organismos aos quais nem sempre é reconhecida personalidade jurídica, como seja o condomínio.

O conceito cumpre a função de alocar (e de concentrar) a responsabilidade pelo tratamento a um centro de imputação, cuja definição não deve basear-se em elementos de natureza formal que impeçam a sua responsabilização nos casos em que determinadas exigências formais não sejam cumpridas. Em tais termos, não é necessário que o responsável pelo tratamento tenha personalidade jurídica ou assuma uma específica forma jurídica, não dependendo a sua *accountability* da forma da sua constituição.

4. Antes de prosseguirmos, convém estabelecer as noções de *finalidade* e de *meios de tratamento* para efeitos do RGPD, na medida em que constituem elementos essenciais à construção da noção de *responsável pelo tratamento*.

A *finalidade* do tratamento corresponde ao objetivo, ao propósito, visado com tratamento de dados, que poderá ser determinante no contexto das competências ou atribuições de uma autoridade pública, ou da atividade prosseguida pelo responsável pelo tratamento.

---

[131] Os três elementos da noção de responsável pelo tratamento foram identificados ainda no âmbito da Diretiva 95/46/CE pelo Grupo de Trabalho do artigo 29.º, na *Opinion 1/2010 on the concepts of "controller" and "processor"* (WP 169), adotada em 16 de fevereiro de 2010, p. 7.

A determinação da finalidade pressupõe, destarte, que o responsável pelo tratamento possa potencialmente controlar, determinar e/ou decidir os termos em que ocorrerão as operações de tratamento de dados que a visem prosseguir. O nível de controlo será variável, consoante, por exemplo, o responsável pelo tratamento decida tratar os dados dentro da sua organização, ou decida recorrer aos serviços de um subcontratante para o efeito – neste particular, será relevante a noção de *meios* de tratamento de dados.

A locução *meios de tratamento* é associada *prima facie* à existência de recursos para a execução de tarefas ou atividades que tenham em vista um determinado fim. O que levaria a concluir que os meios de tratamento consistiriam essencialmente nos recursos técnicos (e tecnológicos) usados para levar a cabo operações de tratamento de dados pessoais. Ora, na prática, os subcontratantes dispõem normalmente de uma estrutura que lhes permite tratar dados pessoais por conta de outrem, estrutura essa que tem os seus equipamentos, que serão definidos por estes e não pelos responsáveis pelo tratamento por conta dos quais atuam.

Se a interpretação do conceito de *meios de tratamento* for restringida à sua literalidade, gerar-se-ão sérios óbices para distinguir se a entidade que determina os meios de tratamento é responsável pelo tratamento ou se poderá ser, ainda, considerada subcontratante. Semelhante consequência anularia a *ratio* da distinção entre estas figuras, que consiste justamente na possibilidade de imputar responsabilidades diferenciadas, consoante a intervenção e o grau de influência concreta de cada uma, no plano das obrigações previstas no RGPD. Quanto mais obscuros forem os conceitos, mais difícil será estabelecer a *accountability* em relação ao tratamento de dados pessoais.

O Grupo de Trabalho do artigo 29.º procurou ultrapassar as insuficiências do conceito de *meios de tratamento*[132] previsto na Diretiva 95/46/CE, através da interpretação. Para o efeito, tomou por base no conceito de *responsável pelo tratamento*, previsto na Convenção n.º 108, de 1981, como sendo quem determina, para além da finalidade (do ficheiro automatizado), *as categorias de dados de carácter pessoal que devem ser registadas e as operações que lhes serão aplicadas*.

Considerou o Grupo de Trabalho do artigo 29.º que o conceito de *responsável pelo tratamento* previsto na Diretiva 95/46/CE não contradizia a noção prevista na Convenção n.º 108, de 1981, devendo ser entendido com uma versão encurtada

---

[132] Cf. *Opinion 1/2010 on the concepts of "controller" and "processor"* (WP 169), adotada em 16 de fevereiro de 2010, pp. 14 e 15.

dessa definição, comportando o sentido da versão anterior[133]. A consequência deste entendimento consiste na integração dos elementos previstos na Convenção n.º 108, de 1981 no conceito de *meios de tratamento*, que se encontram omissos do conceito consagrado na Diretiva 95/46/CE e do RGPD.

Com base no entendimento *supra* descrito, a noção de *meios de tratamento* comporta duas dimensões:

i. Aspetos que cabem responsável pelo tratamento, por inerência, definir, como a quantidade de dados a tratar, a duração do tratamento, entre outros; e

ii. Recursos técnicos, tecnológicos e questões e organizacionais.

Estas duas dimensões distinguem-se no que respeita à possibilidade de serem determinadas pelo subcontratante. As decisões *típicas* do responsável pelo tratamento, como a quantidade de dados a tratar, ou a duração do tratamento não são delegáveis; se o forem, a entidade em quem tais decisões sejam delegadas, será convolada quase certamente em *responsável pelo tratamento*.

Diferentemente, o responsável pelo tratamento poderá delegar no subcontratante as decisões sobre questões técnicas e organizativas sem que tal constitua o subcontratante em responsável pelo tratamento. E, do ponto de vista prático, não pode deixar de se entender que o subcontratante deve poder tomar decisões de caráter estritamente operacional, tais como os dispositivos a usar no tratamento de dados (por exemplo, o hardware ou o software), na medida em que sejam necessários à prossecução da finalidade determinada pelo responsável pelo tratamento. De um ponto de vista realista, o subcontratante estará em muitos casos (se não, na maioria) munido de uma estrutura própria, por si determinada[134] e, quando contratado pelo responsável pelo tratamento, a ela recorrerá.

Com o que se conclui que o conceito de *meios de tratamento* apenas se torna operativo se interpretado com as subtilezas propostas pelo Grupo de Trabalho do artigo 29.º.

5. Uma vez abordados os conceitos de *finalidade* e de *meios de tratamento* de dados, será importante referir as formas *típicas* de constituição do responsável pelo tratamento, sendo possível identificar três:

---

[133] *Opinion 1/2010 on the concepts of "controller" and "processor"* (WP 169), adotada em 16 de fevereiro de 2010, p. 14.

[134] A menos que preste os seus serviços de tratamento de dados através dos recursos que lhe sejam disponibilizados pelo responsável pelo tratamento.

i. Norma legal que determina explicitamente a responsabilidade pelo tratamento;

ii. A responsabilidade pelo tratamento é implicitamente associada a determinadas entidades ou sujeitos;

iii. A responsabilidade pelo tratamento constitui-se a partir da influência concreta no tratamento de dados.

Em qualquer destes casos e em termos conceptuais, podemos adiantar que o conceito de *responsável pelo tratamento* tem como critério o reconhecimento de (um certo grau de) autonomia no estabelecimento das finalidades e dos meios de tratamento dos dados pessoais.

Porém, como elemento distintivo do estatuto de *responsável pelo tratamento*, a autonomia que aparentemente resulta da primeira parte da disposição, é anulada pela circunstância de as finalidades e os meios de tratamento poderem ser estabelecidos pelo direito da União ou dos Estados-membros. É certo que nos casos em que o responsável pelo tratamento é uma autoridade, agência ou organismo público, as finalidades e os meios de tratamento de dados serão, via de regra, definidos pelo Direito (nacional ou da União). Em certos casos, a lei poderá determinar o *responsável pelo tratamento* – é o caso, por exemplo, do n.º 2 do artigo 11.º do Decreto-Lei n.º 131/2014, de 29 de agosto, que dispõe que *sempre que a base de dados tenha como finalidade ou seja utilizada para prestação de cuidados de saúde, o responsável pela informação genética é um médico especialista em genética médica*.

Nos casos em que o responsável pelo tratamento corresponde a uma figura jurídica, ou descrita na lei – como o empregador, o médico do trabalho, o investigador –, são, em regra, previstas as finalidades (e, em alguns casos, os meios de tratamento), quer através da consagração expressa de uma finalidade, ou pela previsão de um direito, obrigação, ónus, encargo, ou outra situação jurídica que pressuponha o tratamento de dados pessoais. A título de exemplo, refira-se a faculdade conferida ao empregador de exigir a prova da situação de doença do trabalhador que falta ao trabalho invocado tal motivo, prevista nos n.ºs 1 e 2 do artigo 254.º do Código do Trabalho; ou, de uma outra perspetiva, a obrigação de o empregador pagar a retribuição, nos termos do artigo 128.º, n.º 1, alínea b) do mesmo Código. Resulta implícito destas disposições que o responsável pelo tratamento destes dados (relativos à saúde do trabalhador) é o empregador.

Os casos em que a qualificação como *responsável pelo tratamento* resulta da influência concreta no tratamento de dados requererão uma apreciação casuística. A previsão contratual do estatuto de responsável pelo tratamento constituirá um mero indício de que tal estatuto corresponde à realidade das operações de tratamento. Em casos de dúvida, o Grupo de trabalho do artigo 29.º recomenda[135] que outros indícios sejam ponderados para além da interpretação contratual para aferir quem é o responsável pelo tratamento, como sejam: o grau de controlo efetivamente exercido, a imagem e as legítimas expectativas dos titulares dos dados sobre quem seja o responsável pelo tratamento.

6. Se ensaiássemos um conceito plástico de *responsável pelo tratamento*, suscetível de se modelar a diversas realidades, diríamos ser a entidade a quem, em virtude do controlo material que tem sobre os dados pessoais, é reconhecida (um certo grau de) autonomia quanto às operações de tratamento, desde que esse grau de autonomia não se restrinja à definição dos recursos técnicos e tecnológicos a usar no tratamento. Este grau de autonomia não é reconhecido ao subcontratante, que apenas poderá tratar dados mediante instruções do responsável pelo tratamento (artigos 28.º, n.º 3, alínea a) e 29.º do RGPD) – salvo, como vimos, quanto à eventual definição das questões técnicas e tecnológicas relativas ao tratamento de dados.

Donde se pode concluir que nem todas as pessoas singulares ou coletivas que prestem um serviço são *subcontratantes*. Do mesmo modo, não é a circunstância de o beneficiário do serviço fornecer os dados que o torna responsável pelo tratamento.

O RGPD estabeleceu um perímetro de atuação do subcontratante, constituído pelas *instruções* do responsável pelo tratamento. Com a exceção acima ressalvada quanto à determinação dos recursos técnicos e tecnológicos usados no tratamento, afigura-se-nos claro que quando o tratamento de dados levado a cabo por determinada entidade não esteja dependente de instruções dos destinatários ou dos beneficiários de um determinado serviço – e ainda que o tratamento de dados pressuponha que o beneficiário preste determinadas informações prévias –, ter-se-á, em princípio, de reconhecer a responsabilidade pelo tratamento por parte de quem trate os dados.

O (in)cumprimento de instruções constitui o critério definido pelo RGPD para a dependência ou *emancipação* do subcontratante em relação ao responsável pelo tratamento. Cremos que é justamente esta ideia que subjaz ao n.º 10 do artigo 28.º e ao artigo 29.º do RGPD.

7. A Convenção n.º 108, de 1981, não previa a responsabilidade conjunta pelo tratamento de dados, tendo tal regime sido consagrado na Diretiva 95/46/CE.

---

[135] Cf. *Opinion 1/2010 on the concepts of "controller" and "processor"*, adotada em 16 de fevereiro de 2010, p. 12.

O Regulamento dedica o artigo 26.º à responsabilidade conjunta pelo tratamento, pelo que remetemos para a anotação dessa disposição. A responsabilidade individual pelo tratamento de dados *per se* não levanta particulares questões no plano da *accountability*, na medida o cumprimento das obrigações previstas no RGPD e a responsabilidade inerente ao seu incumprimento se concentram exclusivamente numa determinada entidade.

8. O controlo material do responsável pelo tratamento sobre os dados pessoais justifica que sobre ele recaiam obrigações de ponderação da necessidade, adequação, proporcionalidade e dos riscos do tratamento de dados. Na sequência dessa ponderação, deve implementar medidas técnicas e organizativas adequadas a assegurar que o tratamento é realizado conforme o RGPD, nos termos do disposto nos artigos 24.º, n.º 1 e 25.º do RGPD, para cujas anotações remetemos.

O responsável pelo tratamento deve, ainda, envergar as vestes de *mulher de César*, porquanto não lhe bastará cumprir o Regulamento, terá de demonstrar que o cumpre.

O reconhecimento de autonomia decisória ou, pelo menos, de um certo grau de controlo, faz impender sobre o responsável pelo tratamento o dever de garantir a observância dos princípios estabelecidos pelo n.º 1 do artigo 5.º do RGPD, a saber:

i. Princípio da licitude, lealdade e transparência do tratamento de dados;
ii. Princípio da limitação das finalidades;
iii. Princípio da minimização dos dados;
iv. Princípio da exatidão;
v. Princípio da limitação da conservação; e
vi. Princípio da integridade e confidencialidade.

O papel do responsável pelo tratamento é o de constituir o centro de imputação de obrigações e de responsabilidades – numa palavra, *accountability*[136], como resulta inequívoco do disposto no n.º 2 do artigo 5.º do RGPD. Por essa razão, constitui o principal centro de imputação das obrigações previstas no RGPD, nomeadamente as obrigações referidas na anotação ao proémio do n.º 3 do artigo 28.º do RGPD, para a qual remetemos e se dão integralmente por reproduzidas.

Através obrigações genéricas do responsável pelo tratamento é possível verificar o seu espectro de autonomia operacional. Note-se que, para além de obri-

---

[136] No mesmo sentido, cf. *Opinion 1/2010 on the concepts of "controller" and "processor"* (WP 169), adotada em 16 de fevereiro de 2010, pp. 4 e 11.

gações de natureza eminentemente executiva (como o registo das atividades de tratamento, ou a notificação da violação de dados à autoridade de controlo), são previstas obrigações que implicam a ponderação de direitos, interesses e riscos no contexto de cada operação de tratamento[137].

O responsável pelo tratamento é, também, o eixo de referência dos fundamentos jurídicos do tratamento, previstos nos artigos 6.º, n.º 1 e 9.º, n.º 2 do RGPD[138].

Com o que se conclui que a licitude do tratamento de dados depende da existência de um fundamento jurídico para o tratamento (como sejam, o consentimento, ou o cumprimento de obrigações jurídicas), ou do reconhecimento

---

[137] A circunstância de ser deixada ao responsável pelo tratamento a ponderação da preponderância de um interesse em face dos direitos dos titulares dos dados implica que a ação inspetiva (também muitas vezes) abranja um juízo de mérito – é o que sucede, no plano dos fundamentos da licitude, em relação ao interesse legítimo (artigo 6.º, n.º 1, alínea f) do RGPD). Esta circunstância aumenta o risco da invocação o interesse legítimo como fundamento de licitude do tratamento de dados, na medida em que é deixada ao responsável pelo tratamento a construção (definição) dos termos da licitude do tratamento.

[138] O consentimento é prestado ao responsável pelo tratamento (uma vez previamente cumprido o dever de informação), que deve verificar o cumprimento das condições previstas no artigo 7.º do RGPD. A execução do contrato no qual o titular de dados seja parte pressupõe – parece-nos claro –, que o responsável pelo tratamento seja, pelo menos, uma das partes do contrato. Do mesmo modo, o pedido de diligências pré-contratuais será dirigido ao responsável pelo tratamento, que tratará os dados sob esse fundamento. A obrigação jurídica que legitima o tratamento impende sobre o responsável pelo tratamento – tal resulta diretamente da alínea c) do n.º 1 do artigo 6.º RGPD. Em determinados casos, o fundamento de licitude reside na relevância das competências ou atribuições do responsável pelo tratamento: é o caso das funções de interesse público ou do exercício de autoridade pública (artigo 6.º, n.º 1, alínea e) do RGPD). Cremos que o mesmo se passará quando está em causa a defesa de um interesse vital do titular dos dados (artigo 6.º, n.º 1, alínea d) do RGPD), sendo o responsável pelo tratamento tipicamente uma entidade que visa, por exemplo, a prestação de cuidados de saúde. Caso o responsável pelo tratamento pretenda prosseguir um interesse que entenda legítimo, a licitude do tratamento está condicionada a que sobre esse interesse não prevaleçam interesses, direitos ou liberdades dos titulares dos dados. A invocação deste fundamento impõe ao responsável pelo tratamento a obrigação de ponderar a superioridade do seu interesse em tratar dados em relação aos direitos dos titulares. O que significa que a licitude do tratamento fica "nas mãos" do responsável pelo tratamento, que terá de demonstrar que fez essa ponderação. Pese embora consideremos que algumas das alíneas do n.º 2 do artigo 9.º do RGPD não constituem fundamentos de licitude em sentido próprio – mas, antes, finalidades admissíveis –, qualquer das alíneas tem por referência o responsável pelo tratamento, de forma semelhante à *supra* enunciada.

da relevância de uma finalidade que corresponda às atribuições do responsável pelo tratamento, ou à sua atividade.

9. Cremos ser útil referir algumas profissões que, no exercício da sua atividade, podem ser qualificadas como *responsáveis pelo tratamento*.

O **médico** será responsável pelo tratamento, na medida em que é quem define, por exemplo, os exames e testes a que determinada pessoa se deve sujeitar, ou os cuidados de saúde que deve seguir; é também o médico que toma decisões terapêuticas consoante a análise do processo clínico. Os exemplos das atividades de um médico seriam inúmeros para demonstrar que este não está sujeito às instruções do beneficiário dos cuidados de saúde para tratar dados – até porque o médico está estatutariamente adstrito ao princípio da independência, dispondo o artigo 135.º, n.º 10 do Estatuto da Ordem dos Médicos dispõe que o médico *deve prestar os melhores cuidados ao seu alcance, com independência técnica e deontológica*.

Ainda que o médico preste a sua colaboração a entidades prestadoras de cuidados de saúde, dispõe o n.º 2 do artigo 137.º do Estatuto da Ordem dos Médicos que o *médico pode cessar a sua colaboração, em caso de grave violação dos direitos, liberdades e garantias individuais das pessoas que lhe estão confiadas, ou de grave violação da dignidade, liberdade e independência da sua ação profissional*. Não deve olvidar-se também como ressonância essencial da independência técnica e deontológica do médico, o direito à objeção de consciência, que apenas não poderá ser invocada *em situação urgente e que implique perigo de vida ou grave dano para a saúde, se não houver outro médico disponível a quem o doente possa recorrer* (cf. n.º 3 do artigo 138.º do Estatuto da Ordem dos Médicos).

Em conclusão, mesmo quando o médico colabore com outras entidades, não está condicionado às suas instruções, nem a natureza da sua profissão o permitiria, sob pena de poder ser colocar-se em causa o direito à saúde das pessoas que consultam o médico. Donde se conclui que, no exercício da sua prática, o médico será responsável pelo tratamento (ou, pelo menos, sê-lo-á na esmagadora maioria dos casos).

O **advogado** será, também, via de regra (mas nem sempre) responsável pelo tratamento de dados, no exercício da sua profissão. A circunstância de o advogado dever considerar os interesses dos seus constituintes no momento em que organiza a sua defesa, ou prepara a propositura de uma ação, ou a apresentação de um requerimento, não determina que este trate os dados sob as suas instruções. Na verdade, o exercício advocacia está sempre sujeito ao princípio da independência, que é claro: *o advogado, no exercício da profissão, mantém sempre em quaisquer circunstâncias a sua independência, devendo agir livre de qualquer pressão, espe-*

cialmente a que resulte dos seus próprios interesses ou de influências exteriores, abstendo-se de negligenciar a deontologia profissional no intuito de agradar ao seu cliente, aos colegas, ao tribunal ou a terceiros (artigo 89.º do Estatuto da Ordem dos Advogados).

Não parecem restar dúvidas que o advogado toma decisões quanto às finalidades e aos meios do tratamento sempre que delineia uma estratégia processual. Porém, se o advogado se limitar a praticar atos notariais, como sejam o reconhecimento uma assinatura, com menções especiais por semelhança, será, em princípio, um subcontratante.

Quando um advogado exerça a sua atividade em regime de subordinação jurídica, conserva a sua independência, sendo nulas *quaisquer orientações ou instruções da entidade empregadora que restrinjam a isenção e independência do advogado ou que, de algum modo, violem os princípios deontológicos da profissão.* (n.º 3 do artigo 73.º do Estatuto da Ordem dos Advogados).

Tal não significa que o advogado atue sempre como responsável pelo tratamento – será o caso em que os seus serviços são contratados para rever um contrato, sem qualquer autonomia em relação à alteração dos respetivos termos. No caso do advogado que tenha um vínculo laboral com um empregador, a responsabilidade pelo tratamento começa no momento em que termina o poder de direção; ou seja, nas situações em que o advogado esteja – e possa deontologicamente estar – sob o poder de direção do empregador, este é o responsável pelo tratamento. Quando atue de forma independente – tipicamente nos casos de representação judicial –, será responsável pelo tratamento.

Parece-nos que pode concluir-se, então, que sempre que o advogado ou o médico ajam no espectro da sua independência terão de ser considerados responsáveis pelo tratamento – pois que, quando o advogado e o médico determinam os meios de tratamento de dados no âmbito da sua autonomia técnica, tal determinação é característica e integrante da respetiva atividade, encontrando-se, por natureza, funcionalizada às atribuições a ela inerentes e apenas de forma *conjuntural* à do beneficiário dos serviços.

O mesmo se não passará nos casos em que à definição dos meios esteja associado um certo grau de fungibilidade, que possa suceder no âmbito de qualquer atividade. Pode suceder que seja o responsável pelo tratamento a determinar os meios de tratamento, ou a natureza do próprio meio utilizado para o tratamento não envolva qual autonomia por parte de quem procede ao tratamento de dados – se o meio for, por exemplo, um programa informático adquirido para o efeito de tratar os dados. Em tais casos, os meios de tratamento não estão especialmente associados às atribuições de quem trata os dados, não lhe cabendo a tais entidades uma intervenção especializada no tratamento de dados. Nessas situações, consideramos que relação será de subcontratação.

O exercício das funções de **contabilista** implica o tratamento de informação, com apreciável grau de autonomia. O contabilista certificado está, nos termos do artigo 10.º, n.ºs 1 e 2 do Estatuto dos Contabilistas Certificados, habilitado a desempenhar as seguintes funções:

i. Planificar, organizar e coordenar a execução da contabilidade de entidades, públicas ou privadas e assumir a responsabilidade pela regularidade técnica[139], nas áreas contabilística e fiscal;

ii. Exercer funções de consultoria nas áreas da contabilidade e da fiscalidade;

iii. Intervir, em representação dos sujeitos passivos por cujas contabilidades sejam responsáveis, na fase graciosa do procedimento tributário e no processo tributário, até ao limite a partir do qual é obrigatória a constituição de advogado, no âmbito de questões relacionadas com as suas competências específicas;

iv. Perito nomeado pelos tribunais ou por outras entidades públicas ou privadas.

As funções acima elencadas implicam a tomada de decisões em relação ao tratamento de dados pessoais, sendo que qualquer uma delas pressupõe operações de tratamento de dados sob o domínio exclusivo do contabilista, fora do *alcance* de (eventuais) instruções do cliente.

Nos casos em que os serviços prestados consistam exclusivamente em tratar dados sem qualquer intervenção autónoma, muitas vezes exclusivamente com recurso a um programa informático – por exemplo, quando é contratado para fazer o processamento salarial de trabalhadores contratados por outrem –, o contabilista será subcontratante do beneficiário dos serviços (que poderá ser um responsável pelo tratamento ou um subcontratante inicial).

10. O conceito de *Grupo empresarial* vem previsto no artigo 4.º, ponto 19) do RGPD, sendo, porém, mais completa a noção constante do Considerando 37, que se reproduz: *um grupo empresarial deverá abranger uma empresa que exerce o controlo e as empresas que controla, devendo a primeira ser a que pode exercer uma influência dominante sobre as outras empresas, por exemplo, em virtude da propriedade, da participação financeira ou das regras que a regem ou da faculdade de fazer aplicar as regras relativas*

---

[139] Nos termos do n.º 3 do artigo 10.º do Estatuto dos Contabilistas Certificados, entende-se por regularidade técnica *a execução da contabilidade nos termos das disposições previstas nos normativos aplicáveis, tendo por suporte os documentos e as informações fornecidos pelo órgão de gestão ou pelo empresário, e as decisões do profissional no âmbito contabilístico, com vista à obtenção de uma imagem fiel e verdadeira da realidade patrimonial da empresa, bem como o envio para as entidades públicas competentes, nos termos legalmente definidos, da informação contabilística e fiscal definida na legislação em vigor.*

à *proteção de dados pessoais*. Uma empresa que controla o tratamento dos dados pessoais nas empresas a ela associadas deverá ser considerada, juntamente com essas empresas, um "*grupo empresarial*".

Esta noção parece induzir que um grupo empresarial é constituído por uma ou mais empresas responsáveis pelo tratamento, que controlam as decisões relativas ao tratamento de dados, e por empresas controladas, que se limitam a seguir as instruções daquela(s).

Considerando a noção em causa, compete questionar se um grupo de empresas pode ser qualificado *in totum* como *responsável pelo tratamento*, ou se se devem distinguir níveis de responsabilidade dentro do grupo.

É certo que a(s) empresa(s) que controla(m) o grupo influenciam a estrutura e o devir das demais empresas que o compõem; porém, a descentralização dos centros de decisão dentro de uma estrutura empresarial leva a que seja necessária uma avaliação casuística para identificar, com rigor – mas não necessariamente sem dúvida –, a qualidade de responsável pelo tratamento.

A qualificação do *grupo empresarial* como responsável global pelo tratamento poderá implicar a responsabilidade de empresas cuja autonomia em relação ao tratamento de dados inexiste. Neste particular, poderíamos convocar a distinção entre filial e sucursal: ambas são controladas por empresas-mãe, contudo, a primeira tem personalidade jurídica e um património autónomo; já a segunda constitui uma mera extensão da empresa que representa[140].

Não teremos a ousadia de afirmar que uma filial é *em todos os casos* responsável pelo tratamento, nem que a sucursal o não possa ser *em caso algum*. Qualquer distinção baseada apenas na forma jurídica assumida pelas entidades, consoante seja uma *filial* ou uma *sucursal*, será artificial, na medida em que cada caso concreto pode apresentar modelos distintos de responsabilidade. No entanto, cremos poder afirmar que as empresas controladas não serão responsáveis pelo tratamento de dados; nem, por outro lado, os tratam *por conta do responsável pelo tratamento*, porque são – elas próprias – parte integrante da estrutura deste. Por essa razão, carecerá de sentido pugnar que estas recebem instruções do responsável pelo tratamento, como se de subcontratantes se tratassem, na medida em que não são entidades independentes daquele[141].

---

[140] Cf. http://www.iatoc.org/detalhe.aspx?param=6xaQnimFh6ShIR4NKdOwDLXlTbEvr/5 IlqgjX3vXTzaqI1FEbJA4mNvRZjDPpnZ4rnR9loIEbod7eI+rT4sqfKFAuQzhRnIEWS0eZx GaBxOLTQi1QCA9EBOayiga4mB7EMjBHtxtlBE. Consultado em 10 de outubro de 2018.
[141] Cf. anotação ao artigo 4.º, 8) do RGPD.

A dependência das empresas que controlam o grupo empresarial ocorrerá com mais incidência no caso da *sucursal*, mas não excluímos as hipóteses em que o controlo material dos dados pelas sucursais justifique qualificá-las como responsáveis pelo tratamento – no entanto, considerando que o critério para a aplicação de coimas no caso das empresas será o volume de negócios anual a nível mundial (artigo 83.º, n.º 6 do RGPD), cremos que sempre responderá pelo pagamento de coimas o património do *grupo*, ou, melhor dito, das empresas que controlam as sucursais.

Já a *filial* poderá, com maior probabilidade, tomar decisões relevantes em relação ao tratamento de dados, fora das orientações, da *policy* e da execução definida pela casa-mãe. Nesse sentido, podem ser consideradas *responsáveis pelo tratamento* sempre que possam controlar as operações de tratamento a nível local, ou seja, no espaço de autonomia que lhes seja conferido pela casa-mãe.

As empresas *controladas* poderão, consoante a sua influência concreta no tratamento de dados, ser qualificadas como responsáveis pelo tratamento, ou como responsáveis conjuntos pelo tratamento (com a casa-mãe, ou com outras empresas do grupo), ou destinatários, se se limitarem a receber dados da casa-mãe e a tratá-los no âmbito do grupo empresarial, ou mesmo, se aplicável, como representantes do responsável pelo tratamento.

Em conclusão, consideramos que o *Grupo empresarial* não deve ser considerado globalmente responsável pelo tratamento, mas apenas as empresas que *de facto* controlam e emitem instruções sobre as operações de tratamento de dados.

(*Tatiana Duarte*)

Artigo 4.º, n.º 8)

1. Não poderemos iniciar a presente anotação sem notar, como tem sido sobejamente apontado, a incorreção gramatical do vocábulo *subcontratante*, erro que, por ter sido plasmado em textos anteriores ao Regulamento, como é o caso da Diretiva 95/46/CE, de 24 de outubro, se entendeu protelar – em nosso ver, erradamente. Foi perdida a oportunidade de corrigir um erro grave, na medida em que o termo *subcontratante* não existe em Língua Portuguesa. Ainda que caindo no mesmo erro – e pelas mesmas razões, de evitar equívocos –, e a contragosto, a presente anotação aplicará o vocábulo *subcontratante*.

2. À semelhança do que ocorre em relação ao responsável pelo tratamento, o subcontratante pode assumir qualquer forma jurídica, parecendo claro que o Regulamento não pretendeu fazer depender a aplicação das suas normas

da forma jurídica das entidades que tratam dados pessoais. O subcontratante poderá, destarte, assumir a forma de pessoa singular, pessoa coletiva de direito público ou de direito privado (associação, fundação, cooperativa, sociedade comercial, com ou sem fins lucrativos), contemplando ainda agências e outros organismos aos quais nem sempre é reconhecida personalidade jurídica, tais como as sucursais.

3. Uma entidade que se encarregue da prática de determinados atos por conta de outrem será, via de regra, independente dessa outra entidade, no sentido de não estar sujeita ao seu poder de direção.

Este aspeto, ainda que nem sempre assumido de forma clara, é sublinhado pelo Grupo de Trabalho do artigo 29.º, na Opinião n.º 1/2010 (WP 169), sobre os conceitos de responsável pelo tratamento e de subcontratante[142], que considera dois pressupostos[143] da noção de *subcontratante*:

i. Ser uma entidade juridicamente autónoma do responsável pelo tratamento; e

ii. Tratar dados por conta do responsável pelo tratamento.

O reconhecimento de autonomia jurídica ao subcontratante implica reconhecer que este determina as suas próprias finalidades. Este aspeto é refletido em (algum)as obrigações previstas no artigo 28.º do RGPD, que pressupõem que o subcontratante, no seio da sua estrutura, tem um poder de decisão. Se não vejamos:

i. Ao responsável pelo tratamento só será lícito subcontratar o tratamento de dados a quem *apresente garantias suficientes de execução de medidas técnicas e organiza-*

---

[142] Cf. Opinion 1/2010 on the concepts of "controller" and "processor" (WP 169), adotada em 16 de fevereiro de 2010, p. 1, que menciona *This Opinion also analyzes the concept of **processor**, the existence of which depends on a decision taken by the controller, who can decide either to process data within his organization or to delegate all or part of the processing activities to an **external organization**.* (destacados nossos). Em tradução livre: a presente Opinião analisa também a noção de ***subcontratante***, cuja existência depende de uma decisão do responsável pelo tratamento, que poderá decidir tratar os dados no seio da sua organização, ou delegar a totalidade ou parte das atividades de tratamento de dados numa organização externa.

[143] *Ibidem*. De forma inequívoca, o Grupo de trabalho do artigo 29 estabelece *Two basic conditions for qualifying as a processor are on the one hand being a separate legal entity with respect to the controller and on the other hand processing data on his behalf.* Em tradução livre: Dois pressupostos básicos para a qualificação como *subcontratante* são, por um lado, ser uma entidade juridicamente autónoma em relação ao responsável pelo tratamento e, por outro lado, tratar dados por conta deste.

tivas adequadas de uma forma que o tratamento satisfaça os requisitos do presente regulamento e assegure a defesa dos direitos do titular dos dados.

Parece claro que só pode garantir a execução de medidas técnicas e organizativas quem esteja em condições de as determinar, ou de controlar a sua implementação, sem que para tal esteja na dependência de terceira entidade, de outro modo não se poderia asseverar que este estivesse em condições de apresentar as garantias impostas pelo n.º 1 do artigo 28.º do RGPD;

ii. O subcontratante decidirá quais as pessoas autorizadas a tratar dados dentro da sua estrutura e está obrigado a garantir que estas assumiram um compromisso ou estão sujeitas a adequadas obrigações legais de confidencialidade (alínea b) do n.º 3 do artigo 28.º).

Resulta evidente que este compromisso não envolve (necessariamente) o responsável pelo tratamento, sendo o vínculo de confidencialidade estabelecido entre o subcontratante e cada pessoa por este autorizada a tratar dados pessoais.

Na prática, se a atividade do subcontratante consistir no todo ou em parte no tratamento de dados pessoais, as pessoas autorizadas a tratar dados assumirão, na maioria dos casos, um compromisso de confidencialidade em relação à generalidade das informações de que tomem conhecimento no âmbito e em virtude da sua relação jurídica com o subcontratante e não com o responsável pelo tratamento. Ou seja, o compromisso de confidencialidade não é necessariamente estabelecido exclusivamente em relação ao tratamento realizado pelo subcontratante *por conta* de cada responsável, podendo ser estabelecido em relação à globalidade da informação tratada. Nada impede evidentemente o responsável pelo tratamento de exigir a assunção de um compromisso de confidencialidade específico e exclusivo em relação ao tratamento de dados realizado por sua conta.

iii. A adoção das medidas previstas no artigo 32.º do RGPD (artigo 28.º, n.º 3, alínea c)), respeitantes à implementação de medidas técnicas e organizativas destinadas a garantir a segurança do tratamento de dados, pressupõe que o subcontratante tenha o domínio sobre os recursos (sistemas, dispositivos) usados para as atividades de tratamento – isto é, não estará, via de regra[144], dependente do responsável pelo tratamento para o efeito;

---

[144] Qualquer composição da relação contratual entre responsável pelo tratamento e subcontratante perspetivável a partir das obrigações consagradas no RGPD será sempre tendencial. Desde logo, as obrigações previstas nas alíneas do artigo 28.º, n.º 3 são exemplificativas; por outro lado, por vezes os subcontratantes levam a cabo operações de tratamento nas instalações ou nos sistemas do responsável pelo tratamento. Nesses casos, a obrigação de garantir a respetiva segurança é do responsável pelo tratamento, não podendo o subcontratante impor

iv. Do mesmo modo, é ao subcontratante que compete a implementação de medidas técnicas e organizativas que lhe permitam cumprir as obrigações *assistenciais* que sobre ele impendam, nomeadamente para que o responsável pelo tratamento possa dar resposta a pedidos dos titulares dos dados que visem o exercício dos direitos consagrados no RGPD (artigo 28.º, n.º 3, alínea e) do RGPD). Este consiste em mais um dos fatores indiciários da autonomia jurídica do subcontratante em relação ao responsável pelo tratamento[145].

v. A obrigação de contribuir para auditorias ou inspeção conduzidas pelo responsável pelo tratamento ou por auditor devidamente mandatado por este, é igualmente demonstrativo da existência de uma estrutura subtraída ao controlo do responsável pelo tratamento[146].

E tanto assim é que o âmbito desta obrigação terá a mesma dimensão do tratamento de dados efetuado sob o regime da subcontratação. Quer isto dizer que a possibilidade de o responsável pelo tratamento realizar auditorias às instalações, sistemas ou dispositivos do subcontratante se encontra delimitada pelo tratamento que este realize por conta daquele. O subcontratante não estará vinculado a permitir ao responsável pelo tratamento auditar sistemas que não tenham relação estrita com as atividades de tratamento realizados por sua conta, sob pena de poder ser prejudicada a obrigação de confidencialidade em relação a dados pessoais que este trate por conta de outros responsáveis, ou que estejam sob a responsabilidade do subcontratante – por exemplo, as informações relativas aos trabalhadores que este contrate para realizar as operações de tratamento.

vi. O cumprimento de um código de conduta ou de certificação pelo subcontratante revela a autonomia jurídica deste em relação ao responsável pelo

a sua vontade em relação a instalações ou sistemas que se encontrem sob o domínio de outra entidade jurídica (por conta da qual atua).

[145] Uma vez mais, deve chamar-se à atenção de que, nos casos em que as atividades de tratamento sejam levadas a cabo pelo subcontratante utilizando os sistemas do responsável pelo tratamento, a obrigação prevista no artigo 28.º, n.º 3, alínea e) do RGPD, poderá sofrer inflexões, podendo resumir-se a uma disponibilidade para prestar assistência – e não à implementação de medidas técnicas e organizativas nos sistemas, dispositivos ou instalações que se encontrem sob o domínio do responsável pelo tratamento.

[146] À semelhança do que se encontra referido na nota de rodapé anterior, a realização de auditorias às instalações do subcontratante poderá ser destituída de sentido, se este tratar dados pessoais nas instalações, sistemas e dispositivos do responsável pelo tratamento. Nestes casos, o direito de auditoria poderá convolar-se num direito à *prestação de contas* (expressão aqui utilizada no sentido coloquial, e não em sentido técnico-jurídico) sobre as atividades de tratamento.

tratamento, pois, de outro modo, estaria dependente da circunstância de o responsável pelo tratamento cumprir tal código ou obter tal certificação.

4. A existência de diferentes configurações possíveis – em alguns casos com apreciável grau de complexidade – no âmbito da subcontratação não parece colocar em causa o que resulta evidente das alíneas do n.º 3 do artigo 28.º do RGPD: que é justamente a autonomia jurídica do subcontratante em relação ao responsável pelo tratamento.

Desde logo, a contratação de um subcontratante encontra-se exclusivamente dependente da vontade do responsável pelo tratamento, que pode decidir levar a cabo o tratamento de dados dentro da sua própria organização ou *externalizar* tais atividades, através do recurso à subcontratação. É certo que a externalização das atividades de tratamento não deverá significar a perda do domínio dos dados pessoais em causa – aliás, é justamente em nome da conservação desse controlo que são previstas as obrigações referidas nas alíneas do n.º 3 do artigo 28.º do RGPD e no próprio artigo 29.º do RGPD. Porém, é um dado da experiência comum que a externalização de qualquer serviço implica abdicar do controlo inerente à circunstância desse serviço ser levado a cabo internamente.

No que tange ao tratamento realizado *por conta* do responsável pelo tratamento, o poder decisório do subcontratante sofre as inflexões necessárias à manutenção do controlo material do tratamento pelo responsável pelo tratamento.

Com o que se conclui que é o reconhecimento da autonomia jurídica do subcontratante – que prosseguirá finalidades próprias (autónomas) e terá em muitos casos um objeto social distinto da atividade do responsável pelo tratamento – que justifica os freios previstos nas alíneas do n.º 3 do artigo 28.º do RGPD, que têm em vista *funcionalizar* a atividade do subcontratante às finalidades (e, num certo plano, aos meios) determinados pelo responsável pelo tratamento.

5. O subcontratante tratará dados *por conta* ou, na expressão inglesa, *on behalf* do responsável pelo tratamento. Afigura-se-nos de importância capital para o entendimento da figura jurídica do subcontratante a compreensão do alcance da expressão "tratar dados *por conta* de um responsável pelo tratamento".

O Grupo de Trabalho do artigo 29.º definiu o significado da locução *on behalf* como a *atuação ao serviço dos interesses de outrem, que remete para o conceito de "delegação"* [147].

---

[147] No original *Acting on behalf means serving someone else's interest and recalls the concept of delegation*. Cf. *Opinion 1/2010 on the concepts of "controller" and "processor"* (WP 169), adotada em 16 de

No direito português, a forma jurídica tradicional de atuação *por conta* de outrem, é o contrato de mandato, constante do artigo 1157.º do Código Civil. Pese embora a prática de atos *por conta* de outrem corresponda à sua substância fundamental, a lei civil distingue duas formas de mandato, consoante seja estabelecido com ou sem poderes de representação. O mandatário com poderes de representação tem, nos termos do disposto no artigo 1178.º, n.º 2 do Código Civil, *o dever de agir não só por conta, mas em nome do mandante* – esta noção talvez mais próxima da locução *on behalf*.

Não deixa de ser curioso notar a opção da tradução portuguesa do Regulamento por consagrar a expressão *por conta*, sem pretender entrar nas questões dos poderes de representação. Cremos que terá sido uma opção cautelosa, até porque a ideia de *representação* no direito português se encontra frequentemente associada à prática de negócios jurídicos, sendo esse mesmo o objeto do artigo 258.º, aplicável ao mandato com representação *ex vi* artigo 1178.º, n.º 1, ambos do Código Civil.

Porém, o n.º 3 do artigo 28.º do RGPD não especifica o tipo contratual que pode basear a subcontratação, limitando-se a prever que pode ser constituída por contrato ou outro ato normativo ao abrigo do direito da União ou dos Estados-Membros, que vincule o subcontratante ao responsável pelo tratamento.

Justamente pela circunstância de integrar a noção de subcontratante, compete questionar se qualquer contrato, ou ato normativo, é suscetível de constituir a relação jurídica de subcontratação.

A suscetibilidade de os atos normativos (atos legislativos e regulamentares) estabelecerem relações de subcontratação não levanta qualquer questão. Mesmo a circunstância do ato normativo ser inválido não determina a impossibilidade de identificar o responsável e o subcontratante, nomeadamente através da influência das partes envolvidas no tratamento de dados.

Onde julgamos que poderão ser levantadas questões é no domínio contratual, na medida em que os elementos que se podem dizer *típicos* da relação de subcontratação, previstos de forma exemplificativa no n.º 3 do artigo 28.º, porém podem ser de difícil compatibilização com determinadas estruturas contratuais, conforme *infra* se demonstrará em relação ao contrato de trabalho.

6. Cremos ter quedado demonstrada a autonomia jurídica do subcontratante em relação ao responsável pelo tratamento.

fevereiro de 2010, p. 25.

Resta saber em que medida esta autonomia jurídica é compatível com determinados tipos contratuais. No sentido de ensaiarmos uma resposta a esta questão, analisaremos sumariamente o contrato de trabalho e o contrato de prestação de serviços que, do nosso ponto de vista, merecem ser ponderados à luz do estatuto de *subcontratante*.

a) A noção de **contrato de trabalho** encontra-se prevista no artigo 1152.º do Código Civil como sendo *aquele pelo qual uma pessoa se obriga, mediante retribuição, a prestar a sua atividade intelectual ou manual a outra pessoa, sob a autoridade e direção desta*. Também o artigo 11.º do Código do Trabalho estabelece uma definição de *contrato de trabalho*, que corresponde *àquele pelo qual uma pessoa singular se obriga, mediante retribuição, a prestar a sua atividade a outra ou outras pessoas, no âmbito de organização e sob a autoridade destas*.

Os *supra* mencionados conceitos e, em particular o previsto no artigo 11.º do Código do Trabalho, permitem duas conclusões:

i. O trabalhador é uma pessoa singular – diferentemente do *subcontratante*, que poderá assumir qualquer forma jurídica, incluindo a de pessoa coletiva;

ii. A subordinação jurídica tem por referência não só o empregador, mas a organização empresarial[148]

O elemento distintivo da relação de trabalho é a subordinação jurídica, que *pressupõe o poder, atribuído ao empregador, de exercício de autoridade traduzido na possibilidade de emissão de ordens, instruções e efetivação de disciplina mediante aplicação de sanções*[149].

Poderá um subcontratante ser simultaneamente um trabalhador contratado pelo responsável pelo tratamento?

Numa relação de natureza jurídico-laboral, o trabalhador trata dados pessoais no âmbito do poder de direção do empregador, não levando a cabo operações de tratamento de forma autónoma. Por outras palavras, o tratamento de dados ao abrigo da subordinação jurídica constitui uma atividade do responsável pelo tratamento, levada a cabo pela sua própria estrutura organizativa, e não de um subcontratante.

E tal porque a atividade de subcontratante não está juridicamente subordinada à atividade do responsável pelo tratamento, pelo menos não nos mesmos termos em que a do trabalhador se encontra. Note-se que o cumprimento de

---

[148] Cf. Martinez, Pedro Romano et al., *Código do Trabalho Anotado*, Coimbra: Almedina, 2017, pp. 127 e 129 (Anotação de Pedro Romano Martinez ao artigo 11.º do Código do Trabalho.

[149] Cf. Acórdão do Tribunal da Relação de Lisboa (Proc. 112/15.6T8CSC) de 22.03.2017, disponível em http://www.pgdlisboa.pt/jurel/jur_mostra_doc.php?codarea=59&nid=5218.

ordens e instruções é inerente à relação de trabalho e as atividades de tratamento de dados não podem entender-se externalizadas se levadas a cabo por um trabalhador integrado na estrutura do responsável pelo tratamento, sujeito ao seu poder de direção.

Caso assim não se entendesse, ter-se-ia forçosamente de reconhecer que os trabalhadores autorizados a tratar dados pessoais seriam todos subcontratantes do empregador, responsável pelo tratamento. Ora, semelhante perspetiva carece de sentido, até porque, justamente em virtude da subordinação jurídica, o trabalhador não terá a autonomia necessária para cumprir muitas das obrigações previstas nas alíneas do n.º 3 do artigo 28.º do RGPD – a começar pela ausência de autonomia para contratar outro subcontratante.

Acresce que sempre se afiguraria problemática a concretização prática do direito de auditoria, que sempre poderia colocar em causa a reserva da intimidade da vida privada do trabalhador, se for tida em devida conta o uso das tecnologias da informação para fins pessoais no local de trabalho – genericamente admitido[150]. A concretização do direito de auditoria pressupõe o direito do responsável pelo tratamento de aceder aos dispositivos do tratamento de dados pessoais utilizados pelo subcontratante. Bem sabemos que o empregador pode regulamentar o uso das tecnologias da informação no local de trabalho e pode aceder a mensagens de conteúdo profissional, desde que o não faça de forma individualizada[151].

Ora, julgamos que o responsável pelo tratamento deverá ter a liberdade (e o direito) de realizar este tipo de controlo – e tal não ocorrerá da forma aleatória que se deve imprimir ao acesso aos dispositivos utilizados pelos trabalhadores. Com esta observação pretendemos essencialmente apontar as dificuldades de definir a fronteira entre o controlo legítimo das operações de tratamento de dados levadas a cabo pelo subcontratante e a fiscalização intrusiva por parte do mesmo responsável pelo tratamento na qualidade de empregador dos dispositivos de tratamento de dados usados pelo trabalhador.

---

[150] Nas palavras da Deliberação n.º 1638/2013, da Comissão Nacional de Proteção de Dados, de 16.07.2013, pp. 6 e 7, disponível em https://www.cnpd.pt/bin/orientacoes/Delib_controlo_comunic.pdf: *Num mundo cada vez mais dominado pelas tecnologias de informação e comunicação, em que os meios de comunicação são centrais no trabalho e qualquer empresa ou empregador, não se afigura lógico nem realista que, no contexto da relação de trabalho, se proíba – de forma absoluta – a utilização de telefones e telemóveis, do correio eletrónico e acesso à Internet para fins que não sejam estritamente profissionais.*

[151] Cf. Deliberação n.º 1638/2013, da Comissão Nacional de Proteção de Dados, de 16.07.2013, p. 9, disponível em https://www.cnpd.pt/bin/orientacoes/Delib_controlo_comunic.pdf.

Porém, a estrutura contratual que se nos afigura mais flexível e de uso mais corrente será a prestação de serviços – até porque é normalmente com base neste tipo contratual que o responsável pelo tratamento e o subcontratante regulamentam os termos do tratamento de dados pessoais pelo segundo por conta do primeiro.

b) A noção de **contrato de prestação de serviços** encontra-se prevista no artigo 1154.º do Código Civil e corresponde ao contrato por força do qual *uma das partes se obriga a proporcionar à outra certo resultado do seu trabalho intelectual ou manual, com ou sem retribuição*.

Esta estrutura contratual permite que as partes regulamentem os seus direitos, deveres e responsabilidades com ampla margem de liberdade, em consonância com a realidade subjacente ao tratamento de dados pessoais. Esta questão afigura-se de capital importância no âmbito da relação de subcontratação, na medida em que esta pode assumir configurações muito diversificadas – por exemplo, o subcontratante poderá operar diretamente nos sistemas ou dispositivos do responsável pelo tratamento, ou usar os seus próprios meios técnicos para o efeito, circunstâncias que requererão regulamentações diferenciadas no plano dos direitos, obrigações e responsabilidades das partes em relação ao tratamento de dados. Neste particular, para mais desenvolvimentos, remetemos para a anotação ao artigo 28.º do RGPD.

A flexibilidade que o contrato de prestação de serviços oferece, permite que este comporte várias modalidades, referidas no artigo 1155.º do Código Civil, uma das quais o contrato de mandato, acima mencionado.

Não podemos deixar de vislumbrar na relação de subcontratação uma estrutura de responsabilidade semelhante à que resulta do mandato – aliás, bastará atentar nas obrigações do mandatário, previstas no artigo 1161.º do Código Civil para serem reconhecidos alguns elementos estruturais da relação de subcontratação. São obrigações do mandatário:

i. Praticar os atos compreendidos no mandato, segundo as instruções do mandante;

ii. Prestar as informações que este lhe peça, relativas ao estado da gestão;

iii. Comunicar ao mandante, com prontidão, a execução do mandato ou, se o não tiver executado, a razão por que assim procedeu;

iv. Prestar contas, findo o mandato ou quando o mandante as exigir;

v. Entregar ao mandante o que recebeu em execução do mandato ou no exercício deste, se o não despendeu normalmente no cumprimento do contrato.

A lei civil portuguesa distingue entre o mandato *com representação* e o mandato *sem representação*. No primeiro caso, o mandatário age *em nome e por conta* do mandante, ou seja, os efeitos da sua atuação repercutem-se automaticamente na esfera jurídica deste (artigo 258.º, *ex vi* n.º 1 do artigo 1178.º do Código Civil); nos casos de mandato sem representação, o mandatário age em nome próprio, adquirindo os direitos e as obrigações decorrentes dos atos que celebra, mesmo que o mandato seja conhecido dos terceiros que participem nos atos ou sejam destinatários destes (artigo 1180.º do Código Civil). Porém, o mandatário é obrigado a transferir para o mandante os direitos adquiridos em execução do mandato (artigo 1181.º do Código Civil). De forma reflexa, o mandante deve assumir as obrigações contraídas pelo mandatário em execução do mandato (artigo 1182.º do Código Civil).

Estamos em crer que a estrutura típica da relação de subcontratação estará próxima do mandato com representação, na parte em que se refere ao cumprimento de instruções pelo subcontratante, sem necessidade de ratificação posterior por parte deste (n.º 1 do artigo 258.º do Código Civil); quando o subcontratante extravase as instruções, a representação cessa e os efeitos jurídicos repercutem-se na esfera jurídica do subcontratante, que deverá ser considerado *responsável pelo tratamento*. Quando o subcontratante atue atuação fora das instruções, a ratificação será necessária (artigo 269.º do Código Civil). Esta modalidade de mandato não se confunde com a relação de mandato existente entre o responsável pelo tratamento (ou o subcontratante) e o respetivo representante (artigo 27.º). A representação na subcontratação restringe-se ao cumprimento de instruções; no caso do representante, como o próprio nome indica, a representação é uma característica *originária* da própria figura.

Em todo o caso, consideramos que a relação de subcontratação pode ser estabelecida por meio de mandato com ou sem representação[152], desde que não sejam postas em causa as obrigações do responsável pelo tratamento e do subcontratante, estabelecidas no RGPD e que tal não vise obscurecer a imputação de responsabilidade pelo seu incumprimento.

---

[152] Alertamos que a forma do contrato de mandato não determina (necessariamente) a existência de uma relação material de subcontratação: uma coisa é o título formal da relação jurídica; coisa distinta é a qualificação que decorre das atividades de tratamento levadas a cabo por determinada entidade. No caso dos advogados, por exemplo, o mandato forense visa titular a representação judicial do mandante pelo advogado – não sendo o título adequado para regulamentar o tratamento de dados, nem se focando nesse objeto. Em tais casos, o tratamento de dados é necessário ao exercício da representação, que constitui uma finalidade partilhada pelo cliente e pelo advogado. Por estas razões, o Grupo de Trabalho do artigo 29.º tem entendido que os advogados no exercício da representação forense deverão ser qualificados como responsáveis pelo tratamento. Cf. *Opinion 1/2010 on the concepts of "controller" and "processor"* (WP 169), adotada em 16 de fevereiro de 2010, p.28.

A presente anotação não exclui outras formas admissíveis de celebração de acordo de subcontratação sendo que o objetivo da mesma se prendeu com a verificação da compatibilidade de determinados modelos contratuais com a natureza da atividade de tratamento de dados, por conta de outrem.

7. O subcontratante deve, então, ser uma entidade cuja atividade consista no tratamento de dados pessoais, ou que tal objeto social possa ser por ela prosseguido. No entanto, a qualificação como *subcontratante* não deriva *per se* do objeto social por ele prosseguido, mas sim das concretas atividades que leve a cabo num determinado contexto. E tal porque a mesma entidade pode, nuns casos ser responsável pelo tratamento e, outros contextos, poderá ser subcontratante, tudo dependendo da sua intervenção concreta nas operações de tratamento de dados pessoais.

A funcionalização da atividade do subcontratante à finalidade do tratamento é, também, essencial para enquadrar decisões do subcontratante em relação ao tratamento de dados. Se o subcontratante tiver de levar a cabo operações de tratamento não incluídas nas instruções *documentadas* do responsável pelo tratamento, mas que sejam necessárias à finalidade por este determinada, cremos que não deve entender-se que tais decisões sejam relevantes para convolar o subcontratante em responsável pelo tratamento. Por outras palavras, se o subcontratante determinar uma operação de tratamento, ou uso de um determinado dispositivo, que sejam necessários à finalidade determinada pelo responsável pelo tratamento, ainda estará a funcionalizar a sua atividade a tal finalidade, pelo que deverá ser considerado quanto a tal decisão *subcontratante* – e não *responsável pelo tratamento*.

O Grupo de trabalho do artigo 29.º procurou clarificar o significado da locução *determinação dos meios de tratamento*, por via da interpretação, recorrendo, para o efeito para a versão do conceito de *responsável pelo tratamento* constante da Convenção n.º 108, de 1981. Em suma, concluiu que à *determinação dos meios de tratamento* se subsumem duas dimensões distintas, uma das quais exclusiva do responsável pelo tratamento – e que, por essa razão, é indelegável no subcontratante[153] – e outra delas cuja delegação no subcontratante é admissível sem bulir com a sua qualificação jurídica. Na primeira dimensão inserem-se os aspetos que cabem ao responsável pelo tratamento, por inerência, definir – como sejam a quantidade de dados a tratar, ou a duração do tratamento; a segunda respeita às decisões sobre questões técnicas e organizacionais, tais como o dispositivo

---

[153] Sob pena de este se convolar em *responsável* (conjunto) pelo tratamento.

de tratamento de dados (o hardware ou o software usado para o tratamento)[154]. Para um melhor tratamento desta questão, remetemos para a anotação ao artigo 4.º, ponto 7) do RGPD.

Destarte, responsável pelo tratamento poderá delegar no subcontratante as decisões sobre questões técnicas e organizativas sem que tal constitua uma fraude ao seu estatuto. E, do ponto de vista prático, não pode deixar de se entender que o subcontratante possa tomar decisões operacionais relativas ao tratamento de dados.

O reconhecimento de que o subcontratante pode tomar decisões restritas aos recursos técnicos usados para o tratamento de dados constitui uma mera decorrência da forma como as coisas se passam do ponto de vista prático. A circunstância de o subcontratante ser uma pessoa juridicamente autónoma em relação ao responsável pelo tratamento e de ter uma atividade e estrutura próprias implica que este se encontre dotado dos meios físicos (técnicos) do tratamento para exercer a sua atividade sem necessidade de previamente consultar o responsável pelo tratamento para o efeito. Neste particular, se o responsável pelo tratamento lhe delegar a competência da determinação dos recursos a usar no tratamento de dados por sua conta, quer de forma expressa, quer de forma tácita – neste último caso, as instruções do responsável pelo tratamento serão omissas em relação aos meios técnicos e/ou organizacionais do tratamento – e o subcontratante os definir e prosseguir o tratamento nos termos e em função da finalidade por aquele determinada, deverá continuar a ser qualificado como subcontratante.

Não pode, no entanto, deixar de se referir que o esforço levado a cabo pelo Grupo de Trabalho do artigo 29.º no estabelecimento do conceito de *meios de tratamento* denuncia justamente a insuficiência e o caráter equívoco da noção de responsável pelo tratamento, como sendo quem determina *as finalidades e os meios de tratamento*.

(*Tatiana Duarte*)

Artigo 4.º, n.º 9)

1. A Convenção n.º 108, de 1981, não previa o conceito de *destinatário*.

O artigo 2.º, alínea d) da Diretiva 95/46/CE, de 24 de outubro, previa esta noção como correspondendo à *pessoa singular ou coletiva, a autoridade pública, o*

---

[154] Cf. *Opinion 1/2010 on the concepts of "controller" and "processor"*, adotada em 16 de fevereiro de 2010, pp. 14 e 15.

serviço ou qualquer outro organismo que receba comunicações de dados, independentemente de se tratar ou não de um terceiro; todavia, as autoridades suscetíveis de receberem comunicações de dados no âmbito duma missão de inquérito específica não são consideradas destinatários.

A noção de *destinatário* prevista no RGPD não apresenta alterações substanciais à que já constava na Diretiva 95/46/CE, tendo sido acrescentada a referência de que o tratamento de dados pessoais por autoridades públicas deve cumprir as regras de proteção de dados aplicáveis em função das finalidades do tratamento – referência que se nos afigura inócua, já nos parece decorrer da aplicação das regras gerais, previstas no RGPD, nomeadamente no seu artigo 5.º.

2. O destinatário *recebe* dados pessoais, mas não os trata na aceção em que o responsável pelo tratamento ou o subcontratante o fazem – não sendo, por isso, responsável pelo tratamento, nem subcontratante. Não é, também, titular dos dados, não tendo quaisquer direitos sobre estes.

Dos termos da noção de *destinatário* resulta que esta é mais ampla do que o conceito de *terceiro*, na medida em que se admite que o destinatário pode ser ou não um terceiro. Em tais termos, a noção de *terceiro* afigura-se ser um expediente útil para determinar o conceito de *destinatário*.

O conceito de *terceiro* é essencialmente *negativo* e residual, porquanto o artigo 4.º, 10) do RGPD se limita a estabelecer o que *não corresponde* ao conceito de terceiro. Ou seja, não será *terceiro* o responsável pelo tratamento, o subcontratante, ou a pessoa que, sob a autoridade de um deles, esteja autorizada a tratar dados.

A partir do conteúdo dos conceitos em presença, podemos concluir (por exclusão de partes) que a pessoa que esteja autorizada a tratar dados sob a autoridade do responsável pelo tratamento ou do subcontratante será um destinatário dos dados (não terceiro). Nos casos em que o destinatário seja uma pessoa que esteja autorizada a tratar dados sob a autoridade do responsável pelo tratamento ou do subcontratante, consideramos não ser aplicável o disposto no Considerando 61 do RGPD, que prevê que *sempre que os dados pessoais forem suscetíveis de ser legitimamente comunicados a outro destinatário, o titular dos dados deverá ser informado aquando da primeira comunicação dos dados pessoais a esse destinatário.* Se os dados forem tratados no seio da estrutura do responsável pelo tratamento, cremos que deve entender-se que os dados ainda são tratados sob o seu domínio. Em particular, se for levado a cabo por pessoas autorizadas pelo responsável pelo tratamento, o tratamento ainda se encontra no âmbito das expectativas do titular a quem tenham sido prestadas ao titular as informações obrigatórias previstas no RGPD, uma vez que a identificação do responsável pelo tratamento é um dos elementos obrigatórios constantes das informações previstas nos artigos 13.º, n.º 1, alínea a) e 14.º, n.º 1, alínea a) do RGPD.

Acresce que a aplicação do Considerando 61 RGPD sempre seria, em muitos casos, impossível, nomeadamente em estruturas empresarias complexas – como por exemplo, em empresas no ramo das telecomunicações –, em que pode ser identificada uma multiplicidade de pessoas autorizadas a tratar dados na estrutura do responsável pelo tratamento ou do subcontratante. O sentido da expressão *outro destinatário* parece subtilmente apontar para esta distinção; no entanto, no rigor dos conceitos, *destinatário* abrange as pessoas inseridas na organização do responsável pelo tratamento, ou do subcontratante, que estejam autorizadas a tratar dados, sob a respetiva autoridade.

Também será *destinatário* a pessoa singular ou coletiva, a autoridade pública, agência ou outro organismo que receba dados e seja um terceiro, como será o caso da contraparte no contrato, que receba dados pessoais como consequência direta e necessária da sua celebração. Porém, nos termos do Considerando 31 e do artigo 4.º, ponto 9) do RGPD, as autoridades públicas – como sejam as autoridades fiscais e aduaneiras, as unidades de investigação financeira, as autoridades administrativas independentes ou as autoridades dos mercados financeiros, responsáveis pela regulamentação e supervisão dos mercados de valores mobiliários – não serão consideradas destinatários quando recebam dados pessoais para realizar um determinado inquérito, nos termos do direito interno ou da União. As autoridades públicas que não sejam consideradas *destinatários* por tratarem dados pessoais para efeitos de realização de um inquérito – que se encontrará no espectro das suas competências ou atribuições – deverão ser, em nosso entender, consideradas *responsáveis pelo tratamento*, porquanto a realização de um inquérito pressupõe um grau de autonomia que só vemos ser compatível com esta figura – quer do ponto de vista do controlo dos dados e da autonomia decisória, quer do ponto de vista da necessidade de alocar responsabilidades pelo cumprimento das obrigações previstas no RGPD. A este propósito, veja-se a última parte do conceito de *destinatário*.

3. O conceito de destinatário tem, assim, a função de infletir a amplitude do conceito de tratamento de dados, prevista no artigo 4.º, ponto 2) do RGPD. E tanto porque se a *consulta* já constitui uma *operação de tratamento*, poder-se-ia concluir que o mero acesso ou consulta dos dados convolaria a entidade que lhes acedesse em *responsável pelo tratamento*, ou mesmo em *subcontratante* do remetente (muitas vezes, simultaneamente titular) dos dados pessoais. Semelhante entendimento implicaria que a proteção de dados pessoais se tornasse o objeto primeiro de qualquer relação contratual – *ad absurdum*, o canalizador que recebe a morada do cliente onde deve prestar os seus serviços poderia tornar-se responsável pelo tratamento, com todas as obrigações inerentes a tal estatuto, apenas por receber dados pessoais necessários à prossecução da sua atividade, no contexto de uma relação contratual cujo objeto não é o tratamento de dados pessoais.

O destinatário acede a dados como consequência necessária do estabelecimento de relações jurídicas, sendo que o objeto destas não consistirá, em princípio e necessariamente, no tratamento de dados. Será o caso da contraparte no contrato de prestação de serviços que não vise ou cuja execução não importe o tratamento de dados, como sejam *via de regra* e entre outros, os depositários (quando não sejam instituições financeiras), os empreiteiros, os locadores e os locatários, o comprador e o vendedor. Ressalvamos que a diversidade das relações jurídicas poderá sempre negar as presentes indicações, sendo o objetivo da presente anotação facultar meras linhas orientadoras concernentes aos conceitos previstos no Regulamento.

Vejamos: os negócios jurídicos são frequentemente constituídos *intuitu personae*, ou seja, a identificação das partes afigura-se muitas vezes essencial e inerente à própria formação da vontade de contratar.

A ligação estreita entre a identificação da contraparte e a formação da vontade de estabelecer relações jurídicas encontra-se a montante das questões relacionadas com o tratamento de dados pessoais – porquanto está em causa a liberdade de celebração de contratos e a formação da vontade a eles tendente. Em tais termos, a mera identificação pessoal, desligada de uma atividade cujo objeto direto, ou indireto, ou cuja decorrência necessária não implique o tratamento de dados, não deve ser considerada relevante no plano da atribuição do estatuto de *responsável pelo tratamento de dados* ou de *subcontratante* à pessoa que os recebe. Insistimos: a receção de dados pelo destinatário esgota o seu fim numa necessidade intrínseca não apenas à execução do contrato, mas também (e sobretudo) releva na própria formação da vontade de contratar, de que a formalização constitui um mero reflexo.

Nada impede, porém, o destinatário de tratar dados; é o caso do trabalhador que esteja inserido na organização do responsável pelo tratamento ou do subcontratante, e que trate dados sob a sua autoridade. Um dos indícios de que o destinatário não tem obrigações específicas inerentes ao tratamento de dados, é justamente a necessidade de o subcontratante assegurar que as pessoas que se encontram na sua estrutura assumem um compromisso de confidencialidade – porque à sua atividade, ou ao tratamento de dados no âmbito da sua profissão, não subjaz uma originária obrigação de confidencialidade, como sucede no caso do médico ou do advogado, em relação ao sigilo profissional[155].

A violação da obrigação de confidencialidade pela pessoa que a ela esteja adstrita – quer por ser inerente a determinada atividade ou profissão, quer por previsão legal ou por assunção contratual de tal compromisso – está sujeita a responsabilidade civil, criminal e disciplinar; já no que concerne ao *destinatário* junto de quem não tenha sido acautelada a definição dessa obrigação, os termos constitutivos da responsabilidade revelam-se mais pantanosos.

O destinatário recebe dados, mas não tem, enquanto tal, obrigações específicas em relação ao tratamento. É, no entanto, defensável – e, em nosso entender, adequado – considerar que sobre o destinatário impendem *obrigações de non-facere* ou um *dever geral de omissão*, em particular no que concerne à divulgação dos dados. Este dever geral de omissão não se confundirá com a obrigação de confidencialidade, porquanto supõe uma abstenção geral de os divulgar; ao passo que a obrigação de confidencialidade tem associados *deveres específicos de ação*, através da adoção de uma conduta tendente a preservar a confidencialidade dos dados pessoais, de um ponto de vista preventivo e de adoção de medidas reativas, com vista à mitigação dos efeitos negativos da violação da confidencialidade. São disso exemplo as normas de conduta referidas no Considerando 39 do RGPD, que prevê que *os dados pessoais deverão ser tratados de uma forma que garanta a devida segurança e confidencialidade, incluindo para **evitar o acesso a dados pessoais e equipamento utilizado para o seu tratamento, ou a utilização dos mesmos, por pessoas não autorizadas*** (destacados nossos). Julgamos que os segmentos destacados sumulam (mas não esgotam) os deveres implicados na obrigação de confidencialidade.

(Tatiana Duarte)

Artigo 4.º, 10)
Ver nota a 4.º 9), sobre o conceito de terceiro.

---

[155] Tendemos a considerar que, em regra, as pessoas sujeitas a obrigações legais de confidencialidade podem ser potencialmente consideradas responsáveis pelo tratamento, como sejam o advogado ou o médico, ambos sujeitos a obrigações estatutárias de confidencialidade, respetivamente nos termos do disposto nos artigos 92.º do Estatuto da Ordem dos Advogados e 139.º do Estatuto da Ordem dos Médicos.

A definição de terceiro assenta num elemento externo ao "tripé" titular dos dados pessoais – responsável pelo tratamento – subcontratante, autorizado a tratar dados pessoais.

O considerando 54, ilustra bem o que a definição pretende significar:

"(...) Tais atividades de tratamento de dados sobre a saúde autorizadas por motivos de interesse público não deverão ter por resultado que os dados sejam tratados para outros fins por terceiros, como os **empregadores** ou as **companhias de seguros** e **entidades bancárias**."

Pensamos que esta definição, todavia, não clarifica com clareza todos os aspetos em causa na figura do terceiro. **O terceiro pode ser um "interessado" titular do direito de acesso a informação pessoal.** Assim, no Considerando (47) refere-se que:

"Os interesses legítimos dos responsáveis pelo tratamento, incluindo os dos responsáveis a quem os dados pessoais possam ser comunicados, ou de terceiros, podem constituir um fundamento jurídico para o tratamento (...)".

(Alexandre Sousa Pinheiro)

Artigo 4.º, 11)

A fórmula legal merece uma apreciação dividida pelos seus diversos elementos:

– uma manifestação de vontade,
– livre,
– específica,
– informada
– e explícita,
– pela qual o titular dos dados aceita, mediante **declaração ou ato positivo inequívoco**, que os dados pessoais que lhe dizem respeito sejam objeto de tratamento.

Para além da análise dos considerandos, é importante levar em linha de conta as "Orientações relativas ao consentimento na aceção do Regulamento (UE) 2016/679 do Grupo de Trabalho do Artigo 29.º", adotadas em 28 de novembro de 2017, sendo a última redação revista e adotada em 10 de abril de 2018[156].

---

[156] Disponível em: https://www.cnpd.pt/bin/rgpd/docs/wp259rev0.1_PT.pdf (consultado a 17 de novembro de 2018).

O consentimento é uma condição de legitimidade para o tratamento de dados pessoais especialmente desenvolvido nos artigos 6.º e 9.º.

São também relevantes as relações com os princípios previstos no artigo 5.º, especialmente quando se pretende proceder ao tratamento de dados não incompatíveis com os que presidiram à recolha.

Compete referir que:

(i) O consentimento como **manifestação de vontade significa que não existe a figura do consentimento obrigatório**. Ou seja, não pode tratar-se nos quadros do consentimento, por exemplo, exigências ou obrigações legais.

A final, não existem consentimentos obrigatórios.

Por outro lado, e de acordo com o considerando 40, o consentimento é apenas um fundamento de tratamento de dados pessoais.

(ii) Quanto à liberdade do consentimento, o Parecer de 2017 refere que *se o consentimento estiver agregado a uma parte não negociável das condições gerais do contrato, presume-se que não foi dado livremente. Assim sendo, não se considera que o consentimento foi dado de livre vontade se o titular dos dados não o puder recusar nem o puder retirar sem ficar prejudicado* [157].

O titular dos dados não pode ficar numa posição de coação na celebração de contratos ou de qualquer outra forma de aceder a bens ou serviços.

Ou seja, não pode ficar privado do acesso a um bem ou serviço se não consentir no tratamento de dados para finalidades distintas daquelas que estão a ser prosseguidas com a sua aquisição originária: *a obrigatoriedade de concordar com a*

Há que tomar em consideração, também, o *Opinion 15/2011 on the definition of consente (WP187)* adotado a 13 de julho de 2011 (consultado a 17 de novembro de 2018). Disponível em: https://ec.europa.eu/justice/article-29/documentation/opinion recommendation/files/2011/wp187_en.pdf.

[157] Cit., p. 6.

Do considerando 34 da Proposta da Comissão constava que "*o consentimento não deve constituir um fundamento jurídico válido para o tratamento de dados pessoais se existir um desequilíbrio manifesto entre o titular dos dados e o responsável pelo tratamento, especialmente se o primeiro se encontrar numa situação de dependência em relação ao segundo, em especial quando os dados pessoais são tratados pelo seu empregador no contexto da relação laboral.*"

No Relatório de 22 de Março apresentado no Parlamento Europeu este considerando foi *suprimido*. Disponível em: http://www.europarl.europa.eu/sides/getDoc.do?pubRef=-//EP//TEXT+REPORT+A7-2013-0402+0+DOC+XML+V0//PT#title1 (consultado a 17 de novembro de 2018).

Avaliaremos, de todo o modo, o considerando 43 do RGPD.

utilização de dados pessoais para além do que é estritamente necessário limita as escolhas do titular dos dados e constitui um obstáculo ao consentimento dado de livre vontade.[158]

(iii) No que respeita à possibilidade de desequilíbrios entre o titular dos dados, há que ter em conta o considerando 43 segundo o qual *a fim de assegurar que o consentimento é dado de livre vontade, este não deverá constituir fundamento jurídico válido para o tratamento de dados pessoais em casos específicos em que exista um desequilíbrio manifesto entre o titular dos dados e o responsável pelo seu tratamento, nomeadamente quando o responsável pelo tratamento é uma autoridade pública pelo que é improvável que o consentimento tenha sido dado de livre vontade em todas as circunstâncias associadas à situação específica em causa.*

(iv) Tratando o tema como "granulidade", o Parecer de 2017 alerta para os considerandos 43 e 32[159].

Do primeiro consta a **presunção de que o consentimento *não é dado de livre vontade se não for possível dar consentimento separadamente para diferentes operações de tratamento de dados pessoais*,** ainda que seja adequado no caso específico, ou se a execução de um contrato, incluindo a prestação de um serviço, depender do consentimento apesar de o consentimento não ser necessário para a mesma execução (43).

Acresce que *o consentimento deverá abranger todas as atividades de tratamento realizadas com a mesma finalidade. Nos casos em que o tratamento sirva fins múltiplos, deverá ser dado um consentimento para todos esses fins* (32).

(v) A especificidade do consentimento apresenta uma relação muito clara com a finalidade ou o conjunto de finalidades prosseguido. Neste sentido concretiza de forma mais próxima do princípio da finalidade a característica de "liberdade" do consentimento.

De acordo com o Parecer de 2017[160], referem-se a: *(i) especificação em função da finalidade como salvaguarda contra o desvirtuamento da função,*
(ii) granularidade nos pedidos de consentimento, e (iii) separação clara entre as informações relacionadas com a obtenção de consentimento para atividades de tratamento de dados e as informações sobre outras questões.

(vi) A qualificação de um consentimento como informado depende, essencialmente, das exigências do considerando 32 na parte em que menciona que *o consentimento do titular dos dados deverá ser dado mediante um ato positivo claro que indique uma manifestação de vontade livre, específica, informada e inequívoca de que o titular de dados consente no tratamento dos dados que lhe digam respeito, como por exem-*

---

[158] Parecer de 2017, cit., p.9.
[159] Cit., p. 11.
[160] Cit., p. 13.

plo mediante uma **declaração escrita, inclusive em formato eletrónico, ou uma declaração oral**. (...) *O silêncio, as opções pré-validadas ou a omissão não deverão, por conseguinte, constituir um consentimento* (...)"[161].

Por sua vez, o Parecer de 2017, não deixa de indicar o **necessário cumprimento dos artigos 13.º e 14.º** quando refere *o responsável pelo tratamento que invoque o consentimento do titular dos dados também deve atender aos deveres de informação distintos que constam dos artigos 13.º e 14.º, por forma a cumprir o RGPD. Na prática, o cumprimento dos deveres de informação e o cumprimento do requisito de consentimento informado podem conduzir a uma abordagem integrada em muito casos*[162].

(vii) Relativamente à forma de obter a **declaração escrita ou a declaração oral**, é importante considerar que o RGPD não deve ser interpretado de forma a colocar em crise comportamentos sociais habituais que moldam a vida nas comunidades que compõem os Estados-Membros.

No caso do consentimento oral, o elemento testemunhal pode substituir a necessidade de gravar declarações, o que só por si já constitui um tratamento de dados com caráter significativo e sensível.

A declaração escrita dependerá da ocasião social em que for exigida.

Não deve, porém, interpretar-se o RGPD de forma a que se manifeste como um elemento bloqueador da informalidade social. Têm sido muitas as circunstâncias nos diversos Estados-Membros em que o RGPD é interpretado mais como uma pauta formal de limitação de comportamentos sociais do que um instrumento de proteção de direitos fundamentais.

(viii) Refere o Parecer de 2017, e bem, parece-nos, que *embora o RGPD não estipule literalmente no artigo 4.º, n.º 11, que o consentimento deve ser dado antes da atividade de tratamento, trata-se de um aspeto claramente implícito*[163].

(ix) A natureza "explícita" do consentimento não tem uma natureza generalizada no RGPD, projetando-se nos artigos 9.º, 22.º e 49.º, atendendo à sensibilidade quer dos dados pessoais, quer dos tratamentos em causa.

(x) De acordo com o considerando 42, a prova do consentimento compete ao responsável pelo tratamento. Assim, *sempre que o tratamento for realizado com base no consentimento do titular dos dados, o responsável pelo tratamento deverá poder demonstrar que o titular deu o seu consentimento à operação de tratamento dos dados. Em especial, no contexto de uma declaração escrita relativa a outra matéria, deverão existir as*

---

[161] Ver: José López Calvo, "Comentario al Reglamento Europeo de Protección de Datos", Sepin, Madrid, 2017, pp. 120 e ss.
[162] Cit., p. 16.
[163] Loc. Cit., p. 20.

devidas garantias de que o titular dos dados está plenamente ciente do consentimento dado e do seu alcance.

(xi) O Parecer de 2017[164] trata de forma muito exata a necessidade de renovação de consentimento. Menciona que *não existe prazo no RGPD que determine a duração da validade do consentimento, que dependerá do contexto, do âmbito do consentimento original e das expectativas do titular dos dados. Se as operações de tratamento se alterarem ou evoluírem consideravelmente, o consentimento original deixa de ser válido. Nesse caso, será necessário obter novo consentimento.*

(xii) Relativamente ao consentimento em situações de investigação científica, importa notar o considerando 33, que refere que *Muitas vezes não é possível identificar na totalidade a finalidade do tratamento de dados pessoais para efeitos de investigação científica no momento da recolha dos dados. Por conseguinte,* **os titulares dos dados deverão poder dar o seu consentimento para determinadas áreas de investigação científica, desde que estejam de acordo com padrões éticos reconhecidos para a investigação científica. Os titulares dos dados deverão ter a possibilidade de dar o seu consentimento unicamente para determinados domínios de investigação ou partes de projetos de investigação, na medida permitida pela finalidade pretendida.** (sublinhado nosso)

1. A transformação do regime do consentimento no respeitante à necessidade de emissão de um ato inequívoco, não necessariamente elaborado por escrito, que manifesta o ato livre de permitir um tratamento de dados, tem na base os excessos e a interpretação excessiva que foi dada à sua dimensão tácita, e à integração nesta condição de legitimidade de comportamentos caracterizados como "concludentes", mas sem recurso ao direito de informação (artigos 13.º e 14.º do RGPD).[165]

Daí que, de acordo com o considerando 32, *o silêncio, as opções pré-validadas ou a omissão não deverão, por conseguinte, constituir um consentimento.*

Por outro lado, os consentimentos obtidos em conformidade com a Diretiva 95/46[166], mas que não respeitem o RGPD são considerados ilícitos, e deve pro-

---

[164] Cit., p. 24,
[165] Alexandre Sousa Pinheiro, "*Privacy* e Proteção de Dados Pessoais (...)", cit., p. 813.
[166] "De acordo com o considerando 171, os tratamentos de dados que se encontrem já em curso à data de aplicação do presente regulamento deverão passar a cumprir as suas disposições no prazo de dois anos após a data de entrada em vigor. Se o tratamento dos dados se basear no consentimento dado nos termos do disposto na Diretiva 95/46/CE, não será necessário obter uma vez mais o consentimento do titular dos dados, se a forma pela qual o consentimento foi

ceder-se a um ato inequívoco que os torne compatíveis com o novo instrumento jurídico ou eliminarem-se os consentimentos alheios ao RGPD:

"Se os procedimentos existentes para obtenção e gestão do consentimento não cumprirem as normas do RGPD, os responsáveis pelo tratamento terão de obter novos consentimentos que estejam em conformidade com o RGPD."[167]

Neste aspeto, são comuns as críticas da indústria, em especial do retalho e com expressão no marketing, casos em que abundam tratamentos reclamando-se baseados no consentimento, mas que não estão conformes com o RGPD.

Porém, não pode esquecer-se o considerando 47 e as condições em que pode verificar-se um interesse legítimo do responsável pelo tratamento:

"Os interesses legítimos dos responsáveis pelo tratamento, incluindo os dos responsáveis a quem os dados pessoais possam ser comunicados, ou de terceiros, podem constituir um fundamento jurídico para o tratamento, desde que não prevaleçam os interesses ou os direitos e liberdades fundamentais do titular, tomando em conta as expectativas razoáveis dos titulares dos dados baseadas na relação com o responsável. **Poderá haver um interesse legítimo, por exemplo, quando existir uma relação relevante e apropriada entre o titular dos dados e o responsável pelo tratamento, em situações como aquela em que o titular dos dados é cliente ou está ao serviço do responsável pelo tratamento.**" (sublinhado nosso)

Atendendo às diferenças substanciais entre o direito de informação na Diretiva e no RGPD, não pode interpretar-se a necessidade de adaptação dos consentimentos colhidos no âmbito da Diretiva de 1995 com os artigos 13.º e 14.º do Regulamento.

Se assim fosse, tal equivaleria a reconhecer que nenhum consentimento obtido antes do RGPD poderia alguma vez ser considerado válido.

2. O artigo 7.º (ver nota à disposição de forma mais esclarecedora) trata de forma especiosa o regime do consentimento[168], apresentando importantes critérios de regulamentação, especialmente sobre a sua retirada, a saber:

dado cumprir as condições previstas no presente regulamento, para que o responsável pelo tratamento prossiga essa atividade após a data de aplicação do presente regulamento. (...)".
[167] Cit., p. 35.
[168] Ver, por exemplo, Borja Adsuara Varela, "El Consentimiento" in "Reglamento General de Protección de Datos.", cit, pp. 151 e ss.

a) compete ao responsável pelo tratamento provar a prestação do consentimento pelo titular dos dados (n.º 1);
b) os pedidos de consentimentos devem encontrar-se formulados de um modo claro e simples, distinguindo-se as solicitações de consentimento de outras matérias eventualmente contidas em declarações escritas (n.º 2);
c) o titular dos dados pode retirar o consentimento, a qualquer momento, considerando-se lícitos os tratamentos até aí feitos com base nesta condição de legitimidade (n.º 3);
d) o consentimento deve ser tão fácil de retirar quanto de fornecer (n.º 3);
e) deve verificar-se se a prestação de certo serviço está dependente da recolha de atos de consentimento que respeitem a dados pessoais que não sejam necessários para a execução desse contrato (n.º 4).

3. Relativamente a tratamentos de *big data analytics* e à exigência do consentimento nos termos em que o RGPD o prevê, já se procedeu à crítica de que o novo regime "não condiz com a realidade da *big data*".[169][170]

São conhecidas as dificuldades de articular esta espécie de tratamentos massivos, provenientes habitualmente de informação contida na Internet, com as regras do consentimento, com o direito de informação e com a definição de finalidades.[171]

Estamos em crer que a realização de tratamentos extensos de *big data* completamente à margem da autodeterminação informacional contribuiu para a alteração do regime jurídico do consentimento no RGPD.

O Grupo do Artigo 29.º, na Declaração de 16 de setembro de 2014, assumiu a posição de que:

---

[169] Ana Alves Leal, "Aspetos Jurídicos da Análise de Dados na Internet (*Big Data Analytics*) nos setores bancário e financeiro: proteção de dados pessoais e deveres de informação" in "FinTech. Desafios da Tecnologia Financeira", António Menezes Cordeiro, Ana Perestrelo de Oliveira e Diogo Pereira Duarte (coordenação), Almedina, Coimbra, 2017, p. 150.

[170] "Os tratamentos de *big data* podem, porém, não envolver a identificação de titulares de dados: É possível mesmo sem utilizar informação específica relativa a uma determinada pessoa, prever o comportamento dessa mesma pessoa com base no comportamento de pessoas com as mesmas características." Jorge Morais Carvalho, Coimbra: Almedina 2018, p. 45.

[171] "A relação entre o consentimento e a finalidade pressupõem o cumprimento do direito de informação – a partir do qual se constrói a liberdade de consentir (...)". Alexandre Sousa Pinheiro, "*Privacy* e Proteção de Dados Pessoais: A Construção Dogmática do Direito à Identidade Informacional", cit., p. 809.

"*Promoting cooperation between international regulators on big data needs to be firmly based on the different applicable legal frameworks. In Europe, the rights granted to the data subject by EU law (including transparency, rights of access, rectification, erasure, objection, right to be forgotten) result from a fundamental right. They are therefore generally applicable and only subject to limited exceptions provided by law.*"[172]

(Alexandre Sousa Pinheiro)

Artigo 4.º, 12)
Ver comentário aos artigos 33.º e 34.º.

(Alexandre Sousa Pinheiro)

Artigo 4.º, 13)
1. A tutela dos dados genéticos encontra-se prevista em vários diplomas de âmbito europeu e internacional, nomeadamente no artigo 21.º, n.º 1 da Carta dos Direitos Fundamentais da União Europeia (CDFUE), que proíbe a discriminação em razão das características genéticas; na Recomendação R (97) 5 do Conselho da Europa (ponto 1 das Definições), de 13 de fevereiro de 1997; o capítulo V (artigos 11.º a 14.º) da Convenção para a proteção dos Direitos do Homem e da dignidade do ser humano face às aplicações da biologia e da medicina (Convenção sobre os Direitos do Homem e a biomedicina), de 4 de abril de 1997, é dedicado à tutela do genoma humano; na Declaração Universal do Genoma Humano da UNESCO, cujo projeto foi apresentado na 29.ª Sessão da Conferência Geral da UNESCO, em 11 de novembro de 1997; ou na Declaração Internacional sobre os dados genéticos humanos da UNESCO, de 16 de outubro de 2003.

2. Pese embora a Diretiva 95/46/CE, de 24 de outubro, não tenha consagrado especificamente a tutela dos dados genéticos, o Grupo de Proteção de dados do artigo 29.º considerou no Documento de trabalho sobre os dados genéticos, adotado em 17.04.2004[173], que estes se encontravam por ela abrangidos, com base um dois argumentos: a circunstância de estes permitirem identificar indi-

---

[172] Disponível:http://ec.europa.eu/justice/article29/documentation/opinionrecommendation/files/2014/wp221_en.pdf (consulta em 13 de abril de 2018).
[173] Cf. Grupo de Proteção de dados do artigo 29.º, no *Documento de trabalho sobre os dados genéticos*, adotado em 17.04.2004, p. 5.

víduos determinava a sua subsunção ao conceito de dados pessoais previsto no artigo 2.º, alínea a), e, por outro, a sua suscetibilidade de revelar dados relativos à origem étnica ou à saúde determinaria o respetivo enquadramento no âmbito do artigo 8.º, n.º 1, ambos da Diretiva 95/46/CE, de 24 de outubro.

3. O conceito de "dados genéticos" vertido no artigo 4.º, ponto 13 do Regulamento Geral de Proteção de Dados (RGPD) reproduz a essência do conceito previsto no Considerando 34, que dispõe que os dados genéticos podem ser obtidos a partir da análise de **cromossomas**, de **ácido desoxirribonucleico** (ADN), ou do **ácido ribonucleico** (ARN), salvaguardando a possibilidade da análise de outros elementos que permitam obter informações equivalentes às que se encontram contidas nos dados genéticos.

4. Para compreendermos a razão pela qual o Considerando 34 entendeu nomear as análises de cromossomas, ADN e de ARN, dispensaremos um breve excurso à **dimensão científica** destes conceitos.

Os organismos vivos são constituídos por células e, pese embora a composição química possa variar de acordo com o tipo celular, estas têm uma estrutura comum: a membrana, o citoplasma e o núcleo.

O núcleo celular contém ácidos nucleicos, que são macromoléculas que constituem os principais depósitos de informação da célula que, por determinarem o processo de síntese proteica, determinam as características hereditárias dos seres vivos[174].

Existem duas classes de ácidos nucleicos, o ADN (ácido desoxirribonucleico)[175] e o ARN (ácido ribonucleico), sendo que a sua estrutura fundamental é constituída por nucleótidos[176].

---

[174] Para uma informação simplificada sobre a estrutura celular, cf. https://www.britannica.com/science/nucleic-acid e https://www.thoughtco.com/the-cell-nucleus-373362. Consultados em 02.09.2018.

[175] O ADN pode encontrar-se no núcleo da célula e, em menor quantidade, nas mitocôndrias, que correspondem a uma estrutura no interior da célula que transforma a energia proveniente da alimentação em matérias "usável" pelas células. Cf. NICOLAU, Tatiana Duarte, *O armazenamento de amostras de ADN e as bases de dados de perfis genéticos*, Prémio Ensaio CNPD, Lisboa, Comissão Nacional de Proteção de Dados, 2015, p. 9 e https://ghr.nlm.nih.gov/primer/basics/dna. Consultado em 5 de setembro de 2018.

[176] A estrutura-base da molécula de ADN é constituída por uma base azotada, um açúcar (desoxirribose) e um grupo fosfato e a informação da molécula de ADN encerra-se em quatro bases azotadas, correspondentes a 4 letras: A (adenina), G (guanina), citosina (C) e T

A informação para a replicação da célula e o fabrico de enzimas tem o nome de ADN – ácido desoxirribonucleico – e tem a função de assegurar a replicação de um padrão que se transmite aos descendentes. De forma simplista, o ADN pode ser definido o responsável por transportar toda a informação hereditária necessária ao desenvolvimento de um organismo vivo[177].

O ADN é constituído por nucleótidos, que correspondem à sua unidade fundamental, sendo que os cromossomas consistem em longas cadeias de ADN[178]. O genoma humano é constituído por vinte e três pares de cromossomas, sendo que cada par é composto por um proveniente da mãe e outro do pai – vinte e dois dos pares são cromossomas autossómicos, sendo o outro par constituído por cromossomas sexuais[179]. A localização dos genes nos cromossomas é fixa, ou seja, a cor dos olhos, por exemplo, será controlada por um gene no *locus* específico, um ponto determinado num cromossoma.

(Timina). A adenina e a guanina pertencem ao grupo das bases púricas, possuindo dois anéis azotados; a citosina, a timina e o uracil pertencem ao grupo das bases pirimídicas, sendo constituídas por um anel azotado. A letra A de uma das cadeias liga-se exclusivamente à letra T da outra cadeia (e vice-versa), por meio de duas pontes de hidrogénio; já a letra C de uma cadeia se liga exclusivamente à letra G da outra cadeia (e vice-versa), por meio de três pontes de hidrogénio. Esta relação de ligação exclusiva entre nucleótidos justifica que se diga que se trata de pares de bases: uma base azotada liga-se a outra em relação exclusiva, formando um par de bases, que é a unidade métrica utilizada em genética. Esta complementaridade permite que, conhecendo a formação de uma das cadeias, possamos conhecer a formação da outra. Por exemplo: se a sequência de umas das cadeias for T-G-C-A-G-T-C-A, a outra será necessariamente A-C-G-T-C-A-G-T. A molécula de ARN é constituída por uma base azotada, um açúcar (ribose) e quatro bases, correspondentes a 4 letras: A (adenina), G (guanina), citosina (C) e U (uracil). No caso do ARN, a letra U (uracil) liga-se exclusivamente à letra A (adenina). Cf. ALLISON, Lizabeth A., *Fundamental molecular biology*, Blackwell Publishing, 2007, p. 18.
Cf. https://www.biology-online.org/dictionary/Nucleotide. Consultado em 5 de setembro de 2018.
[177] Cf. https://www.livescience.com/37247-dna.html, consultado em 8 de setembro de 2018 e NICOLAU, Tatiana Duarte, O armazenamento de amostras de ADN e as bases de dados de perfis genéticos, Prémio Ensaio CNPD, Lisboa, Comissão Nacional de Proteção de Dados, 2015, p. 9.
[178] Cf. https://www2.le.ac.uk/projects/vgec/highereducation/topics/dna-genes-chromosomes. Consultado em 5 de setembro de 2018.
[179] Os cromossomas humanos são numerados pelo seu tamanho (sendo 1 o maior e 22 o mais pequeno). Desta numeração estão excluídos os cromossomas sexuais.

Uma vez que os cromossomas correspondem a segmentos de ADN, a sua referência autónoma no Considerando 34 afigura-se inócua, na medida em que dele não se distinguem.

Os testes de ADN são suscetíveis de facultar dados sobre a origem étnica, a genealogia, riscos para a saúde, podendo mesmo fazer projeções sobre limitações profissionais, ou outras características, não só do titular da amostra, como dos seus descendentes[180].

Convém referir que, pese embora as amostras de ADN importem um potencial identificativo inestimável, o tipo de análises pode reduzir substancialmente esse potencial, consoante o tratamento do material analisado.

O material genético dos cromossomas divide-se em regiões codificantes e regiões não codificantes. As regiões codificantes correspondem a genes que contém a informação necessária à síntese proteica, sendo constituídas por exões (partes codificantes) e intrões (sequências estruturais) e representam apenas a 5% do genoma humano. As regiões não codificantes, antes denominadas de "lixo genético" (*junk DNA*[181]), por não lhes ter sido inicialmente reconhecida qualquer função, representam 95% do genoma humano e encontram-se repetidas em *tandem*[182]. Todavia, no atual estado da arte, já se lhes vai descobrindo algumas funcionalidades.

A distinção entre ADN codificante e ADN não codificante tem particular importância para a genética forense, sendo mesmo indispensável à correta aná-

---

[180] Cf. http://www.innerbody.com/dna-testing. Consultado em 5 de setembro de 2018.
[181] Um conceito de "lixo genético" ou "junk DNA" pode ser encontrado online em http://www.news-medical.net/health/What-is-Junk-DNA.aspx (Consultado em 19 de Maio de 2011), nos seguintes termos: *In genetics, the term junk DNA refers to regions of DNA that are noncoding. DNA contains instructions (coding) that are used to create proteins in the cell. However, the amount of DNA contained inside each cell is vast and not all of the genetic sequences present within a DNA molecule actually code for a protein.* Em tradução livre *Em genética, o termo "lixo genético" refere-se às regiões do ADN não codificante. O ADN contém instruções (codificantes) que são usadas no fabrico de proteínas na célula. Porém, o ADN no interior de cada célula é vasta e nem todas as sequências presentes na molécula de ADN codificam para uma proteína.* Cf. NICOLAU, Tatiana Duarte, *O armazenamento de amostras de ADN e as bases de dados de perfis genéticos*, Prémio Ensaio CNPD, Lisboa, Comissão Nacional de Proteção de Dados, 2015, pp. 11 e 12.
[182] Sequência de pares de bases seguida de outra sequência idêntica e assim sucessivamente. O ADN não codificante pode ser moderadamente repetitivo (regiões minissatélite) ou altamente repetitivo (regiões microssatélite). Cf. NICOLAU, Tatiana Duarte, *idem*, pp. 11 e 12 e PINHEIRO, Maria de Fatima Terra, *CSI Criminal*, Porto: Universidade Fernando Pessoa, 2008, pp. 14 a 25.

lise do acervo jurídico relacionado com o ADN. As regiões codificantes contêm informação genética suscetível de violar a privacidade do indivíduo (como seja o seu estado de saúde, ou a sua origem étnica); as regiões não codificantes apenas permitem a identificação de indivíduos pela comparação singela de uma cadeia de ADN proveniente de uma amostra com o ADN de um indivíduo.

Em suma, os testes de ADN visam detetar padrões ou alterações numa sequência de nucleótidos, em muitos casos com vista a detetar o risco de desenvolvimento de determinada doença. Porém, nem sempre tais testes possibilitam detetar a manifestação da doença no momento, mas indicam a existência de um marcar de risco dessa manifestação, que pode nunca ocorrer[183]. Essa é, aliás, uma das limitações dos testes de ADN, na medida em que não permitem uma predição certa, mas meramente indiciária, a respeito da evolução de uma determinada condição, restringindo o seu âmbito à existência de um marcador associado a um determinado risco. Neste particular, os testes de ARN oferecem respostas mais específicas[184].

As moléculas de ARN – ácido ribonucleico – estão, por sua vez, envolvidas no processo de síntese proteica.

O ARN desempenha um papel fundamental na transmissão de informação genética, sendo que existem três tipos principais de ARN: mRNA, rRNA e tRNA[185].

O ADN e o ARN têm especial incidência na saúde; por exemplo, na contração de vírus – na medida em que os vírus fundamentalmente injetam o seu ADN ou ARN no interior de uma célula hospedeira, que lhe permite fabricar proteínas contendo informação viral, replicá-la e libertá-la para outras células hospedeiras, que replicarão novamente a informação viral[186].

---

[183] Cf. https://www.rdmag.com/article/2016/05/rna-testing-fast-accurate-tool-diagnosing-autoimmune-disease. Consultado em 5 de setembro de 2018.
[184] *Ibidem*.
[185] O mRNA tem a função de transmitir a informação contida na molécula de ADN, no núcleo da célula, para o citoplasma, onde ocorre a síntese proteica (ribossomas). O tRNA é a molécula responsável por transportar aminoácidos para as ribossomas para os incorporar em proteínas. O rRNA constitui uma molécula na célula, que, no processo de síntese proteica, tem a função de traduzir a informação contida no mRNA para a proteína. Cf. https://www.news-medical.net/amp/life-sciences/what-is-rns.aspx https://www.nature.com/scitable/definition/codon-155, https://www.britannica.com/science/ribosomal-RNA e https://www.britannica.com/science/transfer-RNA. Consultados em 5 de setembro de 2018.
[186] Cf. https://sciencing.com/differentiating-rna-dna-viruses-4853.html. Consultado em 5 de setembro de 2018.

A título de exemplo, as análises ao ARN permitem detetar o vírus do VIH (vírus da imunodeficiência humana) pouco tempo decorrido após a sua contração[187], bem como possibilitam a monitorização da sua evolução.

O brevíssimo excurso acima permite compreender a razão da consagração dos dados genéticos como não se reduzindo apenas ao ADN, mas também à informação genética que dele deriva e que, através do ARN, é transposta no processo de síntese proteica.

5. A amostra biológica como dado pessoal? A especificidade do conceito de dados genéticos é sublinhada pela alínea a) do artigo 4.º da Declaração Internacional sobre os dados genéticos humanos, como decorrente das seguintes características:

i. Serem preditivos de disposições genéticas dos indivíduos;

ii. Suscetibilidade de terem um impacto significativo sobre a família, incluindo a descendência, ao longo de várias gerações, em certos casos sobre todo o grupo a que pertence a pessoa em causa;

iii. Suscetibilidade de conterem informações cuja importância não é necessariamente conhecida no momento em que são recolhidas amostras biológicas; e

iv. Suscetibilidade de revestirem importância cultural para pessoas ou grupos.

Para efeitos do disposto no artigo 4.º, 13) do RGPD, os dados genéticos correspondem às informações sobre a fisiologia ou saúde de uma pessoa singular que resultem designadamente *de uma análise de uma amostra biológica proveniente da pessoa singular em causa*. O que significa que a amostra biológica *per se* não é considerada dado pessoal, mas apenas o que resulta das respetivas análises.

A opção do RGPD de considerar como *pessoais* apenas os dados que resultam da **análise de uma determinada amostra** só pode compreender-se na perspetiva de esta, por si só, não permitir a identificação de um indivíduo, mas apenas o que da sua análise resulta.

Contudo, uma tal interpretação conduz a perplexidades do ponto de vista prático.

---

[187] E tanto porque a análise de ARN deteta a existência do vírus no sangue, ao passo que os testes de deteção de VIH mais frequentes se baseiam nos níveis de anticorpos produzidos em resposta ao vírus. Cf. https://www.healthlabs.com/hiv-rna-testing, http://www.aidsmap.com/HIV-RNA-tests/page/1323288/ e https://www.cancer.gov/publications/dictionaries/cancer-terms/def/hiv-rna-test. Consultados em 5 de setembro de 2018.

Desde logo, não sendo a amostra um dado pessoal, mas apenas o que das respetivas análises resulte, questiona-se se a recolha de uma amostra biológica é, já, uma operação de recolha de dados, ou se apenas após a análise desta se pode considerar que *existem* dados genéticos em relação aos quais possam ser realizadas operações de tratamento. Consideramos que a resposta não poderá deixar de ser que uma amostra biológica deve ser considerada um dado pessoal, sobretudo tendo em conta as consequências práticas de a excluir desse conceito.

Em rigor, porque a recolha de amostras poderá ocorrer sem o conhecimento, e logo, sem o consentimento do titular, bastando para tal a recolha de um cabelo deixado num determinado local, por hipótese, numa almofada. Se uma amostra recolhida deste modo for subsequentemente analisada – por exemplo, para fins de esclarecimento sobre determinada relação de paternidade –, parece evidente que a recolha dos dados deverá retroagir ao momento da colheita da amostra[188], e não apenas com a respetiva análise. De outro modo, apenas poderia ser responsável pelo tratamento de dados quem procedesse à análise da amostra, desresponsabilizando a pessoa singular que procedeu a uma recolha ilícita, porque desconhecida da pessoa de onde a amostra proveio.

A responsabilização da pessoa que recolheu a amostra de forma ilícita não isentará quem proceda à respetiva análise de cumprir o dever de informação e evidentemente de obter o consentimento da pessoa legitimada para o prestar – diligências que implicam a tomada das cautelas necessárias no que concerne à (tentativa de) confirmação da titularidade da amostra.

Num caso como o *supra* descrito sempre se teria de considerar quer quem recolheu a amostra, quer quem subsequentemente procedeu à respetiva análise, responsáveis pelo tratamento de dados, sob pena de relegar para o vazio a proteção dos direitos do titular no momento da recolha – justamente o momento em que este deve poder consentir na respetiva colheita, de forma devidamente informada.

Não sendo compreensível a opção do legislador comunitário ao não dispensar tutela específica a amostras biológicas – ainda que não fosse pela via de lhe conferir o estatuto de dado pessoal –, cremos que deveria ter sido prevista no

---

[188] No sentido do texto dispõe o artigo 8.º, alínea a) da Declaração Internacional sobre os Dados Genéticos Humanos, que consagrou a necessidade de *consentimento prévio, livre, informado e expresso (...) para fins de recolha de dados genéticos humanos, de dados proteómicos, humanos ou de amostras biológicas, quer ela seja efetuada por métodos invasivos ou não-invasivos, bem como para fins do seu ulterior tratamento, utilização e conservação (...)*. Para efeitos deste diploma, a recolha da amostra é claramente uma operação de tratamento de dados, sendo o seu posterior tratamento uma operação subsequente.

RGPD, pelo menos, a implementação de medidas técnicas, organizativas e de segurança suscetíveis de assegurarem um nível de proteção adequado às amostras biológicas[189].

Acresce que a não consideração das amostras biológicas como sendo dados pessoais poderá conduzir a entropias em relação à comparação entre a proteção dispensada à amostra e àquela que é dispensada ao perfil que a partir dela se obtém[190].

O perfil contém informação estática[191], recolhida a partir de uma amostra biológica. A não consideração das amostras biológicas como sendo dados pessoais gera a dissonância de proteger um perfil genético à luz do RGPD – por aplicação do artigo 4.º, ponto 7 –, mas de ser negada qualquer proteção à amostra a partir do qual ele foi gerado.

Deve, no entanto, esclarecer-se que existem diferentes tipos de perfil de ADN, sendo que uns podem ser individualizantes e outros podem refletir o perfil do grupo biológico[192].

A circunstância de a amostra e o perfil de ADN serem suscetíveis de conter informações que não são exclusivas da pessoa de quem foi colhida a amostra, desafia o conceito de titularidade dos dados pessoais, à qual tem sido associada uma dimensão eminentemente individual. O que nos conduz ao problema da titularidade das informações, a que nos referiremos *infra*.

---

[189] No mesmo sentido, cf. Grupo de Proteção de dados do artigo 29.º, no *Documento de trabalho sobre os dados genéticos*, adotado em 17.04.2004, p. 11.

[190] Um perfil biológico consiste na informação sobre o local ou locais do genoma de um indivíduo, que se designam de marcadores genéticos. Essa informação pode ser organizada na forma de uma sequência específica de nucleótidos num determinado local ou na forma de uma sequência numérica, na qual os números indicam o número de repetições de um determinado fragmento no genoma do indivíduo. Para mais desenvolvimentos, cf. AMORIM, António, *Genética Forense*, Lisboa: Academia das Ciências de Lisboa, 2015, p. 3. Pode ser consultado em http://www.acad-ciencias.pt/document-uploads/5900090_amorim,-antonio----genetica-forense.pdf, p. 1.

[191] *Um perfil genético ou haplótipo de DNA mitocondrial é, habitualmente, apresentado como uma determinada sequência de nucleótidos e um perfil genético de STR autossómicos é apresentado como um conjunto de números, que não traduzem mais do que o número de repetições de cada STR existentes no genoma do indivíduo.* Cf. *ibidem*, p. 2.

[192] São exemplos de perfis genéticos de grupos biológicos aqueles que sejam específicos de uma linha paterna (perfil de STR do cromossoma Y), ou os perfis genéticos específicos de uma linha materna (perfil ou haplótipo de DNA mitocondrial). Cf. *ibidem*, p. 2.

6. Da titularidade individual à titularidade biológica. O conceito jurídico de dados genéticos vertido no artigo 4.º, ponto 13) visa primacialmente proteger as informações sobre a fisiologia ou saúde de uma pessoa singular que tenham origem na *análise de uma amostra biológica proveniente da pessoa singular em causa*. O que significa que se considera a pessoa singular de onde provenha uma amostra biológica como sendo o (único) titular dos dados genéticos nela contidos.

Contudo, e como reconheceu o Grupo de Trabalho do artigo 29.º, na opinião 6/2000, adotada em 13.07.2000, sobre o Genoma Humano, e no Documento de Trabalho sobre Dados Genéticos, de 17.03.2004 [193], a natureza dos dados genéticos implica que estes possam revelar relações de parentesco e de família, ou caracterizar um grupo de pessoas, em suma, pode revelar informações sobre um *grupo biológico*.

Os dados genéticos são suscetíveis de identificar diretamente apenas um indivíduo e de, num mesmo passo, revelar informação sobre o grupo biológico ao qual esse indivíduo pertence. Destarte, a natureza dos dados genéticos coloca em causa o conceito **titularidade das informações** obtidas a partir da análise de uma amostra biológica como sendo exclusiva do titular da amostra analisada.

Contrariamente ao RGPD, a Recomendação n.º R (97) 5 do Conselho da Europa sobre a Proteção de Dados Médicos, de 13.02.1997, prevê o conceito de dados genéticos como sendo referente ao padrão de características hereditárias no âmbito de um grupo de indivíduos, e que pode referir-se à transmissão de informação dentro de uma linha genética, resultante da procriação, e que são partilhadas por dois ou mais indivíduos [194].

---

[193] Cf. Grupo de Proteção de dados do artigo 29.º: Opinião 6/2000, p. 2, disponível em http://ec.europa.eu/justice/article-29/documentation/opinion-recommendation/files/2000/wp34_en.pdf e *Documento de trabalho sobre os dados genéticos*, adotado em 17.04.2004, p. 9, disponível em http://ec.europa.eu/justice/article-29/documentation/opinion-recommendation/files/2004/wp91_en.pdf. Uma versão traduzida para Língua Portuguesa pode ser encontrada em https://www.gpdp.gov.mo/uploadfile/2014/0505/20140505071139171.pdf. Ambos os documentos foram consultados no dia 5 de setembro de 2018.

[194] (...) *"all to all data, of whatever type, concerning the hereditary characteristics of an individual or concerning the pattern of inheritance of such characteristics within a related group of individuals. It also refers to all data on the carrying of any genetic information (genes) in an individual or genetic line relating to any aspect of health or disease, whether present as identifiable characteristics or not. The genetic line is the line constituted by genetic similarities resulting from procreation and shared by two or more individuals.* (...)". Em tradução livre: todos os dados, de qualquer tipo, que respeitem às características hereditárias de um indivíduo ou ao padrão hereditário dessas características num grupo de indivíduos relacionados entre si; o conceito também abrange todos os dados que transportem qualquer informação

Para além de revelarem informações partilhadas no seio de um grupo biológico, os dados genéticos são suscetíveis de conter informações em relação aos antepassados e descendentes desse mesmo grupo, nomeadamente em relação à saúde, quer de um ponto de vista preditivo, de tratamento, ou de diagnóstico.

A natureza dos dados genéticos transcende, assim, não só a dimensão individual tradicionalmente associada às informações *pessoais*, como a sua dimensão temporal, na medida em que poderão detetar a presença de um gene nos antepassados ou serem preditivos da sua evolução num indivíduo e nos seus descendentes.

A tutela da informação pessoal contida nos dados genéticos reclama uma transmutação da perspetiva individual(ista) do conceito de titularidade dos dados para o conceito de *titularidade biológica* – sob pena de se abdicar da tutela de informação sensível sobre indivíduos pertencentes ao mesmo grupo biológico do titular da amostra.

O RGPD resolveu o problema da titularidade do património biológico a favor do indivíduo de quem foi recolhida a amostra[195]. Contudo, apenas *prima facie* se poderá conferir algum eco a este entendimento, que se fundamenta na circunstância de a única pessoa direta e imediatamente identificável através de uma amostra de ADN ou ARN ser o titular de onde esta foi recolhida.

Contudo, considerando que os testes genéticos possibilitam a identificação indireta de características genéticas partilhadas com outros indivíduos, parece que a informação obtida sobre pessoas que não o titular da amostra deve subsumir-se ao conceito de dados pessoais previsto no artigo 4.º, ponto 1[196] e, nos casos em que os dados se refiram à saúde, à noção constante do artigo 4.º, ponto 15, ambos do RGPD.

---

genética (genes) num indivíduo ou numa linha genética relacionada com qualquer aspeto relacionado com saúde ou com doenças, quer estejam presentes como características identificáveis, quer não. A linha genética é a linha constituída por semelhanças genéticas resultantes da procriação e partilhadas por dois ou mais indivíduos.

[195] O RGPD contrariou, assim, o caminho traçado pelo conceito de vida privada previsto no artigo 14.º, a) da Declaração Internacional sobre os dados genéticos humanos, epigrafado de *vida privada e confidencialidade*, que respeita aos direitos humanos, à vida privada dos indivíduos e à confidencialidade dos *dados genéticos humanos associados a uma pessoa, uma família ou, se for caso disso, um grupo identificável.*

[196] Nesse caso, e se ainda houver reticências em considerar que a amostra biológica como um elemento da identidade genética, ela é, pelo menos, um elemento específico da identidade fisiológica e, em último termo, física – sendo que qualquer uma destas estruturas identitárias se subsume ao conceito de dados pessoais, vertido no artigo 4.º, n.º 1) do RGPD.

A tutela destes dados reclama, assim, outra interpretação do direito à reserva da intimidade da vida privada e familiar, tal como previsto no artigo 7.º da CDFUE, ou no artigo 8.º da CEDH, onde se ancora a dimensão familiar da informação recolhida de uma amostra biológica. E tanto porque os dados genéticos suscitam um entendimento do conceito de família distinto daquele que constitui o escopo tradicional subjacente ao direito à reserva da intimidade da vida privada e familiar.

As necessidades de proteção da informação de natureza genética ultrapassam a noção de comunidade familiar, pois esta nem sempre é constituída por indivíduos pertencentes ao mesmo grupo biológico. A consideração não da família *qua tale*, mas do grupo biológico do indivíduo[197] poderá incluir pessoas do seu seio familiar, tais como ascendentes e descendentes, ou de fora dele, por exemplo, os dadores de gâmetas e, ainda, excluir membros do núcleo familiar, como o cônjuge ou filhos adotados.

A questão da titularidade dos dados pessoais não é, assim, despicienda, na medida em que poderá ter consequências relevantes no direito de acesso, às informações que resultem dos testes genéticos e sobre o respetivo tratamento.

7. Direito de saber e de não saber. Os dados genéticos permitem identificar um único indivíduo e simultaneamente revelam informação sobre membros do grupo biológico – o que significa que o resultado de um teste ao ADN poderá revelar informações importantes e ter implicações não só para o titular da amostra, mas também para os membros do seu grupo biológico. Esta característica estrutural dos dados genéticos coloca a questão de saber quais os limites do direito à informação por parte de pessoas pertencentes ao grupo biológico do titular. Esta questão não constitui um mero exercício teórico sobre os limites do direito de acesso e do direito à informação no caso dos dados genéticos, pois os testes efetuados ao titular de uma amostra biológica poderão revelar informações relevantes e significativas acerca da saúde dos membros do grupo biológico. Coloca-se a questão de saber se estes direitos devem ser perspetivados de um ponto vista exclusivamente individual ou se deve reconhecer-se existir um interesse relevante dos membros do grupo biológico em aceder a informações sobre aspetos que sejam partilhadas no seio do grupo sem o consentimento do titular da amostra biológica.

---

[197] Este aspeto é salientado pelo Grupo de Proteção de dados do artigo 29.º, no *Documento de trabalho sobre os dados genéticos*, adotado em 17.04.2004, p. 9.

Acresce que o titular dos dados tem o direito de saber os resultados dos testes genéticos, mas também lhe é reconhecido o direito de não ser informados sobre eles ou sobre as respetivas implicações futuras (direito de não saber). As informações biológicas resultantes de testes ao ADN podem revelar a presença de um gene associado a uma doença que pode nunca se vir a manifestar, sendo reconhecido ao titular o direito de não viver com a sombra da probabilidade de manifestação de uma doença grave ou que não seja possível curar ou tratar considerando as *leges artis* do momento.

Se se levar em conta uma certa *contitularidade* das informações de natureza genética, podem ser reconhecidos aos membros do grupo biológico os direitos decorrentes da titularidade dos dados; ou, em alternativa, esse acesso deverá ser balizado pelo interesse que a informação possa ter para a pessoa que reclama o direito de acesso. A segunda resposta afigura-se uma boa solução de princípio, na medida em que se afigura mais aberta a modelações, com base no caso concreto.

As pretensões do titular e dos membros do seu grupo biológico em relação ao acesso aos resultados do teste poderão ser dificilmente compagináveis. A Lei n.º 12/2005, de 26 de janeiro, parece consagrar (ainda que timidamente) uma solução favorável ao acesso a informações genéticas por parte de membros do grupo biológico do titular da amostra, na medida dos interesses que reclamem.

O artigo 6.º, n.º 9 da Lei n.º 12/2005, de 26 de janeiro, reconhece ao titular o direito de acesso ao processo clínico, ficheiro ou registo médico ou de investigação que contenha informação genética sobre si e sobre a sua família e de conhecer as finalidades e usos dessa informação, a forma como é armazenada e os prazos da sua conservação. Considerando que estas são informações sobre o tratamento dos dados – este direito de acesso por parte de membros do grupo biológico deve, em nosso entender, estar condicionado à atendibilidade do interesse de quem o reclamar e deve ser lido conjuntamente com o disposto nos n.ºs 6 e 7 do artigo 18.º da Lei n.º 12/2005, de 26 de janeiro, que transcrevemos, para melhor esclarecimento:

i. 18.º, n.º 6: *Em circunstâncias especiais, em que a informação possa ter relevância para o tratamento ou a prevenção da recorrência de uma doença na família, essa informação pode ser processada e utilizada no contexto de aconselhamento genético, mesmo que já não seja possível obter o consentimento informado da pessoa a quem pertence*[198].

---

[198] A redação desta norma parece-nos encerrar uma certa *timidez*, porquanto dela resulta que a informação poderá ser prestada sem o consentimento do titular, mas induz que deva

ii. 18.º, n.º 7: *Todos os parentes em linha direta e do segundo grau da linha colateral podem ter acesso a uma amostra armazenada, desde que necessário para conhecer melhor o seu próprio estatuto genético, mas não para conhecer o estatuto da pessoa a quem a amostra pertence ou de outros familiares.*

As normas acima transcritas consagram soluções que se nos afiguram equilibradas sob o ponto vista da ponderação entre o direito à confidencialidade do titular da amostra e os interesses dos membros do seu grupo biológico, se nisso tiverem um interesse atendível.

O critério da atendibilidade do interesse é fundamental nessa ponderação, na medida em que não nos parece bastar a circunstância de os dados genéticos conterem informações respeitantes a membros da família biológica. Dito de outro modo, a natureza *trans-individual* da informação genética não deve determinar *per se* a autorização do acesso, sob pena de este se convolar numa forma de satisfação de uma curiosidade desligada de um princípio de necessidade.

(*Tatiana Duarte*)

Artigo 4, n.º 14)

1. O conceito de *dados biométricos* não se encontrava previsto na Convenção n.º 108, de 1981, nem na Diretiva 95/46/CE.

Contudo, já se encontravam (em muitos casos[199]) abrangidos pelo conceito de *dados pessoais*, previsto no artigo 2.º, alínea a) da Diretiva 95/46/CE. A intervenção de uma tecnologia de tratamento também subsumia o tratamento de dados biométricos ao n.º 1 do artigo 3.º da Diretiva 95/46/CE.

Porém, antes da consagração do conceito de *dados biométricos* no RGPD, o conceito foi desenvolvido em documentos extravagantes, que serviram de azimute interpretativo aos problemas relacionados com a proteção de dados pessoais.

---

ser feito o possível para o obter. Consideramos que, neste caso, deve ser reconhecido o direito de acesso à informação por parte do membro do grupo biológico que o reclamar, devendo ser conferida relevância à contitularidade de algumas informações (na medida também lhe dizem respeito) e à atendibilidade do interesse invocado.

[199] Cf. *Working document on biometrics* (WP 80), adotado em 1 de agosto de 2003, p. 5, disponível em https://iapp.org/media/pdf/resource_center/wp80_biometrics_08-2003.pdf. Consultado em 26 de outubro de 2018.

A AEPD define *biométricos*[200] do seguinte modo: *biometria ou sistemas biométricos são métodos para reconhecer de forma única os seres humanos com base num ou mais traços físicos ou comportamentais intrínsecos*. O próprio conceito reconhece que o novo elemento que desencadeia considerações de proteção de dados é que uma máquina agora pode conduzir automaticamente esses métodos e possivelmente reconhecer humanos com precisão mensurável.

O Grupo de Trabalho do artigo 29.º, por ocasião da opinião n.º 4/2007 (WP 136)[201], definiu *dados biométricos* como *propriedades biológicas, características fisiológicas, traços físicos ou ações reprodutíveis, na medida em que essas características e/ou ações sejam simultaneamente únicas e mensuráveis num indivíduo e mensuráveis, mesmo que os padrões usados na prática para medi-los tecnicamente envolvam um certo grau de probabilidade*.

Na sequência do conceito, o Grupo de Trabalho do artigo 29.º exemplificou as fontes a partir das quais podem ser extraídas informações biométricas, a saber: impressões digitais, padrões da retina, estrutura facial, voz, geometria da mão, padrões vasculares ou determinados movimentos, ou outras características comportamentais, tais como a forma de assinar, ou de digitar teclas, ou uma particular forma de andar ou falar.

Pese embora pudesse defender-se existir apenas uma fonte de informação biométrica – a *fonte humana*[202] –, a noção adotada pelo Grupo de Trabalho do artigo 29.º acima exposta e a subsequente opinião n.º 3/2012 (*WP 193*)[203] permitem identificar quatro fontes: elementos físicos, fisiológicos, comportamentais ou psicológicos. Significa, portanto, que as fontes de informação biométrica podem ser estáticas (no caso dos elementos físicos e fisiológico) ou dinâmicas (nas hipóteses de informação comportamental ou psicológica). A fonte a par-

---

[200] Cf. https://edps.europa.eu/node/3097#biometrics. Consultado em 26 de outubro de 2018.

[201] *Opinion 4/2007 on the concept of personal data* (WP 136), adotada em 20 de junho de 2007, p. 8, disponível em https://iapp.org/media/pdf/resource_center/wp136_concept-of-personal-data_06-2007.pdf. Consultado em 26 de outubro de 2018.

[202] No mesmo sentido, veja-se a nota 1 ao conceito de *reconhecimento biométrico* previsto na International standard ISO/IEC 2382-37, *Information technology – Vocabulary – Part 37: Biometrics*, Número de referência ISSO/IEC 2382 – 37: 2017 (E), 2017, p. 2, disponível em https://www.sis.se/api/document/preview/921492/. A nota 1 ao referido conceito esclarece que quando menciona o *reconhecimento de indivíduos* se restringe a seres humanos. Consultado em 27 de outubro de 2018.

[203] *Opinion 3/2012 on developments in biometric technologies* (WP 193), adotada em 27 de abril de 2012, p. 4, disponível em https://iapp.org/media/pdf/resource_center/wp193_biometric-technologies_04-2012.pdf. Consultado em 26 de outubro de 2018.

tir da qual os dados extraídos condiciona o sistema biométrico de tratamento a adotar, que pode ser de base fisiológica, comportamental, ou combinar ambas[204].

De acordo com o conceito em anotação e com o que o Grupo de Trabalho do artigo 29.º havia já deixado explícito no parecer de 2007 sobre o conceito de dados pessoais[205], a informação biométrica apenas se constitui como *dado pessoal* após o tratamento tecnológico que sobre eles incide – ou seja, as fontes de dados biométricos não são dados pessoais. Uma das consequências práticas deste entendimento é que a recolha de dados pessoais ocorre com a extração da informação a partir das fontes, mas não com a colheita das próprias fontes. Sobre as fragilidades deste entendimento, remetemos para o ponto 5 da anotação ao artigo 4.º, n.º 13) do RGPD.

2. O conceito técnico de biometria. A constituição dos dados biométricos como *dados pessoais* pressupõe, destarte, a mensurabilidade de informação pessoal de caráter físico, fisiológico, comportamental ou psicológico. À semelhança do que ocorre em relação aos dados genéticos, o foco da subsunção dos dados biométricos na noção genérica de *dados pessoais* depende da possibilidade de identificação do titular ou da recolha de informações sobre este – o que só ocorre após o tratamento por recurso a um sistema biométrico. Por essa razão, até que a amostra biométrica seja sujeita ao tratamento tecnológico que permite a identificação do titular, existe informação, mas não informação *pessoal*.

Mas o que são, afinal, *dados biométricos*?

Na etimologia da palavra *biometria* podemos encontrar a razão da dificuldade em identificar a realidade que se subsume ao conceito de *dados biométricos*. É do conhecimento geral que *bio* é um elemento de composição de palavras que significa *vida* e que *metria* induz a ideia de medição, de medida. Ou seja, a biometria implica a possibilidade de medir um fragmento de vida. A noção de dados biométricos comporta, em si, a fusão de elementos intrinsecamente ligados à

---

[204] *Working document on biometrics* (WP 80), adotado em 1 de agosto de 2003, p. 3, disponível em https://iapp.org/media/pdf/resource_center/wp80_biometrics_08-2003.pdf. Consultado em 26 de outubro de 2018.

[205] *Opinion 4/2007 on the concept of personal data* (WP 136), adotada em 20 de junho de 2007, p. 9, disponível em https://iapp.org/media/pdf/resource_center/wp136_concept-of-personal--data_06-2007.pdf. Consultado em 26 de outubro de 2018. Este entendimento é reproduzido na *Opinion 3/2012 on developments in biometric technologies* (WP 193), adotada em 27 de abril de 2012, p. 4, disponível em https://iapp.org/media/pdf/resource_center/wp193_biometric-technologies_04-2012.pdf. Consultado em 26 de outubro de 2018.

pessoa[206], com a tecnologia, como que um encontro necessário entre o homem e a máquina, entre a natureza e a tecnologia.

A dimensão técnica e tecnológica da biometria torna os conceitos que se lhe ligam comuns a diversas áreas do conhecimento, como as tecnologias da informação, a biologia ou a matemática. A importância de vocabulário técnico para a linguagem jurídica é frequentemente fonte de dissonâncias relacionadas como escopo da aplicação dos conceitos às específicas necessidades de cada área.

Será, por isso, importante, confrontar o conceito de dados biométricos previsto no RGPD com as noções previstas na norma ISO/IEC 2382-37, de 2017[207], em particular as noções de *características biométricas, dados biométricos, elementos biométricos e reconhecimento biométrico*:

i. Características biométricas: característica biológica e comportamental de um indivíduo a partir da qual é possível extrair elementos distintivos e repetíveis para fins de reconhecimento biométrico[208].

ii. Dados biométricos: amostra biométrica, ou agregação de amostras biométricas, em qualquer estado do tratamento[209], não exigindo que os dados biométricos sejam atribuíveis a um indivíduo[210].

---

[206] O uso da expressão *pessoa* é intencional, porquanto o conceito de dados biométricos não se refere apenas a fragmentos retirados do *corpo de um indivíduo* objetivamente considerado, mas inclui também dados de natureza psicológica ou comportamental, sobre os quais existem já condicionantes da *persona*.

[207] Cf. International standard ISO/IEC 2382-37, *Information technology – Vocabulary – Part 37: Biometrics*, Número de referência ISSO/IEC 2382 – 37: 2017 (E), 2017, p. 2, disponível em https://www.sis.se/api/document/preview/921492/. Consultado em 27 de outubro de 2018.

[208] Tradução livre do ponto 3.1.2. da norma ISO/IEC 2382-37, *Information technology – Vocabulary – Part 37: Biometrics*, Número de referência ISSO/IEC 2382 – 37: 2017 (E), 2017, p. 2. Na versão original: *Biometric characteristic: biological and behavioural characteristic of an individual from which distinguishing, repeatable biometric features can be extracted for the purpose of biometric recognition*. O documento pode ser consultado em https://www.sis.se/api/document/preview/921492/. Consultado em 27 de outubro de 2018.

[209] Tradução livre do ponto 3.3.6. da norma ISO/IEC 2382-37, *Information technology – Vocabulary – Part 37: Biometrics*, Número de referência ISSO/IEC 2382 – 37: 2017 (E), 2017, p. 4. Na versão original: *Biometric data: biometric data or aggregation of biometric samples at any stage of processing*. O documento pode ser consultado em https://www.sis.se/api/document/preview/921492/. Consultado em 27 de outubro de 2018.

[210] Cf. nota 1 ao conceito de *biometric data*, que prevê, na versão original, *Biometric data need not to be attributable to a specific individual*.

iii. Elementos biométricos: números ou marcadores extraídos de amostras biométricas e usados para comparação[211].

iv. Reconhecimento biométrico: reconhecimento automatizado de indivíduos com base nas suas características biológicas e comportamentais[212].

Estes quatro conceitos permitem compreender as linhas de proximidade e as clivagens entre o conceito de dados biométricos aplicado à tecnologia e à proteção de dados pessoais.

A primeira e mais notória é a circunstância de a norma ISO/IEC 2382-37, de 2017, considerar que os *dados biométricos não necessitam de ser atribuíveis a um indivíduo*. Do ponto de vista da proteção de dados, uma informação apenas se poderá considerar *pessoal* se atribuível a uma pessoa singular[213], pelo que apenas serão *dados biométricos* aqueles que *permitam ou confirmem a identificação única dessa pessoa singular*.

A norma ISO/IEC 2382-37, de 2017, considera que se subsumem à noção de *dados biométricos* não apenas as amostras, mas também os procedimentos de tratamento que visam extrair informação, isto é, a recolha da amostra, a extração de informação (elementos biométricos), a atribuição de amostras biométricas armazenadas a um determinado indivíduo (referência biométrica) e a comparação[214].

Para efeitos da norma ISO/IEC 2382-37, de 2017, a característica física, fisiológica ou comportamental em bruto (antes do tratamento) e os processos de tratamento subsequentes são todos subsumíveis ao conceito de *dados biométricos*,

---

[211] Tradução livre do ponto 3.3.11. da norma ISO/IEC 2382-37, *Information technology – Vocabulary – Part 37: Biometrics*, Número de referência ISSO/IEC 2382 – 37: 2017 (E), 2017, p. 4. Na versão original, *Biometric feature: Numbers or labels extracted from biometric samples and used for comparison*. O documento pode ser consultado em https://www.sis.se/api/document/preview/921492/. Consultado em 27 de outubro de 2018.

[212] Tradução livre do ponto 3.1.3. da norma ISO/IEC 2382-37. Na versão original: *Automated recognition of individuals based on their biological and behavioural characteristics*. O documento pode ser consultado em https://www.sis.se/api/document/preview/921492/, *Information technology – Vocabulary – Part 37: Biometrics*, Número de referência ISSO/IEC 2382 – 37: 2017 (E), 2017, p. 2. Consultado em 27 de outubro de 2018.

[213] Cf. noção de dados pessoais, prevista no artigo 4.º, ponto 1) do RGPD.

[214] JASSERAND, Catherine A., "Avoiding terminological confusion between the notions of 'biometrics' and 'biometric data': an investigation into the meanings of the terms from a European data protection and a scientific perspective", in *International Data Privacy Law*, Volume 6, 1, 1 de fevereiro 2016, pp. 63-76, disponível em https://doi.org/10.1093/idpl/ipv020. Publicado em 27 de setembro de 2015. Consultada em 8 de outubro de 2018.

uma vez que a possibilidade de identificação pessoal não constitui um elemento decisivo da noção.

O conceito de *dados biométricos* permite considerar a recolha e análise de uma característica física, fisiológica ou comportamental uma operação de tratamento de dados; já o conceito previsto no ponto 14) do artigo 4.º do RGPD deslocaliza o momento da recolha para o momento da extração da informação constante da amostra biométrica recolhida e analisada. Por consequência, para efeitos de proteção de dados pessoais, a recolha de uma característica biométrica (ainda) não constitui uma operação de *tratamento* de dados.

Os problemas e perplexidades de não considerar a fonte dos dados biométricos um dado pessoal (e de lhes não ser dispensada qualquer proteção especial) foi já considerado a propósito dos dados genéticos no ponto 5 da anotação ao artigo 4.º, ponto 13) do RGPD, para a qual se remete.

3. O tratamento de dados biométricos é realizado através de um sistema biométrico, que habitualmente inclui os procedimentos de inscrição, armazenamento e a comparação entre os dados biométricos ou o modelo biométrico e os dados ou modelo biométrico recolhido a partir de nova amostra. Estes procedimentos permitem transfigurar uma característica intrínseca a uma pessoa singular, que normalmente participa na recolha, em informação suscetível de a reconhecer – por identificação ou por autenticação.

Para uma melhor compreensão da sequência de operações em causa, é fundamental distinguir entre modelo biométrico e sistemas biométricos.

Da característica biométrica *em bruto* é extraída informação (por exemplo, por medição facial, a partir de uma imagem), que é armazenada para tratamento posterior, ao invés dos elementos em bruto. O conjunto de elementos extraídos correspondem ao *modelo* (template) *biométrico*[215]. O modelo poderá ter maior ou menor dimensão, sendo que quanto maior for, mais provável será a exatidão da identificação, mas também o risco de reconstrução da informação pessoal. O ideal será a impossibilidade de reversão do processo de construção do modelo, isto é, não deverá ser permitida a reconstrução dos dados biométricos em bruto a partir do modelo.

---

[215] *Opinion 3/2012 on developments in biometric technologies* (WP 193), adotada em 27 de abril de 2012, p. 4, disponível em https://iapp.org/media/pdf/resource_center/wp193_biometric-technologies_04-2012.pdf. Consultado em 26 de outubro de 2018.

O modelo biométrico não corresponde às características biométricas, mas sim a uma representação *incompleta* destas, que é armazenado em sistemas biométricos.

Os sistemas biométricos consistem *na aplicação de tecnologias biométricas, que permitem a identificação automática e/ou autenticação/verificação de uma pessoa*[216].

O tratamento de dados por um sistema biométrico pode ser dividido em três fases: a inscrição, o armazenamento e a comparação.

A **inscrição** envolve os processos de extração dos dados biométricos a partir das características físicas, fisiológicas ou comportamentais com o objetivo de as associar a uma pessoa singular. O titular dos dados normalmente participa nesta fase do tratamento, sendo por isso a altura de prestar as informações relativas ao tratamento – que deveriam ser mais extensas do que as previstas no artigo 13.º do RGPD, por razões que *infra* se explicitarão.

Pode, no entanto, suceder que a inscrição em sistemas biométricos seja realizada à margem do conhecimento do titular dos dados, como sucede nos casos em que o sistema em causa seja uma câmara de vídeo com a funcionalidade de reconhecimento facial e o titular não tenha sido informado do processo de inscrição. A quantidade e a qualidade de dados extraídos estão funcionalizadas à finalidade do tratamento dos dados biométricos, ou seja, devem ser registados os dados estritamente necessários à finalidade que determinou o tratamento, mas deverão permitir uma identificação/autenticação exata. Para que o sistema biométrico funcione de forma eficaz, é necessário que os dados extraídos sejam exatos.

Os dados extraídos durante o processo de inscrição podem ser **armazenados em bruto ou como modelos biométricos**, sendo preferível que estes sejam armazenados como modelos. No que respeita ao suporte, os dados extraídos podem ser armazenados no sistema em que a inscrição é processada, num dispositivo que o titular dos dados pode transportar consigo ou numa base de dados centralizada, que reúna os registos de vários sistemas biométricos.

O Grupo de Trabalho do artigo 29.º[217] recomenda que os dados sejam armazenados de forma não centralizada. Para efeitos de autenticação, em particu-

---

[216] Tradução livre da noção de sistemas biométricos prevista no *Working document on biometrics* (WP 80), adotado em 1 de agosto de 2003, p. 3, disponível em https://iapp.org/media/pdf/resource_center/wp80_biometrics_08-2003.pdf. Consultado em 26 de outubro de 2018. Na versão original do texto *Biometric systems are applications of biometric technologies, which allow the automatic identification, and/or authentication/verification of a person*.

[217] *Opinion 3/2012 on developments in biometric technologies* (WP 193), adotada em 27 de abril de 2012, pp. 31 e 32, disponível em https://iapp.org/media/pdf/resource_center/wp193_biometric-technologies_04-2012.pdf. Consultado em 26 de outubro de 2018.

lar os dados extraídos no processo de inscrição devem ser armazenados como modelos cifrados em suportes que possam estar sob o controlo físico do titular (por exemplo, um cartão). Contudo, admite que os dados (em bruto ou sob a forma de modelos) possam ser armazenados em bases de dados centralizadas, quando se verifiquem necessidades objetivas para determinados fins. Nesse caso, deverão ser aplicadas medidas de segurança que visem evitar a usurpação de identidade e a reutilização dos dados para outras finalidades – sendo que, quanto a esta última, o sistema deve poder impedi-la ou, pelo menos, rastreá-la.

Em opinião anterior[218], o Grupo de Trabalho do Artigo 29.º considerou que, por princípio, as finalidades de autenticação não reclamariam o armazenamento os dados de forma centralizada. Se a finalidade for a identificação, o sistema terá de comparar dados biométricos (em bruto ou sob a forma de modelo) com os dados das pessoas cujos dados se encontram armazenados numa base de dados central.

O processo de **comparação** ocorre entre os dados biométricos extraídos (em bruto ou sob a forma de modelo) ou os modelos obtidos através deles e os dados em bruto ou os modelos armazenados, com a finalidade de identificar, autenticar e categorizar.

4. O tratamento de dados biométricos tem como finalidades possíveis a identificação, a autenticação e a categorização, que ocorrem no processo de comparação.

A identificação visa responder à questão "quem é"; o sistema biométrico opera o reconhecimento através da sua distinção de outras pessoas cujos dados estão armazenados – a comparação é feita de um para *muitos*.

A autenticação tem como objetivo verificar que determinada pessoa é quem diz ser e o sistema certifica a identidade de uma pessoa através da comparação dos dados ou do modelo exibido com os dados ou modelos armazenados na base de dados e toma uma decisão de *sim* ou *não* – a comparação ocorre de um para um.

A categorização consiste em associar um grupo com características biométricas pré-definidas, assumidas pelo sistema biométrico, que toma decisões em função das mesmas.

---

[218] *Working document on biometrics* (WP 80), adotado em 1 de agosto de 2003, p. 4, disponível em https://iapp.org/media/pdf/resource_center/wp80_biometrics_08-2003.pdf. Consultado em 26 de outubro de 2018.

Para além dos riscos da usurpação da identidade e o tratamento de dados para finalidade distinta da que determinou a recolha, os dados biométricos têm associado o risco ser tratados para fins discriminatórios. A estreita ligação dos dados biométricos ao corpo, à fisiologia, ao comportamento e até às emoções (através, por exemplo, de uma expressão facial numa fotografia, numa aplicação com reconhecimento facial) propicia o acesso a informações relativas à vida privada do titular. São estes riscos que determinam o caráter sensível dos dados biométricos.

5. Uma vez que o tratamento de dados biométricos envolve novas tecnologias, consideramos que as informações previstas nos artigos 13.º e 14.º do RGPD poderão ser insuficientes no plano do princípio da transparência. As informações prestadas ao titular devem incluir uma explicação da forma como o tratamento de dados é realizado, nomeadamente se os dados são armazenados em bruto ou sob a forma de modelos, ou se a base de dados é centralizada ou descentralizada. Se a base de dados for centralizada devem ser claramente identificados os responsáveis pelo tratamento e os seus pontos de contacto.

A finalidade do tratamento deve ser suficientemente explicitada, na medida em que um dos principais riscos associados ao tratamento de dados sensíveis reside na alteração da finalidade do tratamento.

O direito de informação adquire particular relevância nos casos em que os dados podem ser recolhidos sem o conhecimento do titular. Podem, por exemplo, ser extraídos modelos biométricos a partir de impressões digitais que o titular tenha deixado num determinado objeto, desconhecendo o tratamento subsequente através de sistemas biométricos.

Neste particular, deve igualmente ser observado o princípio da minimização dos dados, previsto na alínea c) do n.º 1 do artigo 5.º do RGPD, na medida em que os dados biométricos contêm mais informação do que o necessário para as finalidades de identificação ou de autenticação[219]. Em tal caso, apenas devem ser objeto de tratamento as informações necessárias à identificação ou à verificação de uma determinada identidade, e não todas as informações contidas nas amostras recolhidas ou delas extraídas.

---

[219] *Opinion 3/2012 on developments in biometric technologies* (WP 193), adotada em 27 de abril de 2012, p. 10, disponível em https://iapp.org/media/pdf/resource_center/wp193_biometric-technologies_04-2012.pdf. Consultado em 26 de outubro de 2018.

7. Uma vez que o tratamento de dados pode ser tão diferenciado – pode ter por objeto, mas sob o mesmo nome, dados sensíveis, ou dados não sensíveis – e comporta um tão elevado grau de tecnicidade, consideramos que as informações referidas no artigo 13.º e 14.º do RGPD podem ser insuficientes para cumprir o princípio da transparência, previsto no artigo 5.º, n.º 1, alínea a) do RGPD.

As informações prestadas ao titular devem incluir uma explicação da forma como o tratamento de dados é realizado, nomeadamente se os dados são armazenados em bruto ou sob a forma de modelos, ou se a base de dados é centralizada ou descentralizada. Se a base de dados for centralizada devem ser claramente identificados os responsáveis pelo tratamento e os seus pontos de contacto.

8. O tratamento de dados biométricos pode requerer que o responsável pelo tratamento leve a cabo uma avaliação de impacto sobre a proteção de dados. O Grupo de Trabalho do artigo 29.º recomenda que o responsável pelo tratamento – que pode ser o fabricante, o integrador, ou cliente final – realize avaliações de impacto na fase de conceção dos sistemas biométricos.

O tratamento de dados biométricos recorre a novas tecnologias; porém, nem sempre será suscetível de implicar um elevado risco para os direitos e liberdades das pessoas singulares e nem sempre implicam:

i. Uma avaliação sistemática e completa de aspetos pessoais, com base no tratamento automatizado, com base na qual sejam tomadas decisões que produzam efeitos jurídicos relativamente à pessoa singular;

ii. O tratamento de dados sensíveis, uma vez que os dados biométricos nem sempre são qualificáveis como tal.

iii. O controlo sistemático de zonas acessíveis ao público em grande escala.

O que significa que a realização de uma avaliação de impacto poderá não ser obrigatória à luz do RGPD. Nada impede – e afigura-se, até, recomendável – que o fabricante, o integrador ou o cliente final realizem testes à segurança e à eficiência do sistema biométrico nos casos em que não estejam obrigados a realizar uma avaliação de impacto.

No entanto, e em particular, quando o tratamento biométrico visar a categorização de pessoas, o responsável pelo tratamento poderá ser obrigado a realizar uma avaliação de impacto.

(*Tatiana Duarte*)

Artigo 4.º, n.º 15)

O considerando 35 trata dos dados pessoais referente à saúde que devem ser:

(i) todos os dados relativos ao estado de saúde de um titular de dados que revelem informações sobre a sua saúde física ou mental no passado, no presente ou no futuro;
(ii) informações sobre a pessoa singular recolhidas durante a inscrição para a prestação de serviços de saúde, ou durante essa prestação, conforme referido na Diretiva 2011/24/UE do Parlamento Europeu e do Conselho[220], a essa pessoa singular;
(iii) qualquer número, símbolo ou sinal particular atribuído a uma pessoa singular para a identificar de forma inequívoca para fins de cuidados de saúde;
(iv) as informações obtidas a partir de análises ou exames de uma parte do corpo ou de uma substância corporal, incluindo a partir de dados genéticos e amostras biológicas;
(v) quaisquer informações sobre, por exemplo, uma doença, deficiência, um risco de doença, historial clínico, tratamento clínico ou estado fisiológico ou biomédico do titular de dados, independentemente da sua fonte, por exemplo, um médico ou outro profissional de saúde, um hospital, um dispositivo médico ou um teste de diagnóstico *in vitro*.

O Grupo do Artigo 29.º já se havia pronunciado sobre o tema em Parecer adotado a 15 de fevereiro de 2007[221].

---

[220] Diretiva 2011/24/UE do Parlamento Europeu e do Conselho, de 9 de março de 2011, relativa ao exercício dos direitos dos doentes em matéria de cuidados de saúde transfronteiriços (JO L 88 de 4.4.2011, p. 45).

[221] Disponível em: https://ec.europa.eu/justice/article-29/documentation/opinion-recommendation/files/2007/wp131_en.pdf (consultado a 17 de novembro de 2018). À face da Diretiva este Parecer sustentou que: *The acceptance of EHR systems by the citizens will depend on their* **trust in the confidentiality of the system.**
The reason for legitimate access to data in an EHR should correspond to the main purpose of any EHR system, i.e. successful medical treatment by better information. **The Working Party is of the opinion that accessing medical data in an EHR for purposes other than those mentioned in Article 8 (3) should in principle be prohibited.**
This would for instance exclude access to EHR by medical practitioners who act as experts for third parties: e.g. for private insurance *companies, in litigations, for granting retirement aid for employers of the data subject etc. Additionally, disciplinary law applicable to the health care professionals should be designed to counteract infringements of these rules effectively.*
Special measures should be taken to prevent that patients are illegally induced to disclose their EHR data, e.g. upon request of a possible future employer or a private insurance company. Education of the patient is essential to prevent that they comply with such requests of disclosure which would be illegal under data

No RGPD, a matéria é essencialmente tratada no artigo 9.º e alguma doutrina advoga que numa versão ampla de dados de saúde é possível imcluir as informações sobre o corpo humano, elementos de sexualidade, raça, código genético, antecedentes familiares, hábitos de vida, alimentação e consumo[222].

Na legislação portuguesa releva, em particular, a Lei n.º 12/2005, de 16 de janeiro, onde encontramos as seguintes como normas relevantes, para a realização deste comentário:

"**Artigo 2.º**
Informação de saúde

"Para os efeitos desta lei, a informação de saúde abrange todo o tipo de informação directa ou indirectamente ligada à saúde, presente ou futura, de uma pessoa, quer se encontre com vida ou tenha falecido, e a sua história clínica e familiar.

Artigo 5.º
Informação médica

"1. Para os efeitos desta lei, a informação médica é a informação de saúde destinada a ser utilizada em prestações de cuidados ou tratamentos de saúde. (...)

Artigo 6.º[223]
Informação genética

1. A informação genética é a informação de saúde que verse as características hereditárias de uma ou de várias pessoas, aparentadas entre si ou com características comuns daquele tipo excluindo-se desta definição a informação derivada de testes de parentesco ou estudos de zigotia em gémeos, dos estudos de identificação genética para fins criminais, bem como do estudo das mutações genéticas somáticas no cancro. (...).»

*protection law. Technical means might also have to be applied e.g. special requirements for full print--outs from an EHR etc. Processing of EHR-data for the purposes of **medical scientific research and government statistics** could be allowed as an exception to the rule set out above, provided that all these exceptions are in line with the Directive* (p. 19).

[222] Lucia Cristea Uivaru, "La Protección de Datos de Carácter Sensible: Historia Clinica Digital y Big Data en Salud", Bosch Editor, Barcelona, 2018, p. 47.

[223] Ver nota a 4.º13).

De notar que o n.º 4 do artigo 9.º admite a possibilidade de os Estados-Membros poderem impor novas condições, incluindo diferentes limitações a dados de saúde.

(Alexandre Sousa Pinheiro)

Artigo 4.º, n.º 16)

1. O Acórdão Google Spain e Google Inc. refere de forma desenvolvida o conceito de estabelecimento:

"55 Tendo em conta este objetivo da Diretiva 95/46 e a redação do seu artigo 4.º, n.º 1, alínea a), há que considerar que o tratamento de dados pessoais, realizado com vista às necessidades do serviço de um motor de busca como o Google Search, que é explorado por uma empresa sediada num Estado terceiro, mas que dispõe de um estabelecimento num Estado-Membro, é efetuado «no contexto das atividades» desse estabelecimento, se este se destinar a assegurar, nesse Estado-Membro, a promoção e a venda dos espaços publicitários propostos por esse motor de busca, que servem para rentabilizar o serviço prestado por esse motor.

56 Com efeito, nestas circunstâncias, as atividades do operador do motor de busca e as do seu estabelecimento situado no Estado-Membro em causa estão indissociavelmente ligadas, uma vez que as atividades relativas aos espaços publicitários constituem o meio para tornar o motor de busca em causa economicamente rentável e que esse motor é, ao mesmo tempo, o meio que permite realizar essas atividades.

57 A este respeito, importa recordar que, como precisado nos n.ᵒˢ 26 a 28 do presente acórdão, a própria exibição dos dados pessoais numa página de resultados de uma pesquisa constitui um tratamento desses dados. Ora, sendo a referida exibição de resultados acompanhada, na mesma página, da exibição de publicidade relacionada com os termos da pesquisa, há que declarar que o tratamento de dados pessoais em questão é efetuado no contexto da atividade publicitária e comercial do estabelecimento do responsável pelo tratamento no território de um Estado-Membro, neste caso, o território espanhol."

O objetivo deste conceito é exatamente a determinação de pontos de conexão entre o Estado em que o ato produziu resultados e as atividades aí desenvolvidas.

2. Quanto ao conceito de estabelecimento principal definido no RGPD – acompanhado com o considerando 36 – o critério definido na alínea a) identifica como estabelecimento principal o que se encontre no Estado-Membro em que se encontre a "administração central na União".

Não será assim nos casos em que as decisões sobre as finalidades e os meios de tratamento dos dados pessoais forem tomadas noutro estabelecimento do responsável pelo tratamento na União.

Sobre o critério fundamental na determinação do estabelecimento principal, o considerando 36 refere:

"(...) O estabelecimento principal de um responsável pelo tratamento na União deverá ser determinado de acordo com critérios objetivos e deverá pressupor o exercício efetivo e real de atividades de gestão que determinem as decisões principais quanto às finalidades e aos meios de tratamento mediante instalações estáveis. Esse critério não deverá depender do facto de o tratamento ser realizado nesse local. A existência e utilização de meios técnicos e de tecnologias para o tratamento de dados pessoais ou as atividades de tratamento não constituem, em si mesmas, um estabelecimento principal nem são, portanto, um critério definidor de estabelecimento principal."

3. No caso da alínea b), ou seja, de subcontratante, o critério continua a ser o do local da administração central na UE.

No caso de o subcontratante não dispor de administração central na UE, o estabelecimento principal considera-se sediado no Estado-Membro em que:
– são exercidas as principais atividades de tratamento no contexto das atividades de um estabelecimento;
– na medida a que se encontre sujeito a obrigações específicas nos termos do RGPD.

De acordo com o considerando 36, a determinação das autoridades de controlo principal e interessada estão ligadas à definição do estabelecimento principal:

"(...) Nos casos que impliquem tanto o responsável pelo tratamento como o subcontratante, a autoridade de controlo principal deverá continuar a ser a autoridade de controlo do Estado-Membro onde o responsável pelo tratamento tem o estabelecimento principal, mas a autoridade de controlo do subcontratante deverá ser considerada uma autoridade de controlo interessada e deverá participar no processo de cooperação previsto pelo presente regulamento. Em qualquer caso, **as autoridades de controlo do Estado-**

-Membro ou Estados-Membros em que o subcontratante tenha um ou mais estabelecimentos não deverão ser consideradas autoridades de controlo interessadas caso o projeto de decisão diga respeito apenas ao responsável pelo tratamento. Sempre que o tratamento dos dados seja efetuado por um grupo empresarial, o estabelecimento principal da empresa que exerce o controlo deverá ser considerado o estabelecimento principal do grupo empresarial, exceto quando as finalidades e os meios do tratamento sejam determinados por uma outra empresa." (sublinhado nosso)

O considerando 124 esclarece que:

"Quando o tratamento de dados pessoais ocorra no contexto das atividades de um estabelecimento de um responsável pelo tratamento ou de um subcontratante na União e o responsável pelo tratamento ou o subcontratante esteja estabelecido em vários Estados-Membros, ou quando o tratamento no contexto das atividades de um único estabelecimento de um responsável pelo tratamento ou de um subcontratante, na União, afete ou seja suscetível de afetar substancialmente titulares de dados em diversos Estados-Membros, a autoridade de controlo do estabelecimento principal ou do estabelecimento único do responsável pelo tratamento ou do subcontratante deverá agir na qualidade de autoridade de controlo principal."

(*Alexandre Sousa Pinheiro*)

Artigo 4.º, n.º 17)

O conceito de representante decorre expressamente do considerando 80:

"Sempre que um **responsável pelo tratamento ou um subcontratante não estabelecidos na União efetuarem o tratamento de dados pessoais de titulares de dados que se encontrem na União**, e as suas atividades de tratamento estiverem relacionadas com a oferta de bens ou serviços a esses titulares de dados na União, independentemente de a estes ser exigido um pagamento, ou com o controlo do seu comportamento na medida que o seu comportamento tenha lugar na União, o responsável pelo tratamento ou o subcontratante **deverão designar um representante**, a não ser que o tratamento seja ocasional, não inclua o tratamento, em larga escala, de categorias especiais de dados pessoais, nem o tratamento de dados pessoais relativos a condenações penais e infrações, e não seja suscetível de implicar riscos para os direitos e liberdades das pessoas singulares, tendo em conta a natureza, o contexto, o âmbito e as finalidades do tratamento ou se o responsável pelo tratamento for uma autoridade ou organismo público. O representante deverá agir em nome do responsável pelo tratamento ou do subcontratante e deverá poder ser contactado por qualquer autoridade de controlo. O representante deverá ser explicitamente designado por um mandato do responsável pelo tratamento ou do subcontratante, emitido por escrito, que permita ao representante agir em seu nome no que diz respeito às obrigações que lhes são impostas pelo presente regulamento. A designação de um tal representante não afeta as responsabilidades que incumbem ao responsável pelo tratamento ou ao subcontratante nos termos do presente regulamento. O representante deverá executar as suas tarefas em conformidade com o mandato que recebeu do responsável pelo tratamento ou do subcontratante, incluindo no que toca à cooperação com as autoridades de controlo competentes relativamente a qualquer ação empreendida no sentido de garantir o cumprimento do presente regulamento. O representante designado deverá estar sujeito a procedimentos de execução em caso de incumprimento pelo responsável pelo tratamento ou pelo subcontratante." (sublinhado nosso)

A designação do representante pressupõe a atividade de responsável pelo tratamento e de subcontratante e a ausência de administração no território da UE.

Por esta razão, é designada a figura do representante que deve "agir em nome do responsável pelo tratamento ou do subcontratante e deverá poder ser contactado por qualquer autoridade de controlo."

O representante não assumirá as responsabilidades do responsável pelo tratamento ou pelo subcontratante. Se assim não fosse ficaria prejudicada a sua função eminentemente executiva com a garantia de assegurar a ligação entre responsável pelo tratamento ou subcontratante e a autoridade de controlo competente.

(*Alexandre Sousa Pinheiro*)

Artigo 4.º, n.º 18)

Relativamente ao conceito de "empresa" deve notar-se que abrange pessoas singulares ou coletivas. No caso das pessoas singulares, no caso português, abrangerá os empresários em nome individual, aos quais o RGPD se aplica na sua integral dimensão.

A empresa não tem necessariamente uma natureza societária, por isso se refere que a empresa pode incluir "sociedades ou associações que exerçam regularmente uma atividade económica."[224]

(Alexandre Sousa Pinheiro)

Artigo 4.º, n.º 19)

De acordo com o considerando 37, grupos de empresas[225] são:

"Um grupo empresarial deverá abranger uma empresa que exerce o controlo e as empresas que controla, devendo a primeira ser a que pode exercer uma influência dominante sobre as outras empresas, por exemplo, em virtude da propriedade, da participação financeira ou das regras que a regem ou da faculdade de fazer aplicar as regras relativas à proteção de dados pessoais. Uma empresa que controla o tratamento dos dados pessoais nas empresas a ela associadas deverá ser considerada, juntamente com essas empresas, um «grupo empresarial»."

Segundo o considerando 36, a empresa que exerce o controlo pode não ser a responsável pelo tratamento se as finalidades e os meios do tratamento forem determinados por uma outra empresa[226].

Sobre a transmissão de dados dentro de um grupo empresarial, o considerando 48 apela ao interesse legítimo como fonte de legitimidade:

"Os responsáveis pelo tratamento que façam parte de um grupo empresarial ou de uma instituição associada a um organismo central poderão ter um **interesse legítimo em transmitir dados pessoais no âmbito do grupo de empresas para fins administrativos internos**, incluindo o tratamento de dados pessoais de clientes ou funcionários."

(Alexandre Sousa Pinheiro)

---

[224] No Direito Interno para apurar das diferenças entre sociedade unipessoal e EIRL, ver Paulo Olavo Cunha, "Direito das Sociedades Comerciais", Coimbra, Almedina, 2016, pp. 66 e ss.
[225] Ver nota a 4.º, n.º 7 *in fine*.
[226] Idem.

Artigo 4.º, n.º 20)
Ver nota a artigo 45.º.
No que tange às "regras vinculativas aplicáveis às empresas" releva, essencialmente, o considerando 110:

"Os grupos empresariais ou os grupos de empresas envolvidas numa atividade económica conjunta deverão poder utilizar as regras vinculativas aplicáveis às empresas aprovadas para as suas transferências internacionais da União para entidades pertencentes ao mesmo grupo empresarial ou grupo de empresas envolvidas numa atividade económica conjunta, desde que essas regras incluam todos os princípios essenciais e direitos oponíveis que visem assegurar garantias adequadas às transferências ou categorias de transferências de dados pessoais."

(Alexandre Sousa Pinheiro)

Artigo 4.º, n.º 21)
Ver nota ao artigo 51.º.

(Alexandre Sousa Pinheiro)

Artigo 4.º, n.º 22)
Ver notas aos artigos 56.º e 60.º e seguintes.

(Alexandre Sousa Pinheiro)

Artigo 4.º, n.º 23)
Ver notas aos artigos 44.º e seguintes.

(Alexandre Sousa Pinheiro)

Artigo 4.º, n.º 24)
Ver nota ao artigo 60.º

(Alexandre Sousa Pinheiro)

Artigo 4.º, n.º 25)
De acordo com a alínea b), do n.º 1, do artigo 1.º da Diretiva (UE) 2015/1535 os serviços prestados são:

«Serviço» significa qualquer serviço da sociedade da informação, isto é, qualquer serviço prestado normalmente mediante remuneração, à distância, por via eletrónica e mediante pedido individual de um destinatário de serviços;

DEFINIÇÕES ART. 4.º

Para efeitos da presente definição, entende-se por: i) «à distância»:um serviço prestado sem que as partes estejam simultaneamente presentes, ii) «por via eletrónica»:um serviço enviado desde a origem e recebido no destino através de instrumentos eletrónicos de processamento (incluindo a compressão digital) e de armazenamento de dados, que é inteiramente transmitido, encaminhado e recebido por cabo, rádio, meios óticos ou outros meios eletromagnéticos, iii) «mediante pedido individual de um destinatário de serviços»:um serviço fornecido por transmissão de dados mediante pedido individual."

O Anexo I inclui uma lista indicativa dos serviços não incluídos nesta definição.[227]

---

[227] ANEXO I
Lista indicativa de serviços não abrangidos pelo artigo 1.o, n.o 1, alínea b), segundo parágrafo
1.*Serviços que não são prestados «à distância»* Serviços prestados na presença física do prestador e do destinatário, mesmo que impliquem a utilização de dispositivos eletrónicos:
a) exames ou tratamentos num consultório médico por meio de equipamentos eletrónicos mas na presença física do paciente;
b) consulta de um catálogo eletrónico num estabelecimento comercial na presença física do cliente;
c) reserva de um bilhete de avião de uma rede de computadores numa agência de viagem na presença física do cliente;
d) disponibilização de jogos eletrónicos numa sala de jogos na presença física do utilizador.
2.*Serviços que não são fornecidos «por via eletrónica»*
– Serviços cujo conteúdo é material mesmo quando impliquem a utilização de dispositivos eletrónicos:
a) distribuição automática de notas e bilhetes (notas de banco, bilhetes de comboio),
b) acesso às redes rodoviárias, parques de estacionamento, etc., mediante pagamento, mesmo que existam dispositivos eletrónicos à entrada e/ou saída para controlar o acesso e/ou garantir o correto pagamento; – serviços off-line: distribuição de CD-Rom ou de software em disquetes;
– serviços não fornecidos por intermédio de sistemas eletrónicos de armazenagem e processamento de dados:
a) serviços de telefonia vocal,
b) serviços de telecópia/telex,
c) serviços prestados por telefonia vocal ou telecópia,
d) consulta de um médico por telefone/telecópia,
e) consulta de um advogado por telefone/telecópia,
f) *marketing* direto por telefone/telecópia.

Artigo 4.º, n.º 26)
A referência à organização internacional tem uma relação direta com a transferência de dados transfronteiras, podendo ser observado o artigo 46.º.

(*Alexandre Sousa Pinheiro*)

CAPÍTULO II
Princípios

ARTIGO 5.º
Princípios relativos ao tratamento de dados pessoais

1. Os dados pessoais são:

a) Objeto de um tratamento lícito, leal e transparente em relação ao titular dos dados («licitude, lealdade e transparência»);

b) Recolhidos para finalidades determinadas, explícitas e legítimas e não podendo ser tratados posteriormente de uma forma incompatível com essas finalidades; o tratamento posterior para fins de arquivo de interesse público, ou para fins de investigação científica ou histórica ou para fins estatísticos, não é considerado incompatível com as finalidades iniciais, em conformidade com o artigo 89.º, n.º 1 («limitação das finalidades»);

c) Adequados, pertinentes e limitados ao que é necessário relativamente às finalidades para as quais são tratados («minimização dos dados»);

d) Exatos e atualizados sempre que necessário; devem ser adotadas todas as medidas adequadas para que os dados inexatos, tendo em conta as finalidades para que são tratados, sejam apagados ou retificados sem demora («exatidão»);

3. *Serviços que não são fornecidos «mediante pedido individual de um destinatário de serviços»* Serviços fornecidos por envio de dados sem pedido individual e destinados à receção simultânea por um número ilimitado de destinatários (transmissão de «ponto para multiponto»):
a) serviços de radiodifusão televisiva (incluindo o quase vídeo a pedido) previstos no artigo 1.o, n.o 1, alínea e), da Diretiva 2010/13/UE;
b) serviços de radiodifusão sonora;
c) teletexto (televisivo).

e) Conservados de uma forma que permita a identificação dos titulares dos dados apenas durante o período necessário para as finalidades para as quais são tratados; os dados pessoais podem ser conservados durante períodos mais longos, desde que sejam tratados exclusivamente para fins de arquivo de interesse público, ou para fins de investigação científica ou histórica ou para fins estatísticos, em conformidade com o artigo 89.º, n.º 1, sujeitos à aplicação das medidas técnicas e organizativas adequadas exigidas pelo presente regulamento, a fim de salvaguardar os direitos e liberdades do titular dos dados («limitação da conservação»);

f) Tratados de uma forma que garanta a sua segurança, incluindo a proteção contra o seu tratamento não autorizado ou ilícito e contra a sua perda, destruição ou danificação acidental, adotando as medidas técnicas ou organizativas adequadas («integridade e confidencialidade»);

2. O responsável pelo tratamento é responsável pelo cumprimento do disposto no n.º 1 e tem de poder comprová-lo («responsabilidade»).

COMENTÁRIO:
1. Entendemos que esta disposição, e a relação com os artigos 6.º e 9.º, operam verdadeiramente como a "Constituição do RGPD", tendo origem no artigo 5.º da Convenção 108 e no artigo 6.º da Diretiva 95/46/CE[228].

[228] **Artigo 6.º**
1. Os Estados-membros devem estabelecer que os dados pessoais serão:
a) Objeto de um tratamento leal e lícito;
b) Recolhidos para finalidades determinadas, explícitas e legítimas, e que não serão posteriormente tratados de forma incompatível com essas finalidades. O tratamento posterior para fins históricos, estatísticos ou científicos não é considerado incompatível desde que os Estados-membros estabeleçam garantias adequadas;
c) Adequados, pertinentes e não excessivos relativamente às finalidades para que são recolhidos e para que são tratados posteriormente;
d) Exatos e, se necessário, atualizados; devem ser tomadas todas as medidas razoáveis para assegurar que os dados inexatos ou incompletos, tendo em conta as finalidades para que foram recolhidos ou para que são tratados posteriormente, sejam apagados ou retificados;
e) Conservados de forma a permitir a identificação das pessoas em causa apenas durante o período necessário para a prossecução das finalidades para que foram recolhidos ou para que são tratados posteriormente. Os Estados-membros estabelecerão garantias apropriadas para os dados pessoais conservados durante períodos mais longos do que o referido, para fins históricos, estatísticos ou científicos.
2. Incumbe ao responsável pelo tratamento assegurar a observância do disposto no n.º 1.

No artigo em anotação, foi acrescentado o princípio da "integridade e confidencialidade" que tem origem no direito-garantia criado pela jurisprudência alemã correspondendo ao "direito fundamental à garantia da confidencialidade e integridade dos sistemas técnico-informacionais" (*Grundrecht auf Gewahrleistung der Integritat und Vertraulichkeit informationstechnischer Systeme*)[229].

2. Os princípios relativos ao tratamento de dados pessoais consignados neste artigo são: (i) o princípio da "licitude, lealdade e transparência»;
 (ii) o princípio da "limitação das finalidades";
 (iii) o princípio da "minimização dos dados";
 (iv) o princípio da "exatidão";
 (v) o princípio da "limitação da conservação";
 (vi) o princípio da "integridade e confidencialidade" e
 (vii) o princípio da "responsabilidade".

3. De acordo com o princípio da "licitude, lealdade e transparência" (alínea a) do n.º 1), a **transparência** (ver artigo 12 e nota respetiva) exige que as informações ou comunicações relacionadas com o tratamento desses dados pessoais sejam de fácil acesso e compreensão, e formuladas numa linguagem clara e simples, em particular as informações fornecidas aos titulares dos dados sobre a identidade do responsável pelo tratamento dos mesmos, os fins a que o tratamento se destina e a salvaguarda do seu direito a obter a confirmação e a comunicação dos dados pessoais que lhes dizem respeito que estão a ser tratados (Considerando (39)).

---

[229] BverfG, BvR 370/07 vom 27.2.2008, Absatz-Nr. (1 - 333), disponível em: <http://www.bundesverfassungsgericht.de/entscheidungen/rs20080227_1bvr037007.html> (consultado a 6.11.2018).
Sobre a matéria pode na doutrina portuguesa ser consultado Alexandre Sousa Pinheiro: "A esfera de proteccao concretiza-se, por um lado, na"confidencialidade"(*Vertraulichkeit*) dos dados contidos no sistema e, por outro, na sua "integridade"(*Integritat*), na medida em que nao e permitido o acesso ao sistema de tal forma que se recolham, por terceiros, os conteudos criados pela simples utilizacao. Dotado destas características, com o "novo" direito pretende-se que seja mantida a barreira técnica de proteção dos sistemas tecnico-informacionais." in Alexandre Sousa Pinheiro, "Privacy e Protecção de Dados Pessoais (...)", op. cit., pp. 500 e 501.

A licitude está associada não só ao cumprimento da legalidade na prossecução dos tratamentos de dados, como também na aplicação do artigo 52.º da CDFUE[230].

Um tratamento de dados lícito cumpre as disposições que regulam direitos e fundamentos de legitimidade, mas cumpre, igualmente, as exigências da Carta.

Tratando-se de um direito fundamental sediado, como já foi apreciado, no artigo 8.º é aplicável o regime que determina que:

– as restrições devem ser previstas por lei;
– devem obedecer ao princípio da proporcionalidade;
– devem corresponder a objetivos de interesse geral reconhecidos pela UE[231].

A **lealdade** está essencialmente relacionada com o desenvolvimento dos tratamentos de dados pessoais com respeito por uma uma relação de equilíbrio entre responsáveis e subcontratantes e titulares dos dados pessoais. Pode manifestar-se de uma forma mais evidente em tratamentos de dados realizados por entidades públicas ou por empregadores.

4. O princípio da finalidade (alínea b), do n.º 1) constitui, no nosso entendimento, a trave fundamental do regime jurídido da proteção de dados pessoais. Foi já afirmado que [232]:

"O espaço do princípio da finalidade no direito a proteção de dados pessoais é crucial, na medida em que funciona como a primeira justificaço para a realização de um tratamento de dados, impondo-se até ao consentimento. A realização de recolha de informação pessoal – ou qualquer outra operação de tratamento – deve estar respaldada numa razão-finalidade para, em função dela, se determinar a natureza necessária e não excessiva da informação pessoal recolhida. A imposição do princípio da finalidade ao consentimento assenta na necessidade de proteger situações em que o primeiro esteja por natureza limitado."

---

[230] Franco Pizzeti, "Privacy e il Diritto Europeo alla Protezioni dei Dati Personali. Dalla Direttiva 95/46 al nuovo Regolamento europeo", cit., pp. 241 e ss.
[231] Alessandra Silveira, "Comentário ao artigo 52.º", op. cit., p. 592.
[232] Alexandre Sousa Pinheiro, "Privacy e Protecção de Dados Pessoais (...)", op. cit., p. 826.

Definidas as finalidades, ou feixes de finalidades em conexão, estas têm que ser determinadas, explícitas e legítimas[233]. Segundo o citado Parecer do Grupo do Artigo 29.º para estas características relevam[234]:

*(i) Any purpose must be **specified**, that is, **sufficiently defined to enable the implementation of any necessary data protection safeguards, and to delimit the scope of the processing operation**;*
*(ii) To be explicit, the purpose must be **sufficiently unambiguous and clearly expressed**;*
*(iii) The purposes must also be **legitimate**. The notion of legitimacy must also be interpreted within the context of the processing, which determines the 'reasonable expectations' of the data subject.*

Admite-se o tratamento de dados para finalidades não apenas determinantes da recolha, mas também não com estas incompatíveis. Assim, está essencialmente em causa estabelecer os limites para a realização destes tratamentos de dados e articulá-los com os fundamentos de legitimidade utilizados.

Assim, é entendimento doutrinário que julgamos correto considerar que não podem ser armazenados dados pessoais para "finalidades futuras que ainda não estão previstas no momento da recolha"[235].

Por outro lado, avaliaremos no comentário ao artigo 6.º até que ponto podem ser utilizados fundamentos de legitimidade diferenciados para continuar a prossecução de uma finalidade não incompatível com a recolha originária.

De acordo com o Considerando (50):

"O tratamento de dados pessoais para outros fins que não aqueles para os quais os dados pessoais tenham sido inicialmente recolhidos apenas deverá ser autorizado se for compatível com as finalidades para as quais os dados pessoais tenham sido inicialmente recolhidos."

Muito ambígua parece ser a asserção do Considerando que refere:

---

[233] *Opinion 03/2013 on purpose limitation (WP 203)* adotado a 2 de abril de 2013.
[234] Loc. cit., p. 12.
[235] Horst Heberlein, in Eugen Ehmann e Martin Selmayr (coordenação), "Datenschutz-Grundverordnung", cit, p. 194.

"Nesse caso, não é necessário um fundamento jurídico distinto do que permitiu a recolha dos dados pessoais."

A questão que se pode colocar corresponde a saber se podem ser utilizados fundamentos jurídicos distintos, não se "são necessários".

5. O princípio da finalidade postula que os titulares dos dados deverão ser alertados para os riscos, regras, garantias e direitos associados ao respetivo tratamento e para os meios de que dispõem para exercer os seus direitos relativamente a esse tratamento.

6. A alínea b) do n.º 1 do artigo 5.º, tendo por base as finalidades do n.º 1 do artigo 89.º, determina que os tratamentos para fins de arquivo de interesse público, para fins de investigação científica ou histórica ou para fins estatísticos não são considerados incompatíveis com as finalidades iniciais.

O não ser incompatível não significa a existência imediata de um fundamento jurídico para efetuar o tratamento. Poderá, por exemplo, ser necessário o cumprimento de uma obrigação legal ou a prestação de consentimento.

7. O princípio da "minimização dos dados" consagra que os dados tratados devem ser adequados, pertinentes e limitados ao que é necessário relativamente às finalidades para as quais são tratados.

Para isso, é necessário assegurar que o prazo de conservação dos dados seja limitado ao mínimo. Segundo este princípio, os dados pessoais apenas deverão ser tratados se a finalidade do tratamento não puder ser atingida de forma razoável por outros meios (dimensão da adequação do princípio da proporcionalidade em sentido amplo).

A fim de assegurar que os dados pessoais sejam conservados apenas durante o período considerado necessário, o responsável pelo tratamento deverá fixar os prazos para o apagamento ou a revisão periódica. Ocorre uma relação estreita entre as finalidades do tratamento e os dados recolhidos. O tratamento é, necessariamente, limitado pela necessidade imposta pelas finalidades.

8. O TJUE no Acórdão Österreichischer Rundfunk e outros, decidido a 20 de maio de 2003 (C-465/00) colocou em prática esta doutrina[236]:

---

[236] Disponível em: http://curia.europa.eu/juris/showPdf.jsf;jsessionid=66A55531755099B-914B3BB7A0AFE440A?text=&docid=48330&pageIndex=0&doclang=PT&mode=lst&-

"65. Ora, nos termos da Directiva 95/46, sem prejuízo das derrogações admitidas ao abrigo do seu artigo 13.º, qualquer tratamento de dados pessoais deve ser conforme, por um lado, aos «princípios relativos à qualidade dos dados», enunciados no artigo 6.º da directiva e, por outro, a um dos «princípios relativos à legitimidade do tratamento de dados», enumerados no artigo 7.º da mesma.

66. Mais concretamente, os dados devem ser «recolhidos para finalidades determinadas, explícitas e legítimas» [artigo 6.º, n.º 1, alínea b), da Directiva 95/46], b em como «adequados, pertinentes e nã o excessivos», relativamente a essas finalidades [artigo 6.º, n.º 1, alínea c)]. Além disso, segundo o artigo 7.º, alíneas e) e e), da mesma directiva, o tratamento de dados pessoais é lícito, respectivamente, se «for necessário para cumprir uma obrigação legal à qual o responsável pelo tratamento esteja sujeito» ou se «for necessário para a execução de uma missão de interesse público ou o exercício da autoridade pública de que é investido o responsável pelo tratamento [...] a quem os dados sejam comunicados»".

8.1. No Acórdão Worten (C-342/12), de 30 de maio de 2013, o TJUE decidiu que[237]:

"(...) os artigos 6.º, n.º 1, alíneas b) e c), e 7.º, alíneas c) e e), da Diretiva 95/46 devem ser interpretados no sentido de que **não se opõem a uma legislação nacional, como a que está em causa no processo principal, que impõe ao empregador a obrigação de pôr à disposição da autoridade nacional com competência para a fiscalização das condições de trabalho o registo dos tempos de trabalho, a fim de permitir a sua consulta imediata, na medida em que essa obrigação seja necessária para o exercício, por essa autoridade,** da sua missão de fiscalização da aplicação da legislação em matéria de condições de trabalho, nomeadamente, no que respeita ao tempo de trabalho."

dir=&occ=first&part=1&cid=2989777 (consultado a 18 de novembro de 2018)
[237] Disponível em: http://curia.europa.eu/juris/document/document.jsf?text=&docid=137824&pageIndex=0&doclang=PT&mode=lst&dir=&occ=first&part=1&cid=2993294 (consultado em 18 de novembro de 2018).

9. O princípio da "exatidão" prevê que os dados pessoais devam ser corretos e atualizados sempre que necessário, devendo ser adotadas todas as medidas adequadas para que os dados inexatos, tendo em conta as finalidades para que são tratados, sejam apagados ou retificados sem demora.

Este princípio está relacionado com o direito à retificação dos dados e com o direito ao seu apagamento, previstos no artigo 16.º e no artigo 17.º.

10. O princípio da "limitação da conservação" consigna que os dados devem ser conservados de uma forma que permita a identificação dos titulares dos dados apenas durante o período necessário para as finalidades para as quais são tratados.

Poderão ser conservados durante períodos mais longos, desde que sejam tratados exclusivamente para fins de arquivo de interesse público, ou para fins de investigação científica ou histórica ou para fins estatísticos, em conformidade com o n.º 1 do artigo 89.º.

O TJUE no Acórdão Manni, decidido a 9 de março de 2017 (C-398/15)[238] entendeu que:

"O artigo 6.º, n.º 1, alínea e), o artigo 12.º, alínea b), e o artigo 14.º, primeiro parágrafo, alínea a), da Diretiva 95/46/CE do Parlamento Europeu e do Conselho, de 24 de outubro de 1995, relativa à proteção das pessoas singulares no que diz respeito ao tratamento de dados pessoais e à livre circulação desses dados, lidos em conjugação com o artigo 3.º da Primeira Diretiva 68/151/CEE do Conselho, de 9 de março de 1968, tendente a coordenar as garantias que, para proteção dos interesses dos sócios e de terceiros, são exigidas nos Estados-Membros às sociedades, na aceção do segundo parágrafo do artigo 58.º do Tratado, a fim de tornar equivalentes essas garantias em toda a Comunidade, conforme alterada pela Diretiva 2003/58/CE do Parlamento Europeu e do Conselho, de 15 de julho de 2003, **devem ser interpretados no sentido de que, no estado atual do direito da União, cabe aos Estados-Membros determinar se as pessoas singulares, visadas no artigo 2.º, n.º 1, alíneas d) e j), desta última diretiva, podem pedir à autoridade encarregada da manutenção, respetivamente, do registo central, do registo do comércio**

---

[238] Disponível em: http://curia.europa.eu/juris/document/document.jsf;jsessionid=8D7473E57F377EC360CD9B509F423CD5?text=&docid=188750&pageIndex=0&doclang=PT&mode=lst&dir=&occ=first&part=1&cid=5260585 (consultado a 18 de novembro de 2018).

ou do registo das sociedades que verifique, com base numa apreciação casuística, se se justifica excecionalmente, por razões preponderantes e legítimas relativas à sua situação especial, limitar, findo um prazo suficientemente longo após a dissolução da sociedade em causa, o acesso aos dados pessoais que lhes dizem respeito, inscritos no registo."

11. O princípio da "integridade e confidencialidade" preconiza que os dados deverão ser tratados de uma forma que garanta a sua segurança, incluindo a proteção contra o seu tratamento não autorizado ou ilícito e contra a sua perda, destruição ou danificação acidental, adotando as medidas técnicas ou organizativas adequadas, incluindo para evitar o acesso a dados pessoais e equipamento utilizado para o seu tratamento, ou a utilização dos mesmos, por pessoas não autorizadas, recordando-se o "direito fundamental à garantia da da confidencialidade e integridade dos sistemas técnico-informacionais".

12. Nos termos do princípio da "responsabilidade", compete ao responsável pelo tratamento garantir o cumprimento dos princípios acabados de citar e comprovar esse cumprimento, numa situação semelhante à que ocorre com o consentimento.

13. O princípio da "limitação das finalidades" e o princípio da "limitação da conservação" sofrem exceções quando os dados sejam tratados exclusivamente para fins de arquivo de interesse público, ou para fins de investigação científica ou histórica ou para fins estatísticos.

(Alexandre Sousa Pinheiro/Carlos Jorge Gonçalves)

ARTIGO 6.º
Licitude do tratamento

1. O tratamento só é lícito se e na medida em que se verifique pelo menos uma das seguintes situações:

a) O titular dos dados tiver dado o seu consentimento para o tratamento dos seus dados pessoais para uma ou mais finalidades específicas;

b) O tratamento for necessário para a execução de um contrato no qual o titular dos dados é parte, ou para diligências pré-contratuais a pedido do titular dos dados;

c) O tratamento for necessário para o cumprimento de uma obrigação jurídica a que o responsável pelo tratamento esteja sujeito;

d) O tratamento for necessário para a defesa de interesses vitais do titular dos dados ou de outra pessoa singular;

e) O tratamento for necessário ao exercício de funções de interesse público ou ao exercício da autoridade pública de que está investido o responsável pelo tratamento;

f) O tratamento for necessário para efeito dos interesses legítimos prosseguidos pelo responsável pelo tratamento ou por terceiros, exceto se prevalecerem os interesses ou direitos e liberdades fundamentais do titular que exijam a proteção dos dados pessoais, em especial se o titular for uma criança.

O primeiro parágrafo, alínea *f)*, não se aplica ao tratamento de dados efetuado por autoridades públicas na prossecução das suas atribuições por via eletrónica.

2. Os Estados-Membros podem manter ou aprovar disposições mais específicas com o objetivo de adaptar a aplicação das regras do presente regulamento no que diz respeito ao tratamento de dados para o cumprimento do n.º 1, alíneas c) e e), determinando, de forma mais precisa, requisitos específicos para o tratamento e outras medidas destinadas a garantir a licitude e lealdade do tratamento, inclusive para outras situações específicas de tratamento em conformidade com o capítulo IX.

3. O fundamento jurídico para o tratamento referido no n.º 1, alíneas *c)* e *e)*, é definido:

a) Pelo direito da União; ou

b) Pelo direito do Estado-Membro ao qual o responsável pelo tratamento está sujeito.

A finalidade do tratamento é determinada com esse fundamento jurídico ou, no que respeita ao tratamento referido no n.º 1, alínea e), deve ser necessária ao exercício de funções de interesse público ou ao exercício da autoridade pública de que está investido o responsável pelo tratamento. Esse fundamento jurídico pode prever disposições específicas para adaptar a aplicação das regras do presente regulamento, nomeadamente: as condições gerais de licitude do tratamento pelo responsável pelo seu tratamento; os tipos de dados objeto de tratamento; os titulares dos dados em questão; as entidades a que os dados pessoais poderão ser comunicados e para que efeitos; os limites a que as finalidades do tratamento devem obedecer; os prazos de conservação; e as operações e procedimentos de tratamento, incluindo as medidas destinadas a garantir a legalidade e lealdade do tratamento, como as medidas relativas a outras específicas de tratamento em conformidade com o capítulo IX. O direito da União ou do Estado-Membro deve responder a um objetivo de interesse público e ser proporcional ao objetivo legítimo prosseguido.

4. Quando o tratamento para fins que não sejam aqueles para os quais os dados pessoais foram recolhidos não for realizado com base no consentimento do titular dos dados ou em disposições do direito da União ou dos Estados-Membros que constituam uma medida necessária e proporcionada numa sociedade democrática para salvaguardar os objetivos referidos no artigo 23.º, n.º 1, o responsável pelo tratamento, a fim de verificar se o tratamento para outros fins é compatível com a finalidade para a qual os dados pessoais foram inicialmente recolhidos, tem nomeadamente em conta:

a) Qualquer ligação entre a finalidade para a qual os dados pessoais foram recolhidos e a finalidade do tratamento posterior;

b) O contexto em que os dados pessoais foram recolhidos, em particular no que respeita à relação entre os titulares dos dados e o responsável pelo seu tratamento;

c) A natureza dos dados pessoais, em especial se as categorias especiais de dados pessoais forem tratadas nos termos do artigo 9.º, ou se os dados pessoais relacionados com condenações penais e infrações forem tratados nos termos do artigo 10.º;

d) As eventuais consequências do tratamento posterior pretendido para os titulares dos dados;

e) A existência de salvaguardas adequadas, que podem ser a cifragem ou a pseudonimização.

COMENTÁRIO:
1. O artigo em anotação corresponde ao artigo 7.º da Diretiva 95/46/CE[239].

---

[239] Artigo 7.º
Os Estados-membros estabelecerão que o tratamento de dados pessoais só poderá ser efetuado se:
a) A pessoa em causa tiver dado de forma inequívoca o seu consentimento; ou

2. Os fundamentos para o tratamento dos dados, previstos no n.º 1, alicerçam-se no princípio da licitude, ínsito na alínea a) do n.º1 do artigo 5.º.

3. A licitude do tratamento dos dados ocorre com a verificação de, pelo menos, um dos seguintes fundamentos de legitimidade:

(i) consentimento prestado pelo titular dos dados para o tratamento dos seus dados pessoais para uma ou mais finalidades específicas (n.º 1, alínea a);

(ii) necessidade do tratamento para a execução de um contrato no qual o titular dos dados é parte, ou para diligências pré-contratuais a seu pedido (n.º 1, alínea b);

(iii) necessidade do tratamento para o cumprimento de uma obrigação jurídica a que o responsável esteja sujeito (n.º 1, alínea c);

(iv) necessidade do tratamento para a defesa de interesses vitais do titular dos dados ou de outra pessoa singular (n.º 1, alínea d);

(v) necessidade do tratamento para o exercício de funções de interesse público ou para o exercício da autoridade pública de que está investido o responsável (n.º 1, alínea e) e

(vi) necessidade do tratamento para efeito dos interesses legítimos prosseguidos pelo responsável pelo tratamento ou por terceiros, exceto se prevalecerem os interesses ou direitos e liberdades fundamentais do titular que exijam a proteção dos dados pessoais, em especial se o titular for uma criança (n.º 1, alínea f)).

b) O tratamento for necessário para a execução de um contrato no qual a pessoa em causa é parte ou de diligências prévias à formação do contrato decididas a pedido da pessoa em causa; ou
c) O tratamento for necessário para cumprir uma obrigação legal à qual o responsável pelo tratamento esteja sujeito; ou
d) O tratamento for necessário para a proteção de interesses vitais da pessoa em causa; ou
e) O tratamento for necessário para a execução de uma missão de interesse público ou o exercício da autoridade pública de que é investido o responsável pelo tratamento ou um terceiro a quem os dados sejam comunicados; ou
f) O tratamento for necessário para prosseguir interesses legítimos do responsável pelo tratamento ou do terceiro ou terceiros a quem os dados sejam comunicados, desde que não prevaleçam os interesses ou os direitos e liberdades fundamentais da pessoa em causa, protegidos ao abrigo do n.º 1 do artigo 1.º.

Deve notar-se que a fórmula "o primeiro parágrafo, alínea f), não se aplica ao tratamento de dados efetuado por autoridades públicas na prossecução das suas atribuições por via eletrónica.", não se encontra assim construído em outros idiomas. Assim, na versão inglesa está previsto que:

Point (f) of the first subparagraph shall not apply to processing carried out by public authorities in the performance of their tasks.

A referência ao inciso "por via eletrónica" deve ser retirada do texto português numa futura retificação.

4. À exceção do fundamento associado ao consentimento – ver nota a 4.º, n.º 11 – e, por isso, baseado na vontade do titular, os restantes fundamentos baseiam-se na lei, em contrato ou convocam a necessidade, enquanto dimensão do princípio da proporcionalidade.

Relativamente ao consentimento remete-se para o que consta do artigo 4.º, n.º 11.

Quanto à necessidade do tratamento para a execução de um contrato no *qual o titular* dos dados é parte, ou para diligências pré-contratuais a seu pedido, tal abrange dois cenários diferentes:

(i) Em primeiro lugar, a disposição abrange as situações nas quais o tratamento seja necessário para a execução de um contrato no qual a pessoa em causa é parte. Tal pode incluir, por exemplo, o tratamento dos dados relativos ao endereço da pessoa em causa para que os bens adquiridos em linha possam ser entregues ou o tratamento dos dados relativos ao cartão de crédito para que o pagamento seja efetuado. No contexto laboral, este fundamento pode permitir, por exemplo, o tratamento das informações relativas ao salário e dos dados relativos à conta bancária para que os salários possam ser pagos. (...);

(ii) Em segundo lugar, (...) abrange igualmente o tratamento que preceda a celebração de um contrato. Tal abrange as relações pré-contratuais, desde que a negociação ocorra a pedido do titular dos dados, e não por iniciativa do responsável pelo tratamento ou de terceiros. Por exemplo, se uma pessoa pedir a um retalhista que lhe envie uma oferta relativa a um produto, o tratamento necessário para esse fim, como, por exemplo, a conservação dos dados relativos ao endereço e das informações sobre o que foi pedido, durante um período limitado, será adequado à luz deste fundamento jurídico. De igual modo, se uma pessoa solicitar a uma seguradora uma proposta de seguro automóvel, a seguradora pode tratar os dados necessários, por exemplo, relativos à origem e à idade do automóvel, e outros dados relevantes e proporcionados, de forma a preparar a proposta."[240]

5. A necessidade do tratamento para o cumprimento de uma obrigação jurídica a que o responsável esteja sujeito pode acontecer "(...) quando os empregadores tenham de fornecer à segurança social ou às autoridades fiscais dados relativos aos salários dos seus trabalhadores, ou quando instituições financeiras sejam obrigadas a denunciar determinadas transações suspeitas às autoridades competentes nos termos das normas em matéria de luta contra o branqueamento de capitais. (...). Tal aplica-se, por exemplo, à recolha de dados por uma autarquia local para o tratamento de multas de estacionamento em locais proibidos."[241]

Note-se que, tendo em conta o fundamento constante da alínea b), as obrigações jurídicas aqui aludidas serão, com certeza, provenientes de todas as fontes normativas, à exceção da fonte contratual.

6. O fundamento da necessidade do tratamento para a defesa de interesses vitais do titular dos dados ou de outra pessoa singular parece ser limitado pela "(...) expressão «interesse vital» (...) a questões de vida ou morte ou, no mínimo, a ameaças que acarretam um risco de lesão ou de outros danos para a saúde da pessoa em causa (...)".[242]

Em princípio, o tratamento de dados pessoais com base no interesse vital de outra pessoa singular só pode ter lugar quando o tratamento não se puder basear manifestamente noutro fundamento jurídico. Alguns tipos de tratamento podem servir tanto importantes interesses públicos como interesses vitais do titular dos dados, por exemplo, se o tratamento for necessário para fins humanitários, incluindo a monitorização de epidemias e da sua propagação ou em situações de emergência humanitária, em especial em situações de catástrofes naturais e de origem humana. De acordo com o Considerando 46:

"O tratamento de dados pessoais também deverá ser considerado lícito quando for necessário à proteção de um interesse essencial à vida do titular dos dados ou de qualquer outra pessoa singular. Em princípio, o tratamento de

---

[240] Parecer do Grupo do Artigo 29.º, de 9 de abril de 2014, sobre o conceito de interesses legítimos do responsável pelo tratamento dos dados na aceção do artigo 7.º da Diretiva 95/46/CE (*WP 217*), p. 25.
[241] Parecer citado, p. 29.
[242] Parecer citado, p. 32.

dados pessoais com base no interesse vital de outra pessoa singular só pode ter lugar quando o tratamento não se puder basear manifestamente noutro fundamento jurídico. Alguns tipos de tratamento podem servir tanto importantes interesses públicos como interesses vitais do titular dos dados, por exemplo, se o tratamento for necessário para fins humanitários, incluindo a monitorização de epidemias e da sua propagação ou em situações de emergência humanitária, em especial em situações de catástrofes naturais e de origem humana."

7. No tocante à necessidade do tratamento para o exercício de funções de interesse público ou para o exercício da autoridade pública de que está investido o responsável, o citado Parecer indica: "(...) abrange as situações nas quais o próprio responsável pelo tratamento tenha sido investido de autoridade pública ou de uma missão de interesse público (mas não necessariamente também de uma obrigação legal de tratar dados) e o tratamento seja necessário para o exercício dessa autoridade ou a execução dessa missão.

Por exemplo, uma autoridade tributária pode recolher e tratar os dados relativos à declaração fiscal de uma pessoa para determinar e verificar o valor do imposto a pagar. Uma associação profissional, como uma ordem dos advogados ou uma ordem dos médicos, investida de autoridade pública para tal, pode levar a cabo procedimentos disciplinares contra alguns dos seus membros.

Outro exemplo possível é o de um órgão de poder local, como uma autoridade municipal, que tenha por missão administrar uma biblioteca, uma escola ou uma piscina local."[243]

8. O TJUE declarou no Acórdão Puškár (C-73/2016) de 27 de Setembro de 2017, que:

> "(...) o artigo 7.º, alínea e), da Diretiva 95/46 deve ser interpretado no sentido de que não se opõe a um tratamento de dados pessoais pelas autoridades de um Estado-Membro para efeitos da cobrança de impostos e de luta contra a fraude fiscal, como o que consistiu na criação da lista controvertida no processo principal, sem o consentimento das pessoas em causa, na condição, por um lado, de essas autoridades terem sido investidas pela legislação nacional de missões de interesse público, na aceção desta disposição, de a criação desta lista e a inscrição do nome das pessoas em causa serem efetivamente adequadas e necessárias para alcançar os objetivos prosseguidos e de haver

---

[243] Parecer citado, p. 33.

indícios suficientes para presumir que a inscrição das pessoas em causa na lista é justificada e, por outro, de estarem cumpridos todos os requisitos de licitude deste tratamento de dados pessoais impostos pela Diretiva 95/46."[244]

9. O TJUE declarou igualmente no Acórdão Huber (C-524/2006) de 16 de Dezembro de 2008 que:

"Um sistema de tratamento de dados pessoais respeitantes aos cidadãos da União que não são nacionais do Estado-Membro em causa, como o estabelecido pela Lei do registo central dos estrangeiros de 2 de Setembro de 1994, conforme alterada pela Lei de 21 de Junho de 2005, e que tenha por objetivo dar apoio às administrações encarregadas da aplicação da legislação sobre o direito de residência só cumpre a exigência da necessidade inserida no artigo 7.º, alínea e), da Diretiva 95/46/CE (...), interpretado à luz da proibição de qualquer discriminação exercida em razão da nacionalidade, se:
– contiver unicamente os dados necessários à aplicação dessa legislação pelas referidas autoridades, e
– o seu carácter centralizado permitir uma aplicação mais eficaz dessa legislação no que respeita ao direito de residência dos cidadãos da União Europeia que não são nacionais desse Estado-Membro."

"Em todo o caso, não se podem considerar necessários, na aceção do artigo 7.º, alínea e), da Diretiva 95/46, a conservação e tratamento de dados pessoais nominativos no âmbito de um registo como o registo central dos estrangeiros para fins estatísticos."[245] Este aresto salienta que, não estando presente a dimensão da necessidade, o tratamento de dados não poderá ser realizado.

10. Finalmente, a necessidade do tratamento para efeito dos interesses legítimos prosseguidos pelo responsável pelo tratamento ou por terceiros, exceto se prevalecerem os interesses ou direitos e liberdades fundamentais do titular que exijam a proteção dos dados pessoais, em especial se o titular for uma criança, exige a ponderação dos interesses legítimos do responsável pelo tratamento (ou

---

[244] Disponível em: http://curia.europa.eu/juris/document/document.jsf?text=&docid=19 5046&pageIndex=0&doclang=PT&mode=lst&dir=&occ=first&part=1&cid=3005154 (consultado a 19 de novembro de 2018).

[245] Disponível em: http://curia.europa.eu/juris/liste.jsf?language=en&num=C-524/06 (consultado a 19 de novembro de 2018)

de terceiros) em relação aos interesses ou aos direitos e liberdades fundamentais do titular.

Neste contexto é relevante o Considerando (47):

(i) Os interesses legítimos dos responsáveis pelo tratamento, incluindo os dos responsáveis a quem os dados pessoais possam ser comunicados, ou de terceiros, podem constituir um fundamento jurídico para o tratamento, desde que não prevaleçam os interesses ou os direitos e liberdades fundamentais do titular, **tomando em conta as expectativas razoáveis dos titulares dos dados baseadas na relação com o responsável.**

(ii) Poderá haver um interesse legítimo, por exemplo, quando existir uma relação relevante e apropriada entre o titular dos dados e o responsável pelo tratamento, em situações como aquela em que o **titular dos dados é cliente ou está ao serviço do responsável pelo tratamento.**

(iii) De qualquer modo, a existência de um interesse legítimo requer uma avaliação cuidada, nomeadamente da questão de **saber se o titular dos dados pode razoavelmente prever, no momento e no contexto em que os dados pessoais são recolhidos, que esses poderão vir a ser tratados com essa finalidade.** Os interesses e os direitos fundamentais do titular dos dados podem, em particular, sobrepor-se ao interesse do responsável pelo tratamento, quando que os dados pessoais sejam tratados em circunstâncias em que os seus titulares já não esperam um tratamento adicional.

(iv) Dado que incumbe ao legislador prever por lei o fundamento jurídico para autorizar as autoridades a procederem ao tratamento de dados pessoais, esse fundamento jurídico não deverá ser aplicável aos tratamentos efetuados pelas autoridades públicas na prossecução das suas atribuições.

(v) O tratamento de dados pessoais estritamente necessário aos objetivos de prevenção e controlo da fraude constitui igualmente um interesse legítimo do responsável pelo seu tratamento. Poderá considerar-se de interesse legítimo o tratamento de dados pessoais efetuado para efeitos de comercialização direta.

11. Um interesse legítimo deve "(...) ser lícito (ou seja, deve respeitar o direito da UE e o direito nacional aplicáveis), ser definido de forma suficientemente clara para permitir a realização do teste da ponderação em relação aos interesses e aos direitos fundamentais da pessoa em causa (ou seja, deve ser suficientemente específico), representar um interesse real e atual (ou seja, não deve ser especulativo)."[246]

---

[246] Parecer citado, p. 38.

12. A existência de um interesse legítimo requer uma avaliação cuidada, nomeadamente da questão de saber se o titular dos dados pode razoavelmente prever, no momento e no contexto em que os dados pessoais são recolhidos, que esses poderão vir a ser tratados com essa finalidade.

Os interesses e os direitos fundamentais do titular dos dados podem, em particular, sobrepor-se ao interesse do responsável pelo tratamento, quando os dados pessoais sejam tratados em circunstâncias em que os seus titulares já não esperam um tratamento adicional.

13. Os responsáveis pelo tratamento que façam parte de um grupo empresarial ou de uma instituição associada a um organismo central poderão ter um interesse legítimo em transmitir dados pessoais no âmbito do grupo de empresas para fins administrativos internos, incluindo o tratamento de dados pessoais de clientes ou funcionários.

Os princípios gerais que regem a transmissão de dados pessoais, no âmbito de um grupo empresarial, para uma empresa localizada num país terceiro mantêm-se inalterados, podendo efetuar-se de acordo com o artigo 44.º e seguintes (cfr. Considerando (48)).

14. O tratamento de dados pessoais, na medida estritamente necessária e proporcionada para assegurar a segurança da rede e das informações, ou seja, a capacidade de uma rede ou de um sistema informático de resistir, com um dado nível de confiança, a eventos acidentais ou a ações maliciosas ou ilícitas que comprometam a disponibilidade, a autenticidade, a integridade e a confidencialidade dos dados pessoais conservados ou transmitidos, bem como a segurança dos serviços conexos oferecidos ou acessíveis através destas redes e sistemas, pelas autoridades públicas, equipas de intervenção em caso de emergências informáticas (CERT), equipas de resposta a incidentes no domínio da segurança informática (CSIRT), fornecedores ou redes de serviços de comunicações eletrónicas e por fornecedores de tecnologias e serviços de segurança, constitui um interesse legítimo do responsável pelo tratamento. Pode ser esse o caso quando o tratamento vise, por exemplo, impedir o acesso não autorizado a redes de comunicações eletrónicas e a distribuição de códigos maliciosos e pôr termo a ataques de «negação de serviço» e a danos causados aos sistemas de comunicações informáticas e eletrónicas (cfr. Considerando (49).

15. Em suma, são exemplos de interesses legítimos dos responsáveis, que podem constituir fundamento jurídico para o tratamento, desde que não prevaleçam os interesses ou os direitos e liberdades fundamentais do titular:

(i) quando existir uma relação relevante e apropriada entre o titular dos dados e o responsável, em situações como a que aquele é cliente ou está ao serviço deste;
(ii) quando o tratamento for estritamente necessário aos objetivos de prevenção e controlo da fraude;
(iii) quando o tratamento for efetuado para efeitos de comercialização direta;
(iv) quando os responsáveis que façam parte de um grupo empresarial ou de uma instituição associada a um organismo central transmitam dados pessoais no âmbito do grupo de empresas para fins administrativos internos, incluindo o tratamento de dados pessoais de clientes ou funcionários e
(v) quando o tratamento é necessário para assegurar a segurança da rede e das informações, sobretudo quando o tratamento vise impedir o acesso não autorizado a redes de comunicações eletrónicas e a distribuição de códigos maliciosos e pôr termo a ataques de «negação de serviço» e a danos causados aos sistemas de comunicações informáticas e eletrónicas.

156 No âmbito deste fundamento, o TJUE declarou no Acórdão Asociación Nacional de Establecimientos Financieros de Crédito (C-468/10), de 24 de novembro de 2011, que [247]:

"1) O artigo 7.º, alínea f), da Diretiva 95/46/CE (...) deve ser interpretado no sentido de que se opõe a uma legislação nacional que, na inexistência do consentimento da pessoa em causa e para autorizar o tratamento dos seus dados pessoais necessário para prosseguir interesses legítimos do responsável pelo tratamento ou do terceiro ou terceiros a quem os dados sejam comunicados, exige, além do respeito dos direitos e liberdades fundamentais dessa pessoa, que os referidos dados constem de fontes acessíveis ao público, excluindo assim de forma categórica e generalizada todo e qualquer tratamento de dados que não constem dessas fontes."

"2) O artigo 7.º, alínea f), da Diretiva 95/46 tem um efeito direto."

---

[247] Disponível em: http://curia.europa.eu/juris/document/document.jsf;jsessionid=A7A533E0D264A7CBEC405E34C407234B?text=&docid=115205&pageIndex=0&doclang=PT&mode=lst&dir=&occ=first&part=1&cid=3009168 (consultado em: 18 de novembro de 2018)

17. Ainda em matéria de interesses legítimos do responsável, o TJUE declarou no Acórdão Patrick Breyer (C-582/2014) que:

(i) "2) O artigo 7.º, alínea f), da Diretiva 95/46 deve ser interpretado no sentido de que se opõe a uma regulamentação de um Estado-Membro nos termos da qual um prestador de serviços de meios de comunicação em linha apenas pode recolher e utilizar dados pessoais de um utilizador desses serviços sem o consentimento deste na medida em que essa recolha e essa utilização sejam necessárias para permitir e faturar a utilização concreta dos referidos serviços por esse utilizador, sem que o objetivo de garantir o funcionamento geral desses mesmos serviços possa justificar a utilização dos referidos dados após o termo de uma sessão de consulta desses meios de comunicação."[248]

(ii) "O artigo 7.º, alínea f), da Diretiva 95/46/CE (...) deve ser interpretado no sentido de que não impõe a obrigação de comunicar dados pessoais a um terceiro a fim de lhe permitir instaurar uma ação de indemnização num tribunal cível por um dano causado pela pessoa interessada na proteção desses dados. Todavia, o artigo 7.º, alínea f), desta diretiva não se opõe a tal comunicação com base no direito nacional."[249]

18. O tratamento para efeito dos interesses legítimos prosseguidos pelo responsável pelo tratamento ou por terceiros não se aplica ao tratamento de dados efetuado por autoridades públicas na prossecução das suas atribuições por via eletrónica, dado que incumbe ao legislador prever por lei o fundamento jurídico para autorizar as autoridades a procederem ao tratamento de dados pessoais (cfr. segundo parágrafo deste artigo). Nesta disposição, é sublinhada a importância do princípio da legalidade, na prossecução das atribuições das entidades públicas, previsto no n.º 2 do artigo 3.º e no n.º 2 do artigo 266.º, ambos da CRP e no artigo 3.º do CPA. Entre nós, a previsão do fundamento jurídico para autorizar as autoridades a procederem ao tratamento de dados pessoais faz-se por intermédio de ato legislativo.

19. Em suma o recurso ao critério dos interesses legítimos não abrange a prossecução de tarefas públicas, nomeadamente de carácter administra-

---

[248] Loc. cit.
[249] Acórdão Rigas satiksme (C-13/2016), decidido a 4 de Maio de 2017. Disponível em: http://curia.europa.eu/juris/liste.jsf?language=en&num=C-13/16 (consultado a 17 de novembro de 2018).

tivo e exige, sempre, uma ponderação entre o interesse do responsável do tratamento, do titular dos dados e, eventualmente, de um terceiro.

A configuração da posição jurídica e a expetativa das partes manifesta-se como um elemento fundamental para aferir de uma eventual situação de legitimidade.

Um elemento decisivo na ponderação poderá ser a natureza dos elementos em presença. Assim, poderá verificar-se uma polarização entre um direito e um interesse material de natureza não jurídica, o que fará com que prevaleça o primeiro.

20. O n.º 2 confere aos Estados-Membros a faculdade de manter ou aprovar disposições mais específicas com o objetivo de adaptar a aplicação das regras do RGPD no que diz respeito ao tratamento de dados para o cumprimento de uma obrigação jurídica a que o responsável pelo tratamento esteja sujeito e para o exercício de funções de interesse público ou para o exercício da autoridade pública de que está investido o responsável pelo tratamento, determinando, de forma mais precisa, requisitos específicos para o tratamento e outras medidas destinadas a garantir a licitude e lealdade do tratamento, inclusive para outras situações específicas de tratamento em conformidade com as disposições relativas a situações específicas de tratamento, previstas no capítulo IX. O RGPD não exige uma lei específica para cada tratamento de dados, sendo suficiente um diploma para diversas operações de tratamento baseadas numa obrigação jurídica à qual esteja sujeito o responsável pelo tratamento ou se o tratamento for necessário ao exercício de funções de interesse público ou ao exercício da autoridade pública.

Trata-se, claramente, de uma abertura do instrumento de Direito Europeu à posição dos Estados-Membros.

21. Compete ao direito da União ou dos Estados-Membros, designadamente, (entre nós mediante Lei ou Decreto-Lei):

(i) determinar qual a finalidade do tratamento dos dados,
(ii) especificar as condições gerais do RGPD que regem a legalidade do tratamento dos dados pessoais.

Deverá igualmente caber ao Direito da União ou dos Estados-Membros determinar se o responsável pelo tratamento que exerce funções de interesse público ou prerrogativas de autoridade pública deverá ser uma autoridade pública ou outra pessoa singular ou coletiva de direito público, ou, caso tal seja do interesse público, incluindo por motivos de saúde, como motivos de saúde pública e proteção social e de gestão dos serviços de saúde, de direito privado, por exemplo uma associação profissional. (Considerando (45))

22. O fundamento jurídico para o tratamento de dados para o cumprimento de uma obrigação jurídica a que o responsável pelo tratamento esteja sujeito e para o exercício de funções de interesse público ou para o exercício da autoridade pública de que está investido o responsável pelo tratamento é definido (i) pelo direito da União ou (ii) pelo direito do Estado-Membro ao qual o responsável pelo tratamento está sujeito (n.º 3, primeiro parágrafo).

23. A finalidade do tratamento é determinada com esse fundamento jurídico ou, no que respeita ao tratamento para o exercício de funções de interesse público ou para o exercício da autoridade pública de que está investido o responsável pelo tratamento, Esse fundamento jurídico pode prever disposições específicas para adaptar a aplicação das regras do RGPD, nomeadamente:

(i) as condições gerais de licitude do tratamento pelo responsável pelo seu tratamento; (ii) os tipos de dados objeto de tratamento;
(iii) os titulares dos dados em questão;
(iv) as entidades a que os dados pessoais poderão ser comunicados e para que efeitos;
(v) os limites a que as finalidades do tratamento devem obedecer;
(vi) os prazos de conservação e
(vii) as operações e procedimentos de tratamento, incluindo as medidas destinadas a garantir a legalidade e lealdade do tratamento, como as medidas relativas a outras situações específicas de tratamento em conformidade com disposições relativas a situações específicas de tratamento, previstas no capítulo IX.

O direito da União ou do Estado-Membro deve responder a um objetivo de interesse público e ser proporcional ao objetivo legítimo prosseguido. Seguindo o Considerando (41):

"Caso o presente regulamento se refira a um fundamento jurídico ou a uma medida legislativa, não se trata necessariamente de um ato legislativo adotado por um parlamento, sem prejuízo dos requisitos que decorram da ordem constitucional do Estado-Membro em causa. No entanto, esse fundamento jurídico ou essa medida legislativa deverão ser claros e precisos e a sua aplicação deverá ser previsível para os seus destinatários, em conformidade com a jurisprudência do Tribunal de Justiça da União Europeia («Tribunal de Justiça») e pelo Tribunal Europeu dos Direitos do Homem."

24. O n.º 4 alude ao tratamento para fins que não sejam aqueles para os quais os dados pessoais foram recolhidos, realizado sem o consentimento do titular ou sem estar ancorado em disposições do direito da União ou dos Estados-Membros que constituam uma medida necessária e proporcionada numa sociedade democrática para salvaguardar os objetivos enunciados no n.º 1 do artigo 23.º e se o tratamento para outros fins é compatível com a finalidade para a qual os dados pessoais foram inicialmente recolhidos, tendo nomeadamente em conta:

(i) qualquer ligação entre a finalidade para a qual os dados pessoais foram recolhidos e a finalidade do tratamento posterior;

(ii) o contexto em que os dados pessoais foram recolhidos, em particular no que respeita à relação entre os titulares dos dados e o responsável pelo seu tratamento;

(iii) a natureza dos dados pessoais, em especial se as categorias especiais de dados pessoais forem tratadas nos termos do artigo 9.º, ou se os dados pessoais relacionados com condenações penais e infrações forem tratados nos termos do artigo 10.º;

(iv) as eventuais consequências do tratamento posterior pretendido para os titulares dos dados e

(v) a existência de salvaguardas adequadas, que podem ser a cifragem ou a pseudonimização (cfr. n.º 4).

25. O tratamento de dados pessoais para outros fins que não aqueles para os quais os dados pessoais tenham sido inicialmente recolhidos apenas deverá realizado se for compatível com as finalidades para as quais os dados pessoais tenham sido inicialmente recolhidos.

Segundo o Considerando (50):

(i) Se o tratamento for necessário para o exercício de funções de interesse público ou o exercício da autoridade pública de que está investido o responsável pelo tratamento, o direito da União ou dos Estados-Membros pode determinar e definir as tarefas e finalidades para as quais o tratamento posterior deverá ser considerado compatível e lícito.

(ii) As operações de tratamento posterior para fins de arquivo de interesse público, para fins de investigação científica ou histórica ou para fins estatísticos, deverão ser consideradas tratamento lícito compatível. O fundamento jurídico previsto no direito da União ou dos Estados-Membros para o tratamento dos dados pessoais pode igualmente servir de base jurídica para o tratamento posterior.

(iii) A fim de apurar se a finalidade de uma nova operação de tratamento dos dados é ou não compatível com a finalidade para que os dados pessoais foram originariamente recolhidos, o responsável pelo seu tratamento, após ter cumprido todos os requisitos para a licitude do tratamento inicial, deverá ter em atenção, entre outros aspetos, a existência de uma ligação entre a primeira finalidade e aquela a que se destina a nova operação de tratamento que se pretende efetuar, o contexto em que os dados pessoais foram recolhidos, em especial as expectativas razoáveis do titular dos dados quanto à sua posterior utilização, baseadas na sua relação com o responsável pelo tratamento; a natureza dos dados pessoais; as consequências que o posterior tratamento dos dados pode ter para o seu titular; e a existência de garantias adequadas tanto no tratamento inicial como nas outras operações de tratamento previstas.

(iv) Caso o titular dos dados tenha dado o seu consentimento ou o tratamento se baseie em disposições do direito da União ou de um Estado-Membro que constituam uma medida necessária e proporcionada, numa sociedade democrática, para salvaguardar, em especial, os importantes objetivos de interesse público geral, o responsável pelo tratamento deverá ser autorizado a proceder ao tratamento posterior dos dados pessoais, independentemente da compatibilidade das finalidades.

(v) Em todo o caso, deverá ser garantida a aplicação dos princípios enunciados pelo presente regulamento e, em particular, a obrigação de informar o titular dos dados sobre essas outras finalidades e sobre os seus direitos, incluindo o direito de se opor.

(vi) A indicação pelo responsável pelo tratamento de eventuais atos criminosos ou ameaças à segurança pública e a transmissão dos dados pessoais pertinentes, em casos individuais ou em vários casos relativos ao mesmo ato criminoso ou ameaça à segurança pública, a uma autoridade competente, deverão ser consideradas como sendo do interesse legítimo do responsável pelo tratamento.

(vii) Todavia, deverá ser proibido proceder à transmissão no interesse legítimo do responsável pelo tratamento ou ao tratamento posterior de dados pessoais se a operação não for compatível com alguma obrigação legal, profissional ou outra obrigação vinculativa de confidencialidade.

(*Alexandre Sousa Pinheiro/Carlos Jorge Gonçalves*)

ARTIGO 7.º
Condições aplicáveis ao consentimento

1. Quando o tratamento for realizado com base no consentimento, o responsável pelo tratamento deve poder demonstrar que o titular dos dados deu o seu consentimento para o tratamento dos seus dados pessoais.

2. Se o consentimento do titular dos dados for dado no contexto de uma declaração escrita que diga também respeito a outros assuntos, o pedido de consentimento deve ser apresentado de uma forma que o distinga claramente desses outros assuntos de modo inteligível e de fácil acesso e numa linguagem clara e simples. Não é vinculativa qualquer parte dessa declaração que constitua violação do presente regulamento.

3. O titular dos dados tem o direito de retirar o seu consentimento a qualquer momento. A retirada do consentimento não compromete a licitude do tratamento efetuado com base no consentimento previamente dado. Antes de dar o seu consentimento, o titular dos dados é informado desse facto. O consentimento deve ser tão fácil de retirar quanto de dar.

4. Ao avaliar se o consentimento é dado livremente, há que verificar com a máxima atenção se, designadamente, a execução de um contrato, inclusive a prestação de um serviço, está subordinada ao consentimento para o tratamento de dados pessoais que não é necessário para a execução desse contrato.

COMENTÁRIO:

1. Ver nota ao artigo 4.º, n.º 11.

O responsável, estribado no princípio da responsabilidade, previsto no n.º 2 do artigo 5.º, deve poder demonstrar que o titular dos dados deu o seu consentimento para o tratamento dos seus dados pessoais quando, como é evidente, o tratamento for realizado com base no consentimento (n.º 1).

2. O pedido de consentimento para o tratamento de dados pessoais, deve ser formulado ao respetivo titular (i) de modo inteligível e de fácil acesso, (ii) numa linguagem clara e simples e (iii) apresentado de uma forma totalmente destacada, distinta e clara de outros eventuais assuntos que façam parte da mesma declaração pré-escrita que lhe seja submetida para subscrição.

Deverão, portanto, existir as devidas garantias de que o titular dos dados está plenamente ciente do consentimento dado e do seu alcance (cfr. Considerando (42). Como é bom de ver, não é vinculativa qualquer parte dessa declaração que constitua violação do RGPD, pelo que o segundo período deste número nos parece totalmente despiciendo (n.º 2).

3. De acordo com o Considerando (42):

"Em conformidade com a Diretiva 93/13/CEE, uma declaração de consentimento, previamente formulada pelo responsável pelo tratamento, deverá ser fornecida de uma forma inteligível e de fácil acesso, numa linguagem clara e simples e sem cláusulas abusivas[250]. Para que o consentimento seja dado com conhecimento de causa, o titular dos dados deverá conhecer, pelo menos, a identidade do responsável pelo tratamento e as finalidades a que o tratamento se destina. Não se deverá considerar que o consentimento foi dado de livre vontade se o titular dos dados não dispuser de uma escolha verdadeira ou livre ou não puder recusar nem retirar o consentimento sem ser prejudicado."

4. O n.º 3 consagra o direito à revogação do consentimento a todo o tempo, isto é, o direito do titular dos dados a retirar o seu consentimento a qualquer momento.

Este direito não parece ter qualquer limitação: basta a vontade do titular para que seja exercido. Porém, a retirada do consentimento não compromete a licitude do tratamento efetuado com base na sua prévia prestação.

O tratamento será, por isso, lícito no lapso temporal compreendido entre o momento da prestação do consentimento e o momento da sua retirada.

Ainda antes de dar o seu consentimento, o titular é informado deste facto.

5. Na avaliação da prestação livre do consentimento, convém verificar designadamente, se a execução de um contrato, inclusive a prestação de um serviço, está subordinada ao consentimento para o tratamento de dados pessoais que não é necessário para a execução desse contrato.

6. É possível identificar algumas presunções de que o consentimento não foi livre e voluntário:

(i) em casos de desequilíbrio manifesto entre o titular dos dados e o responsável pelo seu tratamento;
(ii) se não for possível dar consentimento separadamente para diferentes operações de tratamento de dados pessoais, ainda que seja adequado no caso específico e

---

[250] Diretiva 93/13/CEE do Conselho, de 5 de abril de 1993, relativa às cláusulas abusivas nos contratos celebrados com os consumidores (JO L 95 de 21.4.1993, p. 29).

(iii) se a execução de um contrato, incluindo a prestação de um serviço, depender do consentimento apesar de o consentimento não ser necessário para a mesma execução. Estas presunções são, obviamente, ilidíveis, já que admitem prova em contrário.

(*Alexandre Sousa Pinheiro/Carlos Jorge Gonçalves*)

ARTIGO 8.º
Condições aplicáveis ao consentimento de crianças em relação aos serviços da sociedade da informação

1. Quando for aplicável o artigo 6.º, n.º 1, alínea *a)*, no que respeita à oferta direta de serviços da sociedade da informação às crianças, dos dados pessoais de crianças é lícito se elas tiverem pelo menos 16 anos. Caso a criança tenha menos de 16 anos, o tratamento só é lícito se e na medida em que o consentimento seja dado ou autorizado pelos titulares das responsabilidades parentais da criança. Os Estados-Membros podem dispor no seu direito uma idade inferior para os efeitos referidos, desde que essa idade não seja inferior a 13 anos.

2. Nesses casos, o responsável pelo tratamento envida todos os esforços adequados para verificar que o consentimento foi dado ou autorizado pelo titular das responsabilidades parentais da criança, tendo em conta a tecnologia disponível.

3. O disposto no n.º 1 não afeta o direito contratual geral dos Estados-Membros, como as disposições que regulam a validade, a formação ou os efeitos de um contrato em relação a uma criança.

COMENTÁRIO:

1. Como bem resulta da sua epígrafe, este artigo apenas se aplica quando esteja em causa o **consentimento de crianças relativamente à oferta de serviços da sociedade de informação**.

2. Ao remeter para a alínea a) do n.º 1 do artigo 6.º, o n.º 1 do artigo 8.º pressupõe, em primeiro lugar, que **o consentimento seja o fundamento para o tratamento de dados pessoais**, pois só nesse caso importa determinar a idade que se considera a mais adequada para que tal consentimento possa ser prestado. Quer isto dizer que, sempre que exista outro fundamento de licitude para

o tratamento de dados pessoais, nomeadamente, se o tratamento for necessário para o cumprimento de uma obrigação legal ou para a execução de um contrato do qual o titular dos dados é parte, já não terá aplicação o artigo 8.º, ainda que estejam em causa dados pessoais de uma criança.

3. Mas há igualmente que ter em conta que este artigo apenas se destina a casos de **oferta direta de serviços da sociedade de informação** e não à oferta de quaisquer bens ou serviços. Para se determinar o que se entende por serviços da sociedade de informação, o artigo 4.º, 25) do RGPD remete-nos para a definição que consta da alínea b) do n.º 1 do artigo 1.ºº da Diretiva (UE) 2015/1535 do Parlamento Europeu e do Conselho, que apresenta a seguinte redação:

> "b) «Serviço» significa qualquer serviço da sociedade da informação, isto é, qualquer serviço prestado normalmente mediante remuneração, à distância, por via eletrónica e mediante pedido individual de um destinatário de serviços;
> Para efeitos da presente definição, entende-se por:
> i) «à distância»: um serviço prestado sem que as partes estejam simultaneamente presentes,
> ii) **«por via eletrónica»**: um serviço enviado desde a origem e recebido no destino através de instrumentos eletrónicos de processamento (incluindo a compressão digital) e de armazenamento de dados, que é inteiramente transmitido, encaminhado e recebido por cabo, rádio, meios óticos ou outros meios eletromagnéticos,
> iii) **«mediante pedido individual de um destinatário de serviços»**: um serviço fornecido por transmissão de dados mediante pedido individual."

4. A propósito da noção de serviços de sociedade de informação, veja-se ainda a jurisprudência do Tribunal de Justiça da União Europeia, Processo C-108/09 (Ker-Optika) e Processo C-434/15 (Asociacion Profesional Elite Taxi / Uber Systems Spain SL), n.º 40, onde se determina que o serviço da sociedade da informação que faça parte integrante de um serviço global cujo elemento principal não seja um serviço da sociedade da informação (neste caso, um serviço de transporte) não deve ser considerado «serviço da sociedade da informação».

5. Quer isto dizer que este artigo apenas trata da prestação de consentimento para o tratamento de dados que possibilite a oferta direta de serviços da sociedade de informação, ou seja, para que alguém possa receber propostas de aquisição de tais serviços.

6. Não está em causa, como é evidente, a efetiva celebração de contratos, remetendo, neste caso, o n.º 3 deste artigo, que analisaremos *infra*, para o disposto no direito nacional dos Estados-membros, nem o consentimento de menores para quaisquer outros efeitos.

7. Por último, trata este artigo da oferta direta de serviços da sociedade de informação **a crianças**, sendo que, de acordo com o artigo 1.º da Convenção das Nações Unidas sobre os Direitos da Criança, «[...] criança é todo o ser humano menor de 18 anos, salvo se, nos termos da lei que lhe for aplicável, atingir a maioridade mais cedo.» (vide Convenção sobre os Direitos das Crianças, assinada em Nova Iorque a 26 de janeiro de 1990, e ratificada por Portugal, em 12 de setembro de 1990).

8. A este propósito, tenha-se em conta o disposto no considerando 38 do RGPD que refere que: "As crianças merecem proteção especial quanto aos seus dados pessoais, uma vez que podem estar menos cientes dos riscos, consequências e garantias em questão e dos seus direitos relacionados com o tratamento dos dados pessoais. Essa proteção específica deverá aplicar-se, nomeadamente, à utilização de dados pessoais de crianças para efeitos de comercialização ou de criação de perfis de personalidade ou de utilizador, bem como à recolha de dados pessoais em relação às crianças aquando da utilização de serviços disponibilizados diretamente às crianças". O artigo 8.º já não se aplicará, de acordo com o mesmo considerando, se estiverem em causa "serviços preventivos ou de aconselhamento oferecidos diretamente a uma criança", como seja o caso de um serviço de conversação em linha (exemplo da Linha SOS Criança).

9. O legislador europeu considerou que alguém com 16 anos tem já a maturidade suficiente para dar o seu consentimento para que os seus dados pessoais possam ser utilizados para efeitos de comercialização de serviços da sociedade de informação, admitindo, contudo, que os Estados-Membros pudessem fixar uma idade inferior, respeitado o mínimo de 13 anos.

10. Esta possibilidade aberta pelo RGPD levou a que, neste tocante, não haja uniformidade na idade mínima exigida porquanto alguns dos Estados-Membros já fixaram idades inferiores a 16 anos. É, nomeadamente, o caso da Espanha, Noruega, Suécia, Reino Unido, Dinamarca, Estónia (em que a idade limite é 13 anos), da Áustria (14 anos) ou da França (15 anos).

11. Esta diversidade de regimes obriga o responsável pelo tratamento a conhecer os diferentes direitos nacionais, em especial, se prestar um serviço

transfronteiriço. Neste caso, não pode invocar o cumprimento apenas do direito do Estado-Membro onde tem o seu estabelecimento principal; pode também necessitar de cumprir o direito nacional de cada Estado-Membro em que oferecer serviços da sociedade da informação (neste sentido, *vide* as orientações do Grupo de Trabalho do Artigo 29.º, instituído pela Diretiva 95/46/CE do Parlamento Europeu e do Conselho, de 24 de outubro de 1995, sobre consentimento, adotadas em 28 de novembro de 2017 e revistas em 10 de abril de 2018).

12. Caso a criança tenha uma idade inferior a 16 anos, ou àquela que vier a ser fixada pelos Estados-Membros, deverá ser obtido o consentimento dos titulares das responsabilidades parentais da criança sob pena de ilicitude do tratamento.

13. Assim sendo, o responsável pelo tratamento deve, nos termos do n.º 2 do artigo 8.º, fazer todas as diligências, tendo em conta a tecnologia disponível, para verificar se a criança já tem a idade necessária para prestar o seu consentimento ou, em caso negativo, se o consentimento foi dado ou autorizado pelo titular das responsabilidades parentais da criança. O responsável pelo tratamento deve, assim, começar por perguntar se o utilizador já atingiu a idade mínima para a prestação do consentimento (indicando a mesma) e, se o mesmo declarar ter uma idade inferior à legalmente exigida, deve obter autorização do representante legal da criança e verificar se a pessoa que está a dar o consentimento é efetivamente tal representante legal (o titular da responsabilidade parental ou o tutor), o que nem sempre será fácil (pense-se, nomeadamente, nos casos de divórcio em que o regime das responsabilidades parentais seja fixado por sentença judicial ou nos casos em que as responsabilidades parentais não são exercidas pelos progenitores). Se o utilizador declarar ter já ultrapassado a idade mínima para a prestação do consentimento, o responsável pelo tratamento pode solicitar comprovativo desse facto, nomeadamente através da indicação da data de nascimento. Em todo o caso, devem ser evitadas soluções de verificação que envolvam, elas mesmas, uma recolha excessiva de dados pessoais.

14. O consentimento dado pelo representante legal da criança para o tratamento dos dados pessoais das crianças pode ser confirmado, modificado ou retirado assim que o titular dos dados atinja a idade para dar ele próprio o seu consentimento. Se nada fizer, o consentimento dado pelo representante legal da criança continuará a ser um fundamento válido para o tratamento.

15. Quando se trate de obter o consentimento de uma criança, o responsável pelo tratamento deve explicar em linguagem clara e simples para crianças de que forma pretende tratar os dados que irá recolher (*vide* considerando 58).

Caso a informação ou comunicação não esteja redigida numa linguagem clara e simples que a criança compreenda facilmente, deverá entender-se que não foi cumprido o dever de informação pelo que não se verificarão os pressupostos do consentimento informado.

16. Quanto ao n.º 3 deste artigo, o mesmo esclarece que as regras sobre consentimento de uma criança para o tratamento dos seus dados no tocante à oferta de serviços da sociedade de informação em nada afetam "as disposições que regulam a validade, a formação ou os efeitos de um contrato em relação a uma criança", remetendo, neste tocante, para o direito interno de cada Estado--Membro. Quer isto dizer que o RGPD não aborda a questão de saber qual a idade a partir da qual uma criança pode celebrar contratos por via eletrónica, não tenho procurado harmonizar as disposições nacionais de direito contratual neste tocante.

17. No caso português, há que ter em conta que, como regra geral, os menores de 18 anos carecem de capacidade para a celebração de contratos (artigo 123.º do Código Civil), sendo os negócios jurídicos por estes praticados anuláveis (artigo 125.º do Código Civil), admitindo-se, porém, algumas exceções (artigo 127.º do Código Civil).

18. De notar, por fim, que o incumprimento das obrigações do responsável pelo tratamento e do subcontratante previstas neste artigo constituem violações sujeita a coima, nos termos da alínea a) do n.º 4 do artigo 83.º.

(Cristina Pimenta Coelho)

ARTIGO 9.º
Tratamento de categorias especiais de dados pessoais

1. É proibido o tratamento de dados pessoais que revelem a origem racial ou étnica, as opiniões políticas, as convicções religiosas ou filosóficas, ou a filiação sindical, bem como o tratamento de dados genéticos, dados biométricos para identificar uma pessoa de forma inequívoca, dados relativos à saúde ou dados relativos à vida sexual ou orientação sexual de uma pessoa.

2. O disposto no n.º 1 não se aplica se se verificar um dos seguintes casos:

a) Se o titular dos dados tiver dado o seu consentimento explícito para o tratamento desses dados pessoais para uma ou mais finalidades específicas, exceto se o direito da União ou de um Estado-Membro prever que a proibição a que se refere o n.o 1 não pode ser anulada pelo titular dos dados;

b) Se o tratamento for necessário para efeitos do cumprimento de obrigações e do exercício de direitos específicos do responsável pelo tratamento ou do titular dos dados em matéria de legislação laboral, de segurança social e de proteção social, na medida em que esse tratamento seja permitido pelo direito da União ou dos Estados-Membros ou ainda por uma convenção coletiva nos termos do direito dos Estados-Membros que preveja garantias adequadas dos direitos fundamentais e dos interesses do titular dos dados;

c) Se o tratamento for necessário para proteger os interesses vitais do titular dos dados ou de outra pessoa singular, no caso de o titular dos dados estar física ou legalmente incapacitado de dar o seu consentimento;

d) Se o tratamento for efetuado, no âmbito das suas atividades legítimas e mediante garantias adequadas, por uma fundação, associação ou qualquer outro organismo sem fins lucrativos e que prossiga fins políticos, filosóficos, religiosos ou sindicais, e desde que esse tratamento se refira exclusivamente aos membros ou antigos membros desse organismo ou a pessoas que com ele tenham mantido contactos regulares relacionados com os seus objetivos, e que os dados pessoais não sejam divulgados a terceiros sem o consentimento dos seus titulares;

e) Se o tratamento se referir a dados pessoais que tenham sido manifestamente tornados públicos pelo seu titular;

f) Se o tratamento for necessário à declaração, ao exercício ou à defesa de um direito num processo judicial ou sempre que os tribunais atuem no exercício da sua função jurisdicional;

g) Se o tratamento for necessário por motivos de interesse público importante, com base no direito da União ou de um Estado-Membro, que deve ser proporcional ao objetivo visado, respeitar a essência do direito à proteção dos dados pessoais e prever medidas adequadas e específicas que salvaguardem os direitos fundamentais e os interesses do titular dos dados;

h) Se o tratamento for necessário para efeitos de medicina preventiva ou do trabalho, para a avaliação da capacidade de trabalho do empregado, o diagnóstico médico, a prestação de cuidados ou tratamentos de saúde ou de ação social ou a gestão de sistemas e serviços de saúde ou de ação social com base no direito da União ou dos Estados-Membros ou por força de um contrato com um profissional de saúde, sob reserva das condições e garantias previstas no n.º 3;

i) Se o tratamento for necessário por motivos de interesse público no domínio da saúde pública, tais como a proteção contra ameaças transfronteiriças graves para a saúde ou para assegurar um elevado nível de qualidade e de segurança dos cuidados de saúde e dos medicamentos ou dispositivos médicos, com base no direito da União ou dos Estados-Membros que preveja medidas adequadas e específicas que salvaguardem os direitos e liberdades do titular dos dados, em particular o sigilo profissional;

j) Se o tratamento for necessário para fins de arquivo de interesse público, para fins de investigação científica ou histórica ou para fins estatísticos, em conformidade com o artigo 89.º, n.º 1, com base no direito da União ou de um Estado-Membro, que deve ser proporcional ao objetivo visado, respeitar a essência do direito à proteção dos dados pessoais e prever medidas adequadas e específicas para a defesa dos direitos fundamentais e dos interesses do titular dos dados.

3. Os dados pessoais referidos no n.º 1 podem ser tratados para os fins referidos no n.º 2, alínea *h)*, se os dados forem tratados por ou sob a responsabilidade de um profissional sujeito à obrigação de sigilo profissional, nos termos do direito da União ou dos Estados-Membros ou de regulamentação estabelecida pelas autoridades nacionais competentes, ou por outra pessoa igualmente sujeita a uma obrigação de confidencialidade ao abrigo do direito da União ou dos Estados-Membros ou de regulamentação estabelecida pelas autoridades nacionais competentes.

4. Os Estados-Membros podem manter ou impor novas condições, incluindo limitações, no que respeita ao tratamento de dados genéticos, dados biométricos ou dados relativos à saúde.

COMENTÁRIO:

1. O presente comentário incide sobre o tratamento de dados genéticos e biométricos. O artigo 9.º não faz qualquer menção à *ratio* da proibição contida no n.º 1. Afigura-se-nos que natureza dos dados genéticos e a suficiência da sua tutela reclamam mais do que a proibição da discriminação. Mesmo os Considerandos 71, 75 e 85, referem os riscos do tratamento com efeitos discriminatórios a título exemplificativo (Considerando 71), ou como *um* entre outros riscos pos-

síveis, tais como a usurpação ou roubo da identidade, perdas financeiras, prejuízos para a reputação, perdas de confidencialidade de dados pessoais protegidos por sigilo profissional, inversão não autorizada da pseudonimização, ou quaisquer outros prejuízos importantes de natureza económica ou social.

É consabido que os dados genéticos são suscetíveis de revelar dados pessoais relativos à saúde e às características físicas e fisiológicas do titular, bem do grupo biológico ao qual pertence.

Em tais termos, a discriminação não se nos afigura – nem parece que tal resulte necessariamente do RGPD – ser o único risco associado ao tratamento de dados genéticos.

Em rigor, se os dados genéticos são idóneos a revelar informações que transcendem o titular dos dados pessoais, abarcando indivíduos que pertencem ao seu grupo biológico, o tratamento de dados genéticos poderá colocar em risco a vida privada e familiar – não na aceção tradicional do núcleo familiar *íntimo*, mas numa vertente *biológica*, que se estende a indivíduos que não pertencem ao círculo familiar – *vide* ponto 6 da anotação ao artigo 4.º, ponto 13.

A tutela da vida privada é, aliás, reconhecida pelo Considerando 4 do RGPD, que dispõe que *o presente regulamento respeita todos os direitos fundamentais e observa a liberdade e os princípios reconhecidos na Carta, consagrados nos Tratados, nomeadamente o respeito pela vida privada e familiar, pelo domicílio e pelas comunicações (...)*.

A proibição do tratamento dos dados genéticos e, em geral das categorias especiais de dados, deve, destarte, ser entendida como uma salvaguarda de direitos fundamentais em face do tratamento de dados pessoais. E essa salvaguarda traduz-se na necessidade de preencher um dos fundamentos jurídicos (ou uma das *finalidades admissíveis*[251]) previstos no n.º 2, que nada mais constituem do que ponderações do legislador comunitário em relação a restrições a direitos fundamentais.

No caso dos dados genéticos, o direito fundamental a proteger parece ser a reserva da intimidade da vida privada, na medida em que reclama uma tutela que, pela natureza das coisas, antecede a da proibição da discriminação. Dito de outro modo, para que se verifique um ato (decisão ou comportamento) discriminatório em virtude do tratamento de dados genéticos é necessário que estes, antes, tenham sido revelados a terceiros, sendo que poderão não dizer respeito apenas ao titular da amostra biológica. A proteção da confidencialidade dos

---

[251] Conforme se poderá verificar adiante, consideramos que nem todas as exceções à proibição da discriminação consubstanciam *fundamentos jurídicos* de licitude do tratamento de dados em sentido próprio, mas, antes, finalidades admissíveis do tratamento.

dados genéticos em nome da reserva da intimidade da vida privada (e íntima) precede a possibilidade de discriminação. Por essa razão, em nosso entender, as necessidades de tutela dos dados genéticos encontram-se a montante de quaisquer atos discriminatórios com base em informações, cujo conhecimento – e, por maioria de razão, o tratamento – é, por si só, questionável[252].

2. As exceções à proibição do tratamento de dados pessoais constituem-se estruturalmente como causas de exclusão da ilicitude, no sentido em que um tratamento de dados que, em princípio, seria ilícito cede perante a preponderância de um interesse proporcionalmente mais relevante, que justifica o tratamento.

A regra da proibição do tratamento de dados genéticos determina que as exceções admissíveis visem garantir o exercício de direitos ou interesses do titular (nomeadamente, no que respeita à saúde ou a interesses vitais do titular ou de terceiro, sempre que o titular esteja impedido de prestar consentimento, mas também no domínio laboral), ou a prossecução interesses considerados juridicamente relevantes, tais como o interesse público, a realização da justiça, a saúde pública, ou o interesse de organizações cujo objeto prosseguido é considerado relevante.

No caso do tratamento de dados genéticos com base no consentimento, e com as limitações previstas no direito interno ou no direito da União Europeia, a ponderação foi deixada a cargo do próprio titular. Como se verificará *infra*, o consentimento apresenta-se como o fundamento primacial para o tratamento lícito de dados genéticos.

Claro que a centralização da tutela no titular dos dados não impede que a bondade dos seus direitos ou interesses não deva sofrer inflexões, por exemplo, nos casos em que o próprio titular tenha manifestamente optado que os dados fossem tornados públicos, circunstância em que a *ratio* da proibição do tratamento perderia o seu objeto.

3. A proibição do tratamento de dados genéticos tem sido primacialmente associada ao risco de discriminação do titular dos dados, com base no seu património genético. Em conformidade, tem sido consagrada em vários diplomas de

---

[252] A proteção dos dados relativos à saúde deve incluir no seu espectro a tutela da vida privada, como reconhece o n.º 1 do artigo 10.º da Convenção sobre os direitos do Homem e a biomedicina e o artigo 14.º, a) da Declaração Internacional sobre os dados genéticos. Acresce que, nos casos em que a finalidade do tratamento de dados genéticos vise a proteção da saúde, a cláusula de proibição do tratamento de dados genéticos contida no n.º 1 do artigo 9.º do RGPD poderá ser entendida como uma cláusula especial por relação à cláusula geral de proibição do tratamento de dados relativos à saúde.

Direito da União Europeia e de Direito Internacional, nomeadamente o artigo 21.º, n.º 1 da Carta dos Direitos Fundamentais da União Europeia, que proíbe a discriminação em razão das características genéticas; o artigo 11.º da Convenção para a Proteção dos Direitos do Homem e da dignidade do ser humano face às aplicações da biologia e da medicina (Convenção sobre os Direitos do Homem e a biomedicina) proíbe toda a forma de discriminação contra uma pessoa em virtude do seu património genético, sendo vedada qualquer restrição a esta proibição, nos termos do artigo 26.º, n.º 2 da Convenção; o artigo 6.º da Declaração Universal do Genoma Humano da UNESCO, de 16 de novembro de 1999 estabelece que nenhum indivíduo deve ser submetido a discriminação com base em características genéticas, que vise violar ou que tenha como efeito a violação de direitos humanos, de liberdades fundamentais e da dignidade humana; a Declaração Internacional sobre os dados genéticos humanos da UNESCO, de 16 de outubro de 2003, cujo artigo 7.º prevê o princípio de não discriminação e de não estigmatização; na Recomendação R (97) 5 do Conselho da Europa, que restringe o tratamento de dados à prevenção, diagnóstico e tratamento de doenças e à investigação criminal, sendo que, fora destas finalidades, apenas é admitida, por princípio, a recolha e o tratamento de dados genéticos com a finalidade de evitar sério prejuízo para o titular dos dados ou para terceiros (pontos 4.7. a 4.9.); no artigo 6.º da Recomendação Rec(2006)4 do Comité de Ministros do Conselho da Europa sobre a investigação científica realizada sobre materiais biológicos de origem humana, adotada em 15 de março de 2006.

4. Pese embora a Diretiva 95/46/CE, de 24 de outubro, seja omissa em relação aos dados genéticos, o Grupo de Trabalho do artigo 29.º[253] considerou que, não obstante, estes se encontravam abrangidos pela Diretiva. Por um lado, com base no seu potencial identificativo, subsumindo-se ao conceito de dados pessoais previsto no artigo 2.º, alínea a), e, por outro, pela sua suscetibilidade de revelar dados relativos à saúde, ou a origem racial ou étnica do titular, podendo ainda enquadrar-se no âmbito do artigo 8.º, n.º 1, ambos da Diretiva 95/46/CE, de 24 de outubro.

---

[253] Cf. *Working document on Genetic Data*, do Grupo de proteção de dados do artigo 29.º, de 17.04.2004, p. 5, que pode ser encontrado em http://ec.europa.eu/justice/article-29/documentation/opinion-recommendation/files/2004/wp91_en.pdf. Uma tradução para língua portuguesa pode ser encontrada em https://www.gpdp.gov.mo/uploadfile/2014/0505/20140505071139171.pdf. Consultados em 5 de setembro de 2018.

5. O n.º 1 do artigo 11.º da Lei n.º 12/2005, de 26 de janeiro, alterada pela Lei n.º 26/2016, de 22 de agosto, prevê a proibição da discriminação em função da presença de doença genética, ou do património genético; já o artigo 17.º, n.º 2 do Decreto-Lei n.º 131/2014, de 29 de agosto, prevê que a interconexão da informação genética não poderá diminuir os direitos, nem implicar a discriminação do titular.

Contudo, a legislação portuguesa não se limitou a uma consagração genérica da proibição da discriminação por referência ao património genético; concretizou no eixo da proibição, a discriminação em função dos resultados de um teste genético diagnóstico, de heterozigotia, pré-sintomático ou preditivo, para efeitos de *obtenção ou manutenção de emprego, obtenção de seguros de vida e de saúde, acesso ao ensino e, para efeitos de adoção, no que respeita quer aos adotantes, quer aos adotados* (cf. n.º 2 do artigo 11.º da Lei n.º 12/2005, de 26 de janeiro, alterada pela Lei n.º 26/2016, de 22 de agosto).

Para além da enumeração exemplificativa de casos *clássicos* de discriminação por via do conhecimento de informações relativas à saúde, o n.º 3 do artigo 11.º da *supra* referida Lei proíbe ainda a discriminação de quem se recuse a efetuar um teste genético no seu direito ao seguimento médico e psicossocial e ao aconselhamento genético.

O reconhecimento desta garantia é de saudar, na medida em que a causa de discriminação no acesso ao seguimento médico e psicossocial e ao aconselhamento genético não tem origem em informações obtidas a partir do tratamento de dados genéticos, mas, sim, no seu reverso, isto é, na impossibilidade de as obter por recusa da pessoa em causa. Dito de outro modo, a disposição legal alarga o espectro do conceito de discriminação, não o restringindo às informações obtidas a partir de uma operação de tratamento específica, abrangendo os casos em que tais informações são negadas por via da recusa de consentimento, impeditiva do tratamento.

A Lei da procriação medicamente assistida (Lei n.º 32/2006, de 26 de julho) prevê também a garantia da não discriminação com base no património genético ou no facto de se ter nascido em resultado da utilização de técnicas de procriação medicamente assistida (artigo 3.º, n.º 2).

6. O artigo 5.º da Declaração Internacional sobre os dados genéticos humanos delimita as circunstâncias em que o tratamento de dados genéticos é lícito, a saber:

a) Diagnóstico e cuidados de saúde, incluindo os rastreios e os testes preditivos;

b) Investigação médica e outra investigação científica, incluindo os estudos epidemiológicos, em particular os estudos de genética das populações, assim como os estudos antropológicos ou arqueológicos;

c) Medicina legal e processos civis ou penais e outros procedimentos legais; ou

d) Outro fim compatível com a Declaração Universal sobre o Genoma Humano e os Direitos Humanos e com o Direito Internacional relativo aos direitos humanos

Pode, assim, concluir-se que, num primeiro momento, o tratamento de dados genéticos era entendido como visando essencialmente tutelar a saúde do titular (e, acrescentamos nós, do respetivo grupo biológico), permitir a investigação médicas ou científica e a realização da justiça. No entanto, entre 2003 (ano da Declaração internacional sobre os dados genéticos humanos) e 2016 (ano do RGPD), as finalidades admissíveis para o tratamento de dados sensíveis parecem ter sido ampliadas e crescentemente especificadas.

Porém, e pese embora o RGPD tenha aberto o leque de finalidades genericamente admissíveis para o tratamento de dados sensíveis, no caso dos dados genéticos em particular parece que as necessidades de tutela continuam, na prática, a resumir-se à proteção do direito à saúde, à liberdade de pensamento (de que é corolário a investigação científica), a realização da justiça e o interesse público – ou outos interesses declarados pelo Direito da União ou pelo direito interno como de natureza *pública* – cf. Considerandos 51 a 56 do RGPD.

Artigo 9.º, n.º 2), alínea a)

1. Nos textos de Direito Internacional e de Direito da União Europeia, o tratamento de dados genéticos é condicionado à prestação de consentimento prévio, livre, informado e explícito por parte da pessoa envolvida[254].

---

[254] Cf. artigo 5.º, alínea b) da Declaração Universal do Genoma Humano, artigo 5.º da Convenção sobre os direitos do Homem e a biomedicina; o artigo 16.º, v) da mesma Convenção condiciona a realização de uma investigação no domínio da biologia ou da medicina à prestação de consentimento; o artigo 8.º da Declaração Internacional sobre os Dados Genéticos estabelece que o consentimento deve preceder a recolha de dados genéticos, de dados proteómicos e de amostras biológicas. O Princípio 5 da Recomendação n.º R (92) 3 do Comité de Ministros dos Estados-membros sobre testes genéticos e de diagnóstico com fins médicos, estabelece o princípio da autodeterminação em relação à sujeição a testes genéticos, que se concretiza na exigência da prestação de consentimento expresso, livre e informado, exceto de a legislação nacional dispuser diferentemente. O Princípio 4, b. da mesma Recomenda-

2. Na legislação nacional, a Lei n.º 12/2005, de 26 de janeiro, alterada pela Lei n.º 26/2016, de 22 de agosto, respeitante à informação genética pessoal e informação de saúde, condiciona o tratamento de dados genéticos à obtenção prévia de consentimento informado expresso e escrito[255], quer a finalidade do trata-

ção, respeitante à igualdade no acesso aos testes genéticos, prevê que a prestação de consentimento para a realização de testes genéticos não deve estar sujeita a qualquer condição. A mesma Recomendação, no Princípio 6, que epigrafou de natureza não compulsória dos testes, estabeleceu uma vertente que se pode dizer negativa do princípio do consentimento. De acordo com o mencionado Princípio, a atribuição de subsídios para prestação de serviços de saúde, abonos de família, requisitos para contrair casamento, admissão ou permissão da continuidade do exercício de determinadas atividades, especialmente no âmbito de contrato de trabalho não deve ser condicionada à realização de testes genéticos, incluindo de diagnóstico. O Princípio admite exceções, em face de razões justificáveis diretamente relacionadas com condições específicas da atividade em causa, que visem a proteção da pessoa em causa ou de terceiro. Se expressamente previsto em ato legislativo, a realização dos testes poderá ser obrigatória, com vista à proteção de indivíduos ou do público. Na mesma linha, o artigo 10.º, n.º 2 da Recomendação Rec (2006)4 do Comité de Ministros do Conselho da Europa sobre a investigação científica realizada sobre materiais biológicos de origem humana, adotada em 15 de março de 2006, prevê que a informação e consentimento do titular no âmbito da recolha de material biológico devem tão específicos quanto possível, no que diz respeito a quaisquer usos de pesquisa previstos e as escolhas disponíveis nesse plano. O artigo 9.º da Declaração Universal sobre o genoma humano e os Direitos Humanos admite, no entanto, limitações ao princípio do consentimento e da confidencialidade no contexto do tratamento de dados genéticos, nos casos em que estas visem a proteção de direitos humanos e liberdades fundamentais, limitações aos princípios do consentimento e da confidencialidade somente poderão ser determinadas pela legislação, por razões consideradas imperativas no âmbito do direito internacional público e da legislação internacional sobre direitos humanos.

[255] Cf. o **artigo 9.º, n.º 2**, que dispõe que a *deteção do estado de heterozigotia para doenças recessivas, o diagnóstico pré-sintomático de doenças monogénicas e os testes de suscetibilidades genéticas em pessoas saudáveis só podem ser executados com autorização do próprio, a pedido de um médico com a especialidade de genética e na sequência da realização de consulta de aconselhamento genético, após consentimento informado, expresso por escrito*; o **artigo 16.º, n.º 4**, nos termos do qual *a investigação sobre o genoma humano em pessoas não pode ser realizada sem o consentimento informado dessas pessoas, expresso por escrito, após a explicação dos seus direitos, da natureza e finalidades da investigação, dos procedimentos utilizados e dos riscos potenciais envolvidos para si próprios e para terceiros*; o **artigo 17.º, n.º 4** estabelece que os testes genéticos a menores apenas podem ser pedidos na condição de serem realizados em seu benefício, mediante consentimento informado dos seus pais ou tutores, sem dispensar, no entanto, a procura da obtenção do consentimento do próprio menor; o **artigo 18.º, n.º 1** estabelece que a colheita de sangue e de outros produtos biológicos deve ser objeto de consentimento informado separado para efeitos de testes assistenciais e para

mento consista na realização de testes genéticos, de diagnóstico ou de avaliação de uma suscetibilidade genética, na investigação sobre o genoma humano, na recolha de material biológico e de amostras de ADN para efeitos de realização de testes genéticos, ou na obtenção e utilização de material para um banco de produtos biológicos.

Do mesmo modo, a Lei da procriação medicamente assistida (Lei n.º 32/2006, de 26 de julho) prevê que os beneficiários das técnicas de procriação medicamente assistida, após serem previamente informados, por escrito, de todos os benefícios e riscos conhecidos resultantes da utilização das técnicas de PMA, bem como das suas implicações éticas, sociais e jurídicas, devem prestar consentimento livre, esclarecido, de forma expressa e por escrito, perante o médico responsável – cf. artigo 14.º, n.ºs 1 e 2[256]. O consentimento prestado nestes termos pode ser retirado até ao início dos processos terapêuticos, nos termos do n.º 4 da citada disposição legal. O regime do consentimento é extensível à gestante de substituição, sendo que tanto esta como os beneficiários têm ainda o direito de ser informados, por escrito, do significado da influência da gestante de substituição no desenvolvimento embrionário e fetal – n.ºs 5 e 6 do artigo 14.º.

fins de investigação, devendo o titular ser informado da finalidade da colheita e o tempo de conservação das amostras e produtos deles derivados, e o **n.º 5 do mesmo inciso** sujeita a utilização de amostras colhidas para um propósito médico ou científico específico à autorização expressa das pessoas envolvidas ou dos seus representantes legais. Em relação ao n.º 5 do artigo 18.º entendemos que o consentimento dos representantes legais só terá pertinência quando seja impossível obter o consentimento dos titulares dos dados; esta solução é coerente com regime da propriedade das amostras biológicas, que pertence à pessoa de quem foi obtido, só se transferindo tal propriedade para os seus familiares em caso de morte ou de incapacidade, nos termos do n.º 2 do artigo 18.º e do n.º 13 do artigo 19.º. O **artigo 19.º, n.º 5**, condiciona a obtenção e utilização de material para um banco de produtos biológicos, à prestação de consentimento informado, impondo que o titular seja previamente informado sobre as *finalidades do banco, o seu responsável, os tipos de investigação a desenvolver, os seus riscos e benefícios potenciais, as condições e a duração do armazenamento, as medidas tomadas para garantir a privacidade e a confidencialidade das pessoas participantes e a previsão quanto à possibilidade de comunicação ou não de resultados obtidos com esse material.*

[256] Para além de fundamento jurídico do tratamento de dados no âmbito da procriação medicamente assistida, a prestação de consentimento nos termos do artigo 14.º da Lei n.º 32/2006, de 26 de julho tem o efeito constitutivo de estabelecer a paternidade do menor nascido do recurso às técnicas de procriação medicamente assistida como sendo filho quem, com a pessoa beneficiária, tiver consentido no recurso à técnica em causa, nos termos do n.º 1 do artigo 20.º da mesma Lei.

A recolha e utilização não consentida de gâmetas sem consentimento da pessoa em causa e a sua subsequente utilização para efeitos de procriação medicamente assistida, constitui ilícito criminal punível com pena de prisão de 1 a 8 anos, nos termos do artigo 42.º da Lei n.º 32/2006, de 26 de julho.

3. O consentimento consubstancia o fundamento de licitude primacial para o tratamento de dados genéticos, apenas podendo ser dispensado em circunstâncias excecionais, delimitadas e mediante a ponderação dos interesses da pessoa em causa ou de razões imperativas, que se revelem contundentes.

Por outro lado, e concomitantemente, o consentimento constitui o fundamento *residual* para o tratamento de dados sensíveis, nos casos em que não seja aplicável qualquer das demais exceções à proibição prevista no n.º 1 do artigo 9.º do RGPD.

E bem se entende que assim seja, na medida em que o consentimento se assume como a manifestação mais perfeita – por comparação às demais alternativas previstas no n.º 2 do artigo 9.º – do direito à autodeterminação informacional[257].

Porém, no âmbito do tratamento de dados sensíveis, o consentimento assume duas feições: a de fundamento jurídico e a de condição de licitude do tratamento. A distinção entre as duas feições do consentimento incide em dois princípios distintos, consagrados no RGPD: o da licitude e o da transparência. Vejamos a diferença.

Algumas das exceções à proibição do tratamento de dados sensíveis consagradas no n.º do artigo 9.º do RGPD constituem o resultado de ponderações do legislador comunitário entre direitos, ou interesses juridicamente relevantes e o risco implicado no tratamento destas categorias especiais de dados. Essas ponderações, resolvidas a favor do tratamento de dados, em virtude da preponderância de um direito ou interesse em face do risco inerente ao tratamento, constituem *fundamentos de licitude*. O conceito de licitude reporta-se à hierarquia de valores vigente num ordenamento jurídico, que serve base às ponderações que os casos concretos demandam. O resultado da revela o valor, direito, ou liberdade preponderante em determinado contexto.

O consentimento como fundamento jurídico assume-se como uma delegação da ponderação de valores por parte do legislador no titular dos dados pessoais.

---

[257] Cf. *Opinion 15/2011 on the definition of consent*, adotada em 13 de julho e 2011, pp. 8 e 9. Pode ser consultada em https://ec.europa.eu/justice/article-29/documentation/opinion-recommendation/files/2011/wp187_en.pdf. Consultada em 19 de maio de 2018.

Nesses casos, é ao titular que compete ponderar a necessidade, a adequação e a proporcionalidade do tratamento – sendo, neste particular, de suma relevância o dever *qualificado* de informação (cf. ponto da presente anotação para o qual se remete), para que o titular possa fazer essa mesma ponderação. Em tais hipóteses, o consentimento assume-se como *fundamento jurídico* do tratamento.

Neste particular, afigura-se-nos que algumas das hipóteses elencadas no artigo 9.º, n.º 2 do RGPD se constituem não como fundamentos jurídicos, mas, antes, como *finalidades admissíveis* do tratamento de dados. Serão, por exemplo, os casos do tratamento de dados para efeitos de investigação científica, ou das atividades de uma fundação, associação ou qualquer outro organismo sem fins lucrativos e que prossiga fins políticos, filosóficos, religiosos ou sindicais. Nestes casos, o consentimento (ou uma adesão do titular, que corresponde a uma manifestação de vontade) continua a ser exigido para efeitos do tratamento de dados; ou seja, nestes casos, a ponderação dos valores em presença é deixada ao arbítrio do titular dos dados, que, por isso, constitui um *fundamento de licitude*. A circunstância de o legislador da União Europeia ter previsto finalidades admissíveis para o tratamento de dados não as convola automaticamente em fundamentos jurídicos do tratamento, porquanto a realização dessas finalidades continua a estar sujeita à ponderação de interesses que o legislador delegou no titular através da exigência de consentimento. A título de exemplo: a investigação científica constitui uma finalidade admissível, na medida em que lhe é reconhecida importância para o progresso da humanidade. No entanto, a investigação científica não constitui uma obrigação suscetível de se impor ao titular e que constranja a participar em determinado projeto de investigação. O mesmo se passa com a participação numa organização sindical, a qual o titular integra exclusivamente mediante uma manifestação de vontade.

Nos casos, o fundamento jurídico do tratamento é o consentimento, porquanto continua a competir exclusivamente ao titular dos dados a ponderação jurídica dos direitos e interesses em presença – isto é, na sua manifestação de vontade estão contidos juízos de *necessidade, adequação e proporcionalidade* típicos do fundamento jurídico do tratamento.

O consentimento como *condição de licitude* tem uma dimensão distinta. O tratamento de dados genéticos e relativos à saúde, regra geral, exige o consentimento do titular, independentemente do contexto em que ocorra. Tal significa que existem casos em que a ponderação de interesses foi determinada pelo legislador; no entanto, o consentimento do titular continua a ser exigido em razão da transparência do tratamento – considerando a intrusão na vida privada inerente ao tratamento destas categorias de dados. Vejamos o caso do tratamento de dados genéticos para efeitos de medicina preventiva no trabalho. De acordo com o disposto na alínea h) do n.º 2 do artigo 9.º do RGPD, o fundamento de licitude será o cumprimento de obrigações jurídicas do empregador no âmbito da medicina no trabalho. Parece resultar claro que o fundamento da licitude do tratamento consiste na obrigação jurídica que impende sobre o empregador. No entanto, o n.º 3 do artigo 13.º da Lei n.º 12/2005, de 26 de janeiro estabelece que o tratamento de dados genéticos nos casos em que o ambiente de trabalho possa colocar riscos específicos para um trabalhador com uma dada doença ou suscetibilidade está sujeito, entre outros requisitos de licitude, ao consentimento do trabalhador. Consideramos que, nestes casos, a ponderação de interesses foi levada a cabo pelo legislador da União Europeia que, de forma abstrata, considerou que a segurança dos trabalhadores se impunha aos riscos inerentes ao tratamento de dados em contexto laboral.

Ora, afigura-se claro que o cumprimento de obrigações jurídicas por uma determinada entidade não deve estar na dependência da vontade do titular dos dados. O que significa que, em termos abstratos, o tratamento será lícito, tendo o responsável pelo tratamento um fundamento de licitude para tratamento de dados, que consiste no cumprimento de obrigações jurídicas. No entanto, para que cada tratamento *concreto* de dados genéticos seja admissível, será necessário que o titular autorize a recolha de material biológico, retirado do seu corpo. Estranho seria se tal intrusão ocorresse sem a garantia de que o titular tenha autorizado semelhante intervenção. E, na verdade, a recolha de material biológico – como seja um cabelo – pode ser tão fácil quanto subtil, pelo que deve ser garantido ao titular o direito de *veto* em relação a uma intervenção corporal, não tanto em nome da sua integridade física, mas da transparência do tratamento. A recusa do titular em relação à intervenção não implicaria a inexistência de fundamento jurídico (abstrato) para o tratamento, constituindo, antes, um impedimento ao concreto tratamento de dados do titular que o não autorize.

A necessidade de consentimento para o tratamento de dados genéticos em contexto laboral afigura-se-nos, destarte, ter o papel de garantia de transparência do tratamento, mais até do que de assegurar a preservação da integridade física – mais discutível, considerando que as amostras biológicas podem ser recolhidas por meios pouco ou nada invasivos. É, aliás, consabido o caráter suspeito do consentimento no âmbito das relações laborais, sendo, no mínimo, duvidosa a sua validade, se consubstanciasse em fundamento de licitude[258].

---

[258] Cf. *Opinion 15/2011 on the definition consent* (WP 187), adotada em 13 de julho de 2011, pp. 13 e 14 e Guidelines on consent under Regulation 2016/679 (WP 259 rev. 01), adotadas em 28 de novembro de 2017, com última revisão e adoção em 10 de abril de 2018, p. 7 (...). Pode ser

O consentimento como fundamento jurídico para o tratamento de dados genéticos, tal como previsto no artigo 9.º, n.º 2, alínea a) do RGPD, permite ao responsável pelo tratamento tratar dados genéticos com base numa manifestação de vontade do titular dos dados. Em face da proibição de tratamento de dados sensíveis, prevista no n.º 1 do artigo 9.º do RGPD, (algum)as exceções o consentimento constitui-se como causa de exclusão da ilicitude, que permite o tratamento de dados.

É consabida a maior exigência do consentimento prestado nos termos do n.º 2 do artigo 9.º, por comparação à noção geral de consentimento vertida no ponto 11) do artigo 4.º e que é pressuposta pela alínea a) do n.º 1 do artigo 6.º, todos do RGPD.

Malogradamente a tradução portuguesa do artigo 4.º, ponto 11) do RGPD não refletiu a subtileza do significado do vocábulo inglês *unambiguous*, ao traduzi-lo por *explícito* – adjetivo mais amplo que, sobretudo na linguagem jurídica, pode induzir a necessidade de forma escrita –, ao invés de ter optado pela expressão *inequívoco* (que pode significar a mera adoção de um comportamento concludente por parte do titular, que dispense a forma escrita)[259].

A opção de tradução não se limita a afetar o alcance interpretativo que a letra do texto permite em relação às condições admissíveis de prestação de consentimento previstas no artigo 4.º, ponto 11), sendo que também tem consequências na interpretação da alínea a) do n.º 2 do artigo 9.º do RGPD.

Para a versão inglesa do RGPD, o conceito de consentimento previsto na alínea a) do n.º 2 do artigo 9.º é qualificado em relação à noção prevista no artigo 4.º, ponto 11)[260] pela necessidade de, para além de inequívoco, ser explícito e para finalidades específicas. Já para a tradução portuguesa do RGPD, sendo o consentimento *explícito* em ambos os casos, a distinção entre o consentimento para o tratamento de categorias de dados sensíveis e não sensíveis requer um

---

consultada em https://ec.europa.eu/justice/article-29/documentation/opinion-recommendation/files/2011/wp187_en.pdf e *Opinion 2/2017 on data processing at work* (WP 249), adotada em 8 de junho de 2017, pp. 3, 4, 6, 7 e 18. Consultadas em 19 de maio de 2018.

[259] A circunstância de a validade do consentimento poder dispensar a forma escrita, através de uma inequívoca manifestação de vontade do titular, é distinta da obrigação do responsável pelo tratamento demonstrar que o titular dos dados deu o seu consentimento para o tratamento dos seus dados pessoais, prevista no artigo 7.º, n.º 1 do RGPD. A primeira constitui uma condição de validade do consentimento; a segunda trata-se de uma condição de responsabilidade (ou de responsabilização) do responsável pelo tratamento.

[260] E que é pressuposto pela alínea a) do n.º 1 do artigo 6.º para o tratamento de categorias de dados *não sensíveis*.

esforço de criatividade do intérprete – ou, em alternativa, a consulta da versão inglesa do RGPD.

Destarte, o consentimento para o tratamento de dados pessoais deve ser *livre* de qualquer coação da vontade, *específico* em relação à finalidade do tratamento, *informado* em relação ao tratamento dos dados que hajam sido facultados e *inequívoco*, no sentido de não deixar qualquer margem para dúvidas em relação ao sentido da vontade do declarante. O caráter específico da finalidade assume particular relevância no que respeita à clarificação dos seus limites – o que permite estribar as expectativas do titular em relação ao tratamento e reflexamente delimitar o tratamento posterior incompatível.

Para o tratamento de dados sensíveis, o consentimento terá de preencher todos os *supra* mencionados crivos e ainda ser *explícito* – ou seja, exige uma expressão de vontade precisa, quer escrita, quer oral. Não basta, assim, que o titular adote um comportamento concludente coerente com a sua vontade de autorizar determinado tratamento – se tal é o bastante para efeitos do tratamento de outras categorias de dados pessoais, para o tratamento de categorias *especiais* é necessária uma manifestação oral ou escrita de vontade.

Devemos recordar que a licitude do tratamento de dados sensíveis com base no consentimento encontra-se devidamente balizada pelo princípio da minimização de dados, previsto na alínea c) do n.º 1 do artigo 5.º do RGPD. O que significa que o tratamento com base em consentimento validamente obtido não autoriza o responsável pelo tratamento, ou o subcontratante, a tratar mais dados do que aqueles que sejam necessários à finalidade expressa e explicitamente autorizada pelo titular dos dados.

4. Um dever de informação *qualificado*. Para que o consentimento se possa afirmar *livre* e informado, é necessário que o titular previamente conheça as condições do tratamento dos seus dados, mediante a prestação de um conjunto de informações prévias relativas ao tratamento. Esta asserção é verdadeira em relação ao tratamento de quaisquer dados pessoais, mas é-o em particular nos casos em que o fundamento jurídico do tratamento é o consentimento.

O grau de intrusão na identidade biológica e na vida privada do indivíduo (ou do seu grupo biológico) e no seu estado de saúde, bem como a complexidade técnica associada ao tratamento de dados genéticos parece impor que os deveres de informação sejam *qualificados*. O titular dos dados apenas poderá tomar uma decisão consciente – i.e., prestar um consentimento válido – em relação à *necessidade* do tratamento de dados genéticos se, para além das informações relativas ao tratamento de dados, previstas no artigo 13.º do RGPD, lhe for prestado adequado aconselhamento sobre a sua pertinência (ou necessidade), riscos e impacto.

O artigo 12.º da Declaração Universal sobre o genoma humano e os Direitos Humanos apenas permite a realização de testes preditivos de doenças genéticas ou que permitam a identificação do indivíduo como portador de um gene responsável por uma doença, ou a deteção de uma predisposição ou de uma suscetibilidade genética a uma doença, quando tais testes visem fins médicos ou de investigação médica, mediante aconselhamento genético apropriado.

Na mesma senda, o artigo 11.º da Declaração Internacional sobre os Dados Genéticos estabelece o aconselhamento genético como imperativo ético em relação à análise de testes genéticos suscetíveis de ter implicações importantes para a saúde, dispondo que este deverá ser *não diretivo, culturalmente adaptado e consentâneo com o interesse da pessoa em causa*.

Também a Recomendação n.º R (92) 3 do Comité de Ministros dos Estados--membros sobre testes genéticos e de diagnóstico com fins médicos, adotada em 10 de fevereiro de 1992, no seu Princípio 3, estabelece que qualquer teste genético, incluindo o diagnóstico e qualquer procedimento que o vise, deve ser precedido e seguido de aconselhamento genético adequado e não diretivo.

Como se verifica, a Declaração Universal sobre o genoma humano e os Direitos Humanos, a Declaração Internacional sobre os Dados Genéticos e a Recomendação n.º R (92) 3 do Comité de Ministros dos Estados-membros sobre testes genéticos e de diagnóstico com fins médicos modelaram a necessidade de aconselhamento genético ao tratamento de dados com implicações para a saúde ou com o diagnóstico preditivo de doenças, ou com a suscetibilidade da sua manifestação. Em suma, as necessidades de aconselhamento genético como *imperativo ético* parecem ter como finalidade a proteção da saúde. Diríamos nós, porém, que esse será o conteúdo mínimo de tal imperativo.

A legislação nacional, sendo assaz garantística a respeito do direito ao aconselhamento genético, manteve o mesmo escopo de proteção da saúde na realização de testes genéticos (testes de heterozigotia, pré-sintomáticos, preditivos, pré-natais e os testes de suscetibilidades genéticas), incluindo em contexto laboral[261].

---

[261] Cf. **artigo 9.º, n.º 2**, que condiciona a realização de testes genéticos em pessoas saudáveis (de deteção do estado de heterozigotia para doenças recessivas, o diagnóstico pré-sintomático de doenças monogénicas e os testes de suscetibilidades genéticas) à autorização do titular e ao pedido de um médico com a especialidade em genética. O consentimento informado e expresso por escrito deve ser prestado na sequência de consulta de aconselhamento genético, sendo que o n.º 8 do mesmo inciso dispõe que a frequência das consultas de aconselhamento genético e a forma do seguimento psicológico e social são determinadas, tendo em consideração a gravidade da doença, a idade mais habitual de manifestação dos pri-

Afigura-se de meridiana evidência que a proteção da saúde reclama o aconselhamento genético, para que o indivíduo não só possa tomar ponderar os benefícios e os riscos inerentes à realização do tratamento de dados genéticos, como avaliar a respetiva necessidade – isto é, se poderá recorrer a um meio menos intrusivo na sua privacidade com vista aos fins do tratamento.

Se se levar em conta o grau de intrusão e a profundidade da informação que pode ser obtida a partir da análise de uma amostra biológica, o direito à autodeterminação informacional parece exigir que, antes de consentir, o titular esteja em condições de saber se existem alternativas menos intrusivas ao tratamento e que informações poderão ser obtidas a partir dele – o que poderia ocorrer em contexto de aconselhamento genético.

Ora, o aconselhamento genético transcende o tratamento de dados *per se*, razão pela qual não se encontra incluído no rol das informações previstas nos artigos 13.º e 14.º do RGPD. No entanto, tais informações não permitem ao titular avaliar a necessidade do tratamento de dados, nem optar verdadeiramente pelo direito de não saber os respetivos resultados – a respeito deste direito, remetemos para o ponto 7 da anotação ao artigo 4.º, ponto 13) do RGPD.

A prestação de consentimento para o tratamento de dados deve ser precedida não só das informações previstas nos artigos 13.º e 14.º do RGPD, mas de aconselhamento genético. De outro modo, não vemos de que forma a prestação de consentimento *informado* para o tratamento de dados genéticos se distinguiria materialmente do consentimento para o tratamento de outras categorias de dados pessoais[262].

meiros sintomas e a existência ou não de tratamento comprovado. O **artigo 13.º, n.º 3** permite a realização de testes genéticos em contexto laboral nos casos em que o ambiente de trabalho apresente riscos específicos para um trabalhador que seja portador de uma dada doença ou suscetibilidade, ou afetar a, pode ser usada a informação genética relevante para benefício do trabalhador e nunca em seu prejuízo, desde que tenha em vista a proteção da saúde da pessoa, a sua segurança e a dos restantes trabalhadores, que o teste genético seja efetuado após consentimento informado e no seguimento do aconselhamento genético apropriado, que os resultados sejam entregues exclusivamente ao próprio e ainda desde que não seja nunca posta em causa a sua situação laboral. O **n.º 3 do artigo 17.º** reconhece o direito de todos os cidadãos ao aconselhamento genético antes e depois da realização de testes de heterozigotia, pré-sintomáticos, preditivos e pré-natais.

[262] O já mencionado Princípio 3 Recomendação n.º R (92) 3 do Comité de Ministros do Conselho da Europa prevê que a informação prestada ao titular deve incluir uma explicação sobre a finalidade, a natureza dos testes, identificar os potenciais riscos e conter os factos médicos pertinentes, os resultados dos testes, as consequências dos mesmos e as opções.

Pese embora a amostra biológica não seja considerada explicitamente um dado genético, consideramos que a colheita da amostra já consubstancia uma operação de tratamento – *vide* anotação ao artigo 4.º, ponto 13). Em tais termos, as informações previstas nos artigos 13.º e 14.º do RGPD e o aconselhamento genético devem ser prestados até ao momento da recolha da amostra biológica.

Consideramos que, para além do aconselhamento genético, deve ser tido em conta o elenco de informações obrigatórias previsto no artigo 13.º do Protocolo Adicional à Convenção sobre os direitos do Homem e a biomedicina, a aplicar, com as necessárias adaptações à finalidade concretamente visada. Para mais esclarecimentos sobre este tópico, remetemos para a anotação à alínea j) do n.º 2 do artigo 9.º, relativa ao *dever de informação qualificado* no âmbito da investigação científica.

5. O consentimento para o tratamento de dados genéticos deve ser prestado tendo em vista uma finalidade explícita, pelo que compete questionar a licitude do tratamento ante uma **alteração da finalidade** que determinou o consentimento inicialmente prestado.

O artigo 16.º da Declaração Internacional sobre os Dados Genéticos já havia condicionado a licitude da alteração da finalidade do tratamento à prestação de *consentimento prévio, livre, informado e expresso da pessoa em causa* ou à *utilização proposta decidida de acordo com o direito interno responda um motivo de interesse público importante*. Se o consentimento não puder ser obtido, ou se dos dados genéticos tiverem dissociados de uma pessoa identificável, os dados genéticos humanos podem ser *utilizados* nos termos do direito interno e mediante consulta de Comité de ética independente, pluridisciplinar e pluralista, a promover e a instaurar pelos Estados.

A sujeição da alteração da finalidade do tratamento à prestação de consentimento válido por parte do titular dos dados afigura-se algo inócua, na medida em que já decorreria da aplicação das regras gerais do tratamento de dados, previstas na alínea a) do artigo 8.º da Declaração Internacional sobre os Dados Genéticos.

Do mesmo modo, o referido diploma permite a obtenção de dados genéticos ou proteómicos a partir de amostras biológicas conservadas que hajam sido recolhidas para finalidades distintas das previstas no artigo 5.º em dois casos: mediante reserva de consentimento prévio, livre, informado e expresso do titular da amostra, ou nos casos em que o direito interno estabeleça que tais dados são importantes para fins de investigação médica e científica, sob consulta do Comité de ética independente acima mencionado.

Já a alínea b) do n.º 1 do artigo 6.º da Diretiva 95/46/CE do Parlamento Europeu e do Conselho, de 24 de outubro de 1995, vedava que os dados pessoais fossem tratados de forma incompatível com as finalidades que determinaram a recolha, sendo que não considerada incompatível o tratamento para fins históricos, estatísticos ou científicos, sob reserva do estabelecimento de garantias adequadas pelos Estados-membros.

Na mesma linha, o princípio da limitação das finalidades, previsto no artigo 5.º, n.º 1, alínea b) do RGPD constitui-se como princípio do tratamento de dados pessoais, incluindo de dados sensíveis. Na mesma senda da Diretiva que o precedeu, o RGPD não considera incompatível o tratamento posterior para fins de arquivo de interesse público, ou para fins de investigação científica ou histórica ou para fins estatísticos, desde que sejam implementadas medidas técnicas e organizativas a fim de assegurar, nomeadamente, o respeito do princípio da minimização dos dados, tal como previsto no artigo 89.º, n.º 1 RGPD.

Considerando o potencial identificativo dos dados genéticos, as limitações à alteração da finalidade do tratamento de dados genéticos são particularmente relevantes do ponto de vista de evitar o abuso da informação neles contida e evidentemente os riscos de utilização de informações genéticas já recolhidas, ou através da realização de outras análises, como sejam análises complementares[263]. A intrusão na vida privada (e íntima) do titular dos dados implicada no tratamento de dados genéticos exige uma visão conservadora das finalidades que se considerem *não incompatíveis* com a finalidade que determinou a recolha. É bom recordar que o consentimento para o tratamento de dados genéticos deve ser tão explícito quanto possível a respeito da finalidade do tratamento, o que diminui o espectro das finalidades que possam não ser consideradas incompatíveis. Sem prejuízo da anotação ao artigo 5.º, n.º 1, alínea b) do RGPD, para a qual remetemos, julgamos que um dos critérios a aplicar na avaliação sobre o caráter *incompatível* da finalidade residirá nas legítimas expectativas dos titulares dos dados em relação ao tratamento.

6. A liberdade da prestação de consentimento é assegurada, não apenas pelos deveres de informação, bem como pela garantia de que da **retirada de consentimento** não poderá resultar qualquer desvantagem ou prejuízo para o titular. Tal garantia encontra-se prevista no artigo 9.º da Declaração Internacio-

---

[263] Cf. *Working document on Genetic Data* (WP 91), do Grupo de proteção de dados do artigo 29.º, de 17.04.2004, p. 6, que pode ser encontrado em http://ec.europa.eu/justice/article-29/documentation/opinion-recommendation/files/2004/wp91_en.pdf. Uma tradução para língua portuguesa pode ser encontrada em https://www.gpdp.gov.mo/uploadfile/2014/0505/20140505071139171.pdf. Consultados em 5 de setembro de 2018.

nal sobre os Dados Genéticos e no artigo 5.º da Convenção sobre os direitos do Homem e a biomedicina.

Pese a Diretiva 95/46/CE do Parlamento Europeu e do Conselho, de 24 de outubro de 1995, não prevê expressamente a retirada do consentimento, afigura-se evidente que essa garantia se constitui como uma verdadeira condição de liberdade da sua prestação.

O n.º 3 do artigo 7.º do RGPD permite ao titular retirar o consentimento em qualquer momento, sem que tal prejudique a licitude do tratamento prévio consentido. Claro que, nos casos em que o fundamento de licitude do tratamento de dados seja o consentimento, a sua retirada terá por consequência necessária a cessação do tratamento e a respetiva eliminação, salvo se a sua conservação for necessária ao abrigo de outro fundamento jurídico, como seja o exercício ou à defesa de um direito num processo judicial – cf. Considerando 65 do RGPD.

Artigo 9.º, al. b)

No que concerne aos dados genéticos remetemos para a anotação à alínea h), porquanto o respetivo tratamento apenas será lícito tendo em vista a proteção da saúde e da segurança no trabalho.

Artigo 9.º, al. c)

1. O consentimento constitui-se simultaneamente como o fundamento primacial e residual para o tratamento de dados genéticos; primacial por ser o fundamento que a legislação internacional e nacional privilegiam para o tratamento deste tipo de dados e residual, por ser aquele ao qual o responsável pelo tratamento pode recorrer quando nenhuma das exceções à proibição prevista no n.º 1 do artigo 9.º do RGPD se aplica ao caso concreto.

O caráter concomitantemente preferencial e residual do consentimento como fundamento de licitude reclama a previsão de uma válvula de escape para os casos em que a prestação de um consentimento válido se revela impossível, em circunstâncias em que o tratamento seja necessário a proteger interesses vitais do titular dos dados ou de terceiro.

Mal se compreenderia que a licitude do tratamento de dados sensíveis numa circunstância de premência dos interesses de um terceiro ou do próprio titular estivesse dependente de uma autorização que o titular estivesse incapacitado de dar.

A incapacidade não constitui fundamento para o responsável por uma intervenção médica ignorar uma eventual manifestação de vontade anterior coerente com a realização de tratamento – nos termos do artigo 9.º da Convenção sobre os direitos do Homem e a biomedicina, *vontade anteriormente manifestada no tocante a uma intervenção médica por um paciente que, no momento da intervenção, não se encontre em condições de expressar a sua vontade, será tomada em conta.*

2. Antes de nos pronunciarmos sobre a causa da impossibilidade de prestação de um consentimento válido – que pode ser de natureza física, ou jurídica –, afigura-se fundamental definir a âmbito da presente alínea, através da densificação do conceito de *interesses vitais*.

A Diretiva 95/46/CE, de 24 de outubro de 1995, já contemplava na alínea c) do n.º 2 do artigo 8.º a derrogação à proibição do tratamento de categorias especiais de dados com fundamento no interesse vital da *pessoa em causa ou de uma outra pessoa se a pessoa em causa estiver física ou legalmente incapaz de dar o seu consentimento.*

De acordo com o Parecer n.º 6/2014 do Grupo de Proteção de Dados do artigo 29.º[264], a locução "interesse vital" reclama uma interpretação restritiva, respeitante aos casos em que esteja em causa a vida ou um perigo ameace a saúde do titular ou de terceiro.

Cremos que poderá questionar-se se a noção de *interesse vital* não abrange, para além da vida e da integridade física, a integridade moral e a liberdade do titular ou de terceiro, na medida em que constituem *interesses existenciais* que não são de somenos importância e que, em tese, poderiam justificar um tratamento lícito. Por exemplo, no caso de um sequestro, em virtude do qual decorre uma investigação para encontrar a vítima, se o tratamento de dados pessoais for realizado antes de ser judicialmente autorizado, considerando que a demora implicada na emissão desse despacho de autorização judicial poderá prejudicar a liberdade da pessoa, o fundamento desse tratamento visa assegurar um interesse vital do titular; ou a detenção de um cidadão, ainda sem o estatuto de arguido, cujos prazos máximos estiverem a ser ultrapassados justifica a antecipação do tratamento de dados para efeitos de determinar a sua responsabilidade criminal.

No que respeita à proteção de **interesses vitais de outra pessoa singular**, existem outras alíneas nas quais poderá assentar a licitude do tratamento. A esse propósito, o Considerando 46 do RGPD prevê que, em alguns casos, o tratamento pode *servir tanto importantes interesses públicos como interesses vitais do titular dos dados, por exemplo, se o tratamento for necessário para fins humanitários, incluindo a*

---

[264] Cf. *Opinion 06/2014 on the notion of legitimate interests of the data controller under Article 7 of Directive 95/46/EC* (WP 217), pp. 20 e 21.

monitorização de epidemias e da sua propagação ou em situações de emergência humanitária, em especial em situações de catástrofes naturais e de origem humana. Nessa medida, e de acordo com o Considerando citado, nos casos em que o tratamento de dados vise a proteção de interesses vitais de outra pessoa singular, a convocação da alínea c) apenas será pertinente, via de regra, *quando o tratamento não se puder basear manifestamente noutro fundamento jurídico*.

Nem a Diretiva 95/46/CE, de 24 de outubro de 1995, nem o RGPD esclarecem se o perigo para *interesses vitais* do titular dos dados ou de terceiro deve ser imediato, o que levanta a questão do tratamento de dados para fins preventivos[265].

A necessidade do tratamento com base na natureza imediata ou potencial do perigo deverá assentar numa apreciação casuística. No entanto, se o perigo em causa não for imediato parece-nos que deve, no mínimo, verificar-se um perigo previsível, ao qual seja associado um grau de probabilidade relevante – até porque, em bom rigor, e particularmente no caso das análises ao ADN, apenas se poderá falar de resultados probabilísticos.

O tratamento de dados sensíveis com base na alínea c) encerra, destarte, uma ponderação sobre a relevância dos interesses em presença, ao abrigo da qual a circunstância de estarem em causa interesses vitais do titular dos dados ou de um terceiro legitima a cedência dos interesses que se pretende acautelar com a proibição de tratamento.

Parece, na verdade, poder entender-se que o fundamento de licitude previsto nesta alínea como que encerra uma presunção legislativa de consentimento, considerando o caráter vital dos interesses em presença.

3. O caso particular dos **dados genéticos** revela com particular contundência a necessidade de tutelar um interesse vital que não se restrinja ao do titular da amostra a partir da qual os dados genéticos são obtidos, na medida em que estes são idóneos a revelar informações sobre o *grupo biológico* deste.

As análises ao **ADN** podem detetar padrões ou alterações numa sequência de nucleótidos, em muitos casos, com vista a detetar o risco de desenvolvimento de determinada doença, que poderá nunca se manifestar[266]; em suma, servem o

---

[265] Cf. *Opinion 6/2014 on the notion of legitimate interests of the data controller, under Article 7 of Directive 95/46/EC*, de 9 de abril de 2014, p. 20, que pode ser consultado em http://ec.europa.eu/justice/article-29/documentation/opinion-recommendation/files/2014/wp217_en.pdf. Consultado em 20 de setembro de 2018.

[266] Cf. https://www.rdmag.com/article/2016/05/rna-testing-fast-accurate-tool-diagnosing--autoimmune-disease. Consultado em 5 de setembro de 2018.

propósito de verificar a existência de um risco possível através da deteção de um marcador associado a esse mesmo risco.

O **ARN** transmite, transporta e finalmente traduz a informação contida na molécula de ADN para o processo de síntese proteica. A intervenção do ARN no processo de fabrico de proteínas, fundamental às funções celulares[267], permite a deteção da presença de uma doença, nomeadamente, de um vírus, com maior grau de acuidade do que as análises ao ADN[268].

Ora, nos casos em que, através de análises ao **ADN** ou **ARN**, seja detetável, com um grau de probabilidade relevante, a manifestação de uma doença ou condição suscetível de colocar em causa um *interesse vital* – i.e., um risco para a vida ou para a saúde – do titular ou dos membros do seu grupo biológico, e o titular da amostra não possa prestar um consentimento válido, por razões de incapacidade de natureza física ou jurídica, consideramos que o fundamento de licitude poderá residir nesta alínea.

4. Da natureza da incapacidade. Em situações-limite, ou de emergência, considerando o caráter vital dos interesses em presença, a integridade física e a saúde do titular ou de terceiro não deverão ficar dependentes do consentimento dos titulares das responsabilidades parentais ou do tutor, sendo que o possível impasse que geraria resolvido em claro favor da vida, saúde e integridade física do titular ou de terceiro. Esta circunstância é prevista pelo artigo 8.º da Convenção sobre os direitos do Homem e a biomedicina, que dispõe que *sempre que, em virtude de uma situação de urgência, o consentimento apropriado não puder ser obtido, poder-se-á proceder imediatamente à intervenção medicamente indispensável em benefício da saúde da pessoa em causa*.

O tratamento de dados genéticos nos casos em que o titular da amostra biológica não seja capaz de prestar o seu consentimento é previsto no artigo 5.º, alínea e) da Declaração Universal sobre o genoma humano e os Direitos Humanos, nas alíneas b), c) e d) do artigo 8.º da Declaração Internacional sobre os Dados Genéticos Humanos, no artigo 8.º da Convenção sobre os direitos do Homem e a biomedicina. Na legislação nacional, os artigos 9.º, n.º 6, 17.º n.º 4 e 19.º, n.º 5 da Lei n.º 12/2005, de 26 de janeiro e no artigo 8.º, n.º 2 do Decreto-Lei n.º 131/2014, de 29 de agosto, também refere o tratamento de informação de pessoas incapazes de prestar consentimento.

---

[267] Cf. https://www.ncbi.nlm.nih.gov/pmc/articles/PMC2866189/ . Consultado em 20 de setembro de 2018.
[268] *Ibidem*.

O Princípio 5 da Recomendação n.º R (92) 3 do Comité de Ministros dos Estados-membros sobre testes genéticos e de diagnóstico com fins médicos estabelece que a sua realização em menores, em pessoas que sofram de doença mental ou mesmo adultos sujeitos a medidas tutelares deve estar sujeita a garantias adequadas e que os testes de diagnóstico apenas devem ser permitidos quando necessário para a saúde da pessoa em causa ou se a informação for indispensável ao diagnóstico de uma doença nos membros da família.

As disposições que regulamentam o tratamento de dados genéticos em pessoas física ou juridicamente incapazes de prestar consentimento têm sempre como horizonte a tutela de um interesse relacionado com a saúde do titular ou de terceiro[269].

A incapacidade do titular pode ser de natureza física, ou jurídica. A incapacidade física prender-se-á com circunstâncias orgânicas e fisiológicas que impeçam o titular de consentir o tratamento. Tratar-se-ão tipicamente de situações de emergência, nas quais o titular se encontra impossibilitado de proferir uma manifestação de vontade.

A incapacidade jurídica do titular remete para as causas de incapacidade previstas no direito interno. O direito civil português prevê sob o *nomen iuris Incapacidades* três causas: a menoridade, a interdição e a inabilitação – cf. secção V do título II do livro I do Código Civil.

A **menoridade** é a condição em que o indivíduo se encontra até completar 18 anos, idade até à qual carece de capacidade para o exercício de direitos, salvo disposição em contrário – cf. artigos 122.º e 123.º do Código Civil. Até aos 18 anos, o menor exerce os seus direitos através dos seus representantes legais, que, em princípio, serão os pais, ou subsidiariamente, tutores.

[269] O artigo 8.º da Convenção sobre os direitos do Homem e a biomedicina estabelece que sempre que, em virtude de uma situação de urgência, o consentimento apropriado não puder ser obtido, poder-se-á proceder imediatamente à intervenção medicamente indispensável em benefício da saúde da pessoa em causa. O artigo 5.º, alínea e) da Declaração Universal sobre o genoma humano reporta-se à pesquisa que envolva o genoma do indivíduo incapaz de prestar consentimento; nesses casos, o tratamento apenas é admitido nos casos em que esteja em causa um benefício direto para a saúde, que deverá ainda passar pelos crivos previstos na legislação interna. O mesmo inciso autoriza, com caráter excecional e com a máxima restrição, a pesquisa sem perspetiva de benefício direto à saúde, e desde que compatível com a proteção dos direitos humanos do indivíduo, nos casos em que vise contribuir para o benefício à saúde de outros indivíduos na mesma faixa etária ou com a mesma condição genética, com incómodo e riscos mínimos, nas condições previstas na legislação.

As exceções à incapacidade do menor, previstas no artigo 127.º do Código Civil, estão diretamente relacionadas com assuntos que este seja capaz de compreender e de entender o seu alcance, nomeadamente os atos de administração ou disposição de bens que o maior de dezasseis anos haja adquirido por seu trabalho – sendo que os 16 anos corresponde à idade mínima de admissão de menor ao trabalho (vide n.º 2 do artigo 68.º do Código do Trabalho).

Os diplomas internacionais estabelecem como condição *sine qua non* para o tratamento de dados genéticos de menores o respeito pelo seu superior interesse ou a existência de um benefício efetivo para o tratamento – cf. artigo 5.º, alínea e) da Declaração Universal sobre o genoma humano e os Direitos Humanos e nas alíneas c) e d) do artigo 8.º da Declaração Internacional sobre os Dados Genéticos Humanos.

A alínea c) do artigo 8.º da Declaração Internacional sobre os Dados Genéticos Humanos faz depender a recolha de autorização do representante legal, *que deverá agir no superior interesse da pessoa em causa*. Mesmo nos casos de incapacidade jurídica, a norma procura lograr sempre que possível a participação do titular no consentimento; no caso dos menores, a opinião do titular deve ser tomada em consideração como um fator cujo caráter determinante aumenta com a idade e o grau de maturidade.

Do mesmo modo, a Lei n.º 12/2005, de 26 de janeiro, regulamentou o tratamento de dados genéticos de indivíduos incapazes de prestar consentimento válido para o efeito, consagrando o n.º 6 do artigo 9.º uma proibição genérica de realização de testes pré-sintomáticos, preditivos ou pré-implantatórios em pessoas com incapacidade mental que possam não compreender as respetivas implicações e dar o seu consentimento.

No caso de a incapacidade se dever à circunstância de o titular ser menor, os testes genéticos apenas pode ter lugar se forem realizados em seu benefício[270] e mediante o consentimento dos representantes legais, sendo que, à semelhança do que se encontra previsto na alínea e) do artigo 8.º da Declaração Internacional dos Dados Genéticos, o consentimento do menor deve ser sempre procurado – cf. n.º 4 do artigo 17.º da Lei n.º 12/2005, de 26 de janeiro.

---

[270] A realização de testes genéticos em menores está sempre condicionada à existência de um efetivo benefício, pelo que o n.º 5 do artigo 17.º da Lei n.º 12/2005, de 26 de janeiro, de forma exemplificativa veda que sejam pedidos testes preditivos em menores para doenças de início habitual na vida adulta, sem prevenção ou cura comprovadamente eficaz. Mesmo o diagnóstico pré-natal para doenças de início habitual na vida adulta e sem cura não pode ser efetuado para mera informação dos pais, mas apenas para prevenção da doença ou deficiência – assim dispõe o n.º 6 do mesmo inciso.

O espírito dos diplomas internacionais e da legislação nacional parece mitigar a questão da incapacidade, também quando associada à menoridade, através da procura da participação destes no processo de autorização. De facto, quando não associada a outra causa de incapacidade, a menoridade *per se* nem sempre poderá ser pretexto para ignorar a manifestação de vontade do titular.

Em nosso entender, desde que ponderados de forma casuística fatores como a idade ou a capacidade para compreender o alcance da manifestação de vontade, a remissão da alínea c) do n.º 2 do artigo 9.º para a incapacidade jurídica deve ser lida conjuntamente com os direitos fundamentais do menor à reserva da intimidade da vida privada, à dignidade pessoal, à identidade genética e à autodeterminação informacional, respetivamente consagrados nos n.ºs 1 e 3 do artigo 26.º e no n.º 3 do artigo 35.º da Constituição da República Portuguesa.

A interpretação do conceito de incapacidade jurídica por razões exclusivamente ligadas à menoridade deve ser mitigada, na medida em que esta não deve ser pretexto para a exclusão liminar da avaliação da pertinência da participação do menor no processo de autorização.

O RGPD remete para o direito interno a definição sobre quem deverá suprir a incapacidade dos menores para efeitos de tratamento de dados sensíveis, embora pareça claro que esta pertencerá aos titulares das responsabilidades parentais, ou subsidiariamente ao tutor do menor[271], nos termos do disposto no artigo 124.º do Código Civil.

A incapacidade jurídica pode, ainda, dever-se à uma decisão judicial de interdição ou de inabilitação, sendo que ambas as causas de incapacidade têm alcances distintos.

A **interdição** é o instituto jurídico aplicável aos casos em que as condições físicas ou psíquicas que constam do n.º 1 do artigo 138.º do Código Civil sejam determinantes à autodeterminação pessoal e patrimonial de um indivíduo. Neste particular, e através da norma prevista no artigo 139.º do Código Civil, o interdito é equiparado ao menor, aplicando-se-lhe o regime da incapacidade por menoridade, com as necessárias adaptações.

Compete referir que a norma que regulamenta a interdição deve ser objeto de interpretação atualista e corretiva, na medida em que a cegueira e a surdez não são circunstâncias impeditivas da autodeterminação pessoal ou patrimonial de uma pessoa – e menos ainda para a prestação de consentimento válido para o tratamento de dados sensíveis, como sejam os dados genéticos. Em bom rigor,

---

[271] O n.º 4 do artigo 17.º da Lei n.º 12/2005, de 26 de janeiro apenas permite que sejam pedidos testes genéticos a menores com o consentimento informado dos pais ou tutores.

e para tais efeitos, a consideração da surdez-mudez ou da cegueira como causas de interdição suscetíveis de impedir a validade do consentimento para o tratamento de dados é inaceitável, por discriminatória e por restringir de forma ilegítima os direitos fundamentais à reserva da intimidade da vida privada, à dignidade pessoal, à identidade genética e à autodeterminação informacional, respetivamente consagrados nos n.ºs 1 e 3 do artigo 26.º e no n.º 3 do artigo 35.º da Constituição da República Portuguesa.

Mesmo no caso da anomalia psíquica, não se afigura decisivo que o indivíduo não possa tomar uma decisão válida a respeito do tratamento de dados genéticos que lhe digam respeito.

Desde logo, porque, não cabendo a densificação do conceito de anomalia psíquica no âmbito do presente excurso, não podemos deixar de assinalar que se trata de uma criação legislativa, com o propósito de estender o leque de transtornos psíquicos a ele subsumíveis, afastando-se do termo "doença mental" que, além de ser medicamente discutível, sugeriria uma limitação orgânica do conceito. Em tais termos, fica abrangida pelo conceito de *anomalia psíquica* toda a perturbação psíquica, congénita ou adquirida, ou momentânea, que não esteja necessariamente relacionada com uma doença mental.

Destarte, a abrangência do conceito de *anomalia psíquica* é tal que não permite uma petição de princípio a respeito da validade do consentimento prestado para efeitos de tratamento de dados sensíveis, pelo que uma vez mais se impõe a ponderação casuística da aplicabilidade da alínea c) do n.º 2 do artigo 9.º do RGPD.

A circunstância de uma pessoa padecer de qualquer perturbação psíquica não deverá autorizar o sistema jurídico a fazer tábua rasa dos direitos que lhe assistem em matéria de proteção da privacidade e da preservação da sua dignidade pessoal, à identidade genética e à autodeterminação informacional, respetivamente consagrados nos n.ºs 1 e 3 do artigo 26.º e no n.º 3 do artigo 35.º da Constituição da República Portuguesa. É, na verdade, em casos como os de anomalia psíquica que a tutela de tais direitos se impõe com maior contundência, sob pena de daí resultarem práticas discriminatórias e violadoras do direito à reserva da intimidade da vida privada, proibidas pelo n.º 1 do artigo 9.º do RGPD.

Em conclusão, consideramos que o tratamento de dados genéticos de pessoas interditas deve estar, via de regra sujeito ao consentimento destas. O âmbito de aplicação da alínea c) do n.º 2 do artigo 9.º do RGPD deve restringir-se aos casos em que o titular não tenha manifestamente qualquer capacidade de entender as informações sobre o tratamento de dados sensíveis para que nele possa livremente consentir. Neste particular, deve convocar-se o dispositivo da sentença que a decretou a interdição.

Mesmo nos casos em que se conclua pela incapacidade de prestar consentimento válido para o tratamento de dados sensíveis, entendemos que o titular deve participar no processo de autorização sempre que possível. Esta solução corresponde ao disposto na alínea c) do artigo 8.º da Declaração Internacional sobre os Dados Genéticos Humanos, sendo nessa senda defensável uma *analogia legis* do disposto n.º 4 do artigo 17.º da Lei n.º 12/2005, de 26 de janeiro, em relação aos interditos, considerando que o regime da capacidade civil dos interditos é modelado pelo regime aplicável aos menores, nos termos do disposto no artigo 139.º do Código Civil.

É o direito nacional que define a competência da decisão em relação ao tratamento de dados de interditos, embora o artigo 139.º do Código Civil estabeleça que o suprimento da capacidade do interdito compete aos titulares das responsabilidades parentais, ou subsidiariamente ao tutor, por remissão para o regime da menoridade.

A **inabilitação** encontra-se prevista no artigo 152.º do Código Civil e consiste num instituto semelhante ao da interdição. A diferença em relação à interdição reside na circunstância de a inabilitação ser decretada nos casos em que se verifica existir uma maior capacidade do indivíduo de se autodeterminar, sendo a dimensão da incapacidade é de natureza essencialmente patrimonial. O artigo 156.º do Código Civil remete a regulamentação supletiva da inabilitação para o regime da interdição.

Consideramos, assim, que o tratamento de dados genéticos de inabilitados está sujeito ao consentimento, não se aventando qualquer fundamento que impeça a sua livre prestação, nem à integral compreensão das informações sobre o tratamento. A inabilidade escapa, assim, ao regime das incapacidades jurídicas relevantes para a dispensa de prestação de consentimento, ou seja, o inabilitado não deve ser considerado *legalmente incapacitado* para prestar o consentimento.

A referência à **incapacidade física** remete para situações em que o titular, por alguma circunstância de natureza orgânica, se encontra impossibilitado de exprimir ou manifestar a sua vontade a respeito do tratamento de dados.

Deveriam poder subsumir-se à *incapacidade física* os casos em que a incapacidade jurídica não foi ainda declarada, nomeadamente em situações em que se verifique uma anomalia psíquica que impeça a prestação de um consentimento válido – por exemplo, nos casos de perturbações psíquicas com episódios momentâneos de incapacidade, ainda que não judicialmente declarada. Esta seria uma forma de evitar o tratamento desigual de situações em que as condições de manifestação de vontade são semelhantes, não devendo ser decisiva a qualificação da incapacidade como física ou jurídica para garantir o tratamento de dados que vise proteger um interesse vital do titular ou de terceiro. No entanto, trata-se de situações em que a realidade desafia os limites conceptuais, na medida em que a inclusão de uma dimensão psíquica na incapacidade física poderá levar a resultados perigosos, nos quais ainda não se haja verificado um controlo jurisdicional da situação desse tipo de incapacidade.

5. À luz da legislação portuguesa, a incapacidade e a morte constituem-se como causas de transferência da propriedade do material biológico do titular para os respetivos familiares, nos termos do disposto nos artigos 18.º, n.º 2 e 19.º, n.º 13 da Lei n.º 12/2005, de 26 de janeiro.

A licitude do tratamento de dados genéticos de pessoas incapazes deverá ser entendida como excecional e restrita aos casos em que o tratamento vise um benefício potencial efetivo. Considerando que os resultados das análises ao ADN são meramente indiciários, admitimos que o benefício visado pelo tratamento seja meramente potencial, ainda que com um grau de probabilidade suficiente. Em qualquer caso, o envolvimento do titular dos dados no processo de autorização do tratamento afigura-se fundamental ao respeito pela sua dignidade pessoal, pela sua identidade genética e pelos direitos fundamentais à reserva da intimidade da vida privada e à identidade genética – sob pena de a dispensa de consentimento em casos de incapacidade redundar uma prática discriminatória inadmissível à luz do RGPD e dos direitos fundamentais constitucionalmente protegidos.

6. O escopo da alínea c) do n.º 2 do artigo 9.º do RGPD parece ser o da tutela dos interesses vitais de uma pessoa singular numa situação em que a intervenção necessita de ser imediata – razão pela qual o consentimento é dispensado.

Nas hipóteses de incapacidade física do titular ou de terceiro, o tratamento parece ser realizado ao abrigo de um consentimento que se presume, em razão do caráter vital dos interesses em presença. Podemos imaginar situações de incapacidade física temporária, nas quais se poderia presumir que, se o titular estivesse em condições de o prestar, a sua vontade se dirigiria no sentido do consentimento para o tratamento; neste particular, o legislador substitui-se ao titular na ponderação de interesses. Após o termo da causa da incapacidade física, o titular poderá, em princípio, pronunciar-se sobre o tratamento de dados realizados sem o seu consentimento – verificando *a posteriori* a licitude do tratamento de dados.

Se nos casos mais frequentes de incapacidade física, o titular não tem representante legal – por não ser juridicamente incapaz –, coisa distinta se passará com a incapacidade jurídica.

Não nos parece, destarte, curial interpretar que, não se encontrando o titular capaz de prestar consentimento em face de um perigo para um interesse vital próprio ou de terceiro, continuaria a ser exigida a autorização do representante legal. Semelhante exigência sempre perturbaria o alcance prático da norma, com eventual prejuízo do interesse vital que se pretende tutelar. Por outro lado, o incapaz tem o direito de, através do seu representante legal, de fiscalizar a licitude do tratamento, sob pena de inexistir qualquer controlo posterior à licitude do tratamento – o que, em último termo constituiria um efeito discriminatório.

O tratamento de dados genéticos deve ser precedido das informações obrigatórias previstas nos artigos 13.º ou 14.º do RGPD e, considerado a elevada tecnicidade das operações de tratamento e o grau de intrusão na privacidade, de informações complementares a respeito da forma de tratamento e dos dados que através dele podem ser obtidos – no que respeita ao direito à informação, consideramos integralmente reproduzidos os comentários constantes do ponto 4 da anotação à alínea a) para o ponto 4 da anotação à alínea j). Nos casos de incapacidade jurídica, essas informações serão prestadas ao representante legal logo que possível, que ficará informado da possibilidade de apresentar reclamação a uma autoridade de controlo, podendo igualmente representar o titular junto das autoridades judiciais. Esta é uma decorrência natural da incapacidade jurídica, que permite a defesa dos direitos do titular em relação ao tratamento de dados genéticos.

Artigo 9.º, al. d)

O tratamento de dados genéticos neste âmbito não se nos afigura, por princípio, legítimo, considerando os princípios previstos nas alíneas a), b) e c) do n.º 1 do artigo 5.º do RGPD.

Artigo 9.º, al. e)

Pese embora o âmbito de aplicação desta cláusula a dados genéticos seja diminuto, ou mesmo inexistente, não deixaremos de referir que a circunstância do titular revelar publicamente informação genética, não equivale a uma autorização geral de tratamento. A alínea e) do n.º 2 do artigo 9.º do RGPD não escapa ao crivo dos princípios da limitação da finalidade e da minimização dos dados.

A norma não deverá ser interpretada como sendo legitimadora de tratamentos com os quais o titular não possa razoavelmente contar, que não corresponda às expectativas razoáveis do titular. Este é um critério presente em vários Considerandos do RGPD, que deve funcionar como critério interpretativo para aferir os limites da licitude do tratamento de dados.

Em nosso entender, a alínea e) do n.º do artigo 9.º admite a definição de uma finalidade pelo responsável pelo tratamento, mas não dispensa que essa finalidade seja determinada, explícita e legítima e que os dados tratados sejam os mínimos necessários à prossecução da mesma, nos termos das alíneas b) e c do n.º 1 do artigo 5.º do RGPD.

À presente alínea parece subjazer uma menor necessidade de proteger o caráter reservado de informações que o titular entendeu tornar públicas; o Regulamento apartou-se de um certo paternalismo, não pretendendo reservar o que o titular pretendeu expor.

Artigo 9.º, al. f)

1. O tratamento dos dados genéticos para fins de investigação criminal é disciplinado, no plano europeu, pela Diretiva 2014/41/UE, do Parlamento Europeu e do Conselho, de 3 de abril de 2014, relativa à decisão europeia de investigação em matéria penal; Decisão de Execução (UE) 2017/945 Do Conselho, de 18 de maio de 2017, relativa ao intercâmbio automatizado de dados de ADN na Eslováquia, em Portugal, na Letónia, na Lituânia, na República Checa, na Estónia, na Hungria, em Chipre, na Polónia, na Suécia, em Malta e na Bélgica e a Decisão 2008/615/JAI do Conselho, de 23 de junho de 2008, relativa ao aprofundamento da cooperação transfronteiras, em particular no domínio da luta contra o terrorismo e a criminalidade transfronteiras, para as quais remetemos no que se refere ao tratamento de dados no âmbito da cooperação judiciária em matéria penal.

2. A alínea f) permite o tratamento de dados sensíveis quando esteja em causa o interesse público de realização e administração da justiça e a necessidade de assegurar a tutela jurisdicional efetiva e as garantias de defesa no âmbito de um processo judicial.

No direito interno, a regulamentação do tratamento de dados genéticos para efeitos de identificação civil e de investigação criminal encontra-se concentrada na Lei n.º 5/2008, de 12 de fevereiro. No caso das finalidades de identificação civil, quer o Código Civil, quer a Lei n.º 141/2015, de 8 de setembro mencionam respetivamente a ação e o procedimento administrativo de averiguação oficiosa da maternidade ou da paternidade, sem, no entanto, disporem sobre os termos da realização dessa análise.

O artigo 1.º, n.º 3 da Lei n.º 5/2008, de 12 de fevereiro proíbe a utilização, análise e tratamento de qualquer tipo de informação obtida a partir da análise das amostras fora das finalidades de identificação civil e de investigação criminal[272], previstas no artigo 4.º da mesma Lei.

Estas finalidades são prosseguidas através da comparação de perfis de material biológico recolhido com os perfis existentes na base de dados de ADN. No caso das finalidades de identificação civil, o material biológico é recolhido em pessoa, em cadáver, em parte de cadáver ou em local onde se proceda a recolhas com aquelas finalidades, o que leva a que a comparação possa ocorrer entre os perfis recolhidos nesses diversos contextos, ou entre esses perfis e aqueles que se encontram armazenados na base de dados de perfis genéticos. No caso da finalidade de investigação criminal, a identificação do agente do crime opera por comparação entre o perfil obtido a partir de material biológico recolhido no local do crime e em pessoas que, direta ou indiretamente, a ele possam estar associadas.

3. A Lei n.º 5/2008, de 12 de fevereiro disciplina a recolha de material biológico, a subsequente obtenção de perfis genéticos e o armazenamento de ambos, respetivamente em biobanco e em base de dados de perfis. Estas operações de tratamento estão sujeitas à observância dos princípios gerais previstos no artigo 3.º da mencionada Lei, que incluem o respeito pela reserva da intimidade da vida privada, a autodeterminação informacional e demais direitos, liberdades e garantias fundamentais. O elenco de tais princípios é exemplificativo, abrindo o leque das hipóteses em que o tratamento de dados pessoais possa colocar em risco, ou mesmo violar, outros direitos, liberdades ou garantias fundamentais (cf. n.º 2)[273].

Os responsáveis pela análise de amostras biológicas são o Laboratório de Polícia Científica da Polícia Judiciária e o Instituto Nacional de Medicina Legal, sendo que a realização de tais análises por outros laboratórios está condicionada a autorização do Ministério da Justiça e do ministério que exerça tutela sobre

---

[272] Sendo que o artigo 4.º, n.º 1 salvaguarda o disposto no artigo 23.º da mesma lei, que permite que a informação obtida a partir dos perfis de ADN possa ser comunicada para fins de investigação científica ou de estatística, após anonimização irreversível.

[273] O tratamento de dados pessoais deve, em todo o caso, respeitar os principais da legalidade, da autenticidade, veracidade (exatidão), univocidade e segurança dos elementos identificativos (n.º 3 do artigo 3.º da Lei n.º 5/2008, de 12 de fevereiro). O n.º 4 do artigo 3.º prevê, ainda, a garantia dos titulares não ficarem sujeitos a decisões tomadas exclusivamente com base num tratamento de dados, consagrando o n.º 5 o princípio da limitação da finalidade.

tais laboratórios – artigo 5.º, n.º 1 da Lei n.º 5/2008, de 12 de fevereiro. A imposição de condições à extensão do estatuto de responsáveis pelo tratamento a outras entidades afigura-se fundamental para que exista um mecanismo de controlo do cumprimento dos princípios que devem reger o tratamento, a proteção e a segurança dos dados pessoais.

A recolha de material biológico deve ser realizada por métodos não invasivos, que respeitem a dignidade humana e a integridade física do visado (artigo 10.º), está sujeita à prestação das informações obrigatórias previstas no artigo 13.º (se recolhidas junto do titular) do RGPD e às informações previstas no artigo 9.º da Lei n.º 5/2008, de 12 de fevereiro, que impõem que sejam prestadas ao sujeito passivo da colheita as seguintes informações:

i. De que os dados pessoais do titular serão inseridos num ficheiro de dados pessoais;

ii. Sobre a natureza dos dados que são extraídos da amostra, isto é, o perfil de ADN;

iii. De que o perfil de ADN é, nos casos admitidos na lei[274], integrado num ficheiro de perfis de ADN;

iv. Da possibilidade de cruzamento do perfil recolhido com os existentes na base de dados de perfis de ADN[275], com menção expressa da possibilidade de utilização dos dados para fins de investigação criminal, quando aplicável; e

---

[274] A inserção dos perfis resultantes da análise de amostras ocorre nos termos do disposto no artigo 18.º da Lei n.º 5/2008, de 12 de fevereiro. Se as amostras tiverem sido recolhidas de voluntários, de parentes de pessoas desaparecidas, ou dos profissionais que procedem à recolha e análise de amostras, a integração num ficheiro de perfis de ADN está sujeita a consentimento livre, informado e escrito do titular dos dados, prestado aquando da recolha da amostra respetiva (n.º 1). A inserção nas bases de dados dos perfis resultantes de amostra utilizada para comparação de pessoas desaparecidas ou dos seus parentes (neste último caso, a obtenção da amostra carece de consentimento livre, informado e escrito) e dos correspondentes dados pessoais para fins de identificação civil ocorre mediante despacho do magistrado competente no respetivo processo (n.º 2). Os perfis resultantes de amostras sob investigação, cuja identificação se pretende estabelecer, para fins de identificação civil ou de investigação criminal são inseridos na base de dados de perfis de ADN, exceto se da comparação direta realizada tiver resultado a identificação que se pretendia estabelecer, ou se ao determinar a realização da perícia para obtenção de perfil ou em despacho posterior, o magistrado competente decidir que, nomeadamente por falta de específica relevância probatória, a inserção é desnecessária, tendo em conta, entre outros elementos, o relatório relativo à recolha de amostra.

[275] A inserção de quaisquer perfis de ADN na base de dados determina automaticamente a interconexão de dados, nos termos do disposto no artigo 19.º e 19.º A da Lei n.º 5/2008, de 12

v. De que a amostra recolhida pode ser conservada num biobanco[276], nos casos admitidos na Lei n.º 5/2008, de 12 de fevereiro.

Importante reter que a inserção de perfis resultantes de amostras sob investigação, cuja identificação se pretende estabelecer, está sujeita a validação pela autoridade judiciária, a quem deve ser obrigatoriamente comunicada no prazo máximo de 72 horas, nos termos do n.º 6 do artigo 18.º da Lei n.º 5/2008, de 12 de fevereiro.

Os princípios a que se encontra sujeita a **recolha de amostras** para efeitos de identificação civil ou de investigação criminal cumulam os princípios gerais do tratamento de dados com um princípio de natureza processual: o princípio do contraditório.

A aplicação do princípio do contraditório à recolha de amostras concretiza-se na preservação de uma parte da amostra analisada sob a qual possa ser posteriormente realizada contra-análise, salvo em casos de manifesta impossibilidade. A necessidade de assegurar o princípio do contraditório gera no analista a obrigação de, nos casos em que a amostra seja diminuta, a manusear de modo que não impossibilite a realização de contra-análise[277] (cf. artigos 11.º, n.ºs 1 e 2 da Lei n.º 5/2008, de 12 de fevereiro).

Os princípios da necessidade e da minimização dos dados aplicam-se ao âmbito e à extensão da análise das amostras biológicas recolhidas

No que concerne ao âmbito, a análise incide sobre marcadores de ADN que, de acordo com o conceito vertido na alínea e) do artigo 2.º da Lei n.º 5/2008, de 12 de fevereiro corresponde a ADN não codificante[278]. Quanto à extensão, a análise restringe-se aos marcadores de ADN que sejam absolutamente necessários à identificação do titular.

---

de fevereiro. No entanto, a Lei estabelece limitações à interconexão de dados, decorrentes do princípio da necessidade, da adequação e proporcionalidade.

[276] As amostras biológicas colhidas em voluntários, em pessoas condenadas e em arguidos em processos pendentes são destruídas imediatamente após a obtenção do perfil de ADN, nos termos do disposto no artigo 34.º, n.º 1 da Lei n.º 5/2008, de 12 de fevereiro. Nos termos do n.º 2 do mesmo inciso, as amostras relativas aos demais ficheiros previstos no artigo 15.º, n.º 1 da mesma Lei são conservadas pelos prazos previstos no artigo 26.º, n.º 1.

[277] O ponto 9 da Recomendação R (92) 1 do Comité de Ministros aos Estados-membros sobre a utilização da análise do ácido desoxirribonucleico (ADN) no âmbito do sistema de justiça penal, adotada pelo Comité de Ministros, em 10 de fevereiro de 1992, tem uma previsão semelhante.

[278] Para mais esclarecimentos sobre este conceito, *vide* anotação ao artigo 4.º, ponto 13) do RGPD.

O prazo de conservação das amostras biológicas varia conforme as finalidades que determinaram a recolha.

O resultado da análise da amostra biológica gera um perfil de ADN[279], que, juntamente com os dados pessoais correspondentes, é inserido e conservado em ficheiros, que constituem a base de dados de perfis de ADN, regulamentada nos termos do artigo 14.º e seguintes da Lei n.º 5/2008, de 12 de fevereiro.

4. A recolha de amostras com finalidades de investigação criminal incide sobre arguidos em processo penal pendente, ou pessoas condenadas por crime doloso com pena concreta de prisão igual ou superior a 3 anos, ou a quem tenha sido aplicada uma medida de segurança de internamento (artigo 8.º, n.ºs 1, 2 e 3 da Lei n.º 5/2008, de 12 de fevereiro). A recolha de amostras em contexto de investigação criminal não se cinge evidentemente a sujeitos processuais – sendo ainda recolhidas amostras em cadáver, em parte de cadáver, deixadas em pessoa, animal, coisa ou local – e realiza-se de acordo com o disposto no artigo 171.º do Código de Processo Penal, que se reporta à análise dos vestígios do crime e às diligências de conservação da sua integridade (n.º 5 do artigo 8.º da Lei n.º 5/2008, de 12 de fevereiro).

5. A recolha de amostras em arguido em processo criminal pendente é realizada, nos termos do n.º 1 do artigo 8.º da Lei n.º 5/2008, de 12 de fevereiro, a *pedido ou com consentimento do arguido ou ordenada, oficiosamente ou a requerimento escrito, por despacho do juiz, que pondera a necessidade da sua realização, tendo em conta o direito à integridade pessoal e à reserva da intimidade do visado.*

a) O arguido em processo pendente

A sujeição voluntária a exame
A lei distingue duas formas de sujeição voluntária a exame biológico: a pedido do arguido, ou mediante consentimento deste.

---

[279] Nos termos do artigo 2.º, alínea f) da Lei n.º 5/2008, de 12 de fevereiro, o *perfil de ADN* corresponde ao *resultado de uma análise da amostra por meio de um marcador de ADN obtido segundo as técnicas cientificamente validadas e recomendadas a nível internacional*. Como corolário do princípio da exatidão, o n.º 3 do artigo 13.º da Lei n.º 5/2008, de 12 de fevereiro, determina que a geração do perfil de ADN não dispensa, sempre que possível, a repetição dos procedimentos técnicos, para a sua obtenção, a partir das amostras, para confirmação de resultados.

A recolha de material biológico para posterior análise a pedido constitui um corolário das garantias de defesa e do princípio do contraditório, previstos no artigo 32.º, n.ºs 1 e 5 da Constituição da República Portuguesa.

Diferentemente, a sujeição a exame mediante consentimento gera dúvidas quanto à validade dessa declaração, sobretudo se for levada em conta a noção de consentimento vertida nos considerandos 42 e 43 e no artigo 7.º do RGPD.

Desde logo, porque, na pendência de um processo de natureza criminal, o indivíduo é confrontado com o *ius imperii* do Estado e com a possibilidade de lhe vir a ser aplicada uma medida privativa da liberdade.

O desequilíbrio de posições entre o indivíduo que procura defender-se de uma acusação pública – ou dos indícios que lhe sejam imputados antes da sua dedução – torna a liberdade da declaração de consentimento, no mínimo, questionável. A incidência desse desequilíbrio de posições numa manifestação de vontade é sublinhada pelo Considerando 43, que contempla precisamente os casos em que o responsável pelo tratamento é uma autoridade pública. Pela sua clareza, transcrevemos o primeiro período do Considerando 43: *a fim de assegurar que o consentimento é dado de livre vontade, este não deverá constituir fundamento jurídico válido para o tratamento de dados pessoais em casos específicos em que exista um desequilíbrio manifesto entre o titular dos dados e o responsável pelo seu tratamento, nomeadamente quando o responsável pelo tratamento é uma autoridade pública pelo que é improvável que o consentimento tenha sido dado de livre vontade em todas as circunstâncias associadas à situação específica em causa.*

Acresce que o n.º 4 do artigo 8.º da Lei n.º 5/2008, de 12 de fevereiro, dispõe que *em caso de recusa do arguido na recolha de amostra que lhe tenha sido ordenada nos termos dos números anteriores, o juiz competente pode ordenar a sujeição à diligência nos termos do disposto no artigo 172.º do Código de Processo Penal.*

Neste particular, impõe-se uma distinção que nos parece relevante do ponto de vista da liberdade da manifestação de uma vontade processual por parte do arguido. Uma coisa será o arguido apresentar requerimentos de prova que impliquem a revelação de informações de natureza pessoal, no âmbito do exercício dos direitos de defesa que lhe são constitucional e legalmente reconhecidos.

Coisa distinta será a autoridade judiciária propor a realização de uma diligência de natureza probatória, solicitando para o efeito o consentimento do arguido. É que, no âmbito do processo penal, caracterizado por não ser um *processo de partes*, mas de *sujeitos processuais*, o consentimento não poderá ser entendido, por princípio, como livremente prestado – sendo, por isso, inválido.

Lembramos a este propósito a parte final do Considerando 42, nos termos do qual *não se deverá considerar que o consentimento foi dado de livre vontade se o titular dos dados não dispuser de uma escolha verdadeira ou livre ou não puder recusar nem retirar o consentimento sem ser prejudicado.*

Com o que se conclui que o *consentimento do titular dos dados*, enquanto manifestação de vontade livre, tal como definido pela alínea n) do artigo 2.º da Lei n.º 5/2008, de 12 de fevereiro, não encontra qualquer eco no que tange à recolha de amostras em arguido em processo pendente, pelo que deve ter-se por não escrito, em face da sua manifesta invalidade, enquanto fundamento de licitude do tratamento de dados.

A norma vertida no n.º 4 do artigo 8.º *supra* transcrita denuncia justamente a ausência de uma verdadeira escolha do arguido em relação à sujeição ao exame biológico e à sua posterior análise, pelo que o fundamento do tratamento de dados não poderá ser o consentimento, mas sim a atuação dos tribunais no exercício da sua função jurisdicional. Se já era evidente o conflito desta norma com a noção de consentimento vertida na alínea h) do artigo 2.º da Lei n.º 67/98, de 26 de outubro, a validade do consentimento nela previsto deve entender-se como revogada pela entrada em vigor do Regulamento Geral de Proteção de Dados.

Acresce que a solicitação do consentimento do arguido para a realização do exame constituiria uma violação do princípio *nemo tenetur se ipsum accusare*, que decorre do direito fundamental a um processo equitativo e do princípio da presunção de inocência.

O direito à não autoincriminação é reconhecido pela jurisprudência do Tribunal Europeu dos Direitos do Homem, da qual se destaca o acórdão proferido no caso F. Saunders contra o Reino Unido (Processo n.º 19187/91[280]), que distingue a validade das provas com vocação incriminatória obtidas mediante uma manifestação de uma vontade, ou de forma coerciva[281].

---

[280] Texto disponível em https://hudoc.echr.coe.int/eng#{"fulltext":["saunders"],"documentcollectionid2":["GRANDCHAMBER","CHAMBER"],"itemid":["001-58009"]}. Consultado em 30 de setembro de 2018.

[281] No aresto do Tribunal Europeu dos Direitos do Homem, proferido no caso F. Saunders contra o Reino Unido, pode ler-se *The right not to incriminate oneself is primarily concerned, however, with respecting the will of an accused person to remain silent. As commonly understood in the legal systems of the Contracting Parties to the Convention and elsewhere, it does not extend to the use in criminal proceedings of material which may be obtained from the accused through the use of compulsory powers but which has an existence independent of the will of the suspect such as, inter alia, documents acquired pursuant to a warrant, breath, blood and urine samples and bodily tissue for the purpose of DNA testing.* Em tradução livre: O direito de não se auto-incriminar visa principalmente, no entanto, o respeito pela vontade do arguido de permanecer em silêncio. Em conformidade com o entendimento comum dos sistemas jurídicos das Partes Contratantes da Convenção e de outros,

O consentimento do arguido em relação à recolha e análise de amostras é, destarte, inválido a montante – na medida em que a circunstância de ser prestado perante uma autoridade pública coarta a o caráter livre da vontade – e a jusante – porquanto a recusa do arguido na recolha e na subsequente realização do exame biológico é ultrapassável por ordem judicial – este, sim, o verdadeiro fundamento de licitude do tratamento.

Os fundamentos que subjazem à recolha de amostras com finalidades de investigação criminal devem ser a recolha a pedido, por necessária ao exercício dos direitos de defesa, e a determinação do juiz, oficiosa ou mediante requerimento escrito, por despacho necessariamente fundamentado, contendo uma ponderação da necessidade da sua realização, em face do direito à integridade pessoal e à reserva da intimidade do visado. Ambos os fundamentos são enquadráveis na alínea f) do n.º 2 do artigo 9.º do RGPD.

Pese embora o n.º 1 do artigo 8.º da Lei n.º 5/2008, de 12 de fevereiro apenas se refira ao pedido do arguido, consideramos que o Ministério Público, na qualidade de *dominus* da fase de inquérito (artigo 263.º, n.º 1 do Código de Processo Penal) – e, portanto, da fase em que, por excelência ocorre a recolha de indícios da prática de crime – deve poder evidentemente requerer a realização da recolha e do subsequente exame ao ADN ao juiz de instrução criminal.

A obrigação de fundamentação do despacho do juiz que ordenar a recolha de amostras em arguido e a realização de exame ao ADN afigura-se fundamental para garantir a ponderação dos crivos de necessidade, adequação e proporcionalidade e para permitir a respetiva sindicância, através de interposição de recurso do despacho que a haja ordenado.

A interconexão do perfil de arguido em processo pendente

A autoridade judiciária competente pode, nos termos do disposto no artigo 19.º A da Lei n.º 5/2008, de 12 de fevereiro, determinar a interconexão:

i. De perfis de ADN anteriormente obtidos de amostras recolhidas a arguido em processo criminal pendente;

---

o direito de não se auto-incriminar não se estende ao uso, no âmbito do processo criminal, de material que possa ser obtido através de poderes coercivos, de forma independente da vontade do arguido, como, entre outros, documentos adquiridos ao abrigo de ordem judicial, amostras de respiração, sangue e urina e tecido corporal com a finalidade de realizar testes ao ADN. No mesmo sentido, dispõe o Livro Verde sobre a presunção de inocência da Comissão COM(2006) 174 final, de 26 de abril de 2006, cujo texto pode ser encontrado em https://eur-lex.europa.eu/legal-content/PT/TXT/?uri=CELEX%3A52006DC0174. Consultado em 30 de setembro de 2018.

ii. De perfis de ADN obtidos a partir de amostra sob investigação; e

iii. De perfis obtidos nos termos do n.º 1 do artigo 8.º da Lei n.º 5/2008, de 12 de fevereiro

com os perfis existentes nos ficheiros previstos nas alíneas b), d) e f) do artigo 15.º da mesma Lei[282].

A interconexão afigura-se respeitar os princípios da necessidade e da minimização dos dados, na medida em que a interconexão não abrange todos os perfis constantes da base de dados, mas apenas aqueles que possam ser relevantes para a identificação dos agentes do crime.

A destruição das amostras e do perfil do arguido

As amostras obtidas de arguidos em processos pendentes são destruídas imediatamente após a obtenção do perfil de ADN, nos termos do disposto no artigo 34.º, n.º 1 da Lei n.º 5/2008, de 12 de fevereiro. Uma vez logradas as finalidades de identificação no âmbito de uma investigação criminal, sempre careceria de sentido manter conservada a amostra biológica após a obtenção do perfil.

O perfil de ADN obtido a partir de amostras biológicas colhidas em arguido em processo pendente é eliminado no termo do processo criminal, mediante despacho do juiz de julgamento, ou oficiosamente, no termo do prazo máximo de prescrição do processo criminal, nos termos do n.º 7 do artigo 26.º da Lei n.º 5/2008, de 12 de fevereiro.

Salvo melhor opinião, o perfil do arguido em processo pendente apenas deveria ser mantido armazenado até ao termo do procedimento criminal, porquanto não parecem existir razões de necessidade, adequação e proporcionalidade para que este se mantenha armazenado até ao termo do prazo de prescrição do procedimento criminal.

Uma vez que não se não trata do perfil de um condenado, mas sim de um indivíduo presumivelmente inocente, caso ocorra uma eventual reabertura do inquérito, nos termos do disposto no artigo 279.º do Código de Processo Penal, nada impede uma nova recolha ao abrigo do disposto no artigo 8.º, n.º 1 da Lei n.º 5/2008, de 12 de fevereiro.

---

[282] Esclarece-se que a finalidade da comparação do perfil do arguido com o perfil obtido a partir da recolha de amostras dos profissionais que procedem à recolha e análise das amostras, visa a eventual confirmação da existência de contaminação do material biológico durante o respetivo manuseamento e análise.

6. Para além do arguido, outros sujeitos processuais estão sujeitos à recolha de amostras com finalidades de investigação criminal. Por determinação constante na sentença, são recolhidas amostras biológicas, com a consequente inserção do respetivo perfil de ADN na base de dados:

   i. De **pessoa condenada por crime doloso com pena concreta de prisão igual ou superior a 3 anos**, ainda que substituída; e

   ii. De **inimputável a quem seja aplicada a medida de segurança de internamento**, ainda que suspensa.

No que concerne ao crivo da necessidade, e salvo melhor opinião, o tempo da pena concreta de prisão a partir do qual se prevê a colheita de amostras em condenados, afigura-se-nos criticável. Se a finalidade da recolha e análise de amostras consiste na identificação dos agentes do crime no âmbito da investigação criminal, a sua aplicação a condenados só poderá ter por fim a constituição de uma base de dados de eventuais reincidentes. Uma base de dados de presumíveis agentes do crime, de presumíveis "reincidentes" – sintomática de um "determinismo genético", segundo o qual a prática de um crime dita um perfil criminógeno[283] – suscita muitas reservas de princípio, sendo exigível que esta sirva finalidades legítimas, determinadas de acordo com critérios de necessidade, adequação e proporcionalidade.

Importa referir que o ordenamento jurídico processual penal português considera graves os crimes punidos com pena igual ou superior a 5 anos, sendo com base nessa bitola que são definidas as competências do tribunal singular e coletivo, a aplicação dos pressupostos da aplicação da prisão preventiva, as condições para a suspensão provisória do processo, as vantagens processuais decorrentes da confissão, a aplicação dos processos especiais e a admissibilidade de interposição de recurso (artigos 14.º, n.º 2, alínea a), 16.º, n.º 2, alínea c) e n.º 3, 202.º, n.º 1, alínea a), 281.º, n.º 1, 344.º, n.º 3, alínea c), 381.º, n.º 1 e 2, 391.º A, n.º 1 e 2, 392.º, n.º 1, 400.º, n.º 1, alínea d) e 432.º, n.º 1, alínea c), todos do Código de Processo Penal).

Seria, assim, de supor que a colheita de amostras de ADN se guiasse por critérios de gravidade relacionados com o tipo de crime – ou com a pertinência da prova biológica em certo tipo de crimes, como sejam os crimes de índole sexual

---

[283] A Comissão Nacional de Proteção de Dados alertou para esta circunstância no Parecer n.º 18/2007, de 13 de abril de 2007, disponível em https://www.cnpd.pt/bin/decisoes/Par/40_18_2007.pdf. Consultado em 29 de outubro de 2018.

– ou, em alternativa, com a moldura penal definida para o mesmo, conforme a opção do poder legislativo de cada Estado[284].

Todavia, a bitola dos 3 anos encontra explicação no facto de o Código Penal português prever para alguns crimes sexuais (em cuja investigação é pertinente a prova por teste ao ADN) uma pena inferior a 5 anos, pelo que o legislador optou por um limite inferior para os abranger. Como consequência, o n.º 2 do artigo 8.º da Lei n.º 5/2008, de 12 de fevereiro, pode referir-se a crimes de gravidade diminuta, relativamente aos quais o perigo de reincidência se não manifesta de forma significativa, de acordo com a ciência criminológica.

Deste modo, a lei portuguesa não restringe a recolha de amostras em arguidos condenados à criminalidade grave e não prevê qualquer margem de ponderação do juiz sobre a perigosidade do agente. Tal juízo é obrigatório, nos termos do disposto nos artigos 91.º, n.º 1 e 92.º, n.º 2 do Código Penal, em relação à aplicação de medida de segurança a inimputáveis.

No entanto, quer no caso de arguidos condenados em pena de prisão, quer em relação a inimputáveis a quem tenha sido aplicada medida de segurança de internamento, a aplicação dos n.ºs 2 e 3 do artigo 8.º da Lei n.º 5/2008, de 12 de fevereiro não é condicionada a qualquer avaliação sobre a perigosidade do indivíduo em causa. O que significa que o artigo 8.º, n.ºs 2 e 3 é aplicável mesmo que a pena de prisão haja sido substituída, ou que a medida de internamento haja sido suspensa, o que abre o leque a situações em que a perigosidade do indivíduo estará, por natureza, afastada.

Se ao legislador cabe definir os critérios abstratos de inserção de perfis de ADN, ao juiz deverá caber uma reserva de ponderação da concreta pertinência da diligência. É certo que o crime tem de ser doloso, mas a bitola dos 3 anos, sob a necessidade de incluir crimes sexuais, abarca colateralmente criminalidade bagatelar, tornando possível a colheita de ADN num caso de furto simples.

Esta solução é, em nosso ver, criticável, na medida em que se aparta dos princípios da necessidade, da adequação e da proporcionalidade e, nessa medida, do

---

[284] Para mais desenvolvimentos, veja-se NICOLAU, Tatiana Duarte, *O armazenamento de amostras de ADN e as bases de dados de perfis genéticos*, Prémio Ensaio CNPD, Lisboa, Comissão Nacional de Proteção de Dados, 2015, pp. 39-41. Revemos, no presente excurso, a posição que defendemos no texto ora referido em relação ao automatismo da norma vertida no artigo 8.º, n.º 2 da Lei n.º 5/2008, de 12 de fevereiro. Defendemos hoje que não existe automatismo em sentido próprio. Porém, a redação da norma pode induzir um certo automatismo na sua aplicação, que pode ser ultrapassado com a necessidade de fundamentação prevista no artigo 97.º, n.º 1, alínea a) e n.º 5 do Código de Processo Penal.

princípio da minimização dos dados, previsto na alínea c) do n.º 1 do artigo 5.º do RGPD.

A possibilidade de serem armazenados perfis de pessoas condenadas por crimes cuja prova não só não depende necessariamente de testes ao ADN – podendo ser realizada por meios menos intrusivos –, nem a obrigatoriedade da sua realização está condicionada ao tipo ou à gravidade do crime, nem à perigosidade do agente, viola os mencionados crivos de licitude do tratamento de dados[285].

A *ratio legis* da manutenção do armazenamento de perfis de pessoas que hajam sido condenadas pela prática de crime doloso com pena concreta de prisão igual ou superior a 3 anos, de inimputáveis a quem seja aplicada a medida de segurança de internamento, prender-se-á com a finalidade que, em primeiro lugar, determinou a recolha e os procedimentos subsequentes: a investigação criminal (cf. artigos 4.º, n.º 1 e 32.º da Lei n.º 5/2008, de 12 de fevereiro). Tal significa que o armazenamento de perfis de condenados visa permitir uma investigação mais eficaz, no caso de o agente reincidir na prática de ilícitos penais.

Cremos que, neste particular, se impõe distinguir entre os casos em que o tratamento ocorre durante a fase de investigação e após a condenação. Se no âmbito da investigação criminal a análise ao ADN for absolutamente necessária – e não apenas *adequada*, nos casos em que existam meios de prova menos invasivos e igualmente eficazes – de provar o crime, admitimos a licitude do tratamento. Porém, no que respeita ao armazenamento de amostras e perfis de pessoas condenadas, consideramos que se impõe um juízo de perigosidade, que pondere a gravidade da infração, o grau de ilicitude e de culpa e um juízo de

---

[285] O risco de o recurso às análises ao ADN no âmbito da justiça penal se resumir a critérios de eficácia, sem qualquer ponderação encontra refúgio no ponto 5 da Recomendação R (92) 1 do Comité de Ministros do Conselho da Europa que dispõe que o recurso às análises ao ADN deve ser permitido em todos os casos em que seja adequado, independentemente do grau de gravidade da infração. Por outro lado, e parecendo pretender temperar o ponto seguinte, a mesma Recomendação no ponto 4 estabelece que a recolha de amostras biológicas deve ocorrer nos estritos termos previstas na legislação nacional e que, nos casos em que seja admitida, a recolha sem consentimento do arguido apenas deve ser levada a efeito quando as circunstâncias do a caso justifiquem. Se uma das normas parece conferir maior enfoque ao princípio da proporcionalidade e a outra o princípio da eficácia, podendo nem sempre ser contraditórias, poderão ser normas de difícil compaginação, na medida em que parecem exprimir conceções distintas em relação ao tratamento de dados, concretizando o binómio justiça/eficácia. Mais parece que o Comité de Ministros, na impossibilidade de uma solução compromissória, consagrou em dois pontos da Recomendação as duas correntes.

prognose sobre a possibilidade de reincidência, de acordo com os estudos da ciência criminológica. No entanto, insistimos que a existência de uma base de dados genéticos de presumíveis reincidentes nos inspira as maiores reservas, sob o ponto vista do princípio da culpa, da presunção de inocência, ou dos fins das penas (no que concerne à reintegração do agente na sociedade) – sobretudo quando a recolha e armazenamento de tais dados não está vinculada à pertinência da prova, nem ao tipo de crime, nem à gravidade do crime, nem à perigosidade do agente.

As amostras recolhidas em pessoas condenadas em pena de prisão e em inimputável a quem seja aplicada a medida de segurança de internamento são destruídas imediatamente após a obtenção do perfil de ADN. O artigo 26.º, n.º 3 da Lei n.º 5/2008, de 12 de fevereiro estabelece prazos de eliminação do perfil de pessoas condenadas em pena de prisão e de inimputável a quem seja aplicada a medida de segurança de internamento[286].

Os prazos previstos no artigo 26.º, n.º 3 da Lei n.º 5/2008, de 12 de fevereiro correspondem aos prazos de cancelamento da inscrição do registo criminal, previstos no n.º 1 do artigo 11.º da Lei n.º 37/2015, de 5 de maio, com exceção dos crimes contra a liberdade e autodeterminação sexual. Afigura-se-nos correta, no que tange aos crimes que não tenham índole sexual, a relação entre a duração do armazenamento dos perfis e o cancelamento da inscrição da condenação ou da aplicação de medida de segurança, na medida em que deve sempre ser assegurada a possibilidade ao indivíduo de viver sem a sombra da prática pretérita do crime – e tal parece, aliás, corresponder à finalidade de reintegração do agente na sociedade, nos termos do n.º 1 do artigo 40.º do Código Penal.

É compreensível um alargamento do prazo de conservação dos perfis de ADN de pessoas condenadas por crime doloso contra a liberdade e autodeterminação

---

[286] Os perfis de ADN e os correspondentes dados pessoais são eliminados, oficiosamente, decorrido, sobre a inserção do perfil na base de dados, o tempo de duração da pena de prisão concretamente aplicada ou da duração da medida de segurança:
a) Acrescido de 5 anos, quando tiver sido inferior a 5 anos;
b) Acrescido de 7 anos, quando se situe entre 5 e 8 anos;
c) Acrescido de 10 anos, quando seja superior a 8 anos;
d) Acrescido de 23 anos, no caso de condenação por crime previsto no capítulo V do título I do livro II do Código Penal, relativo aos crimes contra a liberdade e autodeterminação sexual;
e) Acrescido de 5, 7, 10 ou 23 anos se tiver sido inferior a 5 anos, entre 5 e 8 anos, superior a 8 anos ou se tiver sido aplicada por crime previsto no capítulo V do título I do livro II do Código Penal, relativamente aos crimes contra a liberdade e autodeterminação sexual, respetivamente.

sexual, em pena concreta de prisão igual ou superior a 3 anos e de inimputável a quem seja aplicada a medida de segurança de internamento, por prática de crime da mesma natureza. Contudo, o prazo de conservação afigura-se-nos algo excessivo, parecendo que o legislador cedeu aos argumentos securitários e da eficácia na repressão e combate a este tipo de criminalidade, olvidando que os fins das penas e os propósitos de reintegração social também se aplicam aos seus agentes.

7. O processo de natureza civil em que é mais evidente a necessidade de tratamento de dados genéticos é a ação de averiguação oficiosa da paternidade, prevista no artigo 1865.º do Código Civil.[287]

A ação de averiguação oficiosa da paternidade poderá envolver o recurso à prova a partir de amostras biológicas, de forma a estabelecer a paternidade de um determinado indivíduo. O artigo 1801.º do Código Civil limita-se a admitir os exames de sangue e quaisquer outros métodos cientificamente comprovados nas ações relativas à filiação, deixando, assim, espaço à liberdade de prova.

A ação de averiguação oficiosa da paternidade coloca a questão de saber em que medida poderá o pretenso progenitor do indivíduo cuja paternidade se pretende estabelecer recusar a sujeição a um exame de ADN e quais as consequências dessa recusa.

A jurisprudência diverge em relação à resposta a dar a esta questão. Alguns acórdãos pronunciam-se no sentido de a recusa do pretenso progenitor poder ser ultrapassada por ordem judicial que determine a sujeição a exame, fazendo apelo aos amplos poderes instrutórios do juiz e à superioridade do interesse da

---

[287] Paralelamente a esta ação, mas com diferente natureza, os artigos 60.º a 62.º da Lei n.º 141/2015, de 8 de setembro, preveem um processo tutelar de natureza administrativa, sob o *nomen iuris* averiguação oficiosa da maternidade ou paternidade, que se destina a apurar a viabilidade da proposição da ação de averiguação oficiosa prevista no artigo 1865.º do Código Civil, não tendo qualquer valor jurisdicional. Cf. o recente aresto do Tribunal da Relação de Lisboa (Processo n.º 4386/17.0T8VFX-A.L1-8), de 08.03.2018, disponível em http://www.dgsi.pt/jtrl.nsf/33182fc732316039802565fa00497eec/cc1da3b30d83f7228025828f-0053c3a1?OpenDocument. Consultado em 30 de setembro de 2018. Pelo facto de não se tratar de uma ação com cariz jurisdicional, não será tratada no presente excurso.

criança[288], ou do direito à identidade pessoal[289]. Outros arestos consideram que não estará em causa a realização coerciva do exame, mas, sim, a avaliação do valor da recusa. Neste último caso, a omissão do dever de cooperação da parte com o tribunal tem por consequência livre apreciação da conduta processual da parte pelo julgador[290], podendo ainda operar a inversão do ónus da prova, nos termos do disposto no n.º 2 do artigo 344.º do Código Civil[291]. Existem, ainda, posições mistas, que não excluem a validade de ambas as teses[292].

O Acórdão Tribunal Constitucional n.º 225/2018, de 24 de abril de 2018, declarou a inconstitucionalidade, com força obrigatória geral, da norma do n.º 1 do artigo 15.º, na parte em que impunha uma obrigação de sigilo absoluto relativamente às pessoas nascidas em consequência de processo de procriação medicamente assistida, com recurso a dádiva de gâmetas ou embriões, incluindo nas situações de gestação de substituição, sobre o recurso a tais processos ou à gestação de substituição e sobre a identidade dos participantes nos mesmos como dadores ou enquanto gestante de substituição, e do n.º 4 do artigo 15.º da Lei n.º 32/2006, de 26 de julho, por violação dos direitos à identidade pessoal e ao desenvolvimento da personalidade de tais pessoas em virtude de uma restrição desnecessária de tais direitos, conforme decorre da conjugação do artigo 18.º, n.º 2, com o artigo 26.º, n.º 1, ambos da Constituição da República Portuguesa.

---

[288] Cf. Acórdão do Tribunal da Relação de Lisboa (Processo n.º 486/2002.L1-2), de 17.09.2009, disponível em http://www.dgsi.pt/Jtrl.nsf/e6e1f17fa82712ff80257583004e3ddc/597bab21b-bfbffec802576650060ee03?OpenDocument. Consultado em 30 de setembro de 2018.

[289] Cf. Acórdão do Tribunal da Relação de Lisboa (Processo n.º 1586-13.5TBCTX-A.L1-2), de 14.05.2015 e . Acórdão do Tribunal da Relação do Porto (Processo n.º 530/10.6TVPRT.P1), de 19.06.2012 respetivamente disponíveis em http://www.dgsi.pt/jtrl.nsf/33182fc7323160 39802565fa00497eec/bd713e697f8182a480257e620037d89f?OpenDocument e http://www.dgsi.pt/jtrp.nsf/56a6e7121657f91e80257cda00381fdf/cfb82991f20d4b8380257a3200 394e8b?OpenDocument. Consultados em 30 de setembro de 2018.

[290] Acórdão do Tribunal da Relação de Lisboa (Processo n.º 3849/08.2TBOER.L1-7), de 03.05.2011, disponível em http://www.dgsi.pt/jtrl.nsf/33182fc732316039802565fa00497eec/ f24ab4d285ae0529802578b10036823c?OpenDocument. Consultado em 30 de setembro de 2018.

[291] Cf. Acórdão do Tribunal da Guimarães (Processo n.º 1057/10.1TBEPS-C.G1), de 24.04.2012, disponível em http://www.dgsi.pt/jtrg.nsf/c3fb530030ea1c61802568d9005cd5bb/fe0c09b-c09d79985802579fb004ac14d?OpenDocument. Consultado em 30 de setembro de 2018.

[292] Acórdão do Supremo Tribunal de Justiça (994/06.2TBVFR.P1.S1), de 23.02.2012, disponível em http://www.dgsi.pt/jstj.nsf/954f0ce6ad9dd8b980256b5f003fa814/60d39bf324cd7b 4c802579ad0040a0bf?OpenDocument. Consultado em 30 de setembro de 2018.

Pese embora o presente aresto não incida sobre as ações de averiguação da paternidade, mas sim sobre as normas da Lei n.º 32/2006, de 26 de julho, queda claro o entendimento do Tribunal Constitucional, pelo menos, em abstrato, sobre a superioridade do direito à identidade pessoal em relação à reserva da intimidade da vida privada dos participantes em processo de procriação medicamente assistida[293].

Contudo, no caso da averiguação oficiosa da paternidade, diferentemente do que está em causa em relação ao conhecimento da identidade do dador de gâmetas ou embriões, está em causa o estabelecimento da paternidade – que não envolve apenas o conhecimento da identidade do progenitor biológico, mas sim o estabelecimento de direitos e deveres jurídicos, como a obrigação de alimentos, ou posições sucessórias.

Numa ação de averiguação da paternidade, a realização do teste de ADN surge como o meio de prova que se apresenta mais idóneo e que comporta o maior grau de certeza em relação ao estabelecimento da relação de filiação. Porém, o processo civil é um processo de partes, no qual é admissível a inversão do ónus da prova nos casos em que uma das partes tiver culposamente tornado impossível a prova ao onerado, nos termos do n.º 1 do artigo 344.º do Código Civil. Para que a verdade processual civil se constitua nesta ação não se afigura absolutamente imprescindível a realização do exame, mas se operar pela mera inversão do ónus da prova, poderá haver o risco do estabelecimento de uma verdade meramente adjetiva, sem o conforto de uma prova com um grau de fiabilidade quase absoluto.

Em nossa opinião, o argumento decisivo para a admissibilidade da realização coerciva do exame biológico pela parte que se recusa a submeter-se voluntariamente ao exame não reside apenas na circunstância de tal recusa impedir a prova à contraparte; trata-se de uma recusa que, em último termo, poderá impedir a contraparte de ocupar posições jurídicas e de exercer direitos com relevância significativa no ordenamento jurídico, como sejam os decorrentes de uma relação de filiação. De forma que esta relação não seja constituída com base numa *verdade processual*, ou que a verdade assim formada possa prejudicar a verdade material, afigura-se-nos legítimo que o juiz ordene a realização coerciva de perícia, nos termos do disposto no artigo 411.º do Código Civil. Ademais, as consequências jurídicas decorrentes da recusa da sujeição à realização de exame

---

[293] No que concerne à questão do anonimato dos dadores de gâmetas ou de embriões, acompanhamos a posição de Catarina Sarmento e Castro parcialmente vencida quanto à alínea e) da decisão.

– como sejam a inversão do ónus da prova, *sem prejuízo das sanções que a lei de processo mande especialmente aplicar à desobediência ou às falsas declarações*, como dispõe o n.º 2 do artigo 344.º do Código Civil – tornam duvidoso que tal tratamento de dados possa ter por base um consentimento que se possa dizer *livre*.

8. A comunicação dos resultados da análise, da coincidência entre um perfil obtido a partir de uma amostra biológica com um perfil que conste de base de dados, da interconexão de perfil de arguido ou a que resulte da inserção de perfil de pessoa condenada é comunicada ao processo, de natureza civil ou criminal, a que respeite. Os dados pessoais correspondentes ao perfil e o relatório pericial apenas são comunicados ao processo, se juiz, sem prejuízo do segredo de justiça, oficiosamente ou a requerimento escrito e fundamentado do Ministério Público ou do arguido, decidir, em despacho fundamentado, que a comunicação é adequada, necessária e proporcional, tendo em conta, nomeadamente, o relatório relativo à recolha da amostra. Porém, para que o relatório pericial seja junto o perfil de ADN basta que tal seja determinado pelo juiz, pelo juiz de instrução ou pelo Ministério Público, oficiosamente, ou a requerimento do interessado (n.º 3 do artigo 20.º da Lei n.º 5/2008, de 12 de fevereiro).

Uma vez que a finalidade do tratamento de dados genéticos em sede de processos de natureza civil ou penal consiste na identificação de pessoas, não vemos necessidade de que, por princípio, o perfil genético deva ser incluído no processo, se tal não é imprescindível às finalidades de prova – para o que basta as conclusões do relatório pericial.

9. Uma última palavra para a recolha de amostras e inserção de perfis dos profissionais que procedem à recolha e análise das amostras. A finalidade da comparação do perfil do arguido com o perfil obtido a partir da recolha de amostras dos profissionais que procedem à recolha e análise das amostras, visa o despiste de eventual contaminação do material biológico durante o respetivo manuseamento e análise.

De acordo com o disposto na alínea b) do n.º 1 do artigo 18.º da Lei n.º 5/2008, de 12 de fevereiro carece de prévio consentimento, dispondo o mesmo artigo que esse consentimento constitui *condição para o exercício de funções enquanto técnico de recolha e análise de amostras de ADN*.

Ora, considerando que se trata de um tratamento de dados pessoais necessário à execução de contrato de trabalho carece de sentido sujeitá-lo à prestação de consentimento, que não será válido por não estarem reunidas as condições de liberdade inerente à sua válida prestação.

Artigo 9.º, al. g)

A existência de interesse público importante que permita o tratamento de dados genéticos afigura-se-nos resumir-se à proteção da saúde pública e à realização da justiça, pelo que remetemos para as anotações às alíneas f) e i) do n.º 2 do artigo 9.º do RGPD.

Artigo 9.º, al. h)

1. Como ponto prévio à presente anotação, esclarecemos que o tratamento de dados genéticos no âmbito do contrato de trabalho (medicina preventiva ou do trabalho e avaliação da capacidade de trabalho do empregado) apenas é admissível se tiver por finalidade garantir a segurança e saúde do trabalhador quando o posto de trabalho implique a exposição a riscos considerados significativos. Sobre esta *causa de exclusão da ilicitude do tratamento* pronunciar-nos-emos na presente anotação.

Uma vez que a presente alínea se reporta também ao tratamento de dados no âmbito da gestão de sistemas e serviços de saúde ou de ação social, abordaremos a questão da licitude do tratamento de dados genéticos pelas companhias de seguros.

No que concerne ao diagnóstico médico, à prestação de cuidados ou tratamentos de saúde, ou de ação social desligados de uma relação laboral, o tratamento de dados genéticos está sujeito ao consentimento[294], pelo que remetemos para a anotação à alínea a) do n.º 2 do artigo 9.º e, caso o titular esteja física ou legalmente incapaz de o prestar, remetemos para a anotação à alínea c). Para uma abordagem sobre as regras do tratamento de dados relativos à saúde, remetemos para a anotação à alínea j) do n.º 2 do artigo 9.º, com as necessárias adaptações.

2. No domínio do tratamento de dados sensíveis em contexto laboral, podemos verificar a tensão entre duas dimensões da subordinação jurídica. Por um lado, o desequilíbrio de posições entre empregador e trabalhador gera a necessidade de criar garantias especialmente exigentes, atenta a vulnerabilidade do segundo em relação a decisões do primeiro a respeito do tratamento dos seus dados pessoais. Por outro lado, o tratamento de dados considerados sensíveis pode apresentar-se como um meio de garantir direitos e interesses dos trabalha-

---

[294] Cf. artigo 5.º da Convenção sobre os Direitos do Homem e a Biomedicina.

dores, concretizados em obrigações jurídicas do empregador, nomeadamente no que concerne às normas de segurança, higiene e saúde no trabalho.

Os dados genéticos constituem como que um portal de acesso a informação íntima, por vezes até desconhecida do próprio, pelo que a decisão de os tratar deve estar subtraída ao arbítrio do empregador. Nessa medida, o tratamento de dados genéticos no âmbito da execução do contrato de trabalho é, em regra, considerado ilícito.

O Código de Conduta da Organização Internacional do Trabalho sobre a proteção de dados dos trabalhadores[295] abordou a questão da realização de testes genéticos e de diagnóstico[296] seguindo o mesmo azimute, considerando que a sua realização deve ser proibida ou limitada aos casos previstos na legislação nacional (cf. ponto 6.12 do referido texto). O comentário explicativo desta disposição alerta que, pese embora os testes genéticos sejam admitidos em virtude de serem realizados em benefício do trabalhador – por visarem prevenir riscos decorrentes da sua constituição genética –, deve ser tido em conta o seu potencial para revelar informações sensíveis suscetíveis de implicar consequências no futuro do trabalhador. Justamente em virtude da sensibilidade das informações em causa e das potenciais consequências da sua revelação na vida do trabalhador, a sujeição aos testes genéticos não pode depender da vontade do empregador. O mencionado comentário explicativo restringe a realização de testes genéticos a situações absolutamente excecionais, quando se imponham razões atendíveis (princípio da licitude e da limitação da finalidade) e quando não exista alternativa eficaz (princípio da necessidade), critérios que devem ser definidos pelo legislador nacional.

Uma vez que a determinação da finalidade não está na disponibilidade do empregador, a licitude do tratamento de dados genéticos depende de fundamento legal e do estabelecimento de garantias adequadas para o efeito – cf. ponto 9.4. da Recomendação CM/Rec(2015)5 do Comité de Ministros dos Estados-membros sobre o tratamento de dados no contexto laboral, adotada em 1 de abril de 2015.

---

[295] Disponível em https://www.ilo.org/wcmsp5/groups/public/---ed_protect/---protrav/---safework/documents/normativeinstrument/wcms_107797.pdf. Consultado em 3 de outubro de 2018.

[296] O Código de Conduta da Organização Internacional do Trabalho distingue a realização de testes genéticos de diagnóstico e a monitorização genética: os primeiros são realizados uma vez e têm por fim analisar as características e perturbações de natureza genética; os segundos são realizados periodicamente, com vista à deteção antecipada dos efeitos da exposição a condições ambientais suscetíveis de afetar a constituição genética do trabalhador.

O ponto 9.2. da referida Recomendação do Conselho da Europa estabelece um princípio de limitação das finalidades admissíveis no que concerne às questões que o empregador pode colocar ao trabalhador ou ao candidato a oferta de emprego em relação a informações de saúde. O empregador apenas poderá licitamente pretender aceder a informação relativa ao estado de saúde do candidato ou do trabalhador, ou solicitar a qualquer um deles a realização de exames, para os seguintes fins:

    i. Verificação da aptidão para determinado posto de trabalho, futuro ou atual;
    ii. Cumprir as normas da medicina preventiva no trabalho;
    iii. Assegurar a recuperação, ou cumprir qualquer outra disposição relativa ao ambiente de trabalho;
    iv. Garantir a salvaguarda de interesses vitais do titular dos dados, de outros trabalhadores, ou de terceiros;
    v. Permitir a atribuição de benefícios sociais;
    vi. Contestar processos judiciais[297]

---

[297] A alínea f) do ponto 9.2. da Recomendação do Comité de Ministros aos Estados-membros Rec(2015)5 sobre o tratamento de dados pessoais em contexto laboral, adotada em 1 de abril de 2015, prevê especificamente *to respond to judicial procedures*. Pese embora a locução *respond* feche o âmbito admissível do tratamento de dados, parece-nos adequado estender a possibilidade de tratar dados de saúde em contexto de proposição de ação contra o trabalhador. Acresce que a norma também limita o tratamento de dados ao contexto judicial, sendo que nos parece que tal âmbito deveria ser alargado, por exemplo, aos procedimentos disciplinares, na estrita medida do necessário à prova que este deve comportar e cumprindo o princípio da minimização dos dados. Um exemplo de tratamento de dados de saúde para efeitos disciplinares é a instauração de processo disciplinar por falsas declarações relativas à justificação de faltas. Desde logo, o n.º 1 do artigo 254.º do Código do Trabalho confere ao empregador a faculdade de, nos 15 dias seguintes à comunicação da ausência, exigir ao trabalhador prova de facto invocado para a justificação, que deve prestá-la em prazo razoável. Ora, um dos tipos de falta considerada justificada refere-se à prescrição médica no seguimento de recurso a técnica de procriação medicamente assistida, a doença, ou acidente (artigo 249.º, n.º 1, alínea d) do Código do Trabalho). Parece indiscutível que os suportes da justificação deste tipo de falta contêm dados relativos à saúde, até porque a prova da situação de doença do trabalhador é feita por declaração de estabelecimento hospitalar, ou centro de saúde ou ainda por atestado médico (n.º 2 do artigo 254.º do Código do Trabalho). A falsidade das declarações relativas a justificação de faltas é considerada justa causa de despedimento, nos termos do disposto no n.º 4 do artigo 254.º e na alínea f) do n.º 2 do artigo 351.º do Código do Trabalho. Nos termos do disposto na alínea c) do artigo 381.º do Código do Trabalho, o despedimento será ilícito se não for precedido do respetivo procedimento, sendo que o artigo 338.º do mesmo Código proíbe expressamente o despedimento sem justa causa. Ora, o procedimento para despedi-

Em relação aos dados genéticos, o ponto 9.3. da Recomendação CM/Rec(2015)5 do Comité de Ministros dos Estados-membros sobre o tratamento de dados no contexto laboral é mais conservador quanto ao seu tratamento com a finalidade de verificar a aptidão de um trabalhador ou de um candidato a oferta de emprego. Dispõe o citado ponto que os dados genéticos não podem ser tratados com a finalidade de determinar a aptidão de um trabalhador ou de um candidato a oferta de emprego, mesmo que com o seu consentimento, exceto quando vise evitar prejuízos sérios para a saúde do titular ou de terceiro, e apenas quando a lei o permita e desde que sujeito a garantias adequadas[298].

A circunstância de o empregador, na qualidade de responsável pelo tratamento, não poder determinar a finalidade do tratamento de dados genéticos constitui uma importante garantia de ponderação dos interesses em presença nas legislações comunitária e interna.

3. O tratamento de dados genéticos em contexto laboral deverá observar os princípios da necessidade, adequação e proporcionalidade – que, desde logo, impõem que o tratamento esteja diretamente relacionado com as funções do trabalhador.

Em nosso entender, tem inteira pertinência considerar aplicável ao tratamento de dados genéticos o disposto no ponto 9.5. da referida Recomendação CM/Rec(2015)5 do Comité de Ministros dos Estados-membros sobre o tratamento de dados no contexto laboral, embora este se refira concretamente à limitação das finalidades admissíveis de tratamento dados relativos à saúde, a saber:

mento de trabalhador com justa causa pressupõe que o empregador comunique, por escrito, ao trabalhador a intenção de proceder ao seu despedimento, juntando nota de culpa com a descrição circunstanciada dos factos que lhe são imputados (artigo 353.º, n.º 1 do Código do Trabalho). Parece evidente que a descrição circunstanciada dos factos requer a junção da prova que os sustenta, que, no caso das falsas declarações relativas a justificação de faltas, serão os próprios documentos entregues ao empregador que poderão conter dados relativos à saúde. Uma vez que procedimento disciplinar é judicialmente sindicável, através de ação judicial, nos termos do artigo 387.º do Código do Trabalho, e sempre se teria de considerar ilícito se ao mesmo não se encontrar junta a prova que o sustenta.

[298] O Princípio 6 da Recomendação n.º R (92) 3 do Comité de Ministros do Conselho da Europa prevê uma especial proteção em relação à realização de testes genéticos, incluindo de diagnóstico, como condição de acesso ou de manutenção de um posto de trabalho, apenas admitindo exceção a esse princípio de proibição se existirem razões justificáveis, diretamente relacionadas com as funções do trabalhador que visem a sua proteção ou a de terceiros.

i. Relação direta com a aptidão do trabalhador para o exercício das suas funções;

ii. O tratamento ser necessário para efeitos das medidas de segurança e saúde no trabalho;

iii. O tratamento ser necessário para prevenir riscos para terceiros.

O tratamento de dados genéticos será necessário quando as funções dos trabalhadores impliquem riscos relacionados com exposição a agentes biológicos, cancerígenos ou mutagénicos – a este respeito regulam a Diretiva n.º 2004/37/CE, do Parlamento Europeu e do Conselho, de 29 de abril, relativa à proteção dos trabalhadores contra riscos ligados à exposição de agentes cancerígenos ou mutagénicos durante o trabalho e a Diretiva n.º 2000/54/CE, do Parlamento Europeu e do Conselho, de 18 de setembro, relativa à proteção dos trabalhadores contra riscos ligados à exposição a agentes biológicos durante o trabalho, transpostas para a ordem jurídica portuguesa pela Lei n.º 102/2009, de 10 de setembro, que estabelece o regime jurídico da promoção da segurança e saúde no trabalho.

Em tais termos, o tratamento de dados genéticos à luz da alínea h) do n.º 2 do artigo 9.º do RGPD apenas poderá visar a promoção da segurança e da saúde no trabalho, quer através da realização de exames médicos de admissão, periódicos ou ocasionais, quer através da prestação de cuidados de saúde[299].

No entanto, e conforme sobredito, compete ao legislador – e não ao empregador – estabelecer as circunstâncias em que é admissível o tratamento de dados em contexto de trabalho. O que significa que o fundamento de licitude para o tratamento de dados de dados pelo empregador é o cumprimento de normas jurídicas, no âmbito da promoção da segurança e da saúde no trabalho, entre as quais a obrigação de vigilância médica, nos termos do artigo 14.º da Diretiva n.º 2004/37/CE, do Parlamento Europeu e do Conselho, de 29 de abril, relativa à proteção dos trabalhadores contra riscos ligados à exposição de agentes cancerígenos ou mutagénicos durante o trabalho e do artigo 14.º da Diretiva n.º 2000/54/CE, do Parlamento Europeu e do Conselho, de 18 de setembro, relativa à proteção dos trabalhadores contra riscos ligados à exposição a agentes biológicos durante o trabalho.

---

[299] Nos termos do disposto no artigo 14.º, n.º 2 da Diretiva n.º 2004/37/CE, do Parlamento Europeu e do Conselho, de 29 de abril, relativa à proteção dos trabalhadores contra riscos ligados à exposição de agentes cancerígenos ou mutagénicos durante o trabalho, as medidas de vigilância médica devem permitir a aplicação direta de medidas médicas individuais e de medicina do trabalho.

Ambas as Diretivas[300] preveem Recomendações práticas para a vigilância médica dos trabalhadores, estabelecendo que esta deve incluir, no mínimo, as seguintes medidas:

i. Registo da história clínica e profissional de cada trabalhador;
ii. Avaliação individual do estado de saúde do trabalhador;
iii. Se necessário, vigilância biológica, bem como rastreio de efeitos precoces e reversíveis.

As Diretivas preveem ainda que podem ser tomadas outras medidas em relação a cada trabalhador sujeito a vigilância médica.

Uma das questões que as Diretivas n.º 2004/37/CE, do Parlamento Europeu e do Conselho, de 29 de abril[301] e n.º 2000/54/CE, do Parlamento Europeu e do Conselho, de 18 de setembro[302], colocam, respeita à circunstância de, na sequência da vigilância médica, dever ser aberto um boletim individual de saúde, que deve ser conservado, juntamente com a lista dos trabalhadores expostos a agentes de risco[303], durante determinado período após a última exposição. De forma assaz criticável, o n.º 2 do mesmo artigo 15.º prevê que, quer o boletim médico, quer a mencionada lista devem ser postos à disposição das autoridades respon-

---

[300] Cf. Anexo II da Diretiva n.º 2004/37/CE, do Parlamento Europeu e do Conselho, de 29 de abril, relativa à proteção dos trabalhadores contra riscos ligados à exposição de agentes cancerígenos ou mutagénicos durante o trabalho e Anexo IV da Diretiva n.º 2000/54/CE, do Parlamento Europeu e do Conselho, de 18 de setembro, relativa à proteção dos trabalhadores contra riscos ligados à exposição a agentes biológicos durante o trabalho.

[301] Cf. disposições previstas na alínea c) do artigo 12.º, no n.º 4 do artigo 14.º e no artigo 15.º, n.º 1, que estabelece que o boletim individual de saúde deve ser conservado, juntamente com a lista dos trabalhadores expostos a agentes de risco, durante pelo menos 40 anos após a cessação da exposição, nos termos da legislação e/ou prática nacionais.

[302] Cf. artigo 11.º obriga que o empregador mantenha uma lista dos trabalhadores expostos a determinados agentes biológicos, indicando o tipo de trabalho executado e, sempre que possível, o agente biológico ao qual os trabalhadores tenham estado expostos, bem como os registos das exposições, acidentes e incidentes, conforme os casos, que deve ser conservada pelo menos 10 anos após a cessação da exposição (n.º 2 do artigo 11.º). Contudo, nos casos em que a exposição possa resultar em infeções suscetíveis de se manifestar a longo prazo, ou de forma persistente ou latente, os registos devem ser mantidos durante um período considerado suficientemente longo, até 40 anos após a última exposição conhecida.

[303] O artigo 2.º da Diretiva n.º 2000/54/CE, do Parlamento Europeu e do Conselho, de 18 de setembro distingue 4 grupos de agentes biológicos, consoante o grau de probabilidade causar doenças ao Homem e de serem propagáveis, a saber:
Agente biológico do grupo 1: o agente biológico com baixa probabilidade de causar doenças no Homem;

sáveis em caso de cessação de atividades da empresa, nos termos da legislação e/ou prática nacionais. Esta norma significa que estes documentos devem estar arquivados na empresa.

Ora, consideramos que a entidade empregadora não dever ter acesso ao boletim médico, mas apenas às recomendações do médico do trabalho resultantes do exame médico, que devem ser vertidas na ficha de aptidão, a entregar ao responsável dos recursos humanos da empresa. Para além de vigiar a saúde dos trabalhadores[304], o médico do trabalho é o garante da confidencialidade das informações e da salvaguarda dos princípios do tratamento de dados sensíveis e, consequentemente, da proteção da vida privada e da proibição da discriminação. Parece, aliás, ser esse o sentido do n. 3 do artigo 9.º do RGPD.

Mesmo na ficha clínica apenas devem constar as informações pessoais que estejam relacionadas com patologias específicas diretamente ligadas aos riscos envolvidos na exposição a agentes biológicos, cancerígenos ou mutagénicos – neste particular deve ser feita uma interpretação extensiva do disposto no n.º 3 do artigo 109.º, n.º 3 nos termos do qual *a ficha clínica não deve conter dados sobre a raça, a nacionalidade, a origem étnica ou informação sobre hábitos pessoais do trabalhador, salvo quando estes últimos estejam relacionados com patologias específicas ou com outros dados de saúde*

4. A Lei n.º 102/2009, de 10 de setembro transpôs para a ordem jurídica interna, entre outras, a Diretiva n.º 2004/37/CE, do Parlamento Europeu e do Conselho, de 29 de abril, relativa à proteção dos trabalhadores contra riscos ligados à exposição de agentes cancerígenos ou mutagénicos durante o trabalho e

---

Agente biológico do grupo 2: o agente que pode causar doenças no Homem e constituir um perigo para os trabalhadores; é escassa a probabilidade da sua propagação na coletividade; regra geral, existem meios de profilaxia ou tratamento eficazes;

Agente biológico do grupo 3: o agente que pode causar doenças graves no Homem e constituir um grave risco para os trabalhadores; é suscetível de se propagar na coletividade, muito embora se disponha geralmente de meios de profilaxia ou tratamento eficazes;

Agente biológico do grupo 4: o agente que causa doenças graves no Homem e constitui um grave risco para os trabalhadores; pode apresentar um risco elevado de propagação na coletividade; regra geral, não existem meios de profilaxia ou de tratamento eficaz

[304] Nos termos do artigo 14.º, n.º 3 da Diretiva n.º 2004/37/CE, do Parlamento Europeu e do Conselho, de 29 de abril, se um trabalhador for atingido por uma anomalia que possa ter sido provocada pela exposição a agentes cancerígenos ou mutagénicos, o médico ou a autoridade responsável pela vigilância médica dos trabalhadores pode exigir que outros trabalhadores que tenham estado sujeitos a uma exposição análoga sejam submetidos a vigilância médica.

a Diretiva n.º 2000/54/CE, do Parlamento Europeu e do Conselho, de 18 de setembro, relativa à proteção dos trabalhadores contra riscos ligados à exposição a agentes biológicos durante o trabalho. Também a Lei n.º 12/2005, de 26 de janeiro dedica uma das suas disposições à realização de testes genéticos no emprego: o artigo 13.º.

A abordagem da Lei n.º 12/2005 e do Decreto-Lei n.º 131/2014, de 29 de agosto, de 26 de janeiro é algo distinta da Lei n.º 102/2009, de 10 de setembro, mas não contraditória; se a primeira constitui tipicamente a legislação em matéria de proteção de dados pessoais – e, portanto, focada na regulamentação dos princípios e nas condições de licitude do tratamento de dados –, a segunda centra-se na regulamentação da segurança e saúde dos trabalhadores, sem abdicar de regulamentar os termos concretos da proteção dos dados pessoais que nesse contexto sejam objeto de tratamento.

5. O início da tutela começa antes da celebração de contrato de trabalho, ou seja, na fase de recrutamento – o n.º 1 do artigo 13.º da Lei n.º 12/2005, de 26 de janeiro dispõe *que a contratação de novos trabalhadores não pode depender de seleção assente no pedido, realização ou resultados prévios de testes genéticos.*

Admitimos, no entanto, que em profissões que impliquem uma exposição necessária a agentes biológicos potencialmente nocivos para o património genético dos trabalhadores, o empregador ou a empresa de recrutamento e seleção possa realizar testes genéticos, de forma a poder aferir a aptidão efetiva dos candidatos ao posto de trabalho. Carecerá de sentido vedar ao empregador ou à empresa de recrutamento e seleção a possibilidade de realizar testes genéticos em fase de recrutamento e seleção nesses casos – pode, na verdade, dar-se o caso todos os trabalhadores recrutados não poderem desempenhar as funções inerentes ao posto de trabalho em razão de uma vulnerabilidade genética. Note-se: trata-se de um conhecimento essencial à formação da vontade da empresa contratar o candidato; não está em causa um tratamento de dados com uma finalidade discriminatória, nem visa a intromissão na vida privada do candidato. A maior eficácia no processo de recrutamento em nada parece prejudicar os direitos do titular dos dados (candidato), desde que seja garantido o direito à informação (qualificado), seja solicitado o consentimento e sejam tomadas medidas adequadas no que concerne à segurança das amostras e à confidencialidade dos perfis, ao seu prazo de conservação, à sua necessária destruição.

Neste caso, o tratamento afigura-se necessário – por não existir meio menos intrusivo disponível –, adequado – por eficaz – e proporcional, na medida em que visa assegurar a segurança dos trabalhadores (e dos candidatos), antecipando-a ao momento do processo de recrutamento, de forma a permitir uma maior eficácia do mesmo. O tratamento de dados genéticos em fase de recrutamento afigura-se tanto mais pertinente quando o n.º 3 artigo 13.º da Lei n.º 12/2005, de 26 de janeiro, prevê que, *nos casos em que o ambiente de trabalho possa colocar riscos específicos para um trabalhador com uma dada doença ou suscetibilidade, ou afetar a sua capacidade de desempenhar com segurança uma dada tarefa, pode ser usada a informação genética (...) desde que não seja nunca posta em causa a sua situação laboral.*

Se o empregador condicionar a entrada no processo de recrutamento à realização do teste e a seleção final a um resultado que não impeça a exposição do trabalhador a um agente nocivo ao seu património genético, ou de afetar a sua capacidade de desempenhar as funções com segurança, não cremos poder afirmar-se que o tratamento é discriminatório. Seria discriminatório se visasse proteger um interesse do empregador, da empresa de recrutamento ou de terceiro; neste caso, trata-se de uma obrigação jurídica do empregador em matéria laboral, pelo que o cumprimento eficaz de uma norma jurídica não pode considerar-se um ato de discriminação, ou de intrusão ilegítima na vida privada.

6. Nos casos em que a natureza das funções do trabalhador seja suscetível de gerar riscos específicos em relação a uma dada doença ou suscetibilidade, ou de afetar a sua capacidade de desempenhar tarefas com segurança, pode ser realizado teste genético nas seguintes condições:

i. A situação laboral nunca ser posta em causa;

ii. O tratamento for levado a cabo em benefício do trabalhador;

iii. A finalidade consistir na proteção da saúde e segurança do trabalhador e a dos restantes trabalhadores.

iv. Ser prestado aconselhamento genético prévio;

v. Na sequência do aconselhamento genético, obter o consentimento do trabalhador.

Em situações particulares que impliquem riscos graves para a segurança ou a saúde pública, ou riscos muito graves, e na condição de serem relevantes para a saúde atual do trabalhador, os testes genéticos *devem ser selecionados, oferecidos e supervisionados por uma agência ou entidade independente e não pelo empregador* (artigo 13.º, n.ºs 4 e 5 da Lei n.º 12/2005, de 26 de janeiro).

Os resultados são entregues exclusivamente ao próprio.

A Lei n.º 102/2009, de 10 de setembro, concretiza as normas sobre o tratamento de dados genéticos no âmbito da relação laboral. Como não poderia deixar de ser, tratando-se de uma Lei de transposição, consagra a obrigação do empregador avaliar os riscos para o património genético[305], o dever de informação[306], a vigilância da saúde[307], comunicação dos resultados e seus efeitos possíveis[308] e normas sobre o registo, arquivo e conservação de documentos[309].

Das obrigações acima referidas, interessa particularmente a de **vigilância da saúde**, o respetivo resultado e a conservação de registos.

Os procedimentos mínimos obrigatórios no que concerne à vigilância da saúde consagram os previstos nas Diretivas *supra* referidas, mas vão além deles, prevendo o n.º 2 do artigo 44.º da Lei n.º 102/2009, de 10 de setembro, os seguintes procedimentos mínimos:

i. Registo da história clínica e profissional de cada trabalhador;
ii. Entrevista pessoal com o trabalhador;
iii. Avaliação individual do seu estado de saúde;
iv. Vigilância biológica sempre que necessária; e
v. Rastreio de efeitos precoces e reversíveis.

---

[305] Artigo 42.º da Lei n.º 102/2009, de 10 de setembro. Os artigos 3.º, n.º 2 da Diretiva 2004/37/CE, de 29 de Abril e da Diretiva 2000/54/CE, de 18 de Setembro de 2000 – as disposição estão consagradas em artigos idênticos (ambas no artigo 3.º 2 de cada Diretiva) e são idênticas no seu conteúdo –, dispõem que na identificação e avaliação dos riscos pelo empregador deve ser determinada a natureza, o grau e o tempo de exposição dos trabalhadores, a fim de poderem ser avaliados os riscos para a sua segurança e saúde e determinadas as medidas a tomar em qualquer atividade suscetível de envolver um risco de exposição a agentes cancerígenos ou mutagénicos; estabelece o n.º 4 da Diretiva 2004/37/CE e do Parlamento Europeu e do Conselho, de 29 de Abril de 2004, que nessa avaliação deve ser prestada especial atenção aos eventuais efeitos sobre a segurança ou a saúde dos trabalhadores expostos a riscos particularmente sensíveis, tomando nomeadamente em consideração a oportunidade de não ocuparem esses trabalhadores em zonas em que possam estar em contacto com agentes cancerígenos ou mutagénicos.

[306] Artigo 43.º da Lei n.º 102/2009, de 10 de setembro. Artigos 11.º e 12.º da Diretiva 2004/37/CE, de 29 de abril de 2004, e 9.º e 10.º da Diretiva 2000/54/CE, de 18 de setembro de 2000.

[307] Artigo 44.º da Lei n.º 102/2009, de 10 de setembro. Artigos 14.º da Diretiva 2004/37/CE, de 29 de abril de 2004, e 14.º da Diretiva 2000/54/CE, de 18 de setembro de 2000.

[308] Artigo 45.º da Lei n.º 102/2009, de 10 de setembro. Artigo 14.º, n.º 6 da Diretiva 2004/37/CE, de 29 de abril de 2004 e artigo 14.º, n.º 7, alíneas a) e b) da Diretiva 2000/54/CE, de 18 de setembro de 2000.

[309] Artigo 46.º da Lei n.º 102/2009, de 10 de setembro. Artigos 12.º, alínea c), 14.º, n.º 4 e 15.º da Diretiva 2004/37/CE, de 29 de abril de 2004 e 11.º e 14.º, n.º 4 da Diretiva 2000/54/CE, de 18 de setembro de 2000.

O critério para a realização de exames de saúde consiste nos efeitos conhecidos que a exposição aos agentes ou a fatores de risco para o património genético possa provocar, a saber:
   i. Alterações do comportamento sexual;
   ii. Redução da fertilidade, designadamente nos diversos aspetos da espermatogénese e da ovogénese;
   iii. Resultados adversos na atividade hormonal;
   iv. Modificações de outras funções que dependam da integridade do sistema reprodutor.

O estabelecimento de critérios[310] para definir a obrigação do empregador assegurar a vigilância médica dos trabalhadores garante não apenas a ponderação entre a intrusão na vida privada do trabalhador e no seu direito à saúde, como permite aos destinatários da norma (empregadores e trabalhadores) compreenderem os interesses subjacentes a tal ponderação, aportando uma maior transparência ao tratamento.

7. Uma palavra final para a natureza da prestação de consentimento no âmbito do tratamento de dados genéticos em contexto laboral. O n.º 3 do artigo 13.º da Lei n.º 12/2005, de 26 de janeiro, estabelece que o tratamento de dados genéticos nos casos em que o ambiente de trabalho possa colocar riscos específicos para um trabalhador com uma dada doença ou suscetibilidade está sujeito, entre outros requisitos de licitude, ao consentimento do trabalhador. Semelhante solução impele a colocar a questão de saber qual o fundamento jurídico subjacente ao tratamento: o cumprimento de normas jurídicas de segurança e saúde no trabalho ou o consentimento do trabalhador?

Em nossa opinião a circunstância de o consentimento do trabalhador ser exigido para efeitos da realização de testes genéticos não significa que este constitua o fundamento jurídico para o tratamento. O consentimento parece, antes, ser uma condição de legitimidade do tratamento. Vejamos.

A exceção prevista na alínea h) do n.º 2 do artigo 9.º do RGPD à proibição do tratamento de dados genéticos visa a proteção da saúde do trabalhador no local trabalho, mais do que a sua autodeterminação em relação a uma operação de tratamento. É, aliás, consabido que o consentimento como fundamento para o tratamento de dados no âmbito laboral tem um caráter suspeito, considerando o desequilíbrio de posições entre o empregador e o trabalhador – dito de outro modo, entre o responsável pelo tratamento e o titular dos dados.

---

[310] Definidos no artigo 44.º, n.º 3 da Lei 102/2009, de 10 de setembro.

Ademais, afigurar-se-ia algo excêntrico que o cumprimento de uma obrigação jurídica do responsável pelo tratamento se encontrasse na dependência do arbítrio do titular dos dados. No entanto, a sensibilidade das informações resultantes do tratamento de dados genéticos e a necessidade de recolher amostras biológicas do corpo do trabalhador reclamam a sujeição do tratamento a consentimento prévio.

A necessidade de consentimento para o tratamento de dados genéticos em contexto laboral afigura-se-nos ter o papel de garantia de transparência do tratamento, mais até do que de assegurar a preservação da integridade física – algo discutível, considerando que as amostras biológicas podem ser recolhidas por meios pouco ou nada invasivos (o que torna a transparência não apenas pertinente, mas necessária).

Em tais termos, o fundamento jurídico para o tratamento de dados genéticos é o cumprimento de obrigação jurídica do empregador, relacionada com a segurança e saúde no trabalho.

8. As informações genéticas são suscetíveis de revelar a estrutura genética do titular, como da sua família. O tratamento de dados genéticos por **companhias de seguros** afigura-se ilícito, desde logo, pela intrusão na vida privada do indivíduo, ao arrepio de qualquer critério de necessidade, adequação ou proporcionalidade; por outro lado, tal tratamento tem um potencial discriminatório assinalável, não só porque poderá levar a decisões automatizadas com base na existência de determinada suscetibilidade do indivíduo que pretenda beneficiar de um seguro, como poderá conduzir a decisões padronizadas em relação a membros do mesmo grupo biológico.

O Grupo de Proteção de Dados do artigo 29.º, no *Documento de Trabalho sobre dados genéticos*, de 17 de março de 2004, sustenta que o tratamento de dados genéticos por companhias de seguros é, em regra, ilícito, admitindo que o mesmo possa ser autorizado em condições excecionais e apenas se legalmente previstas. Acrescentamos nós: e na medida em que existam garantias efetivas do respeito pelos princípios da limitação da finalidade e da minimização dos dados e contra a discriminação com base no património genético[311].

---

[311] *Working document on Genetic Data*, do Grupo de proteção de dados do artigo 29.º, de 17.04.2004, p. 10, que pode ser encontrado em http://ec.europa.eu/justice/article-29/documentation/opinion-recommendation/files/2004/wp91_en.pdf . Uma tradução para língua portuguesa pode ser encontrada em https://www.gpdp.gov.mo/uploadfile/2014/0505/20140505071139171.pdf . Consultados em 5 de setembro de 2018. O grupo de Trabalho do artigo 29.º alerta que,

Não deve olvidar-se que os resultados dos testes genéticos apenas são suscetíveis de revelar a *suscetibilidade* de verificação de uma determinada doença ou condição, que pode nunca ocorrer. A realização de testes genéticos e a tomada em consideração dos respetivos resultados pela companhia de seguros apenas teriam a finalidade de eliminar o risco inerente à atividade seguradora, sacrificando para o efeito os direitos do titular dos dados (e do seu grupo biológico) à reserva da intimidade da vida privada e à não discriminação.

O artigo 14.º, alínea a) da Declaração internacional sobre os dados genéticos estabelece que este tipo de dados não deve ser comunicado, nem tornado acessível a companhias de seguros.

A ordem jurídica portuguesa proíbe expressamente as companhias de seguros de solicitar ou utilizar qualquer tipo de informação genética para recusar um seguro de vida ou estabelecer prémios mais elevados, bem como de pedir a realização de testes genéticos a potenciais segurados, ou de usar as informações de testes previamente realizados a clientes ou potenciais clientes, para efeitos de atribuição de seguros de vida, saúde, ou outros, ou a utilização de resultados de testes anteriores para os mesmos efeitos (artigo 12.º, n.ºs 1, 2 e 3 da Lei n.º 12/2005, de 26 de janeiro).

O n.º 4 do artigo 12.º da Lei n.º 12/2005, de 26 de janeiro não deixou de considerar o âmbito familiar – ou, melhor dito, a dimensão biológica – das informações genéticas; nessa medida, consagrou a proibição de as seguradoras as exigirem ou utilizarem informação genética resultante da colheita e registo dos antecedentes familiares para recusar um seguro ou estabelecer prémios aumentados ou para outros efeitos.

Artigo 9.º, al. i)

1. O tratamento de dados genéticos por motivos relacionados com a saúde pública consiste essencialmente na notificação da deteção de doenças – que a legislação portuguesa em vigor apelida de *doenças de notificação obrigatória*. A Decisão n.º 1082/2013/UE do Parlamento Europeu e do Conselho, de 22 de

na sequência de resultados desfavoráveis no âmbito da realização de testes genéticos, os titulares dos dados (e os membros do respetivo grupo biológico) poderiam ser solicitados a pagar prémios exorbitantes pela cobertura do seguro ou ser mesmo considerados impossíveis de segurar com base num eventual risco de doença que pode nunca surgir.

outubro de 2013 estabelece regras relativas *à vigilância epidemiológica*[312], *monitorização*[313], *alerta rápido e combate contra as ameaças transfronteiriças graves para a saúde, incluindo regras em matéria de planeamento da preparação e da resposta no âmbito dessas atividades, a fim de coordenar e complementar as políticas nacionais* – artigo 1.º, n.º 1 da referida decisão.

Para efeitos do funcionamento do sistema de vigilância, monitorização e reporte, a Decisão n.º 1082/2013/UE do Parlamento Europeu e do Conselho, de 22 de outubro de 2013, estabelece como **ameaças fronteiriças graves para a saúde**[314]:

i. Ameaças de origem biológica, designadamente:
   a. doenças transmissíveis,
   b. resistência antimicrobiana e infeções associadas aos cuidados de saúde relacionados com doenças transmissíveis (a seguir designadas «problemas de saúde especiais conexos»);
   c. biotoxinas ou outros agentes biológicos nocivos não relacionados com doenças transmissíveis;
ii. Ameaças de origem química;
iii. Ameaças de origem ambiental;
iv. Ameaças de origem desconhecida;
v. Em determinadas condições, ocorrências suscetíveis de constituir emergências de saúde pública de âmbito internacional por força do Regulamento Sanitário Internacional[315].

---

[312] Para efeitos do disposto na alínea d) do artigo 3.º da Decisão n.º 108/2013/UE do Parlamento Europeu e do Conselho, de 22 de outubro de 2013, "vigilância epidemiológica" consiste na *recolha, o registo, a análise, a interpretação e a divulgação sistemáticos de dados e análises sobre doenças transmissíveis e problemas de saúde especiais conexos*.

[313] Para efeitos do disposto na alínea e) do artigo 3.º da Decisão n.º 108/2013/UE do Parlamento Europeu e do Conselho, de 22 de outubro de 2013, "monitorização" corresponde à *observação, deteção ou reexame contínuos das alterações de uma condição, situação ou atividades, incluindo uma função contínua de recolha de dados e análises sistemáticas sobre indicadores especificados relativos a ameaças transfronteiriças graves para a saúde*.

[314] Para efeitos da alínea g) do artigo 3.º da Decisão n.º 108/2013/UE do Parlamento Europeu e do Conselho, de 22 de outubro de 2013, constitui "ameaça transfronteiriça grave para a saúde", uma ameaça para a vida ou um perigo grave para a saúde de origem biológica, química, ambiental ou desconhecida que se propague ou implique um risco considerável de se propagar através das fronteiras nacionais dos Estados-Membros, e que possa tornar necessária a coordenação a nível da União a fim de assegurar um nível elevado de proteção da saúde humana.

[315] O Regulamento Sanitário Internacional, adotado pela 58.ª Assembleia Mundial da Saúde

A notificação de ameaças transfronteiriças graves opera através de um Sistema de Alerta Rápido e de Resposta (EWRS – Early Warning and Response System) e as autoridades dos Estados-membros devem notificar o aparecimento ou a evolução de uma ameaça transfronteiriça grave para a saúde nas seguintes condições (artigo 9.º, n.º 2 da Decisão n.º 1082/2013/UE do Parlamento Europeu e do Conselho, de 22 de outubro de 2013):

i. A ameaça é invulgar ou inesperada no local e momento específicos, causa ou pode causar uma morbilidade ou mortalidade humanas significativas, propaga-se ou pode propagar-se rapidamente, ou excede ou pode exceder a capacidade de resposta nacional;

ii. A ameaça afeta ou pode afetar mais do que um Estado-Membro;

iii. A ameaça exige ou pode exigir uma resposta coordenada ao nível da União.

Em face da notificação de um alerta através do Sistema de Alerta Rápido e de Resposta, a Comissão e as autoridades competentes dos Estados-Membros partilham todas as informações úteis de que disponham para coordenar a resposta à ameaça. A lista de informações que abaixo elencamos inclui, como veremos, a partilha de dados pessoais (artigo 9.º, n.º 3 da Decisão n.º 1082/2013/UE do Parlamento Europeu e do Conselho, de 22 de outubro de 2013):

i. Tipo e origem do agente;

em 23 de maio de 2005, reforçou a coordenação da preparação e da resposta a emergências de saúde pública de âmbito internacional entre os Estados Partes na Organização Mundial de Saúde. O artigo 12.º do Regulamento Sanitário Internacional estabelece critérios para a determinação da existência de uma emergência de saúde pública de âmbito internacional, que sumulamos. O Diretor-Geral da Organização Mundial de Saúde determina, com base nas informações que recebe, em particular do Estado Parte em cujo território se verifica uma ocorrência, se essa ocorrência constitui uma emergência de saúde pública de âmbito internacional face aos critérios e ao procedimento previstos nesse Regulamento. Se considerar que existe uma emergência de saúde pública de âmbito internacional, consulta o Estado Parte em cujo território a ocorrência se verifica. Caso o Diretor-Geral e o Estado Parte acordem que se trata de uma situação de emergência para a saúde pública, o Diretor-Geral solicita ao Comité de Emergência que se pronuncie sobre as recomendações temporárias adequadas. O artigo 12.º da Decisão n.º 108/2013/UE do Parlamento Europeu e do Conselho, de 22 de outubro de 2013, prevê que, em determinadas condições previstas nas alíneas a) e b) do n.º 1, a Comissão pode reconhecer uma situação de emergência de saúde pública. O n.º 2 do mesmo artigo estabelece que, por imperativos de urgência devidamente justificados, relacionados com a gravidade de uma ameaça transfronteiriça grave para a saúde ou com a rapidez da sua propagação entre os Estados-Membros, a Comissão pode reconhecer situações de emergência de saúde pública, através de atos de execução imediatamente aplicáveis.

ii. Data e local do incidente ou do surto;
iii. Meios de transmissão ou de propagação;
iv. Dados toxicológicos;
v. Métodos de deteção e de confirmação;
vi. Riscos para a saúde pública;
vii. Medidas de saúde pública aplicadas ou que tencione aplicar a nível nacional;
viii. Medidas que não sejam medidas de saúde pública;
ix. Dados pessoais necessários para efeitos de localização de contactos;
x. Quaisquer outras informações relevantes para essa ameaça transfronteiriça grave para a saúde.

O Sistema de Alerta Rápido e de Resposta (EWRS – *Early Warning and Response System*) tem sido objeto de revisões, que impuseram a necessidade de uma aplicação uniforme dos procedimentos utilizados no intercâmbio de informações, com vista à respetiva agilização, concretizada na Decisão de Execução (UE) 2017/253 da Comissão, de 13 de fevereiro de 2017. Nos termos do n.º 1 do artigo 2.º desta nova decisão, quando tenham conhecimento do aparecimento ou da evolução de uma ameaça transfronteiriça grave para a saúde, o Estado-Membro ou a Comissão devem introduzir o alerta a que se refere esse artigo sem demora e, em todo o caso, no prazo de 24 horas a contar do momento em que tiveram, pela primeira vez, conhecimento da ameaça. Dispõe o n.º 4 do mesmo artigo 9.º que a circunstância de as informações acima referidas não serem todas conhecidas, tal não deve atrasar a notificação de um alerta.

2. O artigo 16.º da Decisão n.º 108/2013/UE do Parlamento Europeu e do Conselho, de 22 de outubro de 2013 estabelece medidas específicas de proteção de dados pessoais, a saber:
i. Implementação de medidas técnicas e organizativas adequadas para proteger esses dados pessoais contra a destruição acidental ou ilegal, a perda acidental ou o acesso não autorizado e contra qualquer forma de tratamento ilegal;
ii. O Sistema de Alerta Rápido e de Resposta (EWRS – *Early Warning and Response System*) deve incluir uma função de transmissão seletiva de mensagens que assegure que os dados pessoais só podem ser comunicados às autoridades nacionais competentes que sejam partes interessadas nas medidas de localização e rastreio de contactos;
iii. Caso as autoridades competentes responsáveis pela aplicação de medidas de localização e rastreio de contactos comunicarem dados pessoais necessários para efeitos de localização e rastreio de contactos através do Sistema de Alerta Rápido e de Resposta (EWRS – *Early Warning and Response System*), devem

utilizar a função de transmissão seletiva de mensagens e comunicar os dados apenas aos outros Estados-Membros envolvidos nas medidas de localização e rastreio de contactos;

iv. As mensagens que contenham dados pessoais são automaticamente apagadas da funcionalidade de mensagem seletiva doze meses após a data de envio;

v. Se uma autoridade competente constatar que uma notificação de dados pessoais se revelou posteriormente contrária à Diretiva 95/46/CE[316] por não ser necessária para a aplicação das medidas de localização e rastreio de contactos em causa, deve informar imediatamente os Estados-Membros aos quais essa notificação foi transmitida.

O n.º 7 do artigo 16.º da Decisão n.º 108/2013/UE do Parlamento Europeu e do Conselho, de 22 de outubro de 2013 estabelece que as autoridades nacionais encarregadas da notificação e retificação de dados pessoais no Sistema de Alerta Rápido e de Resposta (EWRS – Early Warning and Response System) são responsáveis pelo tratamento de dados pessoais.

3. Em Portugal, o sistema de vigilância em saúde pública foi instituído pela Lei n.º 81/2009, de 21 de agosto, sendo indispensável mencionar o Regulamento de notificação obrigatória de doenças transmissíveis e outros riscos em saúde pública aprovado pela Portaria n.º 248/2013, de 5 de agosto, alterada pela Portaria n.º 22/2016, de 10 de fevereiro. O Despacho n.º 5681-A/2014, da Direção--Geral da Saúde, de 21 de abril de 2014 define as doenças sujeitas a notificação obrigatória[317].

A Lei n.º 81/2009, de 21 de agosto institui um sistema de vigilância em saúde pública, através da organização de um conjunto de entidades dos sectores público, privado e social, que desenvolvam atividades de saúde pública, aplicando medidas de prevenção, alerta, controlo e resposta, relativamente a doenças transmissíveis, em especial as infetocontagiosas, a outros riscos para a saúde pública[318]. Com vista a assegurar os objetivos de vigilância, foi criada uma

---

[316] Hoje esta disposição deve ser lida não nos termos da Diretiva 95/46/CE, de 24 de outubro, mas sim do Regulamento Geral de Proteção de Dados, que consagra o mesmo princípio da necessidade.

[317] Despacho que foi retificado e republicado pela Declaração de retificação n.º 609-A/2014.

[318] A rede de vigilância epidemiológica para prevenção e controlo das doenças transmissíveis e outros riscos em saúde pública abrange, nomeadamente, a vigilância epidemiológica de doenças sujeitas a notificação obrigatória; resistência aos antimicrobianos; infeções associadas aos cuidados de saúde; consumo de substâncias psicoativas; riscos ambientais ou outros problemas de saúde especiais (artigo 2.º do Despacho n.º 4355/2014, de 25 de março). Sempre que uma entidade que integre a rede de vigilância epidemiológica para prevenção e controlo

rede de âmbito nacional envolvendo os serviços operativos de saúde pública, os laboratórios, as autoridades de saúde e outras entidades dos sectores público, privado e social,[319] cujos participantes contribuem para um sistema nacional de informação de vigilância epidemiológica, denominado Sinave.

As entidades que integram a rede de vigilância recolhem e transmitem, nos termos do artigo 3.º, n.º 1 do Despacho n.º 4355/2014, de 25 de março, as seguintes informações:

i. A identificação da doença ou evento;

ii. A descrição detalhada das características clínicas e microbiológicas detetadas ou outra informação relevante para a caracterização do evento.

A divulgação das informações é sempre feita de forma agregada e anonimizada (artigo 6.º, n.º 2 do Despacho n.º 4355/2014, de 25 de março).

Os casos de doenças sujeitas a notificação obrigatória e outros riscos para a saúde pública são identificados por médicos no exercício da sua profissão, nos termos do disposto no artigo 6.º, n.º 1 do Regulamento de notificação obrigatória de doenças transmissíveis e outros riscos em saúde pública, aprovado pela

---

das doenças transmissíveis e outros riscos em saúde pública detetar um evento que não seja subsumível a nenhum dos eventos acima mencionados, mas que assuma relevância para efeitos de vigilância, deve notificar a autoridade de saúde territorialmente competente, no mais curto espaço de tempo possível, os seguintes elementos: identificação do evento; fazer uma descrição detalhada das características clínicas e microbiológicas detetadas ou de informação relevante para a caracterização do evento; número de casos detetados e outras informações consideradas necessárias (artigo 4.º, n.º 1 do Despacho n.º 4355/2014, de 25 de março). A autoridade de saúde territorialmente competente notifica a Direção-Geral da Saúde (artigo 4.º, n.º 2 do Despacho n.º 4355/2014, de 25 de março).

[319] Nos termos do artigo 2.º do Despacho n.º 4520/2014, integram a rede de vigilância epidemiológica para prevenção e controlo das doenças transmissíveis e outros riscos em saúde pública as entidades do setor público, privado ou social que desenvolvam atividades no sistema de saúde, nomeadamente: os estabelecimentos e serviços prestadores de cuidados de saúde, independentemente da sua designação; as farmácias, quer de oficina como hospitalares; os laboratórios de patologia clínica e outras entidades que, quando necessário, sejam identificadas por despacho do Diretor-Geral da Saúde. A notificação das doenças transmissíveis ou de outros riscos em saúde pública detetadas deve ser feita no mais curto espaço de tempo possível, através de telefone, fax, correio eletrónico, ou através de aplicação informática disponibilizada para o efeito, quando aplicável (artigo 3.º, n.º 2 do Despacho n.º 4520/2014).

Portaria n.º 248/2013, de 5 de agosto, alterada pela Portaria n.º 22/2016, de 10 de fevereiro[320].

O artigo 20.º da Lei .º 81/2009, de 21 de agosto estabelece os princípios relativos ao tratamento de dados pessoais no âmbito da prevenção e do controlo das doenças transmissíveis e demais riscos em saúde pública, estabelecendo como regimes subsidiários a legislação relativa à proteção de dados pessoais e à informação de saúde. A finalidade do tratamento de dados é determinada pelo n.º 2 do artigo 2.º, e consiste em determinar se o estado de saúde da pessoa representa um risco potencial para a saúde pública.

Nos casos em que seja necessário à avaliação e gestão do risco em saúde pública, o n.º 3 do artigo 20.º da Lei .º 81/2009, de 21 de agosto, garante a observância dos seguintes princípios:

i. Necessidade e adequação do tratamento de dados à finalidade que determinou a respetiva recolha (princípio da minimização dos dados);

ii. Exatidão e atualidade dos dados;

iii. Minimização do período de conservação dos dados;

iv. Tratamento por profissionais de saúde devidamente habilitados, quando necessário para as finalidades de exercício de medicina preventiva, atos de diagnóstico médico, de prestação de cuidados ou tratamentos médicos ou ainda de gestão de serviços de saúde.

É garantido ao titular dos dados o direito de obter informação disponível no Sinave, em relação à finalidade de recolha, bem como de eliminação ou retificação de dados imprecisos ou incompletos (n.º 3 do artigo 20.º da Lei .º 81/2009, de 21 de agosto).

No que concerne ao acesso à aplicação informática de suporte ao SINAVE (sistema nacional de informação de vigilância epidemiológica), é importante apontar que o artigo 3.º estabelece perfis de acesso para as entidades envolvidas

---

[320] Nos termos do n.º 2 do artigo 6.º do Regulamento de notificação obrigatória de doenças transmissíveis e outros riscos em saúde pública, após a identificação e notificação das doenças sujeitas a notificação obrigatória, os casos são categorizados pelas autoridades de saúde como *possíveis* (casos em que, geralmente, se preenchem os critérios clínicos descritos na definição do caso, sem que, no entanto, haja provas epidemiológicas ou laboratoriais da doença em causa), *prováveis* (aqueles em que, geralmente, se preenchem critérios clínicos e apresentam uma relação epidemiológica tal como descrito na definição correspondente) e *confirmados* (aqueles que, podendo ou não cumprir os critérios clínicos tal como descrito na respetiva definição de caso, são confirmados laboratorialmente).

no processo de notificação obrigatória de doenças transmissíveis[321], contanto que o n.º 4 estabelece a regra de segregação da informação consoante os perfis atribuídos, sendo concedido acesso à informação estritamente necessária ao exercício das funções dos intervenientes. De acordo com o perfil de cada interveniente, é atribuída uma conta de utilizador e uma palavra passe de alta segurança, pessoal e intransmissível, as quais são geridas através de um sistema de autenticação único, pelos Serviços Partilhados do Ministério da Saúde, E. P. E. (n.ºs 4 e 5 do artigo 3.º da Portaria n.º 248/2013, de 5 de agosto, alterada pela Portaria n.º 22/2016, de 10 de fevereiro).

4. O Despacho n.º 5681-A/2014, da Direção-Geral da Saúde, de 21 de abril de 2014, que define as doenças sujeitas a notificação obrigatória, menciona nos critérios de diagnóstico de doenças e de deteção de genes e antigénios, a partir de

---

[321] Sem prejuízo de outros perfis a definir pelo diretor-geral da Saúde, em função da natureza do risco em saúde pública, o artigo 3.º, n.º 2 da Portaria n.º 248/2013, de 5 de agosto, alterada pela Portaria n.º 22/2016, de 10 de fevereiro:
a) Perfil de Médico, a atribuir a médicos, permite efetuar notificações de caso de doenças sujeitas a notificação obrigatória, consultar e retificar as notificações efetuadas;
b) Perfil de Autoridade de Saúde, a atribuir a médicos que desempenham funções de autoridade de saúde, permite, na respetiva área geográfica de intervenção, efetuar notificações de caso de doenças sujeitas a notificação obrigatória, consultar e retificar as notificações efetuadas, consultar as notificações de casos de doenças sujeitas a notificação obrigatória, bem como registar o respetivo inquérito epidemiológico e proceder à vigilância epidemiológica. A consulta da identificação dos doentes constante das notificações só é possível às autoridades de saúde de âmbito local;
c) Perfil de Administrador, a atribuir à entidade responsável pela administração e tratamento da base de dados da aplicação informática de suporte ao SINAVE, e trabalhadores designados, permite a gestão e acompanhamento das notificações e da aplicação informática, quer em termos de perfis de acesso, como de tabelas de referência e administração da base de dados;
d) Perfil de Laboratório, a atribuir a profissionais de laboratórios que validam o resultado laboratorial, permite efetuar notificação de resultados laboratoriais de doenças sujeitas a notificação obrigatória e consultar as notificações por si efetuadas;
e) Perfil de Laboratório Nacional de Referência, a atribuir aos profissionais designados pelo Instituto Nacional de Saúde Doutor Ricardo Jorge, I. P., permite efetuar notificação de resultados laboratoriais de doenças sujeitas a notificação obrigatória e consultar as notificações efetuadas;
f) Perfil de Operacional de Vigilância e Controlo, a atribuir a trabalhadores da Direção-Geral da Saúde envolvidos no processo de vigilância e controlo das doenças sujeitas a notificação obrigatória, permite consultar e ou editar as notificações anonimizadas efetuadas a nível nacional, bem como a investigação epidemiológica respetiva, de acordo com as respetivas funções.

amostras biológicas. Entre outros são referidos o gene da enterotoxina da cólera ou do gene da enterotoxina da cólera no material isolado; a forma genética de encefalopatia espongiforme transmissível (Doença de Creutzfeldt-Jakob Genética ou Familiar); Mutação patogénica do gene da proteína priónica; ou genes stx1 ou stx2 (Infeção por Escherichia Coli Produtora de Toxina Shiga ou Vero).

A obrigação de reporte por parte dos médicos não necessita evidentemente do consentimento do titular dos dados, porquanto o fundamento jurídico do tratamento, legitimado pela presente alínea, corresponde a uma obrigação jurídica das entidades envolvidas no processo de notificação obrigatória de doenças transmissíveis.

Artigo 9.º, al. j)

1. No que concerne aos dados genéticos, o âmbito da alínea j) consiste essencialmente no seu tratamento para fins de investigação científica. Neste particular, verifica-se existir uma preocupação da comunidade internacional em tutelar os direitos do indivíduo e de terceiros em relação ao tratamento de dados genéticos para estes fins. Tais preocupações encontraram-se plasmadas na Declaração Internacional sobre os dados genéticos humanos da UNESCO, de 16 de outubro de 2003 e encontram igualmente eco no Conselho da Europa, com a Convenção sobre os direitos do Homem e a biomedicina, aberta à assinatura em 4 de abril de 1997 e o respetivo Protocolo Adicional, de 25 de janeiro de 2005 e a Recomendação Rec(2006)4 do Comité de Ministros do Conselho da Europa sobre a investigação científica realizada sobre materiais biológicos de origem humana, adotada em 15 de março de 2006. No direito interno, o tratamento de dados para fins de investigação científica é disciplinado pela Lei n.º 12/2005, de 26 de janeiro, alterada pela Lei n.º 26/2016 de 22 de agosto e pelo diploma que a regulamenta, o Decreto-Lei n.º 131/2014, de 29 de agosto.

O tratamento de dados genéticos para fins estatísticos encontra-se frequentemente associado à finalidade de investigação científica, na medida em que a pressupõe. Contudo, o tratamento de dados genéticos para fins estatísticos parece ser encarado pelos diplomas internacionais e pela legislação nacional como uma finalidade menor, sendo frequentemente referida *en passant*.

Contudo, a menorização da finalidade do tratamento de dados para fins estatísticos e a sua concomitante associação a finalidades de investigação científica – que, por oposição, se encontra exaustivamente regulamentada – pode gerar lacunas preocupantes em relação às condições do tratamento de dados para fins estatísticos, nomeadamente, a sua anonimização e as condições em que esta ocorre.

Uma dessas lacunas parece encontrar-se no n.º 6 do artigo 19.º da Lei n.º 12/2005, de 26 de janeiro, que admite o tratamento de dados genéticos para fins de investigação científica ou de obtenção de dados epidemiológicos ou estatísticos, em caso de *uso retrospetivo de amostras ou em situações especiais em que o consentimento das pessoas envolvidas não possa ser obtido devido à quantidade de dados ou de sujeitos, à sua idade ou outra razão comparável*. Ora, a possibilidade de dispensa de consentimento para o tratamento de dados pelas razões previstas no segmento do inciso transcrito pode abrir lacunas na proteção dos direitos dos titulares dos dados. É que, se no caso da investigação científica a regulamentação dos protocolos e as proibições e limitações ao tratamento de dados se encontram definidos e os profissionais encarregados da investigação se encontram vinculados por compromissos de confidencialidade, no caso do tratamento para fins estatísticos, sobretudo por instituições ou entidades fora do setor público, inexiste regulamentação comum. Este aspeto é sublinhado pelo Eurostat, no documento intitulado "Acesso a dados para estatísticas oficiais: contributo para a reflexão sobre o estabelecimento de um quadro da UE sobre o acesso e a reutilização de dados privados", de junho de 2017[322].

Consideramos que, quando tratados para fins estatísticos, os dados genéticos devem ser anonimizados, na medida em que não se vislumbra a necessidade de manter a identificabilidade dos titulares para tais fins. É o que estabelece o artigo 23.º, n.º 1 da Lei n.º 5/2008, de 12 de fevereiro, aplicável ao tratamento para fins de identificação civil e de investigação criminal, nos termos do qual *a informação obtida a partir dos perfis de ADN pode ser comunicada para fins de investigação científica ou de estatística, após anonimização irreversível*[323].

Pese embora a anonimização deva ser um princípio a observar no tratamento de dados genéticos, no caso particular da investigação científica, a identificabi-

---

[322] Do documento destaca-se o seguinte segmento (tradução livre do inglês): a atual ausência de regras comuns que regem o acesso a dados privados representa um importante obstáculo que deve ser abordado a nível europeu, em especial se os institutos nacionais de estatística devem atender à crescente necessidade de precisão para apoiar a decisão baseada em evidências. O texto pode ser encontrado em https://ec.europa.eu/eurostat/documents/7330775/8463599/Data+access+for+official+statistics+-+June+2017+.pdf/2543adf-8-e06b-4e57-90f2-787b54cd477f. Consultado em 29 de setembro de 2018.

[323] Solução referida também no ponto 3 da R (92) 1 do Comité de Ministros do Conselho da Europa, que prevê que as amostras colhidas para análise de ADN e a informação delas derivada pode ser necessária para fins de investigação científica e para fins estatísticos e será admitida desde que identidade do indivíduo não possa ser determinada. Nomes ou outras referências de identificação devem, portanto, ser removidos antes do uso para esses fins.

lidade dos titulares dos dados pode constituir uma verdadeira necessidade no plano das finalidades do tratamento e também em benefício para o titular dos dados. Será o caso da necessidade de avaliação da evolução de uma doença ou da reação a um tratamento[324].

Neste particular, o artigo 8.º, n.º 1 da Recomendação Rec(2006)4 do Comité de Ministros do Conselho da Europa sobre a investigação científica realizada sobre materiais biológicos de origem humana define uma regra que nos parece assaz equilibrada, nos termos da qual o material biológico e os dados que lhe estejam associados devem ser anonimizados, sempre que tal seja apropriado às finalidades da investigação. O n.º 2 do mesmo artigo estabelece uma importante garantia concretizada na obrigação de o investigador a justificar a necessidade de tratamento de material biológico e os dados que lhe estejam associados cujos titulares sejam considerados identificáveis[325].

2. *A liberdade de investigação é um corolário da liberdade de pensamento* – assim estabelece a alínea b) do artigo 12.º da Declaração Universal sobre o genoma humano e os Direitos Humanos e, de modo menos explícito, a alínea a) do artigo 1.º da Declaração Internacional sobre os dados genéticos humanos. No entanto, o reconhecimento desta liberdade deve ser estribado pela dignidade do indivíduo cuja amostra biológica é objeto de investigação, que não deve ver os seus

---

[324] Este aspeto é sublinhado pelo Grupo de Proteção de Dados do artigo 29.º, no Documento de Trabalho sobre dados genéticos, que acrescenta que está provado ser possível a estabelecer uma relação entre o ADN conservado e um indivíduo mesmo que os dados sejam conservados de maneira que não permitam a sua identificação direta, desde que se disponha de informações complementares. Cf. *Working document on Genetic Data* (WP 91), de 17.04.2004, p. 11, que pode ser encontrado em http://ec.europa.eu/justice/article-29/documentation/opinion-recommendation/files/2004/wp91_en.pdf. Consultado em 5 de setembro de 2018.

[325] Os materiais biológicos são considerados *identificáveis* quando, de forma isolada ou em combinação com outras informações permitam, a identificação das pessoas a que respeitem, quer diretamente, quer através do uso de um código. Neste último caso, existem duas hipóteses: o investigador poderá ter acesso direto ao código, ou este pode encontrar-se sob o controlo de um terceiro. Em qualquer destes casos, o material biológico e os dados que lhe estejam associados são considerados identificáveis à luz do artigo 3.º, i., a) e b) da Recomendação Rec(2006)4 do Comité de Ministros do Conselho da Europa sobre a investigação científica realizada sobre materiais biológicos de origem humana. O investigador apenas é obrigado a justificar o uso de material biológico que não seja identificável, ou seja, aquele que, de forma isolada ou combinação com dados que lhe estejam associados, não permite, com razoáveis esforços, a identificação das pessoas a que respeitem (artigo 3.º, ii. da Recomendação Rec(2006)4 do Comité de Ministros do Conselho da Europa sobre a investigação científica realizada sobre materiais biológicos de origem humana).

direitos contraídos, nem a sua pessoa instrumentalizada em nome do progresso científico ou dos benefícios da investigação para a humanidade.

A investigação científica tem uma dimensão universal e trans-individual, relacionada com melhorias substanciais das condições de vida e de bem-estar da sociedade. A Convenção sobre os direitos do Homem e a biomedicina (artigo 2.º), o respetivo Protocolo Adicional (artigo 3.º) e o preâmbulo da Recomendação Rec(2006)4 do Comité de Ministros do Conselho da Europa sobre a investigação científica realizada sobre materiais biológicos de origem humana estabelecem o primado do ser humano sobre o interesse da sociedade ou da própria ciência no domínio da investigação científica.

O tratamento de dados genéticos para fins de investigação científica deve ser abordado quer sob o ponto de vista substancial, no que concerne aos limites da finalidade e às derrogações dos direitos dos indivíduos cujo material biológico é utilizado numa investigação, quer sob o ponto de vista procedimental, que visa assegurar o respeito por boas práticas e por metodologias favoráveis à proteção de dados pessoais.

De facto, e como se verificará, o princípio do primado do indivíduo que participa na investigação modela o conteúdo, os procedimentos e as metodologias aplicáveis à investigação científica em seres humanos.

3. **Condições prévias à investigação.** O artigo 16.º da Convenção sobre os direitos do Homem e a biomedicina estabelece as condições de admissibilidade de uma investigação sobre uma pessoa, que *infra* se elencam:

i. Inexistência de método alternativo à investigação sobre seres humanos, de eficácia comparável[326];

ii. Os riscos em que a pessoa pode incorrer não sejam desproporcionados em relação aos potenciais benefícios da investigação[327];

iii. O projeto de investigação tenha sido aprovado pela instância competente, após ter sido objeto de uma análise independente no plano da sua pertinência científica, incluindo uma avaliação da relevância do objetivo da investiga-

---

[326] O mesmo princípio é replicado no artigo 5.º do Protocolo Adicional à Convenção sobre os direitos do Homem e a biomedicina, de 25 de janeiro de 2005.

[327] O princípio da proporcionalidade encontra-se igualmente previsto no artigo 5.º, alínea a) da Declaração Universal sobre o genoma humano e os direitos humanos, nos artigos 6.º e 17.º do Protocolo Adicional à Convenção sobre os direitos do Homem e a biomedicina, de 25 de janeiro de 2005, e no artigo 5.º da Recomendação Rec(2006)4 do Comité de Ministros do Conselho da Europa sobre a investigação científica realizada sobre materiais biológicos de origem humana, adotada em 15 de março de 2006.

ção, bem como de uma análise pluridisciplinar da sua aceitabilidade no plano ético[328];

iv. A pessoa que se preste a uma investigação seja informada dos seus direitos e garantias previstos na lei para a sua proteção[329];

v. O consentimento livre e informado tenha sido prestado de forma expressa, específica e esteja consignado por escrito. Este consentimento pode, em qualquer momento, ser livremente revogado[330].

O n.º 2 do artigo 26.º do mesmo diploma prevê a proibição de restrição das condições acima elencadas.

As condições para a realização de uma investigação refletem o núcleo essencial dos princípios e dos pressupostos de licitude do tratamento de dados no âmbito da medicina e da biologia.

---

[328] A aprovação da investigação por uma entidade independente, que assegura uma avaliação sobre o mérito científico da investigação e do seu propósito, bem como uma apreciação ética de cariz multidisciplinar é prevista também no artigo 7.º, sendo previstos o estatuto e as prerrogativas do Comité de Ética encarregado dessa avaliação nos artigos 8.º a 12.º, todos do Protocolo Adicional à Convenção sobre os direitos do Homem e a biomedicina, de 25 de janeiro de 2005 e no artigo 24.º Recomendação Rec(2006)4 do Comité de Ministros do Conselho da Europa sobre a investigação científica realizada sobre materiais biológicos de origem humana, adotada em 15 de março de 2006 (Recomendação).

[329] No artigo 10.º da mesma Convenção é previsto o direito do titular participante na investigação de conhecer toda a informação recolhida sobre a sua saúde, previsão idêntica à que consta do n.º 1 do artigo 26.º do Protocolo Adicional à Convenção sobre os direitos do Homem e a biomedicina, de 25 de janeiro de 2005, sendo que o n.º 2 da mesma disposição estende – a nosso ver, bem – o direito de acesso a informação de outra natureza. O direito à informação sobre os direitos e garantias do indivíduo encontra-se igualmente previsto, de forma extensiva, no artigo 13.º da Recomendação Rec(2006)4 do Comité de Ministros sobre a investigação científica realizada sobre materiais biológicos de origem humana, adotada em 15 de março de 2006, no artigo 14.º, n.º 2 (que consagra o princípio da transparência, aplicável a qualquer recolha de material biológico, consagrando o n.º 3 a necessidade de documentação dessa informação), sendo que o artigo 26.º remete para o direito à informação, previsto no Protocolo Adicional à Convenção sobre os direitos do Homem e a biomedicina.

[330] O consentimento livre e informado e a sua livre revogação constitui um pressuposto omnipresente nos diplomas e nas recomendações sobre a investigação científica, encontrando-se previstos no artigo 5.º, alínea b) da Declaração Universal sobre o genoma humano e os direitos humanos; na alínea a) do artigo 8.º da Declaração Internacional sobre os dados genéticos humanos; no artigo 5.º da Convenção sobre os direitos do Homem e a biomedicina; no artigo 14.º, n.º 1 do Protocolo Adicional à referida Convenção e nos artigos 10.º, n.º 2 e 15.º, n.º 1 Recomendação Rec(2006)4 do Comité de Ministros sobre a investigação científica realizada sobre materiais biológicos de origem humana.

Os princípios plasmados no artigo 16.º da Convenção sobre os direitos do Homem e a biomedicina cumprem, pelo menos em parte, as condições referidas na parte final da alínea j) do n.º 2 do artigo 9.º e, de uma perspetiva mais lata, os princípios do RGPD.

Desde logo, o princípio da necessidade e da proporcionalidade (pontos i e ii), concretizados na alínea c) do n.º 1 do artigo 5.º do RGPD, que são reforçados pela aprovação prévia por uma entidade independente (ponto iii), que avalie a pertinência científica, avaliação essa que assegura a licitude da finalidade e uma ponderação/fiscalização prévia dos princípios e propósitos da investigação.

A consagração dos direitos de informação dos participantes como condição prévia a uma investigação científica observa os princípios da licitude, da lealdade e da transparência do tratamento, previstos na alínea a) do n.º 1 do artigo 5.º do RGPD. Finalmente, a exigência da prestação de consentimento livre, informado, expresso, específico e escrito por parte do participante na investigação, reúne os requisitos previstos para a prestação de consentimento para o tratamento de dados sensíveis.

Em suma, os pressupostos necessários à realização de uma investigação refletem as condições necessárias que devem estar reunidas antes da realização do tratamento de dados sensíveis.

O artigo 14.º, n.º 1 do Protocolo Adicional à Convenção sobre os Direitos do Homem e a Biomedicina estabelece a necessidade obtenção de consentimento informado, livre, expresso, específico e documentado como condição para a realização de investigação científica num indivíduo, prevendo ainda a garantia de não discriminação em caso de recusa ou de revogação do consentimento.

No que respeita à prestação de consentimento, convém referir o disposto no Considerando 33 do Regulamento, que se transcreve: *muitas vezes não é possível identificar na totalidade a finalidade do tratamento de dados pessoais para efeitos de investigação científica no momento da recolha dos dados. Por conseguinte, os titulares dos dados deverão poder dar o seu consentimento para determinadas áreas de investigação científica, desde que estejam de acordo com padrões éticos reconhecidos para a investigação científica. Os titulares dos dados deverão ter a possibilidade de dar o seu consentimento unicamente para determinados domínios de investigação ou partes de projetos de investigação, na medida permitida pela finalidade pretendida.*

Não deixaremos de referir o que sucede no caso em que o indivíduo abrangido pela investigação científica careça de capacidade para nela consentir. O artigo 15.º do Protocolo Adicional à Convenção sobre os Direitos do Homem e a Biomedicina define condições de licitude cumulativas para o tratamento de dados para fins de investigação científica realização em pessoas sem capacidade de prestar consentimento:

i. Os resultados da investigação têm potencial para gerar um benefício real e direto para a sua saúde;

ii. Impossibilidade de realizar investigação de eficácia comparável em indivíduos capazes de prestar consentimento;

iii. O sujeito da investigação foi informado dos seus direitos e garantias previstos na lei para a sua proteção, a menos que esse mesmo sujeito não esteja em condições de receber a informação;

iv. A autorização necessária foi dada especificamente e por escrito pelo representante legal ou por uma autoridade, uma pessoa ou um órgão, previstos por lei, depois de terem recebido a informação exigida pelo artigo 16.º[331] da Convenção e tendo em conta os desejos e as objeções eventualmente manifestados pela pessoa em momento anterior. Um adulto que careça de capacidade para consentir deverá tanto quanto possível participar no processo de autorização. A opinião de um menor deverá ser tida em consideração como um fator progressivamente mais determinante, em função da idade e do grau de maturidade; e

v. A pessoa em causa não se opõe.

Salvo melhor entendimento, o requisito referido no ponto v. terá um âmbito algo duvidoso, na medida em que desconhecemos as circunstâncias em que é conferida relevância a tal oposição.

Convém, ainda, referir que o requisito previsto no ponto i. acima não é um requisito absoluto, uma vez verificadas determinadas condições. Quer isto dizer que o Protocolo Adicional à Convenção sobre os Direitos do Homem e a Biomedicina admite a possibilidade de tratar dados pessoais sensíveis para efeitos de investigação científica em pessoas incapazes de prestar consentimento mesmo

---

[331] A informação prevista neste inciso abrange, nos termos do n.º 2 do artigo 16.º, o objetivo, o plano global, bem como os possíveis riscos e benefícios do projeto de investigação e inclui o parecer da Comissão de Ética. A informação obrigatória inclui, ainda, informação sobre os direitos e garantias previstos na lei para a proteção daqueles que careçam de capacidade para consentir na investigação, e especificamente sobre o direito de recusar ou revogar em qualquer momento a autorização sem que a pessoa em causa seja objeto de qualquer forma de discriminação, em particular no que toca ao direito a assistência médica. Deverão ser especificamente informados sobre os elementos de informação listados no artigo 13.º (cf. ponto relativo ao "direito de informação qualificado" deste excurso), de acordo com a natureza e o objetivo da investigação. A informação deve ser prestada de forma compreensível e ser documentada (n.º 1 do artigo 16.º). O n.º 3 do artigo 16.º salvaguarda a possibilidade de o indivíduo em causa também receber essa informação, a menos que não esteja em condições para tal, devendo esta ser prestada, em qualquer circunstância, ao representante legal ou por uma autoridade, uma pessoa ou um órgão, previstos por lei, nos termos do artigo 15.º, n.º 1, ponto iv., todos do mesmo Protocolo.

nos casos em que os resultados da investigação não tenham potencial para gerar um benefício real e direto para a sua saúde. Tal tratamento é admitido se respeitados os pontos ii., iii., iv. e v. acima referidos e mediante as seguintes condições adicionais:

a) O objetivo da investigação seja contribuir, através de uma melhoria significativa do conhecimento científico do estado, da doença ou da perturbação do indivíduo, para alcançar de forma definitiva resultados capazes de comportar um benefício para a pessoa em causa ou para outras pessoas do mesmo grupo etário ou que sofram da mesma doença ou que se encontrem no mesmo estado; e

b) A investigação comporte apenas um risco mínimo e um incómodo mínimo para o indivíduo em causa, sendo que qualquer consideração de potenciais benefícios adicionais da investigação não deverá ser utilizada para justificar um nível acrescido de risco ou de incómodo[332].

4. Direito à informação qualificado. O tratamento de dados genéticos – e, de uma forma geral, de dados relativos à saúde, ou de material biológico indissociável do indivíduo – comporta um elevado grau de tecnicidade e pressupõe conhecimentos científicos não acessíveis aos cidadãos que nela participam; por outro lado, as informações obtidas no contexto da participação numa investigação científica que suponha a análise de dados genéticos e o seu grau de intrusão na vida privada do participante deve ser deste previamente conhecido para possa prestar um consentimento válido. Em tais termos, consideramos que as informações obrigatórias previstas nos artigos 13.º e 14.º, sendo necessárias à licitude do tratamento de dados, não são, no entanto, suficientes, na medida em que, a partir delas, o titular não disporá de conhecimentos suficientes para avaliar se determinada recolha cumpre os requisitos da minimização, lealdade, transparência, segurança e limitação da finalidade e da conservação – ou, por exemplo, para propor reservas ou limitações ao tratamento do seu material biológico, direito consagrado no artigo 21.º do Protocolo Adicional à Convenção sobre os direitos do Homem e a biomedicina.

---

[332] O n.º 1 do artigo 17.º do Protocolo Adicional à Convenção sobre os Direitos do Homem e a Biomedicina define a noção de *risco mínimo*, nos seguintes termos: *se, tendo em conta a natureza e dimensão da intervenção, for expectável que ela tenha no máximo um impacto muito fraco e temporário na saúde da pessoa em causa*. O n.º 2 do mesmo artigo estabelece o conceito de *incómodo mínimo*, que consiste no seguinte: *se for expectável que o desconforto para a pessoa em causa seja no máximo muito fraco e temporário; aquando da avaliação do incómodo para um indivíduo, uma pessoa com quem a pessoa em causa tenha uma relação de especial confiança deverá, se for caso disso, avaliar o incómodo.*

A prestação de informações com um apreciável grau de desenvolvimento constitui-se como condição essencial ao exercício dos direitos dos titulares dos dados – e, no caso particular dos dados genéticos deve ter-se em conta que as informações não são exclusivas do participante, abrangendo igualmente o seu grupo biológico.

Em tais termos consideramos ser condição de licitude do tratamento de dados genéticos, e em particular no âmbito de uma investigação científica, a prestação de informações complementares às previstas nos artigos 13.º e 14.º do RGPD.

O Protocolo Adicional à Convenção sobre os direitos do Homem e a biomedicina, de 25 de janeiro de 2005, prevê, curiosamente também no seu artigo 13.º, um elenco de informações obrigatórias para os participantes num projeto de investigação científica. Reproduziremos o teor do artigo para demonstrar a insuficiência das informações obrigatórias previstas nos artigos 13.º e 14.º para o cumprimento dos princípios acima previstos no artigo 5.º do RGPD[333]:

Artigo 13.º
Informações para os participantes num projeto de investigação científica

1. As pessoas que sejam solicitadas a participar num projeto de investigação receberão informações adequadas de forma compreensível. Esta informação deve ser documentada.

2. As informações devem incluir a finalidade, o plano geral e os possíveis riscos e benefícios do projeto de pesquisa e incluir a opinião do comitê de ética[334]. Antes de ser solicitada a permissão para participar num projeto de pesquisa, as pessoas envolvidas devem ser especificamente informadas, de acordo com a natureza e o propósito da pesquisa:

i. da natureza, extensão e duração dos procedimentos envolvidos, em particular, detalhes sobre qualquer encargo imposto pelo projeto de pesquisa;

ii. dos procedimentos preventivos, diagnósticos e terapêuticos disponíveis;

iii. das providências para responder a eventos adversos ou às preocupações dos participantes no projeto;

---

[333] Tradução livre do artigo 13.º do Protocolo Adicional à Convenção sobre os direitos do Homem e a biomedicina, a partir do texto disponível em https://www.coe.int/en/web/conventions/full-list/-/conventions/rms/090000168008371a. Consultado em 25.09.2018.

[334] O artigo 9.º, n.º 1 do Protocolo Adicional à Convenção sobre os direitos do Homem e a biomedicina estabelece que qualquer projeto de investigação deve ser submetido a uma avaliação independente sobre a sua admissibilidade do ponto de vista ético.

iv. das medidas implementadas para garantir o respeito pela vida privada e a confidencialidade dos dados pessoais;

v. dos mecanismos de acesso à informação que seja relevante para o participante, que decorra da pesquisa e dos seus resultados gerais;

vi. das medidas para atribuição de justa compensação justa em caso de dano;

vii. de quaisquer outras utilizações potenciais previstas, incluindo utilizações comerciais dos resultados da investigação, dados ou materiais biológicos;

viii. da fonte de financiamento do projeto de investigação.

3. Além disso, as pessoas solicitadas a participar num projeto de investigação deverão ser informadas dos direitos e garantias previstos na lei para sua proteção e, especificamente, do seu direito de recusar ou de retirar o consentimento a qualquer momento sem estarem sujeitos a qualquer forma de discriminação, em particular no que diz respeito ao direito a assistência médica.

A partir da transcrição do artigo 13.º do Protocolo Adicional à Convenção sobre os direitos do Homem e a biomedicina, facilmente se conclui que a participação numa investigação científica requer a prestação de um leque de informações mais extenso do que o que se encontra previsto nos artigos 13.º ou 14.º do RGPD; que podem, na verdade, ser entendidas como um elenco mínimo de aplicação geral, podendo existir tratamentos que exijam um dever de informação mais extensivo.

Consideramos que o dever de informação que deve subjazer a qualquer tratamento de dados genéticos – mesmo quando não vise as finalidades de investigação científica – deveria ser modelado pelas informações previstas nos artigos 13.º ou 14.º do RGPD e no artigo 13.º do Protocolo Adicional à Convenção sobre os direitos do Homem e a biomedicina. A pertinência das informações estará sempre dependente do contexto e das condições em que ocorra o tratamento de dados, sendo que pode haver casos em que nem todas as informações se adequem à realidade concreta do tratamento.

5. A alínea j) do n.º 2 do artigo 9.º do RGPD mais do que constituir um fundamento jurídico para o tratamento alternativo ao consentimento constitui, na maioria dos casos, uma finalidade admissível para o tratamento de dados. A circunstância de os dados genéticos serem necessários a um projeto de investigação não autoriza a dispensa da prestação de consentimento.

No entanto, e enquanto finalidade admissível, a investigação científica ganha relevo, por exemplo, no plano dos testes genéticos preditivos, cuja realização é proibida pelo artigo 12.º da Convenção sobre os direitos do Homem e a biomedicina. Porém, o mesmo inciso admite a sua realização para fins médicos ou de investigação médica e sem prejuízo de um aconselhamento genético apropriado e de consentimento, por aplicação da regra geral de que qualquer intervenção no domínio da saúde só pode ser efetuada após ter sido prestado pela pessoa em causa o seu consentimento livre e esclarecido, nos termos do artigo 5.º da mesma Convenção.

Do mesmo modo, o artigo 9.º, n.º 1 da Lei n.º 32/2006, de 26 de julho, proíbe a criação de embriões através da procriação medicamente assistida, com o propósito da sua utilização na investigação científica. Contudo, nos termos do n.º 2 do mesmo artigo, se a investigação em embriões será lícita se tiver por finalidade a prevenção, o diagnóstico, a terapia de embriões, o aperfeiçoamento das técnicas de PMA, a constituição de bancos de células estaminais para programas de transplantação ou quaisquer outras finalidades terapêuticas. A investigação científica em embriões que vise alguma dessas finalidades está condicionada a uma expectativa de que o respetivo resultado se concretize num benefício para a humanidade, ficando tal projeto científico condicionado a apreciação decisão do Conselho Nacional de Procriação Medicamente Assistida (n.º 3 do artigo 9.º da Lei n.º 32/2006, de 26 de julho)[335].

Artigo 9.º, n.º 3)

1. A presente disposição estabelece a responsabilidade pelo tratamento dos dados referidos no n.º 1 por parte, ou sob a responsabilidade de um profissional, ou de outra pessoa, desde que sujeitos a obrigação de sigilo profissional ou de confidencialidade, respetivamente, com vista às finalidades previstas no artigo 9.º, n.º 2, alínea h) do RGPD, a saber:

---

[335] O n.º 4 do artigo 9.º da Lei n.º 32/2006, de 26 de julho, discrimina o tipo de embriões que podem ser utilizados na investigação científica, que elencamos *infra*:
a) Embriões criopreservados, excedentários, em relação aos quais não exista nenhum projeto parental;
b) Embriões cujo estado não permita a transferência ou a criopreservação com fins de procriação;
c) Embriões que sejam portadores de anomalia genética grave, no quadro do diagnóstico genético pré-implantação;
d) Embriões obtidos sem recurso à fecundação por espermatozoide.
A utilização dos embriões que se encontrem nas condições referidas das alíneas a) e c) depende da obtenção de prévio consentimento, expresso, informado e consciente dos beneficiários aos quais se destinavam, nos termos do n.º 5 do artigo 9.º da Lei n.º 32/2006, de 26 de julho.

i. A avaliação da capacidade de trabalho do empregado;
ii. O diagnóstico médico,
iii. A prestação de cuidados ou tratamentos de saúde ou de ação social; e
iv. A gestão de sistemas e serviços de saúde ou de ação social.

Pese embora o n.º 3 do artigo 9.º do RGPD remeta para os dados referidos no n.º 1, considerando as finalidades elencadas na alínea h) do n.º 2, o âmbito – diríamos – *preferencial* de aplicação desta norma sejam os dados genéticos, os dados biométricos, os dados relativos à saúde e à vida sexual de uma pessoa. Pode, assim, presumir-se que o médico será um dos – se não "o" – destinatários da norma.

O médico está vinculado ao sigilo profissional, nos termos do disposto no artigo 139.º do Estatuto da Ordem dos Médicos (Decreto-Lei n.º 282/77, de 5 de julho, na redação que lhe foi conferida pela Lei n.º 117/2015, de 31 de agosto).

O profissional de saúde, o médico, tem uma função que se pode dizer *de garante* da observância dos princípios da necessidade e da confidencialidade dos dados. Nesse sentido, o médico deve ser considerado, como o n.º 3 pressupõe, responsável pelo tratamento. Remetemos para a anotação ao artigo 4.º, ponto 7), para mais considerações sobre o conceito do responsável pelo tratamento.

À semelhança do médico, o enfermeiro do trabalho[336] também está vinculado, por razões estatutárias, ao sigilo profissional, nos termos do artigo 106.º do Estatuto da Ordem dos Enfermeiros (Decreto-Lei n.º 104/98, de 21 de abril, na redação que lhe foi conferida pela Lei n.º 156/2015, de 16 de setembro).

Em menor medida, também o advogado que preste assessoria jurídica ao empregador poderá tratar dados relativos à saúde, estando sujeito a obrigação de sigilo profissional, nos termos do artigo 92.º do Estatuto d Ordem dos Advogados (Lei n.º 145/2015, de 09 de setembro)

2. Avaliação da capacidade de trabalho do empregado
É consabido que sobre o empregador impende a obrigação jurídica de promover a realização de exames de saúde para efeitos de comprovação e avaliação da aptidão física e psíquica do trabalhador para as funções a desempenhar. A realização de exames de saúde tem, também, como finalidade avaliar a repercus-

---

[336] Nos termos do disposto no n.º 1 do artigo 104.º da Lei n.º 102/2009, de 10 de setembro, *em empresa com mais de 250 trabalhadores, o médico do trabalho deve ser coadjuvado por um enfermeiro com experiência adequada*, cominando o n.º 3 da mesma norma a inobservância dessa obrigação com contraordenação grave.

são da atividade e das condições em que esta é prestada na saúde do trabalhador (artigo 108.º, n.º 1 da Lei n.º 102/2009, de 10 de setembro).

As consultas de vigilância da saúde devem ser efetuadas por médico licenciado em medicina, com especialidade de medicina do trabalho, reconhecida pela Ordem dos Médicos. É sobre o médico do trabalho que recai a responsabilidade técnica da vigilância da saúde (artigo 103.º, n.º 2 e 107.º da Lei n.º 102/2009, de 10 de setembro).

O que significa que o médico do trabalho é quem avalia e decide, por exemplo, quais os exames médicos mais adequados a avaliar a aptidão para determinado posto de trabalho e, se necessário, se em função do resultado devem ser realizados exames complementares, ou se a vigilância de saúde deve continuar mesmo depois de terminada a exposição (artigo 45.º, n.º 1, alínea b) da Lei n.º 102/2009, de 10 de setembro).

Neste particular, resulta evidente que o médico determina, se não as finalidades (determinadas por lei), os meios de tratamento. Curiosamente, é reconhecida ao médico do trabalho a possibilidade de aumentar ou reduzir a periodicidade dos exames de saúde previstos no n.º 3 do artigo 108.º da Lei n.º 102/2009, de 10 de setembro (cf. artigo 108.º, n.º 4 da Lei n.º 102/2009, de 10 de setembro). Esta norma é particularmente ilustrativa do grau de responsabilidade técnica do médico e da sua influência concreta no tratamento dos dados. Se é certo que o médico não poderá alterar a finalidade geral e abstrata da *vigilância da saúde* do trabalhador prevista na Lei, a verdade é que a norma referida permite uma determinação concreta da finalidade da realização de determinado(s) exame(s) médico(s). Esta competência permite facilmente reconhecer no papel do médico no tratamento de dados a estrutura *típica* do conceito de responsável pelo tratamento.

Ademais, a responsabilidade do médico do trabalho pelo tratamento de dados é reforçada pela obrigação de sigilo profissional em relação aos dados relativos à saúde a que aceda. Claro que, sem prejuízo do sigilo profissional a que se encontra adstrito, comunicará ao empregador o resultado da vigilância da saúde com interesse para a prevenção de riscos (artigo 45.º, n.º 1, alínea c) da Lei n.º 102/2009, de 10 de setembro). De um ponto de vista prático, e seguindo o propósito do RGPD de permitir e tornar mais transparente a repartição de responsabilidades que permita a *accountability*, se o médico do trabalho trata dados cuja revelação se encontra condicionada pelo sigilo profissional só ele poderá ser responsável pelo respetivo tratamento.

Caso o médico não seja considerado responsável pelo tratamento de dados sujeitos a sigilo profissional, questiona-se de que modo – e a quem – pode ser imputável essa responsabilidade. Afigurar-se-ia pernicioso considerar o médico do trabalho um subcontratante do empregador, na medida em que este não disporia de um controlo material sobre os dados sujeitos a sigilo profissional, nem lhe permitiria emitir instruções relativas ao tratamento, na medida em que este se encontra no âmbito da autonomia técnica e da independência do médico. Para mais desenvolvimentos sobre a autonomia técnica e independência do médico, remetemos para a anotação ao artigo 4.º, ponto 7) do RGPD.

Pelas razões *supra* expostas, discordamos do entendimento vertido na Deliberação n.º 890/2010 da Comissão Nacional de Proteção de Dados[337], na parte em que esta considera que a externalização dos serviços de segurança e saúde constitui uma relação de subcontratação.

a) Dados genéticos

O património genético é especialmente protegido pelos artigos 41.º a 47.º da Lei n.º 102/2009, de 10 de setembro. O empregador tem a obrigação jurídica de *verificar a existência de agentes ou fatores que possam ter efeitos prejudiciais para o património genético e avaliar os correspondentes riscos* (n.º 1 do artigo 42.º da Lei n.º 102/2009, de 10 de setembro).

Como pode ler-se na anotação à alínea h), o tratamento de dados genéticos apenas poderá visar a promoção da segurança e da saúde no trabalho através da realização de exames médicos de admissão, periódicos ou ocasionais. A avaliação de riscos deve ter uma periodicidade trimestral, ou ser repetida/realizada quando uma das seguintes condições se verifiquem:

- Alteração das condições de trabalho suscetíveis de afetar a exposição dos trabalhadores;
- Os resultados da vigilância da saúde o justifiquem; ou
- Desenvolvimento da investigação científica nesta matéria.

A obrigação especial de vigilância da saúde dos trabalhadores em relação aos quais se verifique a existência de riscos para o património genético recai sobre o empregador, nos termos do n.º 1 do artigo 44.º da Lei n.º 102/2009, de 10 de setembro. No entanto, semelhante obrigação apenas pode ser cumprida através do recurso aos serviços de um exame médico, que assegure a realização de exames de saúde, devendo ser realizado um antes da primeira exposição a agentes de risco.

A vigilância da saúde dos trabalhadores expostos a agentes biológicos, cancerígenos ou mutagénicos suscetíveis de criar riscos para o património genético

---

[337] Cf. *Deliberação n.º 890/2010 da Comissão Nacional de Proteção de Dados*, de 15 de novembro de 2010, disponível em https://www.cnpd.pt/bin/orientacoes/20_890_2010.pdf. Consultada em 1 de novembro de 2018.

deve incluir, no mínimo e nos termos do n.º 2 do artigo 44.º da Lei n.º 102/2009, de 10 de setembro, os seguintes procedimentos:
  i. Registo da história clínica e profissional de cada trabalhador;
  ii. Entrevista pessoal com o trabalhador;
  iii. Avaliação individual do seu estado de saúde;
  iv. Vigilância biológica sempre que necessária;
  v. Rastreio de efeitos precoces e reversíveis.

Na sequência dos procedimentos relativos à vigilância da saúde, o médico do trabalho procede, nos termos do n.º 1 do artigo 45.º da Lei n.º 102/2009, de 10 de setembro:
  i. Informa o trabalhador do resultado[338];
  ii. Dá indicações sobre a eventual necessidade de continuar a vigilância da saúde, mesmo depois de cessada a exposição; e
  iii. Comunica ao empregador o resultado da vigilância da saúde com interesse para a prevenção de riscos, sem prejuízo do sigilo profissional a que se encontra vinculado.

Podemos, destarte, distinguir dois destinatários da atuação do médico do trabalho: o trabalhador e o empregador.

Os procedimentos mínimos da vigilância da saúde implicam o acesso a dados de saúde relevantes sobre o trabalhador e poderão incluir a vigilância biológica – ou seja, a realização de análises ao ADN. O trabalhador, beneficiário da vigilância médica, presta informações relativas à sua vida privada, em particular em relação à sua saúde e à da sua família (grupo biológico).

O médico do trabalho deve cingir a comunicação do resultado ao empregador à aptidão do trabalhador para determinado posto de trabalho, porquanto a finalidade do tratamento de dados se basta com esta informação. É, aliás, esse o sentido subjacente à locução *sem prejuízo do sigilo profissional a que se encontra vinculado*, prevista no artigo 45.º, n.º 1, alínea c) da Lei n.º 102/2009, de 10 de setembro.

A comunicação do resultado da vigilância médica ao empregador gera a obrigação de este adotar medidas individuais de proteção do trabalhador, ou de lhe atribuir funções compatíveis com a sua categoria profissional (ou superior) sem a exposição a riscos, bem como de manter a vigilância médica dos trabalhadores

---

[338] Neste contexto, a concretização prática do direito de não saber poderá estar em causa. Contudo, supondo que o titular pretende exercer tal direito, o médico poderá cingir a informação prestada à sua aptidão para o posto de trabalho, sem adiantar informações sobre outros detalhes do resultado da vigilância médica.

expostos a riscos e a repetir a avaliação dos riscos (artigo 45.º, n.º 2 da Lei n.º 102/2009, de 10 de setembro).

Nos termos do artigo 46.º, n.ºs 1, 2 e 3 da Lei n.º 102/2009, de 10 de setembro, devem ser conservados durante pelo menos, 40 anos após a cessação da exposição dos trabalhadores aos riscos:

i. Os critérios, procedimentos e resultados da avaliação de riscos;

ii. A identificação dos trabalhadores expostos com a indicação da natureza e, se possível, do agente e do grau de exposição a que cada trabalhador esteve sujeito;

iii. Os resultados da vigilância da saúde de cada trabalhador com referência ao respetivo posto de trabalho ou função – que devem constar de ficha médica individual de cada trabalhador, colocada sob a responsabilidade do médico do trabalho;

iv. Os registos de acidentes ou incidentes;

v. Identificação do médico responsável pela vigilância da saúde.

Consideramos que os resultados da vigilância da saúde do trabalhador que se encontrem na posse do empregador deverão cingir-se ao necessário para aferir a segurança da colocação do trabalhador em determinado posto de trabalho – ou seja, deverão estar depurados de informações de caráter clínico, reservadas ao médico do trabalho.

b) Dados biométricos

Os dados biométricos não são, via de regra, tratados para efeitos de avaliação da capacidade de trabalho do empregado, pelo menos, não em medida diversa do que o são os dados relativos à saúde. Em tais termos, remetemos para a alínea relativa aos dados relativos à saúde para mais desenvolvimentos sobre este ponto.

c) Dados relativos à saúde

Os dados relativos à saúde correspondem à categoria prevalente de dados tratados com a finalidade de avaliar da capacidade para o trabalho, até porque, nos termos do disposto no n.º 1 do artigo 108.º da Lei n.º 102/2009, de 10 de setembro, a avaliação da aptidão é efetuada através da realização de exames de saúde.

As observações clínicas relativas aos exames de saúde são anotadas na ficha clínica do trabalhador, que está sujeita a sigilo profissional, com divulgação limitada às autoridades de saúde e aos médicos afetos ao organismo com competência para a promoção da segurança e da saúde no trabalho do ministério responsável pela área laboral, nos termos dos n.ºs 1 e 2 do artigo 109.º da Lei n.º 102/2009, de 10 de setembro. Mesmo estando sujeita a sigilo profissional, nos termos do n.º 3 do mesmo artigo, a ficha clínica não deve conter dados sobre a raça, a nacionalidade, a origem étnica ou informação sobre hábitos pessoais do trabalhador, salvo se tais hábitos estiverem relacionados com patologias específicas ou com outros dados de saúde.

Na qualidade de titular dos dados, o trabalhador tem direito que lhe seja entregue pelo médico do trabalho uma cópia da ficha clínica após a cessação da atividade na empresa (artigo 109.º, n.º 4 da Lei n.º 102/2009, de 10 de setembro). Uma vez mais queda demonstrado o papel do médico de *garante da confidencialidade* dos dados.

Em função do resultado dos exames de saúde, o médico do trabalho preenche uma ficha de aptidão, que será encaminhada para os recursos humanos da empresa, com menção da aptidão, inaptidão ou aptidão condicionada.

A ficha de aptidão não pode conter elementos que envolvam dados sujeitos a sigilo profissional (artigo 110.º, n.º 4 da Lei n.º 102/2009, de 10 de setembro). O modelo de ficha de aptidão para o trabalho, aprovado pela Portaria n.º 71/2015, de 10 de março, não apresenta *dados relativos à saúde do trabalhador*, nem outros dados sujeitos a sigilo profissional.

Nessa medida, cremos ser defensável considerar que a ficha de aptidão, contrariamente aos exames de saúde e à ficha clínica, escapa ao âmbito do n.º 3 do artigo 9.º.

3. No que concerne ao tratamento de dados relativos à saúde, convém referir que ao empregador está vedada a possibilidade de exigir de candidata a emprego ou a trabalhadora que preste funções informações relativas à sua saúde ou ao estado de gravidez, a menos que particulares exigências inerentes à natureza da atividade profissional o justifiquem e seja fornecida por escrito a respetiva fundamentação (artigo 17.º, n.º 1, alínea b) do Código do Trabalho). Na mesma senda, o artigo 19.º, n.º 2 do Código do Trabalho proíbe o empregador de exigir a candidata a emprego ou a trabalhadora a realização ou apresentação de testes ou exames de gravidez.

Donde se conclui que a legitimidade do empregador questionar o candidato a oferta de emprego ou o trabalhador sobre informações relativas à saúde ou sobre o estado de gravidez está condicionada à necessidade de tais informações no âmbito das funções a desempenhar e – dizemos nós –, na medida em que estas possam diminuir os riscos para a saúde do trabalhador, ou da trabalhadora e do feto. Em todo o caso, e como garantia da efetiva necessidade de tais informações, a fundamentação escrita de tal necessidade deve ser entregue ao candidato, ou candidata, ou ao trabalhador ou trabalhadora.

Em qualquer caso, está vedada ao empregador a possibilidade de exigir quaisquer provas do estado de gravidez por parte de candidata ou de trabalhadora. Semelhante proibição constitui uma importante garantia, porquanto uma tal exigência representaria uma intrusão inadmissível na vida privada do titular dos dados, sobretudo considerando o desequilíbrio de posições entre o empregador e a candidata ou trabalhadora – que sempre poderia conduzir a que muitas candidatas ou trabalhadoras se dispusessem a entregar testes de gravidez ao empregador, com receio de que a sua recusa pudesse trazer-lhes consequências negativas no âmbito da relação laboral.

4. Para efeitos de diagnóstico médico, o tratamento de dados genéticos ou relativos à saúde, bem como de informações relativas à vida sexual é fundamental referir os termos do segredo profissional a que o médico se encontra vinculado.

O segredo profissional é fundamental ao estabelecimento de uma relação de confiança entre um profissional de uma determinada atividade e o destinatário da mesma. A veracidade e a exatidão das informações prestadas pelo doente ao médico são fundamentais à finalidade de prestação de serviços de saúde, na medida em que apenas com base em informações verdadeiras pode ser garantido um diagnóstico fiável. Nessa medida, o sigilo profissional constitui-se como condição e garantia fundamental do direito à saúde.

O segredo profissional do médico abrange, nos termos do disposto no artigo 139.º, n.º 2 do Estatuto da Ordem dos Médicos, todos os factos que tenham chegado ao conhecimento do médico no exercício e em especial:

i. Os factos revelados diretamente pela pessoa, por outrem a seu pedido ou por terceiro com quem tenha contactado durante a prestação de cuidados ou por causa dela;

ii. Os factos apercebidos pelo médico, provenientes ou não da observação clínica do doente ou de terceiros;

iii. Os factos resultantes do conhecimento dos meios complementares de diagnóstico e terapêutica referentes ao doente;

iv. Os factos comunicados por outro médico ou profissional de saúde, obrigado, quanto aos mesmos, a segredo.

Nestas informações estão evidentemente abrangidas as que resultem ou sirvam de base ao diagnóstico médico e à prestação de cuidados de saúde, cuja confidencialidade é reforçada pela proibição de o médico enviar doentes para fins de diagnóstico ou terapêutica a qualquer entidade não vinculada ao segredo profissional, prevista no n.º 5 do artigo 139.º do Estatuto da Ordem dos Médicos.

Importa referir que a confidencialidade dos dados genéticos abrange médicos e profissionais de saúde que prestem atividade na mesma instituição em que os dados são tratados, nos termos do disposto no n.º 5 do artigo 6.º da Lei n.º 12/2005, de 26 de janeiro, que dispõe que *os processos clínicos de consultas ou ser-*

viços de genética médica não podem ser acedidos, facultados ou consultados por médicos, outros profissionais de saúde ou funcionários de outros serviços da mesma instituição ou outras instituições do sistema de saúde no caso de conterem informação genética sobre pessoas saudáveis.

Naturalmente, a gestão de sistemas e de serviços de saúde que implique o tratamento de dados relativos à saúde, nomeadamente para efeitos de atribuição de subsídio de doença, terá de seguir o mesmo regime de confidencialidade, sob pena de a confidencialidade garantida a montante (no diagnóstico e na terapêutica médica), feneceria a jusante, na gestão de sistemas e serviços de saúde ou de ação social.

Artigo 9.º, n.º 4)

Esta disposição permite um amplo poder conformação das ordens jurídicas internas em relação a dados que poderiam dizer especialmente sensíveis, na medida em que são suscetíveis de revelar informação íntima sobre o titular dos dados.

Pese embora em relação a estas categorias de dados se possa dizer que existe uma cultura legislativa comum – corporizada, por exemplo, na Convenção sobre os Direitos do Homem e a Biomedicina –, os horizontes de uniformização de legislações queda frustrado. Esta norma possibilita uma aproximação de legislações típicas de uma Diretiva – e não tanto de um Regulamento – e a uniformização dá lugar à harmonização possível.

O conteúdo desta norma parece justamente revelar que as matérias relativas aos dados genéticos, dados biométricos ou dados relativos à saúde escapam a uma ideia de Regulamento em sentido próprio, mantendo-se vivo o *espírito* da Diretiva.

O caso específico dos dados biométricos

I

1. O conceito de dados biométricos é heterogéneo e abrange vários tipos de dados que não têm um potencial distintivo equivalente, nem são suscetíveis de revelar as mesmas informações. Os dados biométricos mais distintivos são a retina e as impressões digitais[339].

---

[339] Cf. *Working document on biometrics* (WP 80), adotado em 1 de agosto de 2003, p. 3, nota de rodapé 5, disponível em https://iapp.org/media/pdf/resource_center/wp80_biome-

Os dados biométricos não são necessariamente dados sensíveis. No documento de trabalho sobre biometria, o Grupo de Trabalho do artigo 29.º parece entender que os dados biométricos *podem ser considerados dados sensíveis*[340], em particular se revelarem dados relativos à origem racial ou étnica ou à saúde. O caráter *sensível* dos dados biométricos depende da *amostra* (característica) biométrica e da própria aplicação biométrica – e, de acordo com o documento de trabalho sobre a biometria, é mais provável que os dados biométricos sejam *sensíveis* se permitirem reconstruir os dados brutos a partir do modelo, ou se permitirem o acesso a informações de saúde fora das informações mínimas necessárias à finalidade do tratamento.

A sensibilidade dos dados biométricos deverá ter em conta a sua potencialidade de identificar indivíduos – pois nem todos são equivalentes nesse âmbito –, bem como as informações que estes são suscetíveis de revelar, pois poderão ser intrusivas na vida privada, ou comportar o risco de decisões discriminatórias.

Deverão, ainda, ser considerados *sensíveis* os dados biométricos cujo tratamento apresente riscos de decisões discriminatórias – como seja, o caso de tratamento de fotografias por sistemas biométricos que visem a sua categorização – ou de intrusão na vida privada, nas hipóteses em que os dados biométricos revelem informações relativas à saúde, como seja o caso do reconhecimento do padrão vascular, que poderá revelar hipertensão ou anomalias vasculares[341].

O caráter sensível dos dados dependerá da sensibilidade das informações potencialmente tratadas e os riscos inerentes a tal tratamento. O caso dos dados biométricos expõe à evidência que os dados pessoais não são considerados *sensíveis* (apenas) pela virtude de identificar pessoas, mas também – e muitas vezes,

---

trics_08-2003.pdf. Consultada em 26 de outubro de 2018. O documento de trabalho refere, também, o ADN, cujo significado foi autonomizado no conceito de *dados genéticos*.

[340] Cf. *Working document on biometrics* (WP 80), adotado em 1 de agosto de 2003, p. 10, disponível em https://iapp.org/media/pdf/resource_center/wp80_biometrics_08-2003.pdf. Sem originalidade, o mesmo entendimento encontra-se plasmado na *Opinion 3/2012 on developments in biometric technologies* (WP 193), adotada em 27 de abril de 2012, p. 15, disponível em https://iapp.org/media/pdf/resource_center/wp193_biometric-technologies_04-2012.pdf. Ambas as opiniões tiveram por objeto a Diretiva 95/46/CE; porém, as considerações aí plasmadas são aplicáveis ao Regulamento Geral de Proteção de Dados. As opiniões referidas foram consultadas em 26 de outubro de 2018.

[341] *Opinion 3/2012 on developments in biometric technologies* (WP 193), adotada em 27 de abril de 2012, p. 18, nota de rodapé 13, disponível em https://iapp.org/media/pdf/resource_center/wp193_biometric-technologies_04-2012.pdf. Consultado em 26 de outubro de 2018.

sobretudo – pelo tratamento que pode sobre eles incidir. Existem sistemas biométricos que têm por finalidade a categorização de pessoas, que poderá levar a decisões discriminatórias de determinados grupos que partilhem a origem racial ou étnica.

Pese embora não comportem o mesmo potencial distintivo, o tratamento de determinadas características humanas apresenta riscos de intrusão na vida privada – pela revelação de informações relativas à saúde –, ou de discriminação, em razão de uma determinada origem racial ou étnica. Por exemplo, a revelação de dados relativos à saúde pode suceder no caso do reconhecimento do padrão vascular, que poderá revelar hipertensão ou anomalias vasculares[342]; já a tomada de decisões discriminatórias poderá ocorrer no caso do tratamento de fotografias por sistemas biométricos que visem a sua categorização – tal será o caso de decisões automatizadas que têm por critério determinada origem racial ou étnica.

A sensibilidade dos dados biométricos dependerá, igualmente, da circunstância de os dados biométricos serem armazenados em bruto, ou como modelos biométricos. No primeiro caso, o tratamento poderá implicar riscos significativos, na medida em que é possível aceder à fonte a partir do qual os dados foram recolhidos, ou à sua representação, podendo permitir a identificação do indivíduo; no caso do armazenamento sob a forma de modelos, os riscos serão tanto menores quanto menor for a possibilidade de, a partir dele, reconstruir os dados em bruto.

Para que possa aferir-se a concreta sensibilidade dos dados biométricos é necessária uma avaliação cuidada da quantidade e qualidade dos dados recolhidos (e do seu potencial identificativo), a finalidade do tratamento, o armazenamento dos dados e as características do sistema biométrico.

Impõe-se, destarte, que o responsável pelo tratamento pondere se os dados biométricos são dados sensíveis num determinado contexto; em caso afirmativo, o tratamento dependerá da sujeição a uma das alíneas previstas no n.º 2 do artigo 9.º; caso os dados biométricos não sejam considerados sensíveis, podem ser tratados ao abrigo de um dos fundamentos jurídicos previstos no artigo 6.º, n.º 1 do RGPD.

---

[342] *Opinion 3/2012 on developments in biometric technologies* (WP 193), adotada em 27 de abril de 2012, p. 18, nota de rodapé 13, disponível em https://iapp.org/media/pdf/resource_center/wp193_biometric-technologies_04-2012.pdf. Consultado em 26 de outubro de 2018.

O Considerando 51, por exemplo, prevê que *o tratamento de fotografias não deverá ser considerado sistematicamente um tratamento de categorias especiais de dados pessoais, uma vez que são apenas abrangidas pela definição de dados biométricos quando forem processadas por meios técnicos específicos que permitam a identificação inequívoca ou a autenticação de uma pessoa singular*. Com o que se conclui que as fotografias apenas serão consideradas dados sensíveis, na medida em que constituam *dados biométricos* – isto é, na medida em que sejam objeto de tratamento biométrico que permitam a identificação e a autenticação de uma pessoa singular.

Com o que se conclui que o caráter sensível dos dados e, por consequência, a subsunção ao presente inciso dependerá da natureza dos dados em causa e evidentemente do tratamento que sobre eles incide.

2. No que concerne à *ratio* da proibição do tratamento de dados biométricos, remetemos para as considerações vertidas nos pontos 1 e 2 da anotação ao artigo 9.º, n.º 1 do RGPD, relativa aos dados genéticos, aplicáveis com as necessárias adaptações.

3. No que concerne à prestação das informações obrigatórias ao titular dos dados, *vide* anotação ao artigo 4.º, 14).

II

Alínea a), do n.º 2.

1. À semelhança do que sucede em relação ao tratamento de dados genéticos, o consentimento constitui-se como o fundamento primacial e residual do tratamento de dados – se, por um lado, constitui o fundamento de licitude preferencial para o tratamento destes dados, por outro, será o fundamento a aplicar quando nenhuma das outras alíneas do n.º 2 possa constituir um fundamento ou finalidade admissível para o tratamento de dados. Sobre a natureza do consentimento remetemos as nossas considerações para o ponto 3 da anotação à alínea a) do n.º 2 do artigo 9.º, relativa aos dados genéticos.

É importante sublinhar que o tratamento de dados biométricos sem uma alternativa viável não poderá subsumir-se ao consentimento. O consentimento não será *livre* se a alternativa à identificação/autenticação implicar uma perda de tempo assinalável ou a sua complexidade for dissuasora ao ponto de constranger o titular a autorizar o tratamento de dados biométricos. Nestas hipóteses, entende-se que à alternativa disponibilizada subjaz uma certa coação da vontade no sentido do consentimento, que o torna inválido.

2. A prestação de informações ao titular dos dados é fundamental à observância do princípio da transparência no tratamento de dados pessoais, previsto na alínea a) do n.º 1 do artigo 5.º do RGPD. É na fase da inscrição que o titular dos dados pessoais deve ser informado sobre as condições do tratamento antes de o autorizar.

As informações sobre o tratamento de dados são, em certa medida, constitutivas do consentimento, como fundamento de licitude do tratamento de dados pessoais. Ao titular deverá ser possível avaliar os riscos, benefícios e prejuízos relacionados com o tratamento de dados biométricos, bem como a própria necessidade do mesmo, nomeadamente no que concerne à quantidade de dados recolhidos e à extensão do tratamento.

Alínea b), do n.º 2.

1. A recolha de dados biométricos para estes fins dependerá de uma estrita avaliação da sua necessidade e de uma adequada limitação da finalidade do tratamento.

2. No que concerne à legislação laboral, uma das finalidades típicas do tratamento de dados biométricos consiste no controlo de acessos e da assiduidade do trabalhador.

No domínio laboral, consideramos relevante referir a Recomendação CM/Rec(2015)5 do Comité de Ministros dos Estados-membros sobre o tratamento de dados no contexto laboral, adotada em 1 de abril de 2015.

O ponto 9.2. da referida Recomendação do Conselho da Europa estabelece um princípio de limitação das finalidades admissíveis no que concerne às questões que o empregador pode colocar ao trabalhador ou ao candidato a oferta de emprego em relação aos dados relativos à saúde. Em tais termos, o empregador apenas poderá licitamente pretender a aceder a informação relativa ao estado de saúde do candidato a oferta de emprego ou ao trabalhador, ou solicitar a qualquer um deles a realização de exames, para os seguintes fins:

 i. Verificação da aptidão para determinado posto de trabalho, futuro ou atual;
 ii. Cumprir as normas da medicina preventiva no trabalho;
 iii. Assegurar a recuperação, ou cumprir qualquer outra disposição relativa ao ambiente de trabalho;
 iv. Garantir a salvaguarda de interesses vitais do titular dos dados, de outros trabalhadores, ou de terceiros;
 v. Permitir a atribuição de benefícios sociais;

vi. Contestar processos judiciais[343]

O Princípio 18 da Recomendação refere-se concretamente a dados biométricos, subsumindo o seu tratamento ao fundamento jurídico do interesse legítimo do empregador, dos trabalhadores ou de terceiros, na condição de não existirem meios menos intrusivos disponíveis e apenas se acompanhados de salvaguardas adequadas[344].

O artigo 18.º do Código do Trabalho regulamenta o tratamento de dados biométricos em contexto laboral ainda à luz da Diretiva 95/46/CE, de 24 de outubro, referindo-se ainda os n.ºs 1 e 4 aos sistemas de controlo prévio pela Comissão Nacional de Proteção de dados – normas que se devem ter por revogadas pelo RGPD. No mais, o artigo 18.º consagra os princípios da minimização dos

---

[343] A alínea f) do ponto 9.2. da Recomendação do Comité de Ministros aos Estados-membros Rec(2015)5 sobre o tratamento de dados pessoais em contexto laboral, adotada em 1 de abril de 2015, prevê especificamente *to respond to judicial procedures*. Pese embora a locução *respond* feche o âmbito admissível do tratamento de dados, parece-nos adequado estender a possibilidade de tratar dados de saúde em contexto de proposição de ação contra o trabalhador. Acresce que a norma também limita o tratamento de dados ao contexto judicial, sendo que nos parece que tal âmbito deveria ser alargado, por exemplo, aos procedimentos disciplinares, na estrita medida do necessário à prova que este deve comportar e cumprindo o princípio da minimização dos dados.

[344] Nestas salvaguardas, a norma inclui as salvaguardas adicionais, previstas no Princípio 21, que, em tradução livre, reproduzimos:

Princípio 21. Salvaguardas adicionais
Para todas as formas específicas de tratamento, estabelecidas na Parte II da presente recomendação, os empregadores devem assegurar o respeito das seguintes salvaguardas, em particular:
uma. informar os trabalhadores antes da introdução de sistemas de informação e tecnologias que permitam a monitorização das suas atividades. As informações fornecidas devem ser atualizadas e devem levar em conta o princípio 10 da presente recomendação. As informações devem incluir o a finalidade do tratamento, o prazo de conservação ou de reserva, bem como a existência ou não dos direitos de acesso e retificação e como esses direitos podem ser exercidos;
b. implementar medidas internas apropriadas relativas ao tratamento desses dados e notificar antecipadamente os trabalhadores;
c. consultar os representantes dos trabalhadores de acordo com a lei ou prática interna, antes da introdução de qualquer sistema de monitorização ou quando essa monitorização sofra alterações. Quando o procedimento de consulta revelar uma possibilidade de violação do direito dos trabalhadores ao respeito pela privacidade e dignidade humana, o acordo dos representantes dos funcionários deve ser obtido;
d. consultar, em conformidade com a legislação nacional, a autoridade nacional de supervisão sobre o tratamento de dados pessoais.

dados (n.º 2) e da limitação da conservação (n.º 3), cominando a inobservância deste último com contraordenação grave.

A Comissão Nacional de Proteção de Dados pronunciou-se sobre este tipo de tratamento de dados nas orientações sobre os *Princípios sobre o tratamento de dados biométricos para controlo de acessos e assiduidade*, datada de 26 de fevereiro de 2004[345], portanto, ainda no quadro da Diretiva 95/46/CE, de 24 de outubro. A Comissão Nacional de Proteção de Dados considerou que o tratamento de dados biométricos, como sejam a impressão digital, a geometria facial, a íris ou a retina não se enquadravam no conceito de vida privada, nem nas finalidades previstas no artigo 7.º n.º 1 da Lei n.º 67/98, não sendo, por isso, enquadráveis no conceito de *dados sensíveis*.

Se é verdade que o artigo 7.º, n.º 1 da Lei n.º 67/98 não previa uma finalidade que se afeiçoasse ao controlo de acessos e da assiduidade do trabalhador, consideramos que a disposição em anotação poderá ser invocada no que concerne ao tratamento deste tipo de dados.

A diversidade de dados biométricos que podem ser recolhidos para fins de identificação ou de autenticação não permite, do nosso ponto de vista, uma resposta definitiva quanto ao caráter sensível dos dados biométricos. Tal dependerá de vários fatores, como sejam o potencial identificativo e as informações contidas em cada dado biométrico, a circunstância de estes serem armazenados em bruto ou sob a forma de modelos (templates)[346], a dimensão do modelo, a forma de armazenamento dos dados ou dos modelos (se é centralizada ou descentralizada), entre outos.

Da nossa perspetiva, estes fatores devem ser ponderados de forma cuidada antes de uma tomada de posição definitiva em relação à natureza *sensível* dos dados biométricos. Em caso de dúvida, consideramos que os dados biométricos devem, por defeito, ser considerados dados sensíveis. Por várias razões.

O risco crescente de acesso ilícito a bases de dados de armazenamento de modelos biométricos reclama particulares cuidados em relação ao tratamento deste tipo de dados. Por outro lado, não poderá afirmar-se a inexistência do risco da utilização ilícita – *maxime* sem o conhecimento do titular – destes dados para finalidades incompatíveis com a que determinou a recolha. Ademais, não deve ser subestimado o desenvolvimento de tecnologias que permitam retirar infor-

---

[345] Cf. *Princípios sobre o tratamento de dados biométricos para controlo de acessos e assiduidade*, de 26 de fevereiro de 2004, disponível em https://www.cnpd.pt/bin/orientacoes/orientacoes.htm. Consultado em 28 de outubro de 2018.

[346] E a circunstância de os dados biométricos poderem ser reconstruídos a parte do modelo.

mações de caráter sensível (nomeadamente relativas à saúde) dos dados biométricos. Por fim, existem métodos alternativos de operar o controlo de entradas sem ser necessário o recurso à biometria – por exemplo, através do nome e/ou do número de identificação fiscal.

Não contestamos a legitimidade da finalidade do tratamento de dados biométricos para estes efeitos, nem a sua prossecução deverá ser vedada pelo caráter *sensível* dos dados biométricos.

Como afirma – e bem – a Comissão Nacional de Proteção de Dados, o tratamento de dados biométricos com a finalidade de controlar acessos e a assiduidade do trabalhador não tem implicações na integridade física, nem no respeito pela dignidade do deste, nem tão-pouco na sua vida privada, recato ou pudor, nem, em rigor, serve fins discriminatórios. Tudo isto será verdade se a finalidade for estritamente prosseguida pelo responsável pelo tratamento.

O que nos parece decisivo para considerar o caráter sensível dos dados reside na possibilidade de um tratamento incompatível com a finalidade em causa, no potencial informativo dos dados biométricos e na existência de um desequilíbrio de posições entre o responsável pelo tratamento (empregador) e o titular dos dados (trabalhador). A vulnerabilidade do tratamento de dados biométricos em contexto laboral depende de vários fatores, nomeadamente do sistema biométrico utilizado para o tratamento de dados, no que respeita às informações extraídas, à forma de armazenamento (em bruto, ou sob a forma de modelos), ao caráter centralizado ou descentralizado da base de dados às suas medidas de segurança e à possibilidade de reconstrução dos dados constantes da amostra a partir do modelo biométrico.

Vejamos, os dados biométricos poderão ser armazenados em sistemas centralizados ou descentralizados. No primeiro caso, o trabalhador – e muitas vezes, o responsável pelo tratamento – não terá qualquer controlo sobre o acesso a tais bases de dados por terceiros. O desequilíbrio de posições poderá ter efeitos dissuasores na pretensão do titular dos dados pretender aceder ou saber mais informações sobre o tratamento dos seus dados biométricos, bem como no exercício do direito de oposição. A fragilidade da posição do trabalhador deve também ser tida em conta no que concerne ao potencial informativo que é disponibilizado pelos dados biométricos e que, associado ao risco de tratamento com finalidade incompatível, poderá ter efeitos nefastos no domínio dos direitos e liberdades do trabalhador, na qualidade de titular dos dados.

Para além do fator tecnológico, devem ser tidos em consideração os riscos de intrusão na vida privada do titular – na medida em que os dados biométricos são suscetíveis de revelar mais informações sobre a pessoa do que a finalidade do tratamento exige – e de tratamento discriminatório, designadamente nos casos em que a finalidade do tratamento vise a categorização de indivíduos.

Com o que se conclui que o caráter *sensível* dos dados biométricos deve ser objeto de apreciação casuística, estando a sua subsunção ao artigo 9.º dependente dessa apreciação. A presente anotação visou apenas alertar para a volatilidade do caráter sensível dos dados biométricos, pois a natureza dos dados dependerá do seu concreto tratamento e da finalidade que visa. Consideramos não serem salutares conclusões definitivas nesta matéria.

3. No mais, não vemos âmbito de aplicação relevante do tratamento de dados biométricos para fins de segurança e de proteção social.

Alínea f), do n.º 2.

O âmbito de aplicação desta alínea respeita ao tratamento de dados lofoscópicos e fotográficos para efeitos de investigação criminal.

Neste domínio, vigora a Diretiva 2014/41/UE, do Parlamento Europeu e do Conselho, de 3 de abril de 2014, relativa à decisão europeia de investigação em matéria penal; Decisão de Execução (UE) 2017/945 Do Conselho, de 18 de maio de 2017, relativa ao intercâmbio automatizado de dados de ADN na Eslováquia, em Portugal, na Letónia, na Lituânia, na República Checa, na Estónia, na Hungria, em Chipre, na Polónia, na Suécia, em Malta e na Bélgica e a Decisão 2008/615/JAI do Conselho, de 23 de junho de 2008, relativa ao aprofundamento da cooperação transfronteiras, em particular no domínio da luta contra o terrorismo e a criminalidade transfronteiras.

No direito interno, a identificação judiciária lofoscópica e fotográfica é regulada pela Lei n.º 67/2017, de 9 de agosto – Lei de adaptação à ordem jurídica interna das Decisões 2008/615/JAI e 2008/616/JAI do Conselho, de 23 de junho de 2008.

Alínea g), do n.º 2.

1. A presente anotação centrar-se-á no tratamento de dados biométricos para efeitos de emissão de passaportes, concessão de vistos ou de autorização de residência e de e no âmbito de missões diplomáticas e nos postos consulares.

O tratamento de dados biométricos no âmbito da circulação de pessoas no Espaço Schengen, a concessão de vistos e de autorizações de residência no Estado-membro, bem como de vistos para missões diplomáticas e postos consulares visa salvaguardar um interesse público importante, como seja a segurança do

Estado ou a realização do espaço de liberdade, segurança e justiça. Ademais, o tratamento de dados neste âmbito permite realizar com eficácia importantes interesses públicos internos e da União, como seja a definição de uma política comum relativamente à imigração ilegal, às fronteiras externas, ao repatriamento dos imigrantes ilegais e à cooperação com os países terceiros.

O tratamento de dados biométricos para efeitos de emissão de passaportes, concessão de vistos ou de autorizações de residência foi considerado pelo Grupo de Trabalho do artigo 29.º como enquadrado no âmbito do artigo 7.º, alínea c) da Diretiva 95/46/CE[347]. O que significa que não foram considerados *dados sensíveis* no plano das finalidades referidas, caso em que teriam sido enquadrados no âmbito do artigo 8.º da à data vigente Diretiva 95/46/CE.

Este enquadramento afigura-se-nos algo bizarro e contraditório com as opiniões do Grupo de trabalho do artigo 29.º sobre o tratamento de dados biométricos nos passaportes e documentos de viagem emitidos pelos Estados-Membros[348], nas autorizações de residência e nos vistos[349] e no âmbito de missões diplomáticas e nos postos consulares[350], que consideraram que os dados biométricos em causa (i.e., impressões digitais e fotografias) constituíam *dados sensíveis*. Na verdade, destes documentos constam cumulativamente dois tipos de dados biométricos, as impressões digitais e a fotografia (tratada evidentemente por sistemas biométricos), que são armazenados em bases de dados centralizadas.

---

[347] *Opinion 3/2012 on developments in biometric technologies* (WP 193), adotada em 27 de abril de 2012, p. 12, disponível em https://iapp.org/media/pdf/resource_center/wp193_biometric-technologies_04-2012.pdf. Consultado em 26 de outubro de 2018.

[348] *Opinion 3/2005 on Implementing the Council Regulation (EC) No 2252/2004 of 13 December 2004 on standards for security features and biometrics in passports and travel documents issued by Member States* (WP 112), adotada em 30 de setembro de 2005, pp. 9 e 11, disponível em https://iapp.org/media/pdf/resource_center/wp112_standards-travel-docs_09-2005.pdf. Consultado em 26 de outubro de 2018.

[349] *Opinion 7/2004 on the inclusion of biometric elements in residence permits and visas taking account of the establishment of the European information system on visas (VIS)*, adotado em 11 de agosto de 2004 (WP 96), pp. 9 e 10, disponível em https://iapp.org/media/pdf/knowledge_center/wp96_biometrics-residence-permits_08-2004.pdf. Consultado em 26 de outubro de 2018.

[350] *Opinion Nº 3/2007 on the Proposal for a Regulation of the European Parliament and of the Council amending the Common Consular Instructions on visas for diplomatic missions and consular posts in relation to the introduction of biometrics, including provisions on the organisation of the reception and processing of visa applications (COM(2006)269 final)* (WP134), adotada em 1 de março de 2007, p. 11, disponível em https://iapp.org/media/pdf/resource_center/wp134_visa-applications_03-2007.pdf. Consultado em 26 de outubro de 2018.

A circunstância de serem tratados dois tipos de dados biométricos armazenados em bases de dados centralizadas coloca questões de segurança no que concerne ao acesso e ao uso abusivo dos dados para finalidades distintas das que determinaram a recolha – por exemplo, na hipótese de acesso ilícito à base de dados central – e no que tange à possibilidade de identificação dos titulares dos dados e da usurpação da respetiva identidade.

Acresce que, considerando que os documentos em causa são essencialmente titulados por cidadãos estrangeiros, poderá verificar-se o risco de discriminação dos mesmos, em razão da nacionalidade, ou da origem racial ou étnica.

Os riscos patentes no tratamento de dados biométricos para estes fins parecem ser decisivos no sentido de os qualificar como sendo *dados sensíveis*, pelo que nos inclinamos a considerar que o tratamento deste tipo de dados para os fins acima referidos deverá subsumir-se à presente alínea.

2. As normas para os dispositivos de segurança e dados biométricos dos passaportes e documentos de viagem emitidos pelos Estados-Membros encontram-se prevista no Regulamento (CE) n.º 2252/2004 do Conselho, de 13 de dezembro de 2004.

A Presidência do Conselho Europeu de Salónica, de 19 e 20 de junho de 2003, concluiu pela necessidade de dispor na União Europeia de uma abordagem coerente e harmonizada quanto aos identificadores ou dados biométricos a constar dos documentos dos nacionais dos países terceiros, para os passaportes dos cidadãos da UE e para os sistemas de informação (VIS e SIS II)[351].

O Regulamento (CE) n.º 2252/2004 do Conselho, de 13 de dezembro de 2004, veio responder a esta necessidade, na perspetiva de constituir uma medida comunitária que favorecesse a harmonização das normas de segurança relativas à proteção dos passaportes e documentos de viagem contra a falsificação – *vide* Considerando 2 do referido Regulamento.

Na parte final do *supra* mencionado Considerando encontra-se a primeira referência ao objeto da presente anotação, que dispõe que *deverão igualmente ser integrados no passaporte ou documento de viagem identificadores biométricos para estabelecer um nexo fiável entre o documento e o seu legítimo titular*.

O artigo 1.º, n.º 2 do Regulamento (CE) n.º 2252/2004 prevê que *os passaportes e documentos de viagem incluirão um suporte de armazenamento que deverá integrar*

---

[351] Cf. ponto II, 11 das conclusões da Presidência do Conselho Europeu de Salónica, de 19 e 20 de junho de 2003, cujo texto se encontra disponível em http://europa.eu/rapid/press-release_DOC-03-3_pt.htm. Consultado em 28 de outubro de 2018.

uma imagem facial. Os Estados-Membros incluirão igualmente impressões digitais registadas em formatos interoperáveis.

Com o que se conclui que o Regulamento (CE) n.º 2252/2004 considerou que a cumulação do tratamento da imagem facial e das impressões digitais do titular do documento de viagem estabeleceriam um nexo fiável entre o documento e o respetivo titular.

O Parlamento Europeu procurou evitar a cumulação obrigatória do tratamento da imagem facial e das impressões digitais na Resolução legislativa do Parlamento Europeu sobre uma proposta de regulamento do Conselho que estabelece normas para os dispositivos de segurança e dados biométricos dos passaportes dos cidadãos da União Europeia[352].

O Parlamento Europeu propôs alterações ao artigo 1.º, n.º 2 da Proposta de Regulamento do Conselho (que viria a ser Regulamento (CE) n.º 2252/2004). Uma das alterações mais relevantes propostas pelo Parlamento Europeu consistiu na obrigatoriedade de inclusão de uma imagem facial, deixando aos Estados-membros a faculdade de prever a inclusão de impressões digitais registadas em formatos interoperáveis. Mais recomendou o Parlamento que não fosse criada nenhuma base de dados centralizada de passaportes e de documentos de viagem da União Europeia contendo os dados biométricos e outros de todos os titulares de passaportes da UE.

Como se poderá verificar, o Regulamento (CE) n.º 2252/2004 não adotou as recomendações do Parlamento Europeu e consagrou a obrigatoriedade de os passaportes e documentos de viagem integrarem uma imagem facial e impressões digitais do titular.

O Grupo de Trabalho do artigo 29.º manifestou algumas preocupações[353] que se mantêm no âmbito do Regulamento Geral de Proteção de dados em relação à recolha obrigatória de dados biométricos, em particular quando se trate de impressões digitais. Desde logo, tal implica que as autoridades públicas tenham legitimidade para recolher um número significativo de informações sensíveis

---

[352] *Resolução legislativa do Parlamento Europeu sobre uma proposta de regulamento do Conselho que estabelece normas para os dispositivos de segurança e dados biométricos dos passaportes dos cidadãos da União Europeia*, disponível em https://eur-lex.europa.eu/legal-content/PT/ALL/?uri=CELEX:52004AP0073(01). Consultada em 28 de outubro de 2018.

[353] *Opinion 3/2005 on Implementing the Council Regulation (EC) No 2252/2004 of 13 December 2004 on standards for security features and biometrics in passports and travel documents issued by Member States* (WP 112), adotada em 30 de setembro de 2005, p. 8, disponível em https://iapp.org/media/pdf/resource_center/wp112_standards-travel-docs_09-2005.pdf. Consultado em 26 de outubro de 2018.

sobre os cidadãos. Por outro lado, nem sempre as pessoas estarão em condições de se submeter à biometria, por motivos vários, que incluem razões de saúde, havendo o risco de estigmatização. O mesmo risco estará em causa em relação aos estrangeiros que tenham dificuldade em provar a sua identidade.

O armazenamento dos dados biométricos de todos os cidadãos europeus numa base de dados centralizada comporta o risco de violar o princípio da proporcionalidade, expondo tais dados à possibilidade de um tratamento incompatível com as finalidades que determinam a recolha e do acesso ilícito por parte entidades não autorizadas. O acesso aos dados biométricos armazenados deve estar reservado às autoridades competentes.

O princípio da lealdade e transparência, previstos na alínea a) do n.º 1 do artigo 5.º do RGPD exige que, em caso de rejeição em controlos fronteiriços ou outros controlos efetuados pelas autoridades competentes, os titulares deverão ser informados das razões da rejeição, dos meios pelos quais podem reagir a tal decisão e das autoridades competentes para o efeito[354].

No que concerne aos aspetos técnicos da implementação do Regulamento (CE) n.º 2252/2004, o Grupo de Trabalho do artigo 29.º alertou que a Decisão da Comissão de 28 de fevereiro de 2005, que estabelece as especificações do passaporte, não garante a salvaguarda dos direitos dos cidadãos – e tal, porquanto o método de identificação através de um *chip* que opera por radiofrequência poderá implicar o acesso e utilização ilícitos da informação nele contida[355].

De acordo com a mesma decisão, o acesso aos dados biométricos só deverá ser possível quando, antes da leitura de dados do *chip*, uma *chave de acesso básico ao documento* houver sido construída a partir da zona legível máquina por um contacto ótico entre o passaporte e o leitor. O acesso básico é calculado através do número do passaporte, da data de nascimento e da data de validade, sendo que só após a construção da *chave de acesso básico ao documento*, o leitor poderá ler

---

[354] No mesmo sentido se pronunciou o Grupo de Trabalho do artigo 29.º na *Opinion 3/2005 on Implementing the Council Regulation (EC) No 2252/2004 of 13 December 2004 on standards for security features and biometrics in passports and travel documents issued by Member States* (WP 112), adotada em 30 de setembro de 2005, p. 9, disponível em https://iapp.org/media/pdf/resource_center/wp112_standards-travel-docs_09-2005.pdf. Consultado em 26 de outubro de 2018.

[355] *Opinion 3/2005 on Implementing the Council Regulation (EC) No 2252/2004 of 13 December 2004 on standards for security features and biometrics in passports and travel documents issued by Member States* (WP 112), adotada em 30 de setembro de 2005, p. 9, disponível em https://iapp.org/media/pdf/resource_center/wp112_standards-travel-docs_09-2005.pdf. Consultado em 26 de outubro de 2018.

os dados armazenados no *chip* que opera a leitura por radiofrequência, sendo a transmissão de dados encriptada. Contudo, os dados que servem de base ao cálculo do acesso básico não são dados confidenciais. Na verdade, tais dados são pedidos quando um cidadão europeu adquire um bilhete para um evento de dimensão internacional, como sejam campeonatos europeus de futebol, em que é solicitada em formulários na Internet a revelação do nome, data de nascimento, número do passaporte ou do cartão de identificação, bem como o dia da emissão do documento. O Grupo de Trabalho do artigo 29.º chamou à atenção para a circunstância de em alguns Estados-Membros, as empresas privadas copiarem passaportes ou cartões de identificação como forma de garantir os débitos pendentes – o que significa que as informações que servem de base à *chave de acesso básico ao documento* não só não são secretas, como ainda poderão estar disponíveis na internet[356].

Com o que se conclui que a questão fundamental em relação ao tratamento de dados biométricos que seja necessário por motivos de interesse público importante não se prende propriamente com o juízo de necessidade que lhe subjaz.

O que nos parece ser a pedra de toque será a extensão do tratamento – no que respeita à qualidade e quantidade de dados recolhidos, numa perspetiva de minimização dos dados –, a previsão de adequados mecanismos de segurança, que assegurem a confidencialidade dos dados e previnam o acesso e a utilização ilícitos e o juízo de proporcionalidade inerente ao tipo de bases de dados onde os dados sejam armazenados – i.e., a ponderação entre a centralização e a descentralização, as entidades autorizadas a aceder-lhes, a limitação da interconexão de dados a situações restritas e as garantias de segurança que oferecem.

3. A inclusão de dados biométricos nos vistos e nas autorizações de residência suscita o mesmo tipo de preocupações com a segurança da informação e com os riscos de discriminação e estigmatização de cidadãos estrangeiros. Neste âmbito vigora o Regulamento (UE) 2017/1954 do Parlamento Europeu e do Conselho, de 25 de outubro de 2017, que altera o Regulamento (CE) n.º 1030/2002 do Conselho que estabelece um modelo uniforme de título de residência para os

---

[356] *Opinion 3/2005 on Implementing the Council Regulation (EC) No 2252/2004 of 13 December 2004 on standards for security features and biometrics in passports and travel documents issued by Member States* (WP 112), adotada em 30 de setembro de 2005, p. 10, disponível em https://iapp.org/media/pdf/resource_center/wp112_standards-travel-docs_09-2005.pdf. Consultado em 26 de outubro de 2018.

nacionais de países terceiros e o Regulamento (CE) n.º 767/2008 do Parlamento Europeu e do Conselho, de 9 de julho de 2008, relativo ao Sistema de Informação sobre Vistos (VIS) e ao intercâmbio de dados entre os Estados-Membros sobre os vistos de curta duração (Regulamento VIS).

4. No que se refere à introdução de dados biométricos no âmbito das instruções Consulares Comuns destinadas às missões diplomáticas e postos consulares de carreira, rege o Regulamento (CE) n.º 390/2009, do Parlamento Europeu e do Conselho de 23 de abril de 2009.

O ponto 1.2. da alínea a) do n.º 2 do artigo 1.º do Regulamento (CE) n.º 390/2009, do Parlamento Europeu e do Conselho de 23 de abril de 2009 dispõe que os Estados-membros *recolherão identificadores biométricos, incluindo a imagem facial e 10 impressões digitais do requerente.* No momento da recolha das impressões digitais, o requerente deve comparecer pessoalmente, o que reforça a transparência do tratamento, na medida em que garante ao titular o conhecimento da recolha dos dados e a possibilidade de obter informações sobre o tratamento de dados.

O Regulamento (CE) n.º 390/2009, do Parlamento Europeu e do Conselho de 23 de abril de 2009 prevê expressamente exceções à obrigação de recolha de impressões digitais, no caso de o requerente se tratar:

i. De criança menor de 12 anos de idade;

ii. De pessoa para as qual a impressão digital é fisicamente impossível[357];

iii. De Chefe de Estado ou de Governo e membros do governo nacional com os cônjuges que os acompanham e os membros da sua delegação oficial quando convidados pelos governos dos Estados-Membros ou por organizações internacionais para um fim oficial; e

iv. De soberanos e outros membros seniores de uma família real, quando são convidados pelos governos dos Estados-Membros ou por organizações internacionais para fins oficiais.

---

[357] Se a impressão digital de menos de 10 dedos for possível, o respetivo número de impressões digitais deve ser tomado. No entanto, se a impossibilidade for temporária, o requerente deverá fornecer as impressões digitais no pedido seguinte. As missões diplomáticas ou postos consulares e as autoridades responsáveis pela emissão de vistos nas fronteiras terão o direito de solicitar esclarecimentos adicionais com base na impossibilidade temporária. Os Estados-Membros devem assegurar a aplicação de procedimentos adequados que garantam a dignidade do requerente, caso surjam dificuldades na inscrição. O facto de as impressões digitais serem fisicamente impossíveis não influencia a concessão ou a recusa de um visto.

Alínea h), do n.º 2

1. A alínea ora em anotação refere-se essencialmente a dois domínios em que o tratamento de dados pode ocorrer: o domínio laboral e o domínio da saúde.

Reforçamos o entendimento de que nem sempre o tratamento de dados biométricos poderá ter por fundamento de licitude o interesse legítimo. Sobre a natureza *sensível* dos dados biométricos remetemos para a anotação à alínea b) do presente artigo.

Os dados biométricos não são especificamente regulamentados no âmbito da avaliação da aptidão profissional, nem no âmbito da medicina no trabalho. De todo o modo, no contexto médico, vigorarão as regras do tratamento de dados relativos à saúde, ainda que no contexto de um contrato de trabalho.

No domínio da saúde, rege a Convenção sobre os Direitos do Homem e a Biomedicina, cujo artigo 5.º sujeita qualquer intervenção no domínio da saúde ao consentimento livre e esclarecido da pessoa em causa, que deve receber previamente a informação adequada quanto ao objetivo e à natureza da intervenção, bem como às suas consequências e riscos.

No mais, são aplicáveis, com as necessárias adaptações, os comentários constantes dos pontos 6 e 7 da anotação a esta alínea, em relação aos dados genéticos.

(*Tatiana Duarte*)

ARTIGO 10.º
Tratamento de dados pessoais relacionados com condenações penais e infrações

O tratamento de dados pessoais relacionados com condenações penais e infrações ou com medidas de segurança conexas com base no artigo 6.º, n.º 1, só é efetuado sob o controlo de uma autoridade pública ou se o tratamento for autorizado por disposições do direito da União ou de um Estado-Membro que prevejam garantias adequadas para os direitos e liberdades dos titulares dos dados. Os registos completos das condenações penais só são conservados sob o controlo das autoridades públicas.

COMENTÁRIO:

1. O RGPD permite a interpretação de que os dados pessoais relativos a condenações penais e outras infrações apresentam relação com o artigo 6.º, não excluindo a possibilidade de se integrarem no artigo 9.º que regula as categorias especiais de dados.

A aplicação do artigo 6.º, leva a considerar que os tratamentos previstos nesta disposição devem ter como fundamento de legitimidade as alíneas c) e e) do n.º 1. Assim: (i) os tratamentos de dados pessoais relativos ao tema deste artigo podem ser obrigatórios por lei nacional ou legislação europeia ou (ii) podem ser admitidos e exigidos por entidades públicas ou privadas dentro do quadro de princípios do RGPD (em especial previstos no artigo 5.º).

2. São referidas as "garantias adequadas para os direitos e titulares dos dados". Quando seja prosseguida uma finalidade que justifique o tratamento de dados pessoais relacionados com condenações penais e infrações haverá que tomar em linha de conta: (i) a integração documental deste tipo dados, especialmente em departamentos de recursos humanos; (ii) a definição de regras de acesso a dados desta natureza; (iii) a transmissão a terceiros de dados pessoais desta natureza, o que, a menos que haja fundamentação legal ou fundamento de legitimidade em contrário, não será admissível à face do RGPD.

Apesar de tecnicamente não se tratar de garantias, a disposição em análise não impede o exercício de direitos dos titulares dos dados como, por exemplo, os direitos de acesso ou o direito de retificação (artigo 15.º e 16.º)[358].

3. A centralização dos registos completos, quando refere autoridades públicas, aponta para entidade integrada na Administração Pública[359].

De acordo com a lei portuguesa: "o registo criminal organiza-se em ficheiro central informatizado, constituído por elementos de identificação dos arguidos, comunicados pelos tribunais e pelas demais entidades remetentes da informação ou recolhidos pelos serviços de identificação criminal, e por extratos das decisões criminais sujeitas a inscrição no registo criminal àqueles respeitantes." (n.º 1, do artigo 5.º da Lei n.º 37/2015, de 5 de maio, com a retificação n.º 28/2015, de 15 de junho).

---

[358] Um setor da doutrina considera que as situações de *whistleblowing* ou linhas de ética, na medida em que se referem a "infrações ou com medidas de segurança conexas" podem ser subsumidas ao artigo 10.º caso exista legislação interna ou legislação da UE que o preveja. Ver: Lukas Feiler, Nikolaus Forgó e Michaela Weigl, "The EU General Data Protection Regulation (GDPR): a Commentary", Globe Law and Business, Surrey, UK, 2018, posição 2622.

[359] Javier Puyol Montero, "Los princípios del derecho a la protección de datos" in "Reglamento General de Protección de Datos. Hacia un nuevo modelo europeo de protección de datos" (direção: José Luis Piñar Mañas), Reus Editorial, Madrid, 2016, p. 149.

4. É possível o recurso ao artigo 9.º do RGPD dado que embora literalmente se encontre previsto numa disposição distinta das denominadas *categorias especiais* de dados, o tratamento de dados pessoais relacionados com condenações penais e infrações tem uma natureza eminentemente sensível.

A sensibilidade destes dados prende-se com o risco particular que o seu tratamento comporta, porquanto a circunstância de uma pessoa ter sido condenada pela prática de um crime expõe-na ao risco de decisões discriminatórias, incompatíveis com as garantias dos condenados em processo de natureza criminal.

Desde logo, porque não são admissíveis penas ou medidas de segurança com carácter perpétuo ou de duração ilimitada ou indefinida (artigo 30.º, n.º 1 da Constituição da República Portuguesa); se o tratamento de dados pessoais relacionados com a aplicação pretérita de penas ou medidas de segurança levar a decisões discriminatórias, ter-se-á de admitir a manutenção de ressonâncias da pena e da medida de segurança cuja aplicação já conheceu o seu termo.

Ademais, quer durante, quer após a aplicação da pena ou da medida de segurança privativas da liberdade, os condenados mantêm a titularidade dos direitos fundamentais cujo exercício não seja incompatível com o sentido da condenação e com as exigências da execução da pena ou da medida de segurança (artigo 30.º, n.º 5 da Constituição da República Portuguesa).

Em tais termos, a discriminação de pessoas a quem tenha sido aplicada uma pena ou medida de segurança afigura-se ilegítima e perturbaria a finalidade da reintegração do agente na sociedade, prevista no n.º 1 do artigo 40.º do Código Penal.

A norma inscrita no artigo 10.º constitui uma forma de evitar um tratamento discriminatório de dados pessoais relacionados com condenações penais e infrações, que só pode ser efetuado sob o controlo de uma autoridade pública ou se for autorizado por disposições de direito interno ou da União, que prevejam garantias adequadas para os direitos e liberdades dos titulares dos dados.

O caráter sensível dos dados determina que apenas o legislador possa fazer as ponderações de direitos e interesses implícitas numa obrigação jurídica que imponha o tratamento destas categorias de dados. Dito de outro modo, o tratamento destas categorias de dados está subtraído à vontade do responsável pelo tratamento, que dificilmente poderá invocar outros fundamentos que lhe permitam tratar estas categorias de dados, em particular o consentimento e o interesse legítimo.

(Alexandre Sousa Pinheiro/Tatiana Duarte)

ARTIGO 11.º
Tratamento que não exige identificação

1. Se as finalidades para as quais se proceder ao tratamento de dados pessoais não exigirem ou tiverem deixado de exigir a identificação do titular dos dados por parte do responsável pelo seu tratamento, este último não é obrigado a manter, obter ou tratar informações suplementares para identificar o titular dos dados com o único objetivo de dar cumprimento ao presente regulamento.

2. Quando, nos casos referidos no n.º 1 do presente artigo, o responsável pelo tratamento possa demonstrar que não está em condições de identificar o titular dos dados, informa-o, se possível, desse facto. Nesses casos, os artigos 15.º a 20.º não são aplicáveis, exceto se o titular dos dados, com a finalidade de exercer os seus direitos ao abrigo dos referidos artigos, fornecer informações adicionais que permitam a sua identificação.

COMENTÁRIO:

1. Esta disposição concretiza o considerando 64, na parte em que este refere que: "os responsáveis pelo tratamento não deverão conservar dados pessoais com a finalidade exclusiva de estar em condições de reagir a eventuais pedidos."

Ou seja, a pura cautela com o exercício de direitos constantes do RGPD ou a possibilidade de, no futuro, informação pessoal ser necessária por razões não ditadas pelo princípio da finalidade, pelos prazos de conservação de dados pessoais ou por razões de segurança da informação não justifica a manutenção dos dados pessoais.

2. A fórmula: "não é obrigado a manter, obter ou tratar informações suplementares para identificar o titular dos dados com o único objetivo de dar cumprimento ao presente regulamento" afigura-se equívoca.

Se existem regras de conservação de dados pessoais no RGPD – "os dados pessoais deverão ser adequados, pertinentes e limitados ao necessário para os efeitos para os quais são tratados. Para isso, é necessário assegurar que o prazo de conservação dos dados seja limitado ao mínimo" (considerando 39) – tal significa que os responsáveis pelo tratamento e os subcontratantes devem eliminar a informação pessoal que já superou prazos de conservação ou regras de finalidade (alínea e), do n.º 1 do artigo 5.º).

A questão não se traduz em "não ser obrigado a manter a informação pessoal", mas em "não ser lícito à face do RGPD permanecer a conservação da informação." O texto do RGPD prevê exceções, desde logo as relativas à conservação de dados em arquivos com os propósitos de interesse público, de fins de investigação científica ou histórica ou relativos a fins estatísticos enunciadas no n.º 1 do artigo 89.º (alínea e), do n.º 1 do artigo 5.º).

3. Relativamente ao n.º 2 da disposição em apreciação, há que notar que o sentido não é claro.

Seria mais adequado fazer-se referência à impossibilidade de identificar os dados referentes a um titular requerente, e não à identificação deste: "identificar o titular dos dados."[360]

Neste contexto, não devem ser considerados "aplicáveis" os artigos 15.º a 20.º, salvo se o titular dos dados "fornecer informações adicionais que permitam a sua identificação". Como é referido no considerando 57: "o responsável pelo tratamento não deverá recusar receber informações suplementares fornecidas pelo titular no intuito de apoiar o exercício dos seus direitos."

Exemplos de informações podem ser os descritos na versão em inglês do RGPD, idêntico considerando: *Identification should include the digital identification of a data subject, for example through authentication mechanism such as the same credentials, used by the data subject to log-in to the on-line service offered by the data controller.*

(*Alexandre Sousa Pinheiro*)

CAPÍTULO III
Direitos do titular dos dados

SECÇÃO 1
Transparência e regras para o exercício dos direitos dos titulares dos dados

ARTIGO 12.º
Transparência das informações, das comunicações e das regras para exercício dos direitos dos titulares dos dados

1. O responsável pelo tratamento toma as medidas adequadas para fornecer ao titular as informações a que se referem os artigos 13.º e 14.º e qualquer comunicação prevista nos artigos 15.º a 22.º e 34.º a respeito do

---

[360] Lukas Feiler, Nikolaus Forgó e Michaela Weigl, Op. cit., posição 2634.

tratamento, de forma concisa, transparente, inteligível e de fácil acesso, utilizando uma linguagem clara e simples, em especial quando as informações são dirigidas especificamente a crianças. As informações são prestadas por escrito ou por outros meios, incluindo, se for caso disso, por meios eletrónicos. Se o titular dos dados o solicitar, a informação pode ser prestada oralmente, desde que a identidade do titular seja comprovada por outros meios.

2. O responsável pelo tratamento facilita o exercício dos direitos do titular dos dados nos termos dos artigos 15.º a 22.º. Nos casos a que se refere o artigo 11.º, n.º 2, o responsável pelo tratamento não pode recusar-se a dar seguimento ao pedido do titular no sentido de exercer os seus direitos ao abrigo dos artigos 15.º a 22.º, exceto se demonstrar que não está em condições de identificar o titular dos dados.

3. O responsável pelo tratamento fornece ao titular as informações sobre as medidas tomadas, mediante pedido apresentado nos termos dos artigos 15.º a 20.º, sem demora injustificada e no prazo de um mês a contar da data de receção do pedido. Esse prazo pode ser prorrogado até dois meses, quando for necessário, tendo em conta a complexidade do pedido e o número de pedidos. O responsável pelo tratamento informa o titular dos dados de alguma prorrogação e dos motivos da demora no prazo de um mês a contar da data de receção do pedido. Se o titular dos dados apresentar o pedido por meios eletrónicos, a informação é, sempre que possível, fornecida por meios eletrónicos, salvo pedido em contrário do titular.

4. Se o responsável pelo tratamento não der seguimento ao pedido apresentado pelo titular dos dados, informa-o sem demora e, o mais tardar, no prazo de um mês a contar da data de receção do pedido, das razões que o levaram a não tomar medidas e da possibilidade de apresentar reclamação a uma autoridade de controlo e intentar ação judicial.

5. As informações fornecidas nos termos dos artigos 13.º e 14.º e quaisquer comunicações e medidas tomadas nos termos dos artigos 15.º a 22.º e 34.º são fornecidas a título gratuito. Se os pedidos apresentados por um titular de dados forem manifestamente infundados ou excessivos, nomeadamente devido ao seu caráter repetitivo, o responsável pelo tratamento pode:

a) Exigir o pagamento de uma taxa razoável tendo em conta os custos administrativos do fornecimento das informações ou da comunicação, ou de tomada das medidas solicitadas; ou *b)* Recusar-se a dar seguimento ao pedido. Cabe ao responsável pelo tratamento demonstrar o caráter manifestamente infundado ou excessivo do pedido.

6. Sem prejuízo do artigo 11.º, quando o responsável pelo tratamento tiver dúvidas razoáveis quanto à identidade da pessoa singular que apresenta o pedido a que se referem os artigos 15.º a 21.º, pode solicitar que lhe sejam fornecidas as informações adicionais que forem necessárias para confirmar a identidade do titular dos dados.

7. As informações a fornecer pelos titulares dos dados nos termos dos artigos 13.º e 14.º podem ser dadas em combinação com ícones normalizados a fim de dar, de uma forma facilmente visível, inteligível e claramente legível, uma perspetiva geral significativa do tratamento previsto. Se forem apresentados por via eletrónica, os ícones devem ser de leitura automática.

8. A Comissão fica habilitada a adotar atos delegados nos termos do artigo 92.º, a fim de determinar quais as informações a fornecer por meio dos ícones e os procedimentos aplicáveis ao fornecimento de ícones normalizados.

COMENTÁRIO:

1. Uma primeira nota para referir que, comparando com a versão inglesa[361], o texto em português apresenta desvios significativos. Assim, por exemplo: (i) no n.º 2, os artigos citados são os que se extendem do 15.º ao 22.º e não do 15.º ao 20.º como surge na versão portuguesa e, por outro lado (ii) *that period may be extended by two further months* não pode ter o sentido de "esse prazo pode ser prorrogado até dois meses." O prazo ordinário acrescido da prorrogação pode ter a duração de três meses – é claro na versão inglesa – e não de dois como resulta do "até" português.

Merece especial atenção a diferença, no n.º 7 entre "as informações a fornecer pelos titulares dos dados nos termos dos artigos 13.º e 14.º" e a versão

---

[361] *2-The controller shall provide information on action taken on a request under Articles 15 to 22 to the data subject without undue delay and in any event within one month of receipt of the request. That period may be extended by two further months where necessary, taking into account the complexity and number of the requests. The controller shall inform the data subject of any such extension within one month of receipt of the request, together with the reasons for the delay. Where the data subject makes the request by electronic form means, the information shall be provided by electronic means where possible, unless otherwise requested by the data subject.*

inglesa de onde resulta *the information to be provided to data subjects pursuant Articles 13 and 14*.

O sentido nesta afirmação é completamente o oposto entre os dois idiomas, e a única forma de se lhe dar um conteúdo normativo útil consiste em utilizar a versão inglesa.

2. Esta longa disposição concretiza o novo princípio da transparência como relativo ao tratamento de dados pessoais e integrado na alínea a) do artigo 5.º, a par dos princípios da licitude e da lealdade.

Como é muito bem mencionado por Alexander Roßnagel: "sem transparência suficiente o titular dos dados é colocado numa situação de facto sem direitos".[362]

De acordo com o Parecer do Grupo do artigo 29.º: *The concept of transparency in the GDPR is **user-centric rather than legalistic** and is realised by way of specific practical requirements on data controllers and processors in a number of articles. The practical (information) requirements are outlined in Articles 12 – 14 of the GDPR*[363].

O artigo deve ser articulado com os considerandos 58 e 59. A transparência nesta disposição está relacionada não com o acesso à informação, mas com a transmissão da informação de acordo com critérios de compreensibilidade, produzida em linguagem clara e simples (considerando 58), expressão já utilizada para o pedido de consentimento nos termos do n.º 2, do artigo 7.º

É sublinhada a necessidade da clareza e simplicidade das informações quando é dirigida a crianças (n.º 1) (ver nota a artigo 8.º). O considerando 71, ao mencionar que as definições de perfis não devem afetar menores são uma manifestação do princípio da transparência numa dimensão educativa e de tutela da personalidade[364].

Há a destacar que: "a proliferação de operadores e a complexidade tecnológica das práticas tornam difícil que o titular dos dados saiba e compreenda se, por quem e para que fins os seus dados pessoais estão a ser recolhidos, como no caso da publicidade por via eletrónica." (considerando 58). Ou seja, quanto

---

[362] Alexander Roßnagel, "Das neue Datenschutzrecht", cit., p. 96.
[363] "Guidelines on Transparency under Regulation 2016/679" (wp260rev.01) disponível em: http://ec.europa.eu/newsroom/article29/item-detail.cfm?item_id=622227 (13/4/2018).
[364] Juan Antonio Hernandez Corchete, "Transparencia en la información al interessado del tratamiento de sus datos personales y en el ejercicio de sus derechos", in "Reglamento General de Protección de Datos. Hacia un nuevo modelo europeo de protección de datos", cit., p. 212.

maior for o desenvolvimento tecnológico e informacional, maior é complexidade dos conteúdos, emergindo a necessidade do princípio da transparência.[365]

3. O princípio da transparência incide sobre o direito de informação – artigos 13.º e 14.º – e com as comunicações a transmitir pelo responsável pelo tratamento nos termos dos direitos dos titulares dos dados previstos nos artigos 15.º a 22.º e 34.º.

A disposição tem por objeto informações e comunicações e, dentro destas, a explicação das regras para o exercício dos direitos pelos titulares dos dados.

3.1. A transparência como princípio vai ser fundamental para concretizar o direito de informação, adquirindo, portanto, pertinência a análise das posições adotadas pelo Grupo do Artigo 29.º sobre o tema.[366]

Assim, as características das informações e das comunicações devem basear-se em: (i) concisão; (ii) transparência; (iii) inteligibilidade e (iv) fácil acesso, que serão exploradas no comentário aos artigos 13.º e 14.º.

Com a concisão pretende-se evitar a *information fatigue* que leva a que a dispersão de fontes informativas impeça o acesso fácil à informação[367].

No que toca ao "fácil acesso", o Grupo do Artigo 29.º oferece vários exemplos, considerando, contudo, que no essencial se trata de: *it should be immediately apparent to them where and how this information can be accessed, for example by providing it directly to them, by linking them to it, by clearly signposting it or as an answer to a natural language question*[368].

3.2. As informações são prestadas por via escrita, com recurso a meios eletrónicos e por via oral, desde que a identidade do titular o solicite e possa ser comprovada por outros meios (n.º 1), existindo por essa razão uma liberdade de forma[369], a menos que exista imposição legal ou contratual em contrário.

---

[365] Relativamente à comparação com a Diretiva, ver Juan Antonio Hernandez Corchete, idem, p. 208.

[366] Ver, por exemplo, o Parecer n.º 10/2004, de 25 de novembro, disponível em: http://ec.europa.eu/justice/article-29/documentation/opinion-recommendation/files/2004/wp100_en.pdf. Como já foi referido (nota ao n.º 11, do artigo 4.º), o Parecer n.º 15/2011 estabeleceu a relação entre o consentimento e as exigências do direito de informação.

Ver apreciação de Lukas Feiler, Nikolaus Forgó e Michaela Weigl. Op. cit., posição 2709.

[367] "Guidelines on Transparency under Regulation 2016/679" (wp260rev.01), cit., p. 6.

[368] Idem, p. 8.

[369] Juan Antonio Hernandez Corchete, "Transparencia en la información al interessado del tratamiento de sus datos personales y en el ejercicio de sus derechos", in "Reglamento Gene-

3.3. O RGPD não define o idioma em que devem ser transmitidas as informações ou comunicações. Independentemente de regras decorrentes de regimes especiais, a solução adequada parece ser a da utilização do idioma em que é apresentado o tratamento de dados[370].

4. O exercício dos direitos dos titulares dos dados deve ser de fácil acesso (n.º 1), o que envolve, nos termos do n.º 2, a obrigação de cumprimento do n.º 2, do artigo 11.º (ver nota) e dos artigos 15.º a 22.º, salvo nos casos em que se demonstre não ser possível a identificação dos titulares dos dados, por exemplo por razões de anonimização da informação (n.º 2).

A facilidade do acesso pode ser concretizada, por exemplo, como o considerando 59 refere: "o responsável pelo tratamento deverá fornecer os meios necessários para que os pedidos possam ser apresentados por via eletrónica, em especial quando os dados sejam também tratados por essa via". Esta circunstância não significa que, por exemplo, um endereço de correio eletrónico seja suficiente para garantir a identificação do titular dos dados.

Por esta razão, o responsável pelo tratamento pode, nos termos do n.º 6, solicitar que lhe sejam fornecidas "as informações que forem necessárias para confirmar a identidade do titular dos dados".

Afigura-se evidente que as "informações" em causa devem respeitar a legislação não só da UE, mas também dos Estados-membros.

5. Tema fundamental desta disposição respeita aos prazos de resposta[371] do responsável pelo tratamento. Assim, o para prestar ao titular dos dados informações sobre as medidas tomadas no âmbito de um tratamento de dados pessoais é mais curto possível, na terminologia portuguesa do RGPD "sem demora injustificada" e na versão inglesa *without undue delay*, não ultrapassando um mês após a data de receção do pedido. De acordo com o considerando 59: "o responsável pelo tratamento deverá ser obrigado a responder aos pedidos do titular dos dados sem demora injustificada e o mais tardar no prazo de um mês e expor as suas razões quando tiver intenção de recusar o pedido" (n.º 3).

---

ral de Protección de Datos. Hacia un nuevo modelo europeo de protección de datos", cit., p. 209.
[370] Lukas Feiler, Nikolaus Forgó e Michaela Weigl. Op. cit., posição 2710.
[371] Sobre os direitos em causa, ver nota 1 à presente disposição. A interpretação do aplicador português deve ser aplicável aos artigos 15.º a 22.º.

O prazo pode ser prorrogado até ao limite máximo de dois meses (ver nota 1), considerando a complexidade do pedido e o número de pedidos. A prorrogação é comunicada ao titular dos dados no prazo no prazo máximo de um mês desde a receção do pedido acompanhada pela respetiva fundamentação (n.º 3).

6. No caso de o responsável pelo tratamento não comunicar as informações sobre medidas adotadas, ao titular dos dados, deve informá-lo, fundamentadamente, no prazo máximo de um mês, e informar este último da possibilidade de apresentar reclamação à autoridade de controlo competente, bem como de intentar uma ação judicial (n.º 4).

7. Relativamente a custos, nos termos do n.º 5, a regra é a da prestação gratuita das informações e das comunicações, salvo se os pedidos tiverem natureza infundada ou excessiva ou apresentarem caráter repetitivo. Os dois primeiros casos devem ser provados pelo responsável pelo tratamento (n.º 5).

Rigorosamente, o caráter repetitivo do pedido também deve ser demonstrado pelo responsável pelo tratamento, não se exigindo, porém, fundamentação argumentativa.

Os limite e critério para exigir pagamento são uma taxa razoável tendo em conta custos administrativos (alínea a, do n.º 5).

Pode verificar-se, também, a recusa em dar seguimento ao requerido (alínea b, do n.º 5). Esta alínea considera-se aplicável a pedidos que tenham natureza infundada ou excessiva, bem como aos que apresentem caráter repetitivo.

O n.º 5, tal como o restante artigo, aplica-se quer a entidades públicas quer a entidades privadas.

8. Nos termos do n.º 7, conjugado com o considerando 60, os ícones normalizados têm por finalidade "dar, de modo facilmente visível, inteligível e claramente legível uma útil perspetiva geral do tratamento previsto. Se forem apresentados por via eletrónica, os ícones deverão ser de leitura automática."

De acordo com as linhas de orientação do Grupo do Artigo 29.º são exemplos de ícones não eletrónicos os apresentados em papel, em aparelhos de Internet das coisas e em anúncios públicos, por exemplo sobre Wi-Fi ou cameras de videovigilância[372].

---

[372] "Guidelines on Transparency under Regulation 2016/679" (wp260rev.01), cit., p. 25. Sobre a leitura automática- *machine-readable* – ver ibidem.

Procura-se através dos ícones: (i) universalidade do seu conhecimento; (ii) facilidade de compreensão da mensagem, (iii) a redução da quantidade de informação expendida. Trata-se de uma concretização evidente do princípio da transparência, trazido da alínea a) do n.º 1 do artigo 5.º.

Como já foi referido: *we consider the use of icons and labelling as a means to more effectively communicate complex and lengthy privacy policies to consumers*[373].

8.1. Para além dos ícones, o considerando 100 menciona, também com a finalidade da transparência que: "deverá ser encorajada a criação de procedimentos de certificação e selos e marcas de proteção de dados, que permitam aos titulares avaliar rapidamente o nível de proteção de dados proporcionado pelos produtos e serviços em causa." (ver nota ao artigo 42.º).

9. O n.º 8 da disposição em análise prevê a competência da Comissão adotar atos delegados nos termos do artigo 92.º (ver nota), para determinar quais as informações a fornecer por meio dos ícones e os procedimentos aplicáveis ao fornecimento de ícones normalizados.

Trata-se de um sistema complexo que envolve a possibilidade de revogação pelo Parlamento Europeu ou pelo Conselho do ato da Comissão (n.º 3 do artigo 92.º) e a não existência de objeções de ambos os órgãos para a sua adoção (n.º 5 do artigo 92.º).

(Alexandre Sousa Pinheiro)

SECÇÃO 2
Informação e acesso aos dados pessoais

ARTIGO 13.º
Informações a facultar quando os dados pessoais são recolhidos junto do titular

1. Quando os dados pessoais forem recolhidos junto do titular, o responsável pelo tratamento faculta-lhe, aquando da recolha desses dados pessoais, as seguintes informações:

---

[373] Lilian Edwards e Wiebke Abel, "The Use of Privacy Icons and Standard Contract Terms for Generating Consumer Trust and Confidence in Digital Services", CREATe Working Paper 2014/15, p. 2 in: https://www.create.ac.uk/publications/the-use-of-privacy-icons-and-standard-contract-terms-for-generating-consumer-trust-and-confidence-in-digital-services/ (consultado a 16 de novembro de 2018).

a) A identidade e os contactos do responsável pelo tratamento e, se for caso disso, do seu representante;

b) Os contactos do encarregado da proteção de dados, se for caso disso;

c) As finalidades do tratamento a que os dados pessoais se destinam, bem como o fundamento jurídico para o tratamento;

d) Se o tratamento dos dados se basear no artigo 6.º, n.º 1, alínea *f)*, os interesses legítimos do responsável pelo tratamento ou de um terceiro;

e) Os destinatários ou categorias de destinatários dos dados pessoais, se os houver;

f) Se for caso disso, o facto de o responsável pelo tratamento tencionar transferir dados pessoais para um país terceiro ou uma organização internacional, e a existência ou não de uma decisão de adequação adotada pela Comissão ou, no caso das transferências mencionadas nos artigos 46.º ou 47.º, ou no artigo 49.º, n.º 1, segundo parágrafo, a referência às garantias apropriadas ou adequadas e aos meios de obter cópia das mesmas, ou onde foram disponibilizadas.

2.Para além das informações referidas no n.º 1, aquando da recolha dos dados pessoais, o responsável pelo tratamento fornece ao titular as seguintes informações adicionais, necessárias para garantir um tratamento equitativo e transparente:

a) Prazo de conservação dos dados pessoais ou, se não for possível, os critérios usados para definir esse prazo;

b) A existência do direito de solicitar ao responsável pelo tratamento acesso aos dados pessoais que lhe digam respeito, bem como a sua retificação ou o seu apagamento, e a limitação do tratamento no que disser respeito ao titular dos dados, ou do direito de se opor ao tratamento, bem como do direito à portabilidade dos dados;

c) Se o tratamento dos dados se basear no artigo 6.º, n.º 1, alínea *a)*, ou no artigo 9.º, n.º 2, alínea a), a existência do direito de retirar consentimento em qualquer altura, sem comprometer a licitude do tratamento efetuado com base no consentimento previamente dado;

d) O direito de apresentar reclamação a uma autoridade de controlo;

e) Se a comunicação de dados pessoais constitui ou não uma obrigação legal ou contratual, ou um requisito necessário para celebrar um contrato, bem como se o titular está obrigado a fornecer os dados pessoais e as eventuais consequências de não fornecer esses dados;

f) A existência de decisões automatizadas, incluindo a definição de perfis, referida no artigo 22.º, números 1 e 4, e, pelo menos nesses casos, informações úteis relativas à lógica subjacente, bem como a importância e as consequências previstas de tal tratamento para o titular dos dados.

3. Quando o responsável pelo tratamento pessoais tiver a intenção de proceder ao tratamento posterior dos dados pessoais para um fim que não seja aquele para o qual os dados tenham sido recolhidos, antes desse tratamento o responsável fornece ao titular dos dados informações sobre esse fim e quaisquer outras informações pertinentes, nos termos do n.º 2.

4. Os números 1, 2 e 3 não se aplicam quando e na medida em que o titular dos dados já tiver conhecimento das informações.

COMENTÁRIO:
1. O considerando 61 afirma uma das diferenças fundamentais entre os artigos 13.º e 14.º, baseado na dimensão temporal: "as informações sobre o tratamento de dados pessoais relativos ao titular dos dados deverão ser a este fornecidas no momento da sua recolha junto do titular dos dados ou, se os dados pessoais tiverem sido obtidos a partir de outra fonte, dentro de um prazo razoável, consoante as circunstâncias."[374]

Em ambas as disposições existe uma tipicidade fechada das informações a transmitir, ao invés do que ocorria nos artigos 10.º e 11.º da Diretiva 95/46/CE que continham a fórmula "pelo menos"[375].

Ao contrário do que por vezes se pensa a distinção entre os artigos 13.º e 14.º não respeita a uma recolha direta que se oponha a uma recolha indireta. Se a recolha prevista no artigo 14.º é indireta por natureza, a recolha junto do titular dos dados pode verificar-se quando este preenche um formulário, mas, também, quando o responsável pelo tratamento obtém informações sobre o titular dos dados através de observação, por exemplo: *using automated data capturing devices*

---

[374] Sobre a informação transmitida nos termos do artigo 13.º, um setor da doutrina considera que o RGPD não é aplicável a dados recolhidos antes da produção de efeitos deste, ver: Lukas Feiler, Nikolaus Forgó e Michaela Weigl. Op. cit., posição 2835.

[375] Juan Antonio Hernandez Corchete, "Transparencia en la información al interessado del tratamiento de sus datos personales y en el ejercicio de sus derechos", in "Reglamento General de Protección de Datos. Hacia un nuevo modelo europeo de protección de datos", cit., p. 215.

or data capturing software such as cameras, network equipment, Wi-Fi tracking, RFID or other types of sensors.[376]

O direito de informação pressupõe uma posição ativa por parte do responsável pelo tratamento e não uma ação indagatória por parte do titular dos dados: *This means that the data controller must take active steps to furnish the information in question to the data subject or to actively direct the data subject to the location of it (e.g. by way of a direct link, use of a QR code, etc.)*.[377]

1.1. Cotejando o n.º 1 dos artigos 13.º e 14.º verifica-se que existe uma diferença nas alíneas d).

Enquanto que o artigo 13.º se refere aos interesses legítimos do responsável pelo tratamento ou por um terceiro se o tratamento dos dados se basear no artigo na alínea f), do n.º 1, do artigo 6.º, a alínea d) do artigo 14.º indica as categorias de dados em questão.

Analisando as espécies de informação que devem ser facultadas ao titular dos dados, entende-se que integram as seguintes categorias: (i) elementos de relação com o responsável pelo tratamento (alíneas a) e b)); (ii) requisitos normativos para a realização do tratamento (alíneas c) e d)); (iii) destinatários dos dados pessoais, havendo-os, sejam na UE e EEU ou em países terceiros (alíneas e) e f))[378].

2. Estas informações são acrescidas das que se encontram no n.º 2 caracterizadas como "adicionais, necessárias para garantir um tratamento equitativo e transparente".

No n.º 2, do artigo 13.º, as informações estão baseadas: (i) em direitos em direitos do titular dos dados (alíneas b) c) e d) e (ii) informações sobre a natureza de tratamentos realizados (alíneas e) e f).

---

[376] "Guidelines on Transparency under Regulation 2016/679" (wp260rev.01), cit., p. 15.
Posição diferenciada pode ser vista em Lukas Feiler, Nikolaus Forgó e Michaela Weigl. Op. cit., posição 2839.

[377] Idem, p. 18.
Para uma análise desta ação ativa – *Datenverarbeitungen aktiv* -do responsável pelo tratamento, ver: Mathias Bäcker, DS-GVO, Art. 13.º in Jürgen Kühling e Benedikt Buchner, "Datenschutz-Grundverordnung. Bundesdatenschutzgesetz", CHBeck, Munique, 2018, p. 381.

[378] Existe uma concretização da autodeterminação informacional no direito à informação. Sobre o tema na doutrina alemã, especialmente com base na decisão dos censos (*Volkszälung*) de 15/12/1983, ver: Alexandre Sousa Pinheiro, "Privacy e Protecção de Dados Pessoais...", op. cit., pp. 479 e ss.

A necessidade de indicar um prazo de conservação de dados pessoais previsto na alínea a), não se entende que constitua uma informação adicional, pelo que deveria encontrar-se sistematicamente incluída no n.º 1.

2.1. Sempre que existam modificações não formais no direito de informação prestado, o responsável pelo tratamento deve comunicar ao titular dos dados o conteúdo da mudança: *changes to a privacy statement/ notice that should always be communicated to data subjects include inter alia: a change in processing purpose; a change to the identity of the controller; or a change as to how data subjects can exercise their rights in relation to the processing*.[379]

2.2. Com frequência, o direito de informação é confundido com o consentimento.

São realidades distintas que, por razões pedagógicas, se entende deverem ser esclarecidas. O consentimento (artigos 6.º, 7.º e 9.º) trata-se de uma condição de legitimidade para o tratamento de dados pessoais que não é necessário quando se aplique outra fonte. Por exemplo, a existência de obrigações legais não é compatível com a necessidade de consentimentos que, no limite, através da sua recusa, podiam pôr em causa o cumprimento da lei.

O direito de informação figura como uma posição ativa dos titulares dos dados que não carece, por natureza, de qualquer consentimento.

A regra consiste na necessidade de prestação do direito de informação, mas já não no recurso ao consentimento que pode não ser o fundamento de legitimidade adequado.

2.3. O considerando 61, depois concretizado pelo n.º 3, do artigo 13.º, refere que:

"sempre que o responsável pelo tratamento tiver a intenção de tratar os dados pessoais para outro fim que não aquele para o qual tenham sido recolhidos, antes desse tratamento o responsável pelo tratamento deverá fornecer ao titular dos dados informações sobre esse fim e outras informações necessárias."

Esta disposição deve ser interpretada em conformidade com a alínea b), do n.º 1 do artigo 5.º (ver anotação respetiva), que admite o tratamento de dados com finalidades não incompatíveis com a finalidade originária do tratamento. A função do direito de informação nestes casos está bem sumarizada nas Guide-

---

[379] "Guidelines on Transparency under Regulation 2016/679" (wp260rev.01), cit., p. 17.

lines do Grupo do artigo 29.º que temos vindo a citar: (...) *a data subject should not be taken by surprise at the purpose of processing of their personal data.*[380]

O que significa que devem ser transmitidas ao titular dos dados as novas finalidades, bem como outros elementos relevantes integrados no direito à informação. Por exemplo, um setor da doutrina propõe uma interpretação extensiva no sentido de transmitir ao titular dos dados uma eventual alteração dos destinatários.[381]

As matérias contidas no artigo 89.º – fins de arquivo de interesse público ou para fins de investigação científica ou histórica ou para fins estatísticos – são sempre consideradas não incompatíveis com finalidades iniciais.

O fundamento de legitimidade para o tratamento não incompatível com a finalidade inicial[382] **deve ser considerado o próprio RGPD, no sentido em que determina que o fundamento de recolha inicial tem uma natureza suficiente.**

É o que, de forma, indireta se recolhe do considerando 50: "O tratamento de dados pessoais para outros fins que não aqueles para os quais os dados pessoais tenham sido inicialmente recolhidos apenas deverá ser autorizado[383] se for compatível com as finalidades para as quais os dados pessoais tenham sido inicialmente recolhidos. Nesse caso, **não é necessário um fundamento jurídico distinto do que permitiu a recolha dos dados pessoais.**"

O titular dos dados pode reagir contra a alteração da finalidade quando considere que não está preenchido a alínea b), do n.º 1, do artigo 5.º por exemplo através do direito de limitação ao tratamento (artigo 18.º), de oposição (artigo 21.º), e de contestar o novo tratamento por via administrativa ou judicial.[384]

---

[380] Idem, p. 24.
[381] Mathias Bäcker, DS-GVO, Art. 13.º in Jürgen Kühling e Benedikt Buchner, "Datenschutz--Grundverordnung. Bundesdatenschutzgesetz", cit., p. 395.
[382] Ver: Juan Antonio Hernandez Corchete, "Transparencia en la información al interessado del tratamiento de sus datos personales y en el ejercicio de sus derechos", in "Reglamento General de Protección de Datos. Hacia un nuevo modelo europeo de protección de datos", cit., p. 218.
[383] Na versão inglesa: *should be allowed*.
[384] Juan Antonio Hernandez Corchete, "Transparencia en la información al interessado del tratamiento de sus datos personales y en el ejercicio de sus derechos", in "Reglamento General de Protección de Datos. Hacia un nuevo modelo europeo de protección de datos", cit., p. 218.

2.4. A transmissão da informação de novas finalidades ao titular dos dados, existindo responsabilidade conjunta pelo tratamento (artigo 26.º, ver anotação respetiva), deve ficar definida em contrato.[385]

3. Nos termos do n.º 4, os deveres de informação impostos ao responsável pelo tratamento não se aplicam nos casos em que os titulares dos dados os já conheçam.

Na parte aplicável à disposição em apreciação, o considerando 62 refere que: "não é necessário impor a obrigação de fornecer informações caso o titular dos dados já disponha da informação, caso a lei disponha expressamente o registo ou a comunicação dos dados pessoais (...)". No demais, este considerando é aplicável ao n.º 5 do artigo 14.º.

A fórmula *e na medida* – em inglês *insofar* – é objeto de uma interpretação por parte do Grupo do Artigo 29.º, com a qual concordamos, que visa robustecer o direito de informação nos casos em que possa existir incompletude de conhecimento das finalidades prosseguidas: *The only exception to a data controller's Article 13 obligations where it has collected personal data directly from a data subject occurs "where and insofar as, the data subject already has the information". The principle of accountability requires that data controllers demonstrate (and document) what information the data subject already has, how and when they received it and that no changes have since occurred to that information that would render it out of date.* **Further, the use of the phrase "insofar as" in Article 13.4 makes it clear that even if the data subject has previously been provided with certain categories from the inventory of information set out in Article 13, there is still an obligation on the data controller to supplement that information in order to ensure that the data subject now has a complete set of the information listed in Articles 13.1 and 13.2.**

4. Um setor da doutrina considera, consideramos que adequadamente, que as informações prestadas ao abrigo da Diretiva 95/46/CE não carecem de repetição à face do RGPD.[386]

Esta posição justifica-se porque a construção do direito de informação à face do Regulamento implica uma muito maior exigência e uma distinção quanto a pressupostos do seu exercício.

(Alexandre Sousa Pinheiro)

---

[385] Mathias Bäcker, DS-GVO, Art. 13.º in Jürgen Kühling e Benedikt Buchner, "Datenschutz--Grundverordnung. Bundesdatenschutzgesetz", cit., p. 395.
[386] Lukas Feiler, Nikolaus Forgó e Michaela Weigl. Op. cit., posição 2839.

ARTIGO 14.º
Informações a facultar quando os dados pessoais não são recolhidos junto do titular

1. Quando os dados pessoais não forem recolhidos junto do titular, o responsável pelo tratamento fornece-lhe as seguintes informações:

a) A identidade e os contactos do responsável pelo tratamento e, se for caso disso, do seu representante;

b) Os contactos do encarregado da proteção de dados, se for caso disso;

c) As finalidades do tratamento a que os dados pessoais se destinam, bem como o fundamento jurídico para o tratamento;

d) As categorias dos dados pessoais em questão;

e) Os destinatários ou categorias de destinatários dos dados pessoais, se os houver;

f) Se for caso disso, o facto de o responsável pelo tratamento tencionar transferir dados pessoais para um país terceiro ou uma organização internacional, e a existência ou não de uma decisão de adequação adotada pela Comissão ou, no caso das transferências mencionadas nos artigos 46.º ou 47.º, ou no artigo 49.º, n.º 1, segundo parágrafo, a referência às garantias apropriadas ou adequadas e aos meios de obter cópia das mesmas, ou onde foram disponibilizadas.

2. Para além das informações referidas no n.º 1, o responsável pelo tratamento fornece ao titular as seguintes informações, necessárias para lhe garantir um tratamento equitativo e transparente:

a) Prazo de conservação dos dados pessoais ou, se não for possível, os critérios usados para fixar esse prazo;

b) Se o tratamento dos dados se basear no artigo 6.º, n.º 1, alínea *f)*, os interesses legítimos do responsável pelo tratamento ou de um terceiro;

c) A existência do direito de solicitar ao responsável pelo tratamento o acesso aos dados pessoais que lhe digam respeito, e a retificação ou o apagamento, ou a limitação do tratamentor no que disser respeito ao titular dos dados, e do direito de se opor ao tratamento, bem como do direito à portabilidade dos dados;

d) Se o tratamento dos dados se basear no artigo 6.º, n.º 1, alínea *a)*, ou no artigo 9.º, n.º 2, alínea *a)*, a existência do direito de retirar consentimento em qualquer altura, sem comprometer a licitude do tratamento efetuado com base no consentimento previamente dado;

e) O direito de apresentar reclamação a uma autoridade de controlo;

f) A origem dos dados pessoais e, eventualmente, se provêm de fontes acessíveis ao público;

g) A existência de decisões automatizadas, incluindo a definição de perfis referida no artigo 22.º, números 1 e 4, e, pelo menos nesses casos, informações úteis relativas à lógica subjacente, bem como a importância e as consequências previstas de tal tratamento para o titular dos dados.

3. O responsável pelo tratamento comunica as informações referidas nos números 1 e 2:

a) Num prazo razoável após a obtenção dos dados pessoais, mas o mais tardar no prazo de um mês, tendo em conta as circunstâncias específicas em que estes forem tratados;

b) Se os dados pessoais se destinarem a ser utilizados para fins de comunicação com o titular dos dados, o mais tardar no momento da primeira comunicação ao titular dos dados; ou

c) Se estiver prevista a divulgação dos dados pessoais a outro destinatário, o mais tardar aquando da primeira divulgação desses dados.

4. Quando o responsável pelo tratamento tiver a intenção de proceder ao tratamento posterior dos dados pessoais para um fim que não seja aquele para o qual os dados pessoais tenham sido obtidos, antes desse tratamento o responsável fornece ao titular dos dados informações sobre esse fim e quaisquer outras informações pertinentes referidas no n.º 2.

5. Os números 1 a 4 não se aplicam quando e na medida em que:

a) O titular dos dados já tenha conhecimento das informações;

b) Se comprove a impossibilidade de disponibilizar a informação, ou que o esforço envolvido seja desproporcionado, nomeadamente para o tratamento para fins de arquivo de interesse público, para fins de investigação científica ou histórica ou para fins estatísticos, sob reserva das condições e garantias previstas no artigo 89.º, n.º 1, e na medida em que a obrigação referida no n.º 1 do presente artigo seja suscetível de tornar impossível ou prejudicar gravemente a obtenção dos objetivos desse tratamento. Nesses casos, o responsável pelo tratamento toma as medidas adequadas para defender os direitos, liberdades e interesses legítimos do titular dos dados, inclusive através da divulgação da informação ao público;

c) A obtenção ou divulgação dos dados esteja expressamente prevista no direito da União ou do Estado-Membro ao qual o responsável pelo tratamento estiver sujeito, prevendo medidas adequadas para proteger os legítimos interesses do titular dos dados;

ou

d) Os dados pessoais devam permanecer confidenciais em virtude de uma obrigação de sigilo profissional regulamentada pelo direito da União ou de um Estado-Membro, inclusive uma obrigação legal de confidencialidade.

COMENTÁRIO:

1. A apreciação do artigo 14.º implica a consideração e, por vezes, a comparação com o artigo 13.º.[387]

Compaginado o n.º 1 do artigo 13.º, com o n.º 1 do artigo 14.º, verifica-se que na alínea d) deste, se faz referência às categorias dos dados pessoais. Tal compreende-se uma vez que a recolha não é efetuada diretamente perante o titular dos dados.

As fontes do consentimento encontram-se exemplificadas nas citadas Guidelines do Grupo do artigo 29.º e referem: *personal data which a data controller has obtained from sources such as: third party data controllers; publicly available sources; data brokers; or other data subjects.*[388]

2. Relativamente ao momento em que deve ser prestado o direito de informação, o considerando 61 aponta para "um prazo razoável, consoante as circunstâncias".

Os critérios relativos à definição de prazos encontram-se no n.º 3, daqui decorrendo que: (i) o prazo máximo definido em período de tempo deve ser de um mês, dependendo dos processos de tratamento (alínea a)); (ii) caso se trate de dados a utilizar para fins de comunicação com o titular, no limite, no momento da primeira comunicação; (iii) no caso de estar prevista a divulgação junto de um destinatário, no limite, no momento da divulgação.

Como refere o Grupo de Trabalho do Artigo 29.º: "a responsabilidade exige que os responsáveis pelo tratamento demonstrem a lógica subjacente à sua decisão e justifiquem por que razão as informações foram comunicadas no momento em que foram."[389]

---

[387] Para a análise de uma tabela interpretativa, ver Lukas Feiler, Nikolaus Forgó e Michaela Weigl. Op. cit., posição 3005 e ss.

[388] "Guidelines on Transparency under Regulation 2016/679" (wp260rev.01), cit., p. 15.

[389] "Orientações relativas à transparência na aceção do Regulamento 2016/679" in https://www.cnpd.pt/bin/rgpd/docs/wp260rev01_pt.pdf (consulta em 1 de setembro de 2018), p. 18.

De acordo com o considerando 60 "os princípios do tratamento equitativo e transparente exigem que o titular dos dados seja informado da operação de tratamento de dados e das suas finalidades", neste contexto tal significa que não se espere pelo momento final da conclusão dos prazos para prestar o dever de informar.[390]

3. De acordo com o considerando 39, quer se trate de dados recolhidos diretamente, quer de dados recolhidos indiretamente: "as pessoas singulares a quem os dados dizem respeito deverão ser alertadas para os riscos, regras, garantias e direitos associados ao tratamento dos dados pessoais e para os meios de que dispõem para exercer os seus direitos relativamente a esse tratamento." A indicação dos riscos tem uma ligação direta com o artigo 35.º relacionado com a avaliação de impacto sobre a proteção de dados.

4. É importante dispor de uma ideia adequada sobre os casos em que não é aplicável o direito à informação:

i) Quando, da mesma forma que ocorre no n.º 4, do artigo 13.º, o titular dos dados já tenha conhecimento das informações (alínea a);

ii) A alínea b), do n.º 5, da disposição em análise menciona os casos em que se demonstre a "impossibilidade" ou de "esforço desproporcionado" quando as finalidades sejam "arquivo de interesse público, para fins de investigação científica ou histórica ou para fins estatísticos, sob reserva das condições e garantias previstas no artigo 89.º, n.º 1".

Sobre o tema há considerar o considerando 62: "(...) não é necessário impor a obrigação de fornecer informações caso o titular dos dados já disponha da informação, caso a lei disponha expressamente o registo ou a comunicação dos dados pessoais ou caso a informação ao titular dos dados se revele impossível de concretizar ou implicar um esforço desproporcionado. Este último seria, nomeadamente, o caso de um tratamento efetuado para fins de arquivo de interesse público, para fins de investigação científica ou histórica ou para fins estatísticos. Para esse efeito, deverá ser considerado o número de titulares de dados, a antiguidade dos dados e as devidas garantias que tenham sido adotadas."

No caso de as informações provenientes do n.º 1, do artigo 89.º (ver nota) estarem integradas dentro das limitações do excessivo esforço – dado que, por natureza, não é exigível o impossível – o último período da alínea b), do n.º 5, do artigo em análise aponta para, no limite, a divulgação da informação ao público:

---

[390] Idem, p. 19.

"Um responsável pelo tratamento pode fazê-lo de diversas formas, por exemplo, colocando as informações no seu sítio web ou publicitando proativamente as informações num jornal ou em cartazes nas suas instalações. Outras medidas adequadas, para além de divulgar as informações ao público, dependerão das circunstâncias do tratamento, mas podem incluir: a realização de uma avaliação de impacto sobre a proteção de dados; a aplicação de técnicas de pseudonimização aos dados; a minimização dos dados recolhidos e do período de conservação; e a adoção de medidas técnicas e organizacionais que assegurem um nível elevado de segurança. Além disso, pode haver situações em que um responsável pelo tratamento esteja a tratar dados pessoais que não exijam a identificação dos titulares dos dados (por exemplo, com dados pseudonimizados)."[391]

Ou seja devem respeitar-se as regras do artigo 5.º que estejam a ser utilizadas no tratamento de dados pessoais ao abrigo do n.º 1, do artigo 89.º.

iii) As disposições dos n.ºs 1 a 4 do artigo 14.º também não são aplicáveis quando o responsável pelo tratamento esteja obrigado a prever medidas que garantam a proteção dos interesses legítimos dos titulares dos dados (alínea c) ou quando estes devam continuar confidenciais, em função de obrigações de sigilo profissional ou de confidencialidade (alínea d) determinadas, em ambos os casos, por legislação nacional ou proveniente do Estado-membro.

Assim, quando o fundamento jurídico do tratamento resulte de obrigação legal, não são determinadas imposições de informar.[392]

(*Alexandre Sousa Pinheiro*)

ARTIGO 15.º
Direito de acesso do titular dos dados

1. O titular dos dados tem o direito de obter do responsável pelo tratamento a confirmação de que os dados pessoais que lhe digam respeito são ou não objeto de tratamento e, se for esse o caso, o direito de aceder aos seus dados pessoais e às seguintes informações:

a) As finalidades do tratamento dos dados;

b) As categorias dos dados pessoais em questão;

---

[391] Idem, p. 36.

[392] Juan Antonio Hernandez Corchete, "Transparencia en la información al interesado del tratamiento de sus datos personales y en el ejercicio de sus derechos", in "Reglamento General de Protección de Datos. Hacia un nuevo modelo europeo de protección de datos", cit., p. 219.

c) Os destinatários ou categorias de destinatários a quem os dados pessoais foram ou serão divulgados, nomeadamente os destinatários estabelecidos em países terceiros ou pertencentes a organizações internacionais;

d) Se for possível, o prazo previsto de conservação dos dados pessoais, ou, se não for possível, os critérios usados para fixar esse prazo;

e) A existência do direito de solicitar ao responsável pelo tratamento a retificação, o apagamento ou a limitação do tratamento dos dados pessoais no que diz respeito ao titular dos dados, ou do direito de se opor a esse tratamento;

f) O direito de apresentar reclamação a uma autoridade de controlo;

g) Se os dados não tiverem sido recolhidos junto do titular, as informações disponíveis sobre a origem desses dados;

h) A existência de decisões automatizadas, incluindo a definição de perfis, referida no artigo 22.º, n.ºs 1 e 4, e, pelo menos nesses casos, informações úteis relativas à lógica subjacente, bem como a importância e as consequências previstas de tal tratamento para o titular dos dados.

2. Quando os dados pessoais forem transferidos para um país terceiro ou uma organização internacional, o titular dos dados tem o direito de ser informado das garantias adequadas, nos termos do artigo 46.º relativo à transferência de dados.

3. O responsável pelo tratamento fornece uma cópia dos dados pessoais em fase de tratamento. Para fornecer outras cópias solicitadas pelo titular dos dados, o responsável pelo tratamento pode exigir o pagamento de uma taxa razoável tendo em conta os custos administrativos. Se o titular dos dados apresentar o pedido por meios eletrónicos, e salvo pedido em contrário do titular dos dados, a informação é fornecida num formato eletrónico de uso corrente.

4. O direito de obter uma cópia a que se refere o n.º 3 não prejudica os direitos e as liberdades de terceiros.

COMENTÁRIO:

1. O direito de acesso encontra-se previsto no n.º 1 do artigo 35.º da CRP, prevendo igualmente o direito à retificação e atualização e o direito ao conhecimento da finalidade da recolha e tratamento.

2. O artigo 8.º da Convenção do Conselho da Europa para a Proteção das Pessoas relativamente ao Tratamento Automatizado de Dados de Carácter Pessoal

proclama o direito de acesso aos dados pessoais, chamando já à colação alguns dos elementos presentes na Diretiva e no RGPD.

Tomar conhecimento da existência de um ficheiro automatizado de dados de carácter pessoal e das suas principais finalidades, conhecimento da identidade e da residência habitual ou principal estabelecimento do responsável pelo tratamento, obtenção, a intervalos razoáveis e sem demoras ou despesas excessivas, da confirmação da existência ou não nesse ficheiro automatizado de dados de carácter pessoal a si respeitantes e a obtenção de tais dados de forma inteligível. Porventura, a Diretiva terá baseado o seu artigo 12.º no artigo da Convenção, acabado de citar.

3. A Diretiva 95/46/CE consagrava também este direito, formulado em termos algo distintos do RGPD. O direito de acesso deveria ser assegurado pelos Estados-Membros livremente e sem restrições, com periodicidade razoável e sem demora ou custos excessivos. As categorias de informações a prestar aos titulares é alargada no artigo 15.º do RGPD, atento seu objetivo legislativo uniformizador, ao contrário do desiderato meramente harmonizador da Diretiva[393].

---

[393] Os Estados-membros garantirão às pessoas em causa o direito de obterem do responsável pelo tratamento:
a) Livremente e sem restrições, com periodicidade razoável e sem demora ou custos excessivos:
– a confirmação de terem ou não sido tratados dados que lhes digam respeito, e informações pelo menos sobre os fins a que se destina esse tratamento, as categorias de dados sobre que incide e os destinatários ou categorias de destinatários a quem são comunicados os dados,
– a comunicação, sob forma inteligível, dos dados sujeitos a tratamento e de quaisquer informações disponíveis sobre a origem dos dados,
– o conhecimento da lógica subjacente ao tratamento automatizado dos dados que lhe digam respeito, pelo menos no que se refere às decisões automatizadas referidas no n.º 1 do artigo 15.º;
b) Consoante o caso, a retificação, o apagamento ou o bloqueio dos dados cujo tratamento não cumpra o disposto na presente diretiva, nomeadamente devido ao carácter incompleto ou inexato desses dados;
c) A notificação aos terceiros a quem os dados tenham sido comunicados de qualquer retificação, apagamento ou bloqueio efetuado nos termos da alínea b), salvo se isso for comprovadamente impossível ou implicar um esforço desproporcionado.
(41) Considerando que todas as pessoas devem poder beneficiar do direito de acesso aos dados que lhes dizem respeito e que estão em fase de tratamento, a fim de assegurarem, nomeadamente, a sua exatidão e a licitude do tratamento; que, pelas mesmas razões, todas as pessoas devem, além disso, ter o direito de conhecer a lógica subjacente ao tratamento automatizado

Além do direito de acesso, o artigo 12.º da Diretiva prevê direitos que, no RGPD são objeto de artigos separados: o direito à retificação (artigo 16.º) e o direito ao apagamento (artigo 17.º).

4. O direito de acesso do titular dos dados queda-se a montante de outros direitos, tornando-se basilar no exercício dos direitos consignados sistematicamente nos artigos subsequentes, pois que, como já se fez notar no considerando (41) da Diretiva, é aquele que permite o exercício posterior de outros direitos, tais como o direito de retificação, o direito de apagamento, o direito à limitação do tratamento, o direito de portabilidade e o direito de oposição.

O TJUE envereda neste sentido ao sustentar que:

> "o artigo 12.º, alínea a), da Diretiva 95/46 e o artigo 8.º, n.º 2, da Carta dos Direitos Fundamentais da União Europeia devem ser interpretados no sentido de que o requerente de uma autorização de residência dispõe de um direito de acesso a todos os dados pessoais que lhe digam respeito, que sejam objeto de tratamento pelas autoridades administrativas nacionais na aceção do artigo 2.º, alínea b), dessa diretiva. Para que esse direito seja satisfeito, basta fornecer ao requerente uma descrição completa desses dados sob forma inteligível, isto é, uma forma que lhe permita tomar conhecimento dos referidos dados e verificar que são exatos e tratados em conformidade com essa diretiva, para que possa, se for caso disso, exercer os direitos que lhe são conferidos pela referida diretiva."[394] E sustenta ainda que "(...) como resulta do considerando 41 da Diretiva 95/46, é para poder efetuar as verificações necessárias que a pessoa em causa dispõe, em virtude do artigo 12.º, alínea a), da mesma, de um direito de acesso aos dados que lhe digam respeito que são objeto de tratamento. Esse direito de acesso é necessário, designadamente, para permitir à pessoa em causa obter, se for caso disso, por parte do responsável pelo tratamento, a retificação, apagamento ou bloqueio desses dados (...)".[395]

dos dados que lhe dizem respeito, pelo menos no caso das decisões automatizadas referidas no n.º 1 do artigo 15.º; que este último direito não deve prejudicar o segredo comercial nem a propriedade intelectual, nomeadamente o direito de autor que protege o suporte lógico; que tal, todavia, não poderá traduzir-se pela recusa de qualquer informação à pessoa em causa.

[394] TJUE, Acórdão YS e outros de 17 de Julho de 2014, proferido no Proc. N.º C-141/12.
[395] TJUE, Acórdão Peter Nowak de 20 de Dezembro de 2017, proferido no Proc. N.º C-434/16.

5. O direito de acesso do titular dos dados desdobra-se em vários direitos menores: (i) o direito do titular de aceder aos dados pessoais objeto de tratamento, (ii) o direito de obter um conjunto de informações acessórias a esse tratamento, (iii) o direito à informação das garantias adequadas, quando os dados pessoais forem transferidos para um país terceiro ou uma organização internacional e (iv) o direito à obtenção de cópias dos dados pessoais.

A situação jurídica passiva correspondente, do lado ativo, ao direito de aceder aos dados pessoais objeto de tratamento é a obrigação adstrita ao responsável, de responder ao pedido do titular dos dados sem demora injustificada e o mais tardar no prazo de um mês e expor as suas razões quando tiver intenção de recusar o pedido.

6. As informações acessórias que o titular poderá obter, no âmbito de um determinado tratamento, são: as finalidades do tratamento, as categorias dos dados pessoais tratados, a identidade dos destinatários, o prazo previsto de conservação dos dados pessoais ou os critérios usados para fixar esse prazo, a existência do direito de requerer a retificação, o apagamento, a limitação do tratamento, a oposição e o direito de apresentar reclamação a uma autoridade de controlo. Porém, se os dados não tiverem sido recolhidos junto do titular, este deverá ainda ter acesso a informações complementares, a saber: origem desses dados, existência de decisões automatizadas, incluindo a definição de perfis e, pelo menos nesses casos, informações úteis relativas à lógica subjacente, bem como a importância e as consequências previstas de tal tratamento para o titular dos dados.

Não se entende esta técnica legislativa, que repete no n.º 1 do artigo em anotação a obrigatoriedade da prestação de informações, já prevista, mais pormenorizadamente, nos artigos 13.º e 14.º.

O TJUE sustenta que "uma regulamentação que limite a conservação da informação sobre os destinatários ou categorias de destinatários e sobre o conteúdo dos dados transmitidos a um período de um ano e correlativamente limite o acesso a essa informação, quando os dados de base são conservados por muito mais tempo, não representa um equilíbrio justo entre os interesses e obrigações em causa, a não ser que se demonstre que um período de conservação dessa informação mais longo constitui um ónus excessivo para o responsável pelo tratamento.[396]"

---

[396] TJUE, Acórdão Rijkeboer, de 7 de maio de 2009, proferido no Proc. N.º C-553/2007.

7. O exercício deste direito por parte do titular, pressupõe a facilidade de acesso e a razoabilidade dos lapsos temporais de acesso, para tomar conhecimento do tratamento e verificar a sua licitude, incluindo o acesso a dados de saúde, tais como: diagnósticos, resultados de exames, avaliações dos médicos e quaisquer intervenções ou tratamentos realizados (cfr. Considerando (63)).

8. O n.º 2 do artigo em anotação consagra o direito de o titular dos dados ser informado das garantias adequadas, quando os dados pessoais forem transferidos para um país terceiro ou uma organização internacional, designadamente, de direitos oponíveis e de medidas jurídicas corretivas eficazes. Ao titular dos dados tem, pois, que ser assegurada a mesma proteção dos seus dados que teriam num Estado-Membro

9. O n.º 3 consagra o princípio da gratuitidade no exercício do direito de acesso, garantido, mediante o fornecimento gratuito pelo responsável ao titular de uma cópia dos dados pessoais. Entre nós, o n.º 1 do artigo 15.º do CPA consagra também o princípio da tendencial gratuitidade do procedimento administrativo e o n.º 2 prevê a isenção do pagamento das taxas por insuficiência económica.

10. O princípio da gratuitidade pode ser afastado pelo responsável no fornecimento de cópias suplementares, já que pode exigir ao titular o pagamento de uma taxa razoável tendo em conta os custos administrativos. A falta de pagamento da taxa será, certamente, o não fornecimento das cópias suplementares, assim como a falta de pagamento de taxas ou despesas, no âmbito de um procedimento administrativo, é a respetiva extinção (cfr. n.º 1 do artigo 133.º do CPA).

O TJUE vem sustentando que, "(...) para garantir que os custos cobrados por ocasião do exercício do direito de acesso aos dados pessoais não sejam excessivos na aceção desta disposição, o montante dos mesmos não deve exceder o custo da comunicação desses dados."[397]

11. A cópia dos dados e informações acessórias é fornecida num formato eletrónico de uso corrente (formato amigável), se o titular dos dados apresentar o pedido por meios eletrónicos, Porém, não obstante o pedido ser efetuado por meios eletrónicos, o titular dos dados pode solicitar o fornecimento dos dados e informações acessórias noutro suporte ou formato.

---

[397] TJUE, Acórdão de 12 de dezembro de 2013, Caso X, proferido no Proc. N.º C-486/12

12. O direito à obtenção de cópia dos dados pessoais tem que ser compatibilizado com o exercício de outros direitos por terceiros. Assim, o exercício deste direito não prejudica os direitos e as liberdades de terceiros, incluindo o segredo comercial ou a propriedade intelectual e, particularmente, o direito de autor que protege o *software*. Todavia, essas considerações não deverão resultar na recusa de prestação de todas as informações ao titular dos dados (cfr. Considerando (63)).

13. Quando o responsável proceder ao tratamento de grande quantidade de informação relativa ao titular dos dados, deverá poder solicitar que, antes de a informação ser fornecida, o titular especifique a que informações ou a que atividades de tratamento se refere o seu pedido (cfr. Considerando (63)).

14. O pedido de acesso aos dados pessoais, formulado pelo titular poderá ser indeferido se não for possível, por parte do responsável pelo tratamento, verificar a sua identidade ou verificar a justificação da representação ou se o exercício do direito colidir, de forma desproporcionada, com direitos e liberdades de terceiros.

(Carlos Jorge Gonçalves)

SECÇÃO 3
Retificação e apagamento

ARTIGO 16.º
Direito de retificação

O titular tem o direito de obter, sem demora injustificada, do responsável pelo tratamento a retificação dos dados pessoais inexatos que lhe digam respeito. Tendo em conta as finalidades do tratamento, o titular dos dados tem direito a que os seus dados pessoais incompletos sejam completados, incluindo por meio de uma declaração adicional.

COMENTÁRIO:
1. Este direito já estava previsto, embora menos densificado, nas alíneas b) e c), ambas do artigo 12.º da Diretiva n.º 95/46/CE[398].

---

[398] "Artigo 12.º Direito de acesso
Os Estados-membros garantirão às pessoas em causa o direito de obterem do responsável pelo tratamento:

Este direito encontra-se, outrossim, previsto no n.º 1 do artigo 35.º da CRP[399].

No considerando n.º (39), o Regulamento prevê que "A fim de assegurar que os dados pessoais sejam conservados apenas durante o período considerado necessário, o responsável pelo tratamento deverá fixar os prazos para o apagamento ou a revisão periódica. Deverão ser adotadas todas as medidas razoáveis para que os dados pessoais inexatos sejam retificados ou apagados."

2. No âmbito de tal revisão periódica ou quando se justificar, o titular dos dados tem o direito de exigir do responsável pelo tratamento que os dados a seu respeito sejam corretos, exatos, completos e atuais (cfr. alínea d) do n.º 1 do artigo 5.º deste Regulamento).

Esta disposição consagra, pois, o direito a retificar os dados pessoais, bem como o direito a completá-los, a exercer pelo seu titular, mediante pedido, acompanhado da documentação justificativa correspondente, junto do responsável pelo tratamento (ver considerando 59 e 65).

Este deverá responder ao titular com a maior brevidade possível, não devendo exceder o prazo de um mês a contar da data de receção do pedido, podendo este prazo ser alargado até dois meses, quando for necessário, tendo em conta a complexidade do pedido e o número de pedidos (cfr. n.º 3 do artigo 12.º do presente Regulamento, ver nota). Em caso de deferimento do pedido, o responsável, na resposta ao titular, deverá identificar, clara e inequivocamente, quais os dados objeto de retificação, completação ou atualização, bem como, se for o caso, a que outras entidades foi notificado o pedido de retificação ou completação, com vista a proceder à retificação e/ou completação dos dados em qualquer ligação, cópia ou réplica dos mesmos, em conformidade com o artigo 19.º do RGPD.

(...)
b) Consoante o caso, a retificação, o apagamento ou o bloqueio dos dados cujo tratamento não cumpra o disposto na presente diretiva, nomeadamente devido ao carácter incompleto ou inexato desses dados;
c) A notificação aos terceiros a quem os dados tenham sido comunicados de qualquer retificação, apagamento ou bloqueio efetuado nos termos da alínea b), salvo se isso for comprovadamente impossível ou implicar um esforço desproporcionado."

[399] "1. Todos os cidadãos têm o direito de acesso aos dados informatizados que lhes digam respeito, podendo exigir a sua retificação e atualização, e o direito de conhecer a finalidade a que se destinam, nos termos da lei."

3. A retificação deverá ser efetuada pelo responsável pelo tratamento sem demora injustificada, o mais tardar no prazo de um mês e, quando tiver intenção de recusar o pedido.

Saliente-se que, previamente ao indeferimento do pedido de exercício de qualquer dos direitos aqui consignados, o responsável pelo tratamento dos dados deverá notificar o respetivo titular desse projeto de indeferimento para facultar a possibilidade de correção do pedido formulado. Esta tipologia de procedimentos supõe uma intervenção dialógica do titular dos dados e do responsável pelo seu tratamento. Se, não obstante a participação procedimental do titular dos dados o responsável pelo tratamento não der seguimento ao pedido apresentado, informa-o sem demora e, o mais tardar, no prazo de um mês a contar da data de receção do pedido, das razões que o levaram a não tomar medidas e da possibilidade de apresentar reclamação a uma autoridade de controlo e intentar ação judicial, em conformidade com o n.º 4 do artigo 12.º deste Regulamento.

4. Este artigo consagra ainda o direito a completar os dados pessoais, pela forma tida por conveniente, incluindo através de uma declaração adicional. Note-se que o exercício deste direito apresenta um pressuposto: a finalidade do tratamento.

Surge, então, uma questão: será que o responsável pelo tratamento dos dados pessoais poderá recusar a completação de determinados dados pessoais, com o argumento de que o exercício deste direito, isto é, os dados a retificar ou a completar, se não adequa à finalidade do tratamento?

Na verdade, em certos casos, a resposta deverá ser afirmativa porque poderemos estar perante um claro abuso de direito, previsto no artigo 334.º do Código Civil, tendo em conta que os dados pessoais a disponibilizar pelo seu titular deverão ser adequados, pertinentes e limitados ao necessário para os efeitos para os quais são tratados.

5. Face ao teor deste preceito, um terceiro não poderá exercer estes direitos relativamente a dados pessoais alheios, a não se que seja mandatado para o efeito através de procuração que identifique claramente os poderes nos quais está investido.

A morosidade ou a recusa, por parte do responsável pelo tratamento na satisfação dos pedidos do titular dos dados no exercício de qualquer um destes direitos, apenas é aceite por justo impedimento. Efetivamente, a recusa na satisfação dos pedidos do titular deverá ser devidamente fundamentada. Os fundamentos poderão ter a ver com irregularidades formais no pedido formulado (impossibilidade de identificar o requerente ou falta de justificação da representação, por exemplo), com a falta de indicação clara dos dados pessoais a retificar ou completar e/ou com a falta da documentação necessária para as operações requeridas.

6. No que tange à falta de indicação clara dos dados a retificar, completar ou atualizar, o titular dos dados poderá corrigir o pedido e proceder à identificação correta dos mesmos.

Estas questões de natureza formal não poderão inviabilizar o exercício de qualquer um destes direitos. De facto, uma vez convidado o titular pelo responsável pelo tratamento a sanar tais irregularidades procedimentais e aquele superar estas deficiências, deverá ser deferido o pedido, efetivando o exercício do direito requerido.

7. Deverão ser previstas regras para facilitar o exercício pelo titular dos dados dos direitos que lhe são conferidos neste artigo, incluindo procedimentos para solicitar e, sendo caso disso, obter a título gratuito, em especial, a retificação, completação ou atualização.

O responsável pelo tratamento deverá fornecer os meios necessários para que os pedidos possam ser apresentados por via eletrónica, em especial quando os dados sejam também tratados por essa via.

O exercício do direito de retificação, em sentido amplo, atenta a evolução quotidiana da situação do respetivo titular, deverá abranger o direito de atualização de dados pessoais, tais como: morada, telefone, endereço de correio eletrónico, habilitações académicas, experiência profissional, etc.

(*Carlos Jorge Gonçalves*)

ARTIGO 17.º
Direito ao apagamento dos dados («direito a ser esquecido»)

1. O titular tem o direito de obter do responsável pelo tratamento o apagamento dos seus dados pessoais, sem demora injustificada, e este tem a obrigação de apagar os dados pessoais, sem demora injustificada, quando se aplique um dos seguintes motivos:

a) Os dados pessoais deixaram de ser necessários para a finalidade que motivou a sua recolha ou tratamento;

b) O titular retira o consentimento em que se baseia o tratamento dos dados nos termos do artigo 6.º, n.º 1, alínea *a),* ou do artigo 9.º, n.º 2, alínea *a)* e se não existir outro fundamento jurídico para o referido tratamento;

c) O titular opõe-se ao tratamento nos termos do artigo 21.º, n.º 1, e não existem interesses legítimos prevalecentes que justifiquem o tratamento, ou o titular opõe-se ao tratamento nos termos do artigo 21.º, n.º 2;

d) Os dados pessoais foram tratados ilicitamente;

e) Os dados pessoais têm de ser apagados para o cumprimento de uma obrigação jurídica decorrente do direito da União ou de um Estado-Membro a que o responsável pelo tratamento esteja sujeito;

f) Os dados pessoais foram recolhidos no contexto da oferta de serviços da sociedade da informação referida no artigo 8.º, números 1 e 2.

2. Quando o responsável pelo tratamento tiver tornado públicos os dados pessoais e for obrigado a apagá-los nos termos do n.º 1, toma as medidas que forem razoáveis, incluindo de caráter técnico, tendo em consideração a tecnologia disponível e os custos da sua aplicação, para informar os responsáveis pelo tratamento efetivo dos dados pessoais de que o titular dos dados lhes solicitou o apagamento das ligações para esses dados pessoais, bem como das cópias ou reproduções dos mesmos.

3. Os n.ºs 1 e 2 não se aplicam na medida em que o tratamento se revele necessário:

a) Ao exercício da liberdade de expressão e de informação;

b) Ao cumprimento de uma obrigação legal que exija o tratamento prevista pelo direito da União ou de um Estado-Membro a que o responsável esteja sujeito, ao exercício de funções de interesse público ou ao exercício da autoridade pública de que esteja investido o responsável pelo tratamento;

c) Por motivos de interesse público no domínio da saúde pública, nos termos do artigo 9.º, n.º 2, alíneas *h)* e *i),* bem como do artigo 9.º, n.º 3;

d) Para fins de arquivo de interesse público, para fins de investigação científica ou histórica ou para fins estatísticos, nos termos do artigo 89.º, n.º 1, na medida em que o direito referido no n.º 1 seja suscetível de tornar impossível ou prejudicar gravemente a obtenção dos objetivos desse tratamento; ou

e) Para efeitos de declaração, exercício ou defesa de um direito num processo judicial.

DIREITO AO APAGAMENTO DOS DADOS («DIREITO A SER ESQUECIDO») ART. 17.º

COMENTÁRIO:
1. O direito ao apagamento estava já previsto, em termos genéricos, na alínea c) do artigo 8.º da Convenção do Conselho da Europa para a Proteção das Pessoas Relativamente ao Tratamento Automatizado de Dados de Carácter Pessoal[400] e nas alíneas b) e c) do artigo 12.º da Diretiva n.º 95/46/CE, de 24 de outubro.

2. O n.º 1 confere aos titulares dos dados pessoais o direito de solicitarem que os seus dados pessoais sejam apagados e os responsáveis ou os subcontratantes têm a obrigação de o fazer, com a maior brevidade. O proémio do n.º 1 identifica as situações jurídicas ativa – adstrita ao titular dos dados e passiva – colocada na esfera jurídica do responsável pelo tratamento: o direito à obtenção do apagamento dos seus dados pessoais, sem demora injustificada, e a obrigação de apagamento dos dados pessoais sem demora injustificada. A prestação, constante desta obrigação deverá ser realizada pelo responsável sem demora injustificada, salvo, porventura, o justo impedimento ou a deficiente formulação do pedido. Em qualquer caso, o responsável deverá responder ao pedido do titular dos dados no prazo de um mês (cfr. n.º 3 do artigo 12.º) e fundamentar a sua decisão se o pedido for indeferido.

3. Em conformidade com as alíneas do n.º 1, o exercício deste direito poderá fundamentar-se num dos seguintes motivos: (i) desnecessidade superveniente dos dados pessoais para a finalidade que motivou o seu tratamento originário, (ii) retirada do consentimento pelo titular e inexistência de outro fundamento jurídico para o tratamento, (iii) oposição do titular ao tratamento, sem que existam interesses legítimos prevalecentes que justifiquem a sua prossecução, (iv) ilicitude do tratamento,, (v) obrigatoriedade do apagamento dos dados para o cumprimento de uma obrigação legal e (vi) recolha dos dados no contexto da oferta direta de serviços da sociedade da informação a crianças com menos de 16 anos, sem o consentimento dado por quem exerce as responsabilidades parentais.

4. Ao invés, de acordo com o n.º 3, o direito ao apagamento não poderá ser exercido (i) se os dados pessoais tratados por um responsável forem necessários para exercer o direito à liberdade de expressão, (ii) se o tratamento dos dados se basear numa obrigação legal, (iii) para a prossecução do interesse público (saúde pública ou fins de arquivo, investigação científica, histórica ou estatística), (iv) para exercer poderes públicos de autoridade e (v) para o exercício de um direito num processo judicial.

---

[400] Aqui como garantia adicional para o titular dos dados.

5. Assim, o pedido de apagamento dos dados pessoais, formulado pelo titular poderá ser indeferido, com possibilidade de posterior sanação, se não for possível, por parte do responsável pelo tratamento, verificar a sua identidade ou verificar a justificação da representação ou por falta de indicação clara dos dados pessoais sobre os quais pretende exercer este direito.

O pedido é, outrossim, indeferido, sem possibilidade de sanação posterior, se for vedado por qualquer um dos motivos enunciados na nota anterior. Segundo o Considerando 51, "o responsável pelo tratamento deverá fornecer os meios necessários para que os pedidos possam ser apresentados por via eletrónica, em especial quando os dados sejam também tratados por essa via. O responsável pelo tratamento deverá ser obrigado a responder aos pedidos do titular dos dados sem demora injustificada e o mais tardar no prazo de um mês e expor as suas razões quando tiver intenção de recusar o pedido."[401]

6. O n.º 2 do artigo em anotação alude à publicitação dos dados pelo responsável, que, quando for obrigado ao respetivo apagamento, face ao exercício deste direito, terá que adotar as medidas que forem razoáveis, incluindo de caráter técnico, tendo em consideração a tecnologia disponível e os custos da sua aplicação, para informar os responsáveis pelo tratamento efetivo dos dados pessoais de que o titular dos dados lhes solicitou o apagamento das ligações para esses dados pessoais, bem como das cópias, réplicas ou reproduções dos mesmos. Este preceito trata do direito a ser esquecido em linha, que se consubstancia na adoção de medidas técnicas, por parte do responsável pelo tratamento, para informar outros sítios web de que determinado titular requereu o apagamento dos seus dados pessoais. A propósito do direito a ser esquecido em linha, o TJUE decidiu que:

> "1) O artigo 2.º, alíneas b) e d), da Diretiva 95/46/CE do Parlamento Europeu e do Conselho, de 24 de outubro de 1995, relativa à proteção das pessoas singulares no que diz respeito ao tratamento de dados pessoais e à livre circulação desses dados, deve ser interpretado no sentido de que, por um lado, a atividade de um motor de busca que consiste em encontrar informações publicadas ou inseridas na Internet por terceiros, indexá-las automaticamente, armazena-las temporariamente e, por último, pô-las à disposição dos internautas por determinada ordem de preferência deve ser qualificada de «tratamento de dados pessoais», na aceção do artigo 2.º, alínea b), quando

---

[401] Cfr. Considerando (59).

essas informações contenham dados pessoais, e de que, por outro, o operador desse motor de busca deve ser considerado «responsável» pelo dito tratamento, na aceção do referido artigo 2.º, alínea d). (...)
3) Os artigos 12.º, alínea b), e 14.º, primeiro parágrafo, alínea a), da Diretiva 95/46 devem ser interpretados no sentido de que, para respeitar os direitos previstos nestas disposições e desde que as condições por elas previstas estejam efetivamente satisfeitas, o operador de um motor de busca é obrigado a suprimir da lista de resultados, exibida na sequência de uma pesquisa efetuada a partir do nome de uma pessoa, as ligações a outras páginas web publicadas por terceiros e que contenham informações sobre essa pessoa, também na hipótese de esse nome ou de essas informações não serem prévia ou simultaneamente apagadas dessas páginas web, isto, se for caso disso, mesmo quando a sua publicação nas referidas páginas seja, em si mesma, lícita.
4) Os artigos 12.º, alínea b), e 14.º, primeiro parágrafo, alínea a), da Diretiva 95/46 devem ser interpretados no sentido de que, no âmbito da apreciação das condições de aplicação destas disposições, importa designadamente examinar se a pessoa em causa tem o direito de que a informação em questão sobre a sua pessoa deixe de ser associada ao seu nome através de uma lista de resultados exibida na sequência de uma pesquisa efetuada a partir do seu nome, sem que, todavia, a constatação desse direito pressuponha que a inclusão dessa informação nessa lista causa prejuízo a essa pessoa. Na medida em que esta pode, tendo em conta os seus direitos fundamentais nos termos dos artigos 7.º e 8.º da Carta, requerer que a informação em questão deixe de estar à disposição do grande público devido à sua inclusão nessa lista de resultados, esses direitos prevalecem, em princípio, não só sobre o interesse económico do operador do motor de busca mas também sobre o interesse desse público em aceder à informação numa pesquisa sobre o nome dessa pessoa. No entanto, não será esse o caso se se afigurar que, por razões especiais como, por exemplo, o papel desempenhado por essa pessoa na vida pública, a ingerência nos seus direitos fundamentais é justificada pelo interesse preponderante do referido público em ter acesso à informação em questão, em virtude dessa inclusão."[402]

---

[402] TJUE, Grande Secção, Ac. de 13 de maio de 2014, proferido no Proc. N.º C-131/12, caso Google Spain SL e Google Inc.

7. Este Aresto sustenta que o pedido de apagamento dos dados, com vista a ser esquecido, formulado a um operador de um motor de busca, este é obrigado a proceder ao apagamento das ligações a outras páginas web publicadas por terceiros e que contenham informações sobre essa pessoa, independentemente de a informação causar prejuízo ao titular dos dados, da licitude da respetiva publicação e de essas informações não serem prévia ou simultaneamente apagadas dessas páginas web. Ainda segundo este Acórdão, o direito ao apagamento e ao esquecimento em linha prevalecem, em princípio, não só sobre o interesse económico do operador do motor de busca, mas também sobre o interesse do público em aceder à informação numa pesquisa sobre o nome dessa pessoa, salvo se razões especiais como, por exemplo, o papel desempenhado por essa pessoa na vida pública, impuserem o acesso a essa informação. O direito à informação prevalece, neste caso, sobre o direito ao apagamento. A liberdade de informação apenas prevalece relativamente ao direito ao apagamento em função das finalidades do exercício de cada um dos direitos. O TJUE reconheceu, pois, o direito ao esquecimento em linha e, consequentemente, o direito de supressão das ligações às suas informações pessoais, por parte dos motores de busca.

8. Um exemplo de preponderância do direito de ação judicial sobre o direito ao apagamento é-nos trazido pelo Acórdão de 2017 que, nos n.ºs 53, 54, 56 e 57 sustenta que "(...) mesmo após a dissolução de uma sociedade, os direitos e as relações jurídicas relativos a essa sociedade podem subsistir. Assim, em caso de litígio, os dados previstos no artigo 2.º, n.º 1, alíneas d) e j), da Diretiva 68/151 podem revelar-se necessários para, designadamente, apurar da legalidade de um ato praticado em nome dessa sociedade durante o período da sua atividade ou para que terceiros possam intentar uma ação contra os membros dos seus órgãos ou contra os seus liquidatários. Além disso, em função, designadamente, dos prazos de prescrição aplicáveis nos diferentes Estados-Membros, podem surgir questões que imponham a necessidade de dispor desses dados mesmo vários anos após uma sociedade ter deixado de existir. (...) Nessas condições, os Estados-Membros (...) não podem garantir às pessoas singulares visadas no artigo 2.º, n.º 1, alíneas d) e j), da Diretiva 68/151 o direito de obter, por princípio, após um determinado prazo a contar da dissolução da sociedade em causa, a supressão dos dados pessoais que lhes dizem respeito, que foram inscritos no registo em aplicação dessa última disposição, ou o bloqueio desses dados para o público. Esta interpretação do artigo 6.º, n.º 1, alínea e), e do artigo 12.º, alínea b), da Diretiva 95/46 não conduz, por outro lado, a uma ingerência desproporcionada nos direitos fundamentais das pessoas em causa, designadamente no direito ao respeito da vida privada, bem como no seu direito à proteção de dados pessoais, garantidos pelos artigos 7.º e 8.º da Carta."[403]

(Alexandre Sousa Pinheiro/Carlos Jorge Gonçalves)

ARTIGO 18.º
Direito à limitação do tratamento

1. O titular dos dados tem o direito de obter do responsável pelo tratamento a limitação do tratamento, se se aplicar uma das seguintes situações:

a) Contestar a exatidão dos dados pessoais, durante um período que permita ao responsável pelo tratamento verificar a sua exatidão;

b) O tratamento for ilícito e o titular dos dados se opuser ao apagamento dos dados pessoais e solicitar, em contrapartida, a limitação da sua utilização;

c) O responsável pelo tratamento já não precisar dos dados pessoais para fins de tratamento, mas esses dados sejam requeridos pelo titular para efeitos de declaração, exercício ou defesa de um direito num processo judicial;

d) Se tiver oposto ao tratamento nos termos do artigo 21.º, n.º 1, até se verificar que os motivos legítimos do responsável pelo tratamento prevalecem sobre os do titular dos dados.

2. Quando o tratamento tiver sido limitado nos termos do n.º 1, os dados pessoais só podem, à exceção da conservação, ser objeto de tratamento com o consentimento do titular, ou para efeitos de declaração, exercício ou defesa de um direito num processo judicial, de defesa dos direitos de outra pessoa singular ou coletiva, ou por motivos ponderosos de interesse público da União ou de um Estado-Membro.

3. O titular que tiver obtido a limitação do tratamento nos termos do n.º 1 é informado pelo responsável pelo tratamento antes de ser anulada a limitação ao referido tratamento.

---

[403] TJUE, Acórdão Manni de 9 de Março de 2017, proferido no Proc. N.º C-398/2015.

COMENTÁRIO:

1. Trata-se de um direito novo, que consiste na inserção de uma marca nos dados pessoais conservados, visando a posterior limitação do seu tratamento e na obrigação que impende sobre o responsável de responder ao pedido do titular, sem demora injustificada, no prazo de um mês, de acordo com o n.º 3 do artigo 12.º, e expor as suas razões quando indeferir o pedido do exercício deste direito. Os principais fundamentos para o indeferimento do pedido são: (i) impossibilidade de verificar a identidade do requerente (cfr. n.º 6 do artigo 12.º)), (ii) falta de junção de procuração ou junção de documento sem poderes suficientes para a prática deste ato e (iii) falta de concretização do pedido, isto é, dos dados pessoais sobre os quais pretende o exercício do direito.

2. O direito à limitação do tratamento pode ser exercido pelo titular dos dados junto do responsável, nos seguintes casos: (i) a contestação da exatidão dos dados pessoais, durante um período que permita ao responsável verificar a sua exatidão, (ii) a ilicitude do tratamento, a oposição do titular ao respetivo apagamento e a solicitação, em contrapartida, da limitação da sua utilização, (iii) a desnecessidade superveniente dos dados para fins de tratamento, mas esses dados sejam requeridos pelo titular para efeitos de declaração, exercício ou defesa de um direito num processo judicial, (iv) oposição do titular ao tratamento, até se verificar que os motivos legítimos do responsável pelo tratamento prevalecem sobre os do titular dos dados.

3. Uma vez exercido o direito à limitação, os dados pessoais objeto desse exercício, só podem ser tratados nas seguintes circunstâncias: (i) mediante consentimento do seu titular, (ii) para efeitos de declaração, exercício ou defesa de um direito num processo judicial, (iii) para defesa dos direitos de outra pessoa singular ou coletiva, ou (iv) por motivos ponderosos de interesse público da União ou de um Estado-Membro. A única exceção que escapa a este elenco é o tratamento para conservação dos dados.

4. A anteposição do advérbio "só" ao elenco das circunstâncias em que os dados pessoais podem ser tratados em momento posterior ao exercício do direito à limitação do tratamento, indica que tal elenco é taxativo. Estas circunstâncias deverão ser informadas ao titular na resposta ao seu pedido – que deverá ser-lhe enviada no prazo de um mês, contado da apresentação do pedido (vide n.º 3 do artigo 12.º) – quando este seja deferido.

5. O n.º 3 prevê uma obrigação do responsável pelo tratamento, ou seja, a informação, a título gratuito (n.º 5 do artigo 12.º) ao titular que tiver obtido a limitação do tratamento antes de ser levantada tal limitação por qualquer motivo lícito.

(Carlos Jorge Gonçalves)

ARTIGO 19.º
Obrigação de notificação da retificação ou apagamento dos dados pessoais ou limitação do tratamento

O responsável pelo tratamento comunica a cada destinatário a quem os dados pessoais tenham sido transmitidos qualquer retificação ou apagamento dos dados pessoais ou limitação do tratamento a que se tenha procedido em conformidade com o artigo 16.º, o artigo 17.º, n.º 1, e o artigo 18.º, salvo se tal comunicação se revelar impossível ou implicar um esforço desproporcionado. Se o titular dos dados o solicitar, o responsável pelo tratamento fornece-lhe informações sobre os referidos destinatários.

COMENTÁRIO:
1. Pelo teor da epígrafe do preceito constata-se que é consagrada uma obrigação cuja prestação consiste na notificação da retificação, do apagamento ou da limitação do tratamento dos dados pessoais aos destinatários.

2. Porém, em bom rigor, este artigo consagra duas obrigações acometidas ao responsável pelo tratamento: (i) a comunicação a cada destinatário a quem os dados pessoais tenham sido transmitidos de qualquer retificação, apagamento ou limitação do tratamento dos dados pessoais e (ii) o fornecimento de informações sobre os destinatários ao titular dos dados, a solicitação deste.

3. A densificação das obrigações está prevista nos dois períodos que compõem o corpo do preceito.

4. No que tange à primeira, concretiza que compete ao responsável pelo tratamento comunicar a cada destinatário a quem os dados pessoais tenham sido transmitidos qualquer retificação, apagamento ou limitação do tratamento dos dados pessoais, na sequência do exercício destes direitos pelo respetivo titular.

5. O responsável fica isento do cumprimento desta obrigação (i) se a comunicação se revelar impossível ou (ii) implicar um esforço desproporcionado.

6. Quanto ao pressuposto alternativo da impossibilidade, estamos perante um conceito jurídico indeterminado, cujo preenchimento valorativo deverá ser empreendido em cada caso concreto. De qualquer forma, as hipóteses de impossibilidade da comunicação deverão ser residuais. Com o desenvolvimento tecnológico a que assistimos, apenas se o responsável pelo tratamento desconhecer alguns dos destinatários a comunicação se revela, obviamente, impossível.

7. O número de hipóteses aumenta, relativamente ao segundo pressuposto de verificação alternativa, que consagra o princípio da proporcionalidade em sentido restrito. Neste caso, a antiguidade dos dados, a pluralidade das fontes da sua recolha, a incidência do tratamento sobre uma grande quantidade de dados pessoais e afetação de um grande número de titulares, as categorias de dados tratados, a dispersão dos destinatários e a transmissão de estabelecimento poderão implicar um esforço desproporcionado para o cumprimento desta obrigação, sendo os custos do responsável muito elevados, face aos dados detidos pelos destinatários.

8. O segundo período do artigo em anotação prevê outra obrigação a cargo do responsável pelo tratamento, amparada no princípio da transparência, que consiste no fornecimento de informações sobre os destinatários ao titular dos dados, a solicitação deste. A prestação integrada nesta obrigação não supõe a respetiva realização proactiva. Contudo, cremos ser boa prática a comunicação aos titulares dos dados, na sequência do seu exercício de um direito, dos destinatários notificados pelo responsável pelo tratamento de tal exercício.

(*Carlos Jorge Gonçalves*)

ARTIGO 20.º
Direito de portabilidade dos dados

1. O titular dos dados tem o direito de receber os dados pessoais que lhe digam respeito e que tenha fornecido a um responsável pelo tratamento, num formato estruturado, de uso corrente e de leitura automática, e o direito de transmitir esses dados a outro responsável pelo tratamento sem que o responsável a quem os dados pessoais foram fornecidos o possa impedir, se:

   a) O tratamento se basear no consentimento dado nos termos do artigo 6.º, n.º 1, alínea *a)*, ou do artigo 9.º, n.º 2, alínea *a)*, ou num contrato referido no artigo 6.º, n.º 1, alínea *b)*; e

   b) O tratamento for realizado por meios automatizados.

   2. Ao exercer o seu direito de portabilidade dos dados nos termos do n.º 1, o titular dos dados tem o direito a que os dados pessoais sejam transmitidos diretamente entre os responsáveis pelo tratamento, sempre que tal seja tecnicamente possível.

   3. O exercício do direito a que se refere o n.º 1 do presente artigo aplica-se sem prejuízo do artigo 17.º. Esse direito não se aplica ao tratamento necessário para o exercício de funções de interesse público ou ao exercício da autoridade pública de que está investido o responsável pelo tratamento.

   4. O direito a que se refere o n.º 1 não prejudica os direitos e as liberdades de terceiros.

COMENTÁRIO:

1. Neste preceito, acha-se consagrado o novo direito à portabilidade dos dados pessoais, associado ao direito de acesso, previsto no artigo 15.º e estribado no princípio do controlo do utilizador, cujo objetivo é conferir poderes de controlo ao titular sobre os seus dados. "Uma vez que possibilita a transmissão direta de dados pessoais entre dois responsáveis pelo tratamento, o direito à portabilidade dos dados constitui igualmente um instrumento importante, que fomentará o livre fluxo de dados pessoais na União, estimulará a concorrência entre os responsáveis pelo tratamento, facilitará a mudança para diferentes prestadores de serviços e promoverá o desenvolvimento de novos serviços no contexto da Estratégia para o Mercado Único Digital.[404]

2. Como já ficou sobredito, este direito deriva diretamente do direito de acesso, subdividido em três direitos, conferidos ao titular dos dados pessoais: o direito de receber os dados pessoais que tenha fornecido a um responsável

---

[404] Cfr. Orientações do Grupo de Trabalho do Artigo 29.º para a Proteção de Dados, adotadas em 13 de dezembro de 2016, com a última redação revista e adotada em 5 de abril de 2017 – 16/PT WP 242 rev.01, pp. 3.

pelo tratamento, o direito de transmitir esses dados a outro responsável pelo tratamento e o direito a que os dados pessoais sejam transmitidos diretamente entre os responsáveis pelo tratamento. "O principal objetivo da portabilidade dos dados é promover o controlo das pessoas sobre os seus dados pessoais e assegurar que desempenham um papel ativo no ecossistema de dados."[405]

3. O direito de receber os dados pessoais que tenha fornecido a um responsável pelo tratamento, implica que este lhos envie num formato (i) estruturado, (ii) de uso corrente e (iii) de leitura automática. De facto, "para reforçar o controlo sobre os seus próprios dados, sempre que o tratamento de dados pessoais for automatizado, o titular dos dados deverá ser autorizado a receber os dados pessoais que lhe digam respeito, que tenha fornecido a um responsável pelo tratamento num formato estruturado, de uso corrente, de leitura automática e interoperável, (...) (cfr. Considerando 68). "A portabilidade dos dados é um direito do titular dos dados a receber um subconjunto dos dados pessoais tratados por um responsável pelo tratamento e que lhe digam respeito, bem como a armazenar esses dados para uso pessoal posterior. Este armazenamento pode ser feito através de um dispositivo privado ou de uma nuvem privada, sem haver necessariamente lugar a uma transmissão dos dados para outro responsável pelo tratamento."[406]

4. O exercício do direito de transmitir esses dados a outro responsável pelo tratamento é efetuado independentemente da vontade do responsável a quem o titular tenha, inicialmente, fornecido os dados pessoais.

5. O direito à transmissão direta dos dados pessoais entre os responsáveis pelo seu tratamento, só poderá processar-se se e quando tal transmissão seja tecnicamente possível.

O Considerando 68, por um lado, proclama que "os responsáveis pelo tratamento de dados deverão ser encorajados a desenvolver formatos interoperáveis que permitam a portabilidade dos dados." E, por outro, afirma que "o direito do titular dos dados a transmitir ou receber dados pessoais que lhe digam respeito não deverá implicar para os responsáveis pelo tratamento a obrigação de adotar ou manter sistemas de tratamento que sejam tecnicamente compatíveis." Como é cristalino, o desenvolvimento de formatos interoperáveis será preterido em

---

[405] Cfr. Nota de rodapé 1 das Orientações citadas, pp. 4.
[406] Orientações citadas, pp. 5.

favor da persistência de incompatibilidade técnica entre sistemas de tratamento de dados inviabilizando o pleno exercício do direito consagrado no artigo em anotação.

6. O direito à portabilidade de dados pessoais, consubstanciado na sua transmissão direta entre responsáveis pelo seu tratamento facilitaria a fluidez de dados pessoais e simplificaria, *verbi gratia*, a vida dos consumidores, atenuando as barreiras à concorrência e permitindo mudanças de fornecedores, promovendo o seu poder de opção no mercado, designadamente das telecomunicações, dos fornecedores de energia elétrica, das companhias de seguros e, não raras vezes, de unidades de saúde. Todavia, infelizmente, não sendo obrigatório o desenvolvimento de formatos interoperáveis, os obstáculos para os titulares dos dados no exercício do direito de transmissão direta dos seus dados entre responsáveis e a vida dos consumidores naqueles mercados permanecerá muito difícil.

7. Em qualquer caso, se não se revelar tecnicamente possível a transmissão direta dos dados pessoais entre os responsáveis, o responsável transmissor deverá comunicar tal impossibilidade ao titular dos dados e enviar-lhe, em anexo a esta comunicação, cópia dos seus dados pessoais que são objeto de tratamento. Resta saber se, não obstante a transmissão dos dados entre os responsáveis pelo seu tratamento ser tecnicamente possível, o titular pode optar pelo exercício do direito de, ele próprio, receber os dados pessoais que tenha fornecido a um responsável pelo tratamento e, sequencialmente, exercer o direito de transmitir esses dados pessoais ao novo responsável pelo seu tratamento. Se for tecnicamente possível a transmissão direta, o titular terá à sua disposição o exercício do direito de receber os dados ou o direito de solicitar a transmissão direta entre responsáveis.

8. "Os responsáveis pelo tratamento de dados que respondam a pedidos de portabilidade dos dados, de acordo com as condições estabelecidas no artigo 20.º, não são responsáveis por um tratamento realizado pelo titular dos dados ou por outra empresa que receba os dados pessoais. Agem em nome do titular dos dados, incluindo quando os dados pessoais são transmitidos diretamente a outro responsável pelo tratamento. Neste contexto, não compete ao responsável pelo tratamento assegurar o cumprimento da legislação relativa à proteção de dados por parte do responsável pelo tratamento recetor, tendo em conta que não cabe ao responsável pelo tratamento remetente escolher o destinatário. Paralelamente, os responsáveis pelo tratamento devem prever salvaguardas no sentido de garantir que agem verdadeiramente em nome do titular dos dados. Podem, por exemplo, estabelecer procedimentos destinados a assegurar que o tipo de dados pessoais transmitidos corresponde efetivamente aos dados que o respetivo titular pretende transmitir. Para esse efeito, pode ser solicitada a confirmação do titular dos dados, antes da transmissão ou numa fase ainda mais precoce, quando é dado o consentimento inicial ao tratamento ou quando é celebrado o contrato."[407]

9. Como quer que seja, o exercício destes direitos está subordinado à verificação cumulativa de quatro pressupostos: (i) incidência sobre dados fornecidos pelo titular, (ii) tratamento baseado no consentimento ou baseado na execução de um contrato no qual o titular dos dados é parte, (iii) tratamento realizado por meios automatizados e (iv) tratamento circunscrito aos dados respeitantes ao titular.

10. Como sintetiza o Considerando 68, relativamente aos primeiros dois pressupostos, "esse direito deverá aplicar-se também se o titular dos dados tiver fornecido os dados pessoais com base no seu consentimento ou se o tratamento for necessário para o cumprimento de um contrato. Não deverá ser aplicável se o tratamento se basear num fundamento jurídico que não seja o consentimento ou um contrato. Note-se que, no tocante aos dados fornecidos pelo titular, é possível estabelecer uma distinção entre as diferentes categorias de dados, em função da sua origem, no sentido de determinar se são abrangidas pelo direito à portabilidade dos dados. As seguintes categorias podem ser classificadas como «fornecidas pelo titular dos dados»: dados fornecidos pelo titular dos dados de forma ativa e consciente (p. ex., endereço postal, nome de utilizador, idade, etc.); dados observados fornecidos pelo titular dos dados, em virtude da utilização do serviço ou do dispositivo. Podem incluir, por exemplo, o histórico das pesquisas realizadas por uma pessoa, dados de tráfego e dados de localização. Podem igualmente incluir outros dados brutos, como, por exemplo, o ritmo cardíaco monitorizado por um dispositivo vestível («wearable»). Em contrapartida, os dados inferidos e os dados derivados são criados pelo responsável pelo tratamento com base nos dados «fornecidos pelo titular dos dados». Por exemplo, o resultado de uma avaliação da saúde de um utilizador ou o perfil criado no âmbito das regulamentações de gestão dos riscos e do setor financeiro (p. ex., para atribuir uma pontuação de crédito ou cumprir regras de combate ao branqueamento de capitais) não podem, em si, ser considerados dados «fornecidos

---

[407] Orientações citadas, pp. 7.

pelo» titular dos dados. Ainda que esses dados possam fazer parte de um perfil conservado por um responsável pelo tratamento e sejam inferidos ou derivados de uma análise dos dados fornecidos pelo titular dos dados (p. ex., através das suas ações), regra geral, estes dados não serão considerados «fornecidos pelo titular dos dados» e, por conseguinte, não serão abrangidos pelo âmbito deste novo direito."[408]

11. Note-se que o direito à portabilidade dos dados tão-somente poderá ser exercido se o tratamento for realizado por meios automatizados. Mal se compreende a *ratio legis* deste preceito para excluir do exercício deste direito os dados pessoais, cujo tratamento foi realizado por meios manuais ou não automatizados, tanto mais que de acordo com o n.º 7 do artigo 35.º da CRP, "os dados pessoais constantes de ficheiros manuais gozam de proteção idêntica à prevista nos números anteriores, nos termos da lei." Deste modo, o direito à portabilidade deveria incluir todos os dados pessoais, atenta a sua idêntica proteção constitucional e mesmo no RGPD. Tendo em conta a definição de «Tratamento» de dados pessoais, constante do n.º 3) do artigo 4.º deste Regulamento, que vai ao encontro do n.º 7 do artigo 35.º da CRP, o tratamento não automatizado dos dados pessoais assume a mesma importância do tratamento automatizado, não se compreendendo, portanto, esta opção legislativa por apenas permitir o exercício deste direito sobre os dados informáticos, fornecidos pelo respetivo titular.

12. Pode muito bem suceder que um determinado responsável trate os dados apenas de forma não automatizada ou trate alguns do mesmo titular de forma automática e outros de forma manual. Neste caso, o titular beneficia apenas da portabilidade dos dados automatizados. *Verbi gratia*, a transferência de um utente do Serviço Nacional de Saúde entre centros de saúde, a transferência de um aluno entre escolas, a mobilidade de um trabalhador entre entidades patronais ou a transferência de um tomador de seguros entre seguradoras. Muitas vezes, sobretudo as entidades patronais mantêm os processos individuais dos seus trabalhadores em suporte papel.

13. No tocante ao pressuposto de os dados respeitarem ao seu titular, convém sublinhar que, "em diversas circunstâncias, os responsáveis pelo tratamento procedem ao tratamento de informações que contêm os dados pessoais de vários titulares de dados. Nestes casos, os responsáveis pelo tratamento não

---

[408] Orientações citadas, pps. 11-12.

devem fazer uma interpretação demasiado restritiva da frase «dados pessoais no que diz respeito ao titular dos dados». A título de exemplo, os registos de chamadas telefónicas e de VoIP ou de mensagens interpessoais podem incluir (no histórico da conta do assinante) informação detalhada sobre terceiros que participaram nas chamadas recebidas ou efetuadas. Embora os registos contenham, portanto, dados pessoais relativos a várias pessoas, os assinantes devem poder aceder a estes registos no seguimento de pedidos de portabilidade dos dados, uma vez que os registos dizem (igualmente) respeito ao titular dos dados. No entanto, se esses registos forem subsequentemente transmitidos a um novo responsável pelo tratamento, este último não deve tratá-los para qualquer finalidade suscetível de prejudicar os direitos e as liberdades de terceiros."[409]

14. Para que os dados pessoais do titular que exerce o direito de portabilidade sejam eliminados dos ficheiros do responsável transmissor, não basta requerer a sua portabilidade, é também necessário que o titular exerça o Direito ao apagamento dos dados («direito a ser esquecido»), invocando, designadamente, que os dados pessoais deixaram de ser necessários para a finalidade que motivou a sua recolha ou tratamento ou alegando que retira o consentimento em que se baseia o tratamento dos dados e que inexiste outro fundamento jurídico para a manutenção do tratamento.

15. "Quando uma pessoa exerce o seu direito à portabilidade dos dados, fá-lo sem prejuízo de qualquer outro direito (tal como sucede com qualquer outro direito no âmbito do RGPD). Um titular de dados pode continuar a utilizar e beneficiar dos serviços do responsável pelo tratamento mesmo após uma operação de portabilidade dos dados. A portabilidade dos dados não desencadeia automaticamente o apagamento dos dados provenientes dos sistemas do responsável pelo tratamento e não afeta o período de conservação inicialmente aplicável aos dados que tiverem sido transmitidos. O titular dos dados pode exercer os seus direitos, desde que o responsável pelo tratamento esteja ainda a tratar os dados."[410] Efetivamente, não fará qualquer sentido que o titular dos dados, no âmbito do exercício do direito à sua portabilidade, apenas exerça o direito de receber os dados pessoais que tenha fornecido a um responsável pelo tratamento sem pretender a sua posterior transmissão para outro responsável. Num caso como este, poderemos estar perante o exercício, por parte do titular

---

[409] Orientações citadas, pp. 11.
[410] Orientações citadas, pp. 8.

dos dados, do Direito de acesso ou do direito ao apagamento dos dados («direito a ser esquecido» se, neste último caso, formular o pedido para esse efeito.

16. Em caso de requerimento do pedido de exercício do direito de portabilidade, o responsável pelo tratamento deverá responder, no prazo de um mês, a contar da data de receção do pedido, podendo este prazo ser prorrogado até dois meses, quando for necessário, tendo em conta a complexidade do pedido e o número de pedidos, em conformidade com o n.º 3 do artigo 12.º deste Regulamento, notificando o requerente que procedeu à efetivação do direito do titular à portabilidade, anexando à resposta uma cópia dos dados portabilizados. Na situação de exercício do direito à transmissão direta dos dados pessoais entre os responsáveis pelo seu tratamento, sendo deferido o pedido de exercício do direito de portabilidade, o responsável deverá notificar o titular, comunicando-lhe a remessa à entidade responsável que foi indicada aquando da formulação do pedido, cópia dos dados pessoais, objeto de tratamento por parte do responsável transmissor.

17. Os pedidos de exercício do direito à portabilidade dos dados poderão ser indeferidos, com base na impossibilidade de verificação da identidade do requerente, na ilegitimidade ativa do requerente, na falta de justificação documental de representação para deduzir o pedido, na falta de base consentimental para o tratamento, na inexistência de relação contratual entre o titular dos dados e o responsável pelo seu tratamento, no tratamento dos dados cuja portabilidade foi requerida por meios não automatizados e na não obtenção dos dados sobre os quais incide a pretensão de exercício do direito à portabilidade pelo responsável junto do seu titular.

18. Impossibilidade de verificação da identidade do requerente. – Desconhecendo-se a identidade correta do requerente, ignora-se igualmente o titular dos dados objeto do pedido. A identidade tem que ser verificada, nos termos do n.º 6 do artigo 12.º.

19. Falta de legitimidade ativa para formular o pedido. – Se um determinado sujeito não é titular dos dados pessoais sobre os quais pretende exercer o direito à portabilidade, o pedido deverá ser indeferido, por falta de legitimidade ativa para o efeito.

20. Falta de justificação documental de representação para deduzir o pedido. – Se pedido foi formulado por um representante que não juntou documento comprovativo dessa qualidade, com os imprescindíveis poderes para a prática do ato, não será possível deferir tal pedido, enquanto subsistir a irregularidade procedimental.

21. Falta de base consentimental ou inexistência de relação contratual entre o titular dos dados e o responsável pelo seu tratamento. – Se O tratamento dos dados, efetuado pelo responsável não se basear no consentimento do seu titular nem em contrato celebrado entre este e aquele, encontra-se ausente um dos pressupostos imprescindíveis para o exercício do direito à portabilidade, previsto na alínea a) do n.º 1 do artigo em anotação.

22. Tratamento dos dados cuja portabilidade foi requerida por meios não automatizados. – Conforme já vimos acima, a automatização do tratamento dos dados é um requisito *sine qua non*, para o exercício do direito à portabilidade, nos termos da alínea B) do n.º 1 do artigo em anotação.

23. Não obtenção dos dados sobre os quais incide a pretensão de exercício do direito à portabilidade pelo responsável junto do seu titular. – Se o responsável pelo tratamento dos dados não os obteve junto do respetivo titular, mas aqueles lhe foram facultados por terceiros, constitui um facto impeditivo do exercício do direito. Porém, o titular dos dados poderá equacionar a hipótese de, junto desse outro responsável pelo tratamento, exercer o direito em causa.

24. Conquanto os fundamentos para deferir o pedido estejam reunidos, designadamente os pressupostos para a concessão do direito à portabilidade, há restrições ao seu exercício, previstas na segunda parte do n.º 3 e no n.º 4, ambos do artigo em anotação: o cumprimento de uma missão de interesse público ou o exercício de poderes públicos e o Conflito com direitos e liberdades de terceiros.

25. Cumprimento de uma missão de interesse público ou no exercício de poderes públicos. – Se o tratamento dos dados pessoais sobre os quais o titular pretende exercer o seu direito de portabilidade for necessário para o cumprimento, por parte do responsável pelo tratamento, de uma missão realizada por interesse público ou no exercício dos poderes públicos, cuja execução implique o tratamento de tais dados, o exercício do direito não poderá ocorrer. De harmonia com a segunda parte do n.º 3 do artigo em anotação. De acordo com o considerando 68, "Por natureza própria, esse direito não deverá ser exercido em relação aos responsáveis pelo tratamento que tratem dados pessoais na prossecução das suas atribuições públicas. Por conseguinte, esse direito não deverá ser aplicável quando o tratamento de dados pessoais for necessário para o cumprimento de uma obrigação jurídica à qual o responsável esteja sujeito, para o exercício de atribuições de interesse público ou para o exercício da autoridade pública de que esteja investido o responsável pelo tratamento."

26. Conflito com direitos e liberdades de terceiros. – O exercício do direito à portabilidade solicitado poderia afetar de modo negativo os direitos e liberdades de terceiros, por exemplo a liberdade de expressão. O Considerando 68 precisa que, "quando um determinado conjunto de dados pessoais disser respeito a mais de um titular, o direito de receber os dados pessoais não deverá prejudicar os direitos e liberdades de outros titulares de dados nos termos do presente regulamento. Neste sentido, o responsável recetor não pode, por exemplo, utilizar dados pessoais de outras pessoas inseridos na lista de contactos do titular de dados para fins de promoção comercial (propor produtos e serviços de marketing), para completar o perfil do titular de dados terceiro e recriar o seu ambiente social sem o seu conhecimento e consentimento e para recuperar informações acerca destes terceiros e criar perfis específicos.[411]

(Alexandre Sousa Pinheiro/Carlos Jorge Gonçalves)

SECÇÃO 4
Direito de oposição e decisões individuais automatizadas

ARTIGO 21.º
Direito de oposição

1. O titular dos dados tem o direito de se opor a qualquer momento, por motivos relacionados com a sua situação particular, ao tratamento dos dados pessoais que lhe digam respeito com base no artigo 6.º, n.º 1, alínea e) ou f), ou no artigo 6.º, n.º 4, incluindo a definição de perfis com base nessas disposições. O responsável pelo tratamento cessa o tratamento dos dados pessoais, a não ser que apresente razões imperiosas e legítimas para esse tratamento que prevaleçam sobre os interesses, direi-

---

[411] Cfr. Orientações citadas, pps. 13-14.

tos e liberdades do titular dos dados, ou para efeitos de declaração, exercício ou defesa de um direito num processo judicial.

2. Quando os dados pessoais forem tratados para efeitos de comercialização direta, o titular dos dados tem o direito de se opor a qualquer momento ao tratamento dos dados pessoais que lhe digam respeito para os efeitos da referida comercialização, o que abrange a definição de perfis na medida em que esteja relacionada com a comercialização direta.

3. Caso o titular dos dados se oponha ao tratamento para efeitos de comercialização direta, os dados pessoais deixam de ser tratados para esse fim.

4. O mais tardar no momento da primeira comunicação ao titular dos dados, o direito a que se referem os n.ºs 1 e 2 é explicitamente levado à atenção do titular dos dados e é apresentado de modo claro e distinto de quaisquer outras informações.

5. No contexto da utilização dos serviços da sociedade da informação, e sem prejuízo da Diretiva 2002/58/CE, o titular dos dados pode exercer o seu direito de oposição por meios automatizados, utilizando especificações técnicas.

6. Quando os dados pessoais forem tratados para fins de investigação científica ou histórica ou para fins estatísticos, nos termos do artigo 89.º, n.º 1, o titular dos dados tem o direito de se opor, por motivos relacionados com a sua situação particular, ao tratamento dos dados pessoais que lhe digam respeito, salvo se o tratamento for necessário para a prossecução de atribuições de interesse público.

COMENTÁRIO:

1. A proposta apresentada pela comissão tinha ao alcance bem mais diminuto do que o atual artigo em comentário.[412]

---

[412] "1. O titular dos dados tem o direito de se opor em qualquer momento, por motivos relacionados com a sua situação particular, ao tratamento dos seus dados pessoais com base no artigo 6.º, n.º 1, alíneas d), e) e f), salvo se o responsável pelo tratamento apresentar razões imperiosas e legítimas que prevaleçam sobre os interesses ou direitos e liberdades fundamentais da pessoa em causa.

2. Sempre que os dados pessoais são tratados para efeitos de comercialização direta, o titular dos dados tem o direito de se opor ao tratamento dos seus dados pessoais tendo em vista essa comercialização. Este direito deve ser explicitamente comunicado ao titular dos dados de forma compreensível e deve ser claramente distinguido de outras informações.

O exercício do direito de oposição pressupõe a existência de um tratamento de dados legítimo que tenha como fundamento de legitimidade não o consentimento, nem uma obrigação legal, mas a prossecução do interesse público (alínea e), do n.º 1, do artigo 6.º), a realização de interesses legítimos do responsável pelo tratamento ou de um terceiro (alínea f), do n.º 1, do artigo 6.º), ou as condições previstas no n.º 4 do artigo 6.º.

Este direito não se considera aplicável se o responsável pelo apresentar uma ponderação de interesses em que invoque "razões imperiosas e legítimas para esse tratamento que prevaleçam sobre os interesses, direitos e liberdades do titular dos dados." Trata-se dos requisitos de aplicação do interesse legítimo como fundamento de legitimidade para o tratamento de dados pessoais.

O responsável pelo tratamento não deixa de proceder ao tratamento se estiver em causa declaração, exercício ou defesa de um direito em processo judicial.

De acordo com o Considerando (69):

"No caso de um tratamento de dados pessoais lícito realizado por ser necessário ao exercício de funções de interesse público ou ao exercício da autoridade pública de que está investido o responsável pelo tratamento ou ainda por motivos de interesse legítimo do responsável pelo tratamento ou de terceiros, o titular não deverá deixar de ter o direito de se opor ao tratamento dos dados pessoais que digam respeito à sua situação específica. Deverá caber ao responsável pelo tratamento provar que os seus interesses legítimos imperiosos prevalecem sobre os interesses ou direitos e liberdades fundamentais do titular dos dados."[413]

2. O tratamento de dados para efeitos de comercialização direta, permite que o titular dos dados se oponha a qualquer momento ao tratamento dos dados pessoais que lhe digam respeito para os efeitos da referida comercialização (n.º 2). Se assim for, os dados pessoais deixam de ser tratados para esse fim (n.º 3).

3. Se for mantida a oposição nos termos dos n.ºs 1 e 2, o responsável pelo tratamento deixa de utilizar ou tratar de outra forma os dados pessoais em causa."

[413] Importa aqui considerar o Considerando (47): "Os interesses legítimos dos responsáveis pelo tratamento, incluindo os dos responsáveis a quem os dados pessoais possam ser comunicados, ou de terceiros, podem constituir um fundamento jurídico para o tratamento, desde que não prevaleçam os interesses ou os direitos e liberdades fundamentais do titular, tomando em conta as expectativas razoáveis dos titulares dos dados baseadas na relação com o responsável (...)."

O Considerando (70) trata desta matéria:

"Sempre que os dados pessoais forem objeto de tratamento para efeitos de comercialização direta, o titular deverá ter o direito de se opor, em qualquer momento e gratuitamente, a tal tratamento, incluindo a definição de perfis na medida em que esteja relacionada com a referida comercialização, quer se trate do tratamento inicial quer do tratamento posterior. Esse direito deverá ser explicitamente levado à atenção do titular e apresentado de modo claro e distinto de quaisquer outras informações."

3. Numa redação muito complexa, o n.º 4 prevê que *o mais tardar no momento da primeira comunicação ao titular dos dados, o direito a que se referem os n.ºs 1 e 2 é explicitamente levado à atenção do titular dos dados.*

Esta "chamada de atenção" deve tomar em consideração as razões que levam a manter o tratamento de dados pessoais, ou a comunicação de que vai terminar.

4. De acordo com o n.º 5 o titular dos dados pode exercer o direito de oposição nos termos da Diretiva 2002/58/CE.

A final, o titular dos dados pode opor-se ao tratamento de dados pessoais para fins de investigação científica ou histórica ou para fins estatísticos, nos termos do n.º 1, do artigo 89.º, salvo se o tratamento for necessário para a prossecução de atribuições de interesse público.

(*Alexandre Sousa Pinheiro*)

ARTIGO 22.º
Decisões individuais automatizadas, incluindo definição de perfis

1. O titular dos dados tem o direito de não ficar sujeito a nenhuma decisão tomada exclusivamente com base no tratamento automatizado, incluindo a definição de perfis, que produza efeitos na sua esfera jurídica ou que o afete significativamente de forma similar.

2. O n.º 1 não se aplica se a decisão:

a) For necessária para a celebração ou a execução de um contrato entre o titular dos dados e um responsável pelo tratamento;

b) For autorizada pelo direito da União ou do Estado-Membro a que o responsável pelo tratamento estiver sujeito, e na qual estejam igualmente previstas medidas adequadas para salvaguardar os direitos e liberdades e os legítimos interesses do titular dos dados; ou

c) For baseada no consentimento explícito do titular dos dados.

3. Nos casos a que se referem o n.º 2, alíneas *a)* e *c)*, o responsável pelo tratamento aplica medidas adequadas para salvaguardar os direitos e liberdades e legítimos interesses do titular dos dados, designadamente o direito de, pelo menos, obter intervenção humana por parte do responsável, manifestar o seu ponto de vista e contestar a decisão.

4. As decisões a que se refere o n.º 2 não se baseiam nas categorias especiais de dados pessoais a que se refere o artigo 9.º, n.º 1, a não ser que o n.º 2, alínea *a)* ou *g)*, do mesmo artigo sejam aplicáveis e sejam aplicadas medidas adequadas para salvaguardar os direitos e liberdades e os legítimos interesses do titular.

COMENTÁRIO:

1. Este direito estava já previsto no artigo 15.º da Diretiva 95/46/CE, de 24 de outubro[414], em termos distintos do artigo em anotação. O n.º 1 consigna o direito e o n.º 2 prevê as exceções, sem aludir ao consentimento do titular dos dados.

2. O artigo em anotação consagra o direito à não sujeição a decisões individuais automatizadas, suscetíveis de ser tomadas por um responsável pelo tratamento, baseadas nos dados pessoais do titular, constantes do sistema informático daquele.

---

[414] Artigo 15.º
Decisões individuais automatizadas
1. Os Estados-membros reconhecerão a qualquer pessoa o direito de não ficar sujeita a uma decisão que produza efeitos na sua esfera jurídica ou que a afete de modo significativo, tomada exclusivamente com base num tratamento automatizado de dados destinado a avaliar determinados aspetos da sua personalidade, como por exemplo a sua capacidade profissional, o seu crédito, confiança de que é merecedora, comportamento.
2. Os Estados-membros estabelecerão, sob reserva das restantes disposições da presente diretiva, que uma pessoa pode ficar sujeita a uma decisão do tipo referido no n.º 1 se a mesma:
a) For tomada no âmbito da celebração ou da execução de um contrato, na condição de o pedido de celebração ou execução do contrato apresentado pela pessoa em causa ter sido satisfeito, ou de existirem medidas adequadas, tais como a possibilidade de apresentar o seu ponto de vista, que garantam a defesa dos seus interesses legítimos; ou
b) For autorizada por uma lei que estabeleça medidas que garantam a defesa dos interesses legítimos da pessoa em causa.

3. Nos termos do n.º 4 do artigo 4.º, "perfis" corresponde a "(...) qualquer forma de tratamento automatizado de dados pessoais que consista em utilizar esses dados pessoais para avaliar certos aspetos pessoais de uma pessoa singular, nomeadamente para analisar ou prever aspetos relacionados com o seu desempenho profissional, a sua situação económica, saúde, preferências pessoais, interesses, fiabilidade, comportamento, localização ou deslocações". A conceção de perfis visa dois objetivos: (i) tratamento automatizado de dados pessoais e (ii) utilização desses dados para avaliar certos aspetos pessoais de uma pessoa singular.

4. O considerando (30) acrescenta que "as pessoas singulares podem ser associadas a identificadores por via eletrónica, fornecidos pelos respetivos aparelhos, aplicações, ferramentas e protocolos, tais como endereços IP (protocolo internet) ou testemunhos de conexão (cookie) ou outros identificadores, como as etiquetas de identificação por radiofrequência. Estes identificadores podem deixar vestígios que, em especial quando combinados com identificadores únicos e outras informações recebidas pelos servidores, podem ser utilizados para a definição de perfis e a identificação das pessoas singulares." As pegadas eletrónicas, deixadas pelos identificadores por via eletrónica, associadas a identificadores únicos e outras informações recebidas pelos servidores, são suscetíveis de identificar as pessoas e, sobretudo, de construir, automaticamente, os seus perfis.

5. O n.º 1 consagra o direito do titular dos dados a não ficar sujeito a nenhuma decisão tomada exclusivamente com base no tratamento automatizado, que poderá incluir uma medida, que avalie aspetos pessoais que lhe digam respeito (como a recusa automática de um pedido de crédito por via eletrónica ou práticas de recrutamento eletrónico), incluindo a definição de perfis, mediante qualquer forma de tratamento automatizado de dados pessoais para avaliar aspetos pessoais relativos a uma pessoa singular, em especial a análise e previsão de aspetos relacionados com o desempenho profissional, a situação económica, saúde, preferências ou interesses pessoais, fiabilidade ou comportamento, localização ou deslocações do titular dos dados (cfr. Considerando (71)). Este direito de não sujeição a decisões automatizadas abrange apenas aquelas que (i) produza efeitos na sua esfera jurídica ou (ii) o afetem significativamente de forma similar.

6. Nem se antolha que outras decisões automatizadas pudessem sujeitar o titular dos dados. Esta disposição parece, pois, tautológica, uma vez que, se as decisões não produzirem efeitos na esfera jurídica do titular, dificilmente o afetam. Efetivamente, mesmo no que tange às decisões a que o titular dos dados não deve estar sujeito, não se vislumbra o significado do conceito de afetação significativa de forma similar à produção de efeitos na sua esfera jurídica. É que, neste caso, não basta qualquer afetação, esta tem que ser significativa e em domínios semelhantes à esfera jurídica do titular. Melhor seria se o preceito aludisse, tão-somente, às decisões que afetem a esfera jurídica do titular.

7. O n.º 2 enuncia os casos em que o direito de não sujeição se não aplica: (i) se a decisão for necessária para a celebração ou a execução de um contrato entre o titular dos dados e um responsável pelo tratamento; (ii) se a decisão for autorizada pelo direito da União ou do Estado-Membro a que o responsável pelo tratamento estiver sujeito (incluindo para efeitos de controlo e prevenção de fraudes e da evasão fiscal, conduzida nos termos dos regulamentos, normas e recomendações das instituições da União ou das entidades nacionais de controlo), e na qual estejam igualmente previstas medidas adequadas para salvaguardar os direitos e liberdades e os legítimos interesses do titular dos dados; ou (iii) se a decisão for baseada no consentimento explícito do titular dos dados. A sujeição a decisões automatizadas pode derivar de fonte legal ou da vontade do titular dos dados, mediante a celebração de um contrato com o responsável pelo tratamento ou através da prestação de consentimento.

8. De acordo com o n.º 3, nos casos em que a decisão proceda, direta ou indiretamente, da vontade do titular dos dados, o responsável pelo tratamento aplica medidas adequadas para salvaguardar os direitos e liberdades e legítimos interesses daquele, designadamente a informação específica ao titular dos dados, ou seja, o direito de obter a intervenção humana, de manifestar o seu ponto de vista, de obter uma explicação sobre a decisão tomada na sequência dessa avaliação e de contestar a decisão. As medidas adequadas estão mencionadas a título meramente exemplificativo, o que significa que poderão ser adotadas outras.

9. O n.º 4 dispõe que as decisões automatizadas provenientes de fonte legal, nas quais estejam igualmente previstas medidas adequadas para salvaguardar os direitos e liberdades e os legítimos interesses do titular dos dados, não se baseiam nos dados pessoais reveladores da origem racial ou étnica, das opiniões políticas, das convicções religiosas ou filosóficas, ou da filiação sindical, nos dados genéticos, nos dados biométricos para identificar uma pessoa de forma inequívoca, nos dados relativos à saúde ou nos dados relativos à vida sexual ou orientação sexual. Em seguida apresenta uma exceção à exceção: o titular pode estar sujeito a decisões automatizadas, no âmbito das categorias de dados cita-

das, se tiver dado o seu consentimento explícito ou se o tratamento for necessário por motivos de interesse público importante e sejam aplicadas as medidas adequadas, baseadas em tratamentos automatizados.

(*Alexandre Sousa Pinheiro/Carlos Jorge Gonçalves*)

SECÇÃO 5
Limitações

ARTIGO 23.º
Limitações

1. O direito da União ou dos Estados-Membros a que estejam sujeitos o responsável pelo tratamento ou o seu subcontratante pode limitar por medida legislativa o alcance das obrigações e dos direitos previstos nos artigos 12.º a 22.º e no artigo 34.º, bem como no artigo 5.º, na medida em que tais disposições correspondam aos direitos e obrigações previstos nos artigos 12.º a 22.º, desde que tal limitação respeite a essência dos direitos e liberdades fundamentais e constitua uma medida necessária e proporcionada numa sociedade democrática para assegurar, designadamente:

a) A segurança do Estado;

b) A defesa;

c) A segurança pública;

d) A prevenção, investigação, deteção ou repressão de infrações penais, ou a execução de sanções penais, incluindo a salvaguarda e a prevenção de ameaças à segurança pública;

e) Outros objetivos importantes do interesse público geral da União ou de um Estado-Membro, nomeadamente um interesse económico ou financeiro importante da União ou de um Estado-Membro, incluindo nos domínios monetário, orçamental ou fiscal, da saúde pública e da segurança social;

f) A defesa da independência judiciária e dos processos judiciais;

g) A prevenção, investigação, deteção e repressão de violações da deontologia de profissões regulamentadas;

h) Uma missão de controlo, de inspeção ou de regulamentação associada, ainda que ocasionalmente, ao exercício da autoridade pública, nos casos referidos nas alíneas *a)* a *e)* e *g)*;

i) A defesa do titular dos dados ou dos direitos e liberdades de outrem;
j) A execução de ações cíveis.

2.Em especial, as medidas legislativas referidas no n.o 1 incluem, quando for relevante, disposições explícitas relativas, pelo menos:

a) Às finalidades do tratamento ou às diferentes categorias de tratamento;

b) Às categorias de dados pessoais;

c) Ao alcance das limitações impostas;

d) Às garantias para evitar o abuso ou o acesso ou transferência ilícitos;

e) À especificação do responsável pelo tratamento ou às categorias de responsáveis pelo tratamento;

f) Aos prazos de conservação e às garantias aplicáveis, tendo em conta a natureza, o âmbito e os objetivos do tratamento ou das categorias de tratamento;

g) Aos riscos específicos para os direitos e liberdades dos titulares dos dados; e

h) Ao direito dos titulares dos dados a serem informados da limitação, a menos que tal possa prejudicar o objetivo da limitação.

COMENTÁRIO:
1. A limitação ao alcance dos direitos e obrigações estava já prevista no artigo 9.º da Convenção do Conselho da Europa para a Proteção das Pessoas relativamente ao Tratamento Automatizado de Dados de Carácter Pessoal de 28 de janeiro de 1981[415] e na Diretiva (cfr. considerandos (42) a (44) e artigo 13.º).[416]

---

[415] Artigo 9.º
Exceções e restrições
1 – Não é admitida qualquer exceção às disposições dos artigos 5.º, 6.º e 8.º da presente Convenção, salvo dentro dos limites estabelecidos neste artigo.
2 – É possível derrogar as disposições dos artigos 5.º, 6.º e 8.º da presente Convenção quando tal derrogação, prevista pela lei da Parte, constitua medida necessária numa sociedade democrática:
a) Para proteção da segurança do Estado, da segurança pública, dos interesses monetários do Estado ou para repressão das infrações penais;
b) Para proteção do titular dos dados e dos direitos e liberdades de outrem.
3 – Podem ser previstas por lei restrições ao exercício dos direitos referidos nas alíneas b), c) e d) do artigo 8.º relativamente aos ficheiros automatizados de dados de carácter pessoal

O RGPD alarga os fundamentos das limitações, como nota o TJUE, ao mencionar que "(...) o artigo 23.º, n.º 1, alínea e), do Regulamento 2016/679 estende a lista dos motivos de limitações, atualmente prevista no artigo 13.º, n.º 1, da Diretiva 95/46, a «outros objetivos importantes do interesse público geral da União ou de um Estado-Membro»."[417]

2. O n.º 1 deste artigo prevê a possibilidade (não impõe a obrigação), quer da UE, quer dos Estados-Membros, limitarem, por via legislativa, o alcance dos direitos do titular dos dados e das correspondentes obrigações do responsável pelo tratamento. Os direitos que podem ser objeto de restrição são: (i) o direito de acesso, (ii) o direito de retificação, (iii) o direito ao apagamento dos dados («direito a ser esquecido»), (iv) o direito à limitação do tratamento, (v) o direito de portabilidade, (vi) o direito de oposição e (vii) o direito à não sujeição a deci-

---

utilizados para fins de estatística ou de pesquisa científica quando manifestamente não haja risco de atentado à vida privada dos seus titulares.
[416] Artigo 13.º
Derrogações e restrições
1. Os Estados-membros podem tomar medidas legislativas destinadas a restringir o alcance das obrigações e direitos referidos no n.º 1 do artigo 6.º, no artigo 10.º, no n.º 1 do artigo 11.º e nos artigos 12.º e 21.º, sempre que tal restrição constitua uma medida necessária à proteção:
a) Da segurança do Estado;
b) Da defesa;
c) Da segurança pública;
d) Da prevenção, investigação, deteção e repressão de infrações penais e de violações da deontologia das profissões regulamentadas;
e) De um interesse económico ou financeiro importante de um Estado-membro ou da União Europeia, incluindo nos domínios monetário, orçamental ou fiscal;
f) De missões de controlo, de inspeção ou de regulamentação associadas, ainda que ocasionalmente, ao exercício da autoridade pública, nos casos referidos nas alíneas c), d) e e);
g) De pessoa em causa ou dos direitos e liberdades de outrem.
2. Sob reserva de garantias jurídicas adequadas, nomeadamente a de que os dados não serão utilizados para tomar medidas ou decisões em relação a pessoas determinadas, os Estados-membros poderão restringir através de uma medida legislativa os direitos referidos no artigo 12.º nos casos em que manifestamente não exista qualquer perigo de violação do direito à vida privada da pessoa em causa e os dados forem exclusivamente utilizados para fins de investigação científica ou conservados sob forma de dados pessoais durante um período que não exceda o necessário à finalidade exclusiva de elaborar estatísticas.
[417] TJUE, 2.ª Secção, Ac. de 20 de Dezembro de 2017, proferido no Proc. N.º C-434/16, caso Peter Nowak.

sões individuais automatizadas, incluindo definição de perfis. Por seu turno, são as seguintes as obrigações, cujo alcance pode ser objeto de limitação: (i) obrigação de adoção de todas as medidas adequadas para que os dados inexatos, tendo em conta as finalidades para que são tratados, sejam apagados ou retificados sem demora, (ii) obrigação de conservação dos dados de uma forma que permita a identificação dos titulares dos dados apenas durante o período necessário para as finalidades para as quais são tratados, (iii) obrigação de aplicação das medidas técnicas e organizativas adequadas, a fim de salvaguardar os direitos e liberdades do titular dos dados e de garantir a segurança destes, incluindo a proteção contra o seu tratamento não autorizado ou ilícito e contra a sua perda, destruição ou danificação acidental, (iv) obrigação da prestação de informações aquando da recolha e em fase de tratamento dos dados, (v) obrigação de fornecimento de cópia dos dados pessoais em fase de tratamento, no âmbito do exercício dos direitos de acesso e de portabilidade, (vi) obrigação da transmissão direta dos dados pessoais entre os responsáveis pelo tratamento, sempre que tal seja tecnicamente possível, no âmbito do exercício do direito à portabilidade,, (vii) obrigação de notificação da retificação ou apagamento dos dados pessoais ou limitação do tratamento, (viii) obrigação de cessação do tratamento dos dados, em resultado do exercício do direito de oposição e (ix) obrigação da comunicação de uma violação de dados pessoais ao titular dos dados.

3. Estas restrições deverão respeitar as exigências estabelecidas na CDFUE e na Convenção Europeia para a Proteção dos Direitos do Homem e das Liberdades Fundamentais (cfr. Considerando (73)).

4. Entre nós, em conformidade com o n.º 1 do artigo 112.º da CRP, "são atos legislativos as leis, os decretos-leis e os decretos legislativos regionais." As limitações, previstas no artigo em anotação, tratando-se de restrições a direitos fundamentais e às correspondentes obrigações do lado passivo, apenas poderão ser legisladas mediante Lei ou Decreto-Lei autorizado (cfr. alínea b) do n.º 1 do artigo 165.º da CRP), que tem de revestir carácter geral e abstrato e não pode ter efeito retroativo nem diminuir a extensão e o alcance do conteúdo essencial dos preceitos constitucionais (cfr. n.º 2 do artigo 18.º da CRP). As leis restritivas dos direitos acima enunciados devem revestir carácter geral e abstrato, não podem ter efeito retroativo, nem diminuir a extensão e o alcance do conteúdo essencial daqueles direitos (cfr. n.º 3 do artigo 18.º da CRP). As normas restritivas, contidas nos atos legislativos aprovados, deverão mostrar-se necessárias, sendo *conditio sine qua non* à proteção das dimensões estaduais ou europeias identificadas, e deverão ser proporcionais, a fim de não reduzir ou diminuir o conteúdo dos direitos derivados da proteção de dados a ponto de não poderem ser reconhecidos, enquanto tal. Por exemplo, em certas circunstâncias, pode justificar-se que se permita o acesso aos dados, mas restringir o acesso às informações acessórias, atentos os fundamentos da restrição ou pode ser necessário procrastinar o apagamento ou a portabilidade dos dados.

5. As leis restritivas deverão respeitar o conteúdo essencial dos direitos acima citados e constituir uma medida necessária, adequada e proporcionada numa sociedade democrática para salvaguardar, *inter alia*, (a) a segurança do Estado, (b) a defesa, (c) a segurança pública (incluindo a proteção da vida humana, especialmente em resposta a catástrofes naturais ou provocadas pelo homem), (d) a prevenção, investigação, deteção ou repressão de infrações penais, ou a execução de sanções penais, incluindo a salvaguarda e a prevenção de ameaças à segurança pública, (e) outros objetivos importantes do interesse público geral da União ou de um Estado-Membro, nomeadamente um interesse económico ou financeiro importante da União ou de um Estado-Membro, incluindo nos domínios monetário, orçamental ou fiscal, da saúde pública e da segurança social, (f) a defesa da independência judiciária e dos processos judiciais, (g) a prevenção, investigação, deteção e repressão de violações da deontologia de profissões regulamentadas, (h) uma missão de controlo, de inspeção ou de regulamentação associada, ainda que ocasionalmente, ao exercício da autoridade pública, nos casos referidos nas alíneas a) a e) e g), (i) a defesa do titular dos dados ou dos direitos e liberdades de outrem e (j) a execução de ações cíveis.

6. As alíneas a) a e) e h) têm a ver com os fins da UE e dos Estados-Membros e as alíneas f) e j) estão associadas ao exercício da função judicial. A alínea g) relaciona-se com as funções administrativa (levada a cabo, no nosso país, pelas associações públicas profissionais representativas dessas profissões) e judicial. Finalmente, a alínea i) tem a ver com a defesa dos direitos fundamentais individuais. A propósito da alínea g), o TJUE declarou que "a atividade de detetive privado que atua por conta de um organismo profissional para investigar violações às regras deontológicas de uma profissão regulamentada, no caso, a de agente imobiliário, é abrangida pela exceção prevista no artigo 13.º, n.º 1, alínea d), da Diretiva 95/46."[418]

7. Nos termos do n.º 2, os atos legislativos incluem, quando for relevante, disposições explícitas, relativas: (i) às finalidades do tratamento ou às diferentes

---

[418] TJUE, Caso IPI, Acórdao de 7 de Novembro de 2013, proferido no Proc. N.º C-473/12.

categorias de tratamento, (ii) às categorias de dados pessoais, (iii) ao alcance das limitações impostas, (iv) às garantias para evitar o abuso ou o acesso ou transferência ilícitos, (v) À especificação do responsável pelo tratamento ou às categorias de responsáveis pelo tratamento, (vi) aos prazos de conservação e às garantias aplicáveis, tendo em conta a natureza, o âmbito e os objetivos do tratamento ou das categorias de tratamento, (vii) aos riscos específicos para os direitos e liberdades dos titulares dos dados e (viii) ao direito dos titulares dos dados a serem informados da limitação, a menos que tal possa prejudicar o objetivo da limitação.

8. O teor das disposições das leis restritivas não poderia ser outro, pois que deve corresponder, genericamente, ao conteúdo do RGPD. Na verdade, as únicas matérias que, de algum modo, se afastam do RGPD são: o alcance das limitações impostas, os riscos específicos para os direitos e liberdades dos titulares dos dados e o direito dos titulares dos dados a serem informados da limitação, a menos que tal possa prejudicar o objetivo da limitação.

(Alexandre Sousa Pinheiro/Carlos Jorge Gonçalves)

CAPÍTULO IV
Responsável pelo tratamento e subcontratante

SECÇÃO 1
Obrigações gerais

ARTIGO 24.º
Responsabilidade do responsável pelo tratamento

1. Tendo em conta a natureza, o âmbito, o contexto e as finalidades do tratamento dos dados, bem como os riscos para os direitos e liberdades das pessoas singulares, cuja probabilidade e gravidade podem ser variáveis, o responsável pelo tratamento aplica as medidas técnicas e organizativas que forem adequadas para assegurar e poder comprovar que o tratamento é realizado em conformidade com o presente regulamento. Essas medidas são revistas e atualizadas consoante as necessidades.

2. Caso sejam proporcionadas em relação às atividades de tratamento, as medidas a que se refere o n.º 1 incluem a aplicação de políticas adequadas em matéria de proteção de dados pelo responsável pelo tratamento.

3. O cumprimento de códigos de conduta aprovados conforme referido no artigo 40.º ou de procedimentos de certificação aprovados conforme referido no artigo 42.º pode ser utilizada como elemento para demonstrar o cumprimento das obrigações do responsável pelo tratamento.

COMENTÁRIO:

1. O n.º 1 consigna duas obrigações indissociáveis do responsável pelo tratamento.

2. A primeira é a obrigação de aplicação das medidas técnicas e organizativas adequadas para assegurar e poder comprovar que o tratamento é realizado em conformidade com o RGPD, tendo em conta a natureza, o âmbito, o contexto, as finalidades do tratamento dos dados, os riscos para os direitos e liberdades das pessoas singulares, cuja probabilidade e gravidade podem ser variáveis, e a eficácia das medidas (cfr. Considerando (74)).

3. O Considerando (75) apresenta uma enumeração exemplificativa de operações de tratamento de dados pessoais suscetíveis de causar danos físicos, materiais ou imateriais, das quais podem resultar riscos para os direitos e liberdades das pessoas singulares: "(...) quando o tratamento possa dar origem à discriminação, à usurpação ou roubo da identidade, a perdas financeiras, prejuízos para a reputação, perdas de confidencialidade de dados pessoais protegidos por sigilo profissional, à inversão não autorizada da pseudonimização, ou a quaisquer outros prejuízos importantes de natureza económica ou social; quando os titulares dos dados possam ficar privados dos seus direitos e liberdades ou impedidos do exercício do controlo sobre os respetivos dados pessoais; quando forem tratados dados pessoais que revelem a origem racial ou étnica, as opiniões políticas, as convicções religiosas ou filosóficas e a filiação sindical, bem como dados genéticos ou dados relativos à saúde ou à vida sexual ou a condenações penais e infrações ou medidas de segurança conexas; quando forem avaliados aspetos de natureza pessoal, em particular análises ou previsões de aspetos que digam respeito ao desempenho no trabalho, à situação económica, à saúde, às preferências ou interesses pessoais, à fiabilidade ou comportamento e à localização ou às deslocações das pessoas, a fim de definir ou fazer uso de perfis; quando forem tratados dados relativos a pessoas singulares vulneráveis, em particular crianças; ou quando o tratamento incidir sobre uma grande quantidade de dados pessoais e afetar um grande número de titulares de dados."

4. "A probabilidade e a gravidade dos riscos para os direitos e liberdades do titular dos dados deverá ser determinada por referência à natureza, âmbito, con-

texto e finalidades do tratamento de dados. Os riscos deverão ser aferidos com base numa avaliação objetiva, que determine se as operações de tratamento de dados implicam risco ou risco elevado." (cfr. Considerando (76)).

5. A segunda obrigação é a da revisão e a atualização dessas medidas técnicas e organizativas, consoante as necessidades. O critério das necessidades que pode implicar a revisão e atualização das medidas fica a cargo do responsável que, em cada momento, deverá ponderar as categorias de dados objeto de tratamento com as medidas adequadas a cada uma delas.

6. O cumprimento de códigos de conduta ou de procedimentos de certificação pode constituir um elemento de prova para o cumprimento destas obrigações (n.º 3).

7. As medidas técnicas e organizativas incluem a aplicação de políticas em matéria de proteção de dados se estas forem adequadas e proporcionais relativamente às atividades de tratamento. Quanto maior for a sensibilidade dos dados tratados mais imperiosa se torna a adoção de políticas de proteção de dados adequadas. Por outro lado, haverá dados pessoais, cuja relevância não justifique a adoção de medidas técnicas e organizativas muito sofisticadas.

(Carlos Jorge Gonçalves)

ARTIGO 25.º
Proteção de dados desde a conceção e por defeito

1. Tendo em conta as técnicas mais avançadas, os custos da sua aplicação, e a natureza, o âmbito, o contexto e as finalidades do tratamento dos dados, bem como os riscos decorrentes do tratamento para os direitos e liberdades das pessoas singulares, cuja probabilidade e gravidade podem ser variáveis, o responsável pelo tratamento aplica, tanto no momento de definição dos meios de tratamento como no momento do próprio tratamento, as medidas técnicas e organizativas adequadas, como a pseudonimização, destinadas a aplicar com eficácia os princípios da proteção de dados, tais como a minimização, e a incluir as garantias necessárias no tratamento, de uma forma que este cumpra os requisitos do presente regulamento e proteja os direitos dos titulares dos dados.

2. O responsável pelo tratamento aplica medidas técnicas e organizativas para assegurar que, por defeito, só sejam tratados os dados pessoais que forem necessários para cada finalidade específica do tratamento. Essa obrigação aplica-se à quantidade de dados pessoais recolhidos, à extensão do seu tratamento, ao seu prazo de conservação e à sua acessibilidade. Em especial, essas medidas asseguram que, por defeito, os dados pessoais não sejam disponibilizados sem intervenção humana a um número indeterminado de pessoas singulares.

3. Pode ser utilizado como elemento para demonstrar o cumprimento das obrigações estabelecidas nos n.ºs 1 e 2 do presente artigo, um procedimento de certificação aprovado nos termos do artigo 42.º.

COMENTÁRIO:

1. A figura essencial da *privacy by design* e da *privacy by default* é Ann Cavoukian que, em 2009, apresentou estes princípios fundamentais da *Privacy by Design*[419]:

"1. Proactive not Reactive; Preventative not Remedial
The Privacy by Design (PbD) approach is characterized by proactive rather than reactive measures. It anticipates and prevents privacy invasive events before they happen. PbD does not wait for privacy risks to materialize, nor does it offer remedies for resolving privacy infractions once they have occurred – it aims to prevent them from occurring. In short, Privacy by Design comes before-the-fact, not after.

2. Privacy as the Default Setting
We can all be certain of one thing – the default rules! Privacy by Design seeks to deliver the maximum degree of privacy by ensuring that personal data are automatically protected in any given IT system or business practice. If an individual does nothing, their privacy still remains intact. No action is required on the part of the individual to protect their privacy – it is built into the system, by default.

3. Privacy Embedded into Design
Privacy by Design is embedded into the design and architecture of IT systems and business practices. It is not bolted on as an add-on, after the fact. The result is that privacy becomes an essential component of the core func-

---

[419] Disponível em https://www.ipc.on.ca/wp-content/uploads/Resources/7foundationalprinciples.pdf (consultado em 18 de novembro de 2018).

tionality being delivered. Privacy is integral to the system, without diminishing functionality.

4. Full Functionality – Positive-Sum, not Zero-Sum

Privacy by Design seeks to accommodate all legitimate interests and objectives in a positive-sum "win-win" manner, not through a dated, zero-sum approach, where unnecessary trade-offs are made. Privacy by Design avoids the pretense of false dichotomies, such as privacy vs. security, demonstrating that it is possible to have both.

5. End-to-End Security – Full Lifecycle Protection

Privacy by Design, having been embedded into the system prior to the first element of information being collected, extends securely throughout the entire lifecycle of the data involved – strong security measures are essential to privacy, from start to finish. This ensures that all data are securely retained, and then securely destroyed at the end of the process, in a timely fashion. Thus, Privacy by Design ensures cradle to grave, secure lifecycle management of information, end-to-end.

6. Visibility and Transparency – Keep it Open

Privacy by Design seeks to assure all stakeholders that whatever the business practice or technology involved, it is in fact, operating according to the stated promises and objectives, subject to independent verification. Its component parts and operations remain visible and transparent, to users and providers alike. Remember, trust but verify.

7. Respect for User Privacy – Keep it User-Centric

Above all, Privacy by Design requires architects and operators to keep the interests of the individual uppermost by offering such measures as strong privacy defaults, appropriate notice, and empowering user-friendly options. Keep it user-centric"

2. Embora a Diretiva 95/46/CE enfatizasse o aspeto da segurança da informação na vertente da salvaguarda da confidencialidade e da integridade dos dados pessoais (art. 17.º) no que respeita às medidas técnicas e organizativas,[420] desta Diretiva já resultava necessariamente a obrigação de implementação, pelos responsáveis pelo tratamento, de medidas técnicas e/ou organizativas

---

[420] Assim como a Lei n.º 67/95, de 26 de outubro, que a transpôs para o nosso ordenamento jurídico, nos seus artigos 14.º e 15.º.

adequadas ao cumprimento geral das obrigações associadas ao tratamento de dados pessoais.[421]

O RGPD desdobra e desenvolve a obrigação de implementação de medidas técnicas e organizativas em duas vertentes: a da segurança dos dados (art. 32.º) e as exigíveis em função dos direitos e obrigações gerais contemplados no RGPD (artigos 24.º e 25.º).

A obrigação de implementação de medidas técnicas e organizativas para a observância dos princípios e obrigações gerais previstos no RGPD surge, assim, autonomizada da efetiva consecução destes mesmos princípios e obrigações, tratando-se assim de uma obrigação de resultados: o responsável pelo tratamento deve aplicar as medidas adequadas e eficazes ao cumprimento do RGPD, devendo estas ser aptas, quer a respeitar os princípios previstos no regulamento, quer a realizar os direitos dos titulares de dados.

Pende sobre o responsável pelo tratamento o ónus de provar que tais medidas se encontram efetivamente implementadas (vide art. 5.º, n.º 2; art. 24.º, n.ºs 2 e 3; e art. 25.º n.º 3).

Por meios técnicos e organizativos, pretende o legislador abarcar não apenas a arquitetura das plataformas físicas, informáticas ou digitais onde decorrerá o tratamento de dados, mas também todos os procedimentos – automatizados ou manuais, com ou sem intervenção humana -, que afetarão o tratamento, aqui abrangendo as normas internas, os processos produtivos, os códigos de conduta (vide art. 24.º, n.ºs 2 e 3).

A determinação, pelo responsável pelo tratamento, dos meios técnicos e organizativos a aplicar ao tratamento de dados pessoais deverá resultar da ponderação, desde logo na conceção do tratamento, dos seguintes critérios:

i. As técnicas mais avançadas existentes no mercado ("*state of the art*");
ii. Os custos da aplicação de tais meios;
iii. A natureza do tratamento;

---

[421] O pelo Grupo de Trabalho do Artigo 29 defendia que o princípio da "*proteção de dados desde a conceção*" manifestava-se já no Considerando 46 da Diretiva 95/46/CE), ao referir "*que a protecção dos direitos e liberdades das pessoas em causa relativamente ao tratamento de dados pessoais exige que sejam tomadas medidas técnicas e organizacionais adequadas tanto aquando da concepção do sistema de tratamento como da realização do próprio tratamento, a fim de manter em especial a segurança e impedir assim qualquer tratamento não autorizado...*" (vide ponto 44 de "O Futuro da Privacidade – Contribuição conjunta para a Consulta da Comissão Europeia sobre o enquadramento jurídico para o direito fundamental à proteção dos dados pessoais" (WP168), adotada em 1 de Dezembro de 2009).

iv. O âmbito, nomeadamente, em termos de categorias de dados, volume de dados tratados, extensão territorial ou número de titulares abrangidos;

v. O contexto do tratamento (vg. existência de transmissão dos dados para subcontratantes, co-responsáveis pelo tratamento, sitos ou não em países terceiros, e/ou organizações internacionais; a conservação dos dados em plataformas virtuais partilhadas ou na *cloud*, dentro ou fora da UE);

vi. As finalidades do tratamento dos dados (que poderão restringir ou exigir a desativação de determinadas funcionalidades ou procedimentos comumente implementados pelo responsável pelo tratamento relativamente a outros tratamentos de dados);

vii. Os riscos do tratamento no que respeita aos direitos e liberdades das pessoas singulares, sendo este graduado não apenas em função da gravidade, em abstrato, da sua verificação; mas também da probabilidade da sua efetiva concretização. Esta abordagem, em conjugação com as obrigações de auditoria periódica, manutenção de evidências para a diminuição e prevenção de riscos, e de melhoria contínua para mitigação de riscos e cumprimento do RGPD, vai ao encontro das melhores práticas e padrões de qualidade.[422]

Esta ponderação e decisão sobre as medidas técnicas e organizativas, *a priori*, aquando da conceção, materializa o princípio da proteção de dados desde a conceção ou *"Data Protection by Design"*[423] consagrado no número um deste artigo 25.º.

O legislador da União impõe, contudo, que tal ponderação e medidas adequadas se realizem também durante todo o ciclo de vida do tratamento de dados, uma vez que poderão verificar-se nesse período alterações às finalidades, ao fundamento de legitimidade, aos riscos, aos meios e ao contexto geral do tratamento, que exijam uma revisão das medidas a aplicar.[424]

Por referência aos princípios, direitos e obrigações previstos no RGPD, a implementação de medidas técnicas e organizativas para o tratamento dos dados pessoais exigirá dos responsáveis pelo tratamento, designadamente seguinte:

(i) licitude, lealdade e transparência [art. 5.º, n.º 1 al. a)]: os dados tratados deverão estar associados ao respetivo fundamento jurídico do tratamento, man-

---

[422] *Vide* Grupo de Trabalho do Artigo 29, "Orientações sobre Avaliação de Impacto de Proteção de Dados (DPIA)..." (WP242 rev.01), adotado em 4 de abril de 2017 (última revisão e adoção em 4 de outubro de 2017); Considerando 90 RGPD; e, como referência, a norma ISO 9001:2015.

[423] Também *"Privacy by Design"*.

[424] Art. 24.º, n.º 1, *in fine*.

tendo-se disponíveis as evidências de legitimidade, incluindo quanto às circunstâncias e requisitos de recolha de consentimento e ao título que fundamenta o tratamento. Deverão, ainda, ser disponibilizadas aos titulares de dados pessoais as informações previstas nos arts. 13.º e 14.º, repetindo-se em caso de alterações ao contéudo do dever de informação[425]. Para efetivação destes princípios, o responsável pelo tratamento poderá ceder certo controlo, a todo o tempo, aos titulares, dos dados que sobre os mesmos estejam a ser tratados, e com possibilidade de prestação e retirada do consentimento, ou de oposição ao tratamento; assegurando, contudo que cada titular apenas terá acesso aos seus próprios dados.[426]

(ii) **Limitação das finalidades e minimização dos dados [art. 5.º, n.º 1 al. b) e c)]**: O responsável pelo tratamento deve abster-se de recolher – acidental ou intencionalmente – dados que não sejam os estritamente necessários às finalidades do tratamento;

(iii) **Exatidão [art. 5.º, n.º 1 al. d)]**: Deve ser assegurada a integridade dos dados e, sempre que razoavelmente possível, a sua atualização;

(iv) **Limitação da conservação [art. 5.º, n.º 1 al. e)]**: O dados devem ser conservados apenas pelo período necessário à prossecução das finalidades do tratamento, pelo que o responsável pelo tratamento deverá proceder ao seu apagamento ou anonimização definitivos decorrido tal período. Para tanto, os dados deverão não apenas estar segregados e "sinalizados" por titular e por categorias, de forma a poderem ser detetados; como também ser passíveis de rastreio e apagamento/anonimização – preferencialmente automática e pré-programada – com base no limite de conservação aplicável;

(v) **Integridade e confidencialidade [art. 5.º, n.º 1 al. f)]**: Assegurar a fiabilidade e segurança dos sistemas ou suportes de conservação dos dados, usando técnicas como a encriptação (cifragem) ou pseudonimização, assim como procedimentos de limitação e autorização de acessos para a intervenção humana, no sentido de proteger a integridade e confidencialidade dos dados. De forma a permitir um sistema de segurança fiável, deverão ser mantidos *logs* de acesso, para controlo e verificação, em sede de auditorias internas, de possíveis acessos não autorizados e implementação de medidas de melhoria dos meios de segu-

---

[425] Vide art. 13.º, n.º 3, e art. 14.º, n.º 4, RGPD.
[426] "Quando possível, o responsável pelo tratamento deverá poder facultar o acesso a um sistema seguro por via eletrónica que possibilite ao titular aceder diretamente aos seus dados pessoais." (Considerando 63 RGDP). Também neste sentido, Agency for Network and Information Security, "Privacy and Data Protection by Design – from policy to engineering", December 2014, page 57.

rança. Estas evidências poderão igualmente ser apresentadas em caso de inspeções pela autoridade de controlo.

(vi) **Direito de acesso, retificação, limitação do tratamento ou apagamento dos dados [arts. 15.º a 19.º, art. 58.º n.º 2 al. f)]**: os dados deverão estar devidamente segregados e sinalizados/marcados[427], por categorias e por titular, e ser passíveis de edição e de bloqueio individualizado. Estas medidas permitirão o rastreio dos dados de certo titular em caso de pedidos de acesso, bem como a continuidade das atividades de tratamento relativamente aos dados remanescentes objeto de tratamento, em caso de pedido de apagamento ou restrição pelo titular, ou de ordem de bloqueio parcial por parte da autoridade de controlo.[428] O respeito por estes direitos do titular requer também um nível elevado de coordenação com eventuais subcontratantes e terceiros aos quais os dados tenham sido transmitidos.[429]

(vii) **Direito de portabilidade dos dados (artigo 20.º)**: tratando-se de tratamento automatizado, fundado em consentimento ou execução de um contrato, os dados deverão estar devidamente segregados de forma a permitir a portabilidade dos dados respeitantes ao titular que a solicita[430];

---

[427] *Tagged.*

[428] *"Para restringir o tratamento de dados pessoais pode recorrer-se a métodos como a transferência temporária de determinados dados para outro sistema de tratamento, a indisponibilização do acesso a determinados dados pessoais por parte dos utilizadores, ou a retirada temporária de um sítio web dos dados aí publicados. Nos ficheiros automatizados, as restrições ao tratamento deverão, em princípio, ser impostas por meios técnicos de modo a que os dados pessoais não sejam sujeitos a outras operações de tratamento e não possam ser alterados. Deverá indicar-se de forma bem clara no sistema que o tratamento dos dados pessoais se encontra sujeito a restrições"* (Considerando 67 RGPD).

[429] *"Para reforçar o direito a ser esquecido no ambiente por via eletrónica, o âmbito do direito ao apagamento deverá ser alargado através da imposição ao responsável pelo tratamento que tenha tornado públicos os dados pessoais da adoção de medidas razoáveis, incluindo a aplicação de medidas técnicas, para informar os responsáveis que estejam a tratar esses dados pessoais de que os titulares dos dados solicitaram a supressão de quaisquer ligações para esses dados pessoais ou de cópias ou reproduções dos mesmos. Ao fazê-lo, esse responsável pelo tratamento deverá adotar as medidas que se afigurarem razoáveis, tendo em conta a tecnologia disponível e os meios ao seu dispor, incluindo medidas técnicas, para informar do pedido do titular dos dados pessoais os responsáveis que estejam a tratar os dados."* (Considerando 66 RGPD)

[430] *"Os responsáveis pelo tratamento de dados deverão ser encorajados a desenvolver formatos interoperáveis que permitam a portabilidade dos dados. Esse direito deverá aplicar-se também se o titular dos dados tiver fornecido os dados pessoais com base no seu consentimento ou se o tratamento for necessário para o cumprimento de um contrato. (...) O direito do titular dos dados a transmitir ou receber dados pessoais que lhe digam respeito não deverá implicar para os responsáveis pelo tratamento a obrigação de adotar ou manter sistemas de tratamento que sejam tecnicamente compatíveis. Quando um determinado conjunto*

(viii) Direito de oposição, incluindo relativamente a decisões individuais automatizadas e criação de perfis (artigos 21.º e 22.º): os dados deverão estar devidamente segregados e "marcados", de forma a permitir ao responsável pelo tratamento determinar sobre que categorias de dados recai o pedido e o direito do titular, e relativamente ao mesmo analisar o eventual apagamento, contestação da decisão e esclarecimento ao titular, executando as ações que se afigurem necessárias. Deverá ser facultado ao titular um meio simples e intuitivo para exercer o seu direito de oposição ou pedido de esclarecimentos.[431]

(ix) Auditorias periódicas [58.º, n.º 1 b)]: A realização de auditorias requer e promove, assim, a criação e manutenção de evidências relativas às medidas técnicas e organizativas implementadas, nomeadamente as respeitantes à confidencialidade, à minimização dos dados, ao período limite de conservação e meios de cumprimento deste limite; e aos procedimentos internos para responder a pedidos dos titulares. A respeito do consentimento, menciona o Considerando 42 que *"Sempre que o tratamento for realizado com base no consentimento do titular dos dados, o responsável pelo tratamento deverá poder demonstrar que o titular deu o seu consentimento à operação de tratamento dos dados."*

(x) Notificação de uma violação de dados à autoridade de controlo e comunicação aos titulares, em prazo, quando a mesma suscite um elevado risco para os direitos liberdades e garantias de pessoas singulares (artigos 33.º e 34.º): o cumprimento desta obrigação requer um sistema eficaz de controlo do tratamento, elevado nível de coordenação com subcontratantes, caso o tratamento dependa total ou parcialmente destes, e segregação dos dados para

---

de dados pessoais disser respeito a mais de um titular, o direito de receber os dados pessoais não deverá prejudicar os direitos e liberdades de outros titulares de dados nos termos do presente regulamento. Além disso, esse direito também não deverá prejudicar o direito dos titulares dos dados a obter o apagamento dos dados pessoais nem as restrições a esse direito estabelecidas no presente regulamento e, nomeadamente, não deverá implicar o apagamento dos dados pessoais relativos ao titular que este tenha fornecido para execução de um contrato, na medida em que e enquanto os dados pessoais forem necessários para a execução do referido contrato. Sempre que seja tecnicamente possível, o titular dos dados deverá ter o direito a que os dados pessoais sejam transmitidos diretamente entre os responsáveis pelo tratamento." (Considerando 68)

[431] *"O responsável pelo tratamento deverá fornecer ao titular as informações adicionais necessárias para assegurar um tratamento equitativo e transparente tendo em conta as circunstâncias e o contexto específicos em que os dados pessoais forem tratados. O titular dos dados deverá também ser informado da definição de perfis e das consequências que daí advêm. Sempre que os dados pessoais forem recolhidos junto do titular dos dados, este deverá ser também informado da eventual obrigatoriedade de fornecer os dados pessoais e das consequências de não os facultar."* (Considerando 60)

permitir a verificação do impacto potencial da violação, titulares a que se refere, e cumprimento do disposto nos artigos 33.º, al. b) e 34.º, al. b).

3. O número dois deste artigo 25.º consagra o princípio da "Proteção de Dados por Defeito" (*"Data Protection by Default"*),[432] segundo o qual a recolha e tratamento de dados pessoais deve cingir-se ao mínimo estritamente necessário às finalidades do tratamento pretendido, proibindo-se a recolha de dados que excedam tais finalidades.[433-434]

A este respeito, vem novamente o legislador fazer recair sobre o responsável pelo tratamento – e em certa medida sobre o subcontratante que não divulgue aspetos do tratamento[435] – a responsabilidade pelo controlo, do início ao fim, do plano e implementação do tratamento e do fluxo dos respetivos dados; limitando-os ao mínimo necessário, quer quanto ao *"à quantidade de dados pessoais recolhidos, à extensão do seu tratamento, ao seu prazo de conservação e à sua acessibilidade"*, assim como às pessoas ou entidades que aos mesmos têm acesso.

Numa era em que a recolha de dados é fácil, despercebida, imediata, automática, em grande escala, vem o legislador europeu recordar o dever dos responsá-

---

[432] Também "Privacy by Default".

[433] Assim o será, ainda que tecnicamente o sistema utilizado detenha funcionalidades que recolham outras categorias de dados; funcionalidades estas que, a encontrar-se ativas, o são por não terem sido concebidas para as finalidades específicas do tratamento em questão. i.e. contrariando o princípio *Privacy by Design*.

[434] O princípio da Proteção de Dados Desde a Conceção não impede o tratamento de dados por razões legítimas e eventualmente alheias ao conhecimento do titular, como ilustra o Considerando 49: "*O tratamento de dados pessoais, na medida estritamente necessária e proporcionada para assegurar a segurança da rede e das informações, ou seja, a capacidade de uma rede ou de um sistema informático de resistir, com um dado nível de confiança, a eventos acidentais ou a ações maliciosas ou ilícitas que comprometam a disponibilidade, a autenticidade, a integridade e a confidencialidade dos dados pessoais conservados ou transmitidos, bem como a segurança dos serviços conexos oferecidos ou acessíveis através destas redes e sistemas, pelas autoridades públicas, equipas de intervenção em caso de emergências informáticas (CERT), equipas de resposta a incidentes no domínio da segurança informática (CSIRT), fornecedores ou redes de serviços de comunicações eletrónicas e por fornecedores de tecnologias e serviços de segurança, constitui um interesse legítimo do responsável pelo tratamento. Pode ser esse o caso quando o tratamento vise, por exemplo, impedir o acesso não autorizado a redes de comunicações eletrónicas e a distribuição de códigos maliciosos e pôr termo a ataques de «negação de serviço» e a danos causados aos sistemas de comunicações informáticas e eletrónicas*". Exemplo disto será o software de segurança que monitoriza o acesso por reconhecimento de voz a dado serviço e que capta, nesse contexto, a voz de um terceiro não aderente ao serviço, negando-lhe o acesso, por não autorizado.

[435] Veja-se o previsto no artigo 28.º, n.º 10.

veis pelo tratamento[436] de manter a recolha e tratamento ao mínimo necessário e proporcional às finalidades do tratamento, em estrito respeito por, e eventual conciliação dos direitos fundamentais em presença.

Veja-se a hipótese, a título de exemplo, de o dono de um ginásio que mantém um sistema informático de controlo de acessos dos seus clientes e do número de frequentadores de cada aula proporcionada, para controlo e gestão da sua atividade comercial. Fá-lo, sem, contudo, manter qualquer dado que permita a identificação da data e hora de entrada, e da aula frequentada, por cada cliente; observando assim o princípio *"Privacy by Default"*. Este empresário, se pretender posteriormente melhorar o referido sistema para, cruzando-o com a sua base de dados de clientes, determinar e analisar a idade, género, objetivos pessoais e preferências dos frequentadores de cada aula, com vista a ajustar a atividade do ginásio aos perfis dos clientes e lançar ações de marketing direcionadas a cada perfil; deverá cumprir os deveres de informação aos titulares, de recolha de consentimentos expressos, e assegurar que o tratamento, *"by design"*, é implementado dispondo das funcionalidades e procedimentos humanos necessários a satisfazer os requisitos e obrigações previstos no RGPD.

Em conclusão e síntese, recorremos ao Considerando 78 RGPD: *"A defesa dos direitos e liberdades das pessoas singulares relativamente ao tratamento dos seus dados pessoais exige a adoção de medidas técnicas e organizativas adequadas, a fim de assegurar o cumprimento dos requisitos do presente regulamento. Para poder comprovar a conformidade com o presente regulamento, o responsável pelo tratamento deverá adotar orientações internas e aplicar medidas que respeitem, em especial, os princípios da proteção de dados desde a conceção e da proteção de dados por defeito. Tais medidas podem incluir a minimização do tratamento de dados pessoais, a pseudonimização de dados pessoais o mais cedo possível, a transparência no que toca às funções e ao tratamento de dados pessoais, a possibilidade de o titular dos dados controlar o tratamento de dados e a possibilidade de o responsável pelo tratamento criar e melhorar medidas de segurança. No contexto do desenvolvimento, conceção, seleção e utilização de aplicações, serviços e produtos que se baseiam no tratamento de dados pessoais ou recorrem a este tratamento para executarem as suas funções, haverá que incentivar os fabricantes dos produtos, serviços e aplicações a ter em conta o direito à proteção de dados quando do seu desenvolvimento e conceção e, no devido respeito pelas técnicas mais avançadas, a garantir que os responsáveis pelo tratamento e os subcontratantes estejam em condições de cumprir as suas obrigações em matéria de proteção de dados. Os princípios de proteção de dados desde a conceção e, por defeito, deverão também ser tomados em consideração no contexto dos contratos públicos."*

(Alexandre Sousa Pinheiro/Catarina Pina Gonçalves)

---

[436] Assistidos por prestadores de serviços na área das tecnologias de informação e comunicação.

ARTIGO 26.º
Responsáveis conjuntos pelo tratamento

1. Quando dois ou mais responsáveis pelo tratamento determinem conjuntamente as finalidades e os meios desse tratamento, ambos são responsáveis conjuntos pelo tratamento. Estes determinam, por acordo entre si e de modo transparente as respetivas responsabilidades pelo cumprimento do presente regulamento, nomeadamente no que diz respeito ao exercício dos direitos do titular dos dados e aos respetivos deveres de fornecer as informações referidas nos artigos 13.º e 14.º, a menos e na medida em que as suas responsabilidades respetivas sejam determinadas pelo direito da União ou do Estado-Membro a que se estejam sujeitos. O acordo pode designar um ponto de contacto para os titulares dos dados.

2. O acordo a que se refere o n.º 1 reflete devidamente as funções e relações respetivas dos responsáveis conjuntos pelo tratamento em relação aos titulares dos dados. A essência do acordo é disponibilizada ao titular dos dados.

3. Independentemente dos termos do acordo a que se refere o n.º 1, o titular dos dados pode exercer os direitos que lhe confere o presente regulamento em relação e cada um dos responsáveis pelo tratamento.

COMENTÁRIO:

1. A redação do presente artigo revela uma revisão de texto deficitária, sendo ao longo dos três números são detetáveis erros gramaticais graves, como por exemplo no n.º 1, cujo excerto se transcreve (...) *a menos e na medida em que as suas responsabilidades respetivas sejam determinadas pelo direito da União ou do Estado-Membro **a que se estejam sujeitos*** (destacados nossos). No n.º 2, a construção frásica parece revelar falta de revisão, pois uma segunda leitura teria tornado possível clarificar o segmento *a menos e na medida em que **as suas responsabilidades respetivas** sejam determinadas* (destacados nossos). Nesta parte, poderia ter-se optado por referir *as respetivas responsabilidades* ou *as suas responsabilidades* – na medida em que os vocábulos *respetivos* e *suas* têm idêntico significado atributivo. O seu uso cumulativo complexifica desnecessariamente o segmento frásico e torna-o redundante.

Parece-nos, no entanto, tratar-se essencialmente de um problema de revisão de texto, que se evidencia em muitos artigos do RGPD.

2. O conceito de responsável pelo tratamento admite que as finalidades e/ou os meios de tratamento possam ser determinadas conjuntamente, isto é, admite que duas ou mais entidades (que podem ser pessoas singulares ou coletivas, uma

autoridade pública, uma agência ou outro organismo) sejam consideradas *responsáveis* pelo tratamento.

A responsabilidade conjunta já era admitida pela Diretiva 95/46/CE, na definição de *responsável pelo tratamento*, previsto no artigo 2.º, alínea g); no entanto, não previa nenhuma norma específica sobre a configuração desta responsabilidade.

A amplitude do conceito de *tratamento de dados pessoais* permite compreender que este pode referir-se a *uma operação ou a um conjunto de operações*, que poderão ser levadas a cabo por uma ou várias entidades. Nos casos em que o tratamento de dados envolva várias entidades, pode suceder que às diversas partes sejam reconhecidos diversos níveis de controlo da finalidade e/ou dos meios de tratamento.

A crescente especialização de atividades que envolvam o tratamento de dados conduz a que, na prática, mais do que uma entidade esteja envolvida na cadeia de operações de tratamento de dados que visem a mesma finalidade.

O regime da responsabilidade conjunta pressupõe que as partes envolvidas no tratamento de dados são autónomas no que respeita à possibilidade de determinarem a(s) finalidade(s) e o(s) meios do tratamento. Para uma concretização do conceito de finalidades e meios de tratamento, remetemos para a anotação ao artigo 4.º, ponto 7).

A intervenção das partes envolvidas não tem de ser simultânea, podendo até cada uma delas intervir em diferentes fases do tratamento de dados.

Nessa medida, não terão necessariamente a mesma influência no tratamento, o que implica uma repartição diferenciada das obrigações relativas ao tratamento de dados pessoais[437]. Este pode ser, aliás, um dos equívocos principais na interpretação desta norma, na medida em que a expressão *conjunta* pode induzir a interpretação de que o artigo 26.º exige uma factualidade de âmbito mais restrito do que o *escopo* de flexibilização implícito na norma parece querer alcançar.

Na verdade, uma interpretação restritiva terá por consequência que muitas relações materiais de responsabilidade conjunta escapem a uma regulamentação formal dessa relação de tratamento – donde resultaria frustrado aquele que parece ser o propósito do n.º 1 da disposição, nos termos do qual os casos de *responsabilidade conjunta* são obrigatoriamente regulamentados, salvo se as respetivas responsabilidades forem estabelecidas no Direito interno ou da União a que estejam sujeitos.

---

[437] Cf. *Opinion 1/2010 on the concepts of "controller" and "processor"* (WP 169), adotada em 16 de fevereiro de 2010, p. 18, disponível em https://ec.europa.eu/justice/article-29/documentation/opinion-recommendation/files/2010/wp169_en.pdf. Consultada em 3 de novembro de 2018.

Neste particular, a epígrafe da versão inglesa do Regulamento *joint contollers* é mais ilustrativa do âmbito da norma do artigo 26.º do RGPD. Ao traduzir *joint controllers* por *responsabilidade conjunta*, a versão portuguesa e o jargão jurídico associados a tal conceito remetem para a imputação de responsabilidades, que poderá levar à interpretação de que um acordo de *responsabilidade conjunta* constitui uma consagração de responsabilidade *de todos por tudo*; em sentido técnico, poderá ser interpretada como constituindo o reconhecimento de uma responsabilidade solidária. Porém, o sentido que o Regulamento lhe pretende imprimir é o de *controlo partilhado* de dados, que remete para uma interpretação distinta, de dimensão mais fáctica do que jurídica, no sentido de uma flexibilização da regulamentação que tenha por base a realidade subjacente a cada tratamento conjunto.

Dito de outro modo, a *responsabilidade conjunta* resulta do reconhecimento de que há dados tratados de forma não-exclusiva, não por uma, mas por várias partes, e que a responsabilidade de cada uma será proporcional à medida da intervenção ou influência de cada uma no tratamento de dados.

Importante será perceber em que situações se pode considerar que as partes são responsáveis conjuntos pelo tratamento, isto é, em que medida se pode considerar que existe *um tratamento de dados* em que várias partes estão envolvidas, ou se estão em causa *vários tratamentos de dados*, nas quais não existe um controlo partilhado dos dados.

Sem a pretensão de avançar um critério definitivo, consideramos que poderá existir uma relação material de responsabilidade conjunta nos casos em que se responda afirmativamente e de forma cumulativa a duas questões:

i. Duas ou mais partes partilham dados pessoais, isto é, tratam os mesmos dados, no todo ou em parte; e

ii. Procedem ao tratamento de dados com vista as finalidades *não incompatíveis* (artigo 5.º, n.º 1, alínea b) do RGPD) e/ou partilham os meios de tratamento, tomando decisões em relação às operações de tratamento de forma autónoma.

Os critérios acima mencionados são meramente orientadores, na medida em que a qualificação de uma relação de responsabilidade conjunta estará sempre dependente de apreciação casuística do tratamento de dados.

Em nosso entender, consideramos que finalidade do tratamento dos dados não tem necessariamente de ser partilhada; deverá bastar que as finalidades do tratamento não sejam incompatíveis entre si, pois as partes poderão não prosseguir exatamente a mesma finalidade de tratamento, mas podem tratar dados para finalidades não incompatíveis entre si, mas que se encontrem funcionalmente ligadas. E parece-nos ser este o sentido da opinião do grupo de trabalho do artigo 29.º sobre o conceito de "responsável pelo tratamento" e de "subcontratante", pois alguns exemplos[438] de responsabilidade conjunta não pressupõem uma finalidade partilhada, mas sim uma finalidade não incompatível[439].

As partes no acordo terão necessariamente uma influência relevante no tratamento de dados – ou, pelo menos, nas operações que lhes compitam –, suscetível de lhes atribuir a qualificação de *responsável pelo tratamento*. Tal não significa, porém, que tenham o mesmo grau de participação nas mesmas fases do tratamento.

Na verdade, a concreta configuração do tratamento de dados pode determinar uma maior ou menor sobreposição das finalidades e dos meios entre as partes. As partes poderão tratar dados tendo em vista a mesma finalidade e com recurso aos mesmos meios de tratamento, ou partilhando apenas a finalidade, ou os meios, ou apenas parte da finalidade ou dos meios de tratamento[440].

Qualquer regulamentação sobre o tratamento de dados terá de refletir a realidade subjacente ao tratamento, sob pena de ser incumprido o princípio da transparência.

A disposição ora em anotação reconhece justamente essa circunstância e, no propósito de clarificar os termos da responsabilidade, permite que os responsáveis conjuntos repartam entre si as obrigações que cada um concretamente terá de cumprir e em que momento específico do tratamento.

Conforme *supra* referido, da redação do n.º 1 pode concluir-se que os casos de *responsabilidade conjunta* são obrigatoriamente regulamentados, salvo se as res-

---

[438] Cf. *Opinion 1/2010 on the concepts of "controller" and "processor"* (WP 169), adotada em 16 de fevereiro de 2010, pp. 19 a 24, disponível em https://ec.europa.eu/justice/article-29/documentation/opinion-recommendation/files/2010/wp169_en.pdf. Consultada em 3 de novembro de 2018.

[439] A propósito de um dos exemplos de responsabilidade conjunta, o grupo de trabalho do artigo 29.º refere o seguinte *However, even if at micro level each of these subjects pursues its own purpose, at macro level the different phases and purposes and means of the processing are closely linked. In this case, both the bank and the message carrier can be considered as joint controllers.* Em tradução livre: "no entanto, mesmo que a um nível *micro* cada um destes sujeitos prossiga a sua própria finalidade, a nível *macro* as diferentes fases, finalidades e meios do tratamento estão intimamente ligados. Nesse caso, tanto o banco como o portador da mensagem podem ser considerados responsáveis conjuntos". Pese embora esta conclusão seja prestada no contexto de um exemplo, pensamos que é extrapolável para outros tratamentos.

[440] Cf. *Opinion 1/2010 on the concepts of "controller" and "processor"* (WP 169), adotada em 16 de fevereiro de 2010, p. 19, disponível em https://ec.europa.eu/justice/article-29/documentation/opinion-recommendation/files/2010/wp169_en.pdf. Consultada em 3 de novembro de 2018.

petivas responsabilidades forem estabelecidas no Direito interno ou da União a que estejam sujeitos.

O escopo da obrigatoriedade de estabelecer uma clara repartição de obrigações e responsabilidades parece ser o de evitar que a circunstância de existir mais do que um responsável pelo tratamento coloque em causa a imputação de eventuais incumprimentos de normas do RGPD. Ademais, o facto existir dois ou mais responsáveis pelo tratamento – que podem nem estar domiciliados no mesmo Estado –, poderá obstacularizar o exercício de direitos por parte do titular dos dados, pelo que o direito de informação deve ser assegurado nos termos a definir no acordo que consagre a responsabilidade conjunta.

O Regulamento parece ter pretendido garantir que do acordo de responsabilidade conjunta constassem *nomeadamente* a repartição de responsabilidades no que respeita ao exercício dos direitos do titular dos dados e o cumprimento dos deveres de informação. Note-se que estas não são *cláusulas mínimas* do acordo, parecendo antes ter o sentido de *cláusulas obrigatórias*, que se centram na proteção dos direitos do titular dos dados.

De acordo com o n.º 1, a responsabilidade conjunta não impedirá que o acordo estabeleça um ponto de contacto para os titulares dos dados. A definição de um ponto de contacto onde os titulares dos dados se possam dirigir com o propósito de exercer os seus direitos pode limitar as possibilidades de o titular se dirigir a outros locais onde um dos responsáveis pelo tratamento se encontre estabelecido. No entanto, a possibilidade de ser designado um ponto de contacto reflete justamente o que a disposição pretende regulamentar: a repartição de obrigações e responsabilidades entre as partes. Se não vejamos: a designação de um ponto de contacto muito provavelmente (mas não necessariamente) implicará que um dos responsáveis conjuntos pelo tratamento assuma a responsabilidade de gerir esse ponto de contacto e a apresentação de comunicações, pedidos ou reclamações por parte do titular – por exemplo, o acordo pode prever que um dos responsáveis conjuntos se encontra incumbido de gerir os pedidos dos titulares dos dados, recebendo-os e encaminhando-os para o responsável, ou responsáveis visados.

3. O n.º 2 consiste na aplicação prática do princípio da transparência, não só *inter partes*, como em relação ao titular dos dados.

Para além da referência constante do n.º 1 aos direitos do titular dos dados e aos deveres de fornecer as informações referidas nos artigos 13.º e 14.º, o Regulamento não fornece quaisquer pistas quanto ao que deve ser objeto de regulamentação.

O acordo de responsabilidade conjunta, consoante a realidade subjacente ao tratamento, poderá regulamentar os seguintes aspetos:

  i. Os termos da responsabilidade pelo tratamento de dados;
  ii. A finalidade e fundamento de licitude do tratamento de dados;
  iii. O tipo de dados pessoais tratados;
  iv. O prazo de conservação e duração do tratamento de dados;
  v. As obrigações gerais e específicas das partes em relação ao tratamento de dados, nas quais se incluirá a obrigação de prestar as informações previstas nos artigos 13.º ou 14.º, a obrigação de registo de atividades de tratamento, as obrigações em caso de violação de dados pessoais, entre outros;
  vi. A coordenação e procedimentos das partes em relação ao exercício dos direitos dos titulares dos dados;
  vii. A obrigação de confidencialidade;
  viii. As obrigações em matéria de segurança de dados pessoais;
  ix. As condições da realização de transferências de dados;
  x. A responsabilidade pelo incumprimento do acordo.

A disponibilização do acordo ao titular dos dados, deve ocorrer aquando da prestação das informações obrigatórias previstas nos artigos 13.º ou 14.º do RGPD. A circunstância de existir mais do que um responsável pelo tratamento conduz à necessidade de que o titular dos dados pessoais tenha conhecimento de qual o circuito do tratamento dos seus dados pessoais.

4. O direito de o titular ao exercer os direitos consagrados no Regulamento em relação a cada um dos responsáveis pelo tratamento, consagrado no n.º 3, implica o reconhecimento de que as partes envolvidas no tratamento de dados são autónomas (pelo menos) em relação aos direitos dos titulares dos dados. Esta é justamente uma forma de manter intocados os direitos do titular dos seus direitos em relação a cada um dos responsáveis pelo tratamento mesmo quando o tratamento ocorre nos termos da responsabilidade conjunta. Esta norma faz todo o sentido, pois poderá dar-se o caso de o tratamento de dados pessoais sobre os quais o titular pretende exercer os seus direitos se encontrar sob a responsabilidade de apenas um ou de alguns dos responsáveis conjuntos pelo tratamento.

Conforme referido, as partes no acordo de responsabilidade conjunta podem, nos termos do n.º 1, acordar um ponto de contacto para o titular dos dados – por exemplo, o estabelecimento de um dos responsáveis conjuntos pelo tratamento – a partir do qual este pode dirigir um pedido a qualquer dos responsáveis conjuntos.

(*Tatiana Duarte*)

ARTIGO 27.º
Representantes dos responsáveis pelo tratamento ou dos subcontratantes não estabelecidos na União

1. Se for aplicável o artigo 3.º, n.º 2, o responsável pelo tratamento ou o subcontratante designa por escrito um representante seu na União.
2. A obrigação a que se refere o n.º 1 do presente artigo não se aplica:
a) Às operações de tratamento que sejam ocasionais, não abranjam o tratamento, em grande escala, de categorias especiais de dados a que se refere o artigo 9.º, n.º 1, ou o tratamento de dados pessoais relativos a condenações penais e infrações referido no artigo 10.º, e não seja suscetível de implicar riscos para os direitos e liberdades das pessoas singulares, tendo em conta a natureza, o contexto, o âmbito e as finalidades do tratamento; ou
b) Às autoridades ou organismos públicos.
3. O representante deve estar estabelecido num dos Estados-Membros onde se encontram os titulares dos dados cujos dados pessoais são objeto do tratamento no contexto da oferta que lhes é feita de bens ou serviços ou cujo comportamento é controlado.
4. Para efeitos do cumprimento do presente regulamento, o representante é mandatado pelo responsável pelo tratamento ou pelo subcontratante para ser contactado em complemento ou em substituição do responsável pelo tratamento ou do subcontratante, em especial por autoridades de controlo e por titulares, relativamente a todas as questões relacionadas com o tratamento.
5. A designação de um representante pelo responsável pelo tratamento ou pelo subcontratante não prejudica as ações judiciais que possam vir a ser intentadas contra o próprio responsável pelo tratamento ou o próprio subcontratante.

COMENTÁRIO:
1. O artigo 27.º concretiza o Considerando 80) do RGPD.

2. A obrigação de nomeação de um representante do responsável pelo tratamento ou do subcontratante abrange os casos em que o Regulamento se aplica ao tratamento de dados pessoais efetuado por um responsável pelo tratamento ou subcontratante não estabelecido na União, referidos no artigo 3.º, n.º 2 do

RGPD, e consagra a regra da designação obrigatória de um representante do responsável pelo tratamento para cuja anotação remetemos.

3. O n.º 2 estabelece nas alíneas a) e b) as exceções à regra prevista no n.º 1, isto é, os casos em que a designação de um representante do responsável pelo tratamento ou do subcontratante não é obrigatória. A interpretação das alíneas não oferece grandes dúvidas, exceto no que concerne ao conceito de *grande escala*.

O Regulamento não define o significado de *grande escala*. Porém, o Grupo de Trabalho do artigo 29.º estabeleceu um conjunto de factos[441] que devem ser tomados em consideração no momento de avaliar se o tratamento de dados ocorre em *grande escala*, a saber:

- O número de titulares de dados afetados – como número concreto ou em percentagem da população em causa;
- O volume de dados e/ou o alcance dos diferentes elementos de dados objeto de tratamento;
- A duração, ou permanência, da atividade de tratamento de dados; e
- O âmbito geográfico da atividade de tratamento.

4. O n.º 3 parece pretender garantir que, nos casos em que o responsável pelo tratamento ou o subcontratante não se encontrem estabelecidos no território da União, mas os titulares dos dados por eles tratados aí se encontrem, estes disponham de um representante em pelo menos um dos Estados-membros onde se encontrem titulares dos dados.

Trata-se de uma forma de garantir, no mínimo, uma representação do responsável pelo tratamento ou do subcontratante num dos Estados-membros onde se encontrem os titulares dos dados afetados pelo tratamento levado a cabo pela entidade representada.

Esta garantia permite que os titulares dos dados pessoais protegidos pelo Regulamento – mesmo numa ótica extraterritorial – possam ter um ponto de contacto em pelo menos um Estado-membro da União Europeia, para onde possam dirigir as suas comunicações, pedidos, reclamações, de forma a garantir

---

[441] Cf. *Guidelines on Data Protection Officers ('DPOs')* (WP 243 rev. 01), adotadas em 13 de dezembro, com última revisão em 5 de abril de 2017, disponível em http://ec.europa.eu/newsroom/article29/item-detail.cfm?item_id=612048. Consultado em de novembro de 2018. Uma versão portuguesa do documento pode ser encontrada em https://www.cnpd.pt/bin/rgpd/docs/wp243rev01_pt.pdf.

o exercício dos direitos consagrados no Regulamento, no âmbito de tratamento de dados que tenham por finalidade a oferta de bens ou serviços ou o controlo do seu comportamento.

5. O n.º 4 sumula o conteúdo funcional do representante do responsável pelo tratamento e a respetiva *ratio*. O papel do representante do responsável pelo tratamento e do subcontratante consiste em ser um ponto de contacto para os titulares e para as autoridades de controlo.

O vínculo *natural* entre o responsável pelo tratamento ou o subcontratante e o representante será um título com estrutura semelhante ao mandato com representação – para uma breve explicação desta figura, *vide* anotação ao artigo 4.º, ponto 8).

O representante pode ser contactado em complemento ou em substituição do responsável pelo tratamento ou do subcontratante. Quer isto dizer que as comunicações feitas na pessoa do representante podem ser consideradas como tendo sido efetuadas ao próprio responsável pelo tratamento ou ao subcontratante. Esta norma consagra, destarte, uma regra de eficácia das comunicações feitas na pessoa do representante.

No que respeita às comunicações das autoridades de controlo, as quais podem pressupor um prazo de resposta, tal prazo deve ter em conta que, pese embora formalmente o representado se possa considerar notificado na pessoa do representante, em termos práticos, este terá de remeter tal notificação para o representado (que se encontra estabelecido num Estado terceiro), que decidirá quais os termos da resposta, após o que a devolverá ao representante, que só depois estará em condições de a remeter à autoridade de controlo. O prazo conferido pela autoridade de controlo deve ter em conta estas contingências, sobretudo nos casos da comunicação *em substituição* do representado (responsável pelo tratamento ou subcontratante).

Consideramos que, por uma questão de transparência e de cooperação leal entre as partes, as notificações por parte da autoridade de controlo devem mencionar se são efetuadas *em complemento* ou *em substituição* do responsável pelo tratamento ou do subcontratante. O responsável pelo tratamento ou o subcontratante devem, também, comunicar os contactos do seu representante à(s) autoridade(s) de controlo competente(s).

6. O n.º 5 constitui uma decorrência da aplicação das normas do Regulamento e clarifica que a designação de um representante não é impeditiva da proposição de ações judiciais diretamente contra o representado.

O artigo 27.º apenas visa apenas as relações externas entre responsável pelo tratamento ou subcontratante e o representante de cada um deles, em particular com os titulares dos dados e com as autoridades de controlo. Parece, no entanto, evidente que o título que disciplinar as relações internas terá de resolver as questões relacionadas com o incumprimento das obrigações do representante para com o respetivo representado (responsável pelo tratamento ou subcontratante), nomeadamente em relação à falta de transmissão das comunicações dos titulares ou das notificações da autoridade de controlo, devendo ser estabelecido o foro competente para dirimir tais litígios.

(*Tatiana Duarte*)

ARTIGO 28.º
Subcontratante

1. Quando o tratamento dos dados for efetuado por sua conta, o responsável pelo tratamento recorre apenas a subcontratantes que apresentem garantias suficientes de execução de medidas técnicas e organizativas adequadas de uma forma que o tratamento satisfaça os requisitos do presente regulamento e assegure a defesa dos direitos do titular dos dados.

2. O subcontratante não contrata outro subcontratante sem que o responsável pelo tratamento tenha dado, previamente e por escrito, autorização específica ou geral. Em caso de autorização geral por escrito, o subcontratante informa o responsável pelo tratamento de quaisquer alterações pretendidas quanto ao aumento do número ou à substituição de outros subcontratantes, dando assim ao responsável pelo tratamento a oportunidade de se opor a tais alterações.

3. O tratamento em subcontratação é regulado por contrato ou outro ato normativo ao abrigo do direito da União ou dos Estados-Membros, que vincule o subcontratante ao responsável pelo tratamento, estabeleça o objeto e a duração do tratamento, a natureza e finalidade do tratamento, o tipo de dados pessoais e as categorias dos titulares dos dados, e as obrigações e direitos do responsável pelo tratamento. Esse contrato ou outro ato normativo estipulam, designadamente, que o subcontratante:

a) Trata os dados pessoais apenas mediante instruções documentadas do responsável pelo tratamento, incluindo no que respeita às transferências de dados para países terceiros ou organizações internacionais, a menos que seja obrigado a fazê-lo pelo direito da União ou do Estado-Membro a que está sujeito, informando nesse caso o responsável pelo tratamento desse requisito jurídico antes do tratamento, salvo se a lei proibir tal informação por motivos importantes de interesse público;

b) Assegura que as pessoas autorizadas a tratar os dados pessoais assumiram um compromisso de confidencialidade ou estão sujeitas a adequadas obrigações legais de confidencialidade;

c) Adota todas as medidas exigidas nos termos do artigo 32.º;

d) Respeita as condições a que se referem os n.ºs 2 e 4 para contratar outro subcontratante;

e) Toma em conta a natureza do tratamento, e na medida do possível, presta assistência ao responsável pelo tratamento através de medidas técnicas e organizativas adequadas, para permitir que este cumpra a sua obrigação de dar resposta aos pedidos dos titulares dos dados tendo em vista o exercício dos seus direitos previstos no capítulo III;

f) Presta assistência ao responsável pelo tratamento no sentido de assegurar o cumprimento das obrigações previstas nos artigos 32.º a 36.º, tendo em conta a natureza do tratamento e a informação ao dispor do subcontratante;

g) Consoante a escolha do responsável pelo tratamento, apaga ou devolve-lhe todos os dados pessoais depois de concluída a prestação de serviços relacionados com o tratamento, apagando as cópias existentes, a menos que a conservação dos dados seja exigida ao abrigo do direito da União ou dos Estados-Membros; e

h) Disponibiliza ao responsável pelo tratamento todas as informações necessárias para demonstrar o cumprimento das obrigações previstas no presente artigo e facilita e contribui para as auditorias, inclusive as inspeções, conduzidas pelo responsável pelo tratamento ou por outro auditor por este mandatado.

No que diz respeito ao primeiro parágrafo, alínea *h)*, o subcontratante informa imediatamente o responsável pelo tratamento se, no seu entender, alguma instrução violar o presente regulamento ou outras disposições do direito da União ou dos Estados-Membros em matéria de proteção de dados.

4. Se o subcontratante contratar outro subcontratante para a realização de operações específicas de tratamento de dados por conta do res-

ponsável pelo tratamento, são impostas a esse outro subcontratante, por contrato ou outro ato normativo ao abrigo do direito da União ou dos Estados-Membros, as mesmas obrigações em matéria de proteção de dados que as estabelecidas no contrato ou outro ato normativo entre o responsável pelo tratamento e o subcontratante, referidas no n.º 3, em particular a obrigação de apresentar garantias suficientes de execução de medidas técnicas e organizativas adequadas de uma forma que o tratamento seja conforme com os requisitos do presente regulamento. Se esse outro subcontratante não cumprir as suas obrigações em matéria de proteção de dados, o subcontratante inicial continua a ser plenamente responsável, perante o responsável pelo tratamento, pelo cumprimento das obrigações desse outro subcontratante.

5. O facto de o subcontratante cumprir um código de conduta aprovado conforme referido no artigo 40.º ou um procedimento de certificação aprovado conforme referido no artigo 42.º pode ser utilizado como elemento para demonstrar as garantias suficientes a que se referem os n.ºs 1 e 4 do presente artigo.

6. Sem prejuízo de um eventual contrato individual entre o responsável pelo tratamento e o subcontratante, o contrato ou outro ato normativo referidos nos n.ºs 3 e 4 do presente artigo podem ser baseados, totalmente ou em parte, nas cláusulas contratuais-tipo referidas nos n.os 7 e 8 do presente artigo, inclusivamente quando fazem parte de uma certificação concedida ao responsável pelo tratamento ou ao subcontratante por força dos artigos 42.º e 43.º.

7. A Comissão pode estabelecer cláusulas contratuais-tipo para as matérias referidas nos n.ºs 3 e 4 do presente artigo pelo procedimento de exame a que se refere o artigo 93.º, n.º 2.

8. A autoridade de controlo pode estabelecer cláusulas contratuais--tipo para as matérias referidas nos n.ºs 3 e 4 do presente artigo e de acordo com o procedimento de controlo da coerência referido no artigo 63.º.

9. O contrato ou outro ato normativo a que se referem os n.ºs 3 e 4 devem ser feitos por escrito, incluindo em formato eletrónico.

10. Sem prejuízo do disposto nos artigos 82.º, 83.º e 84.º, o subcontratante que, em violação do presente regulamento, determinar as finalidades e os meios de tratamento, é considerado responsável pelo tratamento no que respeita ao tratamento em questão.

COMENTÁRIO:

1. É ao responsável pelo tratamento que compete levar a cabo as operações de tratamento de dados que sejam necessárias às finalidades por este prosseguidas, desde que esteja em condições de invocar um fundamento jurídico que lhe permita tratar dados pessoais. Contudo, poderá não tratar dados pessoais na sua estrutura ou organização e optar por externalizar essas operações de tratamento, por via da subcontratação do tratamento de dados.

Os propósitos de salvaguarda dos direitos dos titulares dos dados, assumido simultaneamente como *objeto* e *objetivo* do RGPD (artigo 1.º, n.º 1) visa garantir que a externalização das atividades de tratamento não coloque em causa os requisitos do RGPD, nem a defesa dos titulares dos dados.

Não se afiguraria compatível com o objeto, nem com os objetivos do RGPD que o responsável pelo tratamento, como figura central da imputação de obrigações no âmbito do RGPD, pudesse desresponsabilizar-se por via do recurso à subcontratação do tratamento de dados.

De uma forma ideal(izada), o responsável pelo tratamento deve ter o mesmo domínio material sobre os dados pessoais quer decida tratá-los no âmbito da sua organização, quer recorra a subcontratantes para o efeito. Não se deve olvidar que ao abrigo do n.º 1 do artigo 24.º e do n.º 1 do artigo 25.º do RGPD:

i. O responsável pelo tratamento aplica medidas técnicas e organizativas adequadas a assegurar e a poder comprovar que o tratamento é realizado em conformidade com o RGPD; e

ii. O responsável pelo tratamento aplica, tanto no momento de definição dos meios de tratamento como no momento do próprio tratamento, as medidas técnicas e organizativas adequadas a aplicar os princípios da proteção de dados e a incluir as garantias necessárias no tratamento, de uma forma a cumprir os requisitos do Regulamento e a proteger os direitos dos titulares dos dados.

A obrigação prevista no n.º 1 do artigo 28.º constitui, assim, uma extensão das obrigações previstas nos artigos 24.º, n.º 1 e 25.º, n.º 1 do RGPD, pelo que se remete para as anotações a esses artigos para uma análise mais detalhada sobre o (possível) conteúdo destas medidas.

2. O cumprimento dos requisitos do Regulamento e a garantia do exercício efetivo dos direitos dos titulares dos dados no âmbito da relação de subcontratação deve iniciar-se aquando da escolha do subcontratante, através da verificação de que a externalização das operações de tratamento permitirá ao responsável pelo tratamento assegurá-los.

As garantias a apresentar pelos subcontratantes dependerão da realidade subjacente à relação de subcontratação. As garantias a veicular pelo subcontratante serão distintas consoante o tratamento seja realizado nas respetivas instalações, com recurso a dispositivos e equipamentos próprios, ou seja levado a cabo nos dispositivos e sistemas do responsável pelo tratamento.

As alíneas do n.º 3 do artigo 28.º do RGPD constituem um elenco exemplificativo das obrigações a ao contexto concreto do tratamento de dados pessoais. Como veremos *infra*, nem todas as obrigações aí elencadas se adaptam a todos os matizes possíveis que constituem cada relação de subcontratação.

Se o subcontratante usar os seus próprios dispositivos e sistemas de tratamento, terá de informar o responsável pelo tratamento sobre as respetivas caraterísticas, nomeadamente em relação à segurança que oferecem; se tratar os dados nas suas instalações, terá de demonstrar ao responsável pelo tratamento que implementou medidas que lhe permitam cumprir as suas obrigações assistenciais, designadamente em relação a pedidos dos titulares dos dados, com vista ao exercício dos seus direitos.

Porém, se o subcontratante prestar os seus serviços nas instalações e/ou usar os equipamentos do responsável pelo tratamento para realizar as operações de tratamento de dados, a apresentação de garantais terá necessariamente uma natureza distinta. Nesses casos, fará sentido que a prestação de garantias pelo subcontratante consista no compromisso de cumprir as instruções do responsável no uso dos equipamentos, na adoção de procedimentos e na conduta a adotar no decurso do tratamento.

Com o que se conclui que a prestação de *garantias suficientes de execução de medidas técnicas e organizativas* pode concretizar-se de modo diverso: quer quanto ao conteúdo, quer quanto à forma, consoante as características específicas de cada relação de subcontratação.

O n.º 2 do presente artigo permite ao responsável pelo tratamento delegar no subcontratante a escolha de subcontratantes ulteriores, sem prejuízo do direito de oposição, ou reservar para si o poder de autorizar individualmente cada subcontratação ulterior. A opção do responsável pelo tratamento deve constar do negócio jurídico que titule a subcontratação.

3. A autorização geral tem como reflexo um dever de comunicação do subcontratante. Tal dever consiste em disponibilizar ao responsável pelo tratamento uma lista permanentemente atualizada dos subcontratantes ulteriores, com a respetiva identificação e em revelar as condições contratuais e os compromissos vigentes entre o subcontratante e os subcontratantes ulteriores.

O responsável pelo tratamento tem o direito (e o dever) de conhecer, com o maior detalhe possível, as condições do tratamento de dados realizado por sua conta, por subcontratantes diretos ou ulteriores. De outro modo não terá condições para exercer o direito de oposição à subcontratação ulterior. Contudo, não pode deixar de se reconhecer na autorização geral uma certa transferência do risco da escolha do subcontratante ulterior do responsável pelo tratamento para o subcontratante inicial.

Pese embora o responsável pelo tratamento tenha um dever geral de controlo, nos casos de autorização geral, o subcontratante inicial terá, por delegação, o domínio sobre os meios de tratamento, entendidos na aceção de recursos materiais, humanos e técnicos – *vide* anotação ao artigo 4.º, ponto 7) do RGPD. A intervenção do subcontratante inicial na verificação das garantias e condições apresentadas pelos subcontratantes ulteriores não poderá deixar de modelar a sua eventual responsabilidade pelo incumprimento das obrigações destes em matéria de proteção de dados – mas apenas se tal incumprimento se relacionar diretamente com o poder de fiscalização que impenda sobre o subcontratante inicial.

4. Caso o responsável pelo tratamento pretenda manter o controlo sobre cada subcontratação ulterior, ao subcontratante inicial restará a possibilidade de a propor ou recomendar, quedando no arbítrio do responsável pelo tratamento essa autorização.

A redação do n.º 2, nos termos da qual o subcontratante não contrata outro subcontratante *sem que o responsável pelo tratamento tenha dado, previamente e por escrito, autorização específica* (...) é o subcontratante que contrata o subcontratante ulterior, sendo esta ideia que modela o disposto no artigo 28.º, n.º 4 do RGPD, pese embora sob autorização do responsável pelo tratamento.

Nos termos do n.º 4 do artigo 28.º do RGPD, se o subcontratante ulterior não cumprir as suas obrigações em matéria de proteção de dados, o subcontratante inicial permanece plenamente responsável, perante o responsável pelo tratamento, pelo cumprimento das obrigações desse outro subcontratante, isto é, responde como se o incumprimento lhe fosse imputável.

Compreendemos, em abstrato, esta solução, na medida em que permite ao responsável pelo tratamento um controlo mais próximo do cumprimento das obrigações dos subcontratantes ulteriores, através da consagração de uma responsabilidade objetiva do subcontratante inicial. A diluição do controlo do responsável através da multiplicação de subcontratantes ulteriores é, destarte, evitada pela norma prevista no n.º 4 do artigo 28.º do RGPD. Por outro lado, constitui também uma forma de garantir o pagamento da coima ou de um valor de indemnização, através da concentração da responsabilidade numa única entidade, tenha ou não, responsabilidade no evento em causa.

Considerando a diversidade de dinâmicas contratuais, de graus de intervenção e de responsabilidade, entendemos que a interpretação do artigo 28.º, n.º 4 do RGPD, deve ser permeável ao efetivo grau de responsabilidade do subcontratante inicial.

Poderá haver casos em que o subcontratante inicial exerce uma efetiva fiscalização do cumprimento das obrigações do subcontratante ulterior e casos em que o responsável pelo tratamento considera dever reservar esse direito para si.

Nos casos em que o responsável pelo tratamento delega no subcontratante a contratação de subcontratantes ulteriores, por via de uma autorização geral, cremos que a assunção do controlo pelo subcontratante inicial nessa escolha poderá ser relevante no plano da responsabilidade deste pelo incumprimento dos subcontratantes ulteriores. Ao beneficiar de semelhante autorização, o subcontratante inicial assume uma competência típica do responsável pelo tratamento (cf. n.º 1 do artigo 28.º do RGPD), devendo assumir a responsabilidade pelo seu cumprimento em idênticos termos. Por outras palavras, ao aceitar a delegação de competências, aceita um risco que não poderá deixar de correr por sua conta.

De forma reflexa, nos casos em que o responsável pelo tratamento apenas admite a subcontratação ulterior mediante autorização específica – e que é necessariamente escrita –, julgamos que essa declaração deve ter um valor jurídico com incidência no grau de responsabilidade. O conceito de responsável pelo tratamento, como centro de imputação das obrigações relativas ao tratamento e à proteção de dados pessoais, parece implicar que uma aprovação individual de responsabilidades exija deste uma efetiva – e não meramente formal – verificação das garantias por este apresentadas, de forma idêntica à obrigação prevista no n.º 1 do artigo 28.º do RGPD.

Não se nos afigura curial fazer *tábua rasa* de uma declaração de autorização por parte do responsável pelo tratamento – especialmente se levarmos em conta o papel desta figura no âmbito do RGPD.

O entendimento *supra* explanado pretende chamar à atenção para a necessidade de modelar os termos da responsabilidade de cada uma das partes à realidade subjacente a cada relação de subcontratação. Se o subcontratante inicial estiver vinculado a sujeitar uma subcontratação ulterior a autorização do responsável pelo tratamento, mas estiver incumbido de fiscalizar o cumprimento das obrigações daquele – não deverá responder pela escolha do responsável pelo tratamento, mas deverá responder pelo incumprimento das obrigações cujo cumprimento ficou adstrito de verificar. Se o responsável pelo tratamento quiser autorizar especificamente cada subcontratante ulterior, como ainda, pretender verificar o cumprimento das suas obrigações, afigura-se-nos desproporcional responsabilizar o subcontratante inicial, pela aplicação cega do n.º 4 do artigo 28.º do RGPD.

5. No que concerne ao ato ou negócio jurídico constitutivo da relação de subcontratação, remetemos para os pontos 5 e 6 da anotação ao artigo 4.º, ponto 8) do RGPD.

6. O proémio do n.º 3 do artigo 28.º prevê os elementos que obrigatoriamente devem constar do título que regulamenta a relação de subcontratação (seja um ato normativo ou um negócio jurídico); já as respetivas alíneas preveem elementos que podemos considerar variáveis em função da realidade que subjaz ao contrato, constituindo um elenco exemplificativo das obrigações contratuais a consagrar no instrumento jurídico que titule a subcontratação – a expressão *designadamente* é, a este respeito, inequívoca, quanto à natureza *exemplificativa* das alíneas do n.º 3, com exceção da obrigação prevista na alínea b), que constitui a consagração de uma garantia estrutural da proteção de dados pessoais: a confidencialidade.

Contrariamente ao que ocorre com a maioria das alíneas, o proémio do n.º 3 do artigo 28.º é aplicável qualquer que seja a realidade subjacente à subcontratação. Nas alíneas do n.º 3 consideramos ser elemento obrigatório não só dos vínculos, mas da própria natureza jurídica da subcontratação, o cumprimento de instruções pelo subcontratante.

O ato ou negócio jurídico que regulamente a subcontratação tem como elementos obrigatórios:

i. **O objeto;**
O objeto do acordo de subcontratação consiste na regulamentação do tratamento de dados pessoais pelo subcontratante inicial ou ulterior, por conta do responsável pelo tratamento, ou seja, na definição de procedimentos e práticas destinados a assegurar a proteção dos dados pessoais, especialmente no que tange ao exercício efetivo de direitos pelo titular dos dados, à obrigação de confidencialidade e na adoção de medidas técnicas e organizativas destinadas a garantir a segurança dos dados pessoais de que o subcontratante venha a tomar conhecimento em virtude do tratamento de dados por conta do responsável pelo tratamento. O objeto do contrato consistirá, também, na consagração das obrigações assistenciais do subcontratante, bem como dos procedimentos a adotar em caso de ocorrência de uma violação de dados pessoais ou da realização de uma auditoria, e as obrigações das Partes em relação aos titulares dos dados,

à Autoridade de Controlo, às autoridades judiciais, administrativas e governamentais e à contraparte.

ii. A duração do tratamento;
A duração do tratamento afigura-se fundamental à delimitação temporal das obrigações do responsável pelo tratamento e do subcontratante. O período de duração do tratamento tendencialmente determina o período em que é lícito ao subcontratante conservar os dados, porquanto apenas poderá conservá-los se tal lhe for exigido ao abrigo do direito da União ou do direito interno (cf. alínea g) deste número);

iii. A natureza;
O RGPD não define o que pretende significar com a expressão *natureza do tratamento*. Consideramos que esta menção obrigatória consiste em positivar a circunstância de o tratamento ocorrer por determinação normativa (por atos de natureza legislativa ou regulamentar), ou por vontade das partes – ou seja, se a *natureza* da subcontratação é legal ou contratual. Nesta menção deve também constar se o subcontratante é inicial ou ulterior.

iv. A finalidade do tratamento;
A finalidade do tratamento corresponderá às competências e atribuições responsável pelo tratamento, se este for uma autoridade pública; caso este seja uma pessoa singular ou coletiva, a finalidade estará tendencialmente ligada à sua atividade. A previsão clara da finalidade do tratamento determina a licitude de determinadas decisões, nomeadamente no que tange à quantidade de dados tratados, à extensão do tratamento, ao prazo de conservação e mesmo às instruções do responsável pelo tratamento. Ademais, a explicitação da finalidade do tratamento é fundamental para que o subcontratante possa cumprir a obrigação prevista na parte final da alínea h) do n.º 3, de informar o responsável pelo tratamento se entender que alguma instrução viola RGPD ou outras normas de direito da União ou de direito interno.

v. O tipo de dados;
A enumeração do tipo de dados pessoais a tratar sob o regime da subcontratação é um corolário do princípio da transparência e é determinante ao pleno cumprimento das instruções do responsável pelo tratamento pelo subcontratante. Não será por acaso que a norma se refere a *tipos* e não a *categorias* de dados; justamente porque a referência a categorias de dados implicaria um grau de indeterminabilidade inadmissível numa relação de subcontratação – que, em

último termo, poderia ter por consequência, o subcontratante tomar decisões típicas do responsável pelo tratamento[442]. O tipo de dados a tratar permite também aferir se o responsável pelo tratamento cumpre o princípio da minimização, previsto no artigo 5.º, n.º 1, alínea c) do Regulamento.

vi. As categorias dos titulares dos dados; e

Seria, na esmagadora maioria dos casos, impraticável a identificação do universo dos titulares dos dados tratados no âmbito da subcontratação. A identificação das categorias dos titulares permite contextualizar o exercício dos seus direitos e aferir a razoabilidade dos pedidos. Em certa medida, também permite enquadrar a finalidade do tratamento, na medida em que é esta que determina quais os dados a recolher e, por consequência, quem são os respetivos titulares.

vii. As obrigações e direitos do responsável pelo tratamento.

Este elemento é determinante no que respeita à clarificação (formalização) das obrigações e dos direitos do responsável pelo tratamento. As obrigações do responsável são fundamentalmente (sem pretensões de exaustividade) as seguintes:

a) A obrigação de cumprir os princípios previstos no artigo 5.º, n.º 1 do RGPD;

b) A obrigação de implementar medidas técnicas e organizativas adequadas a assegurar e a comprovar a conformidade do tratamento com o RGPD;

c) A obrigação de implementar medidas técnicas e organizativas adequadas a aplicar os princípios da proteção de dados e a incluir garantias necessárias no tratamento, de forma a cumprir RGPD e a proteger os direitos dos titulares dos dados;

d) A obrigação de implementar medidas técnicas e organizativas para assegurar que, por defeito, só são tratados os dados pessoais que sejam necessários para cada finalidade específica do tratamento;

e) A obrigação de analisar, avaliar e responder aos pedidos dos titulares dos dados tendo em vista o exercício dos direitos que o RGPD lhes reconhece, previstos nos artigos 12.º a 23.º e 34.º;

---

[442] Se a norma se referisse a *categorias de dados*, podemos imaginar a seguinte hipótese: o título da subcontratação determinar a recolha de *dados de identificação*. Numa situação como estas, o subcontratante teria de determinar os dados a recolher, sendo que poderia optar por recolher apenas o nome completo, ou os dados constantes do documento de identificação, ou mesmo pela digitalização ou cópia do próprio documento. Decisões como estas convolariam o subcontratante em responsável pelo tratamento.

f) A obrigação de zelar pela segurança dos dados (artigo 32.º);
g) A obrigação de registo das atividades de tratamento (artigo 30.º);
h) A obrigação de notificação à autoridade de controlo da ocorrência de uma violação de dados e, quando aplicável, comunicação ao titular dos dados (artigos 33.º e 34.º)
i) Quando aplicável, a obrigação de realizar avaliações de impacto (artigo 35.º);
j) Quando aplicável, a obrigação de solicitar a consulta prévia à autoridade de controlo (artigo 36.º);
k) A obrigação de notificação da retificação ou eliminação dos dados pessoais ou limitação do tratamento (artigo 19.º)

Os direitos do responsável têm como sujeito passivo o subcontratante, isto é, os direitos do responsável pelo tratamento têm como reflexo obrigações do subcontratante. Na relação jurídica subcontratação do tratamento de dados, os direitos do responsável pelo tratamento são essencialmente os seguintes:

a) Poder de autorização ou direito de oposição em relação à contratação de subcontratante-ulterior;
b) Direito de ser assistido pelo subcontratante no cumprimento da obrigação de dar resposta aos pedidos dos titulares dos dados;
c) Direito de escolha entre a devolução ou eliminação dos dados pelo subcontratante;
d) Direito de obter todas as informações necessárias na posse do subcontratante, que sejam suscetíveis de demonstrar o cumprimento do RGPD;
e) Direito de ser assistido pelo subcontratante no cumprimento das obrigações no âmbito da segurança do tratamento dados, da ocorrência de uma violação de dados, da realização de avaliação de impacto e da apresentação de pedido de consulta prévia; e
f) Direito de realizar, por si ou por auditor por si mandatado, auditorias ao tratamento levado a cabo pelo subcontratante

O cumprimento das obrigações e o exercício de os diretos acima elencados deve ser regulamentado no instrumento jurídico que titule a subcontratação.

7. A alínea a) concretiza a essência da relação de subcontratação, na medida a atuação do subcontratante é condicionada pela existência prévia de instruções documentadas do responsável pelo tratamento.

Dispõe o artigo 29.º do RGPD, *o subcontratante ou qualquer pessoa que, agindo sob a autoridade do responsável pelo tratamento ou do subcontratante, tenha acesso a dados pessoais, não procede ao tratamento desses dados exceto por instrução do responsável pelo tratamento, salvo se a tal for obrigado por força do direito da União ou dos Estados-Mem-*

bros. Tal significa que o subcontratante apenas se pode licitamente desviar ou incumprir as instruções do responsável pelo tratamento se sobre ele impender uma obrigação jurídica de direito da União Europeia ou de direito interno que imponha tal conduta.

Da alínea c) resulta ainda que caso o subcontratante seja juridicamente obrigado a tratar dados fora do âmbito das instruções do responsável pelo tratamento, tem o dever de o informar desse tratamento. O subcontratante apenas poderá legitimamente omitir esse dever se um ato normativo da União ou de direito interno proibir tal informação, por motivos de importante interesse público. O que significa que, a menos que exista uma proibição normativamente consagrada da prestação da informação sobre o tratamento de dados, o subcontratante deve informar o responsável pelo tratamento, caso leve a cabo um tratamento de dados à margem das suas instruções.

Consideramos que não competirá ao subcontratante avaliar se a mencionada proibição se funda em *motivos importantes de interesse público* no sentido de saber se se lhe aplica. Tal constituiria uma perigosa *delegação* no subcontratante da ponderação entre prestar a informação ou omiti-la, com base numa interpretação da *mens legislatoris* em relação ao escopo da proibição – e que poderia conduzir a que, em face das mesmas circunstâncias, os diferentes subcontratantes adotassem condutas distintas, consoante a respetiva interpretação da norma proibitiva. Com o que se conclui que a mera consagração *formal* de uma proibição da informação deve ser acatada pelos subcontratantes, independentemente da avaliação que estes façam sobre se o escopo da norma visa a proteção de um interesse público importante, ou das suas considerações sobre a razoabilidade da norma, no plano do interesse que esta pretenda acautelar.

8. O disposto na presente alínea consiste na garantia da extensão da obrigação de confidencialidade do subcontratante, prevista nomeadamente nos artigos 5.º, n.º 1, alínea f) e 32.º, n.º 1, alínea b) do RGPD, às pessoas por este autorizadas a tratar dados pessoais.

O subcontratante deve identificar dentro da sua estrutura as pessoas autorizadas a tratar dados pessoais e verificar se estão normativamente vinculadas a observar a confidencialidade das informações a que tenham acesso. Caso não estejam, deve ser prevista no vínculo jurídico que une as pessoas autorizadas a tratar dados ao subcontratante a obrigação de confidencialidade.

A consagração desta obrigação é, na verdade, vantajosa para o subcontratante. Pese embora este deva assumir perante o responsável pelo tratamento, o titular, a autoridade de controlo, ou qualquer autoridade judicial ou administrativa a responsabilidade pela violação da obrigação de confidencialidade pelas pessoas a quem autorize o tratamento, se cumprir a obrigação prevista pela presente alínea, poderá fazer refletir a sua responsabilidade nos efetivos incumpridores de tal compromisso – seja na fase administrativa ou na fase judicial.

9. Se o subcontratante autorizar o tratamento de dados por pessoas cuja natureza da respetiva atividade ou profissão implique a observância de deveres de sigilo, como sejam os advogados (artigo 92.º do Estatuto da Ordem dos Advogados[443]), os médicos (artigo 139.º do Estatuto da Ordem dos Médicos[444]), ou os contabilista certificados (artigo 72.º, n.º 1, alínea d) do Estatuto dos Contabilistas Certificados[445]), não necessitarão de assumir um compromisso de confidencialidade – desde que, quando se encontrem ao serviço do subcontratante, se encontrem no exercício da atividade que as vincule a tal obrigação de confidencialidade.

A confidencialidade, especialmente se estatutariamente consagrada, respeita à imputação da responsabilidade e a eventual aplicação de sanções pela sua violação. Se as pessoas autorizadas a tratar dados exercerem uma das atividades acima mencionadas, ou outras – que estão sujeitas a obrigações estatutárias de sigilo – significa que existe uma instância disciplinar própria de apreciação e de aplicação de sanções em virtude da violação de normas estatutárias, circunstância que o subcontratante tem a obrigação de verificar.

Parece ser justamente o que o RGPD quer significar quando impõe que tais pessoas estejam sujeitas a *adequadas* obrigações de confidencialidade. Uma vez que um dos objetivos visados pelo presente Regulamento se reporta à possibilidade de imputação de responsabilidade pela violação das suas normas, natural será que uma obrigação seja perspetivada como *adequada* se e na condição de permitir a imputação de responsabilidade.

No caso de as atividades de tratamento por pessoas autorizadas escaparem ao âmbito de aplicação do seu estatuto profissional ou legal, estas deverão assumir um compromisso de confidencialidade, de forma que a responsabilidade pela sua eventual violação possa ser juridicamente imputada e executada. Se as atividades de tratamento não estiverem abrangidas pelo estatuto profissional ou pelo regime legal ao qual essas entidades estejam sujeitas, estas não estarão

---

[443] Cf. Lei n.º 145/2015, de 9 de setembro.
[444] Cf. Decreto-Lei n.º 282/77, de 5 de julho, na redação que lhe foi conferida pela Lei n.º 117/2015, de 31 de agosto.
[445] Cf. Decreto-Lei n.º 452/99, de 5 de novembro, na redação que lhe foi conferida pela Lei n.º 139/2015, de 7 de setembro.

abrangidas pelo dever de sigilo *típico* da sua atividade – justamente porque não se subsumem ao respetivo exercício. Desse modo, sem um compromisso de confidencialidade, a imputação da responsabilidade seria dificilmente comprovada e recairia sobre o subcontratante.

Por exemplo, se o advogado inscrito na Ordem dos Advogados, ou o contabilista, inscrito na Ordem dos Contabilistas Certificados, ou o médico, com inscrição válida na Ordem dos Médicos, entender exercer uma segunda atividade que implique o tratamento de dados, como seja a de operador de *call centre*, o respetivo estatuto profissional não abrangerá essa atividade, porquanto as tarefas inerentes não constituem *atos próprios* de qualquer uma das profissões. Nessa medida, a respetiva ordem profissional não terá qualquer competência para avaliar e eventualmente sancionar quebras de sigilo, pelo que não pode considerar-se que qualquer uma destas pessoas estivesse sujeita a *adequadas obrigações de confidencialidade*.

Em tais casos, o médico, advogado ou contabilista teria de assumir um compromisso de confidencialidade, que em princípio constaria do vínculo jurídico estabelecido com o subcontratante, ao abrigo do qual esteja autorizado a tratar dados pessoais.

10. Se as pessoas autorizadas a tratar dados não estiverem sujeitas a adequadas obrigações legais de confidencialidade, o subcontratante deverá prever tal compromisso no negócio jurídico através do qual as autorize a tratar dados pessoais.

11. A pessoa abrangida por obrigação de confidencialidade deverá imprimir e refletir na sua conduta uma preocupação permanente com a confidencialidade dos dados.

12. O conteúdo do compromisso de confidencialidade envolverá obrigações *facere* e de *non facere*, isto é, de ação e de omissão. Como obrigações de caráter ativo, poderemos exemplificar as seguintes:

i. Proteger a informação comunicada pelo subcontratante que lhe conferiu autorização para tratar dados com o mesmo cuidado que usa para prevenir a disseminação e publicação não autorizada da sua própria informação;

ii. Frequentar ou participar em formação disponibilizada pelo subcontratante a respeito da proteção de dados pessoais;

iii. Adotar todas as medidas necessárias para impedir qualquer violação da segurança, nomeadamente a destruição, a perda, a alteração, a divulgação ou o acesso, não autorizados, a dados pessoais transmitidos, conservados ou sujeitos a qualquer outro tipo de tratamento;

iv. Adotar uma conduta preventiva em relação à proteção doa dados pessoais que trate sob a autoridade do subcontratante.

13. Como obrigações de caráter omissivo, podemos exemplificar as seguintes:

i. Não ceder, transmitir ou por qualquer forma divulgar a terceiros os dados fornecidos pelo subcontratante que lhe conferiu autorização para tratar dados; ou

ii. Guardar sigilo e limitar a divulgação da informação ao estritamente necessário à prossecução das atividades de tratamento que lhe hajam sido atribuídas.

14. À semelhança de outras obrigações previstas no n.º 3 do artigo 28.º do RGPD, a aplicabilidade – e, consequentemente, a aplicação – da obrigação prevista na alínea c) dependerá das concretas condições da relação de subcontratação.

Na convicção de que a realidade subjacente às relações jurídicas desafia qualquer aproximação a uma tipologia, cremos ser possível identificar duas formas de execução da relação jurídica de subcontratação:

i. As operações de tratamento são realizadas com recurso aos dispositivos do responsável pelo tratamento; ou

ii. A operações são levadas a cabo com recurso a meios tecnológicos sob o domínio do subcontratante (ou mesmo até de terceiro[446]).

No primeiro caso, o responsável pelo tratamento que deve adotar as medidas que o artigo 32.º do RGPD lhe impõe e o subcontratante deve vincular-se expressamente a cumpri-las. É justamente na previsão contratual de cumprimento de tais medidas, que reside a obrigação de estipulação prevista nesta alínea. Na prática, o subcontratante vincular-se-á a cumprir instruções do responsável pelo tratamento *também* neste domínio. Para mais desenvolvimentos *vide* anotação ao artigo 32.º.

No segundo caso, considerando que o artigo 32.º do RGPD abrange expressamente o subcontratante, remetemos para a anotação dessa disposição.

15. Quanto à alínea d), remetemos os nossos comentários a propósito desta alínea para as anotações aos n.ºs 2 e 4 do presente artigo.

---

[446] Por exemplo, de um subcontratante ulterior.

16. Desta alínea e) resulta que é ao responsável pelo tratamento que compete dar resposta aos pedidos apresentados pelos titulares dos dados, com vista ao exercício dos direitos previstos nos artigos 12.º a 23.º do RGPD. A obrigação do subcontratante prevista na presente alínea tem um carater meramente assistencial.

17. A concreta configuração da obrigação de prestar assistência ao responsável pelo tratamento, sobretudo no que à implementação de medidas técnicas e organizativas, dependerá da circunstância do subcontratante prestar os seus serviços de tratamento usando os seus próprios recursos, ou utilizando os dispositivos do responsável pelo tratamento. Por outro lado, o conteúdo do direito em causa determinará uma maior ou menor âmbito da obrigação de assistência do subcontratante que, consoante os casos, e sempre mediante instruções documentadas do responsável pelo tratamento, poderá responder por conta daquele ao pedido do titular, ou limitar-se a encaminhar o pedido ao responsável pelo tratamento.

Se o subcontratante prestar a sua atividade de tratamento de dados através dos seus próprios dispositivos, antes do estabelecimento da relação jurídica de subcontratação, o responsável pelo tratamento deverá, nos termos do n.º 1 do presente artigo, solicitar ao subcontratante a apresentação de garantias de *execução de medidas técnicas e organizativas adequadas de uma forma que o tratamento satisfaça os requisitos do presente regulamento e assegure a defesa dos direitos do titular dos dados*. Uma vez apresentadas tais garantias, o responsável pelo tratamento deverá verificar a respetiva compatibilidade com as suas instruções e necessidades assistenciais.

Caso o subcontratante trate dados pessoais por meio da utilização de recursos disponibilizados pelo responsável pelo tratamento, as garantias a prestar por este consistirão essencialmente em cumprir as instruções de utilização dos dispositivos em causa. Em tal caso, as obrigações de assistência concretizar-se-ão através das medidas técnicas e organizativas estabelecidas pelo responsável pelo tratamento – a obrigação prevista na presente alínea não se distinguirá substancialmente do cumprimento das instruções do responsável pelo tratamento, tal como previsto na alínea a) do presente número.

18. Conforme sobredito, é ao responsável pelo tratamento que compete garantir o exercício de direitos dos titulares dos dados pessoais e dar resposta às respetivas solicitações.

Julgamos que a natureza assistencial da obrigação do subcontratante veda ao responsável pelo tratamento a delegação no subcontratante da obrigação de assegurar a resposta aos pedidos dos titulares dos dados que visem o exercício dos direitos que lhes são reconhecidos pelo RGPD. O facto de impender sobre o subcontratante a obrigação de prestar assistência ao responsável pelo tratamento no cumprimento da obrigação de dar resposta a tais pedidos não deverá constituir uma oportunidade para o responsável pelo tratamento transferir o cumprimento de tal obrigação para o subcontratante. Tal não significa que, sobretudo nos casos em que é o subcontratante que estabelece contacto direto com o titular dos dados, este não possa encaminhar os pedidos para o responsável, ou mesmo assegurar o respetivo exercício, mas sempre mediante instruções prévias e documentadas do responsável pelo tratamento. Pode, também, dar-se o caso de o responsável pelo tratamento definir respostas-tipo, que o subcontratante pode transmitir diretamente aos titulares, sem que o responsável pelo tratamento tenha de renovar a decisão perante pedidos iguais. O fundamental é que a resposta aos pedidos dos titulares possa ser imputada ao responsável pelo tratamento e que os titulares tenham essa perceção.

Afigura-se particularmente relevante no plano das expectativas razoáveis dos titulares dos dados em relação à identidade do responsável pelo tratamento que estes conservem a convicção de que, para efeitos do exercício dos seus direitos, é a este que se deverão dirigir – e não ao subcontratante. Este é um corolário necessário do princípio da transparência.

Nessa medida, do elenco de informações previstas nos artigos 13.º e 14.º do RGPD consta a identificação e contactos do responsável pelo tratamento. Caso o responsável pelo tratamento seja uma empresa, o respetivo logotipo ou sinal distintivo deverá constar de tais documentos, em suporte papel ou em formato eletrónico, mesmo que, na prática, seja o subcontratante a disponibilizá-las. Uma vez mais, trata-se de assegurar a prestação de assistência ao responsável – e não a sub-rogação no cumprimento da obrigação de garantir o exercício de tais direitos.

Do mesmo modo se passarão as coisas quanto à recolha do consentimento – caso o tratamento nele se fundamente –, na medida em que este é prestado ao responsável pelo tratamento; não deverá ser deixada qualquer margem que o titular possa ter dúvidas em relação à identidade do sujeito jurídico a quem o consentimento é prestado.

As condições do exercício dos direitos de acesso, retificação, eliminação dos dados pessoais e de portabilidade[447], bem como dos direitos à limitação ou de

---

[447] No caso da portabilidade, será necessário que o tratamento dos dados ocorra nas condições previstas no artigo 20.º do Regulamento

oposição ao tratamento são definidas pelo responsável pelo tratamento. Porém, a concretização prática do exercício destes direitos dependerá da circunstância de o subcontratante tratar dados recorrendo aos seus próprios dispositivos, ou aos do responsável pelo tratamento.

Sempre que o exercício de direitos pelo titular implique uma decisão ou ponderação, ou respeite ao cumprimento de uma obrigação jurídica do responsável pelo tratamento, a assistência do subcontratante resumir-se-á ao encaminhamento do pedido. Admitimos, porém, que, em alguns casos, se o subcontratante dispuser da informação necessária e o responsável pelo tratamento houver emitido instruções nesse sentido, o subcontratante poderá responder ao pedido do titular, desde que a resposta possa ser imputada ao responsável pelo tratamento.

O direito de acesso poderá ser exercido junto do subcontratante, se para tal estiver devidamente instruído pelo responsável pelo tratamento. No entanto, o subcontratante apenas estará em condições de o garantir se puder aceder, ele próprio, aos sistemas ou arquivos do responsável pelo tratamento. Se tal acesso lhe for permitido e se o responsável pelo tratamento tiver emitido instruções no sentido de permitir ao subcontratante responder aos pedidos dos titulares, estes poderão exercer o direito de acesso junto do subcontratante.

Caso o subcontratante não disponha da informação solicitada pelos titulares dos dados, ou não esteja na posse de instruções documentadas do responsável pelo tratamento que especificamente prevejam o que este deverá assegurar o exercício do direito de acesso, a obrigação de assistência concretizar-se-á num mero encaminhamento do pedido do titular ao responsável pelo tratamento.

O mesmo se aplicará aos direitos de retificação e de portabilidade[448].

---

[448] Caso o responsável pelo tratamento emita instruções no sentido de o subcontratante notificar os destinatários dos dados da retificação, eliminação ou limitação do tratamento e este disponha da informação necessária para o efeito, não vemos qualquer óbice a que o subcontratante proceda a essa notificação. Nos mesmos pressupostos, caso o titular dos dados o solicite, o subcontratante poderá facultar informações sobre os destinatários dos dados. Consideramos que o subcontratante pode, mediante instruções do responsável, cumprir a obrigação prevista no artigo 19.º do RGPD, pois não implica qualquer decisão ou ponderação do pedido do titular, ou dos interesses ao mesmo subjacentes; na verdade, a obrigação de notificação apenas existe quando já foi tomada uma decisão a respeito do pedido do titular e os direitos de retificação e eliminação dos dados e de limitação do tratamento já terão sido exercidos. No fundo, a obrigação de notificação aos destinatários dos dados da retificação dos dados reporta-se à necessidade de assegurar a eficácia do princípio da exatidão dos dados; no caso da eliminação e da limitação ao tratamento, trata-se de conferir eficácia externa aos direitos dos titulares.

No caso do direito à eliminação, consideramos que, se exercido junto do subcontratante, o pedido do titular deverá ser sempre objeto de decisão do responsável pelo tratamento. Se se atentar no conteúdo das alíneas do n.º 1 do artigo 17.º do RGPD perceber-se-á que, na maioria das hipóteses, apenas o responsável poderá decidir se se encontra obrigado a proceder em conformidade com o pedido do titular. Se não, vejamos:

i. Só o responsável poderá avaliar se os dados pessoais que o titular pretende eliminar ainda são necessários à finalidade que motivou a sua recolha ou tratamento (alínea a))

ii. Se o titular retirar o consentimento, apenas o responsável pelo tratamento poderá decidir se existe outro fundamento jurídico em que possa basear o tratamento (alínea b))

iii. Só o responsável pelo tratamento poderá avaliar a existência de interesses legítimos prevalecentes que justifiquem o tratamento de dados no âmbito do direito de oposição; no entanto, admitimos que no caso previsto no n.º 2 do artigo 21.º, o subcontratante, se devidamente instruído pelo responsável pelo tratamento nesse sentido, possa responder diretamente ao exercício do direito de oposição – ver, com mais detalhe, *infra* (alínea c));

iv. A apreciação sobre a ilicitude do tratamento não deverá competir ao subcontratante, que apenas tem a obrigação de informar o responsável pelo tratamento quando, no seu entender, alguma instrução viole o RGPD ou outras normas de direito interno ou da União em matéria de proteção de dados; em tais termos, a avaliação sobre o caráter ilícito deve ser feita exclusivamente pelo responsável pelo tratamento (alínea d));

v. O cumprimento de uma obrigação deve ser assegurado pelo sujeito jurídico a ela vinculado; apesar de o subcontratante poder estar em condições de avaliar a aplicabilidade da obrigação de eliminação ao responsável pelo tratamento, não se lhe poderá substituir no cumprimento da mesma (alínea e));

vi. Se os dados pessoais houverem sido recolhidos com consentimento de crianças ou dos respetivos representantes legais, no contexto da oferta de serviços da sociedade da informação, admitimos que o titular possa exercer esses direitos junto do subcontratante, na condição de este dispor de toda a informação para o efeito, bem como de instruções documentadas do responsável pelo tratamento no sentido de satisfazer tais pedidos (alínea f)).

Parece que a obrigação de assistência do subcontratante ao responsável pelo tratamento na resposta aos pedidos de titulares dos dados tem sempre como pressuposto que a resposta seja imputável ao responsável pelo tratamento. O subcontratante não poderá dar resposta autónoma a pedidos novos.

O titular dos dados tem, nas situações previstas no n.º 1 do artigo 18.º do RGPD, o direito que o tratamento de dados seja sujeito a limitação. As alíneas do n.º 1 do artigo 18.º do RGPD dirigem-se ao responsável pelo tratamento, sendo que, talvez salvo o caso referido na alínea a), as demais importam uma decisão ou ponderação, ou respeitam ao cumprimento de uma obrigação jurídica daquele.

O direito de oposição, previsto no artigo 21.º do RGPD, permite que o titular conteste o tratamento de dados:

   i. Sob o fundamento jurídico de exercício de funções de interesse público ou ao exercício da autoridade pública de que o responsável pelo tratamento esteja investido; e

   ii. Sob o fundamento jurídico dos interesses legítimos prosseguidos pelo responsável pelo tratamento;

   iii. Para fins distintos daqueles ao abrigo dos quais os dados foram recolhidos e o tratamento não tenha tido por fundamento o consentimento ou disposições do direito da União ou dos Estados-Membros que constituam uma medida necessária e proporcionada numa sociedade democrática para salvaguardar os objetivos referidos no artigo 23.º, n.º 1; e

   iv. Para efeitos de comercialização direta (marketing direto).

O exercício do direito de oposição pelo titular reporta-se ao tratamento de dados com base num interesse que torna lícito o tratamento de dados, em virtude de o direito interno ou da União lhe conferirem relevância legitimadora. Se o responsável pelo tratamento estiver investido do exercício de funções de interesse público ou do exercício de autoridade pública e o titular exercer o direito de oposição, o subcontratante deverá encaminhar a argumentação de oposição ao responsável pelo tratamento. O mesmo deverá suceder no caso de o fundamento jurídico do tratamento ser um interesse legítimo prosseguido pelo responsável pelo tratamento ou se os dados forem tratados para fins distintos daqueles ao abrigo dos quais foram recolhidos e o tratamento não tenha tido por fundamento o consentimento ou disposições do direito da União ou dos Estados-Membros.

Em todos estes casos, o responsável pelo tratamento cessará o tratamento de dados, salvo se invocar razões imperiosas e legítimas para a sua continuidade – que prevaleçam sobre interesses, direitos e liberdades do titular dos dados – ou a sua necessidade para efeitos de declaração, exercício ou defesa de um direito num processo judicial[449].

---

[449] Entende-se, assim, que o tratamento de dados no âmbito de um processo judicial prevalece, em qualquer caso sobre os interesses, direitos e liberdades do titular dos dados. E bem

Resulta evidente que a invocação de razões legítimas para a continuidade do tratamento compete exclusivamente ao responsável pelo tratamento. Na verdade, a continuidade do tratamento após o exercício do direito de oposição, por *razões imperiosas e legítimas*, fundar-se-á, via de regra num *interesse legítimo* do responsável pelo tratamento – pelo que tal ponderação não é delegável no subcontratante.

A continuidade do tratamento para efeitos do exercício da tutela jurisdicional efetiva, pressupõe que o responsável pelo tratamento seja parte ou sujeito processual.

De acordo com a parte final do Considerando 47, a prossecução da finalidade da *comercialização direta*[450] poderá considerar-se de interesse legítimo. Se for esse o fundamento invocado, aplicar-se-á, em princípio, o regime relativo ao fundamento do *interesse legítimo*, isto é, o subcontratante deverá encaminhar a argumentação de oposição ao responsável pelo tratamento. Acresce que a definição de perfis para efeitos de *marketing direto* é realizada pelo responsável pelo tratamento, pelo que o subcontratante não estaria em condições de empreender outras diligências que não encaminhar o pedido.

O mesmo se aplica no que tange a decisões individuais automatizadas, incluindo definição de perfis, às quais o titular tem o direito de se opor.

19. A alínea f) do n.º 3 do artigo 28.º prevê uma obrigação de caráter assistencial fundamentalmente relacionada com a segurança e proteção de dados pessoais.

O responsável pelo tratamento tem o direito à assistência do subcontratante no cumprimento das suas obrigações que envolvam:

i. A implementação medidas de segurança;
ii. A notificação de uma violação de dados à autoridade de controlo;
iii. A comunicação de uma violação de dados pessoais ao titular dos dados;
iv. A realização de avaliação de impacto sobre a proteção de dados; e
v. O pedido de consulta prévia.

A configuração da obrigação de assistência assumirá tantas formas quantas as combinações possíveis das condições práticas em que ocorra da cada relação de subcontratação.

---

se entende que assim seja, porquanto os direitos do titular dos dados não poderiam impedir a tutela jurisdicional efetiva do responsável pelo tratamento.
[450] Uma deficiente tradução da expressão inglesa *direct marketing*.

No entanto, é possível identificar dois modelos: os casos em que o tratamento ocorre em dispositivos do responsável pelo tratamento e as situações em que o subcontratante trata dados usando os seus próprios recursos. Como resultará evidente, a concretização prática da mesma obrigação de assistência será distinta em cada uma destas hipóteses, a que brevemente nos referiremos, remetendo para a anotação aos artigos 32.º a 36.º do RGPD.

No que concerne à segurança do tratamento, se o subcontratante tratar os dados com recurso a dispositivos do responsável pelo tratamento, a assistência a que está obrigado será necessariamente mais direta do que se tratar os dados pelos seus próprios meios.

Nos procedimentos a levar a efeito em caso de ocorrência de uma violação de dados pelo responsável pelo tratamento, o subcontratante assiste-o, na medida das informações de que disponha.

Se o subcontratante detetar uma violação de dados deve comunicá-la imediatamente ao responsável pelo tratamento (artigo 33.º, n.º 2), facultando-lhe, no menor prazo possível, toda a informação de que disponha, e prestar-lhe a demais assistência que razoavelmente solicite. Este parece ser o limite da obrigação de assistência no caso de o subcontratante tratar os dados nos sistemas do responsável pelo tratamento.

Caso o subcontratante trate dados pessoais pelos seus próprios meios, deve, tanto quanto possível, prestar ao responsável pelo tratamento as informações previstas no artigo 33.º, n.º 2, de forma a permitir a este último cumprir a sua obrigação de notificação da violação de dados à autoridade de controlo, prevista no n.º 1 do mesmo artigo. Nisto mesmo, cremos, consiste a obrigação de assistência do subcontratante que trate dados recorrendo aos seus dispositivos, quando a violação de dados neles se verifique. Uma vez mais, o subcontratante não se deve substituir ao responsável pelo tratamento no cumprimento de obrigações deste, devendo meramente assisti-lo nas diligência necessárias a tal fim.

Caso o subcontratante preste a informação com alguma demora, deve justificar os motivos do atraso, de forma que o responsável pelo tratamento possa também cumprir a obrigação prevista na parte final do n.º 1 do artigo 33.º do RGPD.

No que concerne à assistência a prestar ao responsável pelo tratamento no cumprimento da obrigação de comunicar a ocorrência de uma violação de dados pessoais ao titular dos dados, o subcontratante deve prestar a assistência que esteja ao seu alcance e lhe seja razoavelmente solicitada pelo responsável pelo tratamento.

A realização de uma avaliação de impacto compete ao responsável pelo tratamento. No entanto, se as tecnologias que sejam suscetíveis de implicar elevado risco para os direitos das pessoas singulares estiverem sob o domínio do subcontratante, no caso de o responsável pelo tratamento ter decidido externalizar uma concreta atividade que implique o tratamento de dados. Nesses casos, ambos deverão cooperar na elaboração das informações previstas no n.º 7 do artigo 35.º do RGPD. O mesmo se diga em relação à assistência no âmbito da consulta prévia, aplicando-se *mutatis mutandis* às informações previstas nas alíneas do n.º 3 artigo 36.º do RGPD.

Se o subcontratante tratar os dados nos dispositivos do responsável pelo tratamento a assistência nestes casos mal se distingue do normal cumprimento de instruções, o que se aplica quer em relação às obrigações de assistência do âmbito da realização de uma avaliação de impacto ou do pedido de consulta prévia.

20. A concretização da obrigação do subcontratante, decorrente da alínea g), depende de uma escolha do responsável pelo tratamento. Será, no entanto, lógico que, se o subcontratante tratar dados em dispositivos do responsável pelo tratamento, no termo da relação de subcontratação, limitar-se-á a não conservar consigo determinados dados – pois que não se trata de devolver, mas, sim, de deixar de tratar, sem conservar os dados, nem de destruir, pois tal implicaria a destruição da informação. O mesmo se aplicará às cópias existentes.

Esta obrigação terá um âmbito mais claro quando o subcontratante trate os dados pessoais na sua própria organização.

A exceção à obrigação de devolver ou destruir depende de obrigação jurídica de direito interno ou da UE que imponha ao subcontratante a conservação dos dados.

21. A alínea h) constitui no fundo a consagração de um direito do responsável pelo tratamento de monitorizar o tratamento de dados pelo subcontratante.

Em primeiro lugar, prevê a disponibilização de informações necessárias a demonstrar o cumprimento das obrigações-tipo da relação de subcontratação – o que, na prática, cremos, concretizar-se-á através de resposta a solicitações do responsável pelo tratamento.

Em segundo lugar, a alínea h) reporta-se à realização de auditorias pelo responsável pelo tratamento ou por outro auditor por ele mandatado. O âmbito de aplicação desta norma restringe-se ao tratamento de dados levado a efeito na organização e estrutura do subcontratante, poderá ser alvo de uma auditoria externa, por parte do responsável pelo tratamento.

O âmbito da auditoria está limitado ao tratamento de dados que o subcontratante leve a cabo por conta do responsável pelo tratamento. O que significa que o direito de auditoria não permitirá ao responsável pelo tratamento aceder a informação que exceda a que seja tratada por sua conta. Semelhante possibilidade colocaria em causa a confidencialidade dos dados que o subcontratante trate por conta de outros responsáveis pelo tratamento, ou mesmo dos dados das pessoas que tratem dados sob a sua autoridade, como sejam trabalhadores.

Já se o subcontratante tratar dados nas instalações do responsável pelo tratamento, qualquer auditoria aos dispositivos será *interna*, e a obrigação do subcontratante nesse caso passa por cumprir instruções do responsável pelo tratamento.

No que diz respeito ao primeiro parágrafo, alínea h), o subcontratante informa imediatamente o responsável pelo tratamento se, no seu entender, alguma instrução violar o presente regulamento ou outras disposições do direito da União ou dos Estados-Membros em matéria de proteção de dados.

Esta norma obriga o subcontratante a informar o responsável pelo tratamento quando entenda que alguma instrução sua viola o RGPD ou outras normas em matéria de proteção de dados. Contudo, não obriga o subcontratante a cessar a relação de subcontratação caso a instrução viole normas vigentes em matéria de proteção de dados e o responsável pelo tratamento insista e mantê-la.

Neste caso, a imputação da responsabilidade poderá ser complexa, na medida em que compete questionar se será exigível impor ao subcontratante a resolução do contrato – cuja manutenção é inquestionavelmente do seu interesse e encontrar-se-á muito provavelmente ligada à sua atividade – em razão de uma instrução do responsável pelo tratamento violar as normas aplicáveis em matéria de proteção de dados. Deverá exigir-se ao subcontratante que seja um paladino da proteção de dados? Consideramos que a resposta não poderá deixar de ser negativa e o incumprimento ser imputável ao responsável pelo tratamento.

22. O n.º 4 concretiza o controlo material pelo responsável pelo tratamento em relação aos termos da subcontratação que o subcontratante inicial estabeleça com subcontratantes ulteriores. As obrigações previstas no instrumento jurídico que title a relação jurídica estabelecida entre o responsável pelo tratamento e o subcontratante devem ser replicadas nas subcontratações ulteriores.

A norma destaca a necessidade de o subcontratante inicial exigir aos subcontratantes ulteriores as garantias que o responsável pelo tratamento haja considerado suficientes, nos termos do n.º 1 do artigo 28.º[451].

---

[451] Considerando a redação da disposição, a avaliação da suficiência das garantias a apresentar pelo subcontratante não poderá deixar de ser competência do responsável pelo tratamento.

Desse modo, é assegurado ao responsável pelo tratamento de dados algo como um controlo remoto das relações de subcontratação.

23. A circunstância de o incumprimento das obrigações do subcontratante ulterior dever ser assumido pelo subcontratante inicial perante o responsável pelo tratamento constitui um modo de responsabilizar o subcontratante inicial pela escolha do subcontratante incumpridor. Por outro lado, e julgamos ser esse o escopo da norma, a responsabilização do subcontratante inicial visa evitar a diluição e a consequente dificuldade de imputação de responsabilidades decorrente da multiplicação de subcontratantes ulteriores.

Compete referir que nada impedirá o subcontratante inicial que haja sofrido prejuízos pela assunção da responsabilidade pelo incumprimento do subcontratante ulterior de instaurar ação de regresso contra este.

24. No n.º 5 remetemos para a anotação aos artigos 40.º e 42.º.

25. No n.º 6 remetemos para a anotação aos artigos 40.º, 42.º, 63.º e 93.º.

26. No n.º 7 remetemos para a anotação ao artigo 93.º.

27. No n.º 8 remetemos para a anotação ao artigo 63.º.

28. O n.º 9 visa assegurar a forma escrita dos instrumentos jurídicos que regulamentam as relações de subcontratação inicial ou ulterior. Considerando a referência à forma escrita, sem mais, a menção ao formato eletrónico poderia parecer despicienda. No entanto, contribui para clarificar a admissibilidade de contratos que se não encontrem em suporte-papel.

29. Quanto ao n.º 10, sobre o conceito de finalidades e de meios de tratamento e a possibilidade de considerar o subcontratante responsável pelo tratamento, remetemos para a anotação ao artigo 4.º, pontos 7) e 8) do RGPD.

O subcontratante determinará as finalidades do tratamento quando trate os dados de um modo incompatível com as finalidades ou instruções definidas pelo responsável pelo tratamento ou, pelo menos, com as expectativas legítimas do responsável pelo tratamento. Contudo, se o subcontratante tratar os dados sem ter por base uma instrução do responsável pelo tratamento, mas o tratamento visar a finalidade por ele definida, o subcontratante não deverá ser considerado responsável pelo tratamento em questão.

A norma do n.º 10 constitui um corolário da atribuição de responsabilidades com base da concreta influência no tratamento de dados; ou seja, se o subcontratante *agir como responsável pelo tratamento* será responsável pelo tratamento. Não é, assim, o estatuto que caracteriza os poderes e competências em relação ao tratamento, mas, inversamente, os poderes e competências concretamente assumidos constroem o estatuto.

A consideração do subcontratante como responsável pelo tratamento não prejudica os termos do direito de indemnização e a aplicação de coimas e sanções, respetivamente previstos nos artigos 82.º, 83.º e 84.º. Significa que o Regulamento pretendeu, por um lado, assegurar uma imputação das responsabilidades coerente com a influência efetiva no tratamento e, por outro lado, salvaguardar a aplicabilidade dos mencionados artigos, cuja aplicação não é prejudicada em função da convolação do estatuto de subcontratante em responsável pelo tratamento.

(*Tatiana Duarte*)

ARTIGO 29.º
Tratamento sob a autoridade do responsável pelo tratamento ou do subcontratante

O subcontratante ou qualquer pessoa que, agindo sob a autoridade do responsável pelo tratamento ou do subcontratante, tenha acesso a dados pessoais, não procede ao tratamento desses dados exceto por instrução do responsável pelo tratamento, salvo se a tal for obrigado por força do direito da União ou dos Estados-Membros.

COMENTÁRIO:
1. A presente disposição estabelece o critério da responsabilidade – *accountability* – em relação ao tratamento de dados pelo subcontratante ou por pessoa que aja sob a autoridade deste ou do responsável pelo tratamento.

Se o subcontratante ou as pessoas autorizadas a tratar dados não dispuserem de uma instrução concreta do responsável pelo tratamento, mas os dados sejam tratados ainda nos estritos termos da finalidade por este definida – e este não possa defender que o tratamento foi levado a cabo fora das suas legítimas expectativas –, consideramos que, via de regra, deve entender-se que as pessoas autorizadas a tratar dados ou o subcontratante cumpriram *instruções* do responsável pelo tratamento. Estas situações respeitam a omissões de natureza operacional pouco significativas no quadro do tratamento de dados.

Fora dos casos referidos no parágrafo anterior, a atuação das pessoas autorizadas a tratar dados e do subcontratante encontra-se estritamente balizada pelas instruções do responsável pelo tratamento. O subcontratante poderá vir a ser considerado responsável pelo tratamento se determinar as finalidades e os meios de tratamento (artigo 28.º, n.º 10), o que pode ocorrer através do tratamento de dados sem dispor das necessárias instruções do responsável pelo tratamento para o efeito.

A disposição em anotação parece ter como objetivo garantir a concentração das decisões relativas ao tratamento de dados no responsável pelo tratamento, visando prevenir atos de vontade das pessoas autorizadas a tratar dados ou do subcontratante no sentido do tratamento sem disporem previamente das devidas instruções daquele.

2. Claro que a norma teria de prever uma exceção evidente: o cumprimento de normas jurídicas de direito interno ou da União. Parece evidente que a proibição do tratamento não poderia abranger o cumprimento de obrigações jurídicas, sob pena de o destinatário da norma ser impedido de a cumprir se não dispusesse de instruções do responsável pelo tratamento para o efeito. Tal conduziria à situação absurda de o destinatário das normas só poder cumpri-las se deviamente instruído pelo responsável pelo tratamento para o efeito, condicionando tal cumprimento ao seu arbítrio. Destarte, a norma consagra uma cláusula de exclusão de responsabilidade, que consiste no cumprimento de normas jurídicas de direito interno ou da União.

(*Tatiana Duarte*)

ARTIGO 30.º
Registos das atividades de tratamento

1. Cada responsável pelo tratamento e, sendo caso disso, o seu representante conserva um registo de todas as atividades de tratamento sob a sua responsabilidade. Desse registo constam todas seguintes informações:

a) O nome e os contactos do responsável pelo tratamento e, sendo caso disso, de qualquer responsável conjunto pelo tratamento, do representante do responsável pelo tratamento e do encarregado da proteção de dados;

b) As finalidades do tratamento dos dados;

c) A descrição das categorias de titulares de dados e das categorias de dados pessoais;

d) As categorias de destinatários a quem os dados pessoais foram ou serão divulgados, incluindo os destinatários estabelecidos em países terceiros ou organizações internacionais;

e) Se for aplicável, as transferências de dados pessoais para países terceiros ou organizações internacionais, incluindo a identificação desses países terceiros ou organizações internacionais e, no caso das transferências referidas no artigo 49.º, n.º 1, segundo parágrafo, a documentação que comprove a existência das garantias adequadas;

f) Se possível, os prazos previstos para o apagamento das diferentes categorias de dados; *g)* Se possível, uma descrição geral das medidas técnicas e organizativas no domínio da segurança referidas no artigo 32.º, n.º 1.

2. Cada subcontratante e, sendo caso disso, o representante deste, conserva um registo de todas as categorias de atividades de tratamento realizadas em nome de um responsável pelo tratamento, do qual constará:

a) O nome e contactos do subcontratante ou subcontratantes e de cada responsável pelo tratamento em nome do qual o subcontratante atua, bem como, sendo caso disso do representante do responsável pelo tratamento ou do subcontratante e do encarregado da proteção de dados;

b) As categorias de tratamentos de dados pessoais efetuados em nome de cada responsável pelo tratamento;

c) Se for aplicável, as transferências de dados pessoais para países terceiros ou organizações internacionais, incluindo a identificação desses países terceiros ou organizações internacionais e, no caso das transferências referidas no artigo 49.º, n.º 1, segundo parágrafo, a documentação que comprove a existência das garantias adequadas;

d) Se possível, uma descrição geral das medidas técnicas e organizativas no domínio da segurança referidas no artigo 32.º, n.º 1.

3. Os registos a que se referem os n.ºs 1 e 2 são efetuados por escrito, incluindo em formato eletrónico.

4. O responsável pelo tratamento e, sendo caso disso, o subcontratante, o representante do responsável pelo tratamento ou do subcontratante, disponibilizam, a pedido, o registo à autoridade de controlo.

5. As obrigações a que se referem os n.ºs 1 e 2 não se aplicam às empresas ou organizações com menos de 250 trabalhadores, a menos que o tratamento efetuado seja suscetível de implicar um risco para os direitos e liberdades do titular dos dados, não seja ocasional ou abranja as catego-

rias especiais de dados a que se refere o artigo 9.º, n.º 1, ou dados pessoais relativos a condenações penais e infrações referido no artigo 10.º.

COMENTÁRIO:
1. "A fim de comprovar a observância do presente regulamento, o responsável pelo tratamento ou o subcontratante deverá conservar registos de atividades de tratamento sob a sua responsabilidade. Os responsáveis pelo tratamento e subcontratantes deverão ser obrigados a cooperar com a autoridade de controlo e a facultar-lhe esses registos, a pedido, para fiscalização dessas operações de tratamento." (Cfr. Considerando (82)).

2. Os proémios dos n.ºs 1 e 2 preveem a obrigação adstrita ao responsável, ao respetivo subcontratante e/ou aos representantes destes, da conservação dos registos de todas as atividades de tratamento de dados pessoais, efetuados por escrito, incluindo em formato eletrónico (n.º 3). Em bom rigor, trata-se, antes, de um dever, atenta a definição legal de obrigação, contida no artigo 397.º do Código Civil. Efetivamente, estamos perante um vínculo jurídico a que ficam adstritos os sujeitos acima identificados, que apenas ficam fica adstritos à realização de uma prestação se e quando a autoridade de controlo lhes solicitar os registados. Haverá, com toda a certeza, responsáveis, subcontratantes e representantes de ambos, a quem nunca serão pedidos os registos dos dados conservados, em cumprimento do dever.[452]

---

[452] A proposta apresentada pela Comissão, sobre esta matéria, consistia em:
"1. Cada responsável pelo tratamento e cada subcontratante, bem como, caso exista, o representante do responsável pelo tratamento, mantêm a documentação de todas as operações de tratamento de dados efetuadas sob a sua responsabilidade.
2. Essa documentação deve consistir, pelo menos, nas seguintes informações:
(a) Nome e contactos do responsável pelo tratamento, ou de qualquer responsável conjunto pelo tratamento ou subcontratante conjunto e, caso exista, do representante;
(b) Nome e contactos do responsável pela proteção dos dados, caso existam;
(c) Finalidades do tratamento, incluindo os interesses legítimos do responsável pelo tratamento, sempre que o tratamento se basear no artigo 6.º, n.º 1, alínea f);
(d) Descrição das categorias de titulares de dados e das categorias de dados pessoais que lhes digam respeito;
(e) Destinatários ou categorias de destinatários dos dados pessoais, incluindo os responsáveis pelo tratamento a quem são comunicados esses dados pessoais para efeitos dos interesses legítimos que prosseguem;
(f) Se for caso disso, as transferências de dados para um país terceiro ou uma organização internacional, incluindo o nome desse país terceiro ou dessa organização internacional e, no

3. Os acordos celebrados entre os responsáveis e os subcontratantes, por um lado, e os respetivos representantes, por outro, serão contratos de prestação de serviço, na modalidade de mandato, pelos quais os segundos se obrigam a praticar um ou mais atos jurídicos por conta dos primeiros, previstos no artigo 1157.º e seguintes do Código Civil.

4. Nas alíneas do n.º 1, acham-se enunciadas as informações que deverão constar dados registos a cargo do responsável ou seu representante, *id est*: (i) o nome e os contactos do responsável pelo tratamento e, sendo caso disso, de qualquer responsável conjunto pelo tratamento, do representante do responsável pelo tratamento e do encarregado da proteção de dados, (ii) as finalidades do tratamento, (iii) a descrição das categorias de titulares e das categorias de dados, (iv) as categorias de destinatários a quem os dados pessoais foram ou serão divulgados, incluindo os destinatários estabelecidos em países terceiros ou organizações internacionais, (v) as transferências de dados pessoais para países terceiros ou organizações internacionais, incluindo a identificação desses países terceiros ou organizações internacionais e a documentação que comprove a existência das garantias adequadas, no caso das transferências que não puderem basear-se

caso de transferências referidas no artigo 44.º, n.º 1, alínea h), a documentação que comprove a existência das garantias adequadas;
(g) Uma indicação geral dos prazos fixados para o apagamento das diferentes categorias de dados;
(h) Descrição dos mecanismos referidos no artigo 22.º, n.º 3;
3. O responsável pelo tratamento e o subcontratante, bem como, caso exista, o representante do responsável pelo tratamento, disponibilizam a documentação existente à autoridade de controlo, quando por esta solicitado.
4. As obrigações referidas nos n.ºs 1 e 2 não se aplicam aos responsáveis pelo tratamento e aos subcontratantes seguintes:
a) Pessoas singulares que tratem dados pessoais sem qualquer fim comercial; ou
b) Empresas ou organismos com mais de 250 assalariados que tratem dados pessoais unicamente no âmbito de uma atividade acessória da sua atividade principal.
5. São atribuídas competências à Comissão para adotar atos delegados nos termos do artigo 86.º, a fim de especificar mais concretamente os critérios e requisitos aplicáveis à documentação referida no n.º 1, para ter em conta, nomeadamente, as obrigações do responsável pelo tratamento e do subcontratante e, caso exista, do representante do responsável pelo tratamento.
6. A Comissão pode elaborar formulários normalizados para a documentação referida no n.º 1. Os atos de execução correspondentes são adotados em conformidade com o procedimento de exame referido no artigo 87.º, n.º 2."

numa decisão da Comissão de garantia de um nível de proteção adequado ou em garantias adequadas, apresentadas pelos responsáveis ou subcontratantes, nomeadamente de regras vinculativas aplicáveis às empresas e não for aplicável nenhuma das derrogações previstas, (vi) os prazos previstos para o apagamento das diferentes categorias de dados e (vii) uma descrição geral das medidas técnicas e organizativas no domínio da segurança, incluindo, consoante o que for adequado: a pseudonimização e a cifragem dos dados pessoais, a capacidade de assegurar a confidencialidade, integridade, disponibilidade e resiliência permanentes dos sistemas e dos serviços de tratamento, a capacidade de restabelecer a disponibilidade e o acesso aos dados pessoais de forma atempada no caso de um incidente físico ou técnico e Um processo para testar, apreciar e avaliar regularmente a eficácia das medidas técnicas e organizativas para garantir a segurança do tratamento.

5. Nas alíneas do n.º 2, estão elencadas as informações que deverão constar dos registos de todas as atividades de tratamento de dados pessoais, realizadas pelos subcontratantes e/ou pelos seus representantes, em nome de um responsável pelo tratamento, que são: (i) o nome e contactos do subcontratante ou subcontratantes e de cada responsável pelo tratamento, do representante do responsável pelo tratamento ou do subcontratante e do encarregado da proteção de dados, (ii) as categorias de tratamentos de dados pessoais efetuados, (iii) as transferências de dados pessoais para países terceiros ou organizações internacionais, incluindo a identificação desses países terceiros ou organizações internacionais e, no caso das transferências referidas no artigo 49.º, n.º 1, segundo parágrafo, a documentação que comprove a existência das garantias adequadas, (iv) uma descrição geral das medidas técnicas e organizativas no domínio da segurança.º, n.º 1.

6. A exigência das informações que deverão constar dos registos do n.º 1, efetuados pelo responsável, é maior do que as do n.º 2, efetuados pelo subcontratante. Na verdade, neste último não é obrigatório o registo das informações relativas (i) às finalidades do tratamento, (ii) à descrição das categorias de titulares de dados, (iii) às categorias de destinatários, mesmo aqueles situados fora da União e (iv) aos prazos previstos para o apagamento das diferentes categorias de dados. Estas informações constarão dos registos do responsável e dos contratos celebrados entre o responsável e o subcontratante

7. As informações contidas nas alíneas f) e g) do n.º 1 e na alínea d) do n.º 2 – os prazos previstos para o apagamento das diferentes categorias de dados e a

descrição geral das medidas técnicas e organizativas no domínio da segurança – constam dos registos na medida do que seja possível a sua descrição.

8. O n.º 4 dispõe que o responsável pelo tratamento e/ou o subcontratante e/ou os representantes daqueles disponibilizam, a pedido, o registo à autoridade de controlo, (entre nós a CNPD). Os registos deverão estar acessíveis para serem, com a maior brevidade, disponibilizados à Autoridade de Controlo, a pedido desta, sendo de censurar quaisquer obstáculos erguidos ao célere cumprimento deste dever, com vista ao exercício por aquela da fiscalização ao cumprimento do RGPD.

9. Regra geral, as obrigações de registo de todas as atividades de tratamento de dados pessoais não se aplicam às empresas ou organizações com menos de 250 trabalhadores (cfr. primeira parte do n.º 5). Porém, estas obrigações são aplicadas a esta tipologia de empresas ou organizações, se se verificar um dos seguintes pressupostos: (i o tratamento efetuado for suscetível de implicar um risco para os direitos e liberdades do titular, (ii) o tratamento não for ocasional ou (iii) o tratamento abranger as seguintes categorias especiais de dados pessoais: dados pessoais reveladores da origem racial ou étnica, das opiniões políticas, das convicções religiosas ou filosóficas, ou da filiação sindical, dados genéticos, dados biométricos para identificar uma pessoa de forma inequívoca, dados relativos à saúde ou dados relativos à vida sexual ou orientação sexual de uma pessoa ou dados pessoais relativos a condenações penais e infrações.

10. As empresas e organizações que ficam abrangidas pela regra geral, prevista na primeira parte do n.º 5, serão em número residual, pois que na sua maioria, para já não se aludir aos outros dois critérios, tratam dados de forma permanente, ao menos os dos seus trabalhadores.

(Alexandre Sousa Pinheiro/Carlos Jorge Gonçalves)

ARTIGO 31.º
Cooperação com a autoridade de controlo

O responsável pelo tratamento e o subcontratante e, sendo caso disso, os seus representantes cooperam com a autoridade de controlo, a pedido desta, na prossecução das suas atribuições.

COMENTÁRIO:

1. O artigo em anotação consigna a obrigação de cooperação com a autoridade de controlo na prossecução das suas atribuições, adstrita ao responsável pelo tratamento, ao subcontratante e, quando existam, aos representantes de cada um deles.

2. Contudo, o cumprimento desta obrigação está condicionado a uma ação inicial da Autoridade de controlo, que passa pela formulação de um pedido nesse sentido.

3. Em qualquer caso, numa atitude proactiva, os sujeitos adstritos ao cumprimento desta obrigação deverão poder, por sua iniciativa, cooperar com a autoridade de controlo, porventura não na prossecução das suas atribuições, mas noutras questões, tendo sempre por objetivo a proteção dos dados pessoais.

4. Os sujeitos referidos no artigo em anotação têm a obrigação de cooperar com autoridade de controlo, por exemplo, na notificação de uma violação de dados pessoais.

(Carlos Jorge Gonçalves)

SECÇÃO 2
Segurança dos dados pessoais

ARTIGO 32.º
Segurança do tratamento

1. Tendo em conta as técnicas mais avançadas, os custos de aplicação e a natureza, o âmbito, o contexto e as finalidades do tratamento, bem como os riscos, de probabilidade e gravidade variável, para os direitos e liberdades das pessoas singulares, o responsável pelo tratamento e o subcontratante aplicam as medidas técnicas e organizativas adequadas para assegurar um nível de segurança adequado ao risco, incluindo, consoante o que for adequado:

a) A pseudonimização e a cifragem dos dados pessoais

b) A capacidade de assegurar a confidencialidade, integridade, disponibilidade e resiliência permanentes dos sistemas e dos serviços de tratamento;

c) A capacidade de restabelecer a disponibilidade e o acesso aos dados pessoais de forma atempada no caso de um incidente físico ou técnico;

d) Um processo para testar, apreciar e avaliar regularmente a eficácia das medidas técnicas e organizativas para garantir a segurança do tratamento.

2. Ao avaliar o nível de segurança adequado, devem ser tidos em conta, designadamente, os riscos apresentados pelo tratamento, em particular devido à destruição, perda e alteração acidentais ou ilícitas, e à divulgação ou ao acesso não autorizados, de dados pessoais transmitidos, conservados ou sujeitos a qualquer outro tipo de tratamento.

3. O cumprimento de um código de conduta aprovado conforme referido no artigo 40.º ou de um procedimento de certificação aprovado conforme referido no artigo 42.º pode ser utilizado como elemento para demonstrar o cumprimento das obrigações estabelecidas no n.º 1 do presente artigo.

4. O responsável pelo tratamento e o subcontratante tomam medidas para assegurar que qualquer pessoa singular que, agindo sob a autoridade do responsável pelo tratamento ou do subcontratante, tenha acesso a dados pessoais, só procede ao seu tratamento mediante instruções do responsável pelo tratamento, exceto se tal lhe for exigido pelo direito da União ou de um Estado-Membro.

COMENTÁRIO:

1. É significativa a preocupação demonstrada pelo RGPD pela matéria da segurança da informação.

Não existindo ainda normas de segurança completas que cubram o RGPD, continua a revestir uma utilidade significativa a ISO 27001.

A ISO 27001 que define um sistema de gestão de segurança de informação de acordo com a estrutura organizacional, com as políticas, as actividades de planeamento, as responsabilidades, as práticas, os procedimentos, os processos e os recursos [453].

---

[453] Ana Vieira e Maria Isabel Sousa, "ISO 27001 Security Management Standard", Faculdade de Engenharia da Universidade do Porto, 2009, p. 7.

2. Existe uma responsabilização forte dos responsáveis pelo tratamento e dos subcontratantes nos moldes do Considerando (74):

(i) Deverá ser consagrada a responsabilidade do responsável por qualquer tratamento de dados pessoais realizado por este ou por sua conta.

(ii) Em especial, o responsável pelo tratamento deverá ficar obrigado a executar as medidas que forem adequadas e eficazes e ser capaz de comprovar que as atividades de tratamento são efetuadas em conformidade com o presente regulamento, incluindo a eficácia das medidas.

(iii) Essas medidas deverão ter em conta a natureza, o âmbito, o contexto e as finalidades do tratamento dos dados, bem como o risco que possa implicar para os direitos e liberdades das pessoas singulares.

3. Sobre os meios adequados as quatro alíneas do n.º 1 referem processo e metodologias que apontam para a eficácia na segurança da informação, devendo assinalar-se a aprovação da Resolução do Conselho de Ministros n.º 41/2018, de 28 de março. No preâmbulo do texto é referido que:

"A relação entre a tecnologia e o Direito está espelhada, de modo especial, na proteção de dados desde a conceção e por defeito (artigo 25.º do RGPD), nas medidas adequadas para garantir a segurança do tratamento (artigo 32.º do RGPD), na notificação de violações de dados pessoais às autoridades de controlo (artigo 33.º do RGPD), na comunicação de violação de dados pessoais aos titulares dos dados (artigo 34.º do RGPD) e na avaliação de impacto sobre a proteção de dados (artigo 35.º do RGPD). (...) Nesta medida, o Governo considera fundamental definir orientações técnicas para a Administração Pública, recomendando-as ao setor empresarial do Estado, em matéria de arquitetura de segurança das redes e sistemas de informação e procedimentos a adotar de modo a cumprir as normas do RGPD."

As fontes das boas práticas que devem ser seguidas surgem no Considerando (77):

"As orientações sobre a execução de medidas adequadas e sobre a comprovação de conformidade pelos responsáveis pelo tratamento ou subcontratantes, em especial no que diz respeito à identificação dos riscos relacionados com o tratamento, à sua avaliação em termos de origem, natureza, probabilidade e gravidade, bem como à identificação das melhores práticas para a atenuação dos riscos, poderão ser obtidas nomeadamente recorrendo a **códigos de conduta aprovados, a certificações aprovadas, às orientações fornecidas pelo Comité ou às indicações fornecidas por um encarregado da**

proteção de dados. O Comité poderá emitir igualmente orientações sobre operações de tratamento de dados que não sejam suscetíveis de resultar num elevado risco para os direitos e liberdades das pessoas singulares e indicar quais as medidas adequadas em tais casos para diminuir esse risco."

Para concretizar os números 1e 2 deste artigo, versa o Considerando (83), de acordo com o qual:
(i) A fim de preservar a segurança e evitar o tratamento em violação do presente regulamento, o responsável pelo tratamento, ou o subcontratante, deverá avaliar os riscos que o tratamento implica e aplicar medidas que os atenuem, como a cifragem.
(ii) Essas medidas deverão assegurar um nível de segurança adequado, nomeadamente a confidencialidade, tendo em conta as técnicas mais avançadas e os custos da sua aplicação em função dos riscos e da natureza dos dados pessoais a proteger.
As decisões de adequação adotadas respeitam à:
(iii) Ao avaliar os riscos para a segurança dos dados, deverão ser tidos em conta os riscos apresentados pelo tratamento dos dados pessoais, tais como a destruição, perda e alteração acidentais ou ilícitas, e a divulgação ou o acesso não autorizados a dados pessoais transmitidos, conservados ou sujeitos a qualquer outro tipo de tratamento, riscos esses que podem dar azo, em particular, a danos físicos, materiais ou imateriais.

A segurança da informação já era uma exigência para o responsável pelo tratamento nos tempos da Diretiva. Adquire, porém, uma relevância muito mais lata no RGPD associada às normas relativas às notificações sobre violação de dados pessoais.

(Alexandre Sousa Pinheiro)

ARTIGO 33.º
Notificação de uma violação de dados pessoais à autoridade de controlo
1.Em caso de violação de dados pessoais, o responsável pelo tratamento notifica desse facto a autoridade de controlo competente nos termos do artigo 55.o, sem demora injustificada e, sempre que possível, até 72 horas após ter tido conhecimento da mesma, a menos que a violação dos dados pessoais não seja suscetível de resultar num risco para os direitos e liberdades das pessoas singulares. Se a notificação à autoridade de

controlo não for transmitida no prazo de 72 horas, é acompanhada dos motivos do atraso.

2. O subcontratante notifica o responsável pelo tratamento sem demora injustificada após ter conhecimento de uma violação de dados pessoais.

3. A notificação referida no n.º 1 deve, pelo menos:

a) Descrever a natureza da violação dos dados pessoais incluindo, se possível, as categorias e o número aproximado de titulares de dados afetados, bem como as categorias e o número aproximado de registos de dados pessoais em causa;

b) Comunicar o nome e os contactos do encarregado da proteção de dados ou de outro ponto de contacto onde possam ser obtidas mais informações;

c) Descrever as consequências prováveis da violação de dados pessoais;

d) Descrever as medidas adotadas ou propostas pelo responsável pelo tratamento para reparar a violação de dados pessoais, inclusive, se for caso disso, medidas para atenuar os seus eventuais efeitos negativos.

4. Caso, e na medida em que não seja possível fornecer todas as informações ao mesmo tempo, estas podem ser fornecidas por fases, sem demora injustificada.

5. O responsável pelo tratamento documenta quaisquer violações de dados pessoais, compreendendo os factos relacionados com as mesmas, os respetivos efeitos e a medida de reparação adotada. Essa documentação deve permitir à autoridade de controlo verificar o cumprimento do disposto no presente artigo.

COMENTÁRIO:

1. O artigo em anotação consagra a obrigação a que está vinculado o responsável de notificação de uma violação de dados pessoais à autoridade de controlo (entre nós a CNPD), sem demora injustificada e, sempre que possível, até 72 horas após ter tido conhecimento da mesma. Se esta obrigação não for cumprida no prazo de 72 horas, é, aquando do seu cumprimento acompanhada da fundamentação da demora. Na notificação. Em certos casos, com vista a aquilatar do cumprimento do prazo de 72 horas, não será fácil saber quando o responsável tem conhecimento da violação. Será quando esse conhecimento chegar ao órgão executivo máximo (Direção Conselho de Administração, Conselho Diretivo ou Diretor-Geral)? Cremos que, considerando o objetivo subjacente a todo o

RGPD de proteção dos dados pessoais, o responsável terá conhecimento sempre que algum dos seus trabalhadores tenha conhecimento da violação, matéria cuja prova não se revela fácil de obter.[454]

2. No tocante à demonstração do envio da comunicação sem demora injustificada, "(...) importa ter em consideração, em especial, a natureza e a gravidade da violação dos dados pessoais e as respetivas consequências e efeitos adversos para o titular dos dados. Essa notificação poderá resultar numa intervenção da autoridade de controlo em conformidade com as suas funções e competências, definidas pelo presente regulamento." (Cfr. Considerando (87).

3. A *ratio legis* da imposição desta obrigação aos responsáveis reside na séria possibilidade de a violação de dados pessoais "(...) causar danos físicos, materiais ou imateriais às pessoas singulares, como a perda de controlo sobre os seus dados pessoais, a limitação dos seus direitos, a discriminação, o roubo ou usurpação da identidade, perdas financeiras, a inversão não autorizada da pseudonimização, danos para a reputação, a perda de confidencialidade de dados pessoais protegidos por sigilo profissional ou qualquer outra desvantagem económica ou social significativa das pessoas singulares." (cfr. Considerando (85)).

4. Cessa a obrigação de notificação se a violação dos dados pessoais não for suscetível de resultar num risco para os direitos e liberdades das pessoas singulares (cfr. parte final do primeiro parágrafo do n.º 1).

5. Afigurar-se-á assaz problemático o preenchimento valorativo do conceito jurídico indeterminado de suscetibilidade de resultar num risco para os direitos e liberdades das pessoas singulares. Haverá, com toda a certeza, vários níveis de suscetibilidade de verificação de risco para os direitos e liberdades dos titulares dos dados pessoais. Quanto a nós, bastará a existência de um risco mínimo para ser necessário o cumprimento da obrigação em causa. Aliás, as alíneas a) e b), ambas do n.º 3 do artigo 34.º constituem, certamente, poderosos auxiliares para o preenchimento deste conceito: (i) a aplicação de medidas de proteção

---

[454] A Proposta apresentada pela Comissão previa que: "Em caso de violação de dados pessoais, o responsável pelo tratamento notifica desse facto a autoridade de controlo, sem demora injustificada e, sempre que possível, o mais tardar 24 horas após ter tido conhecimento da mesma. Caso a notificação à autoridade de controlo não seja transmitida no prazo de 24 horas, deve ser acompanhada de uma justificação razoável."

adequadas (técnicas e organizativas) aos dados pessoais afetados pela violação, especialmente medidas que tornem os dados pessoais incompreensíveis para qualquer pessoa não autorizada a aceder a esses dados, tais como a cifragem e (ii) a adoção pelo responsável de medidas subsequentes que garantam a insusceptibilidade de concretização do elevado risco para os direitos e liberdades dos titulares dos dados.

6. É evidente que a aplicação, originária e subsequente, de medidas técnicas e organizativas (por exemplo a cifragem)de proteção aos dados pessoais afetados pela violação, que os tornem incompreensíveis para qualquer pessoa não autorizada a aceder aos mesmos, preenche minimamente este conceito.

7. A obrigação de notificação de uma violação de dados pessoais é extensiva ao subcontratante, que deve notificar o responsável após ter conhecimento de uma violação de dados pessoais (cfr. n.º 2), para que, este último, cumpra a obrigação junto da autoridade de controlo.

8. Note-se que o prazo de 72 horas não se encontra previsto para o subcontratante. Porém, é de entender que o prazo que este dispõe para comunicar a violação ao responsável deverá ser ainda mais reduzido, atento o conceito de demora injustigada aplicável a ambos, bem como a premência de o responsável notificar tal violação à autoridade de controlo.

9. O n.º 3 concretiza o teor da notificação à autoridade de controlo: (i) descrição da natureza da violação dos dados pessoais incluindo, se possível, as categorias e o número aproximado de titulares de dados afetados, bem como as categorias e o número aproximado de registos de dados pessoais em causa, (ii) comunicação do nome e dos contactos do encarregado da proteção de dados ou de outro ponto de contacto onde possam ser obtidas mais informações, (iii) descrição das consequências prováveis da violação em causa e (iv) descrição das medidas adotadas ou propostas pelo responsável pelo tratamento para reparar a violação de dados pessoais, inclusive, se for caso disso, medidas para atenuar os seus eventuais efeitos negativos.

10. Tendo em conta a exiguidade do prazo para o cumprimento da obrigação da notificação da violação dos dados pessoais à autoridade de controlo, é permitido, no n.º 4, que as informações que deverá conter a notificação sejam fornecidas faseadamente. Em qualquer caso, sem demora injustificada.

11. A autoridade de controlo verifica o cumprimento da obrigação de notificação de violação de dados pessoais, mediante a documentação apresentada pelo responsável, compreendendo os factos relacionados com as mesmas, os respetivos efeitos e a medida de reparação adotada.

12. A autoridade de controlo portuguesa, a CNPD já publicou um modelo de formulário para as situações de violações de dados: **https://www.cnpd.pt/DataBreach/DataBreach_pt.aspx**

(Alexandre Sousa Pinheiro/Carlos Jorge Gonçalves)

ARTIGO 34.º
Comunicação de uma violação de dados pessoais ao titular dos dados

1. Quando a violação dos dados pessoais for suscetível de implicar um elevado risco para os direitos e liberdades das pessoas singulares, o responsável pelo tratamento comunica a violação de dados pessoais ao titular dos dados sem demora injustificada.

2. A comunicação ao titular dos dados a que se refere o n.º 1 do presente artigo descreve em linguagem clara e simples a natureza da violação dos dados pessoais e fornece, pelo menos, as informações e medidas previstas no artigo 33.º, n.º 3, alíneas b), c) e d).

3. A comunicação ao titular dos dados a que se refere o n.º 1 não é exigida se for preenchida uma das seguintes condições:

a) O responsável pelo tratamento tiver aplicado medidas de proteção adequadas, tanto técnicas como organizativas, e essas medidas tiverem sido aplicadas aos dados pessoais afetados pela violação de dados pessoais, especialmente medidas que tornem os dados pessoais incompreensíveis para qualquer pessoa não autorizada a aceder a esses dados, tais como a cifragem;

b) O responsável pelo tratamento tiver tomado medidas subsequentes que assegurem que o elevado risco para os direitos e liberdades dos titulares dos dados a que se refere o n.º 1 já não é suscetível de se concretizar; ou

c) Implicar um esforço desproporcionado. Nesse caso, é feita uma comunicação pública ou tomada uma medida semelhante através da qual os titulares dos dados são informados de forma igualmente eficaz.

4. Se o responsável pelo tratamento não tiver já comunicado a violação de dados pessoais ao titular dos dados, a autoridade de controlo, tendo

considerado a probabilidade de a violação de dados pessoais resultar num elevado risco, pode exigir-lhe que proceda a essa notificação ou pode constatar que se encontram preenchidas as condições referidas no n.º 3.

COMENTÁRIO:

1. Este preceito prevê a obrigação a que está vinculado o responsável de comunicação de uma violação de dados pessoais ao respetivo titular sem demora injustificada, "(...)a fim de lhe permitir tomar as precauções necessárias." (Cfr. Considerando (86)). Esta comunicação descreve em linguagem clara e simples: (i) comunicação do nome e dos contactos do encarregado da proteção de dados ou de outro ponto de contacto onde possam ser obtidas mais informações, (ii) descrição das consequências prováveis da violação em causa e (iii) descrição das medidas adotadas ou propostas pelo responsável pelo tratamento para reparar a violação de dados pessoais, inclusive, se for caso disso, medidas para atenuar os seus eventuais efeitos negativos. "A comunicação deverá (...) dirigir recomendações à pessoa singular em causa para atenuar potenciais efeitos adversos." (Cfr. Considerando (86)).

2. Tal como na obrigação de notificação de uma violação de dados à autoridade de controlo, o responsável apenas se encontra adstrito ao cumprimento desta obrigação quando a violação dos dados pessoais for suscetível de implicar um elevado risco para os direitos e liberdades das pessoas singulares.

3. Contrariamente ao que ocorre no artigo anterior, o conceito jurídico indeterminado de suscetibilidade de concretização do elevado risco para os direitos e liberdades dos titulares dos dados encontra-se minimamente preenchido nas alíneas a) e b) do n.º 3 do artigo em anotação. Assim, o cumprimento desta obrigação pelo responsável não é exigido se for preenchida uma das seguintes condições: (i) a aplicação de medidas de proteção adequadas (técnicas e organizativas) aos dados pessoais afetados pela violação, especialmente medidas que tornem os dados pessoais incompreensíveis para qualquer pessoa não autorizada a aceder a esses dados, tais como a cifragem, (ii) a adoção pelo responsável de medidas subsequentes que garantam a insusceptibilidade de concretização do elevado risco para os direitos e liberdades dos titulares dos dados ou (iii) se a comunicação aos titulares dos dados Implicar um esforço desproporcionado, é feita uma comunicação pública ou tomada uma medida semelhante através da qual os titulares dos dados são informados de forma igualmente eficaz.

4. O n.º 4 confere duas competências de exercício alternativo à autoridade de controlo, que consistem (i) na exigência ao responsável que cumpra a obriga-

ção de notificação da violação aos respetivos titulares ou (ii) em considerar que se encontra preenchida uma das condições de dispensa dessa notificação.

5. Estas competências apenas podem ser exercidas uma vez reunidos dois pressupostos de verificação cumulativa: (i) no caso de o responsável não ter já comunicado a violação de dados pessoais aos respetivos titulares e (ii) no caso de autoridade de controlo ter considerado a probabilidade de tal violação resultar num elevado risco.

(Carlos Jorge Gonçalves)

SECÇÃO 3
Avaliação de impacto sobre a proteção de dados e consulta prévia

ARTIGO 35.º
Avaliação de impacto sobre a proteção de dados

1. Quando um certo tipo de tratamento, em particular que utilize novas tecnologias e tendo em conta a sua natureza, âmbito, contexto e finalidades, for suscetível de implicar um elevado risco para os direitos e liberdades das pessoas singulares, o responsável pelo tratamento procede, antes de iniciar o tratamento, a uma avaliação de impacto das operações de tratamento previstas sobre a proteção de dados pessoais. Se um conjunto de operações de tratamento que apresentar riscos elevados semelhantes, pode ser analisado numa única avaliação.

2. Ao efetuar uma avaliação de impacto sobre a proteção de dados, o responsável pelo tratamento solicita o parecer do encarregado da proteção de dados, nos casos em que este tenha sido designado.

3. A realização de uma avaliação de impacto sobre a proteção de dados a que se refere o n.º 1 é obrigatória nomeadamente em caso de:

a) Avaliação sistemática e completa dos aspetos pessoais relacionados com pessoas singulares, baseada no tratamento automatizado, incluindo a definição de perfis, sendo com base nela adotadas decisões que produzem efeitos jurídicos relativamente à pessoa singular ou que a afetem significativamente de forma similar;

b) Operações de tratamento em grande escala de categorias especiais de dados a que se refere o artigo 9.º, n.º 1, ou de dados pessoais relacionados com condenações penais e infrações a que se refere o artigo 10.º; ou *c)* Controlo sistemático de zonas acessíveis ao público em grande escala.

4. A autoridade de controlo elabora e torna pública uma lista dos tipos de operações de tratamento sujeitos ao requisito de avaliação de impacto sobre a proteção de dados por força do n.º 1. A autoridade de controlo comunica essas listas ao Comité referido no artigo 68.º.

5. A autoridade de controlo pode também elaborar e tornar pública uma lista dos tipos de operações de tratamento em relação aos quais não é obrigatória uma análise de impacto sobre a proteção de dados. A autoridade de controlo comunica essas listas ao Comité.

6. Antes de adotar as listas a que se referem os n.ºs 4 e 5, a autoridade de controlo competente aplica o procedimento de controlo da coerência referido no artigo 63.º sempre que essas listas enunciem atividades de tratamento relacionadas com a oferta de bens ou serviços a titulares de dados ou com o controlo do seu comportamento em diversos Estados-Membros, ou possam afetar substancialmente a livre circulação de dados pessoais na União.

7. A avaliação inclui, pelo menos:

a) Uma descrição sistemática das operações de tratamento previstas e a finalidade do tratamento, inclusive, se for caso disso, os interesses legítimos do responsável pelo tratamento;

b) Uma avaliação da necessidade e proporcionalidade das operações de tratamento em relação aos objetivos;

c) Uma avaliação dos riscos para os direitos e liberdades dos titulares dos direitos a que se refere o n.º 1; e

d) As medidas previstas para fazer face aos riscos, incluindo as garantias, medidas de segurança e procedimentos destinados a assegurar a proteção dos dados pessoais e a demonstrar a conformidade com o presente regulamento, tendo em conta os direitos e os legítimos interesses dos titulares dos dados e de outras pessoas em causa.

8. Ao avaliar o impacto das operações de tratamento efetuadas pelos responsáveis pelo tratamento ou pelos subcontratantes, em especial para efeitos de uma avaliação de impacto sobre a proteção de dados, é tido na devida conta o cumprimento dos códigos de conduta aprovados a que se refere o artigo 40.º por parte desses responsáveis ou subcontratantes.

9. Se for adequado, o responsável pelo tratamento solicita a opinião dos titulares de dados ou dos seus representantes sobre o tratamento pre-

visto, sem prejuízo da defesa dos interesses comerciais ou públicos ou da segurança das operações de tratamento.

10. Se o tratamento efetuado por força do artigo 6.º, n.º 1, alínea c) ou e), tiver por fundamento jurídico o direito da União ou do Estado-Membro a que o responsável pelo tratamento está sujeito, e esse direito regular a operação ou as operações de tratamento específicas em questão, e se já tiver sido realizada uma avaliação de impacto sobre a proteção de dados no âmbito de uma avaliação de impacto geral no contexto da adoção desse fundamento jurídico, não são aplicáveis os n.ºs 1 a 7, salvo se os Estados-Membros considerarem necessário proceder a essa avaliação antes das atividades de tratamento.

11. Se necessário, o responsável pelo tratamento procede a um controlo para avaliar se o tratamento é realizado em conformidade com a avaliação de impacto sobre a proteção de dados, pelo menos quando haja uma alteração dos riscos que as operações de tratamento representam.

COMENTÁRIO:
1. A avaliação de impacto sobre a proteção de dados é aplicada quando um certo tipo de tratamento, em particular que utilize novas tecnologias e tendo em conta a sua natureza, âmbito, contexto e finalidades, for suscetível de implicar um elevado risco para os direitos e liberdades das pessoas singulares. Trata-se de uma avaliação *ex ante*, já que é realizada pelo responsável antes de iniciar o tratamento (cfr. primeiro período do n.º 1). "Essa avaliação do impacto deverá incluir, nomeadamente, as medidas, garantias e procedimentos previstos para atenuar esse risco, assegurar a proteção dos dados pessoais e comprovar a observância do presente regulamento." (Cfr, Considerando (90)). Por economia procedimental, um conjunto de operações de tratamento que apresentar riscos elevados semelhantes, pode ser analisado numa única avaliação "(...) por exemplo se as autoridades ou organismos públicos pretenderem criar uma aplicação ou uma plataforma de tratamento comum, ou se vários responsáveis pelo tratamento planearem criar uma aplicação ou um ambiente de tratamento comum em todo um setor ou segmento profissional, ou uma atividade horizontal amplamente utilizada." (cfr. segundo período do n.º 1 do artigo em anotação e Considerando (92)).[455]

---

[455] Ver Regulamento 1/2018 em www.enpol.pt. Sobre a avaliação de impacto, ver Filipe Matias Magalhães e Maria Leitão Pereira "Regulamento Geral de Proteção de dados. Manual ???", Porto, Vide, Economica, pp. 40 e ss.

2. A realização de uma avaliação de impacto sobre a proteção de dados implica a solicitação pelo responsável de um parecer ao encarregado da proteção de dados, nos casos em que este tenha sido designado. O pedido deste parecer é obrigatório, mas a sua fundamentação e conclusões não são vinculativas para o responsável (n.º 2).

3. O n.º 3 identifica as situações em que a realização de uma avaliação de impacto sobre a proteção de dados é obrigatória. Assim, ela é obrigatória, nomeadamente para as "(...) operações de tratamento de grande escala que visem o tratamento de uma grande quantidade de dados pessoais a nível regional, nacional ou supranacional, possam afetar um número considerável de titulares de dados e sejam suscetíveis de implicar um elevado risco, por exemplo, em razão da sua sensibilidade, nas quais, em conformidade com o nível de conhecimentos tecnológicos alcançado, seja utilizada em grande escala uma nova tecnologia, bem como a outras operações de tratamento que impliquem um elevado risco para os direitos e liberdades dos titulares dos dados, em especial quando tais operações dificultem aos titulares o exercício dos seus direitos. Dever-se-á realizar também uma avaliação de impacto sobre a proteção de dados nos casos em que os dados pessoais são tratados para tomar decisões relativas a determinadas pessoas singulares na sequência de qualquer avaliação sistemática e completa dos aspetos pessoais relacionados com pessoas singulares baseada na definição dos perfis desses dados ou na sequência do tratamento de categorias especiais de dados pessoais, de dados biométricos ou de dados sobre condenações penais e infrações ou medidas de segurança conexas. É igualmente exigida uma avaliação do impacto sobre a proteção de dados para o controlo de zonas acessíveis ao público em grande escala, nomeadamente se forem utilizados mecanismos optoeletrónicos, ou para quaisquer outras operações quando a autoridade de controlo competente considere que o tratamento é suscetível de implicar um elevado risco para os direitos e liberdades dos titulares dos direitos, em especial por impedirem estes últimos de exercer um direito ou de utilizar um serviço ou um contrato, ou por serem realizadas sistematicamente em grande escala. O tratamento de dados pessoais não deverá ser considerado de grande escala se disser respeito aos dados pessoais de pacientes ou clientes de um determinado médico, profissional de cuidados de saúde, hospital ou advogado. Nesses casos, a realização de uma avaliação de impacto sobre a proteção de dados não deverá ser obrigatória." (Cfr. Considerando (91)).

4. Os n.ºs 4 e 5 conferem três competências à autoridade de controlo: (i) elaborar e publicitar uma lista dos tipos de operações de tratamento sujeitos ao requisito de avaliação de impacto sobre a proteção de dados (cfr. alínea k) do n.º 1 do artigo 57.º); (ii) elaborar e publicitar uma lista dos tipos de operações de tratamento em relação aos quais não é obrigatória uma análise de impacto sobre a proteção de dados e (iii) comunicar essas listas ao Comité europeu para a proteção de dados.

5. Previamente ao exercício destas competências, a autoridade de controlo competente aplica o procedimento de controlo da coerência – cooperação entre as autoridades de controlo e, quando for relevante, entre estas e a Comissão, a fim de contribuir para a aplicação coerente do RGPD em toda a União – sempre que essas listas enunciem atividades de tratamento relacionadas com a oferta de bens ou serviços a titulares de dados ou com o controlo do seu comportamento em diversos Estados-Membros, ou possam afetar substancialmente a livre circulação de dados pessoais na União.

6. O n.º 7 enuncia os elementos que deve conter uma avaliação: (i) uma descrição sistemática das operações de tratamento previstas e a finalidade do tratamento, inclusive, se for caso disso, os interesses legítimos do responsável pelo tratamento, (ii) uma avaliação da necessidade e proporcionalidade das operações de tratamento em relação aos objetivos, (iii) uma avaliação dos riscos para os direitos e liberdades dos titulares dos direitos e (iv) as medidas previstas para fazer face aos riscos, incluindo as garantias, medidas de segurança e procedimentos destinados a assegurar a proteção dos dados pessoais e a demonstrar a conformidade com o presente regulamento, tendo em conta os direitos e os legítimos interesses dos titulares dos dados e de outras pessoas em causa.

7. A avaliação de impacto apresenta, portanto, três fases: descritiva, alaviativa e decisória. A primeira fase visa descrever sistematicamente: (i) as operações de tratamento previstas, (ii)a finalidade do tratamento e, se for caso disso, (iii) os interesses legítimos do responsável pelo tratamento. A fase avaliativa assenta em duas dimensões: avaliação relacional entre as operações de tratamento e os objetivos, alicerçada no princípio da proporcionalidade, e avaliação dos riscos para os direitos e liberdades dos titulares. A fase decisória consiste nas medidas previstas para fazer face aos riscos, incluindo: as garantias, as medidas de segurança e os procedimentos destinados a assegurar a proteção dos dados pessoais e a demonstrar a conformidade com o presente regulamento, tendo em conta os direitos e os legítimos interesses dos titulares dos dados e de outras pessoas em causa.

8. O cumprimento de códigos de conduta é um fator relevante a ter em conta ao avaliar o impacto das operações de tratamento efetuadas pelos responsáveis

ou pelos subcontratantes, em especial para efeitos de uma avaliação de impacto sobre a proteção de dados (cfr. n.º 8).

9. O n.º 9, baseado no princípio da proporcionalidade em sentido amplo, na sua dimensão de adequação, consigna que o responsável solicita a opinião dos titulares de dados ou dos seus representantes sobre o tratamento previsto. As opiniões dos titulares apenas serão consideradas se não atentarem contra os interesses comerciais ou públicos ou da segurança das operações de tratamento.

10. O n.º 10 prevê a desaplicação dos n.ºs 1 a 7 do presente artigo, mediante a verificação dos seguintes pressupostos: (i) se o tratamento efetuado for necessário para o cumprimento de uma obrigação jurídica a que o responsável pelo tratamento esteja sujeito ou para o exercício de funções de interesse público ou ao exercício da autoridade pública de que esteja investido tiver por fundamento jurídico o direito da União ou do Estado-Membro a que esteja sujeito, (ii) esse direito regular a operação ou as operações de tratamento específicas em questão, (iii) prévia realização de uma avaliação de impacto sobre a proteção de dados no âmbito de uma avaliação de impacto geral no contexto da adoção desse fundamento jurídico e (iv) os Estados-Membros considerarem desnecessário proceder a essa avaliação antes das atividades de tratamento.

11. Em caso de necessidade, o responsável procede a um controlo para avaliar se o tratamento é realizado em conformidade com a avaliação de impacto sobre a proteção de dados, pelo menos quando haja uma alteração dos riscos que as operações de tratamento representam (n.º 11).

(*Alexandre Sousa Pinheiro/Carlos Jorge Gonçalves*)

ARTIGO 36.º
Consulta prévia

1. O responsável pelo tratamento consulta a autoridade de controlo antes de proceder ao tratamento quando a avaliação de impacto sobre a proteção de dados nos termos do artigo 35.º indicar que o tratamento resultaria num elevado risco na ausência das medidas tomadas pelo responsável pelo tratamento para atenuar o risco.

2. Sempre que considerar que o tratamento previsto referido no n.º 1 violaria o disposto no presente regulamento, nomeadamente se o responsável pelo tratamento não tiver identificado ou atenuado suficientemente os riscos, a autoridade de controlo, no prazo máximo de oito semanas a contar da receção do pedido de consulta, dá orientações, por escrito, ao responsável pelo tratamento e, se o houver, ao subcontratante e pode recorrer a todos os seus poderes referidos no artigo 58.º. Esse prazo pode ser prorrogado até seis semanas, tendo em conta a complexidade do tratamento previsto. A autoridade de controlo informa da prorrogação o responsável pelo tratamento ou, se o houver, o subcontratante no prazo de um mês a contar da data de receção do pedido de consulta, juntamente com os motivos do atraso. Esses prazos podem ser suspensos até que a autoridade de controlo tenha obtido as informações que tenha solicitado para efeitos da consulta.

3. Quando consultar a autoridade de controlo nos termos do n.º 1, o responsável pelo tratamento comunica-lhe os seguintes elementos:

a) Se for aplicável, a repartição de responsabilidades entre o responsável pelo tratamento, os responsáveis conjuntos pelo tratamento e os subcontratantes envolvidos no tratamento, nomeadamente no caso de um tratamento dentro de um grupo empresarial;

b) As finalidades e os meios do tratamento previsto;

c) As medidas e garantias previstas para defesa dos direitos e liberdades dos titulares dos dados nos termos do presente regulamento;

d) Se for aplicável, os contactos do encarregado da proteção de dados;

e) A avaliação de impacto sobre a proteção de dados prevista no artigo 35.º; e

f) Quaisquer outras informações solicitadas pela autoridade de controlo.

4. Os Estados-Membros consultam a autoridade de controlo durante a preparação de uma proposta de medida legislativa a adotar por um parlamento nacional ou de uma medida regulamentar baseada nessa medida legislativa, que esteja relacionada com o tratamento de dados.

5. Não obstante o n.º 1, o direito dos Estados-Membros pode exigir que os responsáveis pelo tratamento consultem a autoridade de controlo e dela obtenham uma autorização prévia em relação ao tratamento por um responsável no exercício de uma missão de interesse público, incluindo o tratamento por motivos de proteção social e de saúde pública.

COMENTÁRIO:

1. O Capítulo IV do RGPD aborda: (i) as obrigações do responsável pelo tratamento e do subcontratante (arts. 24.º e seguintes); (ii) as medidas técnicas e organizativas exigíveis no tratamento de dados pessoais (arts. 25.º, 28.º, 32.º); e prevê também (iii) figuras que contribuem para, e fomentam o cumprimento do RGPD, em especial, a proteção do titulares de dados pessoais (arts. 30.º, 31.º, 33.º, 34.º, 37.º a 44.º).

Neste contexto, poderíamos defender que o artigo 36.º se incluiria no grupo elencado na alínea (iii) acima, porém verifica-se que este artigo 36.º, focando-se na competência de consulta da autoridade de controlo, não se encontra, do ponto de vista sistemático, em total consonância com o capítulo IV do RGPD.

Prevê-se, no art. 36.º, três modalidades de consulta à autoridade de controlo, consubstanciando, estas, verdadeiras formas de controlo prévio.

Recorde-se que o RGPD abandonou o paradigma da notificação e controlo prévio,[456] em que as autoridades de controlo asseguravam a centralização e notificações (registos) de operações de tratamento,[457] pronunciando-se relativamente à autorização de tratamentos considerados de maior risco para os direitos dos titulares.[458]

A primeira modalidade de consulta prevista no artigo 36.º, n.ºs 1 a 3, vem na sequência do disposto art. 35.º, que prevê a obrigatoriedade de avaliações de impacto sobre tratamentos suscetíveis de implicar um elevado risco para os direitos e liberdades das pessoas singulares.

---

[456] "A Diretiva 95/46/CE estabelece uma obrigação geral de notificação do tratamento de dados pessoais às autoridades de controlo. Além de esta obrigação originar encargos administrativos e financeiros, nem sempre contribuiu para a melhoria da proteção dos dados pessoais. Tais obrigações gerais e indiscriminadas de notificação deverão, por isso, ser suprimidas e substituídas por regras e procedimentos eficazes mais centrados nos tipos de operações de tratamento suscetíveis de resultar num elevado risco para os direitos e liberdades das pessoas singulares..." (Considerando 89 RGPD).

[457] "A notificação à autoridade e controlo tem por objectivo assegurar a publicidade das finalidades e principais características do tratamento, a fim de permitir verificar a sua conformidade com as disposições nacionais tomadas nos termos da presente directiva" (Considerando 48 da Diretiva 95/46/CE). Esta competência decorria do Artigo 22.º, n.º 3, al.c) da Lei n.º 67/98, de 26 de outubro.

[458] Considerando 54 e artigo 20.º da Diretiva 95/46/CE, transposta para o ordenamento interno pela Lei n.º 67/98, de 26 de outubro, que previa a autorização prévia da Comissão Nacional de Proteção de Dados para o tratamento de dados sensíveis (artigo 7.º, n.º 2), para a interconexão de dados pessoais (artigo 9.º, n.º 1) e para a transferência de dados para Estado terceiro à UE sobre o qual não haja decisão de adequação (artigo 20.º, n.º 2).

Nos termos do artigo 36.º, n.º 1, a obrigação do responsável pelo tratamento, de consultar a autoridade de controlo competente, verifica-se caso, realizada a avaliações de impacto ao abrigo do artigo 35.º,[459] se verifique um "elevado risco residual"[460]. Ou seja, apesar das medidas previstas pelo responsável pelo tratamento com vista à segurança do tratamento e à proteção dos direitos, liberdades e garantias dos titulares de dados pessoais em causa, subsistiria ainda um risco inaceitável à luz do RGPD.

Ao realizar a consulta, o responsável pelo tratamento deve indicar as entidades envolvidas no tratamento e a sua repartição de responsabilidades, incluindo em contexto de grupo empresarial [al. a) do n.º 3], descrever os meios e finalidades do tratamento [al. b) do n.º 3]; "*as medidas e garantias previstas para defesa dos direitos e liberdades dos titulares dos dados*" [al. c) do n.º 3]; e facultar os contactos do encarregado da proteção de dados (caso este tenha sido designado). O encarregado da proteção de dados servirá de ponto de contacto para a autoridade de controlo no âmbito deste procedimento [al. d) do n.º 3 do art. 36.º e art. 39.º, n.º 1, al. e)].

Com o pedido de consulta, deve também o responsável pelo tratamento instruir a avaliação de impacto sobre a proteção de dados previamente realizada [al. e) do n.º 3 do art. 36.º].

Caso para tal seja notificado, o responsável pelo tratamento deve ainda fornecer quaisquer informações requeridas pela autoridade de controlo.

Analisado o pedido de consulta, a autoridade de controlo emite orientações por escrito, ao responsável pelo tratamento e ao(s) subcontratante(s) (havendo-os), caso entenda que o tratamento objeto de consulta violaria o RGPD.[461] Para

---

[459] Análise de risco aprofundada que conterá, pelo menos, o parecer do encarregado da proteção de dados, se designado; a descrição detalhada das operações de tratamento e da respetiva finalidade em vista; uma ponderação da necessidade e proporcionalidade de tais operações relativamente às finalidades do tratamento; uma avaliação dos riscos para os direitos e liberdades dos titulares; e as medidas previstas pelo responsável pelo tratamento para fazer face a – i.e. reduzir ou eliminar – estes mesmos riscos.

[460] Neste sentido, Grupo de Trabalho do Artigo 29, "Orientações sobre Avaliação de impacto sobre a proteção de dados e a determinação de quando um tratamento é 'suscetível de implicar um elevado risco' para efeito do Regulamento 2016/679" (WP248 rev.01), adotadas em 4 de abril de 2017 (última revisão e adoção em 4 de outubro de 2017), pp. 18: "Sempre que a avaliação de impacto sobre a proteção de dados indicar que o tratamento apresenta um elevado risco que o responsável pelo tratamento não poderá atenuar através de medidas adequadas, atendendo à tecnologia disponível e aos custos de aplicação, será necessário consultar a autoridade de controlo antes de se proceder ao tratamento de dados pessoais" (Considerando 84 do RGPD).

[461] Artigo 57.º n.º 1, al. l) e art. 58.º, n.º 3, al. a).

tanto, a autoridade de controlo dispõe de um prazo de oito semanas a contar da receção do pedido de consulta, prorrogável até seis semanas, considerando a complexidade do tratamento em vista; devendo esta prorrogação ser notificada justificadamente ao responsável pelo tratamento e eventual(ais) subcontratante(s) no prazo de um mês a contar da data de receção do pedido de consulta. É de notar que, caso estejam por apresentar elementos adicionais solicitados pela autoridade de controlo, os referidos prazos poderão ser suspensos até que os mesmos sejam fornecidos pelo responsável pelo tratamento.

O procedimento acima descrito é sem prejuízo do exercício, pela autoridade de controlo, dos demais poderes que lhe competem, previstos no art. 58.º RGPD.

2. A segunda modalidade de consulta ou controlo prévio [art. 36.º, n.º 4, e art 57.º, n.º 1, alínea c)], consiste na emissão de pareceres no quadro de procedimentos legislativos[462], da elaboração de regulamentação de legislação em matéria de proteção de dados ou de recomendações a órgãos de soberania ou outras instituições. [463] Mantém-se, aqui, a continuidade do regime anterior resultante do artigo 20.º, n.º 3, da Diretiva 95/46/CE, e refletido nos artigos 22.º, n.º 2, e 23.º, n.º 1 al. a) e n.º 4 da Lei n.º 67/98, de 26 de outubro.

3. A terceira modalidade de consulta, prevista no número 5 do artigo 36.º e no artigo 58.º n.º 3, al. c) RGPD, prende-se com a margem conferida aos Estados-Membros para prever no seu direito interno o requisito de autorização prévia pela autoridade de controlo, sempre que o tratamento seja realizado por um responsável *"no exercício de uma missão de interesse público, incluindo o tratamento por motivos de proteção social e de saúde pública".*

Do acima exposto, resulta que se encontram significativamente reduzidos e delimitados, os mecanismos de controlo prévio, pelas autoridades de controlo, do tratamento de dados pessoais, comparativamente ao que resultava do regime anterior ao RGPD. Não obstante, o RGPD confere ainda margem aos Estados-membros para definirem requisitos de direito interno aplicáveis a tratamentos de dados de características especialmente atendíveis, nomeadamente quanto a *"natureza, âmbito, contexto e finalidades"*, quer quanto à categoria de dados e especial fragilidade dos titulares.[464]

(*Catarina Pina Gonçalves*)

---

[462] Matéria de reserva relativa da Assembleia da República [art. 165.º, n.º 1, al. b) CRP].
[463] Artigo 58.º n.º 3, al. b) RGPD.
[464] "(...) No que diz respeito ao tratamento de dados pessoais para cumprimento de uma obrigação jurídica, para o exercício de funções de interesse público ou o exercício da autoridade

SECÇÃO 4
Encarregado da proteção de dados

ARTIGO 37.º
Designação do encarregado da proteção de dados

1. O responsável pelo tratamento e o subcontratante designam um encarregado da proteção de dados sempre que:

pública de que está investido o responsável pelo tratamento, os Estados-Membros deverão poder manter ou aprovar disposições nacionais para especificar a aplicação das regras do presente regulamento. Em conjugação com a legislação geral e horizontal sobre proteção de dados que dá aplicação à Diretiva 95/46/CE, os Estados-Membros dispõem de várias leis setoriais em domínios que necessitam de disposições mais específicas. O presente regulamento também dá aos Estados-Membros margem de manobra para especificarem as suas regras, inclusive em matéria de tratamento de categorias especiais de dados pessoais («dados sensíveis»). Nessa medida, o presente regulamento não exclui o direito dos Estados-Membros que define as circunstâncias de situações específicas de tratamento, incluindo a determinação mais precisa das condições em que é lícito o tratamento de dados pessoais" (Considerando 10). "Sempre que o tratamento dos dados for realizado em conformidade com uma obrigação jurídica à qual esteja sujeito o responsável pelo tratamento, ou se o tratamento for necessário ao exercício de funções de interesse público ou ao exercício da autoridade pública, o tratamento deverá assentar no direito da União ou de um Estado-Membro. O presente regulamento não exige uma lei específica para cada tratamento de dados. Poderá ser suficiente uma lei para diversas operações de tratamento baseadas numa obrigação jurídica à qual esteja sujeito o responsável pelo tratamento, ou se o tratamento for necessário ao exercício de funções de interesse público ou ao exercício da autoridade pública. Deverá também caber ao direito da União ou dos Estados-Membros determinar qual a finalidade do tratamento dos dados. Além disso, a referida lei poderá especificar as condições gerais do presente regulamento que regem a legalidade do tratamento dos dados pessoais, estabelecer regras específicas para determinar os responsáveis pelo tratamento, o tipo de dados pessoais a tratar, os titulares dos dados em questão, as entidades a que os dados pessoais podem ser comunicados, os limites a que as finalidades do tratamento devem obedecer, os prazos de conservação e outras medidas destinadas a garantir a licitude e equidade do tratamento. Deverá igualmente caber ao direito da União ou dos Estados-Membros determinar se o responsável pelo tratamento que exerce funções de interesse público ou prerrogativas de autoridade pública deverá ser uma autoridade pública ou outra pessoa singular ou coletiva de direito público, ou, caso tal seja do interesse público, incluindo por motivos de saúde, como motivos de saúde pública e proteção social e de gestão dos serviços de saúde, de direito privado, por exemplo uma associação profissional" (Considerando 45). Assim, nomeadamente, art. 9.º, n.º 2, al. b); art. 49.º, n.º 5; e arts. 85.º a 89.º RGDP.

a) O tratamento for efetuado por uma autoridade ou um organismo público, excetuando os tribunais no exercício da sua função jurisdicional;

b) As atividades principais do responsável pelo tratamento ou do subcontratante consistam em operações de tratamento que, devido à sua natureza, âmbito e/ou finalidade, exijam um controlo regular e sistemático dos titulares dos dados em grande escala; ou

c) As atividades principais do responsável pelo tratamento ou do subcontratante consistam em operações de tratamento em grande escala de categorias especiais de dados nos termos do artigo 9.º ou de dados pessoais relacionados com condenações penais e infrações a que se refere o artigo 10.º[465].

2. Um grupo empresarial pode também designar um único encarregado da proteção de dados desde que haja um encarregado da proteção de dados que seja facilmente acessível a partir de cada estabelecimento.

3. Quando o responsável pelo tratamento ou o subcontratante for uma autoridade ou um organismo público, pode ser designado um único encarregado da proteção de dados para várias dessas autoridades ou organismos, tendo em conta a respetiva estrutura organizacional e dimensão.

4. Em casos diferentes dos visados no n.º 1, o responsável pelo tratamento ou o subcontratante ou as associações e outros organismos que representem categorias de responsáveis pelo tratamento ou de subcontratantes podem, ou, se tal lhes for exigido pelo direito da União ou dos Estados-Membros, designar um encarregado da proteção de dados. O encarregado da proteção de dados pode agir em nome das associações e de outros organismos que representem os responsáveis pelo tratamento ou os subcontratantes.

5. O encarregado da proteção de dados é designado com base nas suas qualidades profissionais e, em especial, nos seus conhecimentos especializados no domínio do direito e das práticas de proteção de dados, bem como na sua capacidade para desempenhar as funções referidas no artigo 39.º.

6. O encarregado da proteção de dados pode ser um elemento do pessoal da entidade responsável pelo tratamento ou do subcontratante, ou exercer as suas funções com base num contrato de prestação de serviços.

---

[465] Retificação publicada em JO L 119 de 4.5.2016.

7. O responsável pelo tratamento ou o subcontratante publica os contactos do encarregado da proteção de dados e comunica-os à autoridade de controlo.

COMENTÁRIO:
1. A figura do encarregado de proteção de dados, mais conhecido pela sigla anglo-saxónica DPO (*Data Protection Officer*) foi introduzida pelo RGPD, não estando prevista na Diretiva 95/46/CE do Parlamento Europeu e do Conselho, de 24 de outubro de 1995, que o antecedeu. Não obstante não ser legalmente exigida, a prática da nomeação de DPO desenvolveu-se em vários Estados-Membros ao longo dos anos, sendo mesmo recomendada pelo Grupo de Trabalho do Artigo 29.º (*vide* as orientações deste Grupo de Trabalho, instituído pela Diretiva 95/46/CE do Parlamento Europeu e do Conselho, de 24 de outubro de 1995, adotadas em 13 de dezembro de 2016 e revistas em 5 de abril de 2017).

2. A partir de 25 de maio de 2018, a nomeação de DPO passou a obrigatória para uma série de entidades e empresas, mencionadas nas alíneas a), b) e c) do n.º 1, e que tanto podem ser responsáveis pelo tratamento, como subcontratantes. Quem preencher os critérios de designação obrigatória, em certos casos apenas o responsável pelo tratamento ou apenas o subcontratante ou, noutros casos, tanto o responsável pelo tratamento como o subcontratante, tem de nomear um DPO.

3. Estão obrigadas a nomear um DPO, desde logo, todas as autoridades e organismos públicos (independentemente do tipo de dados que tratam), à exceção dos tribunais no exercício da sua função jurisdicional (alínea a) do n.º 1). Interpretando a norma, *a contrario*, conclui-se que também os tribunais, no tocante à sua organização administrativa, carecem de encarregado de proteção de dados. Na mesma linha, o considerando 20 determina que "a competência das autoridades de controlo não abrange o tratamento de dados pessoais efetuado pelos tribunais no exercício da sua função jurisdicional, a fim de assegurar a independência do poder judicial no exercício da sua função jurisdicional, nomeadamente a tomada de decisões".

4. O RGPD não define o conceito de "autoridade pública" ou de "organismo público", devendo o mesmo ser encontrado tendo em conta o disposto na legislação interna dos vários Estados-Membros e os ensinamentos da doutrina.

5. Tendo em conta as dificuldades que a nomeação de DPO em todas as autoridades e organismos públicos poderia gerar, o n.º 3 deste artigo 37.º admite que

possa "ser designado um único encarregado da proteção de dados para várias dessas autoridades ou organismos, tendo em conta a respetiva estrutura organizacional e dimensão". Ou seja, se é possível que vários serviços públicos de pequena dimensão partilhem o mesmo DPO, já não se afigura admissível que um ministério nomeie um único encarregado de proteção de dados, independentemente da natureza e volume dos dados pessoais que trata e do número de titulares de dados envolvidos, sob pena de o DPO não poder desempenhar cabalmente as suas funções (a propósito das funções do DPO, *vide* anotação ao artigo 39.º).

6. A segunda situação de nomeação obrigatória de um encarregado de proteção de dados consta da alínea b) do n.º 1 que abrange os casos em que "as atividades principais do responsável pelo tratamento ou do subcontratante consistam em operações de tratamento que, devido à sua natureza, âmbito e/ou finalidade, exijam um controlo regular e sistemático dos titulares dos dados em grande escala".

7. Trata-se de uma norma de difícil interpretação, que recorre a conceitos indeterminados que passaremos a analisar.

8. Em primeiro lugar, há que apurar o conceito de "atividade principal", dispondo-se, no considerando 97, que "as atividades principais do responsável pelo tratamento dizem respeito às suas atividades primárias e não estão relacionadas com o tratamento de dados pessoais como atividade auxiliar". Esta afirmação não significa, contudo, que esta alínea apenas se deva aplicar a situações em que a atividade principal do responsável pelo tratamento ou do subcontratante se reconduz ao tratamento de dados, devendo abranger também as situações em que a atividade principal é indissociável da atividade de tratamento de dados pessoais. Será o caso da atividade desenvolvida por uma empresa de segurança privada que exerce a vigilância de um conjunto de centros comerciais privados. Embora a vigilância seja a atividade principal da empresa, a mesma está indissociavelmente ligada ao tratamento de dados pessoais.

9. Em segundo lugar, é preciso esclarecer o que se consideram "operações de tratamento que, devido à sua natureza, âmbito e/ou finalidade, exijam um controlo regular e sistemático dos titulares dos dados". Com efeito, a exigência de um DPO apenas existe se o tratamento exigir um controlo regular e sistemático dos titulares dos dados.

10. Na interpretação do Grupo de Trabalho do artigo 29.º, "regular" significa que apresenta uma ou mais das seguintes características: (i) Contínuo ou que ocorre a intervalos específicos num determinado período; (ii) Recorrente ou repetido em horários estipulados; (iii) Constante ou periódico. Já «sistemático» quer dizer, para este grupo de trabalho, uma ou mais das seguintes características: (i) Que ocorre de acordo com um sistema; (ii) Predefinido, organizado ou metódico; (iii) Realizado no âmbito de um plano geral de recolha de dados; (iv) Efetuado no âmbito de uma estratégia. Será, nomeadamente o caso de prestação de serviços de telecomunicações, de atividades de promoção comercial baseadas em dados e da definição de perfis e pontuação para fins de avaliação dos riscos (p. ex., para efeitos de fixação de prémios de seguro). Já não haverá controlo regular e sistemático no caso em que os dados sejam recolhidos para constarem de uma base de dados de uma associação privada, que pretende ter um registo dos respetivos associados, mas que não faz o tratamento posterior de tais dados numa base regular mas apenas esporadicamente.

11. Por fim, importa determinar o que se entende por "grande escala". O considerando 91 oferece-nos um critério, que se prende com o número de titular de dados abrangido pelo tratamento. Se este afetar um número considerável de titulares de dados, deve entender-se que será necessário nomear um DPO. Pelo contrário, o "tratamento de dados pessoais não deverá ser considerado de grande escala se disser respeito aos dados pessoais de pacientes ou clientes de um determinado médico, profissional de cuidados de saúde, ou advogado". A versão portuguesa do RGDP inclui também nesta exceção **os hospitais**, o que não faz qualquer sentido já que os mesmos são organizações que tratam um número significativo de titulares de dados, por contraposição ao médico que, enquanto profissional liberal, atende um número reduzido de pacientes. Além disso, é uma exceção que não se encontra nas outras versões do Regulamento, pelo que deverá ser desconsiderada.

12. Para se determinar se o tratamento é efetuado em grande escala, o Grupo de Trabalho do artigo 29.º recomenda que sejam tidos em consideração os seguintes fatores: (i) O número de titulares de dados afetados – como número concreto ou em percentagem da população em causa; (ii) O volume de dados e/ou o alcance dos diferentes elementos de dados objeto de tratamento; (iii) A duração, ou permanência, da atividade de tratamento de dados; (iv) O âmbito geográfico da atividade de tratamento. Não existe, contudo um número mágico (x titulares de dados), a partir do qual já se considera que existe tratamento em larga escala.

13. A título exemplificativo, podemos indicar como tratamentos em grande escala o tratamento de dados de viagem das pessoas que utilizam o sistema de transportes públicos de uma cidade (p. ex., através de passes de viagem), o tratamento de dados (conteúdo, tráfego, localização) por operadoras telefónicas ou por fornecedores de serviços de internet, o tratamento de dados de clientes no exercício normal das atividades de uma companhia de seguros ou de um banco ou o tratamento de dados de doentes no exercício normal das atividades de um hospital.

14. Sendo estes três requisitos cumulativos, deve concluir-se que apenas será necessário nomear um DPO se se verificarem em simultâneo, pelo que poderá ser dispensável a nomeação se, apesar do tratamento ser feito em grande escala, não existir um controlo sistemático e regular dos titulares dos dados.

15. A terceira situação de nomeação obrigatória de DPO acontece quando "as atividades principais do responsável pelo tratamento ou do subcontratante consistam em operações de tratamento em grande escala de categorias especiais de dados nos termos do artigo 9.º e de dados pessoais relacionados com condenações penais e infrações a que se refere o artigo 10.º" (alínea c) do n.º 1 do artigo 37.º).

16. De notar que, tratando-se de categorias especiais de dados previstos no artigo 9.º (ou seja, dados pessoais que revelem a origem racial ou étnica, as opiniões políticas, as convicções religiosas ou filosóficas, ou a filiação sindical, bem como o tratamento de dados genéticos, dados biométricos para identificar uma pessoa de forma inequívoca, dados relativos à saúde ou dados relativos à vida sexual ou orientação sexual de uma pessoa), ou de dados pessoais relacionados com condenações penais e infrações a que se refere o artigo 10.º, qualquer tratamento em grande escala é relevante, não se exigindo que haja um controlo sistemático e regular dos titulares dos dados.

17. Mesmo nos casos em que a nomeação de DPO não seja obrigatória, pode o responsável pelo tratamento ou o subcontratante optar por nomear um encarregado de proteção de dados. Neste caso, o seu estatuto será o que resulta do RGPD, dispondo dos mesmos direitos e ficando sujeito às mesmas obrigações (*vide* anotação ao artigo 38.º). Não deve, contudo, confundir-se o caso de nomeação de DPO com o de recurso a assessoria especializada em matéria de proteção de dados.

18. O n.º 2 do artigo 37.º admite a possibilidade de um grupo empresarial designar um único encarregado da proteção de dados para todas as empresas do grupo desde que seja fácil aceder ao mesmo a partir de cada estabelecimento. A facilidade na acessibilidade deve ser aferida tendo em conta as funções do DPO, quer no tocante às suas relações com os titulares dos dados, quer no que diz respeito à autoridade de controlo, quer ainda no desempenho das suas tarefas de aconselhamento do responsável pelo tratamento e dos trabalhadores (ver anotação ao artigo 39.º).

19. De acordo com o n.º 5, o DPO "é designado com base nas suas qualidades profissionais e, em especial, nos seus conhecimentos especializados no domínio do direito e das práticas de proteção de dados, bem como na sua capacidade para desempenhar as funções referidas no artigo 39.º", ou seja, não existe uma categoria profissional de DPO para a qual se exija uma especial certificação, bastando demonstrar que se conhece o RGPD e se sabe como deve o mesmo ser implementado. Por sua vez, o considerando 97 prevê que o nível necessário de conhecimentos especializados deverá ser determinado em função das operações de tratamento de dados realizadas e da proteção exigida para os dados pessoais objeto de tratamento, o que se compreende.

20. Dispõe o n.º 6 que o DPO tanto pode pertencer à estrutura interna do responsável pelo tratamento ou do subcontratante como ser contratado em regime de prestação de serviços. A contratação de um DPO externo apresenta algumas vantagens, garantindo mais facilmente a independência e isenção no exercício das funções. Em contrapartida, um DPO interno poderá conhecer melhor o funcionamento da organização.

21. O n.º 7 impõe ao responsável pelo tratamento e ao subcontratante duas obrigações: (i) A obrigação de publicação dos contactos do encarregado da proteção de dados e (ii) A obrigação de comunicar tais contactos à autoridade de controlo.

22. Quanto à primeira, destina-se a garantir que os titulares de dados (tanto dentro como fora da organização) e as autoridades de controlo possam contactar fácil e diretamente o DPO, não tendo de passar pela hierarquia da organização. Os contactos do DPO devem incluir informações que permitam aos titulares dos dados e às autoridades de controlo contactá-lo facilmente (endereço postal, número de telefone e/ou endereço de correio eletrónico).

23. De acordo com o Grupo de Trabalho do artigo 29.º, este n.º 7 não exige que os contactos publicados incluam o nome do DPO, sendo, no entanto, con-

siderada uma boa prática por este GT. Já a comunicação do nome do DPO à autoridade de controlo seria essencial para que o este pudesse funcionar como ponto de contacto entre a organização e a autoridade de controlo. Não vemos razão para este tratamento diferenciado, parecendo-nos que os contactos do DPO devem incluir o respetivo nome, quer para efeitos de publicação, quer para efeitos de comunicação à autoridade de controlo.

(*Cristina Pimenta Coelho*)

ARTIGO 38.º
Posição do encarregado da proteção de dados

1. O responsável pelo tratamento e o subcontratante asseguram que o encarregado da proteção de dados seja envolvido, de forma adequada e em tempo útil, a todas as questões relacionadas com a proteção de dados pessoais.

2. O responsável pelo tratamento e o subcontratante apoia o encarregado da proteção de dados no exercício das funções a que se refere o artigo 39.º, fornecendo-lhe os recursos necessários ao desempenho dessas funções e à manutenção dos seus conhecimentos, bem como dando-lhe acesso aos dados pessoais e às operações de tratamento.

3. O responsável pelo tratamento e o subcontratante asseguram que da proteção de dados não recebe instruções relativamente ao exercício das suas funções. O encarregado não pode ser destituído nem penalizado pelo responsável pelo tratamento ou pelo subcontratante pelo facto de exercer as suas funções. O encarregado da proteção de dados informa diretamente a direção ao mais alto nível do responsável pelo tratamento ou do subcontratante.

4. Os titulares dos dados podem contactar o encarregado da proteção de dados sobre todas questões relacionadas com o tratamento dos seus dados pessoais e com o exercício dos direitos que lhe são conferidos pelo presente regulamento.

5. O encarregado da proteção de dados está vinculado à obrigação de sigilo ou de confidencialidade no exercício das suas funções, em conformidade com o direito da União ou dos Estados-Membros.

6. O encarregado da proteção de dados pode exercer outras funções e atribuições. O responsável pelo tratamento ou o subcontratante assegura que essas funções e atribuições não resultam num conflito de interesses.

COMENTÁRIO:

1. Este artigo trata do estatuto do encarregado da proteção de dados, mais conhecido pela sigla anglo-saxónica DPO (*Data Protection Officer*), estabelecendo os seus direitos e obrigações.

2. Desde logo, o n.º 1 determina que o DPO deve acompanhar todos os assuntos que, no seio da organização, dizem respeito à proteção de dados, o que significa que deve fazer parte de todos os grupos de trabalho e ser o interlocutor privilegiado de quantos se ocupem desta matéria. Deve também ser imediatamente consultado após a ocorrência de uma violação de dados ou outro incidente. No que diz especificamente respeito às avaliações de impacto sobre a proteção de dados, o n.º 2 do artigo 35.º obriga mesmo o responsável pelo tratamento a solicitar o parecer do encarregado da proteção de dados.

3. O n.º 3, concretizando o disposto na parte final do considerando 97, visa garantir a autonomia e independência do DPO através do estabelecimento de várias regras. Com efeito, resulta deste preceito que: (i) O DPO responde diretamente perante o mais alto nível da direção da organização; (ii) Não lhe podem ser dadas instruções relativamente ao modo como desempenha as suas funções; (iii) O DPO não pode ser destituído, nem penalizado se exercer cabalmente as suas funções.

4. Analisando estas regras, dir-se-á que o que se pretende evitar é que o DPO seja condicionado no exercício das suas funções, pelo que não deve ser proibido de dar seguimento a uma queixa, nem ser obrigado a interpretar uma determinada norma legal com o sentido que o responsável pelo tratamento ou o subcontratante lhe pretendem dar. Tal não significa, porém, que o DPO tenha poderes decisórios mas antes que deve ser independente na forma como cumpre as obrigações que o Regulamento lhe impõe, bem como ser livre de expressar as suas opiniões e conselhos que, como é evidente, podem ou não ser seguidos por quem é responsável pelo cumprimento das normas de proteção de dados.

5. Particularmente importante é a circunstância de o DPO não poder ser destituído nem penalizado pelo responsável pelo tratamento ou pelo subcontratante pelo facto de exercer cabalmente as suas funções. Tal significa, por exemplo, que o facto de o parecer do DPO ser em sentido contrário ao do responsável pelo tratamento não pode determinar a cessação das suas funções, nem qualquer penalização, como seria o caso da inexistência ou demora na atribuição de promoções, do impedimento da progressão na carreira ou da recusa dos

benefícios concedidos a outros trabalhadores. Pelo contrário, nada impede o responsável pelo tratamento ou o subcontratante de destituir o DPO se este não desempenhar cabalmente as suas funções, por exemplo, aconselhando erradamente no que toca às obrigações em matéria de proteção de dados. Do mesmo modo, será legítimo destituir o DPO se se verificar a prática de atos que não se prendem com o exercício das suas funções e que, nos termos legais, podem levar à cessação de um contrato de trabalho ou de prestação de serviços.

6. O n.º 4 deste artigo 38.º formula, embora de forma indireta, uma obrigação para o DPO ao estabelecer que "os titulares dos dados podem contactar o encarregado da proteção de dados sobre todas questões relacionadas com o tratamento dos seus dados pessoais e com o exercício dos direitos que lhe são conferidos pelo presente regulamento". Em termos sistemáticos, esta obrigação deveria constar do artigo 39.º, que trata das funções do DPO, porquanto é também sua função servir de ponto de contacto com os titulares dos dados. De facto, é através do DPO que estes comunicam com a organização, expõem as suas dúvidas e exercem os seus direitos, o que explica que os respetivos contactos devam ser tornados públicos (*vide* n.º 7 do artigo 37.º). Tal significa que o DPO deve estar acessível e disponível para responder às solicitações que lhe sejam dirigidas pelos titulares dos dados.

7. Nos termos do n.º 5, o encarregado da proteção de dados está vinculado à obrigação de sigilo ou de confidencialidade no exercício das suas funções, em conformidade com o direito da União ou dos Estados-Membros. Devemos, assim, considerar que o RGPD impõe um dever de sigilo profissional ao DPO, não estabelecendo, contudo, as sanções para o incumprimento de tal dever. No tocante à lei portuguesa em vigor, o artigo 47.º da Lei n.º 67/98, de 26 de outubro, considera crime a violação do sigilo profissional no tocante a dados pessoais, punindo-o com pena de prisão que poderá chegar até 3 anos, nomeadamente se a divulgação de dados pessoais "puser em perigo a reputação, a honra e consideração ou a intimidade da vida privada de outrem".

8. Determina o n.º 6 que o encarregado da proteção de dados pode exercer outras funções e atribuições, ou seja, que o cargo não tem de ser exercido em exclusividade. Tal é muito frequente quando se trata de um DPO interno que pode cumular o exercício das funções de encarregado de proteção de dados com outras tarefas que já vinha desempenhando na organização ou que lhe venham a ser distribuídas posteriormente. Neste caso, cabe ao responsável pelo tratamento e ao subcontratante acautelar que não existe conflito de interesses, só assim se garantindo a independência do DPO. Concretizando, o DPO não deve exercer um cargo dentro da organização que o leve a determinar as finalidades e os meios do tratamento de dados pessoais.

9. No que respeita ao DPO externo, discute-se se os advogados podem exercer as funções de DPO cumulativamente com o exercício de funções de consulta jurídica e de patrocínio judiciário. Não prevendo o Estatuto da Ordem dos Advogados (EOA), à partida, uma incompatibilidade do exercício da advocacia com as funções de DPO (vide artigo 82.º do EOA, aprovado pela Lei n.º 145/2015, de 9 de setembro), será possível que um advogado desempenhe tais funções. Todavia, tendo em conta o disposto no artigo 83.º do EOA, considera-se que o facto de ser DPO de uma determinada organização impede um advogado de assumir o mandato forense em processos relacionados com o tratamento de dados dessa mesma organização, por evidente conflito de interesses. Em recente parecer, o Conselho Geral da Ordem dos Advogados foi mais longe e adotou, em sessão plenária de 28 de setembro de 2018, a seguinte recomendação: "Nos termos do disposto no artigo 83.º, 1, 2 e 6, do Estatuto da Ordem dos Advogados, os advogados estão impedidos de exercer a advocacia e, assim, impedidos de exercer o mandato forense ou a consulta jurídica, para entidades para quem exerçam, ou tenham exercido as funções de Encarregado de Proteção de Dados". Julga-se que, à semelhança do sustentado pelo Conselheiro Ricardo Brazete, que votou contra esta resolução, "(...) o advogado nomeado EPD continua vinculado às obrigações deontológicas do exercício da profissão de advogado e deve exercer aquelas funções com a independência que caracteriza a profissão de advogado. Em qualquer caso em que o exercício das funções de EPD ponha em causa o cumprimento dos seus deveres deontológicos de advogado e a independência que caracteriza esta profissão, o advogado deve pôr termo ao exercício das funções de EPD". Nesta medida, parece-me excessiva a posição assumida pelo Conselho Geral da Ordem dos Advogados de considerar existir *ab initio* impedimento de um advogado para exercer o mandato forense ou a consulta jurídica, seja em que matéria for, para entidades para quem exerça ou em tempos tenha exercido as funções de DPO, parecendo-nos mais razoável considerar existir incompatibilidade apenas no contexto de processos relacionados com a proteção de dados ou com matérias atinentes ao RGPD (de acordo com o mencionado no citado voto de vencido, foi esta última a posição também assumida pelo Conselho dos Advogados Europeus – CCBE). Nos demais casos, o advogado que também exerça ou que tenha exercido as funções de DPO deverá avaliar se existe ou não impedimento e abster-se de praticar atos profissionais cujo exercício possa suscitar, em concreto, uma incompatibilidade.

10. De referir, por fim, que o incumprimento das obrigações do responsável pelo tratamento e do subcontratante previstas neste artigo constituem violações sujeita a coima, nos termos da alínea a) do n.º 4 do artigo 83.º.

(Cristina Pimenta Coelho)

ARTIGO 39.º
Funções do encarregado da proteção de dados

1. O encarregado da proteção de dados tem, pelo menos, as seguintes funções:

a) Informa e aconselha o responsável pelo tratamento ou o subcontratante, bem como os trabalhadores que tratem os dados, a respeito das suas obrigações nos termos do presente regulamento e de outras disposições de proteção de dados da União ou dos Estados-Membros;

b) Controla a conformidade com o presente regulamento, com outras disposições de proteção de dados da União ou dos Estados-Membros e com as políticas do responsável pelo tratamento ou do subcontratante relativas à proteção de dados pessoais, incluindo a repartição de responsabilidades, a sensibilização e formação do pessoal implicado nas operações de tratamento de dados, e as auditorias correspondentes;

c) Presta aconselhamento, quando tal lhe for solicitado, no que respeita à avaliação de impacto sobre a proteção de dados e controla a sua realização nos termos do artigo 35.o;

d) Coopera com a autoridade de controlo;

e) Ponto de contacto para a autoridade de controlo sobre questões relacionadas com o tratamento, incluindo a consulta prévia a que se refere o artigo 36.º, e consulta, sendo caso disso, esta autoridade sobre qualquer outro assunto.

2. No desempenho das suas funções, o encarregado da proteção de dados tem em devida consideração os riscos associados às operações de tratamento, tendo em conta a natureza, o âmbito, o contexto e as finalidades do tratamento.

COMENTÁRIO:

1. O artigo 39.º determina as funções que cabem ao DPO, admitindo, porém, que outras lhe sejam atribuídas. Desde logo, há que ter em conta que essas fun-

ções podem constar de outras normas do próprio RGDP, como seja o caso do n.º 4 do artigo 38.º, que estabelece que cabe ao DPO servir de ponto de contacto com os titulares dos dados que, através deste, exercem os seus direitos. Por outro lado, ao estipular que o DPO tem, **pelo menos**, certas funções, o RGPD admite que o direito interno dos Estados-Membros venha a fixar outras obrigações para além das previstas neste Regulamento. Finalmente, nada impede que o responsável pelo tratamento atribua ao DPO funções que extravasem as explicitamente referidas no artigo 39.º, n.º 1, ou que especifique as tarefas a desempenhar de forma mais pormenorizada. Será, nomeadamente, o caso de encarregar o DPO da tarefa de organizar e controlar o funcionamento do registo das atividades de tratamento de dados, a que se refere o artigo 30.º, ou de incumbir o DPO de proceder à notificação à autoridade de controlo e à comunicação aos titulares dos dados, em caso de violação de dados pessoais (*vide* artigos 33.º e 34.º).

2. Quanto às funções previstas neste artigo, a alínea a) do n.º 1 incumbe o DPO de informar e aconselhar o responsável pelo tratamento ou o subcontratante, bem como os trabalhadores que tratem os dados, a respeito das suas obrigações em matéria de proteção de dados, quer as resultantes do RGPD, quer as determinadas pelo direito interno. Trata-se, assim, de uma função consultiva, em que o DPO dá a conhecer à organização as regras a cumprir neste tocante.

3. Para além desta obrigação de informação, cabe ao DPO, nos termos da alínea b) do n.º 1, controlar a conformidade com o RGPD e com as disposições nacionais em matéria de proteção de dados, de modo a poder garantir ao responsável pelo tratamento ou ao subcontratante que as normas aplicáveis estão a ser cumpridas. De acordo com o considerando 97, cabe ao DPO "assistir" o responsável pelo tratamento ou o subcontratante. Com efeito, há que não esquecer que compete ao responsável pelo tratamento, e não ao DPO, aplicar "as medidas técnicas e organizativas que forem adequadas para assegurar e poder comprovar que o tratamento é realizado em conformidade com o presente regulamento" (art. 24.º, n.º 1) e que, em última análise, o cumprimento das regras de proteção de dados incumbe ao responsável pelo tratamento de dados, e não ao DPO.

4. Nesta sua função, deverá o DPO não só recolher informações dos serviços que procedem ao tratamento de dados, como verificar a conformidade das atividades de tratamento com o RGDP, reportando à direção da organização (ao seu mais alto nível, tal como dispõe o n.º 3 do artigo 38.º) eventuais desconformidades detetadas. Cabe-lhe também sensibilizar os trabalhadores acerca das regras de tratamento de dados pessoais, podendo propor e organizar ações de

formação. Por último, deverá controlar a realização de auditorias que permitam verificar que o RGPD está devidamente implementado e que foram adotadas medidas técnicas e organizativas que asseguram o respetivo cumprimento.

5. No tocante ao papel do DPO na avaliação de impacto sobre a proteção de dados (AIPD), deve salientar-se que, nos termos do artigo 35.º, n.º 1, cabe ao responsável pelo tratamento, e não ao DPO, decidir se é ou não necessário proceder a tal avaliação. Todavia, há que não esquecer que o n.º 2 do mesmo artigo 35.º obriga o responsável pelo tratamento a solicitar parecer ao DPO, parecer esse que se afigura essencial não só para a tomada de decisão, mas também para determinar de que modo a avaliação deve decorrer. Nesta medida, será de todo útil consultar o DPO sobre se se deve ou não efetuar uma AIPD e qual a metodologia a seguir na realização da mesma e se se deve realizar a AIPD internamente ou recorrer a uma entidade externa. Após a realização da AIPD, o DPO pode ser chamado a emitir parecer sobre se a avaliação de impacto sobre a proteção de dados foi ou não corretamente efetuada e se as suas conclusões (se o tratamento deve ou não ser realizado e quais as salvaguardas, incluindo medidas técnicas e organizativas, a aplicar) estão em conformidade com o RGPD.

6. As alíneas d) e e) do n.º 1 referem-se às relações do DPO com a autoridade de controlo. Por um lado, a alínea d) comete ao DPO a tarefa de cooperar com tal autoridade. Por outro, a alínea e) estabelece que o DPO serve de ponto de contacto para a autoridade de controlo sobre questões relacionadas com o tratamento, incluindo a consulta prévia a que se refere o artigo 36.º. Mais determina que o DPO pode consultar a autoridade de controlo sobre qualquer outro assunto, naturalmente relacionado com a matéria de proteção de dados.

7. Nesta medida, a autoridade de controlo deve dirigir-se ao DPO quando pretenda exercer a sua atividade fiscalizadora, nos termos dos artigos 57.º e 58.º. Por seu turno, o DPO poderá abordar a autoridade de controlo, nomeadamente quando tiver dúvidas acerca das obrigações que resultam do RGPD para o responsável pelo tratamento e para o subcontratante, certificando-se, assim, que está a desempenhar corretamente a sua tarefa de assegurar o cumprimento deste Regulamento.

8. O n.º 2 deste artigo obriga o DPO a ter "em devida consideração os riscos associados às operações de tratamento, tendo em conta a natureza, o âmbito, o contexto e as finalidades do tratamento". Embora se pudesse dispensar, este comando destina-se a alertar os DPO para o facto de deverem ponderar devi-

damente os riscos que uma operação de tratamento de dados pode acarretar, ainda que não se verifiquem os pressupostos da avaliação prévia de impacto a que se refere o artigo 35.º. Tal não significa, como é evidente, que possam descurar as demais operações de tratamento mas devem acompanhar mais de perto e com mais diligência aquelas em que pode haver maior perigo de serem violados direitos dos titulares dos dados.

(*Cristina Pimenta Coelho*)

SECÇÃO 5
Códigos de conduta e certificação

ARTIGO 40.º
Códigos de conduta

1. Os Estados-Membros, as autoridades de controlo, o Comité e a Comissão promovem a elaboração de códigos de conduta destinados a contribuir para a correta aplicação do presente regulamento, tendo em conta as características dos diferentes setores de tratamento e as necessidades específicas das micro, pequenas e médias empresas.

2. As associações e outros organismos representantes de categorias de responsáveis pelo tratamento ou de subcontratantes podem elaborar códigos de conduta, alterar ou aditar a esses códigos, a fim de especificar a aplicação do presente regulamento, como por exemplo:

a) O tratamento equitativo e transparente;
b) Os legítimos interesses dos responsáveis pelo tratamento em contextos específicos;
c) A recolha de dados pessoais;
d) A pseudonimização dos dados pessoais;
e) A informação prestada ao público e aos titulares dos dados;
f) O exercício dos direitos dos titulares dos dados;
g) As informações prestadas às crianças e a sua proteção, e o modo pelo qual o consentimento do titular das responsabilidades parentais da criança deve ser obtido;
h) As medidas e procedimentos a que se referem os artigos 24.º e 25.º e as medidas destinadas a garantir a segurança do tratamento referidas no artigo 30.º;

i) A notificação de violações de dados pessoais às autoridades de controlo e a comunicação dessas violações de dados pessoais aos titulares dos dados;

j) A transferência de dados pessoais para países terceiros ou organizações internacionais; ou

k) As ações extrajudiciais e outros procedimentos de resolução de litígios entre os responsáveis pelo tratamento e os titulares dos dados em relação ao tratamento, sem prejuízo dos direitos dos titulares dos dados nos termos dos artigos 77.º e 79.º.

3. Além dos responsáveis pelo tratamento ou dos subcontratantes sujeitos ao presente regulamento, também os responsáveis pelo tratamento ou subcontratantes que não estão sujeitos ao presente regulamento por força do artigo 3.º podem cumprir códigos de conduta aprovados em conformidade com o n.º 5 do presente artigo e de aplicabilidade geral por força do n.º 9 do presente artigo, de modo a fornecer garantias apropriadas no quadro das transferências dos dados pessoais para países terceiros ou organizações internacionais nos termos referidos no artigo 46.o, n.º 2, alínea *e)*. Os responsáveis pelo tratamento ou os subcontratantes assumem compromissos vinculativos e com força executiva, por meio de instrumentos contratuais ou de outros instrumentos juridicamente vinculativos, no sentido de aplicar as garantias apropriadas, inclusivamente em relação aos direitos dos titulares dos dados.

4. Os códigos de conduta referidos no n.º 2 do presente artigo devem prever procedimentos que permitam ao organismo referido no artigo 41.º, n.º 1, efetuar a supervisão obrigatória do cumprimento das suas disposições por parte dos responsáveis pelo tratamento ou subcontratantes que se comprometam a aplicá-lo, sem prejuízo das funções e competências das autoridades de controlo competentes por força do artigo 55.º ou 56.º.

5. As associações e outros organismos a que se refere o n.º 2 do presente artigo que tencionem elaborar um código de conduta, ou alterar ou aditar a um código existente, apresentam o projeto de código, a alteração ou o aditamento à autoridade de controlo que é competente por força do artigo 55.º. A autoridade de controlo emite um parecer sobre a conformidade do projeto de código de conduta ou da alteração ou do aditamento com o presente regulamento e aprova este projeto, esta alteração ou este aditamento se determinar que são previstas garantias apropriadas suficientes.

6. Se o código de conduta, ou a alteração ou o aditamento for aprovado nos termos do n.º 5, e se o código de conduta em causa não estiver relacionado com atividades de tratamento realizadas em vários Estados-Membros, a autoridade de controlo regista e publica o código.

7. Se o projeto do código de conduta estiver relacionado com atividades de tratamento realizadas em vários Estados-Membros, a autoridade de controlo competente nos termos do artigo 55.º, antes da aprovação, apresenta o projeto do código, a alteração ou o aditamento, pelo procedimento referido no artigo 63.o, ao Comité, que emite um parecer sobre a conformidade do projeto de código de conduta, ou da alteração ou do aditamento, com o presente regulamento, ou, na situação referida no n.o 3 do presente artigo, sobre a previsão de garantias adequadas.

8. Se o parecer a que se refere o n.º 7 confirmar que o projeto do código de conduta, ou a alteração ou o aditamento, está conforme com o presente regulamento ou, na situação referida no n.º 3, prevê garantias adequadas, o Comité apresenta o seu parecer à Comissão.

9. A Comissão pode, através de atos de execução, decidir que os códigos de conduta aprovados, bem como as alterações ou os aditamentos, que lhe sejam apresentados nos termos do n.º 8 do presente artigo, são de aplicabilidade geral na União. Os referidos atos de execução são adotados pelo procedimento de exame a que se refere o artigo 93.º, n.º 2.

10. A Comissão assegura a publicidade adequada dos códigos aprovados que declarou, mediante decisão, serem de aplicabilidade geral em conformidade com o n.º 9.

11. O Comité recolhe todos os códigos de conduta aprovados, respetivas alterações e respetivos aditamentos num registo e disponibiliza-os ao público pelos meios adequados.

COMENTÁRIO:
1. A elaboração de códigos de conduta, as medidas de segurança que devem promover, os seus objetivos, as entidades que deveriam ser incentivadas à sua criação e a intervenção do então Grupo de Trabalho do Artigo 29.º, ora Comité, encontravam-se já previstas, *mutatis mutandis*, na Diretiva n.º 95/46/CE do Parlamento Europeu e do Conselho, de 24 de Outubro de 1995.

2. Podem cumprir códigos de conduta, quer os responsáveis pelo tratamento ou os subcontratantes sujeitos ao RGPD, quer os responsáveis ou subcontratantes que a ele não estão sujeitos (n.ºs 2 e 3).

3. Os objetivos dos Códigos de Conduta são: por um lado, no que tange aos responsáveis pelo tratamento ou aos subcontratantes sujeitos ao RGPD, facilitar a sua efetiva aplicação e contribuir para a sua correta aplicação (cfr. considerando 98) e, por outro, relativamente àqueles que se não encontram sujeitos ao RGPD, fornecer garantias apropriadas no quadro das transferências dos dados pessoais para países terceiros ou para organizações internacionais (n.ºs 1 e 3).

4. As associações ou outras entidades que representem categorias de responsáveis pelo tratamento ou de subcontratantes deverão ser incentivadas a elaborar códigos de conduta, enquadrados no RGPD, com vista a facilitar a sua aplicação efetiva (...)" (n.º 1). Entre nós, a CNPD deve chamar a si o exercício desta incumbência, incentivando estes organismos à elaboração dos respetivos projetos, de acordo com a primeira parte da alínea m) do n.º 1 do artigo 57.º do RGPD. No plano europeu, esta competência está acometida ao Comité, (cfr. alínea n) do n.º 1 do artigo 70.º).

Os dois principais critérios exigidos pelo Grupo de trabalho do artigo 29.º relativamente a códigos de conduta europeus são os seguintes:

1.º "Um código apresentado nos termos do artigo 27.º da Diretiva 95/46/CE deve estar em conformidade com a Diretiva e com as disposições nacionais de transposição";
2.º "O código apresentado deve ter qualidade e coerência interna suficiente e fornecer valor acrescentado suficiente, abordando adequadamente as questões e os problemas específicos relativos à proteção de dados na organização ou sector a que se pretende aplicá-lo e oferecendo soluções suficientemente claras para essas questões e problemas."[466]

5. O cumprimento de um código de conduta pelo responsável e pelo subcontratante, inicial e sucessivo: (i) pode constituir elemento demonstrativo do cumprimento das suas obrigações em matéria de tratamento e de segurança dos dados, isto é, da aplicação das medidas técnicas e organizativas ajustadas para garantir um tratamento realizado em conformidade com o RGPD e um nível de segurança adequado ao risco do tratamento e que assegure a defesa dos direitos

---

[466] Parecer n.º 4/2010, de 13 de Julho, sobre o código de conduta europeu da FEDMA relativo ao uso de dados pessoais no marketing direto, emitido pelo Grupo de Trabalho sobre a Proteção de Dados do Artigo 29.º – 00065/2010/PT – WP 174, página 4, no endereço eletrónico com o URL: https://www.gpdp.gov.mo/uploadfile/2014/0505/20140505071454684.pdf

do titular dos dados (cfr. n.º 3 do artigo 24.º, n.º 5 do artigo 28.º e n.º 3 do artigo 32.º); (ii) é tido em conta na avaliação do impacto das operações de tratamento efetuadas, em especial sobre a proteção de dados (cfr. n.º 8 do artigo 35.º); (iii) Pode assegurar as garantias adequadas para a transferência de dados pessoais para um país terceiro ou uma organização internacional, sem requerer nenhuma autorização específica de uma autoridade de controlo, (cfr. alínea e) do n.º 2 do artigo 46.º); e (iv) é tido em conta pela CNPD ao decidir sobre a aplicação de uma coima e sobre o montante da mesma em cada caso individual (cfr. alínea j) do n.º 2 do artigo 83.º e considerando 148).

Além de constituir uma medida atenuante no âmbito da aplicação de uma coima e de presunção de garantias de segurança dos dados e proteção dos respetivos titulares, a falta de elaboração de projetos de códigos de conduta nenhuma consequência desfavorável parece trazer para os responsáveis e subcontratantes. Aliás, a presunção das garantias de segurança e de proteção poderão ser facilmente ilididas.

6. Quanto à natureza jurídica destes códigos, trata-se, pois, de *soft law*, que nada tem de coercivo, com preceitos meramente indicativos, cuja inobservância pelos responsáveis pelo tratamento ou por subcontratantes nada releva, tanto mais que a sua elaboração nem sequer é obrigatória e que o seu cumprimento não prejudica o cumprimento do RGPD.

7. Os critérios que deverão presidir à elaboração dos códigos de conduta são: (i) as características específicas do tratamento efetuado em determinados setores e (ii) as necessidades específicas das micro, pequenas e médias empresas (n.º 1). As associações ou outras entidades que representem categorias de responsáveis pelo tratamento ou de subcontratantes são quem melhor conhece as características sectoriais, bem como a dimensão das empresas existentes em cada sector, dispondo de condições privilegiadas para consultar os titulares dos dados aquando da intenção de submissão de projetos de códigos de conduta à CNPD.

8. Os códigos de conduta poderão prever: (i) o tratamento equitativo e transparente, (ii) os legítimos interesses dos responsáveis pelo tratamento em contextos específicos, (iii) a recolha de dados, (iv) a pseudonimização, (v) a informação prestada ao público e aos titulares, (vi) o exercício dos direitos dos titulares, (vii) as informações prestadas às crianças e a sua proteção, bem como o modo pelo qual o consentimento do titular das responsabilidades parentais da criança deve ser obtido, (viii) as medidas e procedimentos a que se referem os

artigos 24.º e 25.º e as medidas destinadas a garantir a segurança do tratamento referidas no artigo 30.º; (ix) a notificação de violações de dados pessoais às autoridades de controlo e a comunicação dessas violações aos respetivos titulares, (x), a transferência de dados pessoais para países terceiros ou organizações internacionais e (xi) as ações extrajudiciais e outros procedimentos de resolução de litígios entre os responsáveis pelo tratamento e os titulares dos dados em relação ao tratamento (n.º 2).

O Parecer do Grupo de Trabalho do Artigo 29.º, acima citado, apresenta a estrutura e conteúdo do Código sobre Marketing em Linha[467].

9. Apenas os Códigos de conduta a que sejam sujeitos os responsáveis pelo tratamento e os subcontratantes sujeitos ao RGPD devem prever procedimentos que permitam a supervisão obrigatória do cumprimento das suas disposições por parte dos responsáveis pelo tratamento ou subcontratantes que se comprometam a aplicá-lo, que pode ser efetuada por um organismo que reúna os seguintes pressupostos: (i) tenha um nível adequado de competência relativamente ao objeto do código e (ii) esteja acreditado para o efeito pela autoridade competente (n.º 4). Na verdade, seria impraticável que um organismo acreditado na UE pudesse supervisionar a aplicação de um código de conduta num país terceiro ou numa organização internacional.

Conquanto não estejam sujeitos a supervisão, os códigos de conduta aplicados aos responsáveis e subcontratantes não sujeitos ao RGPD deverão ser acompanhados de compromissos vinculativos e com força executiva, por meio de instrumentos contratuais ou de outros instrumentos juridicamente vinculativos, assumidos no país terceiro no sentido de aplicarem as garantias adequadas, nomeadamente no que respeita aos direitos dos titulares dos dados (n.º 3).

10. Os procedimentos conducentes à aprovação, publicação e execução de códigos de conduta, alteração ou de aditamento distingue-se quanto ao seu

---

[467] – Geral: Definições
– Secção 1: Lei aplicável
– Secção 2: Obtenção de dados pessoais diretamente da pessoa em causa
– Secção 3: Obtenção de dados pessoais a partir de outras fontes que não a pessoa em causa
– Secção 4: Sistemas de serviço de preferências
– Secção 5: Política de privacidade e utilização de cookies
– Secção 6: Disposições específicas sobre a proteção das crianças
– Secção 7: Disposições específicas sobre práticas proibidas
– Anexo: Exemplos de boas práticas e de práticas inaceitáveis na publicidade em linha

âmbito territorial de aplicação. Assim, entre nós, se um código de conduta se destinar a ser aplicado apenas em Portugal, obedece à seguinte tramitação procedimental: (i) consulta, efetuada pelas associações e outros organismos representantes de categorias de responsáveis pelo tratamento ou de subcontratantes, às partes interessadas, nomeadamente aos titulares dos dados (cfr. considerando 99.); (ii) apresentação do projeto de código, de alteração ou de aditamento à CNPD, no qual se deverá ter em conta os contributos recebidos e as opiniões expressas em resposta a essas consultas; (iii) emissão de parecer pela CNPD sobre a conformidade do projeto com o RGPD (cfr. alínea m) do n.º 1 do artigo 57.º e alínea d) do n.º 3 do artigo 58.º); (iv) aprovação do projeto pela CNPD, se concluir que estão previstas garantias apropriadas suficientes (cfr. alínea m) do n.º 1 do artigo 57.º e alínea d) do n.º 3 do artigo 58.º); (v) registo e publicação do código pela CNPD.

Note-se que, apenas após o registo e, sobretudo, a publicação do código de conduta, este produz eficácia externa.

Se o projeto de código de conduta estiver relacionado com atividades de tratamento transfronteiriças, a tramitação procedimental é a seguinte: (i) consulta, efetuada pelas associações e outros organismos representantes de categorias de responsáveis pelo tratamento ou de subcontratantes, às partes interessadas, nomeadamente aos titulares dos dados, e ter em conta os contributos recebidos e as opiniões expressas em resposta a essas consultas; (ii) apresentação do projeto de código, de alteração ou de aditamento à CNPD; (iii) submissão eletrónica do Projeto pela CNPD ao Comité pelo procedimento da coerência, previsto no artigo 63.º (cfr. alínea a) do n.º 1 do artigo 70.º), comunicando, outrossim, as informações pertinentes, nomeadamente as posições das outras autoridades de controlo interessadas (cfr. n.º 4 do artigo 64.º); (iv) emissão de parecer pelo Comité sobre a conformidade do projeto com o RGPD ou, se os responsáveis pelo tratamento ou subcontratantes não estiverem sujeitos ao RGPD, sobre a previsão de garantias adequadas, no prazo de oito semanas, podendo ser prorrogado por mais seis semanas, em virtude da complexidade do assunto em apreço (cfr. alínea b) do n.º 1 e n.º 3 do artigo 64.º); (v) comunicação por via eletrónica pela CNPD, no prazo de duas semanas a contar da receção do parecer, ao presidente do Comité se tenciona manter ou alterar o projeto de decisão e, se existir, o projeto de decisão alterado=; (vii) adoção de uma decisão vinculativa pelo Comité, a fim de assegurar a aplicação correta e coerente do RGPD, se a CNPD não pretender seguir o seu parecer (cfr. n.º 8 do artigo 64.º, conjugado com o proémio e com a segunda parte da alínea c) do n.º 1 do artigo 65.º); (ix) apresentação do parecer do Comité à Comissão se este confirmar a conformidade do projeto com o RGPD ou que prevê as garantias adequadas; (xi) indeferimento do projeto de código se o parecer do Comité não confirmar a conformidade do projeto com o RGPD ou que não prevê as garantias adequadas.

11. Em conformidade com o n.º 9 do artigo em anotação, a Comissão pode, através de atos de execução, decidir que os códigos de conduta aprovados, bem como as alterações ou os aditamentos, que lhe sejam apresentados pelo Comité são de aplicabilidade geral na União. Os referidos atos de execução são adotados pelo procedimento de exame. A Comissão garante a publicidade adequada dos códigos que declarou serem de aplicabilidade geral.

12. Finalmente, o Comité recolhe todos os códigos de conduta aprovados, respetivas alterações e respetivos aditamentos num registo e disponibiliza-os ao público pelos meios adequados. Só após estas operações de publicitação dos códigos, estes se tornam externamente eficazes.

13. No caso dos códigos de conduta relativos a operações de tratamento de dados circunscritos ao território português, o parecer emitido pela CNPD assume a feição de parecer obrigatório e hétero-vinculativo de base auto-vinculativa, já que plasmará a fundamentação da conformidade ou desconformidade do projeto com o RGPD e serve de fundamentação para os seus destinatários conhecerem o percurso procedimental valorativo e cognoscitivo. Não faria qualquer sentido que a CNPD não emitisse qualquer parecer e, seguidamente, aprovasse ou indeferisse o projeto de código de conduta, desnudado de qualquer fundamentação.

No caso dos códigos de conduta relativos a operações de tratamento de dados transfronteiriças, o pedido de parecer pela autoridade de controlo competente ao Comité é obrigatório, nos termos do n.º 7 do artigo em anotação, mas a emissão do parecer pelo Comité é facultativa, pois que basta não o emitir no decurso do prazo de oito semanas, acrescido de seis semanas, se se tratar de uma questão complexa, para que as autoridades de controlo competentes estejam em condições de aprovar os respetivos projetos de decisão, apenas de acordo com o seu próprio parecer, sem a intervenção do Comité.

Todavia, se o parecer do Comité for emitido neste prazo, assume a feição de parecer obrigatório, posto que, neste lapso temporal, as autoridades de controlo competentes para aprovar o projeto de código de conduta estão impedidas de adotar os respetivos projetos de decisão (cfr. n.º 6 do artigo 64.º).

No decurso do prazo regulamentarmente fixado para que o Comité emita o seu parecer, este é vinculativo. De facto, as autoridades de controlo competentes têm na melhor conta o parecer do Comité, mas se, apesar disso, não o pretenderem seguir, o Comité adota uma decisão vinculativa (cfr. primeira parte do n.º 7 e .n.º 8 do artigo 64.º, conjugados com o proémio e com a segunda parte da alínea c) do n.º 1 do artigo 65.º. Neste caso, a vinculatividade do parecer do Comité advém-lhe não apenas pelo seu teor, mas pela subsequente decisão obrigatória, adotada em face da intenção da autoridade de controlo competente não o pretender seguir.

14. Se a CNPD pretender indeferir o projeto de código, deverá convidar os requerentes à participação procedimental, ao abrigo do n.º 5 do artigo 267.º da CRP e do artigo 12.º, concretizado no exercício do direito de audiência prévia dos interessados, previsto no artigo 121.º e seguintes.

15. O indeferimento do pedido de aprovação de um código de conduta, consubstanciado num ato administrativo, carece de fundamentação, de harmonia com a segunda parte do n.º 3 do artigo 268.º da CRP e com os artigos 152.º e 153.º, ambos do CPA. Os fundamentos para a não aprovação do projeto pela CNPD parecem residir na falta de previsão de garantias apropriadas suficientes e, consequentemente na desconformidade com o projeto de código com o RGPD. Ora o conceito de garantias apropriadas suficientes é de elevado grau de indeterminabilidade, não bastando, por isso a alegação genérica e vaga de que o código de conduta não prevê garantias apropriadas suficientes. é necessário concretizar tal alegação, preenchendo valorativamente este conceito jurídico indeterminado.

16. O ato administrativo de indeferimento do pedido de aprovação de um código é administrativa e contenciosamente impugnável. Quanto à impugnação administrativa, traduz-se na reclamação para o autor do ato, *in casu* a CNPD, de harmonia com o artigo 184.º e seguintes do CPA. O ato de indeferimento pode ser também impugnado judicialmente, nos termos do artigo 50.º e seguintes do CPTA ou a condenação à prática do ato devido, de acordo com o artigo 66.º e seguintes do mesmo código. É evidente que, nos procedimentos de segundo grau, relativos a operações de tratamento de dados transfronteiriças, a CNPD deverá solicitar novo parecer ao Comité se for carreada matéria nova para o procedimento.

17. A decisão vinculativa do Comité, adotada se a autoridade de controlo competente não pretender seguir o seu parecer, é impugnável, nos termos do

5.º parágrafo e nos prazos fixados no 7.º parágrafo ambos do artigo 263.º do TFUE[468].

(*Carlos Jorge Gonçalves*)

ARTIGO 41.º
Supervisão dos códigos de conduta aprovados

1. Sem prejuízo das funções e competências da autoridade de controlo competente ao abrigo dos artigos 57.º e 58.º, a supervisão de conformidade com um código de conduta nos termos do artigo 40.º pode ser efetuada por um organismo que tenha um nível adequado de competência relativamente ao objeto do código e esteja acreditado para o efeito pela autoridade de controlo competente.

2. O organismo a que se refere o n.º 1 pode ser acreditado para supervisão de conformidade com um código de conduta, se:

a) Tiver demonstrado que goza de independência e dispõe dos conhecimentos necessários em relação ao objeto do código, de forma satisfatória para a autoridade de controlo competente;

b) Tiver estabelecido procedimentos que lhe permitam avaliar a elegibilidade dos responsáveis pelo tratamento e dos subcontratantes em questão para aplicar o código, verificar se estes respeitam as disposições do mesmo e rever periodicamente o seu funcionamento;

c) Tiver estabelecido procedimentos e estruturas para tratar reclamações relativas a violações do código ou à forma como o código tenha sido ou esteja a ser aplicado pelo responsável pelo tratamento ou subcontra-

---

[468] Artigo 263.º
(...)
"Qualquer pessoa singular ou coletiva pode interpor, nas condições previstas nos primeiro e segundo parágrafos, recursos contra os atos de que seja destinatária ou que lhe digam direta e individualmente respeito, bem como contra os atos regulamentares que lhe digam diretamente respeito e não necessitem de medidas de execução. (...) Os recursos previstos no presente artigo devem ser interpostos no prazo de dois meses a contar, conforme o caso, da publicação do ato, da sua notificação ao recorrente ou, na falta desta, do dia em que o recorrente tenha tomado conhecimento do ato."

tante, e para tornar estes procedimentos e estruturas transparentes para os titulares dos dados e o público; e

d) Demonstrar, de forma satisfatória para a autoridade de controlo competente, que as suas funções e atribuições não implicam um conflito de interesses.

3. A autoridade de controlo competente apresenta os projetos de requisitos para a acreditação do organismo referido no n.º 1 do presente artigo ao Comité, de acordo com o procedimento de controlo da coerência referido no artigo 63.º[469].

4. Sem prejuízo das funções e competências da autoridade de controlo competente e do disposto no capítulo VIII, o organismo a que se refere o n.º 1 do presente artigo toma, sob reserva das garantias adequadas, as medidas que forem adequadas em caso de violações do código por um responsável pelo tratamento ou por um subcontratante, incluindo a suspensão ou exclusão desse responsável ou subcontratante do código. O referido organismo informa a autoridade de controlo competente dessas medidas e dos motivos que levaram à sua tomada.

5. A autoridade de controlo competente revoga a acreditação do organismo a que se refere o n.º 1 se os requisitos para a acreditação não estiverem ou tiverem deixado de estar reunidas, ou se as medidas tomadas pelo organismo violarem o presente regulamento[470].

6. O presente artigo não se aplica ao tratamento realizado por autoridades e organismos públicos.

COMENTÁRIO:

1. O artigo em anotação começa por enunciar os critérios de supervisão de conformidade com um código de conduta que deverão ser reunidos por um organismo: (i) nível adequado de competência relativamente ao objeto do código e (ii) esteja acreditado para o efeito pela autoridade de controlo competente. Os requisitos de um organismo para ser acreditado para supervisão de conformidade com um código de conduta são: (i) demonstração de independência e dos conhecimentos necessários em relação ao objeto do código, (ii) estabelecimento de procedimentos conducentes à avaliação da elegibilidade dos responsáveis pelo tratamento e dos subcontratantes em questão para apli-

---

[469] Retificação publicada em JO L 119 de 4.5.2016.
[470] Retificação publicada em JO L 119 de 4.5.2016.

car o código, (iii) verificação se estes respeitam as disposições do código, (iv) revisão periódica do seu funcionamento, (v) estabelecimento de procedimentos e estruturas para tratar reclamações relativas a violações do código ou à forma como o código tenha sido ou esteja a ser aplicado pelo responsável pelo tratamento ou subcontratante, e para tornar estes procedimentos e estruturas transparentes para os titulares dos dados e o público e (vi) demonstração, de forma satisfatória para a autoridade de controlo competente, que as suas funções e atribuições não implicam um conflito de interesses.

2. Entre nós, a CNPD redige e publica os requisitos de acreditação de um organismo para monitorizar códigos de conduta e conduz os respetivos procedimentos de acreditação (cfr. alíneas p) e q), ambas do n.º 1 do artigo 57.º do RGPD).

3. O tratamento de dados realizado por autoridades e organismos públicos não está sujeito a supervisão.

4. Os projetos de requisitos para a acreditação deste organismo são apresentados pela autoridade de controlo competente ao Comité, de acordo com o procedimento de controlo da coerência, previsto no artigo 63.º. Aquele organismo, uma vez acreditado, toma, sob reserva das garantias adequadas, as medidas que forem adequadas em caso de violações do código por um responsável pelo tratamento ou por um subcontratante, incluindo a suspensão ou exclusão desse responsável ou subcontratante do código e informa a autoridade de controlo competente dessas medidas e dos motivos conducentes à sua adoção.

5. Compete à autoridade de controlo revogar a acreditação do organismo se os requisitos para a acreditação não estiverem ou tiverem deixado de estar reunidos, ou se as medidas tomadas sobre um responsável ou subcontratante pelo organismo violarem o RGPD. A violação das obrigações do organismo de supervisão relativas às medidas que forem adequadas em caso de violações do código por um responsável pelo tratamento ou por um subcontratante, incluindo a suspensão ou exclusão desse responsável ou subcontratante do código. O referido organismo informa a autoridade de controlo competente dessas medidas e dos motivos que levaram à sua tomada. O artigo 83.º, n.º 4 prevê a aplicação de coimas até 10 000 000 € ou até 2% do seu volume de negócios anual a nível mundial, de entidades privadas, correspondente ao exercício financeiro anterior, consoante o montante for mais elevado no caso de violação dos artigos 41.º, n.º 4, 42.º e 43.º do RGPD.

(*Carlos Jorge Gonçalves*)

ARTIGO 42.º
Certificação

1. Os Estados-Membros, as autoridades de controlo, o Comité e a Comissão promovem, em especial ao nível da União, a criação de procedimentos de certificação em matéria de proteção de dados, bem como selos e marcas de proteção de dados, para efeitos de comprovação da conformidade das operações de tratamento de responsáveis pelo tratamento e subcontratantes com o presente regulamento. Serão tidas em conta as necessidades específicas das micro, pequenas e médias empresas.

2. Além do cumprimento pelos responsáveis pelo tratamento ou pelos subcontratantes sujeitos ao presente regulamento, os procedimentos de certificação em matéria de proteção de dados, bem como selos ou marcas aprovados de acordo com o n.º 5 do presente artigo também podem ser estabelecidos para efeitos de comprovação da existência de garantias adequadas fornecidas por responsáveis pelo tratamento ou por subcontratantes que não estão sujeitos ao presente regulamento por força do artigo 3.º no quadro das transferências de dados pessoais para países terceiros ou organizações internacionais nos termos referidos no artigo 46.º, n.º 2, alínea *f*). Os responsáveis pelo tratamento ou os subcontratantes assumem compromissos vinculativos e com força executiva, por meio de instrumentos contratuais ou de outros instrumentos juridicamente vinculativos, no sentido de aplicar as garantias adequadas, inclusivamente em relação aos direitos dos titulares dos dados.

3. A certificação é voluntária e está disponível através de um processo transparente.

4. A certificação prevista no presente artigo não diminui a responsabilidade dos responsáveis pelo tratamento e subcontratantes pelo cumprimento do presente regulamento nem prejudica as funções e competências das autoridades de controlo competentes por força do artigo 55.º ou 56.º.

5. A certificação prevista no presente artigo é emitida pelos organismos de certificação referidos no artigo 43.º ou pela autoridade de controlo competente, com base nos critérios por esta aprovados por força do artigo 58.º, n.º 3, ou pelo Comité por força do artigo 63.º. Caso os critérios sejam aprovados pelo Comité, podem ter como resultado uma certificação comum, o Selo Europeu de Proteção de Dados.

6. Os responsáveis pelo tratamento ou subcontratantes que submetem o seu tratamento ao procedimento de certificação fornecem ao organismo de certificação a que se refere o artigo 43.º, ou, consoante o caso, à autoridade de controlo competente, todo o acesso às suas atividades de tratamento e toda a informação de que haja necessidade para efetuar o procedimento de certificação.

7. A certificação é emitida aos responsáveis pelo tratamento e subcontratantes por um período máximo de três anos e pode ser renovada nas mesmas condições, desde que os critérios aplicáveis continuem a estar reunidos. A certificação é retirada, consoante o caso, pelos organismos de certificação referidos no artigo 43.º ou pela autoridade de controlo competente, se os critérios para a certificação não estiverem ou tiverem deixado de estar reunidos.[471]

8. O Comité recolhe todos os procedimentos de certificação e todos os selos e marcas de proteção de dados aprovados num registo e disponibiliza-os ao público por todos os meios adequados.

COMENTÁRIO:
1. Encontra-se acometida a várias entidades – Estados-Membros, autoridades de controlo, Comité e Comissão – a promoção da institucionalização de procedimentos de certificação em matéria de proteção de dados, bem como selos e marcas de proteção de dados. De facto, entre nós, competirá à CNPD, enquanto autoridade de controlo territorialmente competente, incentivar o estabelecimento de procedimentos de certificação de proteção de dados, e de selos e marcas de proteção de dados (cfr. primeira parte da alínea n) do n.º 1 do artigo 57.º).

2. O cumprimento de procedimentos de certificação em matéria de proteção de dados, bem como selos e marcas de proteção de dados aplica-se, quer aos responsáveis pelo tratamento ou aos subcontratantes sujeitos ao RGPD, quer aos responsáveis ou subcontratantes que não estão sujeitos ao Regulamento. Porém, os procedimentos de certificação e selos e marcas de proteção de dados aplicados aos responsáveis e subcontratantes não sujeitos ao RGPD deverão ser acompanhados de compromissos vinculativos e com força executiva, por meio de instrumentos contratuais ou de outros instrumentos juridicamente vinculati-

---

[471] Retificação publicada em JO L 119 de 4.5.2016.

vos, assumidos no país terceiro no sentido de aplicarem as garantias adequadas, nomeadamente no que respeita aos direitos dos titulares dos dados.

3. Os procedimentos de certificação visam: (i) permitir aos titulares avaliar rapidamente o nível de proteção de dados proporcionado pelos produtos e serviços em causa (cfr. considerando 100), (ii) comprovar a conformidade das operações de tratamento de responsáveis pelo tratamento e subcontratantes com o RGPD e (iii) comprovar a existência de garantias adequadas fornecidas por responsáveis pelo tratamento ou por subcontratantes que não estão sujeitos ao RGPD.

4. O cumprimento de um procedimento de certificação pelo responsável e pelo subcontratante, inicial e sucessivo(i) pode constituir elemento demonstrativo do cumprimento das suas obrigações em matéria de tratamento e de segurança dos dados, isto é, da aplicação das medidas técnicas e organizativas (pseudonimização e cifragem dos dados pessoais, tratamento apenas dos dados pessoais necessários para cada finalidade específica e garantia de que os dados pessoais não sejam disponibilizados sem intervenção humana a um número indeterminado de pessoas singulares) ajustadas para garantir um tratamento realizado em conformidade com o RGPD e um nível de segurança adequado ao risco do tratamento e que assegure a defesa dos direitos do titular dos dados (cfr. n.º 3 do artigo 24.º, n.º 3 do artigo 25.º, n.º 5 do artigo 28.º e n.º 3 do artigo 32.º); (ii) Pode assegurar as garantias adequadas para a transferência de dados pessoais para um país terceiro ou uma organização internacional, sem requerer nenhuma autorização específica de uma autoridade de controlo, (cfr. alínea f) do n.º 2 do artigo 46.º); e (iii) é tido em conta pela CNPD Ao decidir sobre a aplicação de uma coima e sobre o montante da mesma em cada caso individual (cfr. alínea j) do n.º 2 do artigo 83.º). Além de constituir uma medida atenuante no âmbito da aplicação de uma coima e de presunção de garantias de segurança dos dados e proteção dos respetivos titulares, não submissão a procedimentos de certificação nenhuma consequência desfavorável parece trazer para os responsáveis e subcontratantes. Aliás, a presunção das garantias de segurança e de proteção poderão ser facilmente ilididas.

Serão tidas em conta as necessidades específicas das micro, pequenas e médias empresas.

5. A certificação é voluntária, está disponível através de um processo transparente e não diminui a responsabilidade dos responsáveis pelo tratamento e subcontratantes pelo cumprimento do RGPD nem prejudica as funções e competências das autoridades de controlo competentes. É emitida pelos organismos de certificação acreditados ou pela autoridade de controlo competente, com base nos critérios por esta aprovados ou pelo Comité, no âmbito do procedimento da coerência.

6. A certificação em matéria de proteção de dados distingue-se da certificação comum (dos selos e marcas de proteção de dados), consoante o sujeito que aprove os critérios. Na verdade, ao passo que os critérios em que se baseia a certificação são aprovados pela autoridade de controlo territorialmente competente, os critérios para a certificação comum são aprovados pelo Comité.

Em Portugal, além dos organismos de certificação acreditados, compete à CNPD aprovar os critérios de certificação e emitir certificações (cfr. segunda parte da alínea n) do n.º 1 do artigo 57.º e alínea f) do n.º 3 do artigo 58.º).

7. Os responsáveis pelo tratamento ou subcontratantes que submetam o seu tratamento ao procedimento de certificação deverão facultar ao organismo de certificação acreditado ou à CNPD todo o acesso às suas atividades de tratamento e toda a informação de que haja necessidade para efetuar o procedimento de certificação. Esta é emitida por um período máximo de três anos, renovável nas mesmas condições, contanto que os critérios aplicáveis se mantenham. A certificação é retirada pelos organismos de certificação acreditados ou pela CNPD se os critérios para a certificação não estiverem ou tiverem deixado de estar reunidos. À CNPD compete, pois, retirar a certificação ou ordenar ao organismo de certificação acreditado que retire uma certificação, ou ordenar ao organismo de certificação que não emita uma certificação se os requisitos de certificação não estiverem ou deixarem de estar cumpridos (cfr. alínea h) do n.º 2 do artigo 58.º).

A CNPD, se necessário, procede a uma revisão periódica das certificações emitidas (cfr. alínea o) do n.º 1 do artigo 57.º).

8. O Comité recolhe todos os procedimentos de certificação e todos os selos e marcas de proteção de dados aprovados num registo e disponibiliza-os ao público por todos os meios adequados.

9. Os atos praticados pelo comité, no âmbito da certificação comum (dos selos e marcas de proteção de dados) e os atos administrativos dirigidos pela CNPD aos organismos de certificação acreditados, bem como os atos de indeferimento, de emissão, de renovação, de revogação da certificação podem ser impugnados nos termos descritos no artigo 40.º, a propósito dos códigos de conduta.

(Carlos Jorge Gonçalves)

ARTIGO 43.º
Organismos de certificação

1. Sem prejuízo das atribuições e poderes da autoridade de controlo competente nos termos dos artigos 57.º e 58.º, um organismo de certificação que tenha um nível adequado de competência em matéria de proteção de dados emite e renova a certificação, após informar a autoridade de controlo para que esta possa exercer as suas competências nos termos do artigo 58.º, n.º 2, alínea *h)*, sempre que necessário. Os Estados-Membros asseguram que estes organismos de certificação são acreditados:

a) Pela autoridade de controlo que é competente nos termos do artigo 55.º ou 56.º;

b) Pelo organismo nacional de acreditação, designado nos termos do Regulamento (CE) n.º 765/2008 do Parlamento Europeu e do Conselho[472], em conformidade com a norma EN-ISO/IEC 17065/2012 e com os requisitos adicionais estabelecidos pela autoridade de controlo que é competente nos termos do artigo 55.º ou 56.º.

2. Os organismos de certificação referidos no n.o 1 são acreditados em conformidade com o mesmo, apenas se: a) Tiverem demonstrado que gozam de independência e dispõem dos conhecimentos necessários em relação ao objeto da certificação, de forma satisfatória para a autoridade de controlo competente;

b) Se tiverem comprometido a respeitar os critérios referidos no artigo 42.º, n.º 5, e aprovados pela autoridade de controlo que é competente por força do artigo 55.º ou 56.º ou pelo Comité por força do artigo 63.º;

c) Tiverem estabelecido procedimentos para a emissão, revisão periódica e retirada de procedimentos de certificação, selos e marcas de proteção de dados;

d) Tiverem estabelecido procedimentos e estruturas para tratar reclamações relativas a violações da certificação ou à forma como a certificação tenha sido ou esteja a ser implementada pelo responsável pelo trata-

---

[472] Regulamento (CE) n.o 765/2008 do Parlamento Europeu e do Conselho, de 9 de julho de 2008, que estabelece os requisitos de acreditação e fiscalização do mercado relativos à comercialização de produtos, e que revoga o Regulamento (CEE) n.o 339/93 (JO L 218 de 13.8.2008, p. 30).

mento ou subcontratante, e para tornar estes procedimentos e estruturas transparentes para os titulares dos dados e o público; e

e) Demonstrarem, de forma satisfatória para a autoridade de controlo competente, que as suas funções e atribuições não implicam um conflito de interesses.

3. A acreditação dos organismos de certificação referida nos n. os 1 e 2 do presente artigo é efetuada com base nos requisitos aprovados pela autoridade de controlo que é competente por força do artigo 55.º ou do artigo 56.º ou pelo Comité por força do artigo 63.º[473]. No caso de acreditações nos termos do n.º 1, alínea *b)*, do presente artigo, esses requisitos complementam os requisitos previstos no Regulamento (CE) n.º 765/2008 e as regras técnicas que descrevem os métodos e procedimentos dos organismos de certificação.

4. Os organismos de certificação a que se refere o n.º 1 são responsáveis pela correta avaliação necessária à certificação, ou pela revogação dessa certificação, sem prejuízo da responsabilidade que cabe ao responsável pelo tratamento ou ao subcontratante pelo cumprimento do presente regulamento. A acreditação é emitida por um período máximo de cinco anos e pode ser renovada nas mesmas condições, desde que o organismo de certificação reúna os requisitos estabelecidos no presente artigo.

5. Os organismos de certificação a que se refere o n.º 1 fornecem às autoridades de controlo competentes os motivos que levaram à concessão ou revogação da certificação solicitada.

6. Os requisitos referidos no n.º 3 do presente artigo, e os critérios referidos no artigo 42.º, n.º 5, são publicados pela autoridade de controlo sob uma forma facilmente acessível. As autoridades de controlo também comunicam estes requisitos e estas informações ao Comité.[474]

7. Sem prejuízo do capítulo VIII, a autoridade de controlo competente ou o organismo nacional de acreditação revoga uma acreditação do organismo de certificação nos termos do n.º 1 do presente artigo, se as condições para a acreditação não estiverem ou tiverem deixado de estar reunidas, ou se as medidas tomadas pelo organismo de certificação violarem o presente regulamento.

---

[473] Retificação publicada em JO L 119 de 4.5.2016.
[474] Retificação publicada em JO L 119 de 4.5.2016.

8. A Comissão fica habilitada a adotar atos delegados nos termos do artigo 92.º, a fim de especificar os requisitos a ter em conta relativamente aos procedimentos de certificação em matéria de proteção de dados referidos no artigo 42.º, n.º 1.

9. A Comissão pode adotar atos de execução estabelecendo normas técnicas para os procedimentos de certificação e os selos e marcas em matéria de proteção de dados, e regras para promover e reconhecer esses procedimentos de certificação, selos e marcas. Os referidos atos de execução são adotados pelo procedimento de exame a que se refere o artigo 93.º, n.º 2.

COMENTÁRIO:

1. Compete aos organismos de certificação emitir e renovar a certificação, após informar a autoridade de controlo para que esta possa retirar a certificação ou ordenar ao organismo de certificação que retire uma certificação ou ordenar ao organismo de certificação que não emita uma certificação se os requisitos de certificação não estiverem ou deixarem de estar cumpridos – n.º 1 (cfr. alínea h) do n.º 2 do artigo 58.º). Entre nós, compete à CNPD redigir e publicar os requisitos de um organismo de certificação e conduzir o processo de um organismo de certificação – n.º 6 (cfr. alíneas p) e q) do n.º 1 do artigo 57.º), bem como acreditar estes organismos de certificação (cfr. alínea e) do n.º 3 do artigo 58.º).

2. Sempre que necessário. Os Estados-Membros asseguram que estes organismos de certificação são acreditados: (i) pela autoridade de controlo competente ou (ii) pelo organismo nacional de acreditação, designado nos termos do Regulamento (CE) n.º 765/2008 do Parlamento Europeu e do Conselho, em conformidade com a norma EN-ISO/IEC 17065/2012 e com os requisitos adicionais estabelecidos pela autoridade de controlo competente (n.º 1). Em Portugal, o organismo nacional de acreditação é O Instituto Português de Acreditação, I. P. (IPAC, I. P.).[475]

---

[475] Cfr. n.º 1 do artigo 2.º do Decreto-Lei n.º 23/2011, de 11 de Fevereiro, que assegura a execução das obrigações decorrentes do Regulamento (CE) n.º 765/2008, do Parlamento Europeu e do Conselho, de 9 de Julho, que estabelece os requisitos de acreditação e fiscalização do mercado relativos à comercialização de produtos

De acordo com o n.º 10 do artigo 2.º do Regulamento (CE) n.º 765/2008 do Parlamento Europeu e do Conselho[476], a acreditação é "a declaração por um organismo nacional de acreditação de que um organismo de avaliação da conformidade cumpre, para executar as atividades específicas de avaliação da conformidade, os requisitos definidos em normas harmonizadas e, se for esse o caso, quaisquer requisitos adicionais, nomeadamente os estabelecidos em sistemas sectoriais."

3. *In casu*, os organismos de certificação são acreditados se reunirem cumulativamente os seguintes requisitos (n.º 2): (i) demonstração que gozam de independência e que dispõem dos conhecimentos necessários em relação ao objeto da certificação, de forma satisfatória para a autoridade de controlo competente; (ii) compromisso de respeitar os critérios aprovados pela autoridade de controlo competente ou pelo Comité; (iii) fixação de procedimentos para a emissão, revisão periódica e retirada de procedimentos de certificação, selos e marcas de proteção de dados; (iv) criação de procedimentos e de estruturas para tratar reclamações relativas a violações da certificação ou à forma como a certificação tenha sido ou esteja a ser implementada pelo responsável pelo tratamento ou subcontratante, e para tornar estes procedimentos e estruturas transparentes para os titulares dos dados e o público; e (v) demonstração, de forma satisfatória para a autoridade de controlo competente, que as suas funções e atribuições não implicam um conflito de interesses.

4. Entre nós, a acreditação dos organismos de certificação é efetuada com base nos requisitos aprovados pela CNPD ou pelo Comité em conformidade com o procedimento da coerência.

É difícil admitir que o IPAC, I. P. possa proceder à acreditação de organismos de certificação no âmbito da proteção de dados pessoais, quando a CNPD, além de aprovar os critérios específicos para o efeito, detém conhecimentos muito mais aprofundados para acreditar os organismos. Em qualquer caso, nas acreditações efetuadas pelo IPAC, I. P.,[477] esses requisitos complementam os requisitos

---

[476] Regulamento (CE) n.º 765/2008 do Parlamento Europeu e do Conselho, de 9 de julho de 2008, que estabelece os requisitos de acreditação e fiscalização do mercado relativos à comercialização de produtos, e que revoga o Regulamento (CEE) n.º 339/93 (JOUE N.º 218, Série L, 13 de agosto 2008).

[477] N.º 11 do artigo 2.º do Reg CE n.º 765/2008, de 9 de julho: «Organismo nacional de acreditação», "o único organismo num Estado-Membro a proceder à acreditação com poderes de autoridade pública."

previstos no Regulamento (CE) n.º 765/2008 e as regras técnicas que descrevem os métodos e procedimentos dos organismos de certificação.

5. Os organismos de certificação são responsáveis pela correta avaliação necessária à certificação, ou pela revogação dessa certificação e informam às autoridades de controlo competentes dos motivos que levaram à concessão ou revogação da certificação solicitada (n.ºs 4 e 5).

6. Não obstante os procedimentos de certificação, o responsável pelo tratamento ou o subcontratante são responsáveis pelo cumprimento do RGPD.

7. A acreditação é emitida por um período máximo de cinco anos e pode ser renovada nas mesmas condições, desde que o organismo de certificação reúna cumulativamente os requisitos acima enunciados. Estes requisitos, bem como os critérios para a aprovação da certificação são publicados pela autoridade de controlo sob uma forma facilmente acessível e são comunicados ao Comité (n.º 6).

8. A autoridade de controlo competente ou o organismo nacional de acreditação revogam uma acreditação de um organismo de certificação, nos seguintes casos: (i) se as condições para a acreditação não estiverem ou tiverem deixado de estar reunidas, ou (ii) se as medidas tomadas pelo organismo de certificação violarem o presente regulamento.

9. Os atos administrativos de emissão e renovação da certificação, de indeferimento de um pedido de certificação, de retirada de certificação, de indeferimento de um pedido de acreditação, de recusa de renovação da acreditação ou de revogação da acreditação são administrativa e contenciosamente impugnáveis nos termos explicitados nas anotações ao artigo 40.º.

10. A Comissão fica habilitada a adotar atos delegados nos termos do artigo 92.º, a fim de especificar os requisitos a ter em conta relativamente aos procedimentos de certificação em matéria de proteção de dados e pode adotar atos de execução estabelecendo normas técnicas para os procedimentos de certificação e os selos e marcas em matéria de proteção de dados, e regras para promover e reconhecer esses procedimentos de certificação, selos e marcas. Os referidos atos de execução são adotados pelo procedimento de exame que 1. consiste na emissão de um parecer vinculativo pelo Comité, sob proposta da Comissão, acerca dos atos a adotar. Se o parecer for favorável, a Comissão adota a sua pro-

posta, convolada em ato de execução; se o parecer for desfavorável, a Comissão não adota o ato de execução; na falta de parecer, a Comissão adota o ato de execução (cfr. considerando 166.).

(Carlos Jorge Gonçalves)

CAPÍTULO V
Transferências de dados pessoais para países terceiros ou organizações internacionais

ARTIGO 44.º
Princípio geral das transferências

Qualquer transferência de dados pessoais que sejam ou venham a ser objeto de tratamento após transferência para um país terceiro ou uma organização internacional só é realizada se, sem prejuízo das outras disposições do presente regulamento, as condições estabelecidas no presente capítulo forem respeitadas pelo responsável pelo tratamento e pelo subcontratante, inclusivamente no que diz respeito às transferências ulteriores de dados pessoais do país terceiro ou da organização internacional para outro país terceiro ou outra organização internacional. Todas as disposições do presente capítulo são aplicadas de forma a assegurar que não é comprometido o nível de proteção das pessoas singulares garantido pelo presente regulamento.

COMENTÁRIO:

1. O disposto no artigo em anotação equivalia na Diretiva 95/46/CE ao n.º 1 do artigo 25.º [478]

2. A circulação de dados pessoais na cena internacional é necessária ao desenvolvimento do comércio e da cooperação internacionais.[479] O aumento dos

---

[478] "Os Estados-membros estabelecerão que a transferência para um país terceiro de dados pessoais objeto de tratamento, ou que se destinem a ser objeto de tratamento após a sua transferência, só pode realizar-se se, sob reserva da observância das disposições nacionais adotadas nos termos das outras disposições da presente diretiva, o país terceiro em questão assegurar um nível de proteção adequado."

[479] Ver, por exemplo, Inês Oliveira Andrade de Jesus, "O Direito à Proteção de Dados e o regime jurídico das transferências internacionais de dados: a proteção viaja com as informa-

fluxos transfronteiriços de dados pessoais criou novos desafios e novas preocupações em relação à sua proteção (cfr. Considerando (101)).

3. Quando os dados pessoais são transferidos da UE para responsáveis, subcontratantes ou outros destinatários situados em países terceiros ou pertencentes a organizações internacionais, o nível de proteção das pessoas singulares assegurado na União pelo RGPD deverá continuar a ser garantido, inclusive nos casos de transferências supervenientes exógenas à União (cfr. Considerando (101)).

Por outras palavras, todas as transferências de dados pessoais, destinadas a um país terceiro ou a uma organização internacional, cujos dados sejam ou venham a ser objeto de tratamento, apenas poderão ser efetuadas se o responsável e/ou o subcontratante respeitarem o RGPD, mormente as condições estabelecidas no presente capítulo. O respeito pelo RGPD estende-se a transferências ulteriores para outro país terceiro ou outra organização internacional.

De acordo com o Considerando 102:

"Os Estados-Membros poderão celebrar acordos internacionais que impliquem a transferência de dados pessoais para países terceiros ou organizações internacionais, desde que tais acordos não afetem o presente regulamento ou quaisquer outras disposições do direito da União e prevejam um nível adequado de proteção dos direitos fundamentais dos titulares dos dados."

4. Nessas transferências e posteriores tratamentos de dados, deverá ser garantido que não é comprometido o nível de proteção das pessoas singulares, mediante a aplicação de todas as disposições deste capítulo pelos destinatários dos dados pessoais transferidos: responsáveis, subcontratantes e outros destinatários.

5. Este artigo apresenta uma formulação algo confusa na parte em que refere que na parte inicial refere que: "Qualquer transferência de dados pessoais que sejam ou venham a ser objeto de tratamento após transferência (...)" já que uma transferência de dados constitui, por si só, um tratamento.

ções que nos dizem respeito?" in Francisco Pereira Coutinho e Graça Canto Moniz (coordenação), "Anuário de Proteção de Dados", CEDIS, 2018, pp. 71 e ss.

Assim, na realização da própria transferência, independentemente de tratamentos de dados pessoais posteriores pelo seu recetor, o responsável ou o subcontratante deverão já assegurar o respeito pelo RGPD.

(Alexandre Sousa Pinheiro/Carlos Jorge Gonçalves)

ARTIGO 45.º
Transferências com base numa decisão de adequação

1. Pode ser realizada uma transferência de dados pessoais para um país terceiro ou uma organização internacional se a Comissão tiver decidido que o país terceiro, um território ou um ou mais setores específicos desse país terceiro, ou a organização internacional em causa, assegura um nível de proteção adequado. Esta transferência não exige autorização específica.

2. Ao avaliar a adequação do nível de proteção, a Comissão tem nomeadamente em conta os seguintes elementos:

a) O primado do Estado de direito, o respeito pelos direitos humanos e liberdades fundamentais, a legislação pertinente em vigor, tanto a geral como a setorial, nomeadamente em matéria de segurança pública, defesa, segurança nacional e direito penal, e respeitante ao acesso das autoridades públicas a dados pessoais, bem como a aplicação dessa legislação e das regras de proteção de dados, das regras profissionais e das medidas de segurança, incluindo as regras para a transferência ulterior de dados pessoais para outro país terceiro ou organização internacional, que são cumpridas nesse país ou por essa organização internacional, e a jurisprudência, bem como os direitos dos titulares dos dados efetivos e oponíveis, e vias de recurso administrativo e judicial para os titulares de dados cujos dados pessoais sejam objeto de transferência;

b) A existência e o efetivo funcionamento de uma ou mais autoridades de controlo independentes no país terceiro ou às quais esteja sujeita uma organização internacional, responsáveis por assegurar e impor o cumprimento das regras de proteção de dados, e dotadas de poderes coercitivos adequados para assistir e aconselhar os titulares dos dados no exercício dos seus direitos, e cooperar com as autoridades de controlo dos Estados-Membros; e

c) Os compromissos internacionais assumidos pelo país terceiro ou pela organização internacional em causa, ou outras obrigações decorrentes de convenções ou instrumentos juridicamente vinculativos, bem como da sua participação em sistemas multilaterais ou regionais, em especial em relação à proteção de dados pessoais.

3. Após avaliar a adequação do nível de proteção, a Comissão pode decidir, através de um ato de execução, que um país terceiro, um território ou um ou mais setores específicos de um país terceiro, ou uma organização internacional, garante um nível de proteção adequado na aceção do n.º 2 do presente artigo. O ato de execução prevê um procedimento de avaliação periódica, no mínimo de quatro em quatro anos, que deverá ter em conta todos os desenvolvimentos pertinentes no país terceiro ou na organização internacional. O ato de execução especifica o âmbito de aplicação territorial e setorial e, se for caso disso, identifica a autoridade ou autoridades de controlo a que se refere o n.º 2, alínea b), do presente artigo. O referido ato de execução é adotado pelo procedimento de exame a que se refere o artigo 93.º, n.º 2.

4. A Comissão controla, de forma continuada, os desenvolvimentos nos países terceiros e nas organizações internacionais que possam afetar o funcionamento das decisões adotadas nos termos do n.º 3 do presente artigo e das decisões adotadas com base no artigo 25.º, n.º 6, da Diretiva 95/46/CE.

5. A Comissão, sempre que a informação disponível revelar, nomeadamente na sequência da revisão a que se refere o n.º 3 do presente artigo, que um país terceiro, um território ou um ou mais setores específicos de um país terceiro, ou uma organização internacional, deixou de assegurar um nível de proteção adequado na aceção do n.º 2 do presente artigo, na medida do necessário, revoga, altera ou suspende a decisão referida no n.º 3 do presente artigo, através de atos de execução, sem efeitos retroativos. Os referidos atos de execução são adotados pelo procedimento de exame a que se refere o artigo 93.º, n.º 2. Por imperativos de urgência devidamente justificados, a Comissão adota atos de execução imediatamente aplicáveis pelo procedimento a que se refere o artigo 93.º, n.º 3.

6. A Comissão inicia consultas com o país terceiro ou a organização internacional com vista a corrigir a situação que tiver dado origem à decisão tomada nos termos do n.º 5.

7. As decisões tomadas ao abrigo do n.º 5 do presente artigo não prejudicam as transferências de dados pessoais para o país terceiro, um território ou um ou mais setores específicos desse país terceiro, ou para a organização internacional em causa, nos termos dos artigos 46.º a 49.º.

8. A Comissão publica no *Jornal Oficial da União Europeia* e no seu sítio web uma lista dos países terceiros, territórios e setores específicos de um país terceiro e de organizações internacionais relativamente aos quais tenha declarado, mediante decisão, se asseguram ou não um nível de proteção adequado.

9. As decisões adotadas pela Comissão com base no artigo 25.º, n.º 6, da Diretiva 95/46/CE permanecem em vigor até que sejam alteradas, substituídas ou revogadas por uma decisão da Comissão adotada em conformidade com o n.º 3 ou o n.º 5 do presente artigo.

COMENTÁRIO:
I
1. O disposto no artigo em anotação corresponde aos n.ºs 2 e 6 do artigo 25.º da Diretiva n.º 95/46/CE.

2. O n.º 1 prevê a faculdade de transferência de dados pessoais para um país terceiro ou uma organização internacional sem autorização específica da autoridade de controlo competente, se a Comissão tiver decidido que tal sujeito de direito internacional assegura um nível de proteção adequado. Na verdade, a Comissão pode decidir, com efeitos no conjunto da União, que um país terceiro, um território ou um setor determinado de um país terceiro, ou uma organização internacional, oferece um nível adequado de proteção de dados adequado, tendo em conta todas as circunstâncias associadas à transferência ou a uma categoria de transferências, garantindo assim a segurança jurídica e a uniformidade ao nível da União relativamente ao país terceiro ou à organização internacional que seja considerado apto a assegurar tal nível de proteção. Nestes casos, podem realizar-se transferências de dados pessoais para esse país ou organização internacional sem que para tal seja necessária mais nenhuma autorização (Considerando (103)).

3. São os seguintes os elementos ponderados pela Comissão na avaliação da adequação do nível de proteção do potencial recetor dos dados pessoais a transferir: (i) o primado do Estado de Direito, (ii) a existência e o efetivo fun-

cionamento de uma ou mais autoridades de controlo independentes e (iii) os compromissos internacionais assumidos pelo sujeito recetor dos dados.[480]

4. No parâmetro "primado do Estado de direito"[481], em conformidade com os valores fundamentais em que a União assenta, são tidos em conta na avaliação do nível de adequação (i) o respeito pelos direitos humanos e liberdades fundamentais, (ii) a legislação pertinente em vigor, tanto a geral como a setorial, (iii) a aplicação dessa legislação e das regras de proteção de dados, das regras profissionais e das medidas de segurança, (iv) a jurisprudência, (v) os direitos dos titulares dos dados efetivos e oponíveis e (vi) vias de recurso administrativo e judicial para os titulares de dados cujos dados pessoais sejam objeto de transferência. A Comissão considera pertinente a legislação em vigor relacionada com a segurança pública, com a defesa, com a segurança nacional, com o direito penal e com o acesso das autoridades públicas a dados pessoais. O sujeito de direito internacional recetor dos dados transferidos deverá dar garantias para assegurar um nível adequado de proteção essencialmente equivalente ao assegurado na União, nomeadamente quando os dados pessoais são tratados num ou mais setores específicos (cfr. Considerando (104)).

5. No parâmetro "existência e efetivo funcionamento de uma ou mais autoridades de controlo independentes", estas (i) deverão ser capazes de se responsabilizarem por assegurar e impor o cumprimento das regras de proteção de dados (ii) deverão ser dotadas de poderes coercitivos adequados para assistir e aconselhar os titulares dos dados no exercício dos seus direitos, e (iii) deverão

---

[480] Observe-se a forma contida como o artigo 25, n.º 2 da Diretiva 95/46/CE se referia a realidade idêntica:
"A adequação do nível de proteção oferecido por um país terceiro será apreciada em função de todas as circunstâncias que rodeiem a transferência ou o conjunto de transferências de dados; em especial, serão tidas em consideração a natureza dos dados, a finalidade e a duração do tratamento ou tratamentos projetados, os países de origem e de destino final, as regras de direito, gerais ou sectoriais, em vigor no país terceiro em causa, bem como as regras profissionais e as medidas de segurança que são respeitadas nesse país."
[481] A Proposta da Comissão mencionava:
"O primado do Estado de direito, a legislação relevante em vigor, geral ou setorial, incluindo no que respeita à segurança pública, à defesa, à segurança nacional e ao direito penal, às regras profissionais e às medidas de segurança que são respeitadas nesse país ou por essa organização internacional, bem como a existência de direitos efetivos e oponíveis, incluindo vias de recurso administrativo e judicial para os titulares de dados, nomeadamente para as pessoas residentes na União cujos dados pessoais sejam objeto de transferência".

cooperar com as autoridades de controlo dos Estados-Membros. Em especial, o país terceiro deverá garantir o controlo efetivo e independente da proteção dos dados e estabelecer regras de cooperação com as autoridades de proteção de dados dos Estados-Membros, e ainda conferir aos titulares dos dados direitos efetivos e oponíveis e vias efetivas de recurso administrativo e judicial (cfr. Considerando (104)).

6. Finalmente, no que concerne aos compromissos internacionais assumidos pelo sujeito de direito internacional recetor dos dados pessoais transferidos, são consideradas (i) as obrigações decorrentes de convenções ou instrumentos juridicamente vinculativos e (ii) a sua participação em sistemas multilaterais ou regionais de fins universais ou parciais, em especial em relação à proteção de dados pessoais, bem como o cumprimento de tais obrigações. Em especial, a Comissão deverá ter em conta a adesão do país terceiro em causa à Convenção do Conselho da Europa para a Proteção das Pessoas relativamente ao Tratamento Automatizado de Dados de Caráter Pessoal, de 28 de janeiro de 1981, e ao seu Protocolo Adicional e deverá consultar o Comité quando avaliar o nível de proteção nos países terceiros ou organizações internacionais (cfr. Considerando (105)).

7. Uma vez avaliada a adequação do nível de proteção, a Comissão pode decidir, através de um ato de execução, que é garantido no recetor dos dados a transferir um nível de proteção adequado, por respeitar os elementos acima enunciados. Por exemplo, o TJUE declarou inválida a Decisão 2000/520/CE da Comissão, de 26 de julho de 2000, relativa ao nível de proteção assegurado pelos princípios de "Porto Seguro" e pelas respetivas questões mais frequentes, emitidos pelo *Department of Commerce* dos EUA, no âmbito de um litígio que opôs Maximilian Schrems ao Comissário de Proteção de Dados, face à recusa deste último de investigar uma queixa apresentada por aquele, pelo facto de a Facebook Ireland Ltd transferir para os Estados Unidos dados pessoais dos seus utilizadores e os conservar em servidores situados neste país. O TJUE constatou que os Estados Unidos não garantiam um nível de proteção adequado dos dados pessoais transferidos[482].

O ato de execução (i) prevê um procedimento de avaliação periódica, no mínimo quadrienal, (ii) especifica o âmbito de aplicação territorial e setorial, (iii) identifica a autoridade ou autoridades de controlo e (iv) é adotado pelo procedimento de exame.

[482] TJUE, Grande Secção, Ac. de 6 de outubro de 2015, Proc. C-362/2014.

8. O texto que acabou por ficar consagrado no RGPD reflete, por vezes de forma quase textual, posições adotadas pelo TJUE no citado acórdão referente ao processo C-362/2014.[483]

Considerem-se os seguintes exemplos:

"(71) Todavia, por um lado, como resulta dos próprios termos do artigo 25.º, n.º 6, da Diretiva 95/46, esta disposição exige que um país terceiro «assegur[e]» um nível de proteção adequado em virtude da sua legislação interna ou dos seus compromissos internacionais. Por outro lado, também segundo esta disposição, a adequação da proteção assegurada pelo país terceiro é apreciada «com vista à proteção do direito à vida privada e das liberdades e direitos fundamentais das pessoas»."

"(73) É verdade que o termo «adequado» que figura no artigo 25.º, n.º 6, da Diretiva 95/46 implica que não se pode exigir que um país terceiro assegure um nível de proteção idêntico ao garantido na ordem jurídica da União. Porém, como o advogado-geral salientou no n.º 141 das suas conclusões, a expressão «nível de proteção adequado» deve ser entendida no sentido de que exige que esse país terceiro assegure efetivamente, em virtude da sua legislação interna ou dos seus compromissos internacionais, um nível de proteção das liberdades e direitos fundamentais substancialmente equivalente ao conferido dentro da União nos termos da Diretiva 95/46, lida à luz da Carta. Com efeito, na falta de uma exigência desta natureza, o objetivo referido no número anterior do presente acórdão seria ignorado. Além disso, o elevado nível de proteção garantido pela Diretiva 95/46, lida à luz da Carta, poderia ser facilmente contornado através de transferências de dados pessoais da União para países terceiros com vista ao seu tratamento nesses países."

"(74) Resulta do teor expresso do artigo 25.º, n.º 6, da Diretiva 95/46 que é a ordem jurídica do país terceiro visado pela decisão da Comissão que deve assegurar um nível de proteção adequado. Ainda que, a este respeito, os meios a que esse país recorre para assegurar tal nível de proteção possam ser diferentes dos implementados dentro da União para garantir o cumprimento das exigências que decorrem desta diretiva, lida à luz da Carta, tais

---

[483] Veja-se Domingos Soares Farinho, "Unsafe Harbour: Comentário à decisão do TJUE C-362/2014 e suas consequências legais" in "Forum de Proteção de Dados", Comissão Nacional de Proteção de Dados, n.º 2, Junho, 2016, p. 120.

meios devem, todavia, revelar-se efetivos, na prática, para assegurar uma proteção substancialmente equivalente à garantida dentro da União."

"(75) Nestas condições, ao examinar o nível de proteção oferecido por um país terceiro, a Comissão está obrigada a apreciar o conteúdo das regras aplicáveis nesse país que resultam da legislação interna ou dos seus compromissos internacionais, bem como a prática destinada a assegurar o respeito de tais regras, devendo, em conformidade com o artigo 25.º, n.º 2, da Diretiva 95/46, tomar em conta todas as circunstâncias relativas a uma transferência de dados pessoais para um país terceiro."

"(96) Como se referiu, nomeadamente, nos n.ºs 71, 73 e 74 do presente acórdão, a adoção pela Comissão de uma decisão nos termos do artigo 25.º, n.º 6, da Diretiva 95/46 exige a constatação, devidamente fundamentada, por parte daquela instituição, de que o país terceiro em causa assegura efetivamente, em virtude da sua legislação interna ou dos seus compromissos internacionais, um nível de proteção dos direitos fundamentais substancialmente equivalente ao garantido na ordem jurídica da União, como resulta, nomeadamente, dos número anteriores do presente acórdão."[484]

II

9. O procedimento de avaliação periódica, previsto no ato de execução, deverá ter em conta todos os desenvolvimentos pertinentes no país terceiro ou na organização internacional no lapso temporal em causa. De facto, a Comissão deverá controlar a eficácia das decisões sobre o nível de proteção assegurado

---

[484] De acordo com a proposta do RGPD de 2012 (cit), o n.º 2 do artigo 40.º previa:
"2. Ao avaliar o nível de proteção adequado, a Comissão deve ter em conta os seguintes elementos:
(a) O primado do Estado de direito, a legislação relevante em vigor, geral ou setorial, incluindo no que respeita à segurança pública, à defesa, à segurança nacional e ao direito penal, às regras profissionais e às medidas de segurança que são respeitadas nesse país ou por essa organização internacional, bem como a existência de direitos efetivos e oponíveis, incluindo vias de recurso administrativo e judicial para os titulares de dados, nomeadamente para as pessoas residentes na União cujos dados pessoais sejam objeto de transferência;
(b) A existência e o funcionamento efetivo de uma ou mais autoridades de controlo independentes no país terceiro ou na organização internacional em causa, responsáveis por assegurar o respeito das regras de proteção de dados, assistir e aconselhar os titulares de dados no exercício dos seus direitos, e cooperar com as autoridades de controlo da União e dos Estados-Membros; e (c) Os compromissos internacionais assumidos pelo país terceiro ou pela organização internacional."

num país terceiro, num território ou num setor específico de um país terceiro, ou numa organização internacional, e acompanhar a eficácia das decisões adotadas com base no artigo 25.º, n.º 6, ou no artigo 26.º, n.º 4, da Diretiva 95/46/CE. Nas suas decisões de adequação, a Comissão deverá prever um procedimento de avaliação periódica da aplicação destas. Essa revisão periódica deverá ser feita em consulta com o país terceiro ou a organização internacional em questão e ter em conta todos os desenvolvimentos pertinentes verificados no país terceiro ou organização internacional. Para efeitos de controlo e de realização das revisões periódicas, a Comissão deverá ter em consideração os pontos de vista e as conclusões a que tenham chegado o Parlamento Europeu e o Conselho, bem como outros organismos e fontes pertinentes. A Comissão deverá avaliar, num prazo razoável, a eficácia destas últimas decisões e comunicar quaisquer resultados pertinentes ao comité, ao Parlamento Europeu e ao Conselho (cfr. Considerando (106)).

10. Compete à Comissão controlar, de forma continuada, os desenvolvimentos nos países terceiros e nas organizações internacionais que possam afetar o funcionamento das decisões adotadas, mediante atos de execução e as decisões adotadas com base no artigo 25.º, n.º 6, da Diretiva 95/46/CE.

11. Se, designadamente, na sequência de um procedimento de avaliação periódica, a informação disponível revelar, que um recetor de dados pessoais deixou de assegurar um nível de proteção adequado na medida do necessário, a Comissão revoga, altera ou suspende a decisão, através de ato de execução, adotado pelo procedimento de exame, sem efeitos retroativos. Por imperativos de urgência devidamente justificados, a Comissão adota atos de execução imediatamente aplicáveis pelo procedimento de comité.

12. Na sequência da revogação, alteração ou suspensão, da decisão que considerava haver um nível adequado de proteção dos dados pessoais no sujeito recetor dos mesmos, a Comissão inicia consultas com o país terceiro ou a organização internacional com vista a corrigir a situação que tiver dado origem à decisão.

13. As decisões relativas à inadequação do nível de proteção não prejudicam as transferências de dados pessoais para o país terceiro, um território ou um ou mais setores específicos desse país terceiro, ou para a organização internacional em causa, contanto que os responsáveis apresentem garantias adequadas, nomeadamente regras vinculativas aplicáveis às empresas, e na condição de os titulares dos dados gozarem de direitos oponíveis e de medidas jurídicas corretivas eficazes ou beneficiem de derrogações para situações específicas.

14. É publicada no Jornal Oficial da União Europeia e no sítio web da Comissão uma lista dos países terceiros, territórios e setores específicos de um país terceiro e de organizações internacionais, cujos atos de execução tenha declarado se asseguram ou não um nível de proteção adequado.

15. As decisões adotadas pela Comissão com base na constatação de que um país terceiro assegura um nível de proteção adequado, permanecem em vigor até que sejam alteradas, substituídas ou revogadas por atos de execução de reconhecimento da garantia de um nível de proteção adequado ou por atos de revogação, alteração ou suspensão desse reconhecimento.[485]

(Alexandre Sousa Pinheiro/Carlos Jorge Gonçalves)

ARTIGO 46.º
Transferências sujeitas a garantias adequadas

1. Não tendo sido tomada qualquer decisão nos termos do artigo 45.º, n.º 3, os responsáveis pelo tratamento ou subcontratantes só podem transferir dados pessoais para um país terceiro ou uma organização internacional se tiverem apresentado garantias adequadas, e na condição de os titulares dos dados gozarem de direitos oponíveis e de medidas jurídicas corretivas eficazes.

---

[485] - Suiça (Decisão da Comissão 2000/518/CE, de 26 de julho de 2000);
– Canadá (Decisão da Comissão 2002/2/CE, de 20 de dezembro de 2001);
– Argentina (Decisão da Comissão 2003/490/CE, de 30 de junho de 2003);
– Guernsey (Decisão da Comissão 2003/21/CE, de 21 de novembro de 2003);
– Ilha de Man (Decisão da Comissão 2004/411/CE, de 28 de abril de 2004);
– Jersey (Decisão da Comissão 2008/393/CE, de 8 de maio de 2008);
– Ilhas Faroé (Decisão da Comissão 2010/146/UE, de 5 de março de 2010);
– Andorra (Decisão da Comissão 2010/625/UE, de 19 de outubro de 2010);
– Estado de Israel (Decisão da Comissão 2011/61/UE, de 31 de janeiro de 2011);
– República Oriental do Uruguai (Decisão de Execução da Comissão 2012/484/UE, de 21 de agosto de 2012);
– Nova Zelândia (Decisão de Execução da Comissão 2013/65/UE, de 19 de dezembro de 2012);
– Estados Unidos da América (Decisão de Execução da Comissão (UE) 2016/1250 da Comissão, de 12 de julho de 2016).

2. Podem ser previstas as garantias adequadas referidas no n.º 1, sem requerer nenhuma autorização específica de uma autoridade de controlo, por meio de:

a) Um instrumento juridicamente vinculativo e com força executiva entre autoridades ou organismos públicos;

b) Regras vinculativas aplicáveis às empresas em conformidade com o artigo 47.º;

c) Cláusulas-tipo de proteção de dados adotadas pela Comissão pelo procedimento de exame referido no artigo 93.º, n.º 2;

d) Cláusulas-tipo de proteção de dados adotadas por uma autoridade de controlo e aprovadas pela Comissão pelo procedimento de exame referido no artigo 93.º, n.º 2;

e) Um código de conduta, aprovado nos termos do artigo 40.º, acompanhado de compromissos vinculativos e com força executiva assumidos pelos responsáveis pelo tratamento ou pelos subcontratantes no país terceiro no sentido de aplicarem as garantias adequadas, nomeadamente no que respeita aos direitos dos titulares dos dados; ou

f) Um procedimento de certificação, aprovado nos termos do artigo 42.º, acompanhado de compromissos vinculativos e com força executiva assumidos pelos responsáveis pelo tratamento ou pelos subcontratantes no país terceiro no sentido de aplicarem as garantias adequadas, nomeadamente no que respeita aos direitos dos titulares dos dados.

3. Sob reserva de autorização da autoridade de controlo competente, podem também ser previstas as garantias adequadas referidas no n.º 1, nomeadamente por meio de:

a) Cláusulas contratuais entre os responsáveis pelo tratamento ou subcontratantes e os responsáveis pelo tratamento, subcontratantes ou destinatários dos dados pessoais no país terceiro ou organização internacional; ou

b) Disposições a inserir nos acordos administrativos entre as autoridades ou organismos públicos que contemplem os direitos efetivos e oponíveis dos titulares dos dados.

4. A autoridade de controlo aplica o procedimento de controlo da coerência a que se refere o artigo 63.º nos casos enunciados no n.º 3 do presente artigo.

5. As autorizações concedidas por um Estado-Membro ou uma autoridade de controlo com base no artigo 26.º, n.º 2, da Diretiva 95/46/CE con-

tinuam válidas até que a mesma autoridade de controlo as altere, substitua ou revogue, caso seja necessário. As decisões adotadas pela Comissão com base no artigo 26.º, n.º 4, da Diretiva 95/46/CE permanecem em vigor até que sejam alteradas, substituídas ou revogadas, caso seja necessário, por uma decisão da Comissão adotada em conformidade com o n.º 2 do presente artigo.

COMENTÁRIO:
1. Como nota prévia há a assinalar que os considerandos 107 a 109 adita elementos normativos de relevo ao articulado da disposição em análise.

Se a Comissão não tiver adotado qualquer decisão de reconhecimento da garantia de um nível de proteção adequado, nos termos do n.º 3 do artigo 45.º, mediante um ato de execução, as transferências ficam sujeitas à apresentação de garantias adequadas.

Efetivamente, os responsáveis pelo tratamento ou subcontratantes, situados na UE, se pretenderem transferir dados para o exterior, terão que apresentar garantias adequadas, e na condição de os titulares dos dados gozarem de direitos oponíveis e de medidas jurídicas corretivas eficazes no destinatário dos dados transferidos (n.º 1).

De acordo com o Considerando 107:

"A Comissão pode reconhecer que um país terceiro, um território ou um setor específico de um país terceiro, ou uma organização internacional, deixou de assegurar um nível adequado de proteção de dados. Por conseguinte, deverá ser proibida a transferência de dados pessoais para esse país terceiro ou organização internacional, a menos que sejam cumpridos os requisitos relativos a transferências sujeitas a garantias adequadas, incluindo regras vinculativas aplicáveis às empresas, e derrogações para situações específicas. Nesse caso, deverão ser tomadas medidas que visem uma consulta entre a Comissão e esse país terceiro ou organização internacional. A Comissão deverá, em tempo útil, informar o país terceiro ou a organização internacional das razões da proibição e iniciar consultas com o país ou organização em causa, a fim de corrigir a situação."

1.1. Nos termos do n.º 3, as cláusulas-tipo de proteção de dados terão, necessariamente, que se sujeitar ao crivo do procedimento de exame, pois que umas são adotadas pela Comissão e outras são por si aprovadas, após terem sido adotadas pelas autoridades de controlo, sempre de acordo com aquele procedimento (alínea a).

O mesmo sendo aplicável a acordos administrativos a celebrar entre entidades administrativas ou organismos públicos. (alínea b).

Relativamente a estas matérias é aplicável o procedimento de controlo da coerência previsto no artigo 63.º (ver nota) (n.º 4).

2. A autorização específica da respetiva autoridade de controlo pode ser dispensada se forem apresentadas as garantias adequadas ao titular dos dados, que podem consistir (n.º 2):

(i) num instrumento juridicamente vinculativo e com força executiva entre autoridades ou organismos públicos (alínea a);
(ii) em regras vinculativas aplicáveis às empresas (alínea b);
(iii) em cláusulas-tipo de proteção de dados adotadas pela Comissão pelo procedimento de exame (alínea c);
(iv) em cláusulas-tipo de proteção de dados adotadas por uma autoridade de controlo e aprovadas pela Comissão pelo procedimento de exame;
(v) num código de conduta ou
(vi) um procedimento de certificação.

De acordo com o considerando 108:

"(...) Essas garantias deverão assegurar o cumprimento dos requisitos relativos à proteção de dados e o respeito pelos direitos dos titulares dos dados adequados ao tratamento no território da União, incluindo a existência de direitos do titular de dados e de medidas jurídicas corretivas eficazes, nomeadamente o direito de recurso administrativo ou judicial e de exigir indemnização, quer no território da União quer num país terceiro. Deverão estar relacionadas, em especial, com o respeito pelos princípios gerais relativos ao tratamento de dados pessoais e pelos princípios de proteção de dados desde a conceção e por defeito."

O considerando 108 adita que:

"Também podem ser efetuadas transferências por autoridades ou organismos públicos para autoridades ou organismos públicos em países terceiros ou para organizações internacionais que tenham deveres e funções correspondentes, nomeadamente com base em disposições a inserir no regime administrativo, como seja um memorando de entendimento, que prevejam a existência de direitos efetivos e oponíveis dos titulares dos dados. Deverá ser obtida a autorização da autoridade de controlo competente quando as garantias previstas em regimes administrativos não forem juridicamente vinculativas."

3. Na interpretação do n.º 2 do artigo 46.º, adiantada pelo Considerando 109, menciona-se que a utilização de cláusulas-tipo de proteção adotadas pela Comissão ou por autoridades de controlo:

"(...) não deverá impedir – o responsável pelo tratamento e o subcontratante – de incluírem estas cláusulas num contrato mais abrangente, como um contrato entre o subcontratante e outro subcontratante, nem de acrescentarem outras cláusulas ou garantias adicionais desde que não entrem, direta ou indiretamente, em contradição com as cláusulas contratuais-tipo adotadas pela Comissão ou por uma autoridade de controlo, e sem prejuízo dos direitos ou liberdades fundamentais dos titulares dos dados. Os responsáveis pelo tratamento e os subcontratantes deverão ser encorajados a apresentar garantias suplementares através de compromissos contratuais que complementem as cláusulas-tipo de proteção."

Os responsáveis pelo tratamento ou os subcontratantes no país terceiro têm que assumir compromissos vinculativos e com força executiva, tendentes à aplicação das garantias adequadas, sobretudo em matéria de direitos dos titulares dos dados.

4. As autorizações concedidas por um Estado-Membro ou uma autoridade de controlo com base no artigo 26.º, n.º 2, da Diretiva 95/46/CE continuam válidas até que a mesma autoridade de controlo as altere, substitua ou revogue, caso seja necessário.

As decisões adotadas pela Comissão com base no artigo 26.º, n.º 4, da Diretiva 95/46/CE permanecem em vigor até que sejam alteradas, substituídas ou revogadas, caso seja necessário, por uma decisão da Comissão adotada em conformidade com o n.º 2 do presente artigo (n.º 5).

Integram-se nesta situação:

(i) Cláusulas contratuais-tipo aplicáveis às transferências de dados pessoais para subcontratantes estabelecidos em países terceiros que não asseguram um nível de proteção adequado, conforme decisão da Comissão de 05.02.2010;

(ii) Cláusulas contratuais-tipo aplicáveis às transferências de dados pessoais para países terceiros que não asseguram um nível de proteção adequado, conforme decisão da Comissão de 15.06.2001

(iii) Acordo de transferências entre responsáveis pelo tratamento pelo tratamento que se encontrem domiciliados em países terceiros que não asseguram um nível em países terceiros que não asseguram um nível de proteção adequado, conforme decisão 2004/915/CE da Comissão, de 27 de dezembro de 2004, que altera a Decisão 2001/497/CE.

(Alexandre Sousa Pinheiro/Carlos Jorge Gonçalves)

ARTIGO 47.º
Regras vinculativas aplicáveis às empresas

1. Pelo procedimento de controlo da coerência previsto no artigo 63.º, a autoridade de controlo competente aprova regras vinculativas aplicáveis às empresas, que devem:

a) Ser juridicamente vinculativas e aplicáveis a todas as entidades em causa do grupo empresarial ou do grupo de empresas envolvidas numa atividade económica conjunta, incluindo os seus funcionários, as quais deverão assegurar o seu cumprimento;

b) Conferir expressamente aos titulares dos dados direitos oponíveis relativamente ao tratamento dos seus dados pessoais; e

c) Preencher os requisitos estabelecidos no n.º 2.

2. As regras vinculativas aplicáveis às empresas a que se refere o n.º 1 especificam, pelo menos:

a) A estrutura e os contactos do grupo empresarial ou do grupo de empresas envolvidas numa atividade económica conjunta e de cada uma das entidades que o compõe;

b) As transferências ou conjunto de transferências de dados, incluindo as categorias de dados pessoais, o tipo de tratamento e suas finalidades, o tipo de titulares de dados afetados e a identificação do país ou países terceiros em questão;

c) O seu caráter juridicamente vinculativo, a nível interno e externo;

d) A aplicação dos princípios gerais de proteção de dados, nomeadamente a limitação das finalidades, a minimização dos dados, a limitação dos prazos de conservação, a qualidade dos dados, a proteção dos dados desde a conceção e por defeito, o fundamento jurídico para o tratamento, o tratamento de categorias especiais de dados pessoais, as medidas de garantia da segurança dos dados e os requisitos aplicáveis a transferências posteriores para organismos não abrangidos pelas regras vinculativas aplicáveis às empresas;

e) Os direitos dos titulares dos dados relativamente ao tratamento e regras de exercício desses direitos, incluindo o direito de não ser objeto de decisões baseadas unicamente no tratamento automatizado, nomeadamente a definição de perfis a que se refere o artigo 22.º, o direito de apresentar uma reclamação à autoridade de controlo competente e aos tribunais competentes dos Estados-Membros nos termos do artigo 79.º, bem como o de obter reparação e, se for caso disso, indemnização pela violação das regras vinculativas aplicáveis às empresas;

f) A aceitação, por parte do responsável pelo tratamento ou subcontratante estabelecido no território de um Estado-Membro, da responsabilidade por toda e qualquer violação das regras vinculativas aplicáveis às empresas cometida por uma entidade envolvida que não se encontre estabelecida na União; o responsável pelo tratamento ou o subcontratante só pode ser exonerado dessa responsabilidade, no todo ou em parte, mediante prova de que o facto que causou o dano não é imputável à referida entidade;

g) A forma como as informações sobre as regras vinculativas aplicáveis às empresas, nomeadamente, sobre as disposições referidas nas alíneas *d), e)* e *f)* do presente número, são comunicadas aos titulares dos dados para além das informações referidas nos artigos 13.º e 14.º;

h) As funções de qualquer encarregado da proteção de dados, designado nos termos do artigo 37.º ou de qualquer outra pessoa ou entidade responsável pelo controlo do cumprimento das regras vinculativas aplicáveis às empresas, a nível do grupo empresarial ou do grupo de empresas envolvidas numa atividade económica conjunta, e pela supervisão das ações de formação e do tratamento de reclamações;

i) Os procedimentos de reclamação;

j) Os procedimentos existentes no grupo empresarial ou no grupo de empresas envolvidas numa atividade económica conjunta para assegurar a verificação do cumprimento das regras vinculativas aplicáveis às empresas. Esses procedimentos incluem a realização de auditorias sobre a proteção de dados e o recurso a métodos que garantam a adoção de medidas corretivas capazes de preservar os direitos dos respetivos titulares. Os resultados dessa verificação devem ser comunicados à pessoa ou entidade referida na alínea *h)* e ao Conselho de Administração da empresa ou grupo empresarial que exerce o controlo ou do grupo de empresas envolvidas numa atividade económica conjunta, devendo também ser facultados à autoridade de controlo competente, a pedido desta;

k) Os procedimentos de elaboração de relatórios e de registo de alterações às regras, bem como de comunicação dessas alterações à autoridade de controlo;

l) O procedimento de cooperação com a autoridade de controlo para assegurar o cumprimento, por qualquer entidade do grupo empresarial ou do grupo de empresas envolvidas numa atividade económica conjunta, em especial facultando à autoridade de controlo os resultados de verificações das medidas referidas na alínea j);

m) Os procedimentos de comunicação, à autoridade de controlo competente, de todos os requisitos legais a que uma entidade do grupo empresarial ou do grupo de empresas envolvidas numa atividade económica conjunta esteja sujeita num país terceiro que sejam passíveis de ter forte impacto negativo nas garantias dadas pelas regras vinculativas aplicáveis às empresas; e

n) Ações de formação especificamente dirigidas a pessoas que tenham, em permanência ou regularmente, acesso a dados de natureza pessoal.

3. A Comissão pode especificar o formato e os procedimentos de intercâmbio de informações entre os responsáveis pelo tratamento, os subcontratantes e as autoridades de controlo no que respeita às regras vinculativas aplicáveis às empresas na aceção do presente artigo. Os referidos atos de execução são adotados pelo procedimento de exame a que se refere o artigo 93.º, n.º 2.

COMENTÁRIO:

1. Compete às autoridades de controlo aprovar regras vinculativas aplicáveis às empresas, pelo procedimento de controlo da coerência previsto no artigo 63.º (n.º 1).

Essas regras serão caracterizadas (n.º 2):

(i) pela sua vinculatividade jurídica (alínea a);
(ii) pela sua aplicabilidade a todas as entidades em causa do grupo empresarial ou do grupo de empresas envolvidas numa atividade económica conjunta, incluindo os seus funcionários, as quais deverão assegurar o seu cumprimento (alínea a);

(iii) pela atribuição expressa aos titulares dos dados de direitos oponíveis relativamente ao tratamento dos respetivos dados pessoais e
(iv) pelo preenchimento das especificidades mínimas que deverão conter essas regras (n.º 1).

2. O n.º 2 do artigo em anotação enuncia as especificidades mínimas que deverão conter as regras vinculativas aplicáveis às empresas:

(i) as regras vinculativas têm que individualizar a estrutura e os contactos do grupo empresarial ou do grupo de empresas envolvidas numa atividade económica conjunta e de cada uma das entidades que o compõe (alínea a), bem como especificar o seu caráter juridicamente vinculativo, a nível interno e externo (alínea c));

(ii) no âmbito do direito à proteção dos dados pessoais, as regras vinculativas deverão especificar: as transferências ou conjunto de transferências de dados, que tipo de tratamento serão objeto, quais as suas finalidades, que tipo de titulares de dados serão afetados e que país ou países terceiros serão recetores dos dados em causa (alínea b));

(iii) a aplicação dos princípios gerais de proteção de dados: limitação das finalidades, a minimização dos dados, a limitação dos prazos de conservação, a qualidade dos dados, a proteção dos dados desde a conceção e por defeito, o fundamento jurídico para o tratamento, o tratamento de categorias especiais de dados pessoais, as medidas de garantia da segurança dos dados e os requisitos aplicáveis a transferências posteriores para organismos não abrangidos pelas regras vinculativas aplicáveis às empresas (alínea d));

(iv) os direitos dos titulares dos dados relativamente ao tratamento e regras de exercício desses direitos têm como regras vinculativas: o direito de não ser objeto de decisões baseadas unicamente no tratamento automatizado, nomeadamente a definição de perfis, o direito de apresentar uma reclamação à autoridade de controlo competente e aos tribunais competentes dos Estados-Membros e o direito de obter reparação e/ou indemnização pela violação das regras vinculativas aplicáveis às empresas (alínea e);

(v) as regras preveem a aceitação, por parte do responsável pelo tratamento ou subcontratante estabelecido no território de um Estado-Membro, da responsabilidade pela violação das regras vinculativas, cometida por uma entidade envolvida que não se encontre estabelecida na União. Uma vez aceita esta responsabilidade, o responsável pelo tratamento

ou o subcontratante só pode ser exonerado, total ou parcialmente,, mediante prova de que o facto que causou o dano não é imputável à entidade (alínea f);
(vi) as regras vinculativas hão de também dispor acerca da forma como as informações sobre si mesmas são comunicadas aos titulares dos dados, principalmente sobre Os princípios gerais de proteção de dados, sobre os direitos dos titulares dos dados relativamente ao tratamento e regras de exercício desses direitos e sobre a aceitação, por parte do responsável pelo tratamento ou subcontratante estabelecido no território de um Estado-Membro, da responsabilidade por toda e qualquer violação das regras vinculativas, para além das informações referidas nos artigos 13.º e 14.º (ver notas) (alínea g));
(vii) as regras vinculativas preveem a adoção de um conjunto de procedimentos: de reclamação (alínea i), de garantia de verificação do cumprimento das regras vinculativas existentes no grupo empresarial ou no grupo de empresas envolvidas (alínea j, a concretizar *infra*), de elaboração de relatórios e de registo de alterações às regras, bem como de comunicação dessas alterações à autoridade de controlo (alínea k), de cooperação com a autoridade de controlo (alínea l)), de comunicação, à autoridade de controlo competente, de todos os requisitos legais a que uma entidade do grupo empresarial esteja sujeita num país terceiro, passíveis de ter forte impacto negativo nas garantias dadas pelas regras vinculativas (alínea m)) e de ações de formação destinadas a pessoas que tenham acesso a dados de natureza pessoal (alínea n).

3. A concretização da alínea j) passa por:

(i) os procedimentos existentes no grupo empresarial ou no grupo de empresas envolvidas numa atividade económica conjunta para assegurar a verificação do cumprimento das regras vinculativas deverão prever a realização de auditorias sobre a proteção de dados e o recurso a métodos que garantam a adoção de medidas corretivas capazes de preservar os direitos dos respetivos titulares;
(ii) os resultados das auditorias devem ser comunicados ao encarregado da proteção de dados ou a qualquer outra pessoa ou entidade responsável pelo controlo do cumprimento das regras vinculativas aplicáveis e pela supervisão das ações de formação e do tratamento de reclamações, ao Conselho de Administração e à autoridade de controlo competente, a pedido desta, no âmbito do procedimento de cooperação;

(iii) os procedimentos de cooperação com a autoridade de controlo competente não podem deixar de integrar a comunicação de todos os requisitos legais a que uma entidade do grupo empresarial esteja sujeita num país terceiro, suscetíveis de ter forte impacto negativo nas garantias dadas pelas regras vinculativas.

De acordo com o Considerando 110:

"Os grupos empresariais ou os grupos de empresas envolvidas numa atividade económica conjunta deverão poder utilizar as regras vinculativas aplicáveis às empresas aprovadas para as suas transferências internacionais da União para entidades pertencentes ao mesmo grupo empresarial ou grupo de empresas envolvidas numa atividade económica conjunta, desde que essas regras incluam todos os princípios essenciais e direitos oponíveis que visem assegurar garantias adequadas às transferências ou categorias de transferências de dados pessoais."

4. As regras específicas vinculativas terão igualmente que prever as funções de qualquer encarregado da proteção de dados ou de qualquer outra pessoa ou entidade responsável pelo controlo do cumprimento destas regras e pela supervisão das ações de formação e do tratamento de reclamações (alínea h)). Estas pessoas, bem como aquelas que tenham, em permanência ou regularmente, acesso a dados de natureza pessoal, frequentarão ações de formação específica nesta área (alínea n)).

5. À Comissão é conferida a faculdade de especificar o formato e os procedimentos de intercâmbio de informações entre os responsáveis pelo tratamento, os subcontratantes e as autoridades de controlo no que respeita às regras vinculativas aplicáveis às empresas, mediante atos de execução, adotados pelo procedimento de exame (n.º 3).

(Alexandre Sousa Pinheiro/Carlos Jorge Gonçalves)

ARTIGO 48.º
Transferências ou divulgações não autorizadas pelo direito da União

As decisões judiciais e as decisões de autoridades administrativas de um país terceiro que exijam que o responsável pelo tratamento ou o subcontratante transfiram ou divulguem dados pessoais só são reconhecidas ou executadas se tiverem como base um acordo internacional, como um acordo de assistência judiciária mútua, em vigor entre o país terceiro em causa e a União ou um dos Estados-Membros, sem prejuízo de outros motivos de transferência nos termos do presente capítulo.

COMENTÁRIO:
1. A epígrafe do artigo em anotação, "transferências ou divulgações não autorizadas pelo direito da União", é incompleta. Trata-se, antes, do reconhecimento ou da execução de decisões judiciais ou administrativas estrangeiras.

2. São decisões de um país terceiro, adotadas no exercício das funções jurisdicional ou administrativa, que exigem a transferência ou divulgação de dados pessoais pelo responsável ou pelo subcontratante.

3. O reconhecimento e/ou a execução destas decisões só é possível, na União, se tiverem como base um acordo internacional, nomeadamente um acordo de assistência judiciária mútua, em vigor entre o país terceiro em causa e a União ou um dos Estados-Membros.

4. De acordo com Cristopher Kuner[486]: *This provision is similar to so-called 'blocking statutes' that protect parties in the EU from what are viewed as exorbitant jurisdictional assertions by third countries. For example, French law prohibits the disclosure to foreign public authorities (such as courts or administrative authorities) of data or information if this would impair the important interests of France. Member State data protection authorities have also refused to authorize the use of cross-border data processing networks in the EU when their implementation is based on third country legislation that violates EU data protection standards. In two cases the CNIL refused to authorize the use in France of electronic hotlines for the confidential, anonymous submission of employee complaints (commonly called whistleblowing hotlines) regarding questionable auditing or accounting matters in their operations outside the US, although many US companies regard use of such hotlines as being compelled by the US Sarbanes-Oxley Act.*

(Alexandre Sousa Pinheiro/Carlos Jorge Gonçalves)

---

[486] "The Internet and the Global Reach of EU Law", LSE Law, Society and Economy Working Papers 4/2017, p. 28.

ARTIGO 49.º
Derrogações para situações específicas

1. Na falta de uma decisão de adequação nos termos do artigo 45.º, n.º 3, ou de garantias adequadas nos termos do artigo 46.º, designadamente de regras vinculativas aplicáveis às empresas, as transferências ou conjunto de transferências de dados pessoais para países terceiros ou organizações internacionais só são efetuadas caso se verifique uma das seguintes condições:

a) O titular dos dados tiver explicitamente dado o seu consentimento à transferência prevista, após ter sido informado dos possíveis riscos de tais transferências para si próprio devido à falta de uma decisão de adequação e das garantias adequadas;

b) A transferência for necessária para a execução de um contrato entre o titular dos dados e o responsável pelo tratamento ou de diligências prévias à formação do contrato decididas a pedido do titular dos dados;

c) A transferência for necessária para a celebração ou execução de um contrato, celebrado no interesse do titular dos dados, entre o responsável pelo seu tratamento e outra pessoa singular ou coletiva;

d) A transferência for necessária por importantes razões de interesse público;

e) A transferência for necessária à declaração, ao exercício ou à defesa de um direito num processo judicial;

f) A transferência for necessária para proteger interesses vitais do titular dos dados ou de outras pessoas, se esse titular estiver física ou legalmente incapaz de dar o seu consentimento;

g) A transferência for realizada a partir de um registo que, nos termos do direito da União ou do Estado-Membro, se destine a informar o público e se encontre aberto à consulta do público em geral ou de qualquer pessoa que possa provar nela ter um interesse legítimo, mas apenas na medida em que as condições de consulta estabelecidas no direito da União ou de um Estado-Membro se encontrem preenchidas nesse caso concreto.

Quando uma transferência não puder basear-se no disposto no artigo 45.º ou 46.º, incluindo nas regras vinculativas aplicáveis às empresas, e não for aplicável nenhuma das derrogações previstas para as situações específicas a que se refere o primeiro parágrafo do presente número, a transferência para um país terceiro ou uma organização internacional só pode ser efetuada se não for repetitiva, apenas disser respeito a um número limitado de titulares dos dados, for necessária para efeitos dos interesses legítimos visados pelo responsável pelo seu tratamento, desde que a tais interesses não se sobreponham os interesses ou os direitos e liberdades do titular dos dados, e o responsável pelo tratamento tiver ponderado todas as circunstâncias relativas à transferência de dados e, com base nessa avaliação, tiver apresentado garantias adequadas no que respeita à proteção de dados pessoais. O responsável pelo tratamento informa da transferência a autoridade de controlo. Para além de fornecer a informação referida nos artigos 13.º e 14.º, o responsável pelo tratamento presta informações ao titular dos dados sobre a transferência e os interesses legítimos visados.

2. As transferências efetuadas nos termos do n.º 1, primeiro parágrafo, alínea g), não envolvem a totalidade dos dados pessoais nem categorias completas de dados pessoais constantes do registo. Quando o registo se destinar a ser consultado por pessoas com um interesse legítimo, as transferências só podem ser efetuadas a pedido dessas pessoas ou se forem elas os seus destinatários.

3. O n.º 1, primeiro parágrafo, alíneas a), b) e c), e segundo parágrafo, não é aplicável a atividades levadas a cabo por autoridades públicas no exercício dos seus poderes.

4. O interesse público referido no n.º 1, primeiro parágrafo, alínea d), é reconhecido pelo direito da União ou pelo direito do Estado-Membro a que o responsável pelo tratamento se encontre sujeito.

5. Na falta de uma decisão de adequação, o direito da União ou de um Estado-Membro podem, por razões importantes de interesse público, estabelecer expressamente limites à transferência de categorias específicas de dados para países terceiros ou organizações internacionais. Os Estados-Membros notificam a Comissão dessas disposições.

6. O responsável pelo tratamento ou o subcontratante documenta a avaliação, bem como as garantias adequadas referidas no n.º 1, segundo parágrafo, do presente artigo, nos registos a que se refere o artigo 30.º.

COMENTÁRIO:

1. Ao passo que o primeiro parágrafo do n.º 1 estipula em que condições poderão ser realizadas as transferências ou conjunto de transferências de dados pessoais para países terceiros ou organizações internacionais, na ausência de

uma decisão de adequação, ou na falta de garantias adequadas, designadamente de regras vinculativas aplicáveis às empresas, o segundo parágrafo do mesmo número define as garantias a apresentar, no caso de uma transferência não puder basear-se nem sequer nas derrogações previstas para as situações específicas, isto é, transferências realizadas em casos raros em que não se aplique nenhum dos outros motivos de transferência.

2. As condições, de verificação alternativa, previstas no primeiro parágrafo do n.º 1, são, *Mutatis mutandis*, semelhantes às situações de licitude do tratamento dos dados pessoais, previstas no n.º 1 do artigo 6.º (ver nota), embora haja situações que se aproximam de alíneas do artigo 9.º.

São, pois, tais condições as seguintes:

(i) consentimento explícito do titular dos dados (alínea a);
(ii) necessidade da transferência para a execução de um contrato entre o titular dos dados e o responsável pelo tratamento ou de diligências prévias à formação do contrato decididas a pedido do titular dos dados (alínea b);
(iii) necessidade da transferência para a celebração ou execução de um contrato entre o responsável pelo tratamento dos dados e outra pessoa singular ou coletiva, realizado no interesse do titular (alínea c);
(iv) necessidade da transferência por importantes razões de interesse público (alínea d);
(v) necessidade da transferência para a declaração, do exercício ou da defesa de um direito num processo judicial (alínea e);
(vi) necessidade da transferência para proteger interesses vitais do titular dos dados ou de outras pessoas (alínea f);
(vii) realização da transferência a partir de um registo que, nos termos do direito da União ou do Estado-Membro, se destine a informar o público (alínea g).

3. O consentimento explícito, prestado pelo titular dos dados, tem que ser precedido de informações acerca dos possíveis riscos de tais transferências para si próprio devido à falta de uma decisão de adequação e das garantias adequadas, de modo a que fique esclarecido e possa ponderar em dar ou não o consentimento para a realização da transferência.

Quando o titular estiver, física ou legalmente, incapaz de prestar o seu consentimento, a transferência apenas poderá ser realizada se for necessária para proteger interesses vitais seus ou de outras pessoas, v. g. a integridade física ou a vida (alínea f)).

4. As alíneas b) e c (apresentam condições contratuais e pré-contratuais para a fundamentar a realização das transferências.

5. Atente-se no considerando 112:

"Essas derrogações deverão ser aplicáveis, em especial, às transferências de dados exigidas e necessárias por razões importantes de interesse público, por exemplo em caso de intercâmbio internacional de dados entre autoridades de concorrência, administrações fiscais ou aduaneiras, entre autoridades de supervisão financeira, entre serviços competentes em matéria de segurança social ou de saúde pública, por exemplo em caso de localização de contactos no que respeita a doenças contagiosas ou para reduzir e/ou eliminar a dopagem no desporto.

Deverá igualmente ser considerada legal uma transferência de dados pessoais que seja necessária para a proteção de um interesse essencial para os interesses vitais do titular dos dados ou de outra pessoa, nomeadamente a integridade física ou a vida, se o titular dos dados estiver impossibilitado de dar o seu consentimento.

Na falta de uma decisão de adequação, o direito da União ou de um Estado-Membro pode, por razões importantes de interesse público, estabelecer expressamente limites à transferência de categorias específicas de dados para países terceiros ou organizações internacionais.

Os Estados-Membros deverão notificar essas decisões nacionais à Comissão. As transferências, para uma organização humanitária internacional, de dados pessoais de um titular que seja física ou legalmente incapaz de dar o seu consentimento, com vista ao desempenho de missões, ao abrigo das Convenções de Genebra ou para cumprir o direito internacional humanitário aplicável aos conflitos armados, poderão ser consideradas necessárias por uma razão importante de interesse público ou por ser do interesse vital do titular dos dados.

5.1. A alínea d) fundamenta a transferência em importantes razões de interesse público, v. g. intercâmbio internacional de dados entre autoridades de concorrência, administrações fiscais ou aduaneiras, entre autoridades de supervisão financeira, entre serviços competentes em matéria de segurança social ou de saúde pública. (cfr. Considerando (112).

6. A alínea e) fundamenta a transferência no exercício de direitos em processo judicial. Deverá prever-se a possibilidade de efetuar transferências em determinadas circunstâncias em que o titular dos dados dê o seu consentimento explícito, em que a transferência seja ocasional e necessária em relação a um contrato ou a um contencioso judicial, independentemente de se tratar de um processo judicial, de um processo administrativo ou de um qualquer procedimento não judicial, incluindo procedimentos junto de organismos de regulação (cfr. Considerando (111).

7. Não obstante tratar-se de um registo destinado a informar o público e se encontre aberto à consulta do público em geral ou de qualquer pessoa que possa provar nela ter um interesse legítimo, a transferência apenas se poderá realizar se e na medida em que as condições de consulta se encontrem preenchidas nesse caso concreto (alínea g)).

O caráter público do registo é, portanto, condição ou requisito insuficiente para a realização da transferência, é igualmente necessário que as condições de consulta se encontrem preenchidas nesse caso concreto. As transferências efetuadas nestas condições, independentemente da legitimidade do interessado, não envolvem a totalidade dos dados pessoais nem categorias completas de dados pessoais constantes do registo. Quando o registo se destinar a ser consultado por pessoas com um interesse legítimo, as transferências só podem ser efetuadas a pedido dessas pessoas ou se forem elas os seus destinatários (n.º 2).

8. Quando uma transferência não puder basear-se numa decisão da Comissão de garantia de um nível de proteção adequado ou em garantias adequadas, apresentadas pelos responsáveis ou subcontratantes, nomeadamente de regras vinculativas aplicáveis às empresas e não for aplicável nenhuma das derrogações previstas para as situações específicas citadas, a transferência para um país terceiro ou uma organização internacional só pode ser efetuada se apresentar as seguintes garantias:

(i) esporadicidade;
(ii) respeitante a um número limitado de titulares dos dados e
(iii) imprescindibilidade para efeitos dos interesses legítimos visados pelo responsável pelo seu tratamento.

Saliente-se que esta última garantia obedece à reunião de três pressupostos de verificação cumulativa: (a) não sobreposição dos interesses ou os direitos e liberdades do titular dos dados aos interesses legítimos visados pelo responsável pelo tratamento, (b) ponderação pelo responsável de todas as circunstâncias

DERROGAÇÕES PARA SITUAÇÕES ESPECÍFICAS ART. 49.º

relativas à transferência de dados e (c) apresentação de garantias adequadas no que respeita à proteção de dados pessoais, com base nessa ponderação (segundo parágrafo do n.º 1).

O responsável pelo tratamento deverá atender especialmente à natureza dos dados pessoais, à finalidade e à duração da operação ou operações de tratamento previstas, bem como à situação vigente no país de origem, no país terceiro e no país de destino final, e deverá apresentar as garantias adequadas para defender os direitos e liberdades fundamentais das pessoas singulares relativamente ao tratamento dos seus dados pessoais.

Tais transferências só deverão ser possíveis nos raros casos em que não se aplique nenhum dos outros motivos de transferência.

Para fins de investigação científica ou histórica ou fins estatísticos, deverão ser tidas em consideração as expectativas legítimas da sociedade em matéria de avanço do conhecimento.

9. Reunidas estas garantias, cabe ao responsável pelo tratamento informar a autoridade de controlo competente da transferência que realizar e informar o titular dos dados sobre a transferência e os interesses legítimos visados.

10. De acordo com o n.º 3, as transferências de dados para países terceiros ou organizações internacionais, baseadas na vontade do titular dos dados ou em necessidades de natureza contratual, não é aplicável a atividades levadas a cabo por autoridades públicas no exercício dos seus poderes.

11. O n.º 4 habilita o direito da União ou o direito do Estado-Membro a que o responsável pelo tratamento se encontre sujeito a reconhecer o interesse público que torne necessária a transferência (ver: Considerando 112).

12. O n.º 5 é, outrossim, uma norma habilitante. Possibilita ao direito da União ou de um Estado-Membro o estabelecimento expresso de limites à transferência de categorias específicas de dados para países terceiros ou organizações internacionais.

Porém, estes limites obedecerão a dois pressupostos:

(i) falta de uma decisão de adequação e
(ii) razões importantes de interesse público.

Os Estados-Membros terão que notificar a Comissão dessas disposições limitativas. Na falta de uma decisão de adequação, o direito da União ou de um Estado-Membro pode, por razões importantes de interesse público, estabelecer expressamente limites à transferência de categorias específicas de dados para países terceiros ou organizações internacionais. Os Estados-Membros deverão notificar essas decisões nacionais à Comissão (cfr. Considerando (112)).

13. O n.º 6 prevê que o responsável pelo tratamento ou o subcontratante comprova a avaliação e as garantias adequadas – esporadicidade, respeitante a um número limitado de titulares dos dados, necessidade para efeitos dos interesses legítimos visados pelo responsável pelo seu tratamento, prestação de informações pelo responsável ao titular dos dados sobre a transferência e os interesses legítimos visados – nos registos das atividades de tratamento.

(Alexandre Sousa Pinheiro/Carlos Jorge Gonçalves)

ARTIGO 50.º
Cooperação internacional no domínio da proteção de dados pessoais

Em relação a países terceiros e a organizações internacionais, a Comissão e as autoridades de controlo tomam as medidas necessárias para:

a) Estabelecer regras internacionais de cooperação destinadas a facilitar a aplicação efetiva da legislação em matéria de proteção de dados pessoais;

b) Prestar assistência mútua a nível internacional no domínio da aplicação da legislação relativa à proteção de dados pessoais, nomeadamente através da notificação, comunicação de reclamações, e assistência na investigação e intercâmbio de informações, sob reserva das garantias adequadas de proteção dos dados pessoais e de outros direitos e liberdades fundamentais;

c) Associar as partes interessadas aos debates e atividades que visem intensificar a cooperação internacional no âmbito da aplicação da legislação relativa à proteção de dados pessoais;

d) Promover o intercâmbio e a documentação da legislação e das práticas em matéria de proteção de dados pessoais, nomeadamente no que diz respeito a conflitos jurisdicionais com países terceiros.

COMENTÁRIO:

1. Relativamente à cooperação internacional no domínio da proteção de dados pessoais entre a União e os seus Estados-Membros, por um lado, e os países terceiros ou organizações internacionais, por outro, a Comissão e as autoridades de controlo tomam as medidas necessárias tendentes a alcançar os seguintes desideratos:

(i) estabelecer regras internacionais de cooperação destinadas a facilitar a aplicação efetiva da legislação em matéria de proteção de dados pessoais;

(ii) prestar assistência mútua a nível internacional no domínio da aplicação da legislação relativa à proteção de dados pessoais, nomeadamente através da notificação, comunicação de reclamações, e assistência na investigação e intercâmbio de informações, sob reserva das garantias adequadas de proteção dos dados pessoais e de outros direitos e liberdades fundamentais;

(iii) associar as partes interessadas aos debates e atividades que visem intensificar a cooperação internacional no âmbito da aplicação da legislação relativa à proteção de dados pessoais e,

(iv) promover o intercâmbio e a documentação da legislação e das práticas em matéria de proteção de dados pessoais, nomeadamente no que diz respeito a conflitos jurisdicionais com países terceiros.

2. Sempre que dados pessoais atravessarem fronteiras fora do território da União, aumenta o risco de que as pessoas singulares não possam exercer os seus direitos à proteção de dados, nomeadamente para se protegerem da utilização ilegal ou da divulgação dessas informações. Paralelamente, as autoridades de controlo podem ser incapazes de dar seguimento a reclamações ou conduzir investigações relacionadas com atividades exercidas fora das suas fronteiras. Os seus esforços para colaborar no contexto transfronteiras podem ser também restringidos por poderes preventivos ou medidas de reparação insuficientes, regimes jurídicos incoerentes e obstáculos práticos, tais como a limitação de recursos.

Por conseguinte, revela-se necessário promover uma cooperação mais estreita entre as autoridades de controlo da proteção de dados, a fim de que possam efetuar o intercâmbio de informações e realizar investigações com as suas homólogas internacionais. Para efeitos de criação de regras de cooperação internacional que facilitem e proporcionem assistência mútua internacional para a aplicação da legislação de proteção de dados pessoais, a Comissão e as autoridades de controlo deverão trocar informações e colaborar com as autoridades competentes de países terceiros em atividades relacionadas com o exercício dos seus poderes, com base na reciprocidade e em conformidade com o presente regulamento.

Atente-se no Considerando 116:

"Sempre que dados pessoais atravessarem fronteiras fora do território da União, aumenta o risco de que as pessoas singulares não possam exercer os seus direitos à proteção de dados, nomeadamente para se protegerem da utilização ilegal ou da divulgação dessas informações. Paralelamente, as autoridades de controlo podem ser incapazes de dar seguimento a reclamações ou conduzir investigações relacionadas com atividades exercidas fora das suas fronteiras. Os seus esforços para colaborar no contexto transfronteiras podem ser também restringidos por poderes preventivos ou medidas de reparação insuficientes, regimes jurídicos incoerentes e obstáculos práticos, tais como a limitação de recursos. Por conseguinte, revela-se necessário promover uma cooperação mais estreita entre as autoridades de controlo da proteção de dados, a fim de que possam efetuar o intercâmbio de informações e realizar investigações com as suas homólogas internacionais. Para efeitos de criação de regras de cooperação internacional que facilitem e proporcionem assistência mútua internacional para a aplicação da legislação de proteção de dados pessoais, a Comissão e as autoridades de controlo deverão trocar informações e colaborar com as autoridades competentes de países terceiros em atividades relacionadas com o exercício dos seus poderes, com base na reciprocidade e em conformidade com o presente regulamento."

3. Em suma, o incremento do risco de as pessoas singulares não poderem exercer os seus direitos à proteção de dados quando estes sejam transferidos para o exterior da União, a incapacidade ou dificuldade das autoridades de controlo para dar seguimento a reclamações ou conduzir investigações relacionadas com atividades exercidas fora das suas fronteiras e a restrição dos seus esforços para colaborar no contexto transfronteiras por poderes preventivos ou medidas de reparação insuficientes, regimes jurídicos incoerentes e obstáculos práticos, tais como a limitação de recursos impõem a promoção do estreitamento da cooperação entre as autoridades de controlo da proteção de dados.

(Alexandre Sousa Pinheiro/Carlos Jorge Gonçalves)

CAPÍTULO VI
Autoridades de controlo independentes

SECÇÃO 1
Estatuto independente

ARTIGO 51.º
Autoridade de controlo

1. Os Estados-Membros estabelecem que cabe a uma ou mais autoridades públicas independentes a responsabilidade pela fiscalização da aplicação do presente regulamento, a fim de defender os direitos e liberdades fundamentais das pessoas singulares relativamente ao tratamento e facilitar a livre circulação desses dados na União («autoridade de controlo»).

2. As autoridades de controlo contribuem para a aplicação coerente do presente regulamento em toda a União. Para esse efeito, as autoridades de controlo cooperam entre si e com a Comissão, nos termos do capítulo VII.

3. Quando estiverem estabelecidas mais do que uma autoridade de controlo num Estado-Membro, este determina qual a autoridade de controlo que deve representar essas autoridades no Comité e estabelece disposições para assegurar que as regras relativas ao procedimento de controlo da coerência referido no artigo 63.o, sejam cumpridas pelas autoridades.

4. Os Estados-Membros notificam a Comissão das disposições do direito nacional que adotarem nos termos do presente capítulo, até 25 de maio de 2018 e, sem demora, de qualquer alteração posterior a essas mesmas disposições.

COMENTÁRIO:

1. Estas entidades têm a natureza de autoridades de controlo, segundo a terminologia do RGPD, ou, segundo a CRP, de entidades administrativas independentes (n.º 2, do artigo 35.º).

A figura estava já prevista no artigo 28.º da Diretiva 95/46/CE, e no artigo 21.º da Lei n.º 67/98, de 26 de outubro que definia a CNPD como autoridade nacional de controlo (artigo 21.º).

Sustentámos que: *"A criação e a difusão das "entidades administrativas independentes ou autoridades administrativas independentes"[487] obedecem a causas relativamente divulgadas[488]. Reconhece-se que um conjunto assinalável de atividades carece de intervenção administrativa pública, mas beneficia do distanciamento em relação às conjunturais maiorias parlamentares ou a titularidade do poder executivo. Daí decorre a necessidade de criar, no âmbito da estrutura administrativa do Estado, autoridades não dependentes dos órgãos que prosseguem a função política, com um estatuto fundado na Constituição ou na lei. Libertas da direção, tutela ou superintendência do poder político, as autoridades independentes podem assumir-se como "bolsas de neutralidade" na atividade administrativa, operando em matérias em que, por natureza, a decisão técnica supera, em ganho para o bem comum, a opção política."*[489]

Entendeu-se, também, na doutrina portuguesa que a figura se integrava na administração independente, correspondendo esta a *"toda a administração infra-estadual prosseguida por instâncias administrativas não integradas na administração direta do Estado e livres da orientação e da tutela estadual, sem todavia corresponderem à auto-administração de quaisquer interesses organizados."*[490]-[491]

2. O n.º 1 da disposição em apreciação refere a possibilidade de criar "uma ou mais autoridades públicas independentes". Releva considerar os critérios em que pode basear-se a criação de tais figuras, o que resulta do considerando 117 segundo o qual: *os Estados-Membros deverão poder criar mais do que uma autoridade de controlo, de modo a refletir a sua estrutura constitucional, organizacional e administrativa.*

Não parece que no caso português se justifique uma pluralidade de entidades, dada forma unitária de Estado e a dimensão do território nacional. Esta possibilidade está essencialmente pensada para estados federais ou para estados regionais que abranjam a totalidade do território nacional.

O n.º 3 estabelece a relação entre diversas autoridades de controlo que existam em um Estado.

---

[487] Carlos Blanco de Morais, "Autoridades Administrativas Independentes na Ordem Jurídica Portuguesa" in Revista da Ordem dos Advogados, Lisboa, ano 61, 1, 2001, p. 103.

[488] José Lucas Cardoso, "Autoridades Administrativas Independentes e Constituição", Coimbra, 2002, pp. 32 e ss.

[489] Alexandre Sousa Pinheiro, "*Privacy* e Protecção de Dados Pessoais: A Construção Dogmática do Direito à Identidade Informacional", cit., p. 732.

[490] Vital Moreira, "Administração Autónoma e Associações Públicas", 1997, p. 127.

[491] Ver: Alessandro Anzani, "Le Autorità amministrative indipendenti" in Marco Maglio, Miriam Polini e Nicola Tilli, "Manuale di Diritto Alla Protezione dei dati Personali. La Privacy dopo il Regolamento UE 2016/679", Santacangelo di Romagna, 2017, p. 226.

3. O dever de cooperação entre as diferentes autoridades de controlo, e com a Comissão, opera com base no capítulo VII e com os mecanismos aí previstos nos artigos 60.º e seguintes do RGPD (ver notas respetivas).

(Alexandre Sousa Pinheiro)

ARTIGO 52.º
Independência

1. As autoridades de controlo agem com total independência no na prossecução das suas atribuições e no exercício dos poderes que lhe são atribuídos nos termos do presente regulamento.

2. Os membros das autoridades de controlo não estão sujeitos a influências externas, diretas ou indiretas no desempenho das suas funções e no exercício dos seus poderes nos termos do presente regulamento, e não solicitam nem recebem instruções de outrem.

3. Os membros da autoridade de controlo abstêm-se de qualquer ato incompatível com as suas funções e, durante o seu mandato, não podem desempenhar nenhuma atividade, remunerada ou não, que com elas seja incompatível.

4. Os Estados-Membros asseguram que cada autoridade de controlo disponha dos recursos humanos, técnicos e financeiros, instalações e infraestruturas necessários à prossecução eficaz das suas atribuições e ao exercício dos seus poderes, incluindo as executadas no contexto da assistência mútua, da cooperação e da participação no Comité.

5. Os Estados-Membros asseguram que cada autoridade de controlo selecione e disponha do seu próprio pessoal, que ficará sob a direção exclusiva dos membros da autoridade de controlo interessada.

6. Os Estados-Membros asseguram que cada autoridade de controlo fique sujeita a um controlo financeiro que não afeta a sua independência e que disponha de orçamentos anuais separados e públicos, que poderão estar integrados no orçamento geral do Estado ou nacional.

COMENTÁRIO:
1. O RGPD não refere a independência e a atividade das autoridades de controlo de uma forma genérica e formal, antes apresenta um conjunto de características que concretiza a *total independência* referida no considerando 117, que

constitui um elemento essencial da proteção das pessoas singulares no que respeita ao tratamento dos seus dados pessoais.

O artigo em análise contribui para a densificação dos critérios de independência. Neste sentido, importa considerar a jurisprudência do TJUE: Caso Comissão vs Alemanha, C-518/07 (decisão de 10 de março de 2010)[492], Caso Comissão vs Áustria, C-614/10 (decisão de 16 de abril de 2012)[493], Caso Comissão vs Hungría, C-288/12 (decisão de 8 de abril de 2014)[494]-[495].

2. Na decisão de 2010, por exemplo, o TJUE avaliou a interpretação efetuada pela República Federal da Alemanha, da fórmula "total independência" prevista no segundo parágrafo, do n.º 1 do artigo 28.º da Diretiva 95/46 que se reduziria a:"uma independência funcional das autoridades de controlo, no sentido de que essas autoridades devem ser independentes do sector não público sujeito ao seu controlo e não devem estar expostas a influências externas. Ora, na sua opinião, a tutela do Estado exercida nos *Landër* alemães não constitui uma tal influência, tratando-se antes de um mecanismo de vigilância interna da Administração, posto em prática por autoridades que fazem parte do mesmo aparelho administrativo que as autoridades de controlo e que estão obrigadas, como estas autoridades, a cumprir os objetivos da Diretiva 95/46." (n.º 16).

O TJUE decidiu, contudo, que: "A República Federal da Alemanha, ao submeter à tutela do Estado as autoridades de controlo competentes para fiscalizar o tratamento de dados pessoais pelos organismos não públicos e pelas empresas de direito público que participam no jogo da concorrência no mercado (*öffentlich-rechtliche Wettbewerbsunternehmen*) nos diferentes *Länder*, transpondo, assim, de forma errada, a exigência segundo a qual essas autoridades devem exercer as suas funções «com total independência», não cumpriu as obrigações que lhe incumbem por força do artigo 28.º, n.º 1, segundo parágrafo, da Diretiva 95/46/CE do Parlamento Europeu e do Conselho, de 24 de Outubro de 1995, relativa

---

[492] http://curia.europa.eu/juris/document/document.jsf?docid=79752&text=&dir=&doclang=PT&part=1&occ=first&mode=lst&pageIndex=0&cid=837353 .

[493] http://curia.europa.eu/juris/document/document.jsf?text=&docid=128563&pageIndex=0&doclang=PT&mode=lst&dir=&occ=first&part=1&cid=837571.

[494] http://curia.europa.eu/juris/document/document.jsf?text=&docid=150641&pageIndex=0&doclang=pt&mode=req&dir=&occ=first&part=1&cid=837815 .

[495] Há a considerar a análise desta jurisprudência feita em José Luis Piñar Mañas e Miguel Recio Gayo, "El Derecho a la protección de datos en la jurisprudencia del Tribunal de Justicia de la Unión Europea.", Wolters Kluver, Madrid, 2018, pp. 252 e ss.

à proteção das pessoas singulares no que diz respeito ao tratamento de dados pessoais e à livre circulação desses dados."

2.1. No importante Acórdão Schrems de 2015 (C-362/14), já apreciado,[496] é discutida à face da Diretiva 95/46/CE a possibilidade de intervenção das autoridades de controlo em decisões da Comissão sobre graus de proteção adequada. De acordo com o n.º 6 do artigo 25.º:

> "A Comissão pode constatar, nos termos do procedimento previsto no n.º 2 do artigo 31.º, que um país terceiro assegura um nível de proteção adequado na aceção do n.º 2 do presente artigo em virtude da sua legislação interna ou dos seus compromissos internacionais, subscritos nomeadamente na sequência das negociações referidas no n.º 5, com vista à proteção do direito à vida privada e das liberdades e direitos fundamentais das pessoas.
> Os Estados-Membros tomarão as medidas necessárias para dar cumprimento à decisão da Comissão."

O TJUE interpretou o artigo 28.º e o princípio da independência no seguinte sentido: "às questões submetidas que o artigo 25.º, n.º 6, da Diretiva 95/46, lido à luz dos artigos 7.º, 8.º e 47.º da Carta, deve ser interpretado no sentido de que uma decisão adotada ao abrigo desta disposição, como a Decisão 2000/520, através da qual a Comissão constata que um país terceiro assegura um nível de proteção adequado, não obsta a que uma autoridade de controlo de um Estado-Membro, na aceção do artigo 28.º desta diretiva, examine o pedido de uma pessoa relativo à proteção dos seus direitos e liberdades em relação ao tratamento de dados pessoais que lhe dizem respeito que foram transferidos de um Estado-Membro para esse país terceiro, quando essa pessoa alega que o direito e as práticas em vigor neste último não asseguram um nível de proteção adequado." (n.º 66).[497]

3. O n.º 2 da disposição em apreciação, garantias substanciais de independência[498] que passam pela isenção de influências externas, *maxime* de controlo provenientes por via interna, externa, direta ou indireta.

---

[496] Cit.
[497] Sobre a insuficiência do conceito de independência funcional, compaginada com a independência total – conceito a adotar – ver José Luis Piñar Mañas e Miguel Recio Gayo, op. cit., pp. 253 e ss.
[498] Antonio Troncoso Reigada, "Autoridades de Control Independientes" in "Reglamento General de Protección de Datos. Hacia un nuevo modelo europeo de protección de datos", cit., p. 475.

As garantias de independência passam por no exercício de poderes, particularmente dos referidos no artigo 58.º, as autoridades de controlo não serem compelidas a agir de acordo com instruções externas nem, por si próprias, solicitarem instruções ou, a nosso ver, qualquer forma de aconselhamento de entidades externas.

4. O n.º 3 da disposição em análise admite que os membros das autoridades de controlo exerçam distintas funções (por exemplo, a docência se for permitido pelo Direito interno dos Estados-membros) desde que não existam incompatibilidades.

Esta exigência aplica-se a atividades remuneradas ou exercidas a título gratuito.

Pensamos que a disposição se aplica não apenas a atividades profissionais, como também a atividades desenvolvidas em associações ou outro tipo de pessoas coletivas.

Procede-se à distinção entre "ato" e "atividade" dado que se pode tratar de uma situação que exija continuidade ou de caráter isolado. O relevante está em apurar de uma eventual incompatibilidade.

De notar que a alínea f), do n.º 1, do artigo 54.º (ver nota) admite, de acordo com as regras dos Estados-membros, a existência de incompatibilidades para além do período do exercício do mandato.

5. As autoridades de controlo para garantir o exercício das suas atribuições e aplicação dos poderes definidos no RGPD e em legislação nacional carecem de meios humanos, técnicos e financeiros, sempre com a garantia de respeito pela total independência das suas atividades (n.º 4).

No que respeita aos recursos humanos, assinala-se a necessidade de as autoridades disporem de pessoal próprio, o que não impedirá dentro de cada Estado o recurso a figuras administrativas de mobilidade laboral, como acontece no caso português, nos termos em que a lei interna o determine (n.º 5). De acordo com o considerando 120: "Deverão ser dados às autoridades de controlo os recursos financeiros e humanos, as instalações e as infraestruturas necessárias ao desempenho eficaz das suas atribuições, incluindo as relacionadas com a assistência e a cooperação mútuas com outras autoridades de controlo da União."

A direção do pessoal da autoridade de controlo cabe aos seus "membros", o que aponta claramente para a composição plural das autoridades de controlo.

6. De acordo com o n.º 6 da disposição em estudo as autoridades de controlo estão sujeitas a um controlo financeiro baseado em orçamentos anuais separa-

dos e públicos. De acordo com o considerando 118: "a independência das autoridades de controlo não deverá implicar que estas autoridades não possam ser sujeitas a procedimentos de controlo ou monitorização no que diz respeito às suas despesas nem a fiscalização judicial."

(*Alexandre Sousa Pinheiro*)

ARTIGO 53.º
Condições gerais aplicáveis aos membros da autoridade de controlo

1. Os Estados-Membros estabelecem que cada membro das respetivas autoridades de controlo seja nomeado por procedimento transparente: – pelo Parlamento, – pelo Governo, – pelo Chefe de Estado, ou – por um organismo independente incumbido da nomeação nos termos do direito do Estado-Membro.

2. Cada membro possui as habilitações, a experiência e os conhecimentos técnicos necessários, nomeadamente no domínio da proteção de dados pessoais, ao desempenho das suas funções e ao exercício dos seus poderes.

3. As funções dos membros da autoridade de controlo cessam findo o seu mandato, com a sua exoneração ou aposentação compulsiva, nos termos do direito do Estado-Membro em causa.

4. Os membros da autoridade de controlo só são exonerados se tiverem cometido uma falta grave ou se tiverem deixado de cumprir as condições exigidas para o exercício das suas funções.

COMENTÁRIO:
1. A corrente disposição trata da composição das autoridades de controlo e dos princípios que devem presidir à designação (n.º 1), das condições que devem preencher os seus membros (n.º 2), bem como de regras referentes ao seu exercício do mandato e exoneração quando possa ou deva verificar (números 3 e 4).

De acordo com o considerando 121: "As condições gerais aplicáveis aos membros da autoridade de controlo deverão ser definidas por lei em cada Estado-Membro e deverão prever, em especial, que os referidos membros sejam nomeados, com recurso a um processo transparente, pelo Parlamento, pelo Governo ou pelo Chefe de Estado do Estado-Membro com base numa proposta do Governo, de um dos seus membros, do Parlamento ou de uma sua câmara, ou por um organismo independente incumbido da nomeação nos termos do direito do Estado-Membro. A fim de assegurar a independência da autoridade de controlo, os membros que a integram deverão exercer as suas funções com integridade, abster-se de qualquer ato incompatível com as mesmas e, durante o seu mandato, não deverão exercer nenhuma atividade, seja ou não remunerada, com elas incompatível. A autoridade de controlo deverá dispor do seu próprio pessoal, selecionado por si mesma ou por um organismo independente criado nos termos do direito do Estado-Membro, que deverá estar exclusivamente sujeito à orientação do membro ou membros da autoridade de controlo."

2. A composição das autoridades de controlo apresenta uma natureza plural. Esta característica não está referida expressamente no RGPD, mas decorre claramente da disposição sob comentário e desenvolve-se ao longo do restante deste texto normativo.

Com a composição colegial de um órgão procura-se evitar excessos no exercício do poder que mais facilmente podem ser cometidos por uma direção singular.

No demais, o RGPD remete para a legislação interna de cada Estado-membro o estabelecimento concreto das regras de composição e designação das autoridades de controlo.

Assim, podem participar na desugnação de membros para as autoridades: (i) o Parlamento; (ii) o Governo; (iii) o Chefe de Estado e (iv) um organismo independente de acordo com o Direito do Estado-Membro.

Como parece evidente, na designação dos membros da autoridade não têm que participar todos estes órgãos, porém, não haverá a possibilidade de intervenção neste processo de órgãos ou entidades com um perfil diferenciado.

Deve entender-se que qualquer dos órgãos citados tem igual grau de legitimidade para participar no processo de designação[499].

O que deve constar da legislação interna encontra-se previsto no artigo 54.º do RGPD.

---

[499] Contra, ver António Troncoso Reigada que sustenta uma regra de maior independência caso a designação seja efetuada por um órgão independente ou por uma maioria qualificada parlamentar in "Autoridades de Control Independientes" in "Reglamento General de Protección de Datos. Hacia un nuevo modelo europeo de protección de datos", cit., p. 477.

Há que referir que a composição da CNPD proveniente da Lei n.º 67/98, de 26 de outubro não colide com o RGPD.[500]

3. Seguindo a lógica da nomeação dos encarregados de proteção de dados (n.º 5 do artigo 37.º, ver nota), também os membros das autoridades de controlo devem dispor de um conhecimento especializado na área da proteção de dados: (i) habilitações; (ii) experiência e (iii) conhecimentos técnicos necessários nomeadamente no domínio da proteção de dados pessoais.

O que está em causa é a designação de membros com um perfil técnico e não de natureza política.

4. Na disposição em análise são referidos o mandato, duração do mandato, regras quanto à exoneração e quanto à aposentação compulsiva dos membros das autoridades de controlo cujo regime deve ser definido pelo Direito interno de cada Estado, nos termos do artigo 54.º (números 4 e 5 da disposição em apreciação).

(Alexandre Sousa Pinheiro)

ARTIGO 54.º
Regras aplicáveis à constituição da autoridade de controlo

1. Os Estados-Membros estabelecem, por via legislativa:

a) A constituição de cada autoridade de controlo;

b) As qualificações e as condições de elegibilidade necessárias para a nomeação dos membros de cada autoridade de controlo;

c) As regras e os procedimentos de nomeação dos membros de cada autoridade de controlo;

---

[500] Artigo 25.º
Composição e mandato
1 – A CNPD é composta por sete membros de integridade e mérito reconhecidos, dos quais o presidente e dois dos vogais são eleitos pela Assembleia da República segundo o método da média mais alta de Hondt.
2 – Os restantes vogais são:
a) Dois magistrados com mais de 10 anos de carreira, sendo um magistrado judicial, designado pelo Conselho Superior da Magistratura, e um magistrado do Ministério Público, designado pelo Conselho Superior do Ministério Público;
b) Duas personalidades de reconhecida competência designadas pelo Governo.
Os Conselhos Superiores cabem no conceito de orgão independente, para efeitos do RGPD.

d) A duração do mandato dos membros de cada autoridade de controlo, que não será inferior a quatro anos, salvo no caso do primeiro mandato após 24 de maio de 2016, e ser mais curta quando for necessário proteger a independência da autoridade de controlo através de um procedimento de nomeações escalonadas;

e) Se, e em caso afirmativo, por quantos mandatos os membros de cada autoridade de controlo podem ser renomeados;

f) As condições que regem as obrigações dos membros e do pessoal de cada autoridade de controlo, a proibição das ações, funções e benefícios que com elas são incompatíveis durante o mandato e após o seu termo e as regras que regem a cessação da relação de trabalho.

2. Os membros e o pessoal de cada autoridade de controlo ficam sujeitos, nos termos do direito da União ou dos Estados-Membros, à obrigação de sigilo profissional, tanto durante o mandato como após o seu termo, quanto a quaisquer informações confidenciais a que tenham tido acesso no desempenho das suas funções ou exercício dos seus poderes. Durante o seu mandato, essa obrigação de sigilo profissional aplica-se, em especial, à comunicação por pessoas singulares de violações do presente regulamento.

COMENTÁRIO:

1. Ao invés da Diretiva 95/46/CE, o RGPD não se limita a identificar a independência das autoridades de controlo, antes estabelece as regras que devem ser cumpridas por via legislativa quanto à organização das entidades de controlo.

Na sequência do artigo 53.º, o n.º 1 da disposição em análise refere-se, no n.º 1, o conteúdo necessário dos atos internos de execução do RGPD no que tange às regras internas das autoridades de controlo: (i) regras de constituição; (ii) regras sobre as características de quem pode ser membros; (iii) regras sobre processos de designação; (iv) regras sobre a duração de mandatos que não pode ser inferior a 4 anos, salvo na exceção prevista na alínea d).

O RGPD não estabelece regras sobre limites de mandatos de membros das autoridades de controlo nem sobre a possibilidade de reeleição ou designação consecutiva dos membros da autoridade de controlo, deixando a matéria entregue à legislação de cada Estado-membro (alínea e), do n.º 1).

2. Relativamente ao n.º 2 da disposição em comentário há a concluir que, quem exerça funções, como membro ou elemento do pessoal da autoridade de

controlo se encontrará sujeito a obrigação de sigilo profissional, quer durante, quer após o termo do mandato.[501]

(Alexandre Sousa Pinheiro)

SECÇÃO 2
Competência, atribuições e poderes

ARTIGO 55.º
Competência

1. As autoridades de controlo são competentes para prosseguir as atribuições e exercer os poderes que lhes são conferidos pelo presente regulamento no território do seu próprio Estado-Membro.

2. Quando o tratamento for efetuado por autoridades públicas ou por organismos privados que atuem ao abrigo do artigo 6.º, n.º 1, alínea c) ou e), é competente a autoridade de controlo do Estado-Membro em causa. Nesses casos, não é aplicável o artigo 56.º.

3. As autoridades de controlo não têm competência para controlar operações de tratamento efetuadas por tribunais que atuem no exercício da sua função jurisdicional.

COMENTÁRIO:
1. O n.º 1 da disposição em apreciação respeita ao critério territorial de delimitação das competências e do exercício dos poderes das autoridades de controlo.

A regra consiste em que cada autoridade de controlo é competente para exercer funções no Estado-membro em que se encontra.

Como pode decantar-se do considerando 122, referem-se os tratamentos efetuados:

– no contexto das atividades de um estabelecimento do responsável pelo tratamento ou do subcontratante no território do seu próprio Estado-Membro;

---

[501] Ver crítica de António Troncoso Reigada, in "Autoridades de Control Independientes" in "Reglamento General de Protección de Datos. Hacia un nuevo modelo europeo de protección de datos", cit., p. 477.

- por autoridades públicas ou por organismos privados que atuem no interesse público;
- que afetem os titulares de dados no seu território;
- por um responsável ou subcontratante não estabelecido na União quando diga respeito a titulares de dados residentes no seu território.

Deverá, ainda, ficar abrangido o tratamento de reclamações apresentadas por um titular de dados, a realização de investigações sobre a aplicação do presente regulamento e a promoção da sensibilização do público para os riscos, regras, garantias e direitos associados ao tratamento de dados pessoais.

2. Nos termos do n.º 2, da disposição em análise os tratamentos de dados que tenham como fonte de legitimidade, a "obrigação jurídica a que o responsável pelo tratamento esteja sujeito" (alínea c), do n.º 1, do artigo 6.º) e o exercício de funções de interesse público ou o exercício da autoridade pública de que esteja investido o responsável pelo tratamento (alínea e), do n.º 1, do artigo 6.º), não estão abrangidos pelo artigo 56.º, particularmente pelo seu n.º 1.

3. Como autoridades administrativas, as autoridades de controlo não têm competência para apreciar operações de tratamento efetuadas por tribunais que atuem no exercício da sua função jurisdiciona (n.º 3).

Trata-se de uma expressão análoga à que se encontra na alínea a), do n.º 1 do artigo 37.º (ver nota), na referência feita a encarregados de proteção de dados e que deve, também, levar em linha de conta o considerando 20, segundo o qual:

"A competência das autoridades de controlo não abrange o tratamento de dados pessoais efetuado pelos tribunais no exercício da sua função jurisdicional, a fim de assegurar a independência do poder judicial no exercício da sua função jurisdicional, nomeadamente a tomada de decisões."

"Deverá ser possível **confiar o controlo de tais operações de tratamento de dados a organismos específicos no âmbito do sistema judicial do Estado--Membro**, que deverão, nomeadamente, assegurar o cumprimento das regras do presente regulamento, reforçar a sensibilização os membros do poder judicial para as obrigações que lhe são impostas pelo presente regulamento e tratar reclamações relativas às operações de tratamento dos dados."

A interpretação que fazemos deste considerando vai no sentido de o controlo das operações de tratamentos de dados no exercício da função jurisdicional deverem ser levadas a cabo por "órgãos específicos do sistema judicial".

Assim, a não existirem órgãos com esta natureza, o Estado-membro não dispõe de meios de controlo dos tratamentos de dados pessoais no exercício da função jurisdicional.

Contudo, a atividade de tribunais que não se exerça no domínio da função jurisdicional está abrangida pelas autoridades de controlo.[502]

(*Alexandre Sousa Pinheiro*)

ARTIGO 56.º
Competência da autoridade de controlo principal

1. Sem prejuízo do disposto no artigo 55.º, a autoridade de controlo do estabelecimento principal ou do estabelecimento único do responsável pelo tratamento ou do subcontratante é competente para agir como autoridade de controlo principal para o tratamento transfronteiriço efetuado pelo referido responsável pelo tratamento ou subcontratante nos termos do artigo 60.º.

---

[502] No mesmo sentido, António Troncoso Reigada, in "Autoridades de Control Independientes" in "Reglamento General de Protección de Datos. Hacia un nuevo modelo europeo de protección de datos", cit., p. 491.
Neste sentido, é discutível a afirmação inserida no Parecer do Conselho Superior de Magistratura enviado à Assembleia da República em 4/5/2018 versando sobre as propostas de lei números 125/XIII/3.ª e 125/XIII/3.ª segundo a qual "Assim, quanto aos **dados pessoais constantes dos processos judiciais**, o sistema institui exceções de governo e de conteúdo: **de governo**, quanto à autoridade de controlo – que impõe que seja um organismo do próprio sistema e não a autoridade ordinária instituída para a administração pública; e **de conteúdo** pela previsão de limitações na parte relativa às obrigações e direitos consagrados.", p. 2.
Merece a nossa concordância a interpretação feita relativamente ao reconhecimento e efetivação dos direitos dos titulares dos dados no processo judicial nos termos do artigo 23.º, n.º 1, alínea f) do RGPD (ver nota), p. 5.
Disponível em: http://app.parlamento.pt/webutils/docs/doc.pdf?path=6148523063446f
764c324679626d56304c334e706447567a4c31684a53556c4d5a5763765130394e4
c7a464451554e4554456376524739a6457316c626e527663306c7561574e
7059585270646d4644623231706333334e686279387a4f4f4e4e6e6a5a474d354d79307a5a
4755324c54526b595755744f5752254694d79316c4e4e7a4e426c6d4d5451785a5449794e4e
4749756347372656d6d6d266d266e3833363633636466639326636646465676469623665702e38306d7370662e7466696c6e536365537566

2. Em derrogação do n.º 1, cada autoridade de controlo é competente para tratar reclamações que lhe sejam apresentadas ou a eventuais violações do presente regulamento se a matéria em apreço estiver relacionada apenas com um estabelecimento no seu Estado-Membro ou se afetar substancialmente titulares de dados apenas no seu Estado-Membro.

3. Nos casos previstos no n.º 2 do presente artigo, a autoridade de controlo informa sem demora do assunto a autoridade de controlo principal. No prazo de três semanas a contar do momento em que tiver sido informada, a autoridade de controlo principal decide se trata o caso, nos termos do artigo 60.º, tendo em conta se há ou não algum estabelecimento do responsável pelo tratamento ou subcontratante no Estado-Membro sobre o qual a autoridade de controlo a tenha informado.

4. Quando a autoridade de controlo principal decide tratar o caso, aplica-se o procedimento previsto no artigo 60.º. A autoridade de controlo que tiver informado a autoridade de controlo principal pode apresentar a esta última um projeto de decisão. A autoridade de controlo principal tem esse projeto na melhor conta quando prepara o projeto de decisão referido no artigo 60.º, n.º 3.

5. Caso a autoridade de controlo principal decida não tratar o caso, é a autoridade de controlo que a informou que o trata, nos termos dos artigos 61.º e 62.º.

6. A autoridade de controlo principal é o único interlocutor do responsável pelo tratamento ou do subcontratante no tratamento transfronteiriço efetuado pelo referido responsável pelo tratamento ou subcontratante.

COMENTÁRIO:

1. Ao contrário do que ocorre no artigo 55.º, o artigo 56.º, ressalvada a exceção do n.º 2, do artigo 55.º – versa sobre tratamentos de dados transfronteiriços (ver nota a 23) do artigo 4.º).

No demais, "para identificar a autoridade de controlo principal é necessário determinar a localização do «estabelecimento principal» (definido nos termos de 16) do artigo 4.º) ou «estabelecimento único» do responsável pelo tratamento na UE."[503]

---

[503] Grupo do Artigo 29.º, "Orientações sobre a identificação de controlo principal do responsável pelo tratamento ou do subcontratante", última redação adotada em 5 de abril de 2017,

Segundo o considerando 124:

"Quando o tratamento de dados pessoais ocorra no contexto das atividades de um estabelecimento de um responsável pelo tratamento ou de um subcontratante na União e o responsável pelo tratamento ou o subcontratante esteja estabelecido em vários Estados-Membros, ou quando o tratamento no contexto das atividades de um único estabelecimento de um responsável pelo tratamento ou de um subcontratante, na União, afete ou seja suscetível de afetar substancialmente titulares de dados em diversos Estados-Membros, a autoridade de controlo do estabelecimento principal ou do estabelecimento único do responsável pelo tratamento ou do subcontratante deverá agir na qualidade de autoridade de controlo principal."

2. Nos termos do n.º 2, a autoridade de controlo de um Estado – autoridade de controlo interessada (considerando 128) – é competente para receber reclamações apresentadas por eventuais violações do RGPD se a matéria em apreço estiver relacionada "apenas" com um estabelecimento no seu Estado-Membro ou se "afetar substancialmente titulares de dados apenas no seu Estado-Membro." (não vemos como se encontre, neste caso, uma derrogação ao n.º 1, salvo, obviamente, na menção feita ao artigo 55.º).

A doutrina institucional do Grupo do Artigo 29.º considera que "afetar substancialmente titulares" significa:[504]

"As autoridades de controlo interpretarão caso a caso o conceito de «afeta substancialmente». Teremos em conta o contexto do tratamento, o tipo de dados, a finalidade do tratamento e outros fatores, designadamente a questão de saber se o tratamento:

– causa, ou é suscetível de causar, danos, prejuízos ou transtornos a pessoas;
– tem, ou é suscetível de ter, um efeito real em termos de limitação dos direitos ou negação de oportunidades;
– afeta, ou é suscetível de afetar, a saúde, o bem-estar ou a paz de espírito das pessoas;
– afeta, ou é suscetível de afetar, a situação financeira ou económica ou as circunstâncias das pessoas;
– deixa pessoas expostas a situações de discriminação ou tratamento abusivo;

---

disponível em: https://www.cnpd.pt/bin/rgpd/docs/wp244rev01_pt.pdf, p. 5.
[504] Idem, p. 4.

- implica a análise das categorias especiais de dados pessoais ou de outros dados intrusivos, particularmente dados pessoais de crianças;
- causa, ou é suscetível de causar, uma alteração significativa no comportamento das pessoas;
- tem consequências improváveis, imprevistas ou indesejáveis para as pessoas;
- cria embaraço ou outros resultados negativos, incluindo danos à reputação; ou
- implica o tratamento de um vasto leque de dados pessoais."

Afastamo-nos da posição do Grupo do Artigo 29.º,[505] que considera que as autoridades de controlo interessadas podem ser competentes para tratar reclamações independentemente da ação das autoridades de controlo principais. O segmento do considerando 127 citado consiste em:

"«*As autoridades de controlo que não atuem como autoridade de controlo principal deverão ter competência para tratar casos a nível local quando o responsável pelo tratamento ou subcontratante estiver estabelecido em vários Estados-Membros, mas o assunto do tratamento específico disser respeito unicamente ao tratamento efetuado num só Estado-Membro, e envolver somente titulares de dados nesse Estado-Membro, por exemplo, no caso de o assunto dizer respeito ao tratamento de dados pessoais de trabalhadores num contexto específico de emprego num Estado-Membro.*»

De acordo com a sequência do considerando e com o restante do articulado do artigo em análise competirá à autoridade de controlo principal decidir quem trata o caso:

Assim, nos termos do considerando 127:

I – "Nesses casos, a autoridade de controlo deverá informar imediatamente do assunto a autoridade de controlo principal.";
II – "Após ter sido informada, a autoridade de controlo principal decidirá se trata o caso de acordo com o disposto em matéria de cooperação entre a autoridade de controlo principal e a **outra autoridade de controlo interessada** – na mais correta versão inglesa, que se apresenta compatível com a epígrafe do artigo 60.º *and others suprervisiory authorities concerned* – («mecanismo

---

[505] Idem, p. 7.

de balcão único»), ou se deverá ser a autoridade de controlo que a informou a tratar o caso a nível local.";
III – "Ao decidir se trata o caso, a autoridade de controlo principal deverá ter em conta se há algum estabelecimento do responsável pelo tratamento ou subcontratante no Estado-Membro da autoridade de controlo que a informou, a fim de garantir a eficaz execução da decisão relativamente ao responsável pelo tratamento ou subcontratante."
IV – "Quando a autoridade de controlo principal decide tratar o caso, a autoridade de controlo que a informou deverá ter a possibilidade de apresentar um projeto de decisão, que a autoridade de controlo principal deverá ter na melhor conta quando prepara o seu projeto de decisão no âmbito desse mecanismo de balcão único."

3. Este mecanismo prevê a sua concretização no restante articulado do artigo 56.º.

Assim, no n.º 3 do artigo em apreciação prevê-se que as autoridades de controlo interessadas previstas no n.º 2 devem informar sem demora a autoridade de controlo principal, das reclamações apresentadas.

Não é definido um prazo concreto, mas "sem demora", embora com recurso à sistemática do RGPD se deve mencionar que esta demora não deva ser "injustificada", o que nos parece que deve ser interpretada como "logo que possível".

A autoridade de controlo principal deve decidir no prazo de três semanas se tratará do caso nos termos do artigo 60.º (ver nota). Quando assim seja (n.º 4), a autoridade de controlo principal pode decidir tomar conta do caso nos termos do artigo 60.º, ou entender o inverso remetendo a decisão para a autoridade de controlo que a informou que decidirá nos termos dos artigos 61.º e 62.º (n.º 5).

A autoridade de controlo que houver informado a autoridade de controlo principal pode apresentar um projeto de decisão que será considerado nos termos do n.º 3, do artigo 60.º.

De acordo com o considerando (125):

"I – A autoridade principal deverá ser competente para adotar decisões vinculativas relativamente a medidas que deem execução às competências que lhe tenham sido atribuídas nos termos do presente regulamento. Na sua qualidade de autoridade principal, a autoridade de controlo deverá implicar no processo decisório e coordenar as autoridades de controlo interessadas.
II – Nos casos em que a decisão consista em rejeitar no todo ou em parte a reclamação apresentada pelo titular dos dados, esta deverá ser adotada pela autoridade de controlo à qual a reclamação tenha sido apresentada."

Não nos parece que o n.º 5 respeite a uma reclamação rejeitada no todo ou em parte, mas antes que deva ser decidida pela autoridade de controlo interessada.

4. O n.º 6 compreende-se quando a decisão é adotada pela autoridade de controlo principal, já o não será quando a decisão compita à autoridade de controlo interessada. Parece existir uma lacuna na afirmação de que a autoridade de de controlo principal "é o único interlocutor do responsável pelo tratamento ou do subcontratante no tratamento transfronteiriço efetuado pelo referido responsável pelo tratamento ou subcontratante."

De acordo com o considerando 126:

"As decisões deverão ser acordadas conjuntamente pela autoridade de controlo principal e as autoridades de controlo interessadas e deverão visar o estabelecimento principal ou único do responsável pelo tratamento ou do subcontratante e ser vinculativas para ambos. O responsável pelo tratamento ou o subcontratante deverá tomar as medidas necessárias para assegurar o cumprimento do disposto no presente regulamento e a execução da decisão notificada pela autoridade de controlo principal ao estabelecimento principal do responsável pelo tratamento ou do subcontratante no que diz respeito às atividades de tratamento de dados na União."

(*Alexandre Sousa Pinheiro*)

ARTIGO 57.º
Atribuições

1. Sem prejuízo de outras atribuições previstas nos termos do presente regulamento, cada autoridade de controlo, no território respetivo:

a) Controla e executa a aplicação do presente regulamento;

b) Promove a sensibilização e a compreensão do público relativamente aos riscos, às regras, às garantias e aos direitos associados ao tratamento. As atividades especificamente dirigidas às crianças devem ser alvo de uma atenção especial;

c) Aconselha, em conformidade com o direito do Estado-Membro, o Parlamento nacional, o Governo e outras instituições e organismos a respeito das medidas legislativas e administrativas relacionadas com a defesa dos direitos e liberdades das pessoas singulares no que diz respeito ao tratamento;

d) Promove a sensibilização dos responsáveis pelo tratamento e dos subcontratantes para as suas obrigações nos termos do presente regulamento;

e) Se lhe for solicitado, presta informações a qualquer titular de dados sobre o exercício dos seus direitos nos termos do presente regulamento e, se necessário, coopera com as autoridades de controlo de outros Estados--Membros para esse efeito;

f) Trata as reclamações apresentadas por qualquer titular de dados, ou organismo, organização ou associação nos termos do artigo 80.º, e investigar, na medida do necessário, o conteúdo da reclamação e informar o autor da reclamação do andamento e do resultado da investigação num prazo razoável, em especial se forem necessárias operações de investigação ou de coordenação complementares com outra autoridade de controlo;

g) Coopera, incluindo partilhando informações e prestando assistência mútua a outras autoridades de controlo, tendo em vista assegurar a coerência da aplicação e da execução do presente regulamento;

h) Conduz investigações sobre a aplicação do presente regulamento, incluindo com base em informações recebidas de outra autoridade de controlo ou outra autoridade pública;

i) Acompanha factos novos relevantes, na medida em que tenham incidência na proteção de dados pessoais, nomeadamente a evolução a nível das tecnologias da informação e das comunicações e das práticas comerciais;

j) Adota as cláusulas contratuais-tipo previstas no artigo 28.º, n.º 8, e no artigo 46.º, n.º 2, alínea d);

k) Elabora e conserva uma lista associada à exigência de realizar uma avaliação do impacto sobre a proteção de dados, nos termos do artigo 35.º, n.º 4;

l) Dá orientações sobre as operações de tratamento previstas no artigo 36.º, n.º 2;

m) Incentiva a elaboração de códigos de conduta nos termos do artigo 40.º, n.º 1, dá parecer sobre eles e aprova os que preveem garantias suficientes, nos termos do artigo 40.º, n.º 5;

n) Incentiva o estabelecimento de procedimentos de certificação de proteção de dados, e de selos e marcas de proteção de dados, nos termos do artigo 42.º, n.º 1, e aprova os critérios de certificação nos termos do artigo 42.º, n.º 5;

o) Se necessário, procede a uma revisão periódica das certificações emitidas, nos termos do artigo 42.º, n.º 7;

p) Redige e publica os requisitos de acreditação de um organismo para monitorizar códigos de conduta nos termos do artigo 41. o e de um organismo de certificação nos termos do artigo 43.º[506];

q) Conduz o processo de acreditação de um organismo para monitorizar códigos de conduta nos termos do artigo 41.º e de um organismo de certificação nos termos do artigo 43.º;

r) Autoriza as cláusulas contratuais e disposições previstas no artigo 46.º, n.º 3;

s) Aprova as regras vinculativas aplicáveis às empresas nos termos do artigo 47.º;

t) Contribui para as atividades do Comité;

u) Conserva registos internos de violações do presente regulamento e das medidas tomadas nos termos do artigo 58.º, n.º 2; e

v) Desempenha quaisquer outras tarefas relacionadas com a proteção de dados pessoais.

2. As autoridades de controlo facilitam a apresentação das reclamações previstas no n.º 1, alínea *f)*, tomando medidas como disponibilizar formulários de reclamação que possam também ser preenchidos eletronicamente, sem excluir outros meios de comunicação.

3. A prossecução das atribuições de cada autoridade de controlo é gratuita para o titular dos dados e, sendo caso disso, para o encarregado da proteção de dados.

4. Quando os pedidos forem manifestamente infundados ou excessivos, particularmente devido ao seu caráter recorrente, a autoridade de controlo pode exigir o pagamento de uma taxa razoável tendo em conta os custos administrativos ou pode indeferi-los. Cabe à autoridade de controlo demonstrar o caráter manifestamente infundado ou excessivo dos pedidos.

---

[506] Retificação publicada em JO L 119 de 4.5.2016.

COMENTÁRIO:
1. No extenso campo das atribuições das autoridades de controlo estão integradas realidades de diversos tipos. Deve referir-se que esta disposição não esgota todas as atribuições e competências das autoridades de controlo enunciadas no RGPD.

Assim, entendemos que devem ser distinguidas as atribuições diretamente ligadas a disposições do RGPD das demais. Estão nestas condições as seguintes alíneas do n.º 1:

g) cooperar com outras entidades para processos de assistência mútua nos termos do artigo 61.º; j) adotar cláusulas contratuais-tipo, tendo como referência o n.º 8 do artigo 28.º e a alínea d), do n.º 2, do artigo 42.º; k) determinar os tratamentos de dados que carecem de avaliações de impacto, nos termos do n.º 4, do artigo 35; l) dar as orientações necessárias integradas no processo de consulta prévia nos termos do n.º 2 do artigo 36.º; m) incentivar a elaboração de códigos de conduta nos termos do n.º 1 do artigo 40.º, bem como dar parecer e aprovar os que ofereçam as garantias suficientes nos termos do n.º 5 da mesma disposição; n) desenvolver um procedimento idêntico no que tange a procedimentos de certificação de proteção de dados, de selos e de marcas de proteção de dados, nos termos do artigo 45.º; o) proceder à revisão de certificações emitidas nos termos do n.º 7 do artigo 42.º; p) trata dos critérios de acreditação para órgãos que monitorizem códigos de conduta e que procedam à cretificação nos termos do artigo 43.º; q) conduzir os processos de acreditação de órgãos de monitorização nos termos do artigo 41.º e de um órgão de certificação nos termos do artigo 43.º; r) autorizar cláusulas-contratuais com garantias adequadas para transferências de dados nos termos do n.º 3, do artigo 46; s) aprovar as regras vinculativas aplicáveis a empresas nos termos do artigo 47.º; u) conservar registos internos de violações do RGPD nos termos do n.º 2, do artigo 58.º.

Disposições com caráter geral encontram-se nas alíneas a); b); c); d); e); f) e t). Sobre as matérias de sensibilização releva o considerando 132, segundo o qual:

"As atividades de sensibilização das autoridades de controlo dirigidas ao público deverão incluir medidas específicas a favor dos responsáveis pelo tratamento e subcontratantes, incluindo as micro, pequenas e médias empresas, bem como as pessoas singulares, em particular num contexto educacional."

O considerando 123 sumariza estas atribuições:

"As autoridades de controlo deverão controlar a aplicação das disposições do presente regulamento e contribuir para a sua aplicação coerente em toda a União, a fim de proteger as pessoas singulares relativamente ao tratamento dos seus dados pessoais e facilitar a livre circulação desses dados a nível do mercado interno."

No considerando 129 admite-se que:

"Os Estados-Membros podem estabelecer outras funções relacionadas com a proteção de dados pessoais ao abrigo do presente regulamento."

2. Comparando a disposição em análise com os artigos 19.º e 20.º da Diretiva 95/46/CE, verifica-se que se verificou uma importante alteração no procedimento de supervisão e no papel das autoridades nacionais de controlo, como decorre acentuadamente do considerando 89:

"A Diretiva 95/46/CE estabelece uma obrigação geral de notificação do tratamento de dados pessoais às autoridades de controlo. Além de esta obrigação originar encargos administrativos e financeiros, nem sempre contribuiu para a melhoria da proteção dos dados pessoais. Tais obrigações gerais e indiscriminadas de notificação deverão, por isso, ser suprimidas e substituídas por regras e procedimentos eficazes mais centrados nos tipos de operações de tratamento suscetíveis de resultar num elevado risco para os direitos e liberdades das pessoas singulares, devido à sua natureza, âmbito, contexto e finalidades."[507]

3. Os últimos três números desta disposição respeitam a regras sobre formulários, natureza das pretensões dos titulares dos dados e respetivos limites.

---

[507] Filipa Calvão, "O Modelo de Supervisão de Tratamento de Dados Pessoais na União Europeia: Da atual Diretiva ao futuro Regulamento" in "Forum de Proteção de Dados", Comissão Nacional de Proteção de Dados, Julho, 2015, pp. 34 e ss e, da mesma autora, "Direito da Proteção de Dados Pessoais: Relatório sobre o programa, os conteúdos e os métodos de ensino da disciplina.", Universidade Católica Editora, Porto, 2018, p. 65.
Alexandre Sousa Pinheiro, "Apresentação do Regulamento (UE) 2016/679 do Parlamento Europeu e do Conselho, de 27 de abril de 2016 – Regulamento Geral de Proteção de Dados (RGPD)", cit., p. 319.

Assim, a regra geral consiste na gratuitidade do exercício das atribuições das autoridades de controlo quando tenham como destinatários titulates de dados pessoais ou encarregados de proteção de dados (n.º 3). Não será desta forma quando se verifiquem pedidos manifestamente infundados ou excessivos. Nesses casos, a autoridade pode exigir o pagamento de uma taxa razoável, após demonstrar o carácter desajustado do pedido (n.º 4).

A fim de facilitar a posição dos titulares dos dados, as autoridades devem permitir a apresentação de reclamações através de formulários eletrónicos, não se excluindo, porém, a utilização de outros meios.

(Alexandre Sousa Pinheiro)

ARTIGO 58.º
Poderes

1. Cada autoridade de controlo dispõe dos seguintes poderes de investigação:

a) Ordenar que o responsável pelo tratamento e o subcontratante e, se existir, o seu representante, lhe forneçam as informações de que necessite para o desempenho das suas funções;

b) Realizar investigações sob a forma de auditorias sobre a proteção de dados;

c) Rever as certificações emitidas nos termos do artigo 42.º, n.º 7;

d) Notificar o responsável pelo tratamento ou o subcontratante de alegadas violações do presente regulamento;

e) Obter, da parte do responsável pelo tratamento e do subcontratante, acesso a todos os dados pessoais e a todas as informações necessárias ao exercício das suas funções;

f) Obter acesso a todas as instalações do responsável pelo tratamento e do subcontratante, incluindo os equipamentos e meios de tratamento de dados, em conformidade com o direito processual da União ou dos Estados-Membros.

2. Cada autoridade de controlo dispõe dos seguintes poderes de correção:

a) Fazer advertências ao responsável pelo tratamento ou ao subcontratante no sentido de que as operações de tratamento previstas são suscetíveis de violar as disposições do presente regulamento;

b) Fazer repreensões ao responsável pelo tratamento ou ao subcontratante sempre que as operações de tratamento tiverem violado as disposições do presente regulamento;

c) Ordenar ao responsável pelo tratamento ou ao subcontratante que satisfaça os pedidos de exercício de direitos apresentados pelo titular dos dados nos termos do presente regulamento;

d) Ordenar ao responsável pelo tratamento ou ao subcontratante que tome medidas para que as operações de tratamento cumpram as disposições do presente regulamento e, se necessário, de uma forma específica e dentro de um prazo determinado;

e) Ordenar ao responsável pelo tratamento que comunique ao titular dos dados uma violação de dados pessoais;

f) Impor uma limitação temporária ou definitiva ao tratamento de dados, ou mesmo a sua proibição;

g) Ordenar a retificação ou o apagamento de dados pessoais ou a limitação do tratamento nos termos dos artigos 16.º, 17.º e 18.º, bem como a notificação dessas medidas aos destinatários a quem tenham sido divulgados os dados pessoais nos termos do artigo 17.º, n.º 2, e do artigo 19.º;

h) Retirar a certificação ou ordenar ao organismo de certificação que retire uma certificação emitida nos termos dos artigos 42.º e 43.º, ou ordenar ao organismo de certificação que não emita uma certificação se os requisitos de certificação não estiverem ou deixarem de estar cumpridos;

i) Impor uma coima nos termos do artigo 83.º, para além ou em vez das medidas referidas no presente número, consoante as circunstâncias de cada caso;

j) Ordenar a suspensão do envio de dados para destinatários em países terceiros ou para organizações internacionais.

3. Cada autoridade de controlo dispõe dos seguintes poderes consultivos e de autorização:

a) Aconselhar o responsável pelo tratamento, pelo procedimento de consulta prévia referido no artigo 36.º;

b) Emitir, por iniciativa própria ou se lhe for solicitado, pareceres dirigidos ao Parlamento nacional, ao Governo do Estado-Membro ou, nos termos do direito do Estado-Membro, a outras instituições e organismos, bem como ao público, sobre qualquer assunto relacionado com a proteção de dados pessoais;

c) Autorizar o tratamento previsto no artigo 36.º, n.º 5, se a lei do Estado-Membro exigir tal autorização prévia;

d) Emitir pareceres e aprovar projetos de códigos de conduta nos termos do artigo 40.º, n.º 5;

e) Acreditar organismos de certificação nos termos do artigo 43.º;

f) Emitir certificações e aprovar os critérios de certificação nos termos do artigo 42.º, n.º 5;

g) Adotar as cláusulas-tipo de proteção de dados previstas no artigo 28.º, n.º 8, e no artigo 46.º, n.º 2, alínea d);

h) Autorizar as cláusulas contratuais previstas no artigo 46.º, n.º 3, alínea a);

i) Autorizar os acordos administrativos previstos no artigo 46.º, n.º 3, alínea b);

j) Aprovar as regras vinculativas aplicáveis às empresas nos termos do artigo 47.º.

4. O exercício dos poderes conferidos à autoridade de controlo nos termos do presente artigo está sujeito a garantias adequadas, que incluem o direito à ação judicial efetiva e a um processo equitativo, previstas no direito da União e dos Estados-Membros, em conformidade com a Carta.

5. Os Estados-Membros estabelecem por lei que as suas autoridades de controlo estão habilitadas a levar as violações do presente regulamento ao conhecimento das autoridades judiciais e, se necessário, a intentar ou de outro modo intervir em processos judiciais, a fim de fazer aplicar as disposições do presente regulamento.

6. Os Estados-Membros podem estabelecer por lei que as suas autoridades de controlo terão outros poderes para além dos previstos nos n.ºs 1, 2 e 3. O exercício desses poderes não deve prejudicar o efetivo funcionamento do capítulo VII.

COMENTÁRIO:

1. Esta disposição está dividida entre: (i) poderes de investigação (n.º 1); (ii) poderes de correção (n.º 2); (iii) poderes consultivos e de autorização (n.º 3).

Os números 4, 5 e 6 têm por objeto o controlo judicial das decisões das autoridades de controlo, bem como a possibilidade de o Direito interno poder estabelecer novos poderes, desde que não afetem os mecanismos de cooperação e coerência (artigo 60.º e seguintes).

2. O propósito essencial do artigo consiste em garantir uma identidade de poderes em todos os Estados-Membros, o que constitui, segundo o considerando 129, uma forma de assegurar uma igualdade na intervenção das autoridades, o que não acontecia com os diversos atos de transposição da Diretiva n.º 95/46/CE. Assim:

> "A fim de assegurar o controlo e a aplicação coerentes do presente regulamento em toda a União, as autoridades de controlo deverão ter, em cada Estado-Membro, as mesmas funções e poderes efetivos, incluindo poderes de investigação, poderes de correção e de sanção, e poderes consultivos e de autorização, nomeadamente em caso de reclamação apresentada por pessoas singulares (...)"

A identidade dos poderes a serem exercidos nos diversos Estados-Membros, deve levar em linha de conta regras de Direito interno:

> "(...) sem prejuízo dos poderes das autoridades competentes para o exercício da ação penal ao abrigo do direito do Estado-Membro, tendo em vista levar as violações ao presente regulamento ao conhecimento das autoridades judiciais e intervir em processos judiciais.
> (...) Os poderes das autoridades de controlo deverão ser exercidos em conformidade com as garantias processuais adequadas previstas no direito da União e do Estado-Membro, com imparcialidade, equidade e num prazo razoável.
> (...) Os poderes de investigação em matéria de acesso às instalações deverão ser exercidos em conformidade com os requisitos específicos do direito processual do Estado-Membro, como, por exemplo, a obrigação de obter autorização judicial prévia.
> (...) As medidas juridicamente vinculativas da autoridade de controlo deverão ser emitidas por escrito, claras e inequívocas, indicar a autoridade de controlo que as emitiu e a data de emissão, ostentar a assinatura do diretor ou do membro da autoridade de controlo por eles autorizada, indicar os motivos que as justifica e mencionar o direito de recurso efetivo. Tal não deverá impedir que sejam estabelecidos requisitos suplementares nos termos do direito processual do Estado-Membro. A adoção de uma decisão juridicamente vinculativa pode dar origem a controlo jurisdicional nos Estados-Membros da autoridade de controlo que tenha adotado a decisão."

Trata-se de áreas em que o Direito da União Europeia não é competente, pelo que terá que existir uma articulação entre os propósitos do RGPD e as regras nacionais de direito processual penal e direito sancionatório, de uma forma geral.

3. Os poderes de investigação (n.º 1) baseiam-se na: (i) recolha de informações (alínea a); (ii) realização de investigações como auditorias (alínea b); (iii) rever certificações (alínea c); (iv) notificar o responsável pelo tratamento ou o subcontratante de eventuais violações ao RGPD (alínea d); (v) aceder a informações sobre dados pessoais conservados pelo responsável pelo tratamento ou pelo subcontratante (alínea e); (vi) aceder às instalações, equipamentos e meios de tratamento de dados nos termos do Direito dos Estados-Membros e da UE (alínea f).

Desta forma, a investigação pode ser desenvolvida para aplicação de sanções ou para alterar ou revogar atos de natureza administrativa.

A investigação respeita, também, a informações pessoais, a procedimentos e a metodologias utilizadas quer pelo responsável pelo tratamento, quer pelo subcontratante.

4. Relativamente a poderes de correção (n.º 2), existe uma extensa lista de atos que revestem natureza diversa.

Relativamente à alínea a), não se está perante qualquer ato ilícito, mas entende-se que a autoridade de controlo deve fazer advertências ao responsável pelo tratamento ou ao subcontratante dada a complexidade dos tratamentos a realizar. Esta "advertência" não tem caráter sancionatório ou corretivo.

Já quanto à alínea b) estamos próximos da figura da admoestação, por a repreensão corresponder a "violações" do RGPD.

As alíneas c), d) e e) correspondem a ordens dirigidas ao responsável pelo tratamento e ao subcontratante para satisfazerem os pedidos dos titulares dos dados e para se proceder à tomada de medidas necessárias para cumprir o RGPD.

As competências para ordenar verificam-se, também, quanto à retificação, apagamento ou limitação de dados (alínea g) e quanto à suspensão do envio de dados para destinatários em países terceiros ou para organizações internacionais (alínea j).

Em articulação com o artigo 83.º, prevê-se, na alínea i), a imposição de coimas, que podem ter por destinatários entidades públicas, se essa for a opção legislativa nacional tomada nos termos do n.º 7 do artigo mencionado (ver nota).

Valendo para entidades públicas e pessoas privadas, a alínea f) aplica-se prevê, no limite, a proibição de certos tratamentos de dados. Não tão drástica é a imposição de uma limitação temporária ou definitiva a tratamentos de dados pessoais.

5. Em sede de poderes consultivos e autorizativos, o n.º 3 do artigo em apreciação prevê situações em qua a intervenção das autoridades de controlo é obrigatória e outras em que é facultativa.

Assim, nos termos da alínea a), em sede de consulta prévia prevista no artigo 36.º, a autoridade de controlo terá que se pronunciar sobre o tratamento de dados se o responsável pelo tratamento ou o subcontratante o solicitar. Nos casos do n.º 5 da referida disposição, a legislação interna do Estado-Membro pode exigir autorização prévia da autoridade de controlo (ver nota ao artigo 36.º).

No que tange à alínea b), e sem prejuízo de se considerar vantajosa a consulta da autoridade de controlo, o preceito prevê a competência para esta "emitir, por iniciativa própria ou se lhe for solicitado" pareceres em matéria de proteção de dados tendo por destinatários órgãos de soberania ou entidades públicas. Não detetamos nesta alínea qualquer regra de solicitação obrigatória de parecer.

As autoridades de controlo dispõem de competência para proferir decisões vinculativas em sede de códigos de conduta (alínea d), relativamente à acreditação de organismos de certificação (alínea e) e quanto à emissão de certificações (alínea f).

No que respeita a competências vinculativas de carácter autorizativo ou de aprovação, o n.º 3, em apreciação, visa – alíneas g) a j) – cláusulas-tipo de proteção de dados, cláusulas contratuais, acordos administrativos e regras vinculativas aplicáveis a empresas.

(Alexandre Sousa Pinheiro)

ARTIGO 59.º
Relatórios de atividades

As autoridades de controlo elaboram um relatório anual de atividades, que pode incluir uma lista dos tipos de violação notificadas e dos tipos de medidas tomadas nos termos do artigo 58.º, n.º 2. Os relatórios são apresentados ao Parlamento nacional, ao Governo e às outras autoridades designadas no direito do Estado-Membro. Os relatórios são disponibilizados ao público, à Comissão e ao Comité.

COMENTÁRIO:

1. De acordo com o n.º 5, do artigo 28.º da Diretiva 95/46/CE, previa-se que cada autoridade de controlo elaborasse periodicamente um relatório sobre a sua atividade, devendo este ser publicado.

A aprovação do relatório competirá à autoridade de controlo, uma vez que se trata da sua atividade. Os deveres de apresentação do relatório a órgãos políticos pensamos que devem ser interpretados em conformidade com o artigo 53.º. Ou seja, se a nomeação dos membros da autoridade for da competência de órgãos distintos do Parlamento nacional ou do Governo, estes devem ter conhecimento do relatório em idênticos termos que os anteriormente citados.

Não se encontram definidos os termos em que são disponibilização os relatórios ao público, à Comissão e ao Comité, podendo, por norma, tal verificar-se na página *web* da autoridade de controlo.

2. Quanto ao conteúdo do relatório, a disposição em análise não estabelece regras gerais, enunciando apenas o interesse em incluir os tipos de violação notificadas e os tipos de medidas tomadas nos termos do artigo n.º 2 do artigo 58.º (ver nota), isto é, no domínio das medidas de correção.

(Alexandre Sousa Pinheiro)

COOPERAÇÃO E COERÊNCIA

SECÇÃO 1
Cooperação

ARTIGO 60.º
Cooperação entre a autoridade de controlo principal e as outras autoridades de controlo interessadas

1. A autoridade de controlo principal coopera com as outras autoridades de controlo interessadas nos termos do presente artigo para procurar alcançar um consenso. A autoridade de controlo principal e as autoridades de controlo interessadas trocam entre si todas as informações pertinentes.

2. A autoridade de controlo principal pode a qualquer momento solicitar que as outras autoridades de controlo interessadas prestem assistência mútua nos termos do artigo 61.º e pode realizar operações conjuntas nos termos do artigo 62.º, nomeadamente para proceder a investigações ou monitorizar a execução de medidas relativas a responsáveis pelo tratamento ou subcontratantes estabelecidos noutros Estados-Membros.

3. A autoridade de controlo principal comunica sem demora as informações pertinentes sobre o assunto às outras autoridades de controlo interessadas. Envia sem demora um projeto de decisão às outras autoridades de controlo interessadas para que emitam parecer e toma as suas posições em devida consideração.

4. Quando uma das outras autoridades de controlo interessadas expressa uma objeção pertinente e fundamentada ao projeto de decisão no prazo de quatro semanas após ter sido consultada nos termos do n.º 3 do presente artigo, a autoridade de controlo principal, caso não dê seguimento à objeção ou caso entenda que esta não é pertinente ou fundamentada, remete o assunto para o procedimento de controlo da coerência referido no artigo 63.º.

5. Se a autoridade de controlo principal pretender dar seguimento à objeção pertinente e fundamentada apresentada, envia às outras autoridades de controlo interessadas um projeto de decisão revisto para que emitam parecer. Esse projeto de decisão revisto é sujeito ao procedimento mencionado no n.º 4 no prazo de duas semanas.

6. Se nenhuma das outras autoridades de controlo interessadas se tiver oposto ao projeto de decisão apresentado pela autoridade de controlo principal no prazo referido nos n.ºs 4 e 5, considera-se que a autoridade de controlo principal e as autoridades de controlo interessadas estão de acordo com esse projeto de decisão e ficam por ela vinculadas.

7. A autoridade de controlo principal adota a decisão e dela notifica o estabelecimento principal ou o estabelecimento único do responsável pelo tratamento ou do subcontratante, consoante o caso, e informa as outras autoridades de controlo interessadas e o Comité da decisão em causa, incluindo um sumário dos factos e motivos pertinentes. A autoridade de controlo à qual tenha sido apresentada uma reclamação, informa da decisão o autor da reclamação.

8. Em derrogação do n.º 7, se for recusada ou rejeitada uma reclamação, a autoridade de controlo à qual a reclamação tiver sido apresentada adota a decisão, notifica o autor da reclamação e informa desse facto o responsável pelo tratamento.

9. Se a autoridade de controlo principal e as autoridades de controlo interessadas estiverem de acordo em recusar ou rejeitar determinadas partes de uma reclamação e tomar medidas relativamente a outras partes da mesma reclamação, é adotada uma decisão separada para cada

uma dessas partes da matéria. A autoridade de controlo principal adota a decisão na parte respeitante às medidas relativas ao responsável pelo tratamento e informa desse facto o estabelecimento principal ou o estabelecimento único do responsável pelo tratamento ou do subcontratante no território do seu Estado-Membro, informando desse facto o autor da reclamação, enquanto a autoridade de controlo do autor da reclamação adota a decisão na parte relativa à recusa ou à rejeição da referida reclamação e notifica o autor da reclamação, informando desse facto o responsável pelo tratamento ou o subcontratante.

10. Após ter sido notificado da decisão da autoridade de controlo principal nos termos dos n.ºs 7 e 9, o responsável pelo tratamento ou o subcontratante tomam as medidas necessárias para garantir o cumprimento da decisão no que se refere às atividades de tratamento no contexto de todos os seus estabelecimentos na União. O responsável pelo tratamento ou o subcontratante comunica as medidas tomadas para fazer cumprir a decisão à autoridade de controlo principal, que informa as outras autoridades de controlo interessadas.

11. Se, em circunstâncias excecionais, alguma autoridade de controlo interessada tiver razões para considerar que existe uma necessidade urgente de agir para defender os interesses dos titulares dos dados, aplica-se o procedimento de urgência referido no artigo 66.º.

12. A autoridade de controlo principal e as outras autoridades de controlo interessadas trocam entre si as informações necessárias nos termos do presente artigo por meios eletrónicos, utilizando um formato normalizado.

COMENTÁRIO:

1. O âmbito das atribuições da autoridade de controlo principal abarca operações de tratamento que atravessam as fronteiras de um Estado-Membro da UE (*vide* art. 56.º n.º 1), pelo que, nestes casos, previamente a uma decisão ou medida que vise o responsável pelo tratamento ou subcontratate, torna-se necessária a coordenação e cooperação com as autoridades de controlo de outros Estados-Membros onde também se realizem operações de tratamento, para a aplicação coerente do RGPD.

2. O mecanismo cooperação opera numa fase prévia (investigatória), numa fase pré-decisória,[508] bem como numa fase posterior, de controlo do cumprimento pelos responsáveis pelo tratamento ou pelos subcontratantes.

O reforço da cooperação e uniformidade de legislações em matéria de proteção de dados pessoais na EU são de resto, alguns dos objetivos do RGPD, visando maior proteção dos direitos dos titulares, maior certeza jurídica a todos os agentes de mercado e evitando distorção da concorrência; contribuindo, assim, para a livre circulação de dados (*vide* Considerandos 5, 7, 9 a 11 e 13 e art. 1.º RGPD).

3. O mecanismo de cooperação administrativa entre entidades de controlo de diferentes Estados-Membros assemelha-se aos mecanismos de assistência e cooperação mútua entre Estados-Membros no domínio da fiscalidade.[509]

Trata-se de um reforço relativamente ao que era previsto na Diretiva 95/46/CE, em que se reconhecia plena independência e competência das autoridades de controlo sobre medidas a tomar no território do respetivo Estado-Membro. Atribuía-se, então, total margem às autoridades de controlo para a determinação da necessidade de cooperação, consistente essencialmente na troca de informações e exercício dos seus poderes a pedido de uma autoridade de controlo de outro Estado-Membro (art. 28.º, n.º 6 da Diretiva 95/46/CE).

4. O RGPD vem prever, assim, uma maior robustez dessa cooperação, em conjugação com o mecanismo de coerência de aplicação do RGPD, estabelecendo um procedimento em caso de intenção de aplicação, pela autoridade de controlo principal, de medidas ou decisões que afetem um responsável pelo tratamento ou subcontratante estabelecido noutro Estado-Membro e em caso de reclamação numa qualquer autoridade de controlo; respeitantes a operações de tratamento de dados transfronteiriços dentro da UE.

---

[508] Quer se trate de uma decisão da autoridade de controlo principal, sempre que aquela implique a aplicação de medidas que afetem um responsável pelo tratamento ou um subcontratante estabelecido noutro Estado-Membro; quer ainda numa fase em que a questão de fundo possa respeitar a um estabelecimento único, presente apenas num Estado-Membro, e/ou de um tratamento que afete substancialmente apenas titulares de dados naquele Estado-Membro (*vide* art. 56.º, n.º 2 a 5).

[509] Decreto-Lei n.º 61/2013, de 10.05.2013 e suas posteriores alterações, transpondo para o ordenamento interno a Diretiva n.º 2011/16/UE do Conselho, de 15.02.2011 e suas posteriores alterações.

A priori, a autoridade de controlo principal pode desde logo solicitar a outras autoridades de controlo interessadas[510] a prestação de assistência nos termos do artigo 61.º (vg. por meio de consultas e averiguações locais).

5. Numa fase pré-decisória, estabelece-se também um princípio geral de cooperação, por parte da autoridade de controlo principal junto das autoridades de controlo interessadas, para a procura e alcance de um consenso, estabelecendo-se desde logo um procedimento para que um entendimento comum e a necessária cooperação possam ser conseguidos. Este procedimento inicia-se com o fornecimento de informações e envio do projeto de decisão pela autoridade de controlo principal às autoridades de controlo interessadas, podendo estas emitir parecer, nomeadamente apresentando uma "*objeção pertinente e fundamentada*" ao projeto de decisão no prazo de quatro semanas. Caso seja(m) levantada(s) objeção(ões) e a autoridade de controlo principal a(s) tenha em consideração – por considerá-la(s) pertinente(s) e fundamentada(s) –, alterando o projeto de decisão em conformidade, a autoridade de controlo principal comunica às autoridades de controlo interessadas o projeto de decisão alterado, dando-lhes duas semanas para emitir parecer. A ausência de parecer de uma autoridade de controlo interessada faz presumir a sua anuência com, e vinculação ao projeto de decisão (n.º 6). Sendo atingido acordo (tácito, expresso ou presumido) relativamente ao projeto de decisão, esta última é adotada pela autoridade de controlo principal, sendo comunicada aos interessados nos termos do n.º 7.

6. O dissenso entre as posições das autoridades de controlo principal e interessadas desencadeia o mecanismo de coerência previsto nos artigos 63.º e seguintes.

Exceciona-se a aplicação do mecanismo de cooperação e consenso, à recusa ou rejeição, por parte de uma qualquer autoridade de controlo, de uma reclamação a si apresentada – não resultando daí qualquer medida a aplicar pela autoridade de controlo principal –, ainda que a(s) operação(ões) de tratamento tenha(m) âmbito transfronteiriço na EU. Nestes casos, a autoridade de controlo notificará os interessados nos termos do n.º 8 e da legislação nacional.

---

[510] Autoridades de controlo dos Estados-Membros onde o responsável pelo tratamento ou o subcontratante tem um estabelecimento, onde haja titulares de dados substancialmente afetados, atual ou potencialmente, pelas operações de tratamento em causa, ou onde foi apresentada a reclamação por um ou mais titulares (*vide* Art. 4.º, n.º 2; Considerando 124).

Caso a rejeição de uma reclamação seja parcial, pretende-se a obtenção de consenso entre a autoridade de controlo principal e a autoridade de controlo interessada, quer relativamente à matéria objeto de admissão e de rejeição, quer relativamente às medidas a adotar; tomando-se decisão em separado relativamente à matéria objeto de rejeição e à matéria que culmine em aplicação de uma qualquer medida, e repartindo-se entre as autoridades de controlo em causa as responsabilidades pelas notificações e aplicação de medidas aos interessados, nos termos do n.º 9.

7. Relativamente a tratamentos de dados pessoais na EU por estabelecimentos presentes em mais do que um Estado-Membro, prevê-se também que o responsável pelo tratamento e/ou o subcontratante não apenas dê(em) cumprimento à(s) medida(s) ordenada(s) pela autoridade de controlo principal quanto a todos os seus estabelecimentos, como o comuniquem à autoridade de controlo principal, a qual, por sua vez, o comunicará às autoridades de controlo interessadas, em linha com o previsto no art. 56.º, n.º 6.

Numa fase posterior à tomada de decisões, o mecanismo de cooperação pode revestir, nomeadamente, a forma de pedidos de monitorização, à autoridade de controlo local, de responsáveis pelo tratamento ou subcontratantes estalecidos no território desta (nos termos do art. 61.º).

8. Prevê-se ainda a possibilidade de operações conjuntas nos termos do artigo 62.º, como sejam as investigações em conjunto ou a monitorização da execução de medidas sobre responsáveis pelo tratamento ou subcontratantes no estabelecimento no Estado-Membro em questão.

Relativamente à troca de informações subjacente à cooperação prevista neste artigo, estas serã feitas por meios eletrónicos, utilizando um formato normalizado cujos requisitos ou especificações poderão ser estabelecidos pela Comissão Europeia ao abrigo do art. 67.º.

Para a definição de "estabelecimento principal", *vide* art. 4.º, al. 16).

Como se verá dos requisitos previstos nos artigos 64.º e 65.º, o mecanismo de cooperação opera paralelamente ou independentemente do procedimento de controlo da coerência, que poderá não ser despoletado nem aplicável. Isto mesmo é sublinhado, no Considerando 138 RGPD, em que o legislador declara que nos "*casos com dimensão transfronteiras, deverá ser aplicado o procedimento de cooperação entre a autoridade de controlo principal e as autoridades de controlo interessadas e a assistência mútua e as operações conjuntas poderão ser realizadas entre as autoridades de controlo interessadas, bilateral ou multilateralmente, sem desencadear o procedimento de controlo da coerência.*"

9. Em circunstâncias excecionais, e considerando necessário e urgente tomar medidas na defesa dos direitos fundamentais dos titulares dos dados no seu território, uma autoridade de controlo interessada poderá adotar medidas provisórias, antes de iniciar ou concluir o procedimento previsto neste artigo 60.º, por um período não superior a 3 meses, nos termos do art.º 66.º.

(*Catarina Pina Gonçalves*)

ARTIGO 61.º
Assistência mútua

1. As autoridades de controlo prestam entre si informações úteis e assistência mútua a fim de executar e aplicar o presente regulamento de forma coerente, e tomam as medidas para cooperar eficazmente entre si. A assistência mútua abrange, em especial, os pedidos de informação e as medidas de controlo, tais como os pedidos de autorização prévia e de consulta prévia, bem como de inspeção e de investigação.

2. As autoridades de controlo tomam todas as medidas adequadas que forem necessárias para responder a um pedido de outra autoridade de controlo sem demora injustificada e, o mais tardar, um mês após a receção do pedido. Essas medidas podem incluir, particularmente, a transmissão de informações úteis sobre a condução de uma investigação.

3. Os pedidos de assistência incluem todas as informações necessárias, nomeadamente a finalidade e os motivos do pedido. As informações trocadas só podem ser utilizadas para a finalidade para que tiverem sido solicitadas.

4. A autoridade de controlo requerida não pode indeferir o pedido, a não ser que:

a) Não seja competente relativamente ao assunto do pedido ou às medidas cuja execução lhe é pedida; ou

b) Dar seguimento ao viole o presente regulamento ou o direito da União ou do Estado-Membro ao qual a autoridade de controlo que recebe o pedido está sujeita.

5. A autoridade de controlo requerida informa a autoridade de controlo requerente dos resultados obtidos ou, consoante o caso, do andamento do pedido ou das medidas tomadas para lhe dar resposta pedido. A autoridade de controlo requerida indica os motivos de indeferimento de um pedido por força do n.º 4.

6. As autoridades de controlo requeridas fornecem, em regra, as informações solicitadas por outras autoridades de controlo por meios eletrónicos, utilizando um formato normalizado.

7. As autoridades de controlo requeridas não cobram taxas pelas medidas por elas tomadas por força de pedidos de assistência mútua. As autoridades de controlo podem acordar regras para a indemnização recíproca de despesas específicas decorrentes da prestação de assistência mútua em circunstâncias excecionais.

8. Quando uma autoridade de controlo não prestar as informações referidas no n.º 5 do presente artigo no prazo de um mês a contar da receção do pedido apresentado por outra autoridade de controlo, a autoridade de controlo requerente pode adotar uma medida provisória no território do respetivo Estado-Membro nos termos do artigo 55.º, n.º 1. Nesse caso, presume-se que é urgente intervir, nos termos do artigo 66.º, n.º 1, e solicitar uma decisão vinculativa urgente ao Comité, nos termos do artigo 66.º, n.º 2.

9. A Comissão pode especificar, por meio de atos de execução, o formato e os procedimentos para a assistência mútua referidos no presente artigo, bem como as regras de intercâmbio por meios eletrónicos de informações entre as autoridades de controlo e entre estas e o Comité, nomeadamente o formato normalizado referido no n.o 6 do presente artigo. Os referidos atos de execução são adotados pelo procedimento de exame a que se refere o artigo 93.º, n.º 2.

COMENTÁRIO:

1. A assistência mútua, com o objetivo de aplicação coerente do RGPD, tomará essencialmente a forma de pedidos de informação – incluindo relativamente a uma investigação conduzida pela autoridade de controlo destinatária do pedido –; e de medidas de controlo, aqui se incluindo os pedidos de autorização prévia, de consulta prévia, de inspeção e de investigação. Relativamente a estas últimas, trata-se de solicitar à autoridade de controlo destinatária do pedido que exerça os seus poderes, conforme à lei, no seu território, atendendo à limitação de atuação pela autoridade de controlo do outro Estado-Membro, decorrente da própria soberania dos Estados.[511]

---

[511] Neste sentido, sobre o exercício dos poderes da autoridade na vertente sancionatória, *vide* Acórdão do TJUE de 01.10.2015, Processo C-230/14 ("Weltimmo s. r. o. contra Nemzeti Adatvédelmi és Információszabadság Hatóság"), pontos 56 e 57.

2. O mecanismo de assistência mútua, já previsto na Diretiva 95/46/CE,[512] é agora reforçado pela menção expressa a outras formas de cooperação para além do fornecimento de informações úteis, e pelo estabelecimento de prazos e procedimentos com vista à sua eficácia.

Assim, requer-se às autoridades de controlo que respondam aos pedidos de assistência *"sem demora injustificada e, o mais tardar, um mês após a receção do pedido"*, aplicando as medidas que para tal sejam necessárias.

A autoridade de controlo apenas poderá indeferir o pedido de assistência com fundamento na falta de competência para o objeto do pedido ou no facto de a assistência solicitada[513] implicar a violação de lei, nacional ou da União.

Os pedidos de assistência deverão especificar não apenas as informações e medidas pretendidas, mas também incluir *"as informações necessárias, nomeadamente a finalidade e os motivos do pedido"*.

3. A autoridade destinatária do pedido de assistência não poderá cobrar quaisquer taxas pela prestação de informação e/ou realização das medidas solicitadas, nem, por maioria de razão, pela apreciação e decisão sobre os pedidos recebidos. As autoridades de controlo poderão, contudo, acordar os termos em que, a título excecional, haverá lugar ao reembolso ou indemnização por despesas determinadas incorridas na prestação da assistência.

4. A autoridade de controlo destinatária do pedido deverá informar a autoridade de controlo requerente do resultado da sua atuação ou das medidas tomadas ou em curso, ou das razões de indeferimento do pedido. Caso não o faça no prazo de um mês a contar da receção do pedido, a autoridade de controlo requerente poderá adotar uma medida provisória no seu próprio território, presumindo-se a urgência nos termos do artigo 66.º, n.º 1. A autoridade de controlo requerente poderá ainda solicitar uma decisão vinculativa urgente ao Comité, nos termos do artigo 66.º, n.º 2 e 3, a qual será deliberada no prazo de duas semanas, por maioria simples dos membros do comité (*vide* n.º 4 do art. 66.º), i.e. em prazo mais curto e por maioria menos reforçada do que os previstos inicialmente no art. 65.º.[514]

---

[512] Art. 28.º, n.ºs 6 e 7.
[513] Falta, à versão Portuguesa do RGPD, na redação da alínea b) do n.º 4 do art. 61.º, a palavra "pedido", devendo ler-se "Dar seguimento ao pedido viole..."; lapso material que não consta da Retificação, em versão portuguesa, publicada em JO L 127/2 de 23-05-2018.
[514] Com efeito, o art. 65.º permite quer a prorrogação do referido prazo, quer a possibilidade de adoção da decisão por maioria simples (n.º 3).

5. A Comissão Europeia poderá especificar o formato e os procedimentos para a assistência mútua, bem como o formato normalizado por meios eletrónicos em que, em regra, será realizado o intercâmbio de informações. Estes atos de execução da Comissão serão adotados mediante o procedimento de exame e com a assistência de um comité [*vide* n.º 9, art. 67.º, art. 93.º e arts. 3.º e 5.º do Regulamento (EU) n.º 182/2011, de 16.02.2011].

(*Catarina Pina Gonçalves*)

ARTIGO 62.º
Operações conjuntas das autoridades de controlo

1. As autoridades de controlo conduzem, sempre que conveniente, operações conjuntas, incluindo investigações e medidas de execução conjuntas nas quais participem membros ou pessoal das autoridades de controlo de outros Estados-Membros.

2. Nos casos em que o responsável pelo tratamento ou o subcontratante tenha estabelecimentos em vários Estados--Membros ou nos casos em que haja um número significativo de titulares de dados em mais do que um Estado-Membro que sejam suscetíveis de ser substancialmente afetados pelas operações de tratamento, uma autoridade de controlo de cada um desses Estados-Membros tem direito a participar nas operações conjuntas. A autoridade de controlo competente nos termos do artigo 56.º, n.º 1 ou n.º 4, convida a autoridade de controlo de cada um desses Estados-Membros a participar nas operações conjuntas e responde sem demora ao pedido de um autoridade de controlo para participar.

3. As autoridades de controlo podem, nos termos do direito do seu Estado-Membro, e com a autorização da autoridade de controlo de origem, conferir poderes, nomeadamente poderes de investigação, aos membros ou ao pessoal da autoridade de controlo de origem implicados nas operações conjuntas ou, na medida em que o direito do Estado--Membro da autoridade de controlo de acolhimento o permita, autorizar os membros ou o pessoal da autoridade de controlo de origem a exercer os seus poderes de investigação nos termos do direito do Estado-Membro da autoridade de controlo de origem. Esses poderes de investigação podem ser exercidos apenas sob a orientação e na presença de membros ou pessoal da autoridade de controlo de acolhimento. Os membros ou

pessoal da autoridade de controlo de origem estão sujeitos ao direito do Estado-Membro da autoridade de controlo de acolhimento.

4. Se, nos termos do n.º 1, o pessoal da autoridade de controlo de origem exercer atividades noutro Estado-Membro, o Estado-Membro da autoridade de controlo de acolhimento assume a responsabilidade pelos seus atos, incluindo a responsabilidade por quaisquer danos por ele causados no decurso de tais atividades, de acordo com o direito do Estado--Membro em cujo território atuam.

5. O Estado-Membro em cujo território forem causados os danos indemniza-os nas condições aplicáveis aos danos causados pelo seu próprio pessoal. O Estado-Membro da autoridade de controlo de origem cujo pessoal tenha causado danos a qualquer pessoa no território de outro Estado-Membro reembolsa integralmente esse outro Estado-Membro das somas que tenha pago aos seus representantes legais.

6. Sem prejuízo do exercício dos seus direitos perante terceiros e com exceção do disposto no n.º 5, cada Estado--Membro renuncia, no caso previsto no n.º 1, a solicitar a outro Estado-Membro o reembolso do montante dos danos referido no n.º 4.

7. Sempre que se tencione efetuar uma operação conjunta e uma autoridade de controlo não cumprir, no prazo de um mês, a obrigação estabelecida n.º 2, segunda frase, do presente artigo, as outras autoridades de controlo podem adotar uma medida provisória no território do respetivo Estado-Membro em conformidade com o artigo 55.º. Nesse caso, presume-se que é urgente intervir, nos termos do artigo 66.º, n.º 1, e solicitar um parecer ou uma decisão vinculativa urgente ao Comité, nos termos do artigo 66.º, n.º 2.

COMENTÁRIO:

1. As operações conjuntas terão lugar quando o responsável pelo tratamento ou o subcontratante tenha estabelecimentos[515] em mais do que um Estado--Membro ou quando *"haja um número significativo de titulares de dados em mais do*

---

[515] Sobre o conceito de estabelecimento, remetemos para o Acórdão TJUE de 13.05.2014, Proc. C-131/12 ("Google Spain, SL e Google Inc. contra AEPD e Mário Costeja Gonzalez"), no seu ponto n.º 48: *"...o Considerando 19 no preâmbulo da Diretiva 95/46 declara que 'o estabelecimento no território de um Estado-membro pressupõe o exercício efetivo e real de uma actividade mediante uma instalação estável' e que 'a forma jurídica de tal estabelecimento, quer se trate de uma simples sucursal ou de uma filial com personalidade jurídica, não é determinante'."*

que um Estado-Membro suscetíveis de ser substancialmente afetados pelas operações de tratamento".

2. Deve a autoridade de controlo competente, nos termos do artigo 56.º, n.º 1 ou n.º 4, convidar as autoridades de controlo de tais Estados-Membros a participar nas operações, cabendo a estas, por sua vez, responder *"sem demora"* a tal convite. Em caso de incumprimento, pela autoridade de controlo competente, da obrigação de convidar as demais autoridades de controlo, no prazo de um mês,[516] estas poderão adotar uma medida provisória no seu próprio território, presumindo-se a urgência e devendo cumprir-se o previsto no artigo 66.º, n.º 1. Estas poderão ainda solicitar um parecer vinculativo urgente ou decisão vinculativa urgente ao Comité, nos termos do artigo 66.º, n.º 2 e 3, a qual será deliberada no prazo de duas semanas, por maioria simples dos membros do Comité (*vide* n.º 4 do art. 66.º), i.e. em prazo mais curto e por maioria menos reforçada do que os regimes-regra previstos nos arts. 64.º e 65.º.

3. A implementação do mecanismo de cooperação na vertente de operações conjuntas, designadamente quando materializadas em participação em investigações realizadas ou processos contra-ordenacionais instruídos pela CNPD, depende de lei interna habilitante.[517] Não obstante o disposto nos artigos Art. 7.º, n.º 6, e 8.º, n.ºs 3 e 4 CRP, designadamente a força de lei do RGPD no ordenamento jurídico português, a legislação interna deverá definir os contornos em que tal colaboração, sob a forma de operações conjuntas no território nacional, ao abrigo de poderes de autoridade e envolvendo entidades terceiras, deverá ocorrer.[518] É este, de resto, o sentido do n.º 3 deste artigo.

4. Prevê-se a aplicação da lei interna no decurso das operações, bem como a responsabilidade, em primeira linha, da autoridade de controlo do Estado-Membro de acolhimento, por atos ilícitos de, e danos causados por funcioná-

---

[516] Que entendemos contar-se a partir da data de início de diligências de investigação ou instrução.
[517] No que respeita à atuação a pedido, a habilitação da CNPD resulta não apenas do RGPD, com força de lei, como do artigo 21.º n.º 3 da Lei n.º 67/98, de 26.10, ainda em vigor.
[518] Já não será assim no que respeita à colaboração materializada na troca de informações, atendendo à força de lei do RGPD e às salvaguardas nele previstas, nomeadamente no que respeita à obrigação de sigilo dos funcionários das autoridades de controlo e ao uso da informação apenas para o fim designado; que, de resto, já decorriam da Diretiva 95/46 EC e da Lei n.º 67/98, de 26.10.

rios da autoridade do Estado-Membro de origem no decurso das operações, com direito de regresso sobre este último apenas no que respeita a encargos com a representação legal ou patrocínio por advogado. Com efeito, nos termos do n.º 6, os Estados-Membros renunciam ao reembolso dos danos que tenham ressarcido, não se distinguindo nesta disposição, nomeadamente a existência de culpa na condução das atividades, desobediência a ordens ou instruções recebidas pelo agente do ato ou grau de culpa deste.[519]

(*Catarina Pina Gonçalves*)

SECÇÃO 2
Coerência

ARTIGO 63.º
Procedimento de controlo da coerência

A fim de contribuir para a aplicação coerente do presente regulamento em toda a União, as autoridades de controlo cooperam entre si e, quando for relevante, com a Comissão, através do procedimento de controlo da coerência previsto na presente secção.

COMENTÁRIO:
O procedimento de controlo da coerência visa a uniformidade de aplicação do RGPD nos Estados-Membros, estabelecendo mecanismos de cooperação e resolução de dissensões entre autoridades de controlo.

Estes mecanismos ou procedimentos assentam fundamentalmente nas atribuições conferidas ao Comité Europeu de Proteção de Dados, devendo os Estados-Membros criar condições, nomeadamente através de legislação adequada e recursos financeiros, para a efetiva participação e colaboração das suas autoridades de controlo nos mecanismos de controlo da coerência, assistência mútua e operação conjunta (*vide* artigos 51.º, n.º 2 e 3; 64.º a 66.º; e 68.º a 76.º; Considerandos 119 a 122, 129, 136 e 139).

---

[519] Em contraste com o que resulta do art. 271.º CRP; dos artigos 165.º e 500.º, *ex vi* do art. 501.º do Código Civil; e do art. 8.º do Regime da Responsabilidade Civil Extracontratual do Estado e demais Entidades Públicas, aprovado pela Lei n.º 67/2017, de 31.12.2017 (e suas posteriores alterações).

O propósito do procedimento de controlo da coerência encontra-se explicado no Considerando 135: "A fim de assegurar a aplicação coerente do presente regulamento em toda a União, deverá ser criado um procedimento de controlo da coerência e para a cooperação entre as autoridades de controlo. Esse procedimento deverá ser aplicável, nomeadamente, quando uma autoridade de controlo tenciona adotar uma medida que vise produzir efeitos legais em relação a operações de tratamento que afetem substancialmente um número significativo de titulares de dados em vários Estados-Membros. Deverá aplicar-se igualmente sempre que uma autoridade de controlo interessada, ou a Comissão, solicitar que essa matéria seja tratada no âmbito do procedimento de controlo da coerência. Esse procedimento não deverá prejudicar medidas que a Comissão possa tomar no exercício das suas competências nos termos dos Tratados."

(Catarina Pina Gonçalves)

ARTIGO 64.º
Parecer do Comité

1. O Comité emite parecer sempre que uma autoridade de controlo competente tenha a intenção de adotar uma das medidas a seguir enunciadas. Para esse efeito, a autoridade de controlo competente envia o projeto de decisão ao Comité, quando esta:

a) Vise a adoção de uma lista das operações de tratamento sujeitas à exigência de proceder a uma avaliação do impacto sobre a proteção dos dados, nos termos do artigo 35.º, n.º 4;

b) Incida sobre uma questão, prevista no artigo 40.º, n.º 7, de saber se um projeto de código de conduta ou uma alteração ou aditamento a um código de conduta está em conformidade com o presente regulamento;

c) Vise aprovar os requisitos de acreditação de um organismo nos termos do artigo 41.º, n.º 3, de um organismo de certificação nos termos do artigo 43.º, n.º 3, ou os critérios de certificação previstos no artigo 42.º, n.º 5[520];

d) Vise determinar as cláusulas-tipo de proteção de dados referidas no artigo 46.º, n.º 2, alínea d), e no artigo 28.º, n.º 8;

e) Vise autorizar as cláusulas contratuais previstas no artigo 46.º, n.º 3, alínea a); ou

---

[520] Retificação publicada em JO L 119 de 4.5.2016.

f) Vise aprovar regras vinculativas aplicáveis às empresas na aceção do artigo 47.º.

2. As autoridades de controlo, o presidente do Comité ou a Comissão podem solicitar que o Comité analise qualquer assunto de aplicação geral ou que produza efeitos em mais do que um Estado-Membro, com vista a obter um parecer, nomeadamente se a autoridade de controlo competente não cumprir as obrigações em matéria de assistência mútua previstas no artigo 61.º ou de operações conjuntas previstas no artigo 62.º.

3. Nos casos referidos nos n.ºs 1 e 2, o Comité emite parecer sobre o assunto que lhe é apresentado, a não ser que tenha já antes emitido parecer sobre o mesmo assunto. Esse parecer é adotado no prazo de oito semanas por maioria simples dos membros que compõem o Comité. Esse prazo pode ser prorrogado por mais seis semanas, em virtude da complexidade do assunto em apreço. Para efeitos do projeto de decisão referido no n.º 1 e enviado aos membros do Comité nos termos do n.º 5, considera-se que os membros que não tenham levantado objeções dentro de um prazo razoável fixado pelo presidente estão de acordo com o projeto de decisão.

4. As autoridades de controlo e a Comissão comunicam sem demora injustificada, por via eletrónica, ao Comité, utilizando um formato normalizado, as informações que forem pertinentes, incluindo, consoante o caso, um resumo dos factos, o projeto de decisão, os motivos que tornam necessário adotar tal medida, bem como as posições das outras autoridades de controlo interessadas.

5. O presidente do Comité informa sem demora injustificada, por via eletrónica:

a) Os membros do Comité e a Comissão de quaisquer informações pertinentes que lhe tenham sido comunicadas, utilizando um formato normalizado. Se necessário, o Secretariado do Comité fornece traduções das informações pertinentes; e

b) A autoridade de controlo referida, consoante o caso, nos n.ºs 1 e 2 e a Comissão do parecer e torna-o público.

6. As autoridades de controlo competentes referidas no n.º 1 não adotam os projetos de decisão no decurso do prazo referido no n.º 3[521].

---

[521] Retificação publicada em JO L 119 de 4.5.2016.

7. As autoridades de controlo competentes referidas no n.º 1 têm na melhor conta o parecer do Comité e, no prazo de duas semanas a contar da receção do parecer, comunica por via eletrónica ao presidente do Comité se tenciona manter ou alterar o projeto de decisão e, se existir, o projeto de decisão alterado, utilizando um formato normalizado.[522]

8. Quando as autoridades de controlo competentes referidas no n.º 1 informarem o presidente do Comité, no prazo referido no n.º 7 do presente artigo, de que não têm intenção de seguir o parecer do Comité, no todo ou em parte, apresentando os motivos pertinentes de tal decisão, aplica-se o artigo 65.º, n.º 1[523].

COMENTÁRIO:

1. Sempre que pretendam exercer as competências previstas no n.º 1, as autoridades de controlo devem remeter ao Comité os elementos pertinentes ao abrigo do n.º 4, para que este emita parecer. Trata-se de um pedido obrigatório de parecer pela autoridade de controlo, por contraposição ao parecer previsto no n.º 2, a pedido de uma autoridade de controlo, do presidente do Comité ou da Comissão Europeia por livre iniciativa destes.

2. A imperatividade prevista no n.º 1 justifica-se por razões de uniformização da aplicação do RGPD, embora o parecer a emitir não tenha caráter vinculativo. O mecanismo de coerência contém, porém, um incentivo ao conformismo com este parecer, pois este é prenúncio de uma possível decisão vinculativa do Comité para esta autoridade de controlo, resultante do procedimento de "*resolução de litígios*" previsto no art. 65.º n.º 1, al. c), segunda parte. Assim, e não obstante as garantias de audição da autoridade de controlo em questão durante o procedimento, quanto aos seus motivos e fundamentos, espera-se desta, no âmbito do mecanismo de controlo da coerência, que se conforme com o sentido do parecer emitido pelo Comité.

3. Ao abrigo deste art. 64.º, as decisões das autoridades de controlo relativas às seguintes matérias, passam assim, pelo crivo obrigatório e pelo parecer do Comité:

– Elaboração e publicação, pelas autoridades de controlo, de listas de operações de tratamento sujeitas a avaliação do impacto (art. 35.º, n.º 4);

---

[522] Retificação publicada em JO L 119 de 4.5.2016.
[523] Retificação publicada em JO L 119 de 4.5.2016.

- Decisão, pelas autoridades de controlo, sobre a conformidade de um projeto de código de conduta ou sua alteração ou aditamento (art. 40.º, n.º 7);
- Aprovação, pelas autoridades de controlo, de requisitos de acreditação de um organismo de certificação, ou determinação de critérios de certificação (art. 41.º, n.º 3, e art. 43.º, n.º 3);
- Adoção, pelas autoridades de controlo, de cláusulas-tipo de proteção de dados [art.46.º, n.º 2, al. d), e art. 28.º, n.º 8];
- Autorização de cláusulas contratuais, como garantia adequada no quadro da transferência de dados pessoais para países terceiros ou organizações internacionais [art. 46.º, n.º 3, al. a)];
- Aprovação de regras vinculativas aplicáveis às empresas como garantia adequada no quadro da transferência de dados pessoais para países terceiros ou organizações internacionais (art. 47.º).

4. Para efeitos de emissão do parecer, a autoridade de controlo em causa envia o seu projeto de decisão ao Comité e as demais informações pertinentes, nomeadamente as enunciadas no n.º 4, esperando-se que a autoridade de controlo tenha assegurado os necessários mecanismos de cooperação decorrentes dos artgos 28.º, n.º 8; 40.º, n.º 7; 43.º, n.º 3; 56.º; 60.º e 61.º. O Presidente do Comité, assessorado pelo Secretariado do Comité, enviará os elementos pertinentes a todos os membros do Comité nos termos do n.º 5, fixando um prazo razoável para que estes possam suscitar objeções; presumindo-se, do silêncio dos membros do Comité, o acordo quanto ao projeto de decisão apresentado pela autoridade de controlo.

5. Salvo se já se tiver pronunciado sobre a mesma matéria, o Comité emite parecer no prazo de oito semanas, deliberando por maioria simples dos membros que o compõem (cfr. art. 68.º, n.ºs 3 a 6; em linha com a regra geral de maioria requerida para as deliberações do Comité, nos termos do art. 72.º, n.º 1, embora, neste caso, como referido, do silêncio se presume voto favorável). Em matéria cuja complexidade o justifique, o prazo para a emissão do parecer poderá ser prorrogado por mais seis semanas, mediante decisão do Presidente ou a pedido de 1/3 dos membros do Comité.[524]

Até ao termo do prazo aplicável para a emissão do parecer, a autoridade de controlo em questão fica inibida de decidir sobre o objeto do parecer (n.º 6). *A contrario sensu*, a autoridade de controlo poderá adotar o seu projeto de decisão

---

[524] Art. 10.º, n.º 4, das Regras Procedimentais do Comité, adotadas em 25.05.2018.

caso porventura, decorrido o referido prazo, o Comité não emita parecer. Para a operacionalidade deste preceito, será, portanto necessário que o Presidente do Comité comunique à autoridade de controlo o prazo por ele fixado e a sua eventual prorrogação.

6. Após emissão do parecer, o Presidente do Comité comunica-o à autoridade de controlo e à Comissão Europeia, procedendo à sua publicação, no respetivo sítio da Internet[525]. No que respeita a códigos de conduta e suas alterações, havendo parecer favorável do Comité, os respetivos projetos serão ainda sujeitos a aprovação da Comissão Europeia nos termos do n.º 8 do art. 40.º; ficando o Comité responsável pelo respetivo registo e, como se disse, publicação (art. 40.º, n.º 11). O Comité tem, assim, o papel de assegurar a disponibilização de documentos ao público de forma a facilitar não apenas o cumprimento uniforme do RGPD, mas também do direito interno dos Estados-Membros, em execução e em conformidade com o RGPD.

7. Estabelece-se a obrigação de a autoridade de controlo, após ter analisado o parecer do Comité, comunicar a este, no prazo de duas semanas, se tenciona manter ou alterar o seu projeto de decisão enviando o referido projeto alterado, bem como os motivos pertinentes para não seguir o sentido do parecer, no todo ou em parte, se for o caso. Neste último caso, seguir-se-á o procedimento previsto no artigo 65.º, tendente ao proferimento de decisão vinculativa pelo Comité.

8. As comunicações previstas neste artigo serão feitas por via eletrónica usando o formato normalizado cujas especificações poderão ser fixadas pela Comissão (art. 67.º).

Caso seja interposto recurso judicial da decisão tomada da autoridade de controlo, esta está obrigada a apresentar ao Tribunal o teor do parecer previamente emitido pelo Comité (art. 78.º, n.º 4).

9. Em circunstâncias excecionais, e considerando necessário e urgente tomar medidas na defesa dos direitos fundamentais dos titulares dos dados no seu território, uma autoridade de controlo interessada poderá adotar medidas provisórias antes de iniciado ou concluído o procedimento previsto neste art.64.º, por

---

[525] Art. 38.º, n.º 1, das Regras Procedimentais do Comité Europeu para a Proteção de Dados, adotadas em 25.05.2018.

um eríodo não superior a 3 meses, nos termos do art. 66.º. Caso esta não se afigure suficiente, a autoridade de controlo interessada poderá subsequentemente solicitar a emissão de parecer urgente ao Comité (vide art. 66.º, n.º 2).

(Catarina Pina Gonçalves)

ARTIGO 65.º
Resolução de litígios pelo Comité

1. A fim de assegurar a aplicação correta e coerente do presente regulamento em cada caso, o Comité adota uma decisão vinculativa nos seguintes casos:

a) Quando, num dos casos referidos no artigo 60.º, n.º 4, a autoridade de controlo interessada tiver suscitado uma objeção pertinente e fundamentada a um projeto de decisão da autoridade de controlo principal e esta não tiver seguido a objeção ou tiver rejeitado essa objeção por carecer de pertinência ou de fundamento[526]. A decisão vinculativa diz respeito a todos os assuntos sobre que incida a referida objeção pertinente e fundamentada, sobretudo à questão de saber se há violação do presente regulamento;

b) Quando haja posições divergentes sobre a questão de saber qual das autoridades de controlo interessadas é competente para o estabelecimento principal;

c) Quando a autoridade de controlo competente não solicitar o parecer do Comité nos casos referidos no artigo 64.º, n.º 1, ou não seguir o parecer do Comité emitido nos termos do artigo 64.º. Nesse caso, qualquer autoridade de controlo interessada, ou a Comissão, pode remeter o assunto para o Comité.

2. A decisão a que se refere o n.º 1 é adotada por maioria de dois terços dos membros do Comité, no prazo de um mês a contar da data em que o assunto lhe é remetido. Este prazo pode ser prorrogado por mais um mês em virtude da complexidade do assunto em apreço. A decisão referida no n.º 1 é fundamentada e dirigida à autoridade de controlo principal, bem

---

[526] Retificação publicada em JO L 119 de 4.5.2016.

como a todas as autoridades de controlo interessadas, e é vinculativa para as partes.

3. Se não o puder fazer nos prazos referidos no n.º 2, o Comité adota a decisão no prazo de duas semanas a contar do termo do segundo mês a que se refere o n.º 2, por maioria simples dos membros que o compõem. Se houver empate na votação, a decisão é adotada pelo voto qualificado do presidente.

4. As autoridades de controlo interessadas não adotam decisão sobre a matéria submetida à apreciação do Comité nos termos do n.º 1 enquanto estiver a decorrer o prazo referido nos n.ºs 2 e 3.

5. O presidente do Comité informa, sem demora injustificada, as autoridades de controlo interessadas da decisão a que se refere o n.º 1. Do facto informa a Comissão. A decisão é imediatamente publicada no sítio *web* do Comité, depois de a autoridade de controlo ter notificado a decisão final a que se refere o n.º 6.

6. Sem demora injustificada e o mais tardar um mês depois de o Comité ter notificado a sua decisão, a autoridade de controlo principal ou, consoante o caso, a autoridade de controlo à qual tiver sido apresentada a reclamação adota a decisão final com base na decisão a que se refere o n.º 1 do presente artigo. A autoridade de controlo principal ou, consoante o caso, a autoridade de controlo à qual tiver sido apresentada a reclamação, informa o Comité da data em que a decisão final é notificada, respetivamente, ao responsável pelo tratamento ou ao subcontratante e ao titular. A decisão final das autoridades de controlo interessadas é adotada nos termos do artigo 60.º, n.ºs 7, 8 e 9. A decisão final remete para a decisão a que se refere o n.o 1 do presente artigo e especifica que a decisão referida no n.º 1 é publicada no sítio web do Comité nos termos do n.º 5 do presente artigo. A decisão final é acompanhada da decisão a que se refere o n.º 1 do presente artigo.

COMENTÁRIO:

1. O Comité *"deverá emitir, em princípio por maioria de dois terços dos seus membros, decisões vinculativas em casos claramente definidos em que as autoridades de controlo tenham posições contraditórias, em especial no âmbito da cooperação entre a autoridade de controlo principal e as autoridades de controlo interessadas, a respeito da questão de fundo, designadamente se há violação do presente regulamento"*. (Considerando 136).

2. Assim, as decisões vinculativas constituirão decisão final (administrativa)[527] relativamente às seguintes matérias:

– pertinência e fundamento da objeção suscitada por uma autoridade de controlo interessada, e verificação da eventual violação do RGPD[528], quando a autoridade de controlo principal não acolha tal objeção nos casos previstos no art. 60.º, n.º 4 [al. a) do n.º 1];
– em caso de conflito de competências, quanto à determinaça da autoridade de controlo principal [al. b) do n.º 1];
– a requerimento da autoridade de controlo interessada ou da Comissão caso uma autoridade de controlo não requeira o parecer obrigatório do Comité nos termos do artigo 64.º, n.º 1 [al. c) do n.º 1, primeira parte].
– quando a autoridade de controlo competente não siga o sentido do parecer emitido nos termos do artigo 64.º [al. c) do n.º 2, primeira parte]. Neste caso, prevê-se a possibilidade de uma autoridade de controlo interessada ou de a Comissão remeter o assunto para o Comité; devendo também o Comité, tomando conhecimento de tal facto ao abrigo do art. 64.º, n.º 7, proceder à emissão de decisão vinculativa por iniciativa própria, nos termos do art. 64.º, n.º 7 e art. 70.º, n.º 1, proémio e al. t).

3. Prevê-se um prazo alargado de um mês, com possibilidade de prorrogação por igual período em assuntos de maior complexidade,[529] e uma maioria qualificada de dois terços dos seus membros para a respetiva deliberação pelo Comité. Porém, caso, não seja possível ao Comité, seja por que motivo for, o fazer naqueles prazos, a decisão vinculativa será tomada pela maioria simples dos membros do Comité no prazo de duas semanas. Requer-se a efetiva emissão de voto por

---

[527] Como recorda o Considerando 143, *"Todas as pessoas singulares ou coletivas têm o direito de interpor recurso de anulação das decisões do Comité para o Tribunal de Justiça nas condições previstas no artigo 263.º do TFUE. Enquanto destinatárias dessas decisões, as autoridades de controlo interessadas que as pretendam contestar têm de interpor recurso no prazo de dois meses a contar da sua notificação, em conformidade com o artigo 263.º do TFUE. Se as decisões do Comité disserem direta e individualmente respeito a um responsável pelo tratamento, um subcontratante ou ao autor da reclamação, este pode interpor recurso de anulação dessas decisões no prazo de dois meses a contar da sua publicação no sítio web do Comité, em conformidade com o artigo 263. do TFUE."*
[528] Recordem-se os requisitos da "objeção pertinente e fundamentada", constantes do ponto (24) do artigo 4.º RGPD.
[529] Mediante decisão do Presidente ou a pedido de 1/3 dos membros do Comité, nos termos do Art. 10.º, n.º 4, das Regras Procedimentais do Comité, adotadas em 25.05.2018.

parte de cada membro do Comité relativamente à matéria objeto de decisão,[530] conferindo-se voto de qualidade ao presidente, em caso de empate.

4. Até ao termo do prazo aplicável à emissão de decisão, as autoridades de controlo interessadas ficam inibidas de tomar decisões sobre matérias que serão objeto da decisão (n.º 4). *A contrario sensu*, poderão fazê-lo caso porventura, decorrido o referido prazo, o Comité não logre emiti-la. Para a operacionalidade deste preceito, será, portanto, necessário que o Presidente do Comité comunique às autoridades de controlo interessadas o prazo fixado para a emissão da decisão vinculativa. Igualmente, e caso a iniciativa para o efeito seja do Comité (art. 64.º n.º 8), caberá desde logo comunicar às autoridades de controlo interessadas que determinada matéria se encontra em apreciação pelo Comité para emissão de decisão.

5. A decisão vinculativa destina-se à autoridade de controlo principal, bem como a todas as autoridades de controlo interessadas. No prazo de um mês da notificação da autoridade de controlo competente sobre o teor da decisão vinculativa – e como a própria designação o indica – a autoridade de controlo competente deverá emitir decisão no sentido da decisão vinculativa do Comité; procedendo às notificações e comunicação referidas no n.º 6. Para a adoção da sua decisão final, a autoridade de controlo competente deverá observar o procedimento de cooperação entre autoridades de controlo previsto no art. 60.º, n.ºs 7, 8 e 9, constituindo este mecanismo um reforço do controlo do cumprimento com os termos da decisão vinculativa do Comité, e da harmonização na aplicação do RGPD. Após emissão da decisão final pela autoridade de controlo competente, a decisão do Comité – para a qual aquela deverá remeter – será publicada no sítio da Internet deste.

6. Em circunstâncias excecionais, e considerando necessário e urgente tomar medidas na defesa dos direitos fundamentais dos titulares dos dados no seu território, uma autoridade de controlo interessada poderá adotar desde logo medidas provisórias, antes de iniciado ou concluído o procedimento previsto neste art. 65.º, por um período não superior a 3 meses, nos termos do art. 66.º. Caso esta medida não se afigure suficiente, a autoridade de controlo interessada

---

[530] Por contraposição com o disposto no art. 64.º, n.º 3, de que o silêncio de um membro do Comité tem valor de voto favorável.

poderá subsequentemente solicitar a emissão, com carater urgente, de decisão vinculativa pelo Comité (*vide* art. 66.º, n.º 2).

(*Catarina Pina Gonçalves*)

ARTIGO 66.º
Procedimento de urgência

1. Em circunstâncias excecionais, quando a autoridade de controlo interessada considerar que é urgente intervir a fim de defender os direitos e liberdades dos titulares dos dados, pode, em derrogação do procedimento de controlo da coerência referido nos artigos 63.º, 64.º e 65.º ou do procedimento a que se refere o artigo 60.º, adotar imediatamente medidas provisórias destinadas a produzir efeitos legais no seu próprio território, válidas por um período determinado que não seja superior a três meses. A autoridade de controlo dá sem demora conhecimento dessas medidas e dos motivos que a levaram a adotá-la às outras autoridades de controlo interessadas, ao Comité e à Comissão.

2. Quando a autoridade de controlo tiver tomado uma medida nos termos do n.º 1 e considerar necessário adotar urgentemente medidas definitivas, pode solicitar um parecer urgente ou uma decisão vinculativa urgente ao Comité, fundamentando o seu pedido de parecer ou decisão.

3. As autoridades de controlo podem solicitar um parecer urgente ou uma decisão vinculativa urgente, conforme o caso, ao Comité, quando a autoridade de controlo competente não tiver tomado nenhuma medida adequada numa situação que exija uma iniciativa urgente para defender os direitos e liberdades dos titulares dos dados, apresentando os motivos por que pede parecer ou decisão, e por que há necessidade urgente de agir.

4. Em derrogação do artigo 64.º, n.º 3, e do artigo 65.º, n.º 2, os pareceres urgentes ou decisões vinculativas urgentes a que se referem os n.ºs 2 e 3 do presente artigo são adotados no prazo de duas semanas por maioria simples dos membros do Comité.

COMENTÁRIO:
1. A possibilidade de tomar medidas provisórias de urgência previamente ao cumprimento dos mecanismos previstos nos arts. 60.º, 64.º e 65.º revela a pre-

valência da efetiva defesa dos direitos, liberdades e garantias dos titulares dos dados, quando em risco perante a morosidade dos mecanismos de cooperação e controlo de coerência previstos no RGPD. O âmbito de ação espacial e temporal da autoridade de controlo interessada é o seu território nacional e três meses de validade da respetiva medida.

A autoridade de controlo em causa fica obrigada a informar *"sem demora"* as outras autoridades de controlo interessadas, o Comité e a Comissão Europeia da aplicação de medidas provisórios e dos motivos subjacentes à sua adoção.

2. A autoridade de controlo interessada pode requerer ao Comité a emissão urgente de parecer ou decisão vinculativa, fundamentando o seu pedido (n.º 2), nos seguintes casos:

– Subsequentemente à adoção de medida(s) provisória(s), quando considere, fundadamente, ser urgente a adoção de medidas definitivas, para a defesa dos direitos, liberdades e garantias dos titulares dos dados (n.º 2);
– Quando *"a autoridade de controlo competente não tiver tomado nenhuma medida adequada numa situação que exija uma iniciativa urgente para defender os direitos e liberdades dos titulares dos dados"* (n.º 3)

3. Os pareceres e decisões vinculativas urgentes do Comité são adotados no prazo de duas semanas por maioria simples dos membros do Comité.

(Catarina Pina Gonçalves)

ARTIGO 67.º
Troca de informações

A Comissão pode adotar atos de execução de aplicação geral a fim de especificar as regras de intercâmbio eletrónico de informações entre as autoridades de controlo e entre estas e o Comité, nomeadamente o formato normalizado referido no artigo 64.º. Os referidos atos de execução são adotados pelo procedimento de exame a que se refere o artigo 93.º, n.º 2.

COMENTÁRIO:
Não obstante as autoridades de controlo e o Comité poderem acordar, entre si, o formato padronizado das comunicações eletrónicas previstas nos artigos 60.º, n.º 12; 61.º, n.º 6, 64.º, n.ºs 4, 5 al. a) e 7 e decorrentes da aplicação dos arti-

gos 65.º e 66.º, pode a Comissão Europeia chamar a si esta competência (cfr. também art. 61.º, n.º 9). Trata-se do poder executivo da Comissão, nos termos previstos no art. 291.º TFUE, a exercer por meio do procedimento de exame e em regime de comité, tal como previsto nos artigos 3.º e 5.º do Regulamento (UE) n.º 182/2011 do Parlamento Europeu e do Conselho, de 16.02.2011.[531]

(Catarina Pina Gonçalves)

SECÇÃO 3
Comité europeu para a proteção de dados

ARTIGO 68.º
Comité Europeu para a Proteção de Dados

1. O Comité Europeu para a Proteção de Dados («Comité») é criado enquanto organismo da União e está dotado de personalidade jurídica.

2. O Comité é representado pelo seu presidente.

3. O Comité é composto pelo diretor de uma autoridade de controlo de cada Estado-Membro e da Autoridade Europeia para a Proteção de Dados, ou pelos respetivos representantes.

4. Quando, num determinado Estado-Membro, haja mais do que uma autoridade de controlo com responsabilidade pelo controlo da aplicação do presente regulamento, é nomeado um representante comum nos termos do direito desse Estado-Membro.

5. A Comissão tem o direito de participar nas atividades e reuniões do Comité, sem direito de voto. A Comissão designa um representante. O presidente do Comité informa a Comissão das atividades do Comité.

6. Nos casos referidos no artigo 65.º, a Autoridade Europeia para a Proteção de Dados apenas tem direito de voto nas decisões que digam respeito a princípios e normas aplicáveis às instituições, órgãos, organismos e agências da União que correspondam, em substância, às do presente regulamento.

---

[531] Que estabelece as regras e os princípios gerais relativos aos mecanismos de controlo pelos Estados-Membros do exercício das competências de execução pela Comissão, prevendo os dois tipos de procedimento.

COMENTÁRIO:

1. O RGPD institui o Comité Europeu para a Proteção de Dados, como entidade que *"deverá contribuir para a aplicação coerente do presente regulamento em toda a União, incluindo mediante o aconselhamento da Comissão, nomeadamente no que respeita ao nível de proteção em países terceiros ou em organizações internacionais, e mediante a promoção da cooperação das autoridades de controlo em toda a União. O Comité deverá ser independente na prossecução das suas atribuições"* (Considerando 139).

2. A natureza jurídica e atribuições do Comité resultam das disposições dos arts. 69.º e 70.º, respetivamente. A atribuição de personalidade jurídica a este organismo é um corolário do estatuto de independência e coerência que se pretende que o Comité tenha na aplicação do RGPD.

3. O Comité Europeu para a Proteção de Dados, sendo declaradamente o sucessor do Grupo de Trabalho do artigo 29.º da Diretiva 95/46/EC, tem poderes substancialmente alargados relativamente aos deste último, decorrentes dos objetivos mais ambiciosos do RGPD.[532] Há contudo, uma abordagem de continuidade: logo na sua primeira sessão plenária e como primeiro ponto da ordem de trabalhos, o Comité subscreveu todas as orientações emitidas pelo Grupo de Trabalho do Art. 29.º relativas ao RGPD, estando assim em vigor – i.e. refletindo a interpretação que o Comité faz do RGPD relativamente às matérias em foco – os seguintes atos do Grupo de Trabalho do Art. 29.º:

---

[532] O objetivo da Diretiva 46/95/CE era ampliar a proteção dos direitos e liberdades fundamentais dos indivíduos no que respeita à sua vida privada, especificamente no que respeita ao tratamento dos seus dados pessoais, e atenuar os obstáculos à livre circulação no mercado interno ou ao falseamento da concorrência que os diferentes regimes legais em matéria de proteção de dados pessoais, de cada Estado-Membro, poderiam constituir; no quadro do desenvolvimento tecnológico e crescente tratamento e fluxo de dados global (Considerandos 3 a 8 da Diretiva 46/95/CE); por meio da aproximação das legislações internas dos Estados-Membros. Era também reconhecido que, com a adoção do modelo de estandardização jurídica através de Diretiva – dando margem de manobra aos Estados-Membros para a aplicação de requisitos legais diferenciados em matéria de proteção de dados pessoais – verificar-se-iam disparidades na aplicação da Diretiva, naturalmente atenuados pela interpretação que o TJUE dela fizesse e pelas orientações emitidas pelo Grupo de Trabalho do art. 29.º. O mesmo sucedia relativamente aos poderes das autoridades de controlo, que efetivamente se revelaram mais amplos e de aplicação mais exigente em alguns Estados-Membros, e mais restritos ou de aplicação mais branda noutros. O RGDP, vem agora, mediante o estabelecimento de procedimentos de consulta obrigatória e decisão vinculativa (arts. 64.º e 65.º), condicionar a atuação das autoridades de controlo nacionais, no sentido da convergência na aplicação do RGPD.

- "Orientação sobre o Consentimento nos termos do Regulamento 2016/679" (WP259 rev.01), adotada em 28.11.2017 (última redação revista e adotada em 10.04.2018);
- "Orientação sobre a Transparência nos termos do Regulamento 2016/679" (WP260 rev.01), adotada em 29.11.2017 (última redação revista e adotada em 11.04.2018);
- "Orientação sobre Decisões Individuais Automatizadas e Definição de Perfis para efeitos do Regulamento 2016/679" (WP251 rev.01), adotada em 03.10.2017 (última redação revista e adotada em 06.02.2018);
- "Orientações sobre Notificação da Violação de Dados Pessoais nos termos do Regulamento 2016/679" (WP250 rev.01), adotadas em 03.10.2017 (última redação revista e adotada em 06.02.2018);
- "Orientações sobre o Direito à Portabilidade dos Dados nos termos do Regulamento 2016/679" (WP242 rev.01), adotadas em 13.12.2016 (última redação revista e adotada em 05.04.2017);
- "Orientações relativas à Avaliação de Impacto sobre a Proteção de Dados (AIPD) e que determinam se o tratamento é «suscetível de resultar num elevado risco» para efeitos do Regulamento (UE) 2016/679" (WP248 rev.01), adotadas em 04.04.2017 (última redação revista e adotada em 04.10.2017);
- "Orientações sobre os encarregados da proteção de dados (EPD)" (WP243 rev.01), adotadas em 13.12.2016 (última redação revista e adotada em 05.04.2017);
- "Orientações sobre a identificação da autoridade de controlo principal do responsável pelo tratamento ou do subcontratante" (WP244 rev.01), adotadas em 13.12.2016 (última redação revista e adotada em 05.04.2017);
- "Tomada de Posição sobre as derrogações à obrigação de manter registos das atividades de tratamento de dados para efeitos do artigo 30.º/5 RGPD" de 19.04.2018;
- "Documento de Trabalho Estabelecendo um Procedimento de Cooperação para a Aprovação de 'Regras Vinculativas Aplicáveis às Empresas' para Responsáveis pelo Tratamento e Subcontratantes nos termos do RGPD" (WP263 rev.01), adotado em 11.04.2018;
- "Recomendação sobre a Aplicação Padronizada para a Aprovaçao de Regras Vinculativas Aplicáveis às Empresas de Responsáveis pelo Tratamento para a Transferência de Dados Pessoais" (WP264), adotada em 11.04.2018;
- "Recomendação sobre a Aplicação Padronizada para a Aprovaçao de Regras Vinculativas Aplicáveis às Empresas de Subcontratantes para a Transferência de Dados Pessoais" (WP265), adotada em 11.04.2018;

– "Documento de Trabalho que Cria uma Tabela com os Elementos e os Princípios a constar das Regras Vinculativas para as Empresas" (WP256 rev.01), adotado em 28.11.2017 (última redação revista e adotada em 06.02.2018);
– "Documento de Trabalho que cria uma Tabela com os Elementos e os Princípios a constar das Regras Vinculativas para as Empresas Subcontratantes" (WP257 rev.01);
– "Documento de Referência Relativo à Adequação" (WP254 rev.01), adotado em 28.11.2017 (última redação revista e adotada em 06.02.2018);
– "Diretrizes de aplicação e fixação de coimas para efeitos do Regulamento 2016/679" (WP253), adotadas em 03.10.2017.

No âmbito das suas atribuições, o Comité emitiu também as seguintes Orientações:

– "Orientações 1/2018 sobre a certificação e identificação de critérios de certificação de acordo com os Artigos 42.º e 43.º do Regulamento 2016/679",, adotada em 25.05.2018 e
– "Orientações 2/2018 sobre as derrogações do Artigo 49.º nos termos do Regulamento 2016/679", adotada em 25.05.2018.
– "Orientações 3/2018 sobre o âmbito territorial do RGPD (artigo 3.º)" adotadas em 16.11.2018.

4. O Comité é constituindo pelo diretor ou representante de cada autoridade de controlo dos Estados-Membros, bem como da Autoridade Europeia para a Proteção de Dados, devendo ser nomeado um representante comum quando um Estado-Membro disponha de mais do que uma autoridade de controlo, *"para permitir a participação efetiva dessas autoridades no referido procedimentoo, a fim de assegurar uma cooperação rápida e fácil com outras autoridades de controlo, com o Comité e com a Comissão"* (Considerando 119).

A Comissão Europeia poderá participar das atividades do Comité, através de representante designado para o efeito, não tendo, contudo, direito de voto. Deve o presidente do Comité informar a Comissão Europeia sobre as suas atividades.

A Autoridade Europeia para a Proteção de Dados, também representada no Comité, terá direito de voto para as decisões previstas no artigo 65.º, em matérias que toquem as suas atribuições, i.e. quando estejam em causa princípios e normas aplicáveis às instituições, órgãos, organismos e agências da União.

(Catarina Pina Gonçalves)

ARTIGO 69.º
Independência

1. O Comité é independente na prossecução das suas atribuições ou no exercício dos seus poderes, nos termos dos artigos 70.º e 71.º.
2. Sem prejuízo dos pedidos da Comissão referidos no artigo 70.º, n.ºs 1 e 2, o Comité não solicita nem recebe instruções de outrem na prossecução das suas atribuições ou no exercício dos seus poderes.[533]

COMENTÁRIO:
A independência do Comité na prossecução da sua missão de promotor de uma aplicação coerente do RGPD pelos Estados-Membros da UE, sublinhada no Considerando 139 do RGPD, vê-se reforçada pela atribuição de personalidade jurídica nos termos do art. 68.º, n.º 1.

Com efeito, e sem prejuízo da obrigação de envolvimento da Comissão em determinadas atividades e da função de conselheiro ou consultor que detém junto deste órgão; pretende-se que o Comité não receba instruções dos órgãos políticos da UE.

(Catarina Pina Gonçalves)

ARTIGO 70.º
Atribuições do Comité

1. O Comité assegura a aplicação coerente do presente regulamento. Para o efeito, o Comité exerce, por iniciativa própria ou, nos casos pertinentes, a pedido da Comissão, as seguintes atividades:

a) Controla e assegura a correta aplicação do presente regulamento nos casos previstos nos artigos 64.º e 65.º, sem prejuízo das funções das autoridades nacionais de controlo;

b) Aconselha a Comissão em todas as questões relacionadas com a proteção de dados pessoais na União, nomeadamente em qualquer projeto de alteração ao presente regulamento;

c) Aconselha a Comissão sobre o formato e os procedimentos de intercâmbio de informações entre os responsáveis pelo tratamento, os sub-

---

[533] Retificação publicada em JO L 119 de 4.5.2016.

contratantes e as autoridades de controlo no que respeita às regras vinculativas aplicáveis às empresas;

d) Emite diretrizes, recomendações e melhores práticas para os procedimentos de apagamento de ligações para os dados pessoais, de cópias ou reproduções desses dados existentes em serviços de comunicação acessíveis ao público, tal como previsto no artigo 17.º, n.º 2;

e) Analisa, por iniciativa própria, a pedido de um dos seus membros da Comissão, qualquer questão relativa à aplicação do presente regulamento e emite diretrizes, recomendações e melhores práticas, a fim de incentivar a aplicação coerente do presente regulamento;

f) Emite diretrizes, recomendações e melhores práticas nos termos da alínea *e)* do presente número, para definir mais concretamente os critérios e condições aplicáveis às decisões baseadas na definição de perfis, nos termos do artigo 22.º, n.º 2;

g) Emite diretrizes, recomendações e melhores práticas nos termos da alínea *e)* do presente número, para definir violações de dados pessoais e determinar a demora injustificada a que se refere o artigo 33.º, n.ºs 1 e 2, bem como as circunstâncias particulares em que o responsável pelo tratamento ou o subcontratante é obrigado a notificar a violação de dados pessoais;

h) Emite diretrizes, recomendações e melhores práticas nos termos da alínea *e)* do presente número, a respeito das circunstâncias em que as violações de dados pessoais são suscetíveis de resultar num risco elevado para os direitos e liberdades das pessoas singulares a que se refere o artigo 34.º, n.º 1;

i) Emite diretrizes, recomendações e melhores práticas nos termos da alínea *e)* do presente número, para definir mais concretamente os critérios e requisitos aplicáveis às transferências de dados baseadas em regras vinculativas aplicáveis às empresas aceites pelos responsáveis pelo tratamento e em regras vinculativas aplicáveis às empresas aceites pelos subcontratantes, e outros requisitos necessários para assegurar a proteção dos dados pessoais dos titulares dos dados em causa a que se refere o artigo 47.º;

j) Emite diretrizes, recomendações e melhores práticas nos termos da alínea e) do presente número para definir mais concretamente os critérios e requisitos aplicáveis à transferência de dados efetuadas com base no artigo 49.º, n.º 1;

k) Elabora diretrizes dirigidas às autoridades de controlo em matéria de aplicação das medidas a que se refere o artigo 58.º, n.ºs 1, 2 e 3, e de fixação de coimas nos termos do artigo 83.º;

l) Examina a aplicação prática das diretrizes, recomendações e melhores práticas.[534]

m) Emite diretrizes, recomendações e melhores práticas nos termos da alínea e) do presente número para definir procedimentos comuns para a comunicação por pessoas singulares de violações do presente regulamento, nos termos do artigo 54.º, n.º 2;

n) Incentiva a elaboração de códigos de conduta e a criação de procedimentos de certificação, bem como de selos e marcas de proteção dos dados nos termos dos artigos 40.º e 42.º;

o) Aprova os critérios de certificação nos termos do artigo 42.º, n.º 5, e conserva um registo público de procedimentos de certificação e de selos e marcas de proteção de dados nos termos do artigo 42.º, n.º 8, e dos responsáveis pelo tratamento ou subcontratantes certificados, estabelecidos em países terceiros, nos termos do artigo 42.º, n.º 7;[535]

p) Aprova os requisitos referidos no artigo 43.º, n.º 3, para acreditação dos organismos de certificação referidos no artigo 43.º[536];

q) Dá parecer à Comissão a respeito dos requisitos de certificação a que se refere o artigo 43.º, n.º 8;

r) Dá parecer à Comissão sobre os símbolos a que se refere o artigo 12.º, n.º 7;

s) Dá parecer à Comissão para a avaliação da adequação do nível de proteção num país terceiro ou organização internacional, e também para avaliar se um país terceiro, um território ou um ou mais setores específicos desse país terceiro, ou uma organização internacional, deixou de garantir um nível adequado de proteção. Para esse efeito, a Comissão fornece ao Comité toda a documentação necessária, inclusive a correspondência com o Governo do país terceiro, relativamente a esse país terceiro, território ou setor específico, ou com a organização internacional;

---

[534] Retificação publicada em JO L 119 de 4.5.2016.
[535] Retificação publicada em JO L 119 de 4.5.2016.
[536] Retificação publicada em JO L 119 de 4.5.2016.

t) Emite pareceres relativos aos projetos de decisão das autoridades de controlo nos termos do procedimento de controlo da coerência referido no artigo 64.º, n.º 1, sobre os assuntos apresentados nos termos do artigo 64.º, n.º 2, e emite decisões vinculativas nos termos do artigo 65.º, incluindo nos casos referidos no artigo 66.º;

u) Promover a cooperação e o intercâmbio bilateral e plurilateral efetivo de informações e as melhores práticas entre as autoridades de controlo;

v) Promover programas de formação comuns e facilitar o intercâmbio de pessoal entre as autoridades de controlo, e, se necessário, com as autoridades de controlo de países terceiros ou com organizações internacionais;

w) Promover o intercâmbio de conhecimentos e de documentação sobre as práticas e a legislação no domínio da proteção de dados com autoridades de controlo de todo o mundo;

x) Emitir pareceres sobre os códigos de conduta elaborados a nível da União nos termos do artigo 40.º, n.º 9; e

y) Conservar um registo eletrónico, acessível ao público, das decisões tomadas pelas autoridades de controlo e pelos tribunais sobre questões tratadas no âmbito do procedimento de controlo da coerência.

2. Quando a Comissão consultar o Comité, pode indicar um prazo para a formulação do parecer, tendo em conta a urgência do assunto.

3. O Comité dirige os seus pareceres, diretrizes e melhores práticas à Comissão e ao comité referido no artigo 93.º, e procede à sua publicação.

4. Quando for caso disso, o Comité consulta as partes interessadas e dá-lhes a oportunidade de formular observações, num prazo razoável. Sem prejuízo do artigo 76.º, o Comité torna públicos os resultados do processo de consulta.

COMENTÁRIO:

1. Do rol previsto neste art. 70.º, é patente que as atividades do Comité têm em vista não apenas a aplicação coerente do RGPD pelas autoridades de controlo dos Estados-Membros da UE, bem como tornar acessíveis e transparentes, para responsáveis pelo tratamento, subcontratantes e titulares de dados pessoais, os requisitos legais nele previstos.

2. As atribuições do Comité podem resumir-se às seguintes:

– Emissão de pareceres e decisões vinculativas nos casos previstos nos artigos 64.º e 65.º;
– Aconselhamento da Comissão Europeia em questões relativas à proteção de dados pessoais na União, incluindo relativamente a projetos de legislação;
– Emissão de pareceres à Comissão Europeia sobre matérias previstas no RGPD sujeitas à aprovação desta [al.s q), r), s)]
– Emissão de diretrizes, recomendações e melhores práticas, no sentido de densificar conceitos previstos no RGPD e concretizar a forma de cumprimento dos requisitos nele estabelecidos, orientando a sua interpretação e aplicação;
– Emissão de diretrizes às autoridades de controlo em matéria de aplicação das medidas investigatórias, corretivas e de autorização (art. 58.º, n.ºs 1, 2 e 3), de fixação de coimas (art. 83.º) e de criação de procedimentos comuns para a reclamação pelos titulares de dados;
– Promover a cooperação, a realização de programas de formação, o intercâmbio de informações, conhecimentos sobre práticas e legislação, bem como intercâmbio de pessoal entre as autoridades de controlo europeias e de países terceiros;
– Manutenção de um registo público de procedimentos de certificação e de selos e marcas de proteção de dados; dos responsáveis pelo tratamento ou subcontratantes certificados, estabelecidos em países terceiros (art. 42.º, n.os 7 e 8); e das decisões tomadas pelas autoridades de controlo e pelos Tribunais sobre questões tratadas no âmbito do procedimento de controlo da coerência.

3. Os pareceres, diretrizes e melhores práticas emitidos pelo Comité são comunicados à Comissão Europeia e ao comité que a assista (*vide* art. 93.º) e publicados no sítio da Internet do Comité.[537]

O Comité poderá ainda levar a cabo procedimentos de consulta a interessados, tornando públicos os resultados da consulta com respeito pelas regras de confidencialidade previstas no art. 76.º.

(*Catarina Pina Gonçalves*)

---

[537] Art. 38.º, n.º 1, das Regras Procedimentais do Comité Europeu para a Proteção de Dados, adotadas em 25.05.2018

ARTIGO 71.º
Relatórios

1. O Comité elabora um relatório anual sobre a proteção das pessoas singulares no que diz respeito ao tratamento na União e, quando for relevante, em países terceiros e organizações internacionais. O relatório é tornado público e enviado ao Parlamento Europeu, ao Conselho e à Comissão.

2. O relatório anual inclui uma análise da aplicação prática das diretrizes, recomendações e melhores práticas a que se refere o artigo 70.º, n.º 1, alínea l), bem como das decisões vinculativas a que se refere o artigo 65.º.

COMENTÁRIO:

O Comité elaborará relatórios anuais sumariando as suas atividades, desde logo as decisões vinculativas, orientações ou diretrizes, recomendações e relatórios de melhores práticas emitidos no ano em causa; e uma avaliação sobre a *"aplicação prática"*, i.e, resultados efetivos, da aplicação de tais orientações ou diretrizes, recomendações e melhores práticas emitidas pelo Comité. Os relatórios anuais conterão também uma apreciação, do Comité, sobre o grau de cumprimento do RGPD no espaço da União, o grau de proteção conferido aos titulares de dados na UE, bem como em países terceiros e organizações internacionais; neste último caso quando tal se revele necessário ou relevante.[538]

Os relatórios anuais do Comité serão enviados por este ao Parlamento Europeu, ao Conselho Europeu e à Comissão Europeia, sendo publicados no sítio da Internet do Comité.[539]

(Catarina Pina Gonçalves)

---

[538] Recorde-se que a Comissão Europeia poderá pedir ao Comité que emita parecer sobre o grau de proteção conferido aos dados pessoais por um país terceiro à EU [*vide* art. 70.º, n.º 1, al. s)], a exemplo do recente pedido de parecer feito pela Comissão ao Comité relativamente ao nível de proteção assegurado pelo Japão (de acordo com comunicado de imprensa do Comité, de 26.09.2018), disponível em http://edpb.europe.eu/news.

[539] Art. 35.º do Regulamento Interno do Comité Europeu para a Proteção de Dados, adotado em 25.05.2018.

ARTIGO 72.º
Procedimento

1. Salvo disposição em contrário do presente regulamento, o Comité decide por maioria simples dos seus membros.

2. O Comité adota o seu regulamento interno por maioria de dois terços dos membros que o compõem e determina as suas regras de funcionamento.

COMENTÁRIO:
1. A regra geral de que as deliberações do Comité são tomadas por maioria simples dos seus membros é patente nos regimes previstos nos arts 64.º, 65.º e 66.º RGPD.

O regulamento interno do Comité, adotado em 25.05.2018 e publicado no seu sítio de Internet (*"Rules of Procedure"*), estabelece os princípios gerais de atuação, o procedimento deliberativo, a organização das reuniões plenárias e outras atividades; a forma de participação dos membros do Comité; a presença e participação de observadores, especialistas e outros terceiros; a eleição e determinação das competências do Presidente e Vice-Presidentes, e o funcionamento e tarefas do Secretariado.

2. No que respeita às deliberações do Comité, o art. 22.º do Regulamento Interno do Comité prevê que os membros do comité devem buscar o consenso (n.º 1), sem prejuízo da regra geral de deliberação por maioria simples. A votação será considerada desfavorável em caso de empate, salvo o disposto no art. 65.º, n.º 3, RGPD (voto de qualidade do Presidente na tomada de decisões vinculativas por maioria simples, em caso de empate), nos termos do n.º 2 do citado artigo do Regulamento Interno. Esclarece ainda o mesmo artigo que a referência à maioria dos membros no procedimento deliberativo abarca todos os membros do Comité com direito de voto (n.º 3).

3. O regulamento interno do Comité é revisto e alterado mediante proposta do Presidente ou por um dos membros do Comité. O regulamento interno do Comité adotado em 25.05.2018 prevê a sua revisão no prazo de dois anos a contar da respetiva aprovação.[540]

---

[540] Art. 37.º, n.º 2.

4. Publicação das Regras de Procedimento do Comité, adotadas em 25 de maio de 2018 [541]:

"PREAMBLE
THE EUROPEAN DATA PROTECTION BOARD,
with regard to Regulation (EU) 2016/679 of the European Parliament and of the Council of 27 April 2016 on the protection of natural persons with regard to the processing of personal data and on the free movement of such data, and in particular Article 72(2) thereof, having also regard to Directive (EU) 2016/680 of the European Parliament and of the Council of 27 April 2016 on the protection of natural persons with regard to the processing of personal data by competent authorities for the purposes of the prevention, investigation, detection or prosecution of criminal offences or the execution of criminal penalties, and on the free movement of such data, and repealing Council Framework Decision 2008/977/JHA,
whereas:
(1) The protection of natural persons in relation to the processing of personal data is a fundamental right enshrined in Article 8 (1) of the Charter of Fundamental Rights (the "Charter") and Article 16 (1) of the Treaty on the Functioning of the European Union.
(2) Regulation (EU) 2016/679 (the "GDPR") provides for the establishment of an independent body of the Union, referred to as the European Data Protection Board, responsible for ensuring the consistent application of the GDPR and for promoting cooperation between supervisory authorities throughout the Union.
(3) The GDPR also provides for the tasks of the Board, for the Chair and deputy chairs, and the secretariat.
(4) Directive (EU) 2016/680 (the "Police and Criminal Justice Data Protection Directive") provides for additional tasks for the Board, for the Chair and deputy chairs, and the secretariat.
(5) Regulation 45/2001 (to be revised) provides for rules on the protection of individuals with regard to the processing of personal data by the Community institutions and bodies and on the free movement of such data.
(6) Other provisions of Union law may provide for additional tasks for the Board.

---

[541] Disponivel em: https://edpb.europa.eu/sites/edpb/files/files/file1/edpb_rop_adopted_en.pdf.

HAS ADOPTED THE FOLLOWING RULES OF PROCEDURE:

TITLE I – The BOARD

Article 1 – Identity

The European Data Protection Board (the "Board") is an EU body with legal personality that shall act independently when performing its tasks or exercising its powers. The Board is established in Brussels where all principal activities shall take place.

Article 2 – Missions

The Board shall ensure the consistent application of the GDPR and shall also ensure the performance of the tasks mentioned in the Police and Criminal Justice Data Protection Directive and other applicable legislative instruments under EU law.

Article 3 – Guiding principles

Principle of independence and impartiality

In accordance with the *principle of independence* enshrined in Article 69 GDPR, the Board shall act impartially and in complete independence when performing its tasks or exercising its powers.

Principles of good governance, integrity and good administrative behaviour

In accordance with the *principles of good governance, integrity* and *good administrative behaviour*, the Board shall act in the public's interest as an expert, reliable and authoritative body in the field of data protection with good decision-making processes and sound financial management.

Principle of collegiality and inclusiveness

In accordance with the *principle of collegiality and inclusiveness*, and pursuant to the provisions of the GDPR and the Police and Criminal Justice Data Protection Directive, the Board shall be organised and shall act collectively as a collegiate body.

Principle of cooperation

In accordance with the *principle of cooperation*, the Board shall promote cooperation between supervisory authorities and endeavour to operate where possible by consensus, and subject to the GDPR and the Police and Criminal Justice Data Protection Directive.

Principle of transparency

In accordance with the *principle of transparency*, the Board shall operate as openly as possible so as to be more effective and more accountable to the individual. The Board shall explain its activities in a clear language which is accessible to all.

Principle of efficiency and modernisation

In accordance with the *principle of efficiency and modernisation*, the Board shall operate efficiently and as flexible as possible so to achieve internally the highest level of synergies among its members. The efficiency and modernisation principle shall be realised by using new technologies to help bring efficiencies to current working methods such as the minimisation of formalities and providing efficient administrative support.

Principle of proactivity

In accordance with the *principle of proactivity*, the Board shall, acting on its own initiative, anticipate and support innovative solutions to help overcome digital challenges to data protection. Thus ensuring by means of the effective participation of stakeholders (members, observers, staff and invited experts), that real-life needs and aspirations are fully taken into account.

TITLE II – COMPOSITION

Article 4 – Membership

1. The Board shall be composed of the head of one supervisory authority of each Member State or the joint representative pursuant to Article 68 (4) GDPR, and the European Data Protection Supervisor (the "EDPS"), or their respective representatives. The European Commission (the "Commission") shall have the right to participate in the activities of the Board without voting rights and shall designate a representative.

2. Where in a Member State there is more than one supervisory authority responsible for monitoring the application of the provisions pursuant to the GDPR, the Police and Criminal Justice Data Protection Directive, or any other EU applicable law, in accordance with the Member State's laws, a joint representative shall be designated.

3. In the absence of the head of a supervisory authority at meetings of the Board, representatives shall be designated by their respective supervisory authorities and shall be entitled to attend and participate with voting rights. The joint representative may be accompanied by the head of another supervisory authority of the respective Member State or its representative, who could also act as a representative pursuant to the first sentence of this paragraph of these Rules of Procedure, as necessary in accordance with that Member State's law.

4. The heads of national supervisory authorities, the EDPS or their representatives as well as representatives of the Commission may be assisted by their staff members. The number of staff members per delegation attending the meetings should be limited to the minimum necessary taking into account the importance and variety of issues to be addressed.

Article 5 – Appointment and term of office of the Chair and deputy chairs

1. The Board, through secret ballot, elects a Chair and two deputy chairs by simple majority of members entitled to vote that are present or represented through delegation according to Art 22 (5) of the Rules of Procedure.

2. The term of office of the Chair and of the deputy chairs shall be five years, starting from the date of their respective election. The chair and deputy chairs may be reelected once for a further five years.

3. At least two months before the end of the mandate of the Chair or the deputy chairs, the secretariat shall call for the elections to replace the outgoing member. When the mandate finishes for the reasons set out in Article 6, the secretariat shall convene for elections no later than one week after the communication provided for in paragraph 6 (1) or after the dismissal provided for in paragraph 6 (2).

4. Candidates shall be submitted to the secretariat and to the Chair in writing at least 1 month before the election. The secretariat shall circulate the list of candidates to the members no later than three weeks before the election.

5. If only one candidate is presented for the position of the Chair or of the deputy chair, the candidate shall be elected provided that they receive the support of the simple majority. Should the candidate not receive that support in the first round, or in cases where there is more than one candidate and there is no majority for one candidate, the vote should be repeated. If there is no simple majority supporting the only or any candidate in the second round, a new invitation for candidates shall be opened without delay.

Article 6 – End of term and dismissal of the Chair and deputy chairs

1. The term of the office of the Chair and of the deputy chairs is terminated as soon as the term of office at their supervisory authority ends, or when the five-year term of office ends, or in case of resignation, or in case of dismissal pursuant to Article 6 (2). The Chair or deputy chairs shall inform the secretariat two months in advance of the effective end of their term or of their intention to resign. If that is not possible due to the conditions of national procedures, the Chair or deputy chairs shall inform the secretariat immediately after their replacement as head of their supervisory authority

is confirmed. In case of termination of the function before the full term of office, new elections shall take place as soon as possible for a new mandate (Art 73 (2) GDPR).

2. Upon receiving a reasoned proposal by at least a 1/3 of its members to dismiss the current Chair and/or deputy chairs, the Board shall decide by a simple majority to adopt a decision to dismiss the Chair and/or deputy chair(s).

Article 7 – Duties of the Chair and deputy chairs

1. In addition to its tasks according to Article 74 GDPR, the Chair shall be responsible for representation of the Board according to Article 68 (2) GDPR. The Chair shall act according to a mandate of the Board and may designate a deputy chair, any member of a supervisory authority or a member of the secretariat to represent the Board externally on their behalf. The Chair shall inform all members of the Board of any planned external engagements and contacts, as well as on the designation of a representative if any, and report on their results.

2. After each election of the Chair and/or deputy chairs, the Chair shall, after consultation with the deputy chairs, submit a proposal to the Board for the allocation of tasks among them including the acting on behalf of each other in cases of non-availability or incapacity. The Chair might delegate to the deputy chairs the competence to sign documents.

The Chair's proposal shall be considered as agreed upon, unless 1/3 of the members of the Board objects.

Article 8 – Observers

1. Without prejudice to any relevant international agreement between the Union and a non-EU country, providing for a specific status for the data protection authority of this non-EU country within the Board, the Board can decide upon granting the status of a permanent or temporary observer, provided it is in the interest of the Board:

– upon request,
– to a public authority in charge of supervising the implementation of data protection legislation, and
– demonstrating a substantial interest in the implementation of EU data protection legislation.

2. As a general rule, observers may only participate in expert subgroups and plenary meetings of the Board or parts of them relating to the elaboration of guidelines, unless otherwise decided by the Board or by the Chair.

3. Observers shall not be reimbursed for their attendance to meetings.

4. The secretariat of the Board shall ensure that relevant information shall be shared with observers.

5. The observers shall be bound by the same confidentiality requirements as the members of the Board as provided in article 54 (2) GDPR and Article 33 of these Rules of Procedure.

Article 9 – Experts, guests and other external parties

1. Unless a majority of the members of the Board or the Chair objects, upon proposal of any member of the Board or of any expert subgroup, the Chair may invite via the secretariat external experts, guests or other external parties to take part in a plenary meeting and may indicate the topics in the agenda which they are invited to attend.

2. Unless a majority of the members of the Board or the Chair objects, upon proposal of any member of the Board or of any expert subgroup, the coordinator of an expert subgroup may invite via the secretariat external experts, guests or other external parties to take part in a meeting of the expert subgroup.

3. The invited experts, guests or other external parties participating in a subgroup meeting must be mentioned in the respective agenda and in the minutes.

4. Experts, guests and other external parties shall be bound by the same confidentiality requirements as the members of the Board as provided in Article 54 (2) GDPR and Article 33 of these Rules of Procedure.

TITLE III – ADOPTION OF DOCUMENTS AND PROCEDURE

Article 10 – Opinions of the Board under Article 64 GDPR

1. In cases referred to in Article 64 (1) GDPR, the competent supervisory authority shall send any relevant documents including the draft decision for the opinion of the Board to the secretariat via the Board IT system. The secretariat should pre-check if all the documents are complete. The secretariat may request the competent SA to provide the secretariat within a specific timeframe with additional information needed for the file to be complete. When necessary, the documents submitted by the competent authority will be translated into English by the secretariat without undue delay. When the competent authority agrees on the translation, and the Chair and the competent supervisory authority decide that the file is completed, the secretariat on behalf of the Chair will circulate the file to the members of the Board according to Art 64 (5) (a) GDPR. According to the last sentence of Art 64 (3) GDPR, the Chair indicates a period within which the members which

have not objected shall be deemed in agreement with the draft decision of the supervisory authority.

2. According to paragraph 1 of this article, the opinion of the Board shall be adopted within eight weeks from the first working day after the Chair and the competent supervisory authority have decided that the file is complete. It may be extended by a further 6 weeks, taking into account the complexity of the subject matter, upon decision of the Chair on its own initiative or at the request of at least 1/3 of the members of the Board.

3. Requests shall be provided with reasoning pursuant to Art 64 (2) GDPR. The Board may decide without undue delay and within a deadline set by the Chair not to give an opinion under Art 64 (2) GDPR, if the criteria are not met.

4. In accordance with Art 64 (3) GDPR, the Board may decide without undue delay and within a deadline set by the Chair, not to give an opinion under Art 64 (1) and (2) GDPR, because another opinion on the same matter may have already been issued. The opinion of the Board shall be adopted within eight weeks from the first working day after the Chair and competent supervisory authority/Commission have decided that the file is complete. It may be extended by a further 6 weeks, taking into account the complexity of the subject matter, upon decision of the Chair on its own initiative or at the request of at least 1/3 of the members of the Board.

5. Before being submitted to the vote of the Board, opinions shall be prepared and drafted by the secretariat and, upon decision of the Chair, together with a rapporteur and expert subgroups members.

Article 11 – Binding decision of the Board

1. The Board shall respect the right to good administration as set out by Article 41 of the Charter. Before taking decisions, the Board shall make sure that all persons that might be adversely affected have been heard.

2. In case of art 65 (1) (a) GDPR, the lead supervisory authority when submitting the matter to the secretariat shall include a draft decision or revised draft decision, any relevant and reasoned objection and the written observations of the persons that might be adversely affected by the Board's decision. The secretariat may request from the lead supervisory authority and/or the concerned supervisory authorities within a specific timeframe additional information needed for the file to be completed. When necessary, the documents submitted by the competent authority will be translated into English by the secretariat. Once the competent authority agrees on the translation and the Chair and the lead supervisory authority have decided

that the file is complete, the secretariat on behalf of the Chair will refer the subject-matter to the members of the Board without undue delay.

3. In cases of Article 65 (1) (b) and (c) GDPR, when the subject-matter is referred to the secretariat, the competent supervisory authorities or the Commission shall communicate all relevant documents. When necessary, the documents submitted will be translated into English by the secretariat without undue delay. Once the Chair and the competent supervisory authorities/Commission have decided that the file is completed, the subject-matter is referred via the secretariat to the members of the Board without undue delay.

4. The decision of the Board shall be adopted within one month from the first working day after the Chair and the competent supervisory authority/Commission have decided that the file is complete. It may be extended by a further month, taking into account the complexity of the subject matter upon decision of the Chair on its own initiative or at the request of at least 1/3 of the members of the Board.

5. Before being submitted to the vote of the Board, decisions shall be prepared and drafted by the secretariat and, upon decision of the Chair, together with a rapporteur and expert subgroups members.

Article 12 – Opinions, guidelines, recommendations and best practices of the Board

1. In cases covered by Article 70 (1) (d), (e), (f), (g), (h), (i), (j), (k), (m), (p), (q), (r), (s) and (x) GDPR and Article 51 of the Police and Criminal Justice Data Protection Directive, the Board shall issue opinions, guidelines, recommendations or best practices.

2. Before being submitted to the vote of the Board, opinions, guidelines, recommendations and best practices of the Board referred to in paragraph (1) shall be prepared by a rapporteur, by expert subgroups in liaison with the secretariat.

Article 13 – Urgency procedure

1. In the case of an urgency procedure, as defined under Article 66 GDPR, the deadlines mentioned in Articles 11 and 12 shall be reduced to two weeks and the documents shall be adopted by the simple majority of the members.

2. The supervisory authority requesting an urgent opinion or decision shall explain the reasons why such an urgent opinion or decision has to be adopted and shall submit any relevant document. When necessary, the documents submitted by the competent supervisory authority will be translated into English by the secretariat. Once the Chair and the competent supervi-

sory authority have decided that the file is complete, it is communicated via the secretariat to the members of the Board without undue delay.

TITLE IV – SECRETARIAT AND ORGANISATION

Article 14 – Secretariat of the Board

1. Pursuant to Article 75 (1) GDPR the EDPS shall provide the secretariat of the Board, the task of which is to provide analytical, administrative and logistical support to the Board. Pursuant to Article 75 (2) GDPR the secretariat shall perform its tasks exclusively under the instructions of the Chair.

2. The head of the secretariat shall be responsible for the due and timely performance of the tasks of the secretariat.

Article 15 – Budget

1. The budget allocated to the Board is subject to a dedicated Title of the EDPS budget.

2. The Chair in liaison with the EDPS should provide financial reports on a regular basis to the plenary.

Article 16 – Travel costs and reimbursement

One representative of each Member State shall be entitled to the reimbursement of their travel expenses for the participation to the expert subgroups as well as plenary meetings.

Article 17 – Internal information and communication system

1. The secretariat of the Board shall provide an information and communication system in particular to support the electronic exchange of documents within the cooperation and the consistency mechanisms.

2. The secretariat shall grant access to the information and communication system to the members of the Board, to the Commission and to other supervisory authorities and to the single contact point (recital 119 GDPR) upon notification by the members as provided under national law.

TITLE V – WORKING METHODS

Article 18 – Plenary meetings of the Board

1. The ordinary plenary meetings shall be convened by the Chair not less than three weeks prior to the meeting. The secretariat shall issue the invitation to each member. Where technically feasible and secure, participants may attend ordinary meetings remotely through videoconferencing or other technical means.

2. Extraordinary plenary meetings may also be convened by the Chair, on its own initiative or at the request of the majority of the members of the Board entitled to vote. Extraordinary plenary meetings shall be convened by the Chair at least one week before the meeting. Participants may, where technically feasible, attend the extraordinary plenary meetings remotely through videoconferencing or other technical means approved by the Board.

3. The Chair shall direct the proceedings during the meeting. If the Chair is unable to attend, they shall designate a deputy chair who will represent them at the meeting.

4. Plenary meetings shall only take place if at least half of the members entitled to vote or their representatives are attending.

Article 19 – Agenda of plenary meetings

1. The draft agenda of the plenary meetings shall be prepared by the Chair in liaison with the deputy chairs and the secretariat, then distributed to the members and other approved external participants for the relevant parts of the agenda at least two weeks before the meeting. In cases of extraordinary plenary meetings, the agenda shall be sent together with the invitation to the meeting.

2. Members may submit requests to include, delete or substitute an item of the draft agenda. The Chair shall inform all the members of these requests.

3. The draft agenda shall be adopted at the beginning of each meeting. If requests for inclusion, deletion or substitution of items have been submitted, they shall be voted on separately and shall be accepted if a simple majority of members so agrees.

4. A public version of the draft agenda shall be published on the website of the Board.

5. Invited experts, observers or other guests participating in a plenary meeting shall be mentioned in the respective agenda and the discussions points which they will attend.

Article 20 – Documents for plenary meetings

1. As a rule, all relevant documents shall be sent to the members by the secretariat at least 10 calendar days before a meeting takes place or one week in case of an extraordinary plenary meeting. In exceptional circumstances, given the importance of the matter or the urgency, documents may be distributed later. Unless the discussion on the topic is urgent or mandatory, the Board shall decide whether or not to discuss the documents which are not submitted in time.

2. Each topic submitted to the Board shall be accompanied by an information note summarizing the context and the key issues on which the Board will have to discuss or decide.

Article 21 – Minutes and follow-up of plenary meetings

1. After the approval of the chair, the secretariat shall prepare the draft minutes of the plenary meetings and send them for comments to all members no later than three weeks after the plenary meeting. A list of participants to meetings should be added to the minutes.

2. The draft minutes shall include a summary of the discussions, a record of the conclusions reached, the decisions adopted, and as the case may be the numerical result of vote(s). It shall also include the list of documents submitted and their status.

3. The draft minutes shall be approved by the members at the next plenary meeting or according to the voting procedure laid down in Article 24 of these Rules of Procedure.

4. The conclusions reached and the follow-up actions to be undertaken shall be summarized by the Chair at the end of discussions on each agenda point. A to-do-list shall be drafted by the secretariat and sent to the members, the expert subgroups and rapporteurs after approval of the Chair no later than one week after the meeting.

Article 22 – Voting Procedures relating to plenary meetings

1. Unless otherwise provided by the GDPR, the Board shall take decisions by simple majority of its members entitled to vote. Before voting, consensus should be sought.

2. In event of a tie, the vote is considered as negative, except in cases foreseen under Article 65 (3) GDPR.

3. All majorities referred to by the GDPR, or by these rules of procedure always refer to the total number of members of the Board entitled to vote.

4. In principal, voting shall not be secret, unless where specifically foreseen in these Rules of Procedure or where supported by a majority of the members of the Board entitled to vote.

5. Every member of the Board entitled to vote who is not represented at a plenary meeting, can delegate its voting rights to another member of the Board entitled to vote and attending the plenary meeting. The Chair and the secretariat shall be notified of any delegation of voting rights.

6. After the vote, the Chair shall declare whether the proposal was approved or not.

Article 23 – Language, translation and interpretation during meetings

1. The working language of the Board shall be English. Live interpretation should be provided in all official languages of the EU at ordinary plenary meetings of the Board.

2. Documents drafted by the supervisory authorities for the procedures foreseen under Article 64 – 66 GDPR and Article 70 GDPR shall be submitted in English.

3. Exceptionally, where an existing document submitted by a member of the Board is of interest for other members, this document shall be translated into English by the secretariat after approval by the Chair, pursuant to Article 75 (6) (e) GDPR, before being communicated to the members.

4. Documents adopted pursuant to Article 64 – 66 GDPR and Article 70 GDPR shall be translated into all official languages of the EU. Other adopted documents or summaries thereof shall be translated into all official languages of the EU, if the Board decides so.

Article 24 – Written voting procedure

1. The Board can decide by simple majority from its members entitled to vote to submit documents or decisions to a written voting procedure.

2. The Chair may decide to submit documents or decisions to a written voting procedure where appropriate e.g. when a decision must be taken before the next plenary meeting. The Chair shall inform the members as soon as possible of the need and the reasons for a written voting procedure.

3. When a written voting procedure has been decided, the secretariat shall send to all members the invitation to the written voting procedure and make the relevant documents available. Members shall vote within one week after having received the invitation, unless the Chair expressly sets another deadline if necessary.

4. If before the end of the voting period at least one member entitled to vote requests for the suspension of it, the written voting procedure shall be suspended. Where the decision is mandatory for the timely performance of the tasks of the Board, written voting procedure shall be suspended where at least three members entitled to vote request for the suspension of it. Where the written voting procedure is suspended, the matter shall be either submitted to a new written voting procedure or discussed during a plenary meeting of the Board.

5. Paragraphs 1-4 of this article shall also apply in the context of electronic voting procedure.

Article 25 – Expert subgroups

1. The Board shall create expert subgroups to assist with the performance of the tasks of the Board.

2. The establishment, suspension or termination of an expert subgroup may be decided at any time upon proposal of the Chair or of at least three members of the Board. In any case, the list of expert subgroups shall be reviewed by the Board in the first plenary meeting of each year.

3. The coordinator of each expert subgroup shall be designated by the Board for a renewable term of two years.

4. Expert subgroups shall be composed of supervisory authorities upon notification by the members of the Board and of the EDPS, and of staff members of the secretariat in support of the subgroup.

5. Where a member of an expert subgroup cannot attend a meeting, they may be represented by another member. The coordinator shall be notified of such representation.

6. Expert subgroups shall work in accordance with the work program adopted by the Board. An annual draft plan should be prepared at the beginning of each year by the coordinator, indicating the number of meetings and, as detailed as possible, the schedule and items to be addressed.

7. Expert subgroups meetings should be scheduled and conducted to support the effectiveness of the decision-making process of the Board, in particular to meet the deadlines of the GDPR.

8. Following a specific mandate from the Board or, in urgent cases, upon decision of the Chair, new topics can be added to the work program of an expert subgroup. In this case, the members of the expert subgroup and the Board shall be informed without delay. In these urgent cases, the Board shall be asked to confirm the mandate at the next Plenary.

9. Expert subgroup meetings should be planned well in advance by the coordinator, together with the secretariat and the rapporteur(s) concerned. The planning of meetings should take into account budgetary constraints and should be coordinated to ensure consistency with the tasks of other subgroups.

10. As a general rule, the expert subgroups should meet in person in Brussels. Where possible or necessary, in urgent cases, expert subgroup meetings may take place by way of telecommunication and/or videoconferencing, information exchange or according to the voting procedure laid down in Article 24 of these Rules of Procedure.

Article 26 – Role and responsibilities of the coordinators of expert subgroups

1. The coordinator chairs the expert subgroup meetings in a neutral manner and acts as a contact point in all respective matters. The Chair may act as a coordinator.

2. Once a meeting has been scheduled, the coordinator should, via the secretariat, send to the expert subgroup members a draft agenda without delay and in any event 10 days in advance of the meeting. Members may propose additional topics to be dealt with by the subgroup. Relevant documents for the meeting should be circulated as early as possible by the coordinator or rapporteurs or members of the subgroup via the secretariat.

3. The coordinator ensures that for all work items on the agenda, a mandate has been given by the Board or upon decision by the Chair.

4. The coordinator assisted by the secretariat for the drafting shall ensure that a summary of discussions and the conclusions of the subgroup meetings are documented for each agenda point in the minutes which shall be circulated to the members of the subgroup for approval.

5. The coordinator works in close cooperation with the Chair and the secretariat on items to be prepared by the expert subgroup for plenary meetings.

6. The coordinator ensures that for each of those items to be prepared for plenary meeting, an information note is drawn up by the rapporteur or the secretariat, in liaison with the expert subgroups, before the deadline indicated by the Chair. Then it is sent via the secretariat, to the members of the Board. The information note should contain a summary of the relevant facts and the state of play of discussions in the subgroup and should contain a recommendation or request for action by the plenary, if required.

Article 27 – Role and responsibilities of rapporteurs

1. The Board or the Chair may designate one or several (co-) rapporteur(s) for specific issues on a case-by-case basis, with the assistance of the secretariat for the drafting of documents, decisions or other measures by the expert subgroups and/or the Board. As a principle, supervisory authorities shall be designated as rapporteurs. The secretariat can also act as rapporteur.

2. The (co-) rapporteur(s) is/are responsible for the elaboration of documents, incorporating comments into revised drafts, finalizing the document and presenting them to the plenary including the advice of the subgroup on possible follow-up steps, with the support of the secretariat (Art 75 (5) and (6) (g) GDPR).

Article 28 – Working methods of expert subgroups

1. Expert subgroups shall as a general rule, always seek consensus for any proposal submitted to the Board.

2. In cases where consensus cannot be reached under paragraph 1, the expert subgroup shall decide to submit a document to the plenary for a vote by simple majority of all present members by show of hand. The dissenting positions should be described and alternative options for decisions should be presented to the plenary.

Article 29 – Board work program

The Board shall adopt a two-year work program.

Article 30 – Consultation of interested parties

The Board shall, where appropriate, organize consultations of interested parties in accordance with Article 70 (4) GDPR. The means and consultation period shall be decided on a case-by-case basis.

TITLE VI – GENERAL PROVISIONS

Article 31 – Access to meetings

Attendance to the plenary and expert subgroup meetings is restricted to persons mentioned in Article 4 (Membership), Article 8 (Observers), Article 9 (External experts, guests and other external parties) and persons identified in Article 25 (4) of these Rules of Procedure.

Article 32 – Access to documents

The public shall have access to documents held by the Board in accordance with the principles laid down by Regulation (EC) No 1049/2001 for public access to European Parliament, Council and Commission documents.

Article 33 – Confidentiality of discussions

1. In accordance with Art 76 (1) GDPR, discussions of the Board and of expert subgroups shall be confidential when:

   a. they concern a specific individual;

   b. they concern the consistency mechanism;

   c. the Board decides that the discussions on a specific topic shall remain confidential for instance when the discussions concern international relations and/or where the absence of confidentiality would seriously undermine the institution's decision-making process, unless there is an overriding public interest in disclosure.

2. The Chair or expert subgroup coordinators shall take the appropriate measures to ensure confidentiality.

Article 34 – Data protection

In accordance with the regulation on the protection of individuals with regard to the processing of personal data by EU institutions and bodies, the Board shall appoint a data protection officer who shall report to the Chair.

Article 35 – Annual report

Pursuant to Article 71 GDPR, the Board shall publish an annual report on the website of the Board.

The anual report shall be available in English and its executive summary shall be available in all official languages of the EU.

Article 36 – Representation of the Board before the Court of Justice of the European Union

The Chair or, according to the allocation of tasks agreed, the deputy chairs, shall appoint the agent(s) representing the Board before the Court of Justice of the European Union.

TITLE VII – FINAL PROVISIONS

Article 37 – Revision of the rules of procedure

1. Amendments to these Rules of Procedure may be proposed by the Chair, or by one of the members of the Board.

2. Amendments shall be adopted in accordance with article 72 (2) GDPR. These Rules of Procedure shall be reviewed within two years after their adoption by the Board.

Article 38 – Website of the Board

1. All the final documents adopted by the Board shall be made public on the Board's website, unless the Board decides otherwise.

2. The website of the Board shall be available in English. The static parts of the website and the press releases should also be available in all official languages of the EU. Speeches should be available in the original language and news should be available in English.

Article 39 – Entry into force

These Rules of Procedure shall enter into force on the date of their adoption by the Board"

(Catarina Pina Gonçalves)

ARTIGO 73.º
Presidente

1. O Comité elege de entre os seus membros, por maioria simples, um presidente e dois vice-presidentes.

2. O mandato do presidente e dos vice-presidentes tem a duração de cinco anos e é renovável uma vez.

COMENTÁRIO:
O Presidente do Comité é o seu representante legal (art. 68.º, n.º 2), detendo funções de impulsão e controlo das atividades do Comité, sendo remetente e destinatário, em nome deste, de comunicações formais para/de entidades terceiras (*vide* arts. 64.º, n.ºs 2, 3, 5, 7 e 8; 65.º, n.º 5 e 68.º, n.º 5).

A previsão de dois vice-presidentes, que repartirão com o presidente as competências deste, revelam a intenção do legislador europeu de assegurar um funcionamento efetivo do Comité, atendendo ao seu âmbito alargado e exigente de atribuições.

Os procedimentos de eleição e de determinação das funções do presidente e dos vice-presidentes são estabelecidos no regulamento interno do Comité (art 74.º, n.º 2).[542]

(*Catarina Pina Gonçalves*)

ARTIGO 74.º
Funções do presidente

1. O presidente tem as seguintes funções:

a) Convoca as reuniões do Comité e prepara a respetiva ordem de trabalhos;

b) Comunica as decisões adotadas pelo Comité nos termos do artigo 65.º à autoridade de controlo principal e às autoridades de controlo interessadas;

c) Assegura o exercício das atribuições do Comité dentro dos prazos previstos, nomeadamente no que respeita ao procedimento de controlo da coerência referido no artigo 63.º.

2. O Comité estabelece a repartição de funções entre o presidente e os vice-presidentes no seu regulamento interno.

---

[542] Arts. 5.º a 7.º das Regras Procedimentais do Comité Europeu para a Proteção de Dados, adotadas em 25.05.2018.

COMENTÁRIO:

Para além das competências previstas nos arts. 64.º, 65.º RGPD (estabelecimento de prazos e comunicações), as competências do Presidente do Comité abrangem a representação deste (art. 68.º, n.º 2), poder que o Presidente poderá delegar num dos Vice-Presidentes, num membro de uma autoridade de controlo ou num membro do Secretariado do Comité.

O Presidente atua sob mandato do Comité, devendo reportar aos membros do Comité as suas atividades externas, os resultados destas e a delegação de poderes de representação (art. 7.º, n.º 1, do Regulamento Interno do Comité, adotado em 25.05.2018).

As competências do Presidente incluem também:

– convocar reuniões regulares ou extraordinárias do Comité, preparar as respetivas ordens de trabalho, conduzir os trabalhos nas reuniões e aprovar do rol de próximas ações a comunicar aos membros do Comité, na sequência das reuniões (arts. 18.º, n.ºs 1 a 3; 19.º, n.º 1; e 21.º, n.º 4, do Regulamento Interno);

– convidar especialistas externos ou outros terceiros para participar em reuniões plenárias e opor-se à participação de especialistas externos ou outros terceiros em reuniões de sub-grupo de especialidade (art. 9.º, n.ºs 1 e 2, do Regulamento Interno);

– alargar a presença de observadores em outros trabalhos do Comité para além dos previstos no Regulamento Interno (art. 8.º, n.º 2, do Regulamento Interno);

– elaborar regularmente relatórios financeiros ao plenário do Comité (art. 15.º, n.º 2, do Regulamento Interno);

– assegurar a confidencialidade no âmbito do Comité (art. 33.º, n.º 2, do Regulamento Interno);

– designar e mandatar representantes legais do Comité junto do TJUE (art. 36.º do Regulamento Interno).

Cabe ainda ao Presidente apresentar ao Comité uma proposta de repartição de poderes entre o Presidente e os Vice-Presidentes, após consulta destes últimos. Os poderes dos Vice-presidentes incluirão a atuação em caso de indisponibilidade ou incapacidade do Presidente e a assinatura de documentos. A proposta de repartição de poderes considera-se aprovada, salvo objeção de, pelo menos, 1/3 dos membros do Comité (art. 7.º, n.º 2, do Regulamento Interno).

Vide, também, anotação ao art. 73.º.

(*Catarina Pina Gonçalves*)

ARTIGO 75.º
Secretariado

1. O Comité dispõe de um secretariado disponibilizado pela Autoridade Europeia para a Proteção de Dados.

2. O secretariado desempenha as suas funções sob a direção exclusiva do presidente do Comité.

3. O pessoal da Autoridade Europeia para a Proteção de Dados envolvido na prossecução das atribuições conferidas ao Comité pelo presente regulamento está sujeito a uma hierarquia distinta do pessoal envolvido na prossecução das atribuições conferidas à Autoridade Europeia para a Proteção de Dados.

4. Quando for caso disso, o Comité e a Autoridade Europeia para a Proteção de Dados elaboram e publicam um memorando de entendimento que dê execução ao presente artigo e defina os termos da sua cooperação, aplicável ao pessoal da Autoridade Europeia para a Proteção de Dados envolvido na prossecução das atribuições conferidas ao Comité pelo presente regulamento.

5. O secretariado fornece ao Comité apoio de caráter analítico, administrativo e logístico.

6. O secretariado é responsável, em especial:

a) Pela gestão corrente do Comité;

b) Pela comunicação entre os membros do Comité, o seu presidente e a Comissão;

c) Pela comunicação com outras instituições e o público;

d) Pelo recurso a meios eletrónicos para a comunicação interna e externa;

e) Pela tradução de informações pertinentes;

f) Pela preparação e acompanhamento das reuniões do Comité;

g) Pela preparação, redação e publicação dos pareceres, das decisões em matéria de resolução de litígios entre autoridades de controlo e de outros textos adotados pelo Comité.

COMENTÁRIO:

1. O Secretariado do Comité fornece apoio de natureza analítica, administrativa e logística ao Comité, prevendo-se, a título exemplificativo, tarefas que, nesse âmbito, deverão ser exercidas pelo Secretariado do Comité.

O Secretariado do Comité é disponibilizado pela Autoridade Europeia para a Proteção de Dados; contrariamente ao regime anterior da Diretiva 95/46 CE (art. 29.º, n.º 5), em que este secretariado era facultado pela Comissão Europeia. Tal disponibilização de pessoal, em regime de reporte exclusivo ao presidente do Comité (n.º 2), traduzir-se-á numa verdadeira cedência de pessoal, para os devidos efeitos legais (n.º 3).

2. Quer o Comité, quer a Autoridade Europeia para a Proteção de Dados, são duas entidades autónomas dotadas de personalidade e capacidade jurídica, com atribuições na área da proteção de dados pessoais.[543] O Comité e a Autoridade Europeia para a Proteção de Dados celebraram um Memorando de Entendimento regulando os termos essenciais da colaboração imposta pelo art. 75.º, no qual nomeadamente estabelecem regras que propiciam a confiança e o efetivo sigilo e segurança da informação no exercício das funções do Secretariado (vg. por meio da disponibilização de um espaço próprio de trabalho e de uma equipa separada para o efeito); bem como com o objetivo de potenciar as sinergias entre as duas instituições, a aplicação de economia de escala, em áreas menos sensíveis em que tal seja possível (vg. gestão dos sítios de Internet, comunicação e realização de eventos); como ainda a necessária coordenação, designadamente quanto à afetação e suficiência dos recursos existentes e eventual recurso a enti-

---

[543] O Comité detém outras atribuições decorrentes da Diretiva (UE) 2016/680 ("Diretiva de Proteção de Dados em Matéria Policial e Criminal"), podendo outras atribuições ser previstas em nova legislação europeia, desde logo decorrente da revisão ou revogação do Regulamento 45/2001 ("Regulamento sobre a proteção de pessoas singulares no que diz respeito ao Tratamento de Dados Pessoais pelas Instituições e pelos Órgãos Comunitários e à Livre Circulação desses Dados") objeto de proposta de revogação pelo Parlamento Europeu, de 10.01.2018 ["Proposta de Regulamento do Parlamento Europeu e do Conselho relativo à proteção das pessoas singulares no que diz respeito ao tratamento de dados pessoais pelas instituições, órgãos, organismos e agências da União e à livre circulação desses dados e que revoga o Regulamento (CE) n.º 45/2001 e a Decisão n.º 1247/2002/CE "]. A Autoridade Europeia para a Proteção de Dados, por sua vez, é o supervisor dos órgãos e instituições da UE no que respeita aos dados pessoais por estes processados, sendo não apenas o garante da aplicação do RGPD na estrutura administrativa e política da UE, como órgão consultivo da Comissão Europeia em matéria de proteção de dados, incluindo relativamente a legislação em preparação, e, na qualidade de membro do Comité com direitos de voto em certas matérias, ator igualmente importante nos objetivos de coordenação e coerência de atuações por parte das autoridades de controlo, na aplicação do RGPD (*vide* Regulamento 45/2001 e Proposta de Regulamento *supra* citados).

dades terceiras para a prossecução das atividades previstas neste artigo (vg. em regime de subcontratação).[544]

3. Publicação do Memorando de entendimento celebrado entre o Comité e a Autoridade Europeia de Proteção de Dados[545]:

"I. Purpose of this document

1. Independent data protection authorities in the European Union are cooperating in a spirit of trust, good faith and collegiality.

2. The General Data Protection Régulation (EU Régulation 679/2016, hereinafter 'GDPR')1 reinforces the termsforthis coopération by the création of a new European body, the European Data Protection Board (hereinafter 'EDPB'), to be composed of ail national supervisory authorities and the European Data Protection Supervisor (hereinafter 'EDPS').

3. The EDPB is an EU body with légal personality that acts independently (Article 69.1 of the GDPR) when performing the tasks described in Articles 70 and 71 of the GDPR. Article 51 of the Data Protection Directive2 (hereinafter 'DPD') and other relevant applicable EU law.

4. The EDPS is an independent EU supervisory authority with légal personality that acts in complete independence in the performance of its duties (Articles 41.1 and 44.1 of Régulation 45/20013). The EDPS is recognised as an EU institution in the Financial Régulation applicable to the général budget of the Union and its rules of application4 and therefore benefits from budgetary autonomy. The tasks of the EDPS are defined in Régulation 45/2001 (Articles 41.2 and 46).

1 Régulation (EU) 2016/679 of the European Parliament and of the Council of 27 April 2016 on the protection of natural persons with regard to the processing of personal data and on the free movement of such data, and repealing Directive 95/46/EC (General Data Protection Régulation).

2 Directive (EU) 2016/680 of the European Parliament and of the Council of 27 April 2016 on the protection of natural persons with regard to the processing of personal data by competent authorities for the purposes of the prévention, investigation, détection or prosecution of criminal offences or

---

[544] Memorando de Entendimento datado de 25.05.2015 e publicado em https://edpb.europa.eu.

[545] Disponivel em: https://edpb.europa.eu/sites/edpb/files/files/file1/memorandum_of_understanding_signed_en.pdf

the execution of criminal penalties, and on the free movement of such a data and repealing Council Framework Décision 2008/9 77/J HA.

3 Régulation (EC) No 45/2001 of the European Parliament and of the Council of 18 December 2000 on the protection of individuals with regard to the processing of personal data by the Community institutions and bodies and on the free movement of such data.

4 Régulation (EU, EURATOM) No 966/2012 of the European Parliament and of the Council of 25 October 2012 on the financial rules applicable to the général budget of the Union and repealing Council Régulation (EC, Euratom) No 1605/2002,

5. Article 75 of the GDPR stipulâtes that the Secrétariat of the EDPB will be provided by the EDPS, which involves taking on responsibilities for organisational matters in order to support the providing of the Secrétariat, in line with Article 44 of the Régulation 45/20015 and Article 69.1 of the GDPR, including on matters where the EDPB, although being an EU body with légal personality, cannot legally adopt the décisions such as budget, human resources and financial administration.

6. The GDPR states that the Secrétariat shall perform its tasks exclusively under the instructions of the Chair. The EDPS staff involved in carrying out the tasks conferred to the Board shall be subject to separate reporting lines from staff involved in carrying out tasks conferred to the EDPS (Article 75.3).

7. Given the positive spirit of coopération among the community of supervisory authorities in the EU, the EDPB and the EDPS have agreed that a Mémorandum of Understanding (hereinafter 'MoU') serve as a valuable guide and additional point of reference as to the common commitment of the EDPB and the EDPS concerned towards sound administrative management and synergies and the effectiveness of the EDPB.

8. This MoU also applies to the staff of the EDPS carrying out the tasks supporting the EDPB for implementing the DPD Article 51.1 and other relevant applicable EU law.

II. Définitions

In this document:

1. "Party" means the EDPS or the EDPB, ail together referred as "the Parties";

2. "Staff means officiais, contract agents, seconded national experts, temporary agents and trainees hired according to Staff Régulation 31 (EEC), 11 (EAEC), which lays down the Staff Régulations of Officiais and the Condi-

tions of Employment of Other Servants of the European Economie Community and the European Atomic Energy Community6;

3. "Secrétariat" means the Secrétariat of the EDPB according to Article 75 of the GDPR;

4. "Secrétariat staff consists of members of staff of the EDPS, including the Head of Secrétariat provided by the EDPS, carrying out analytical, administrative and logistical tasks to support the EDPB exclusively under the instructions of the Chair of the EDPB and subject to separate reporting lines as provided in Article 75 of the GDPR;

5. "EDPS staff means members of staff who carry out tasks conferred on the EDPS and work exclusively under the instructions of the Supervisor;

6. "Supervisor" means the Supervisor of the EDPS;

7. "Director" means the Director of the EDPS both in his or her capacity as Appointing Authority and Authorising Officer by Délégation, pursuant to Articles 9 and 10 of the Rules of Procédure – Décision of the EDPS;7

5 In particular, paragraph 1 and 2 ("1. The European Data Protection Supervisor shall act in complete independence in the performance of his or her duties. 2. The European Data Protection Supervisor shall, in the performance ofhis or her duties, neitherseek nor take instructions from anybody)".

6 Régulation No 31 (EEC), 11 (EAEC), laying down the Staff Régulations of Officiais and the Conditions of Employment of Other Servants of the European Economie Community and the European Atomic Energy Community Rules of Procédure –

Décision of the EDPS of 17 December 2012 on the adoption of Rules of Procédure,

8. "Head of Secrétariat": means a staff member of the Secrétariat responsible for coordinating the work of the Secrétariat;

9. "Chair" means the EDPB elected chair.

III. Principles

The terms of this MoU are underpinned by the following principles:

(i) independence and impartiality of action of the EDPB and the EDPS in performing their tasks and powers;

(ii) good governance, integrity and good administrative behaviour in acting in the public interest;

(iii) collegiality;

(iv) coopération and endeavouring to operate by consensus;

(v) confidentiality for restricted information

(vi) efficiency and modernisation to ensure the highest level of synergies;

(vii) proactivity in anticipating and supporting modem, future-oriented solutions to the new digital challenges to data protection.

IV. The tasks of the Secrétariat

1. Under Article 75.5 of GDPR, the Secrétariat is required to provide analytical, administrative and logistical support to the EDPB.

2. Article 75.6 of the GDPR provides for a list of tasks to be carried out by the Secrétariat. These tasks will allow the Secrétariat to effectively carry out the support function foreseen in Article 75.5. Those tasks also include:

(i) the organisation of EDPB meetings (sending invitations, booking rooms, catering, gathering evidence and preparing of the reimbursement of travel costs and drafting the agenda and the minutes);

(ii) providing further development, use, maintenance and support for the EDPB IT communication tool and One Stop Shop communication tool (covering the EDPB IT system);

(iii) the handling of public access to documents requests;

(iv) record management;

(v) security of information (LISO);

(vi) ensuring information and communication tasks, such as maintaining press relations and the drafting/publication press releases, producing web or social média content, briefings, speeches, blog posts, audio-visual material and présentations (communication);

(vii) ensuring public relations with other institutions, including représentation of the Board before the courts, in accordance with the Rules of Procédures;

(viii) the Data Protection Officer's (DPO) activities;

(ix) Providing the translation of the relevant documents, in accordance with the Rules of Procédure of the EDPB.

3. Certain activities mentioned in paragraph 2, such as translations and interprétation, will be provided by other EU institutions or bodies under SLAs. Where it is identified that existing or new SLAs concluded by the EDPS with other EU institutions or bodies are relevant to the EDPB, the EDPS will involve the EDPB in any (re)negotiation.

4. The EDPB and EDPS DPOs will meet regularly in order to ensure that their décisions remain consistent.

V. Internai organisation ofthe Secrétariat – Coopération and Confidentiality

1. The Chair of the Board is tasked, inter alia, with ensuring the timely performance of the tasks of the Board and shall be assisted by the Secrétariat to perform this task.

2. The Secrétariat staff are separated from EDPS staff. This means that they are subject to separate reporting lines and that the Secrétariat will consist of Secrétariat staff only.

3. Should any matter of relevance for the EDPB concern both Parties, the Secrétariat staff and the EDPS staff, the Supervisor and the Chair shall work together to reach consensus and to find solutions which are in the best interest of both parties and their respective staff.

4. The Head of Secrétariat and the EDPS Head of Human Resource, Budget and Administration Unit will meet regularly to ensure full synergy, coherence and consistency in the administrative management of the EDPB and the Secrétariat, and to safeguard the administrative accountability of the EDPS. These meetings will enable the Parties to better share administrative information and improve best practices on budget implementation, procurement, expenditures, logistics and good administration. The Chair may make, in principle via the Head of Secrétariat, any request to the EDPS Head of Human Resource, Budget and Administration Unit concerning the administrative management ofthe EDPB and the Secrétariat.

5. The Secrétariat staff must also act according to the requirements and best practices established in the EDPS Code of Conduct.

6. The Secrétariat staff will be located in dedicated offices separated from the offices of the EDPS staff to which access will be restricted. They will have specific e-mail addresses (XX@edpb.europa.eu) and all officiai documents produced by the Secrétariat will be formally identified as EDPB documents.

7. Without prejudice to the professional secrecy, the Parties agree to exchange on a regular basis relevant information to make this MoU effective. Code of Conduct: **http://www.edpsnet.ep.pari.union.eu/edpsnet/ webdav/site/edpsnet2/shared/HRAB/Documents/code%20of%20con duct.final.pdf**

For EDPS staff, including the Secrétariat staff, Art 17 of the Staff Régulation, Article 45 of Régulation 45/2001 on the basis of Article 339 of the Treaty on the Functioning of the European Union will be applicable. For national supervisory authorities staff, Article 54.2 ofthe GDPR and 44.2 ofthe DPD will apply.

8. To maintain mutual trust through the sharing of information flow in both directions, the Parties:

(i) will ensure that any sensitive non classified information and classified information will only be exchanged and used exclusively for lawful purposes and only where relevant for the respective duties of the Parties, in compliance with relevant EDPS and EDPB Décisions on Security and according to EU standards;

(ii) will restrict access where appropriate to ensure the séparation of functions and the sensitivity of information;

(iii) will respect confidentiality and security rules, preventing any unauthorised access to restricted information.

9. Similarly, IT systems and tools used by the Secrétariat should be designed in a way which mitigates the risk of security breaches. The same rules shall apply to external staff performing tasks for the Secrétariat through ad hoc contractual clauses imposing the same confidentiality rules and the Information Security Policy of the EDPB will provide for the necessary access restrictions which are implemented in relevant IT systems.

10. In the case of a breach of the EDPB or EDPS Security Rules, with regards to the EDPB information or to the implementation of the MoU, the Chair and the Director will be notified after the intervention of the respective Local Information Security Officer (LISO) and the EDPS Local Security Officer (LSO), so that appropriate action may be taken.

VI. EDPS responsibilities to provide the Secrétariat

1. To provide the Secrétariat, the EDPS will:

(i) provide separate staff to carry out tasks conferred to the Secrétariat. The EDPS will take all reasonable measures to provide suitable staff in accordance with the needs identified by the EDPB. The EDPS will also provide Human Resources support, including selection, recruitment, payroll, appraisal, promotion, learning and development, mission organisation, respect for ethics and leave requests for the Secrétariat staff;

(ii) provide a working place to staff carrying out tasks conferred on the Secrétariat;

(iii) provide a working infrastructure to Secrétariat including ail reasonable and necessary communications and working equipment necessary for the EDPB Secrétariat;

(iv) provide financial resources and support to the EDPB and the Secrétariat. The EDPS will préparé, defend and implement the budget dedicated to the EDPB. The EDPS Annual Activity Report foreseen in Article 66.9 of the EU Financial Régulation will cover the budget dedicated to the EDPB and the EDPS will be responsible for the Internai Control Coordination function;

(v) ensure the security of the building via appropriate arrangements.

2. Where necessary, the EDPS may décidé, after informing the EDPB, that one or several of the services mentioned in paragraph 1 such as payroll or the basic IT infrastructure made available to the Secrétariat, will be sup-

plied by other EU institutions or bodies under SLAs. The EDPS will consult the EDPB on any (re)negotiation and the EDPS will take utmost account of its opinion and give reasons why when taking a différent position than the one expressed by the EDPB.

3. The EDPS will inform and consult the EDPB in advance where there is any matter of relevance for the EDPB and its functioning.

4. In addition, in ail matters foreseen in paragraphs 5, 6 and 7, the EDPS, before taking a décision of relevance to the EDPB, will take utmost account of any opinion of the Board and endeavour to reach consensus. If consensus cannot be achieved, the EDPS will give reasons for not following the opinion of the EDPB.

5. On HR matters, a close coopération with the Chair will take place in the définition of job profiles according to the EDPB needs and in the organization of the selection procédure of the Secrétariat staff, in compliance with the EU staff régulations. Recruitment, appraisals and promotions will be carried out in accordance with the provisions of the Staff Régulations and the EDPS implementing décisions. Missions and trainings will be authorised by the Head of Secrétariat and validated by the Authorising Officer by Délégation to ensure respect of the budget and of EU régulations.

6. For budget matters, a dedicated Title in the EDPS budget differentiates as much as possible resources and expenses of the EDPS from those of the EDPB. The EDPS will work in close coopération with the Chair regarding the formulation and adoption of the EDPB budget on the basis of justified needs and after the consultation ofthe EDPB.

7. As regards the expenditure of the EDPB, the Head of Secrétariat will act as operating agent deciding de facto on the commitments and expenditure of the EDPB. The expenditures will be executed and signed by the EDPS after verifying that the budget and EU Financial Régulations are respected. In case the EDPS refuses to execute an item of expenditure or décidé differently than the views of the EDPB, for example to comply with a formai requirement under EU law, the EDPS will explain its décision to the Head of Secrétariat.

VII. Additional functions performed by the EDPS to cooperate with the Secrétariat

1. In order to enhance synergies, savings and économies of scale, the EDPS will ensure the technical tasks for EDPB information and administrative communication, such as:

(i) providing the technical development and assistance for the EDPB website;

(ii) producing audio-visual material;

(iii) providing technical support for events and study visits;

(iv) publishing, and sending documents promptly, such as news, press releases, speeches, blog posts, document, web content, upon request of the Head of Secrétariat (because, for example, the person responsible for the publication of documents within the Secrétariat is not available).

2. The EDPS Head of Information and Communication will be responsible for organising those tasks relating to EDPB activities as requested by the Head of Secrétariat.

3. The EDPS Head of Information and Communication will cooperate with the Head of Secrétariat when conducting appraisals and promotion exercises concerning his/her members of staff who also work on tasks relating to EDPB activities.

VIII. Implementation, revision and amendments

The Parties will meet regularly, at least once a year, in order to exchange views on the practical implementation of the working arrangements and may décidé to amend this MoU.

IX. Entry into force and publication

This MoU will apply on the day following the date of its signature and its initial and amended version shall be published in the Official Journal of the European Union and on the websites of the Parties pursuant to Article 75(4) of the GDPR.

Drawn up at Brussels on 25 May 2018 in two original copies each in the English language and signed by the EDPB Chair and by the Supervisor."

(*Catarina Pina Gonçalves*)

ARTIGO 76.º
Confidencialidade

1. Os debates do Comité são confidenciais quando o Comité o considerar necessário, nos termos do seu regulamento interno.

2. O acesso aos documentos apresentados aos membros do Comité, aos peritos e aos representantes de países terceiros é regido pelo Regulamento (CE) n.º 1049/2001 do Parlamento Europeu e do Conselho[546].

---

[546] Regulamento (CE) n.º 1049/2001 do Parlamento Europeu e do Conselho, de 30.05.2001,

COMENTÁRIO:

1. Não obstante a observação de um princípio geral de transparência,[547] acautela-se a confidencialidade dos trabalhos e debates realizados em sede do Comité, podendo este determinar as matérias sobre as quais tal confidencialidade incide e que, presentemente, consistem nas seguintes:

– As relativas a pessoas singulares
– As relativas ao mecanismo de coerência;
– As relativas a relações internacionais;
– Situações em que o sigilo se torna necessário para a salvaguarda do procedimento e poder deliberatório do Comité, salvo se razões de interesse público na publicação a isso se sobreponham.[548] Esta abordagem vem na senda do previsto nos arts. 54.º, n.º 2, RGPD.

2. O Comité, nas suas atividades, observará o regime do acesso do público aos documentos do Parlamento Europeu, do Conselho e da Comissão, previsto no Regulamento (CE) 1049/2001, que no considerando 4 refere que o: "presente regulamento destina-se a permitir o mais amplo efeito possível do direito de acesso do público aos documentos e a estabelecer os respetivos princípios gerais e limites (...)."

(*Catarina Pina Gonçalves*)

CAPÍTULO VIII
Vias de recurso, responsabilidade e sanções

ARTIGO 77.º
Direito de apresentar reclamação a uma autoridade de controlo

1. Sem prejuízo de qualquer outra via de recurso administrativo ou judicial, todos os titulares de dados têm direito a apresentar reclama-

---

relativo ao acesso do público aos documentos do Parlamento Europeu, do Conselho e da Comissão (JO L 145 de 31.5.2001, p. 43).
[547] Art. 3.º das Regras Procedimentais do Comité Europeu para a Proteção de Dados, adotadas em 25.05.2018.
[548] Art. 33.º das Regras Procedimentais do Comité Europeu para a Proteção de Dados, adotadas em 25.05.2018.

ção a uma autoridade de controlo, em especial no Estado-Membro da sua residência habitual, do seu local de trabalho ou do local onde foi alegadamente praticada a infração, se o titular dos dados considerar que o tratamento dos dados pessoais que lhe diga respeito viola o presente regulamento.

2. A autoridade de controlo à qual tiver sido apresentada a reclamação informa o autor da reclamação sobre o andamento e o resultado da reclamação, inclusive sobre a possibilidade de intentar ação judicial nos termos do artigo 78.º.

COMENTÁRIO:

1. O artigo 77.º, sob a epígrafe *Direito de apresentar reclamação a uma autoridade de controlo*, abre o capítulo relativo às vias de recurso, responsabilidade e sanções, capítulo que se reveste da maior importância tendo em conta o agravamento significativo das coimas a aplicar em caso de incumprimento das normas do RGPD.

2. O artigo 22.º da Diretiva 95/46/CE, de 24 de outubro de 1995, ao referir-se às garantias graciosas perante a autoridade de controlo, já previa a possibilidade de serem apresentadas reclamações perante esta, embora não explicitasse o modo do seu exercício. Com efeito, tratando-se de uma diretiva, remetia para o direito interno dos Estados-Membros a efetivação deste direito, consagrando a Lei n.º 67/98, de 26 de outubro, no seu artigo 33.º, o direito de apresentação de queixa à Comissão Nacional de Proteção de Dados (CNPD). O artigo 17.º da Lei n.º 43/2004, de 18 de agosto (Lei orgânica da CNPD), regula o modo de apresentação de reclamações e queixas, exigindo forma escrita.

3. O n.º 1 deste artigo 77.º vem densificar o direito de reclamar perante a autoridade de controlo, esclarecendo, em primeiro lugar, que tal direito não interfere ou preclude o direito de utilizar outras vias graciosas ou contenciosas. Quer isto dizer, por um lado, que a prévia reclamação perante a autoridade de controlo não é condição necessária para se poder recorrer contenciosamente, de acordo, aliás, com as regras de Direito Administrativo vigentes em Portugal. Mas também significa que é possível utilizar os meios graciosos normais (reclamação e recurso hierárquico) quando o ato em causa tenha sido praticado ao abrigo de disposições de direito administrativo, não sendo a autoridade de controlo a única entidade competente para apreciar queixas relativas à matéria da proteção de dados e a eventuais violações do RGPD.

4. O n.º 1 do artigo 77.º estabelece ainda uma regra muito importante no tocante à autoridade de controlo competente para receber as reclamações. Com efeito, de acordo com esta norma, o titular dos dados pode apresentar uma reclamação a uma de três autoridades de controlo: (i) à autoridade de controlo do Estado-Membro da sua residência habitual; (ii) à autoridade de controlo do seu local de trabalho; ou (iii) à autoridade de controlo do local onde foi alegadamente praticada a infração. Visa este comando facilitar a apresentação de reclamações à autoridade de controlo, cabendo ao titular dos dados escolher aquela que considere mais conveniente aos seus interesses. Pode assim suceder que a alegada violação do RGPD tenha ocorrido num Estado-Membro em que o titular dos dados se encontrava de férias mas que a reclamação seja apresentada perante a autoridade de controlo do Estado-Membro da sua residência habitual.

5. Nos termos do artigo 57.º, n.º 1, alínea f), é a autoridade de controlo a quem foi apresentada a reclamação que deve proceder ao respetivo tratamento e informar o autor da reclamação do andamento e do resultado da investigação num prazo razoável, em especial se forem necessárias operações de investigação ou de coordenação complementares com outra autoridade de controlo (sobre a articulação entre as autoridades de controlo dos vários Estados-Membros, *vide* o Capítulo VII do RGPD, em especial os artigos 60.º e 61.º, onde estão previstas as regras de cooperação e assistência mútua necessárias para a efetiva implementação deste Regulamento).

6. Em consonância com o disposto no artigo 57.º, n.º 1, alínea f), o n.º 2 do artigo 77.º estabelece um dever de informação, que impende sobre a autoridade de controlo onde foi apresentada a reclamação, estabelecendo que o reclamante deve ser informado do respetivo andamento e das suas conclusões e, inclusivamente, do seu direito a agir judicialmente contra a própria autoridade de controlo.

(Cristina Pimenta Coelho)

ARTIGO 78.º
Direito à ação judicial contra uma autoridade de controlo

1. Sem prejuízo de qualquer outra via de recurso administrativo ou extrajudicial, todas as pessoas singulares ou coletivas têm direito à ação judicial contra as decisões juridicamente vinculativas das autoridades de controlo que lhes digam respeito.

DIREITO À AÇÃO JUDICIAL CONTRA UMA AUTORIDADE DE CONTROLO ART. 78.º

2. Sem prejuízo de qualquer outra via de recurso administrativo ou extrajudicial, os titulares dos dados têm direito à ação judicial se a autoridade de controlo competente nos termos dos artigos 55.º e 56.º não tratar a reclamação ou não informar o titular dos dados, no prazo de três meses, sobre o andamento ou o resultado da reclamação que tenha apresentado nos termos do artigo 77.º.

3. Os recursos contra as autoridades de controlo são interpostos nos tribunais do Estado-Membro em cujo território se encontrem estabelecidas.

4. Quando for interposto recurso de uma decisão de uma autoridade de controlo que tenha sido precedida de um parecer ou uma decisão do Comité no âmbito do procedimento de controlo da coerência, a autoridade de controlo transmite esse parecer ou decisão ao tribunal.

COMENTÁRIO:

1. O n.º 1 do artigo 78.º consagra o direito de recorrer judicialmente contra as decisões da autoridade de controlo, *maxime* daquelas que imponham coimas ou que desatendam reclamações. Trata-se de um direito que a Diretiva 95/46/CE, de 24 de outubro de 1995, não consagrava autonomamente, mas que decorria das normas do direito português uma vez que a autoridade de controlo portuguesa, a Comissão Nacional de Proteção de Dados (CNPD), é uma entidade administrativa (independente), cujas decisões são sindicáveis judicialmente.

2. Como resulta muito claramente deste n.º 1, o direito de ação judicial contra uma autoridade de controlo não preclude o recurso às vias administrativas ou à resolução extrajudicial de litígios, nem é prejudicado pelo facto de estas terem sido utlizadas.

3. O n.º 2 deste artigo explicita que o direito à via judicial se verifica também em caso de omissão da autoridade de controlo no tocante à obrigação de informar o titular dos dados sobre o andamento e resultado de reclamações que lhe tenham sido apresentadas ao abrigo do disposto no artigo 77.º. Enquanto o artigo 57.º, n.º 1, alínea f) se refere apenas a um prazo razoável, o n.º 2 do artigo 77.º fixa o prazo de 3 meses para a autoridade de controlo informar o reclamante, findo o qual poderá o mesmo usar dos meios contenciosos contra a mesma.

4. O n.º 3 consagra uma regra de competência jurisdicional, estabelecendo que as ações contra as autoridades de controlo devem ser propostas nos tribunais dos Estados-Membros respetivos. Quer isto dizer que se, por exemplo, um

português tiver apresentado uma reclamação perante a autoridade de controlo alemã e esta não tiver informado o reclamante no prazo previsto no RGPD, a ação deve ser proposta nos tribunais alemães. Do mesmo modo, se tiver sido a autoridade de controlo portuguesa a aplicar uma coima a uma empresa alemã, e esta pretender impugnar tal decisão, o processo deve correr nos tribunais portugueses.

5. O n.º 4 do artigo 78.º, visando assegurar o acompanhamento da aplicação do RGPD pelo Comité Europeu para a Proteção de Dados, previsto nos artigos 68.º e ss, determina que sempre que a decisão de uma autoridade de controlo, objeto de impugnação judicial, tenha sido precedida de um parecer ou uma decisão do Comité no âmbito do procedimento de controlo da coerência (vide artigos 64.º e 65.º), a autoridade de controlo deve informar o Comité do sentido da decisão do tribunal.

(Cristina Pimenta Coelho)

ARTIGO 79.º
Direito à ação judicial contra um responsável pelo tratamento ou um subcontratante

1. Sem prejuízo de qualquer outra via de recurso administrativo ou extrajudicial, nomeadamente o direito de apresentar reclamação a uma autoridade de controlo, nos termos do artigo 77.º, todos os titulares de dados têm direito à ação judicial se considerarem ter havido violação dos direitos que lhes assistem nos termos do presente regulamento, na sequência do tratamento dos seus dados pessoais efetuado em violação do referido regulamento.

2. Os recursos contra os responsáveis pelo tratamento ou os subcontratantes são propostos nos tribunais do Estado-Membro em que tenham estabelecimento. Em alternativa, os recursos podem ser interpostos nos tribunais do Estado--Membro em que o titular dos dados tenha a sua residência habitual, salvo se o responsável pelo tratamento ou o subcontratante for uma autoridade de um Estado-Membro no exercício dos seus poderes públicos.

COMENTÁRIO:
1. Trata este artigo do direito de ação dos titulares dos dados contra um responsável pelo tratamento ou contra um subcontratante, caso os dados pessoais

sejam objeto de tratamento em violação do disposto no RGPD (os conceitos de responsável pelo tratamento e subcontratante constam do artigo 4.º, 7) e 8), respetivamente, e foram objeto do Parecer 1/2010, de 16 de fevereiro de 2010, do Grupo de Trabalho do artigo 29.º) e deve ser lido em articulação com o artigo 82.º que regula precisamente a responsabilidade civil destes sujeitos.

2. Como resulta muito claramente do n.º 1 deste artigo, o direito de ação judicial contra um responsável pelo tratamento ou contra um subcontratante não preclude o recurso às vias administrativas, *maxime* a reclamação perante a autoridade de controlo prevista no artigo 77.º, ou à resolução extrajudicial de litígios, nem é prejudicado pelo facto de estas terem sido utlizadas.

3. O n.º 2 consagra uma regra de competência jurisdicional, estabelecendo que as ações contra os responsáveis pelo tratamento ou contra os subcontratantes são, em princípio, propostas nos tribunais do Estado-Membro em que estes tenham estabelecimento. Ao referir-se a estabelecimento, sem mencionar que se trata do estabelecimento principal, esta norma confere competência aos tribunais de qualquer Estado-Membro em que o responsável pelo tratamento ou o subcontratante estejam estabelecidos. Atribui, contudo, igualmente competência aos tribunais do Estado-Membro em que o titular dos dados tenha a sua residência habitual, não só por uma questão de comodidade para o titular dos dados, como porque pode acontecer que, nos termos do disposto no n.º 2 do artigo 3.º do RGPD, o responsável pelo tratamento ou o subcontratante não tenham estabelecimentos na União Europeia. Tratando-se, porém, de uma autoridade de um Estado-Membro no exercício dos seus poderes públicos, a ação deve ser necessariamente proposta nos tribunais desse Estado-Membro.

4. Estas regras de competência territorial dos tribunais podem levar a que sejam propostas ações pelo mesmo titular dos dados em vários Estados-Membros, o que poderá suscitar questões de litispendência (a este propósito, *vide* artigo 81.º e a respetiva anotação).

(Cristina Pimenta Coelho)

ARTIGO 80.º
Representação dos titulares dos dados

1. O titular dos dados tem o direito de mandatar um organismo, organização ou associação sem fins lucrativos, que esteja devidamente cons-

tituído ao abrigo do direito de um Estado-Membro, cujos objetivos estatutários sejam do interesse público e cuja atividade abranja a defesa dos direitos e liberdades do titular dos dados no que respeita à proteção dos seus dados pessoais, para, em seu nome, apresentar reclamação, exercer os direitos previstos nos artigos 77.º, 78.º e 79.º, e exercer o direito de receber uma indemnização referido no artigo 82.º, se tal estiver previsto no direito do Estado-Membro.

2. Os Estados-Membros podem prever que o organismo, a organização ou a associação referidos no n.º 1 do presente artigo, independentemente de um mandato conferido pelo titular dos dados, tenham nesse Estado-Membro direito a apresentar uma reclamação à autoridade de controlo competente nos termos do artigo 77.º e a exercer os direitos a que se referem os artigos 78.º e 79.º, caso considerem que os direitos do titular dos dados, nos termos do presente regulamento, foram violados em virtude do tratamento.

COMENTÁRIO:
1. Em consonância com o disposto no considerando 142, o n.º 1 deste artigo atribui ao titular dos dados que considere que os direitos que lhe são conferidos pelo RGPD foram violados o direito de mandatar um organismo, organização ou associação sem fins lucrativos que seja constituído ao abrigo do direito de um Estado-Membro para o representar no tocante aos direitos previstos nos artigos 77.º (direito a apresentar reclamação a uma autoridade de controlo), 78.º (direito a intentar ação judicial contra a autoridade de controlo) e 79.º (direito a demandar judicialmente um responsável pelo tratamento ou um subcontratante). Exige-se ainda que tal entidade tenha por objeto atividades relacionadas com a proteção dos dados pessoais e que os respetivos fins sejam de interesse público.

2. O RGPD remete para o direito interno dos Estados-Membros a questão de saber se pode tal entidade propor ações em tribunais solicitando o pagamento de indemnização, nos termos do artigo 82.º, em nome dos seus representados.

3. De acordo com o n.º 2, cabe também a cada Estado-Membro decidir se as referidas entidades poderão apresentar reclamações ou propor ações judiciais mesmo sem mandato dos titulares dos dados. Quer isto dizer que, a não ser que o Estado português venha a admitir expressamente tal possibilidade, será necessário que os titulares dos dados confiram poderes de representação para que

uma associação representativa dos direitos dos titulares de dados pessoais possa agir em seu nome.

4. Um lugar paralelo que podemos encontrar no ordenamento jurídico interno é o das associações sindicais que, de acordo com o artigo 56.º da Constituição da República Portuguesa "representam", ou melhor, defendem por "direito próprio" os direitos e interesses, individuais ou coletivos, dos trabalhadores, não sendo meras representantes ou mandatárias dos trabalhadores. No mesmo sentido, o n.º 2 do artigo 338.º da Lei Geral do Trabalho em Funções Públicas, aprovada pela Lei n.º 35/2014, de 20 de junho, reconhece às associações sindicais legitimidade processual para a defesa dos direitos e interesses coletivos dos trabalhadores, bem como para a defesa coletiva dos direitos e interesses individuais legalmente protegidos dos trabalhadores que representem.

(Cristina Pimenta Coelho)

ARTIGO 81.º
Suspensão do processo

1. Caso um tribunal de um Estado-Membro tenha informações sobre um processo pendente num tribunal de outro Estado-Membro, relativo ao mesmo assunto no que se refere às atividades de tratamento do mesmo responsável pelo tratamento ou subcontratante, deve contactar o referido tribunal desse outro Estado-Membro a fim de confirmar a existência de tal processo.

2. Caso esteja pendente num tribunal de outro Estado-Membro um processo relativo ao mesmo assunto no que se refere às atividades de tratamento do mesmo responsável pelo tratamento ou subcontratante, o tribunal onde a ação foi intentada em segundo lugar pode suspender o seu processo.

3. Caso o referido processo esteja pendente em primeira instância, o tribunal onde a ação foi intentada em segundo lugar pode igualmente declinar a sua competência, a pedido de uma das partes, se o órgão jurisdicional onde a ação foi intentada em primeiro lugar for competente para conhecer dos pedidos em questão e a sua lei permitir a respetiva apensação.

COMENTÁRIO:

1. Na esteira do considerando 146, trata este artigo de situações de litispendência, ou seja, situações em que há identidade dos sujeitos, do pedido e da causa de pedir. Como vimos em anotação aos artigos 78.º e 79.º, as regras de competência territorial dos tribunais dos vários Estados-Membros podem efetivamente permitir que sejam propostas ações com idêntico objeto em vários países da União Europeia.

2. Apesar de o artigo 81.º se referir apenas a ações cujo objeto sejam atividades de tratamento do mesmo responsável pelo tratamento ou subcontratante, o mesmo poderá ocorrer quando está em causa uma decisão de uma autoridade de controlo, pelo que o mesmo regime deverá ser aplicado.

3. De acordo com o preceituado no n.º 1 deste artigo, se chegar ao conhecimento do tribunal (normalmente por via das partes em litígio) que se encontra pendente num tribunal de outro Estado-Membro ação com idênticos sujeitos, pedido e causa de pedir, deverá tentar obter, junto desse tribunal, a confirmação da existência do processo.

4. Caso confirme que já se encontra a correr uma ação idêntica, o tribunal onde a ação foi intentada em segundo lugar pode suspender o seu processo, nos termos do n.º 2 deste artigo 81.º. Trata-se, por conseguinte, de uma prerrogativa, pelo que nada impedirá o juiz de decidir continuar a lide. Todavia, verificando-se os pressupostos da litispendência (identidades das partes, do pedido e da causa de pedir), fará todo o sentido que haja suspensão do processo ou mesmo extinção da instância

5. A pedido de uma das partes, pode igualmente o tribunal declarar-se incompetente a favor do tribunal em que a ação tiver sido intentada em primeiro lugar desde que este seja competente para o processo em questão e a sua legislação permita.

6. O fim visado pelo legislador comunitário é evitar decisões que poderiam ser inconciliáveis se as causas fossem julgadas separadamente.

7. No direito processual português, admite-se a apensação de processos nos casos previstos no artigo 267.º do Código do Processo Civil, ou seja, quando se verifiquem os pressupostos de admissibilidade do litisconsórcio, da coligação, da oposição ou da reconvenção. Não deverá ocorrer apensação nos casos de litispendência pelo que se deverá averiguar se estamos perante ações em que há identidade dos sujeitos, do pedido e da causa de pedir (caso em que a ação proposta em segundo lugar pode/deve ser suspensa), ou se estamos perante situações em que, divergindo as partes, estejamos perante pedidos idênticos, sustentados pela mesma causa de pedir.

(Cristina Pimenta Coelho)

ARTIGO 82.º
Direito de indemnização e responsabilidade

1. Qualquer pessoa que tenha sofrido danos materiais ou imateriais devido a uma violação do presente regulamento tem direito a receber uma indemnização do responsável pelo tratamento ou do subcontratante pelos danos sofridos.

2. Qualquer responsável pelo tratamento que esteja envolvido no tratamento é responsável pelos danos causados por um tratamento que viole o presente regulamento. O subcontratante é responsável pelos danos causados pelo tratamento apenas se não tiver cumprido as obrigações decorrentes do presente regulamento dirigidas especificamente aos subcontratantes ou se não tiver seguido as instruções lícitas do responsável pelo tratamento.

3. O responsável pelo tratamento ou o subcontratante fica isento de responsabilidade nos termos do n.º 2, se provar que não é de modo algum responsável pelo evento que deu origem aos danos.

4. Quando mais do que um responsável pelo tratamento ou subcontratante, ou um responsável pelo tratamento e um subcontratante, estejam envolvidos no mesmo tratamento e sejam, nos termos dos n.ºs 2 e 3, responsáveis por eventuais danos causados pelo tratamento, cada responsável pelo tratamento ou subcontratante é responsável pela totalidade dos danos, a fim de assegurar a efetiva indemnização do titular dos dados.

5. Quando tenha pago, em conformidade com o n.º 4, uma indemnização integral pelos danos sofridos, um responsável pelo tratamento ou um subcontratante tem o direito de reclamar a outros responsáveis pelo tratamento ou subcontratantes envolvidos no mesmo tratamento a parte da indemnização correspondente à respetiva parte de responsabilidade pelo dano em conformidade com as condições previstas no n.º 2.

6. Os processos judiciais para exercer o direito de receber uma indemnização são apresentados perante os tribunais competentes nos termos do direito do Estado-Membro a que se refere o artigo 79.º, n.º 2.

COMENTÁRIO:
1. Trata este artigo da responsabilidade civil resultante de danos sofridos com a violação de normas do presente regulamento e tem como antecedente o artigo 23.º da Diretiva 95/46/CE que dispunha o seguinte:

"Artigo 23.º
Responsabilidade
1. Os Estados-membros estabelecerão que qualquer pessoa que tiver sofrido um prejuízo devido ao tratamento ilícito de dados ou a qualquer outro acto incompatível com as disposições nacionais de execução da presente directiva tem o direito de obter do responsável pelo tratamento a reparação pelo prejuízo sofrido.
2. O responsável pelo tratamento poderá ser parcial ou totalmente exonerado desta responsabilidade se provar que o facto que causou o dano lhe não é imputável".

2. Este artigo 23.º foi reproduzido no artigo 34.º da Lei n.º 67/98, de 26 de outubro.

3. Comparando o regime anterior com o que, na sequência do artigo 77.º da Proposta de Regulamento, acabaria por ficar consagrado no artigo 82.º, verificamos que enquanto a Diretiva 95/46/CE limitava a responsabilidade ao responsável pelo tratamento, a mesma é agora extensível ao subcontratante, embora não em termos coincidentes, como veremos.

4. Quer isto dizer que, perante uma violação de dados pessoais, o lesado se deve dirigir ao responsável pelo tratamento e/ou ao subcontratante para exigir a indemnização a que se acha com direito. Está, por conseguinte, excluída a responsabilidade direta do encarregado de proteção de dados (neste sentido, *vide* as orientações emitidas pelo Grupo de Trabalho do artigo 29.º, emitidas em 13 de dezembro de 2016 e revistas em 5 de abril de 2017; em sentido contrário, Mafalda Miranda Barbosa[549] que escreve que "o encarregado da proteção de

---

[549] *Data controllers e data processors: da responsabilidade pelo tratamento de dados à responsabilidade civil*, in Revista de Direito Comercial, 15 de março de 2018, p.477.

dados poderá ser responsabilizado em face dos titulares dos dados, por violação dos deveres que lhe são impostos no quadro regulamentar"). Tal não exclui, como é evidente, a responsabilidade contratual do encarregado de proteção de dados, nomeadamente se aconselhar erradamente o responsável pelo tratamento ou o subcontratante ou não cumprir as obrigações que o Regulamento lhe impõe ou que lhe foram fixadas por aqueles.

5. Também os trabalhadores que estejam autorizados a tratar dados pessoais pelo responsável pelo tratamento ou pelo subcontratante não respondem diretamente perante os titulares dos dados mas podem vir a responder perante os empregadores nos termos gerais de direito (a propósito da responsabilidade do comitente, *vide* artigo 500.º do Código Civil; quanto à responsabilidade extracontratual do Estado e demais entidades públicas, *vide* Lei 67/2007, de 31 de dezembro). O Grupo de Trabalho do artigo 29.º emitiu, em 16 de fevereiro de 2010, o Parecer 1/2010 sobre os conceitos de «responsável pelo tratamento» e «subcontratante», em que se pode ler o seguinte: "**Por vezes, as empresas e os organismos públicos nomeiam um responsável pela execução das operações de tratamento.** Porém, também neste caso, em que uma pessoa singular específica é incumbida de assegurar o cumprimento dos princípios relativos à protecção de dados ou de tratar dados pessoais, **esta pessoa não será o responsável pelo tratamento**, na medida em que agirá por conta da pessoa colectiva (empresa ou organismo público), que, na qualidade de responsável pelo tratamento, continuará a ser o responsável em caso de violação dos referidos princípios. (...) Tal como referido anteriormente, **o papel de responsável pelo tratamento é crucial e particularmente relevante para a imputação da responsabilidade e a imposição de sanções**. A identificação do «responsável pelo tratamento» na perspectiva da protecção dos dados estará associada, na prática, às disposições do direito civil, administrativo ou penal que imputam a responsabilidade ou estabelecem as sanções a que uma pessoa singular ou colectiva pode estar sujeita" (sublinhado nosso).

6. No tocante aos pressupostos da responsabilidade civil, o artigo 82.º, ao invés do que previa a Diretiva 95/46/CE, deixou de mencionar expressamente a ilicitude da violação, pelo que poderá questionar-se se a intenção do legislador comunitário foi atribuir responsabilidade mesmo em caso de violações lícitas de normas do RGPD. Crê-se, contudo, não ser esse o caso: para além de dificilmente se poder configurar uma violação lícita de tais normas, o n.º 3 do artigo 82.º, ao excluir a responsabilidade quando se demonstre que não houve culpa, parece afastar tal possibilidade.

7. Deverá, assim, verificar-se o preenchimento dos vários pressupostos da responsabilidade civil extraobrigacional, a saber a prática de ato ilícito, a culpa (na modalidade de dolo ou de negligência), a existência de um dano (patrimonial ou não patrimonial) e o nexo de causalidade entre o ato ilícito culposo e o prejuízo sofrido [550].

8. O n.º 2 do artigo 82.º esclarece em que casos pode o subcontratante ser responsabilizado perante lesados, determinando que o mesmo só é responsável pelos danos causados pelo tratamento se não tiver cumprido as obrigações decorrentes do RGPD dirigidas especificamente aos subcontratantes (*vide* artigo 28.º) ou se não tiver seguido as instruções lícitas do responsável pelo tratamento. Não conhecendo o lesado tais instruções, afigura-se que, em termos processuais, deverá demandar quer o responsável pelo tratamento, quer o subcontratante e aguardar pelas respetivas defesas.

9. Estabelece o n.º 3 do artigo 82.º um caso de exclusão da responsabilidade, quer do responsável pelo tratamento, quer do subcontratante, na situação em que os mesmos provem que não são responsáveis pelo evento que deu origem aos danos. Já o n.º 2 do artigo 23.º da Diretiva 95/46/CE, bem como o n.º 2 do artigo 34.º da Lei n.º 67/98, afastavam esta responsabilidade na hipótese em que fosse provado que o facto que causou o dano não era imputável ao responsável pelo tratamento. Também no considerando 146 encontramos igual menção, pelo que podemos admitir que estamos perante expressões equivalentes.

10. O regime ora consagrado no RGPD traduz-se numa inversão do ónus da prova, favorável aos interesses dos lesados, a quem basta demonstrar que os prejuízos sofridos foram causados por uma operação de tratamento da responsabilidade de determinada pessoa, cabendo a esta demonstrar que não é responsável pelo evento gerador dos danos, ou seja, que não agiu com culpa, pelo que o facto não lhe pode ser imputável. Poderá ser o caso de, tendo o responsável pelo tratamento implementado todas as soluções disponíveis no mercado para garantir a segurança do sistema informático através do qual os dados são processados, vir a ser vítima de um sofisticado ataque informático que nada nem ninguém poderia ter evitado.

---

[550] Neste sentido, Mafalda Miranda Barbosa, op. cit, p. 440.
Sobre a matéria dos pressupostos da responsabilidade civil, *vide* Ana Prata e outros, *Código Civil Anotado*, Vol I, 2017, Almedina, p. 627 e ss.

11. Consagra o n.º 4 a regra da solidariedade em caso de existir mais do que um responsável pelo pagamento da indemnização a que o lesado tem direito. Trata-se, uma vez mais, de um regime que protege os interesses do lesado que poderá assim demandar apenas um dos corresponsáveis e exigir-lhe a totalidade da indemnização, sem prejuízo do direito de regresso de que trata o n.º 5 (a propósito das situações em que há vários responsáveis, *vide* o citado Parecer 1/2010, de 16 de fevereiro de 2010, do Grupo de Trabalho do artigo 29.º, que dá exemplos esclarecedores).

12. No seguimento do n.º 4, e em conformidade com o previsto no considerando 146, o n.º 5 do artigo 82.º vem atribuir direito de regresso a quem, sendo corresponsável, pagou a totalidade da indemnização, prevendo que deve ser apurada a medida da responsabilidade de cada um. Ou seja, não basta dividir o montante pago pelo número de responsáveis: é necessário apurar previamente o *quantum* da responsabilidade de cada um, tarefa que nem sempre será fácil de concretizar.

13. O n.º 6 deste artigo consagra uma regra de competência jurisdicional remetendo para o artigo 79.º, n.º 2 que estabelece que as ações contra os responsáveis pelo tratamento ou contra os subcontratantes são, em princípio, propostas nos tribunais do Estado-Membro em que estes tenham estabelecimento, mas admitindo exceções (*vide* anotação ao artigo 79.º).

(*Cristina Pimenta Coelho*)

ARTIGO 83.º
Condições gerais para a aplicação de coimas

1. Cada autoridade de controlo assegura que a aplicação de coimas nos termos do presente artigo relativamente a violações do presente regulamento a que se referem os n.ºs 4, 5 e 6 é, em cada caso individual, efetiva, proporcionada e dissuasiva.

2. Consoante as circunstâncias de cada caso, as coimas são aplicadas para além ou em vez das medidas referidas no artigo 58.º, n.º 2, alíneas *a)* a *h)* e *j)*. Ao decidir sobre a aplicação de uma coima e sobre o montante da coima em cada caso individual, é tido em devida consideração o seguinte:

a) A natureza, a gravidade e a duração da infração tendo em conta a natureza, o âmbito ou o objetivo do tratamento de dados em causa, bem como o número de titulares de dados afetados e o nível de danos por eles sofridos;

b) O caráter intencional ou negligente da infração;

c) A iniciativa tomada pelo responsável pelo tratamento ou pelo subcontratante para atenuar os danos sofridos pelos titulares;

d) O grau de responsabilidade do responsável pelo tratamento ou do subcontratante tendo em conta as medidas técnicas ou organizativas por eles implementadas nos termos dos artigos 25.º e 32.º;

e) Quaisquer infrações pertinentes anteriormente cometidas pelo responsável pelo tratamento ou pelo subcontratante;

f) O grau de cooperação com a autoridade de controlo, a fim de sanar a infração e atenuar os seus eventuais efeitos negativos;

g) As categorias específicas de dados pessoais afetadas pela infração;

h) A forma como a autoridade de controlo tomou conhecimento da infração, em especial se o responsável pelo tratamento ou o subcontratante a notificaram, e em caso afirmativo, em que medida o fizeram;

i) O cumprimento das medidas a que se refere o artigo 58.º, n.º 2, caso as mesmas tenham sido previamente impostas ao responsável pelo tratamento ou ao subcontratante em causa relativamente à mesma matéria;

j) O cumprimento de códigos de conduta aprovados nos termos do artigo 40.º ou de procedimento de certificação aprovados nos termos do artigo 42.º; e

k) Qualquer outro fator agravante ou atenuante aplicável às circunstâncias do caso, como os benefícios financeiros obtidos ou as perdas evitadas, direta ou indiretamente, por intermédio da infração.

3. Se o responsável pelo tratamento ou o subcontratante violar, intencionalmente ou por negligência, no âmbito das mesmas operações de tratamento ou de operações ligadas entre si, várias disposições do presente regulamento, o montante total da coima não pode exceder o montante especificado para a violação mais grave.

4. A violação das disposições a seguir enumeradas está sujeita, em conformidade com o n.º 2, a coimas até 10 000 000 EUR ou, no caso de uma empresa, até 2 % do seu volume de negócios anual a nível mundial correspondente ao exercício financeiro anterior, consoante o montante que for mais elevado:

a) As obrigações do responsável pelo tratamento e do subcontratante nos termos dos artigos 8.º, 11.º, 25.º a 39.º e 42.º e 43.º;

b) As obrigações do organismo de certificação nos termos dos artigos 42.º e 43.º;

c) As obrigações do organismo de supervisão nos termos do artigo 41.º, n.º 4;

5. A violação das disposições a seguir enumeradas está sujeita, em conformidade com o n.º 2, a coimas até 20 000 000 EUR ou, no caso de uma empresa, até 4 % do seu volume de negócios anual a nível mundial correspondente ao exercício financeiro anterior, consoante o montante que for mais elevado:

a) Os princípios básicos do tratamento, incluindo as condições de consentimento, nos termos dos artigos 5.º, 6.º, 7.º e 9.º;

b) Os direitos dos titulares dos dados nos termos dos artigos 12.º a 22.º;

c) As transferências de dados pessoais para um destinatário num país terceiro ou uma organização internacional nos termos dos artigos 44.º a 49.º;

d) As obrigações nos termos do direito do Estado-Membro adotado ao abrigo do capítulo IX;

e) O incumprimento de uma ordem de limitação, temporária ou definitiva, relativa ao tratamento ou à suspensão de fluxos de dados, emitida pela autoridade de controlo nos termos do artigo 58.º, n.º 2, ou o facto de não facultar acesso, em violação do artigo 58.º, n.º 1.

6. O incumprimento de uma ordem emitida pela autoridade de controlo a que se refere o artigo 58.º, n.º 2, está sujeito, em conformidade com o n.º 2 do presente artigo, a coimas até 20 000 000 EUR ou, no caso de uma empresa, até 4% do seu volume de negócios anual a nível mundial correspondente ao exercício financeiro anterior, consoante o montante mais elevado.

7. Sem prejuízo dos poderes de correção das autoridades de controlo nos termos do artigo 58.º, n.º 2, os Estados-Membros podem prever normas que permitam determinar se e em que medida as coimas podem ser aplicadas às autoridades e organismos públicos estabelecidos no seu território.

8. O exercício das competências que lhe são atribuídas pelo presente artigo por parte da autoridade de controlo fica sujeito às garantias processuais adequadas nos termos do direito da União e dos Estados-Membros, incluindo o direito à ação judicial e a um processo equitativo.

9. Quando o sistema jurídico dos Estados-Membros não preveja coimas, pode aplicar-se o presente artigo de modo a que a coima seja proposta pela autoridade de controlo competente e imposta pelos tribunais nacionais competentes, garantindo ao mesmo tempo que estas medidas jurídicas corretivas são eficazes e têm um efeito equivalente às coimas impostas pelas autoridades de controlo. Em todo o caso, as coimas impostas devem ser efetivas, proporcionadas e dissuasivas. Os referidos Estados-Membros notificam a Comissão das disposições de direito interno que adotarem nos termos do presente número até 25 de maio de 2018 e, sem demora, de qualquer alteração subsequente das mesmas.

COMENTÁRIO:

1. O artigo 83.º, sob a epígrafe "Condições gerais para a aplicação de coimas", estabelece não só os critérios que devem ser tidos em conta aquando da determinação da medida da coima como tipifica as condutas que constituem contraordenações e estabelece as respetivas coimas.

2. Trata-se, sem dúvida, do artigo do RGPD que o colocou na ordem do dia e que chamou a atenção de cidadãos e empresas para a problemática da proteção de dados pessoais, face aos montantes elevadíssimos das coimas que veio consagrar.

3. Com efeito, as preocupações do legislador europeu e nacional com a matéria da proteção de dados pessoais é muito anterior a este Regulamento, que tem o seu antecedente mais próximo na Diretiva 95/46/CE do Parlamento Europeu e do Conselho, de 24 de outubro de 1995, transposta para o direito interno pela Lei n.º 67/98, de 25 de outubro[551] (no tocante à evolução e desenvolvimento da legislação sobre proteção de dados pessoais, vide Alexandre de Sousa Pinheiro, *Pivacy e Protecção de Dados Pessoais: A Construção Dogmática do Direito à Identidade Informacional*, AAFDL, Lisboa, 2015).

4. Tratando-se de uma diretiva comunitária, sem aplicabilidade direta nos vários Estados-Membros, a Diretiva 95/46/CE remetia para o direito interno de cada um a adoção das sanções a aplicar, o que determinou uma diversidade de quadros sancionatórios (contraordenacionais e penais) de acordo com as escolhas de cada legislador nacional.

---

[551] No tocante à evolução e desenvolvimento da proteção de dados pessoais, *vide* Alexandre de Sousa Pinheiro, *Pivacy e Protecção de Dados Pessoais: A Construção Dogmática do Direito à Identidade Informacional*, AAFDL, Lisboa, 2015.

5. Ao invés, sendo o RGPD diretamente aplicável em Portugal e nos demais Estados-Membros da União Europeia (nos termos do artigo 288.º do Tratado sobre o Funcionamento da União Europeia), e não deixando margem aos Estados-Membros no tocante à tipificação de contraordenações e respetivas coimas, a não ser para aditamento àquelas que o próprio Regulamento consagra (*vide* anotação ao artigo 84.º), o cumprimento das obrigações que o mesmo veio impor tornou-se um imperativo, para assim se evitar a aplicação das coimas expressivas previstas neste artigo 83.º.

6. Como se pode ler no considerando 11, "a proteção eficaz dos dados pessoais na União exige o reforço e a especificação dos direitos dos titulares dos dados e as obrigações dos responsáveis pelo tratamento e pela definição do tratamento dos dados pessoais, bem como poderes equivalentes para controlar e assegurar a conformidade das regras de proteção dos dados pessoais e **sanções equivalentes para as infrações nos Estados-Membros**" (sublinhado nosso), assim se explicando a adoção da forma de regulamento.

7. Por outro lado, a preocupação do legislador comunitário em assegurar uma aplicação uniforme do RGPD em matéria de aplicação de sanções está também patente no artigo 70.º, n.º 1, alínea k), que prevê que o Comité Europeu para a Proteção de Dados "elabora diretrizes dirigidas às autoridades de controlo em matéria de aplicação das medidas a que se refere o artigo 58.º, n.ºs 1, 2 e 3, e de fixação de coimas nos termos do artigo 83.º".

8. No que diz respeito às condições gerais para aplicação de coimas, o n.º 1 do artigo 83.º, em consonância com o estabelecido no artigo 58.º, n.º 2, alínea i), começa por afirmar a competência da autoridade de controlo de cada Estado-Membros. Em segundo lugar, exige este n.º 1 que a aplicação de coimas tenha em conta as particularidades de cada caso concreto, seja efetiva e proporcionada à violação e tenha uma função dissuasiva. Com efeito, e como decorre do considerando 148, "**em caso de infração menor**, ou se o montante da coima suscetível de ser imposta constituir um encargo desproporcionado para uma pessoa singular, **pode ser feita uma repreensão em vez de ser aplicada uma coima**" (sublinhado nosso).

9. É este mesmo princípio da proporcionalidade que se encontra consagrado no n.º 2 deste artigo 83.º, quando prevê que as coimas possam ser aplicadas para além ou em vez das medidas referidas no artigo 58.º, n.º 2, alíneas a) a h) e j), ou seja, nem sempre a violação das normas do RGPD dará lugar à aplicação de coimas, podendo a autoridade de controlo decidir fazer antes uma repreensão, uma advertência ou ordenar a adoção de medidas que levem ao cumprimento do RGPD. Quer isto dizer que há sempre que fazer uma avaliação casuística para determinar se há ou não razões para aplicar uma coima. No mesmo sentido vai o considerando 129 que estabelece que "(...) cada medida deverá ser adequada, necessária e proporcionada a fim de garantir a conformidade com o RGPD, **tendo em conta as circunstâncias de cada caso concreto**, respeitar o direito de todas as pessoas a serem ouvidas antes de ser tomada qualquer medida individual que as prejudique, e **evitar custos supérfluos e inconvenientes excessivos para as pessoas em causa**" (sublinhado nosso).

10. O n.º 2 do artigo 83.º consagra os critérios que devem ser tidos em conta aquando da determinação do montante da coima, admitindo, na alínea k), que possam ser considerados outros fatores agravantes ou atenuantes. Trata-se, portanto, de um elenco não fechado que permite aos Estados-Membros consagrar, na legislação interna, outros critérios que se afigurem pertinentes, nomeadamente a situação económica do infrator e o facto de a aplicação da coima poder significar a respetiva insolvência com todas as consequências sociais associadas, *maxime* o desemprego dos respetivos trabalhadores.

11. Quanto aos critérios que o RGPD consagra, a autoridade de controlo terá necessariamente que ponderar a natureza, gravidade e a duração da infração, bem como o **número de titulares de dados afetados e o nível de danos por eles sofridos**, as **categorias de dados pessoais afetados** pela infração, o seu **caráter doloso ou negligente**, as medidas tomadas para atenuar os danos sofridos, o grau de responsabilidade e eventuais infrações anteriores (reincidência), a via pela qual a infração chegou ao conhecimento da autoridade de controlo, o cumprimento das medidas ordenadas contra o responsável pelo tratamento ou subcontratante, o cumprimento de um código de conduta ou de procedimentos de certificação, bem como os benefícios financeiros obtidos. Deverá ainda considerar qualquer outro fator atenuante ou agravante que se afigure pertinente.

12. O n.º 3 do artigo 83.º estabelece um princípio em matéria de fixação do montante da coima a aplicar em caso de **concurso de contraordenações**, dispondo que, se no âmbito das mesmas operações de tratamento ou de operações ligadas entre si, várias disposições do RGPD forem violadas, o montante total da coima não pode exceder o montante especificado para a violação mais grave. Quer isto dizer que, se no mesmo tratamento de dados forem violadas normas para as quais se preveja uma coima de 10 milhões de euros e outras cuja coima possa ascender a 20 milhões, o montante da coima a aplicar não poderá exceder os 20 milhões. Mas devemos também interpretar a norma no sentido de que, havendo várias infrações, prevendo-se, para cada uma delas, uma coima máxima de 10 milhões (ou de 20 milhões), o montante total não poderá exceder este valor. No que toca ao regime contraordenacional português, a regra aplicável ao concurso de contraordenações é a de que "a coima aplicável não pode exceder o dobro do limite máximo mais elevado das contra-ordenações em concurso" (vide artigo 19.º, n.º 2 do Decreto-Lei n.º 433/82, de 27 de outubro, que consagra o regime geral das contraordenações, na sua redação atual). Atendendo aos limites máximos das coimas do RGPD, a limitação do n.º 3 do artigo 83.º afigura-se razoável.

13. Os n.ºs 4 e 5 do artigo 83.º tipificam como contraordenações a violação de algumas normas do RGPD estabelecendo apenas limites máximos para as coimas respetivas. Estando em causa um regulamento comunitário que, nos termos do n.º 2 do artigo 8.º da Constituição da República Portuguesa (CRP), se sobrepõe à lei ordinária, afigura-se que não poderá o legislador nacional fixar limites máximos distintos dos consagrados no RGPD. Questão diversa é a de saber se o próprio RGPD não violará os princípios constitucionais nesta matéria e que analisaremos *infra*.

14. Comparando os valores que acabaram por ficar consagrados (10 000 000 € ou, no caso de uma empresa, até 2 % do seu volume de negócios anual a nível mundial correspondente ao exercício financeiro anterior, consoante o montante que for mais elevado, para as infrações menos graves, e 20 000 000 € ou, no caso de uma empresa, até 4 % do seu volume de negócios anual a nível mundial correspondente ao exercício financeiro anterior, consoante o montante que for mais elevado, para as contraordenações consideradas mais graves) com aqueles que constavam da proposta que esteve na base do RGPD (que previa sanções da ordem dos 250.000 €, 500.000 € ou 1.000.000 €, e 0,5, 1% ou 2% do volume de negócios, estando em causa empresas), constata-se um agravamento brutal do valor das coimas, para o qual não se encontram explicações plausíveis.

15. Por outro lado, ao não prever limites mínimos e possibilitando assim a aplicação de coimas de valor muito reduzido (no limite um euro, ou 3,74 euros se considerarmos aplicável o limite previsto no direito português), o RGPD compromete a função orientadora associada à fixação de limites das coimas. Com efeito, perante uma latitude tão elevada entre os montantes mínimos e máximos das coimas, as autoridades de controlo nacional vão ter certamente sérias dificuldades quando se tratar de fixar a medida da coima concretamente aplicável. Estará também em causa uma possível violação das normas da Constituição da República Portuguesa (CRP) relativas à fixação das sanções (artigo 29.º) já que "(...) sanções com limites tão distantes entre si (...) traduziriam a transferência da função legislativa (ou normativa) para o aplicador da sanção e, portanto, a ausência de qualquer garantia contra o arbítrio"[552].

16. O n.º 4 do artigo 83.º tipifica as contraordenações menos graves para o caso de incumprimento de **obrigações do responsável pelo tratamento e do subcontratante**, previstas nos artigos 8.º, 11.º, 25.º a 39.º e 42.º e 43.º, de **obrigações dos organismos de certificação**, previstas nos artigos 42.º e 43.º e de **obrigações do organismo de supervisão** que se refere o artigo 41.º, n.º 4, punindo-as com coimas que poderão chegar a 10 000 000 € ou, **no caso de uma empresa**, até 2 % do seu volume de negócios anual a nível mundial correspondente ao exercício financeiro anterior, consoante o montante que for mais elevado.

17. A utilização da expressão empresa, neste contexto, suscita dúvidas nomeadamente porque o próprio RGPD distingue, no seu artigo 4.º, as empresas dos grupos empresariais (vide n.ºs 18) e 19) do artigo 4.º). A este propósito, o Grupo de Trabalho do artigo 29.º emitiu a seguinte orientação: "a autoridade de controlo deve utilizar a definição do conceito de empresa prevista pelo TJUE para efeitos da aplicação dos artigos 101.º e 102.º do TFUE, nomeadamente o facto de por empresa se entender uma unidade económica, que pode ser constituída pela empresa-mãe e por todas as eventuais filiais. Em conformidade com o direito e a jurisprudência da UE, por empresa deve entender-se uma unidade económica que exerça atividades comerciais/económicas, independentemente da pessoa coletiva em causa (considerando 150)" (vide Diretrizes de aplicação e fixação de coimas para efeitos do Regulamento 2016/679, adotadas em 3 de outubro de 2017). Embora os artigos 101.º e 102.º do TFUE não resolvam a questão de saber se, para a determinação do volume de negócios, devemos considerar apenas cada empresa individualmente ou atender ao facto de a mesma se integrar num grupo, julgamos que a orientação do Grupo de Trabalho aponta no sentido de se dever considerar uma única empresa aquela que se integra num grupo empresarial.

[552] José Lobo Moutinho, *Legislador português. Precisa-se. Algumas notas sobre o regime sancionatório*, Forum de Proteção de Dados, n.º 4, julho 2017, pp. 4 a 57, em especial pp.56 e 57, em que o autor refere que, apesar de o Tribunal Constitucional ter vindo a adotar uma postura de tolerância relativamente a coimas de enorme amplitude e com limites máximos extremamente elevados, não será expectável que tal posição se venha a manter face aos montantes previstos no RGPD.

CONDIÇÕES GERAIS PARA A APLICAÇÃO DE COIMAS ART. 83.º

18. O n.º 5 do artigo 83.º tipifica as contraordenações consideradas mais graves, a que faz corresponder coimas no montante de 20 000 000 € ou, no caso de uma empresa, até 4 % do seu volume de negócios anual a nível mundial correspondente ao exercício financeiro anterior, consoante o montante que for mais elevado.

19. Estão em causa violações dos princípios básicos do tratamento, nos termos dos artigos 5.º, 6.º, 7.º e 9, violações dos direitos dos titulares dos dados, previstos nos artigos 12.º a 22.º (direito à informação, de acesso, de retificação, de apagamento, de portabilidade, de oposição, e de não sujeição a decisões individuais automatizadas), violações das regras sobre transferências de dados pessoais para um destinatário num país terceiro ou uma organização internacional previstas nos artigos 44.º a 49.º, violações do direito do Estado-Membro adotado ao abrigo do Capítulo IX (artigos 85.º a 91.º), o incumprimento de uma ordem de limitação, temporária ou definitiva, relativa ao tratamento ou à suspensão de fluxos de dados, emitida pela autoridade de controlo, nos termos do artigo 58.º, n.º 2, ou o facto de não ser facultado o acesso às instalações e equipamentos e meios de tratamento de dados, em violação do artigo 58.º, n.º 1.

20. Não se percebe a razão que levou o legislador comunitário a autonomizar, no n.º 5, o incumprimento de uma ordem da autoridade de controlo, ao abrigo do artigo 58.º, n.º 2, porquanto o n.º 6 do artigo 83.º sanciona com igual coima qualquer incumprimento de ordens emitidas ao abrigo de tal preceito.

21. Pode discutir-se se toda e qualquer pessoa que cometa violações ao disposto no RGPD, nomeadamente trabalhadores dos responsáveis pelo tratamento e dos subcontratantes e encarregados de proteção de dados, poderão ser sancionados desta forma. Com efeito, se há casos em que os destinatários da norma estão claramente definidos (será o caso das diversas alíneas do n.º 4 ou da alínea e) do n.º 5), outros haverá em que, em abstrato, qualquer pessoa poderá violar as disposições do RGPD visadas (será, nomeadamente, o caso das alíneas a) e b) do n.º 5).

22. Embora não o diga de forma expressa, julga-se que o RGPD aponta no sentido de as coimas, fora dos casos das alíneas b) e c) do n.º 4 do artigo 83.º, deverem ser aplicadas apenas a responsáveis pelo tratamento e subcontratantes. Por um lado, temos o n.º 3 do artigo 83.º que se refere expressamente ao responsável pelo tratamento e ao subcontratante, o que revela a intenção do legislador de, em regra, apenas sancionar com coimas estes sujeitos. Também a proposta de Regulamento, no seu artigo 78.º, indicia a intenção de limitar a aplicação de coimas a determinados sujeitos, ao referir-se expressamente ao responsável pelo tratamento e ao seu representante (o n.º 2 deste artigo tinha a seguinte redação: "Sempre que o responsável pelo tratamento tiver designado um representante, as sanções são aplicadas ao representante, sem prejuízo de quaisquer sanções que possam vir a ser aplicadas contra o responsável pelo tratamento"). Por último, o artigo 82.º, ao limitar a responsabilidade civil, por violação de normas do RGPD, ao responsável pelo tratamento ou do subcontratante parece apontar igualmente para que as coimas devam ser aplicadas, em regra, apenas a estes e não aos respetivos trabalhadores ou mesmo aos encarregados de proteção de dados. No mesmo sentido, o Parecer 1/2010, de 16 de fevereiro de 2010, do Grupo de Trabalho do artigo 29.º refere que "(...) **o papel de responsável pelo tratamento é crucial e particularmente relevante para a imputação da responsabilidade e a imposição de sanções**. (...) A identificação do «responsável pelo tratamento» na perspectiva da protecção dos dados estará associada, na prática, às disposições do direito civil, administrativo ou penal que imputam a responsabilidade ou estabelecem as sanções a que uma pessoa singular ou colectiva pode estar sujeita" (sublinhado nosso). A este propósito, tenha-se também em conta o Real Decreto-ley espanhol n.º 5/2018, de 27 de julho (que consagra medidas urgentes para a adaptação do direito espanhol ao RGPD) que, no seu artigo 3.º, esclarece que apenas estão sujeitos ao regime sancionatório previsto no RGPD e na lei espanhola de proteção de dados, os responsáveis pelo tratamento, os subcontratantes, os representantes de responsáveis pelo tratamento e subcontratantes não estabelecidos na União Europeia, as entidades de certificação e as entidades acreditadas de supervisão de códigos de conduta, excluindo expressamente dessa responsabilidade o encarregado de proteção de dados.

23. Trata-se, no entanto, de uma questão em aberto que apenas a aplicação concreta do RGPD, a jurisprudência europeia e nacional e as diretrizes emitidas pelo Comité permitirão clarificar.

24. O n.º 7 do artigo 83.º, em consonância com o considerando 150, dispõe que cabe aos Estados-Membros determinar se as autoridades e organismos públicos deverão estar sujeitas a coimas, e em que medida, sem prejuízo da possibilidade de aplicação de medidas de correção previstas no artigo 58.º, n.º 2. Quer isto dizer que, a partir do momento em que o RGPD se tornou vigente (25 de maio de 2018), as autoridades de controlo só podem aplicar coimas a entidades públicas se o direito interno assim o estabelecer.

25. Uma vez que não foi ainda aprovada a lei portuguesa destinada a executar o RGPD, considera-se que não há base legal para a aplicação de coimas a entidades públicas. Diferente foi o entendimento da autoridade de controlo portuguesa uma vez que a Comissão Nacional de Proteção de Dados (CNPD), através da Deliberação n.º 984/2018, de 9 de outubro de 2018, homologada pela respetiva presidente, em 11 de outubro de 2018, aplicou a uma entidade pública empresarial, mais concretamente ao Centro Hospitalar Barreiro Montijo, EPE, uma coima de 400 000 euros, ao abrigo do RGPD. Trata-se de uma decisão que ainda admite recurso, aguardando-se com expetativa a decisão do tribunal que vier a recair sobre o mesmo.

26. O n.º 8 do artigo 83.º, na esteira do considerando 150, garante precisamente que a aplicação de coimas deve ser acompanhada de garantias processuais adequadas e que o direito dos Estados-Membros deve prever o direito de ação judicial. Tal acontece em Portugal, uma vez que quer a Constituição, quer a lei (Decreto-Lei n.º 433/82, de 27 de outubro) preveem que não é permitida a aplicação de uma coima ou de uma sanção acessória sem antes se ter assegurado ao arguido a possibilidade de, num prazo razoável, se pronunciar sobre a contraordenação que lhe é imputada e sobre a sanção ou sanções em que incorre e asseguram que a decisão da autoridade administrativa que aplica uma coima é suscetível de impugnação judicial.

27. Sendo o artigo 83.º omisso quanto a vários aspetos do regime contraordenacional, *maxime*, regras de prescrição das contraordenações e das coimas que prevê, afigura-se que, na falta de legislação específica, se deverá aplicar o regime geral das contraordenações.

28. Por último, o n.º 9 do artigo 83.º acautela as situações em que os Estados-Membros não conhecem a figura da coima, tal como prevista no RGPD. De acordo com o considerando 151, assim acontecerá na Dinamarca e na Estónia em que "as regras relativas às coimas podem ser aplicadas de modo que a coima seja imposta, na Dinamarca, pelos tribunais nacionais competentes como sanção penal e, na Estónia, pela autoridade de controlo no âmbito de um processo por infração menor, na condição de tal aplicação das regras nestes Estados-Membros ter um efeito equivalente às coimas impostas pelas autoridades de controlo".

29. Em todo o caso, este n.º 9 exige que as sanções impostas sejam, tal como as coimas, também efetivas, proporcionadas e dissuasivas. Mais obriga a que, caso venham a ser adotadas disposições internas tendo em vista o cumprimento do disposto no artigo 83.º, os Estados-Membros em causa disso notifiquem a Comissão.

(*Cristina Pimenta Coelho*)

ARTIGO 84.º
Sanções

1. Os Estados-Membros estabelecem as regras relativas às outras sanções aplicáveis em caso de violação do disposto no presente regulamento, nomeadamente às violações que não são sujeitas a coimas nos termos do artigo 79 a 83.º, e tomam todas as medidas necessárias para garantir a sua aplicação. As sanções previstas devem ser efetivas, proporcionadas e dissuasivas.

2. Os Estados-Membros notificam a Comissão das disposições do direito interno que adotarem nos termos do n.º 1, até 25 de maio de 2018 e, sem demora, de qualquer alteração subsequente das mesmas.

COMENTÁRIO:

1. De acordo com o n.º 1, podem os Estados-Membros tipificar como contraordenações e sujeitar a coimas violações ao RGPD que não estejam previstas no artigo 83.º (por lapso, na publicação oficial está escrito artigo 7983.º, o que se deve ao facto de o artigo 83.º ter na sua génese o artigo 79.º da Proposta de Regulamento do Parlamento Europeu e do Conselho relativo à proteção das pessoas singulares no que diz respeito ao tratamento de dados pessoais e à livre circulação desses dados, que esteve na origem do RGPD).

2. Tendo em conta a extensão e o alcance das contraordenações previstas no artigo 83.º, não será expectável que os Estados-Membros pretendam ir além do Regulamento no que diz respeito a coimas.

3. Para a eventualidade (remota) de assim vir a acontecer, o n.º 1 do artigo 84.º exige que as coimas que venham a ser previstas e a respetiva aplicação se revistam das características da efetividade, proporcionalidade e dissuasão, tal como se pretende que aconteça com as coimas que o próprio RGPD estabelece.

4. É também este n.º 1 do artigo 84.º que legitima os Estados-Membros a tipificarem crimes, como resulta expressamente do considerando 149 onde se pode ler que "**os Estados-Membros deverão poder definir as normas relativas às sanções penais aplicáveis por violação do presente regulamento, inclusive por violação das normas nacionais adotadas em conformidade com o presente regulamento,** e dentro dos seus limites. Essas sanções penais podem igualmente prever a privação dos lucros auferidos em virtude da violação do presente regulamento. Contudo, **a imposição de sanções penais por infra-**

ção às referidas normas nacionais, bem como de sanções administrativas, não deverá implicar a violação do princípio *ne bis in idem*, conforme é interpretado pelo Tribunal de Justiça. (negrito nosso).

5. De acordo com José Lobo Moutinho[553], "(...) uma coisa parece poder ser à partida apontada como um ponto relativamente firme na reflexão a empreender: é que haverá que ter em conta as incriminações actualmente previstas na Lei de Protecção de Dados (artigos 43.º e ss.). Com ressalva de eventuais necessidades de ajustamento que elas, em si mesmo suscitem, a verdade é que **o contexto da reforma actualmente em curso- que é um contexto de reforço (e não de atenuação) da tutela sancionatória- seguramente que não aponta para uma súbita tensão despenalizadora**" (*vide* p. 45 com sublinhado nosso).

6. Haverá assim que avaliar se o quadro contraordenacional introduzido pelo RGPD permite que as normas penais previstas na legislação nacional, mais precisamente nos artigos 43.º a 49.º da Lei n.º 67/98, de 26 de outubro, alterada pela Lei n.º 103/2015, de 24 de outubro (que tipificou o crime de inserção de dados falsos) continuem a vigorar *qua tale* e em que medida condiciona a introdução de novos tipos legais de crime.

7. Com efeito, sendo o RGPD diretamente aplicável em Portugal e nos demais Estados-Membros da União Europeia desde 25 de maio de 2018 (nos termos do artigo 288.º do Tratado sobre o Funcionamento da União Europeia), as normas que estabelecem deveres e preveem coimas estão plenamente vigentes. Ora, prevendo o RGPD coimas extremamente elevadas para comportamentos necessariamente menos graves do que os que assumem natureza criminal, haverá que ponderar se as molduras penais presentemente em vigor são as mais adequadas. Por outro lado, atendendo ao princípio *ne bis in idem*, a circunstância de muitos dos comportamentos presentemente previstos na Lei n.º 67/98 como ilícitos penais estarem agora tipificados no RGPD como contraordenações, com coimas muito mais gravosas do que as multas previstas na lei nacional, associada ao princípio consagrado no artigo 20.º do Decreto-Lei n.º 433/82, de 27 de outubro, segundo o qual se o mesmo facto constituir simultaneamente crime e contraordenação, será o agente sempre punido a título de crime, pode ser considerada uma violação ao RGPD já que implicará a aplicação do regime penal português em detrimento do direito da UE. Deverá, assim, ser seriamente

---

[553] Op. cit.

repensado o Direito Penal da proteção de dados, limitando-se os ilícitos penais a casos particularmente graves que envolvam um grande número de titulares de dados lesados ou em que haja um enriquecimento ilícito à custa de um tratamento abusivo de dados pessoais, com um agravamento significativo da moldura penal face ao quadro atualmente vigente. A este propósito atente-se no disposto no artigo 226.º do Código Penal francês, recentemente modificado pela Lei n.º 2018-493, de 20 de junho de 2018, que agravou as penas correspondentes a violações de normas sobre proteção de dados para cinco anos de prisão e 300.000 € de multa. Quanto aos demais comportamentos, os valores das coimas previstas no RGPD já são suficientemente dissuasores da prática de violação de normas de proteção de dados.

8. O n.º 2 deste artigo obriga os Estados-Membros a informarem a Comissão caso venham a adotar normas sancionatórias (penais ou contra-ordenacionais) para além do disposto no RGPD.

(*Cristina Pimenta Coelho*)

CAPÍTULO IX
Disposições relativas a situações específicas de tratamento

ARTIGO 85.º
Tratamento e liberdade de expressão e de informação

1. Os Estados-Membros conciliam por lei o direito à proteção de dados pessoais nos termos do presente regulamento com o direito à liberdade de expressão e de informação, incluindo o tratamento para fins jornalísticos e para fins de expressão académica, artística ou literária.

2. Para o tratamento efetuado para fins jornalísticos ou para fins de expressão académica, artística ou literária, os Estados-Membros estabelecem isenções ou derrogações do capítulo II (princípios), do capítulo III (direitos do titular dos dados), do capítulo IV (responsável pelo tratamento e subcontratante), do capítulo V (transferência de dados pessoais para países terceiros e organizações internacionais), do capítulo VI (autoridades de controlo independentes), do capítulo VII (cooperação e coerência) e do capítulo IX (situações específicas de tratamento de dados) se tais isenções ou derrogações forem necessárias para conciliar o direito à proteção de dados pessoais com a liberdade de expressão e de informação.

3. Os Estados-Membros notificam a Comissão das disposições de direito interno que adotarem nos termos do n.º 2 e, sem demora, de qualquer alteração subsequente das mesmas.

COMENTÁRIO:

De acordo com o Considerando (153):

(i) O direito dos Estados-Membros deverá conciliar as normas que regem a liberdade de expressão e de informação, nomeadamente jornalística, académica, artística e/ou literária com o direito à proteção de dados pessoais nos termos do presente regulamento.

(ii) O tratamento de dados pessoais para fins exclusivamente jornalísticos ou para fins de expressão académica, artística ou literária deverá estar sujeito à derrogação ou isenção de determinadas disposições do presente regulamento se tal for necessário para conciliar o direito à proteção dos dados pessoais com o direito à liberdade de expressão e de informação, tal como consagrado no artigo 11.º da Carta.

(iii) Tal deverá ser aplicável, em especial, ao tratamento de dados pessoais no domínio do audiovisual e em arquivos de notícias e hemerotecas. Por conseguinte, os Estados-Membros deverão adotar medidas legislativas que prevejam as isenções e derrogações necessárias para o equilíbrio desses direitos fundamentais.

(iv) Os Estados-Membros deverão adotar essas isenções e derrogações aos princípios gerais, aos direitos do titular dos dados, ao responsável pelo tratamento destes e ao subcontratante, à transferência de dados pessoais para países terceiros ou para organizações internacionais, às autoridades de controlo independentes e à cooperação e à coerência e a situações específicas de tratamento de dados. Se estas isenções ou derrogações divergirem de um Estado-Membro para outro, deverá ser aplicável o direito do Estado-Membro a que esteja sujeito o responsável pelo tratamento.

(v) A fim de ter em conta a importância da liberdade de expressão em qualquer sociedade democrática, há que interpretar de forma lata as noções associadas a esta liberdade, como por exemplo o jornalismo.

1. Trata-se de uma matéria em que tipicamente os Estados-Membros não conseguiam chegar a um acordo institucional dada a diferença de tradições nacionais e de normas constitucionais.

Na ponderação que há a efetuar entre o feixe de direitos previsto no artigo 85.º e a proteção de dados pessoais, não pode deixar de se concluir que quaisquer que sejam os critérios encontrados, a liberdade de expressão e a liberdade de informação lidam necessariamente com pessoas, logo com dados pessoais.

Sobre pena de torpedear sistemas democráticos a proteção de dados pessoais não poderá ser interpretada de forma a colidir com o núcleo fundamental destes direitos.

O assunto foi tratado no Acórdão Satamedia[554] já apreciado:

"55 Para conciliar esses dois «direitos fundamentais», na acepção da directiva, os Estados-Membros são chamados a instituir determinadas isenções ou derrogações à protecção de dados, e portanto ao direito fundamental à vida privada, prevista nos capítulos II, IV e VI dessa directiva. Essas derrogações devem ser criadas para fins exclusivamente jornalísticos ou de expressão artística ou literária, que se enquadram no âmbito do direito fundamental à liberdade de expressão, apenas na medida em que sejam necessárias para conciliar o direito à vida privada com as normas que regem a liberdade de expressão.

56 Para levar em conta a importância da liberdade de expressão nas sociedades democráticas, importa, por um lado, interpretar os conceitos relativos a essa liberdade, como o de jornalismo, de modo amplo. Por outro lado, e para obter uma ponderação equilibrada entre os dois direitos fundamentais, a protecção do direito fundamental à vida privada exige que as isenções e derrogações à protecção dos dados previstas nos supramencionados capítulos da directiva operem na estrita medida do necessário.

57 Neste contexto, cumpre reter os elementos seguintes.

58 Em primeiro lugar, como observou a advogada-geral no n.º 65 das suas conclusões e resulta dos trabalhos preparatórios da directiva, as isenções e derrogações previstas no artigo 9.º da directiva são aplicáveis não só às empresas de comunicação social mas também a qualquer pessoa que exerça a actividade de jornalismo.

59 Em segundo lugar, o facto de a publicação de dados públicos estar ligada a uma finalidade lucrativa não exclui *a priori* que possa ser considerada uma actividade «para fins exclusivamente jornalísticos». Com efeito, como referem a Markkinapörssi e a Satamedia nas suas observações e a advogada-geral no n.º 82 das suas conclusões, todas as empresas pretendem obter um lucro com a sua actividade. Um certo sucesso comercial pode inclusivamente constituir a *conditio sine qua non* da subsistência de um jornalismo profissional."

---

[554] Loc. cit.

No caso português a Lei n.º 67/98, de 26 de outubro determinava que a CNPD garantia o dreito de acesso indiretamente no caso dos direitos em presença e, nos termos do n.º 6, do artigo 10.º:

"6 – A obrigação de informação [direito de informação], nos termos previstos no presente artigo, não se aplica ao tratamento de dados efectuado para fins exclusivamente jornalísticos ou de expressão artística ou literária"

O artigo 11.º relativo ao direito de acesso .previa que:

(...) 2 – No caso de tratamento de dados pessoais relativos à segurança do Estado e à prevenção ou investigação criminal, o direito de acesso é exercido através da CNPD ou de outra autoridade independente a quem a lei atribua a verificação do cumprimento da legislação de protecção de dados pessoais.
3 – No caso previsto no n.º 6 do artigo anterior, o direito de acesso é exercido através da CNPD com salvaguarda das normas constitucionais aplicáveis, designadamente as que garantem a liberdade de expressão e informação, a liberdade de imprensa e a independência e sigilo profissionais dos jornalistas.
4 – Nos casos previstos nos n.ºs 2 e 3, se a comunicação dos dados ao seu titular puder prejudicar a segurança do Estado, a prevenção ou a investigação criminal ou ainda a liberdade de expressão e informação ou a liberdade de imprensa, a CNPD limita-se a informar o titular dos dados das diligências efectuadas. (...)

(*Alexandre Sousa Pinheiro*)

ARTIGO 86.º
Tratamento e acesso do público aos documentos oficiais

Os dados pessoais que constem de documentos oficiais na posse de uma autoridade pública ou de um organismo público ou privado para a prossecução de atribuições de interesse público podem ser divulgados pela autoridade ou organismo nos termos do direito da União ou do Estado-Membro que for aplicável à autoridade ou organismo público, a fim de conciliar o acesso do público a documentos oficiais com o direito à proteção dos dados pessoais nos termos do presente regulamento.

COMENTÁRIO:
1. A epígrafe do artigo em anotação parece já apontar para a conciliação do direito de acesso do público a documentos oficiais, que "(...) pode ser conside-

rado de interesse público (cfr. Considerando (154)), com o direito à proteção dos dados pessoais.

2. Este artigo permite a divulgação dos dados pessoais inseridos em documentos oficiais. Porém, essa publicitação assenta nos seguintes requisitos:

(i) estarem os documentos oficiais na posse de uma autoridade pública, de um organismo público ou de um organismo privado,
(ii) a posse vise a prossecução de atribuições de interesse público e
(iii) a divulgação se efetue nos termos do direito da União ou do Estado-Membro que for aplicável à autoridade ou organismo público. Os dois primeiros requisitos são indissociáveis e o terceiro é evidente, tendo em conta o estado de direito em que viv toda a União.

3. A aplicação direito da União e/ou dos Estados-Membros tem em vista conciliar o acesso do público a documentos oficiais com o direito à proteção dos dados pessoais nos termos do presente regulamento.

4. Em Portugal, para além do RGPD, é possível identificar as fontes normativas aplicáveis às autoridades ou organismos públicos para o cumprimento deste desiderato conciliatório: a Carta dos Direitos Fundamentais da União Europeia, a CRP, o CPA, a Diretiva n.º 2003/98/CE relativa à reutilização de informações do setor público, alterada pela Diretiva n.º 2013/37/UE, de 26 de junho e a Lei n.º 26/2016, de 22 de agosto, que aprova o Regime de Acesso à Informação Administrativa e Ambiental e de Reutilização dos Documentos Administrativos, transpondo aquela Diretiva. Como veremos, todas estas fontes normativas procuram a conciliação entre o direito de acesso do público aos documentos oficiais e o direito à proteção dos dados pessoais.

5. Na verdade, ao passo que o artigo 8.º da Carta dos Direitos Fundamentais da União Europeia proclama que todas as pessoas têm direito à proteção dos dados de carácter pessoal que lhes digam respeito, objeto de um tratamento leal, para fins específicos e com o consentimento da pessoa interessada ou com outro fundamento legítimo previsto por lei, o artigo 42.º igualmente da carta dispõe que Qualquer cidadão da União, bem como qualquer pessoa singular ou coletiva com residência ou sede social num Estado-Membro, tem direito de acesso aos documentos das instituições, órgãos e organismos da União, seja qual for o suporte desses documentos.

6. O n.º 1 do artigo 35.º da CRP consagra, a todos os cidadãos, o direito de acesso aos dados informatizados que lhes digam respeito, sublinhando o n.º 4

a proibição de acesso a dados pessoais de terceiros, salvo em casos excecionais previstos na lei. Porventura, a exceção prevista na parte final do n.º 4 queria aludir ao direito de acesso aos arquivos e registos administrativos, ínsito no n.º 2 do artigo 268.º da *Norma Normarum*.

7. Enquanto que o artigo 17.º do CPA consagra o princípio da administração aberta, consubstanciado no direito de acesso aos arquivos e registos administrativos, o artigo 18.º do mesmo compêndio normativo prevê o princípio da proteção dos dados pessoais, dispondo que "Os particulares têm direito à proteção dos seus dados pessoais e à segurança e integridade dos suportes, sistemas e aplicações utilizados para o efeito, nos termos da lei." A lei a que alude este último preceito é, atualmente, o RGPD.

8. Se a proibição de acesso a dados de terceiros pode ser levantada em face do direito de acesso aos arquivos e registos administrativos, este encontra-se limitado, *inter alia*, por matéria relacionada com a intimidade das pessoas.

9. A Diretiva n.º 2013/37/UE, de 26 de junho, que altera a Diretiva n.º 2003/98/CE relativa à reutilização de informações do setor público, proclama, no seu preâmbulo, que "(...) respeita os direitos fundamentais e observa os princípios reconhecidos, nomeadamente, pela Carta dos Direitos Fundamentais da União Europeia, incluindo a proteção de dados pessoais (...)" e "(...) deverá ser aplicada e executada no pleno cumprimento dos princípios relativos à proteção de dados pessoais, nos termos da Diretiva 95/46/CE (...)" (cfr. Considerandos (34) e (11)).

10. Esta Diretiva aditou ao n.º 2 do artigo 1.º da Diretiva n.º 2003/98/CE a alínea c-C) "documentos não acessíveis ou de acesso restrito por força dos regimes de acesso por motivos de proteção de dados pessoais e partes de documentos acessíveis por força desses regimes que contêm dados pessoais cuja reutilização foi definida por lei como incompatível com a legislação relativa à proteção das pessoas singulares no que diz respeito ao tratamento de dados pessoais».

11. A propósito das restrições ao direito de acesso aos documentos administrativos, o n.º 5 do artigo 6.º do Regime de Acesso à Informação Administrativa e Ambiental e de Reutilização dos Documentos Administrativos, aprovado pela Lei n.º 26/2016, de 22 de agosto, que transpõe as Diretivas acima citadas dispõe que um terceiro só tem direito de acesso a documentos nominativos: (i) se estiver munido de autorização escrita do titular dos dados que seja explícita e

específica quanto à sua finalidade e quanto ao tipo de dados a que quer aceder ou (ii) se demonstrar fundamentadamente ser titular de um interesse direto, pessoal, legítimo e constitucionalmente protegido suficientemente relevante, após ponderação, no quadro do princípio da proporcionalidade, de todos os direitos fundamentais em presença e do princípio da administração aberta, que justifique o acesso à informação.

12. No tocante aos documentos excluídos da reutilização, não podem ser objeto de reutilização os documentos nominativos, salvo autorização do titular, disposição legal que a preveja expressamente ou quando os dados pessoais possam ser anonimizados sem possibilidade de reversão, devendo nesse caso aplicar-se, no âmbito da autorização concedida e nos termos do n.º 1 do artigo 23.º, a previsão de medidas especiais de segurança destinadas a proteger os dados sensíveis, de acordo com o regime legal de proteção de dados pessoais (cfr. alínea c) do artigo 20.º deste Regime).

13. A importância desta conciliação de direitos foi também sublinhada pelo Grupo de Trabalho do Artigo 29.º: "Sempre que esteja em causa a proteção da privacidade e dos dados pessoais, é necessário seguir uma abordagem equilibrada. Por um lado, as regras que visam a proteção dos dados pessoais não devem constituir um obstáculo injustificado ao desenvolvimento do mercado da reutilização. Por outro lado, o direito à proteção dos dados pessoais e o direito à privacidade têm de ser respeitados. Importa salientar que o conceito de «dados abertos» visa, antes de mais, promover a transparência e a responsabilização dos organismos do setor público, bem como o crescimento económico, e não a transparência dos cidadãos."[555]

14. A dificuldade de conciliação de ambos os direitos reside nos objetivos que prosseguem. Se o direito à proteção de dados visa proteger a intimidade da vida privada e o direito à autodeterminação informacional, já o direito de acesso a documentos oficiais visa, conforme refere o Parecer, "promover a transparência e a responsabilização dos organismos do setor público, bem como o crescimento económico".

[555] Parecer do então designado Grupo de Trabalho do Artigo 29.º n.º 6/2013, adotado em 5 de junho, sobre os dados abertos e a reutilização de informações do setor público («ISP») – 1021/00/PT – WP207, pp. 3, acessível no endereço eletrónico, com o URL: https://www.gpdp.gov.mo/uploadfile/2014/0505/20140505072104950.pdf

15. "Por norma, os regimes de acesso aplicam um critério de equilíbrio, comparando os interesses protegidos pelas regras relativas à privacidade e à proteção de dados com os benefícios do livre acesso e da transparência."[556]

16. Existem diversas bases de dados disponíveis *on-line*, exemplificadas no Parecer citado: registo civil e comercial, declarações de conflito de interesses de certos titulares de cargos públicos ou de beneficiários de auxílios estatais, nomes das organizações ou indivíduos que fazem doações a partidos políticos, declarações fiscais de pessoas singulares, decisões judiciais (sendo os nomes das partes ou de outros indivíduos por vezes suprimidos ou substituídos por iniciais para reduzir o risco de reidentificação), listas eleitorais, listas das audiências judiciais que terão lugar em determinados dias, publicação de editais de casamento, etc. O TJUE foi chamado a pronunciar-se sobre a compatibilização da publicitação deste tipo de listas com a proteção dos dados pessoais.

17. A propósito das listas públicas, o TJUE decidiu que:

"1) O artigo 3.º, n.º 1, da Diretiva 95/46/CE (...) deve ser interpretado no sentido de que o facto de os dados de pessoas singulares relativos aos seus rendimentos do trabalho e do capital e ao seu património:
– serem recolhidos com base em documentos públicos da Administração Fiscal e tratados para efeitos de publicação;
– serem publicados por categoria de rendimentos e por ordem alfabética, sob a forma de listas elaboradas em cada município;
– serem cedidos em CD-ROM para efeitos de tratamento com objetivos comerciais;
– serem utilizados no âmbito de um serviço de SMS que permite aos utilizadores de telefones móveis, após enviarem para um número determinado uma mensagem curta com o nome e o domicílio de uma pessoa, receber os dados sobre os rendimentos do trabalho e do capital dessa pessoa, bem como sobre o seu património;
deve ser considerado «tratamento de dados pessoais», na aceção dessa disposição."

"2) O artigo 9.º da Diretiva 95/46 deve ser interpretado no sentido de que as atividades referidas nas alíneas a) a d) da primeira questão, relativas a dados contidos em documentos que são públicos nos termos da legislação nacional,

---

[556] Ibidem., pp. 9.

devem ser consideradas atividades de tratamento de dados pessoais efetuadas «para fins exclusivamente jornalísticos», na aceção dessa disposição, se tiverem por única finalidade a divulgação ao público de informações, de opiniões ou de ideias, o que compete ao órgão jurisdicional nacional apreciar."
"3) As atividades de tratamento de dados pessoais objeto das alíneas c) e d) da primeira questão, relativas a ficheiros das autoridades públicas que contenham dados pessoais que abranjam apenas informações inalteradas já publicadas nos meios de comunicação social, enquadram-se no âmbito de aplicação da Diretiva 95/46."[557]

18. O TJUE decidiu também que:

"1) Os artigos 6.º, n.º 1, alínea c), e 7.º, alíneas c) e e), da Diretiva 95/46/CE (...) não se opõem a uma regulamentação nacional, como a que está em causa nos processos principais, na condição de se demonstrar que a ampla divulgação não apenas do montante I – 5051 dos rendimentos anuais, quando estes excedem um certo montante, das pessoas empregadas por entidades sujeitas à auditoria do Rechnungshof, mas também dos nomes dos beneficiários desses rendimentos, é necessária e adequada ao objetivo de boa gestão dos fundos públicos prosseguido pelo legislador, circunstância que incumbe aos órgãos jurisdicionais de reenvio verificar."
"2) Os artigos 6.º, n.º 1, alínea c), e 7.º, alíneas c) e e), da Diretiva 95/46 são diretamente aplicáveis, no sentido de que podem ser invocados por um particular perante os órgãos jurisdicionais nacionais para afastar a aplicação das regras de direito interno contrárias a essas disposições."[558]

19. O TJUE decidiu ainda que:

"1) Os artigos 42.º, n.º 8-B, e 44.º-A do Regulamento (CE) n.º 1290/2005 do Conselho, de 21 de Junho de 2005, relativo ao financiamento da política agrícola comum, conforme alterado pelo Regulamento (CE) n.º 1437/2007 do Conselho, de 26 de Novembro de 2007, bem como o Regulamento (CE)

---

[557] TJUE, Acórdão Satamédia, de 16 de dezembro de 2008, Proc. C-73/07, disponíveis em: http://curia.europa.eu/juris/document/document.jsf?docid=76075&doclang=PT

[558] Ac. TJUE de 20 de maio de 2003, procs. C-465/00, C-138/01 e C-139/01, acessível no endereço eletrónico com o URL: https://eur-lex.europa.eu/legal-content/PT/TXT/PDF/?uri=CELEX:62000CJ0465&from=RO

n.º 259/2008 da Comissão, de 18 de Março de 2008, que estabelece as regras de execução do Regulamento n.º 1290/2005 no que respeita à publicação de informação sobre os beneficiários de fundos provenientes do Fundo Europeu Agrícola de Garantia (FEAGA) e do Fundo Europeu Agrícola de Desenvolvimento Rural (Feader), são inválidos porquanto, relativamente às pessoas singulares beneficiárias de ajudas do FEAGA e do Feader, essas disposições impõem a publicação de dados pessoais relativos a qualquer beneficiário, sem distinções em função de critérios pertinentes, como os períodos durante os quais receberam essas ajudas, a sua frequência ou ainda o tipo ou a importância das mesmas."

(...)

"3) O artigo 18.º, n.º 2, segundo travessão, da Diretiva 95/46/CE (...) deve ser interpretado no sentido de que não sujeita o encarregado da proteção dos dados pessoais à obrigação de manter o registo previsto nessa disposição antes da realização de um tratamento de dados pessoais, tal como o resultante dos artigos 42.º, n.º 8-B, e 44.º-A do Regulamento n.º 1290/2005, conforme alterado pelo Regulamento n.º 1437/2007, bem como do Regulamento n.º 259/2008."

"4) O artigo 20.º da Diretiva 95/46 deve ser interpretado no sentido de que não obriga os Estados-Membros a sujeitar ao controlo prévio previsto nessa disposição a publicação das informações imposta pelos artigos 42.º, n.º 8-B, e 44.º-A do Regulamento n.º 1290/2005, conforme alterado pelo Regulamento n.º 1437/2007, bem como pelo Regulamento n.º 259/2008."[559]

20. Como é sublinhado nestes Arestos, a divulgação de dados pessoais tem que assentar em critérios pertinentes e, sobretudo, no princípio da proporcionalidade, em sentido amplo, não descurando qualquer das suas dimensões.

(Carlos Jorge Gonçalves)

---

[559] Ac. TJUE (Grande Secção) de 9 de novembro de 2010, Procs. C-92/09 e C-93/09 – casos Volker und Markus Schecke GbR/Land Hessen e Hartmut Eifert – acessível no endereço eletrónico com o UROL: http://curia.europa.eu/juris/document/document.jsf?text=&docid=79001&pageIndex=0&doclang=pt&mode=lst&dir=&occ=first&part=1&cid=1754121

ARTIGO 87.º
Tratamento do número de identificação nacional

Os Estados-Membros podem determinar em pormenor as condições específicas aplicáveis ao tratamento de um número de identificação nacional ou de qualquer outro elemento de identificação de aplicação geral. Nesse caso, o número de identificação nacional ou qualquer outro elemento de identificação de aplicação geral é exclusivamente utilizado mediante garantias adequadas dos direitos e liberdades do titular dos dados nos termos do presente regulamento.

COMENTÁRIO:

1. Entre nós, o número de identificação nacional foi instituído em 1973, a figurar obrigatóriamente em todos os documentos e registos oficiais respeitantes a indivíduos nascidos depois de 1 de janeiro de 1975[560]. Porém, veio a ser declarado inconstitucional.

Efetivamente, apesar de o primeiro período deste artigo prever a possibilidade de os Estados-Membros determinarem, detalhadamente as condições específicas aplicáveis ao tratamento de um número de identificação nacional, "é proibida a atribuição de um número nacional único aos cidadãos", em conformidade com o n.º 5 do artigo 35.º da CRP. Assim, a faculdade que o RGPD abre é vedada pela CRP. Para Gomes Canotilho e Vital Moreira, "trata-se, no entanto, de uma interdição relativamente datada, visto que, com as garantias hoje disponíveis contra a utilização abusiva dos dados pessoais informatizados, o número nacional único seria hoje assaz inofensivo. Por outro lado, com os meios tecnológicos hoje disponíveis, o cruzamento ilimitado de dados associados aos diferentes números pessoais (número de identificação, número de utente dos serviços de saúde, número fiscal, número de segurança social, etc.) poderia ser bem mais pernicioso do que o número nacional único, não as garantias constitucionais e legais existentes."[561]

O próprio RGPD, no segundo período do artigo em anotação envereda por este sentido ao dispor que o número de identificação nacional é exclusivamente

---

[560] Cfr. Bases I, II e IV da Lei n.º 2/73, de 10 de fevereiro, que instituiu o registo nacional de identificação, baseado na atribuição de um número de identificação, a figurar obrigatòriamente em todos os documentos e registos oficiais respeitantes a indivíduos nascidos depois de 1 de janeiro de 1975. Esta Lei foi regulamentada pelo Decreto-Lei n.º 555/73, de 26 de outubro.

[561] J. J. Gomes Canotilho / Vital Moreira, "Constituição da República Portuguesa Anotada", Volume I, 4.ª edição, revista, pp. 556.

utilizado mediante garantias adequadas dos direitos e liberdades do titular dos dados.

Jorge Miranda e Rui Medeiros sustentam também a inocuidade do número nacional único já que o que a sua proibição visa acautelar pode ser alcançada por outras vias. "(...) não parece todavia injustificado o receio de que, através da junção de toda a informação disponível em bancos de dados, designadamente os que pertencem aos vários serviços do Estado (pense-se, na quantidade e amplitude de informação de que dispõe a polícia, por todas as razões e fundamentos já referidos), se chegue exatamente ao mesmo efeito que se pretendeu evitar, tornando-se possível compor, através de dados e elementos diversificados, uma imagem completa da pessoa (a este propósito, parece-nos particularmente relevante o direito do cidadão, consagrado no artigo 13.º da Lei n.º 86/98, de 26 de Outubro, de não ficar sujeito a decisões jurídica e pessoalmente relevantes tomadas exclusivamente com base num tratamento automatizado de dados destinado a avaliar determinados aspetos da sua personalidade, designadamente a sua capacidade profissional, o seu crédito, a confiança de que é merecedora ou o seu comportamento)."[562]

A implementação de garantias lógicas e a integração de um conjunto alargado de dados no Cartão de Cidadão torna totalmente indiferente a existência de um número nacional de identificação ou números distintos, consoante a dimensão da cidadania exercida em cada momento.

2. Entre nós, o tratamento pela Administração de elementos de identificação de aplicação geral, designadamente o Bilhete de Identidade, o recenseamento eleitoral (através da emissão do Cartão de Eleitor), o Cartão de Cidadão, a Chave Móvel Digital e o Sistema de Certificação de Atributos Profissionais, tem sido exclusivamente utilizado mediante garantias adequadas – garantias jurídicas e garantias lógicas – dos direitos e liberdades do titular dos dados

3. Tendo a identificação civil por objeto a recolha, tratamento e conservação dos dados pessoais individualizadores de cada cidadão com o fim de estabelecer a sua identidade civil, é garantida a segurança dos mesmos, tendente a impedir a consulta, a modificação, a supressão, o adicionamento, a destruição ou a comunicação de dados, mediante o controlo dos suportes e o respetivo transporte, da

---

[562] Jorge Miranda / Rui Medeiros, Nota XXIX ao artigo 35.º, "Constituição Portuguesa Anotada", Tomo I, pp. 389.

inserção, dos sistemas de tratamento automatizado, do acesso, da transmissão e da introdução de dados pessoais nos sistemas de tratamento automatizado.[563]

4. Sendo o cartão de cidadão um documento autêntico que contém os dados de cada cidadão relevantes para a sua identificação e inclui o número de identificação civil, o número de identificação fiscal, o número de utente dos serviços de saúde e o número de identificação da segurança social, devem ser postas em prática as garantias de segurança necessárias para impedir a consulta, a modificação, a supressão, o aditamento, a destruição ou a comunicação de dados.[564] A título de exemplo: o número de identificação fiscal (NIF) é um número sequencial destinado exclusivamente ao tratamento de informação de índole fiscal e aduaneira, devendo ser gerado de forma automática. O NIF a atribuir às pessoas singulares, sejam cidadãos nacionais ou estrangeiros, é um número composto por nove dígitos, sendo os oito primeiros sequenciais e o último um dígito de controlo. É da competência da AT a gestão do registo de contribuintes, que põe em prática as medidas técnicas e organizativas adequadas à satisfação das exigências estabelecidas no RGPD.[565]

5. No âmbito do recenseamento eleitoral, a Base de Dados do Recenseamento Eleitoral e o Sistema de Informação e Gestão do Recenseamento Eleitoral devem cumprir requisitos de segurança adequados que impeçam a consulta, modificação, destruição ou aditamento dos dados por pessoa não autorizada a fazê-lo e permitam detetar o acesso indevido à informação, incluindo quando exista comunicação de dados.[566]

---

[563] Cfr. sobretudo os artigos 1.º e 33.º, ambos da Lei n.º 33/99, de 18 de maio, alterada, por último, pela Lei n.º 32/2017, de 1 de Junho, que regula a identificação civil e a emissão do bilhete de identidade de cidadão nacional.

[564] Cfr. artigos 2.º e 42.º, ambos da Lei n.º 7/2007, de 5 de Fevereiro, alterada por último pela Lei n.º 32/2017, de 1 de junho, que cria o cartão de cidadão e rege a sua emissão e utilização (Segunda alteração à Lei n.º 7/2007, de 5 de fevereiro, que cria o cartão de cidadão e rege a sua emissão e utilização.

[565] Cfr. artigos 2.º, 4.º e 39.º, todos do Decreto-Lei n.º 14/2013, de 28 de janeiro, alterado, por último pela Lei n.º 89/2017 de 21 de agosto, que procede à sistematização e harmonização da legislação referente ao Número de Identificação Fiscal e revoga o Decreto-Lei n.º 463/79, de 30 de novembro.

[566] Cfr. artigo 18.º da Lei n.º 13/99, de 22 de Março, alterada, por último, pela Lei n.º 47/2018, de 13 de agosto, que estabelece o novo regime jurídico de recenseamento eleitoral.

6. No que tange à interconexão de dados entre os serviços da administração fiscal e as instituições da segurança social, a sua transmissão é efetuada mediante controlo de acesso entre os sistemas informáticos e com prévia autenticação das entidades responsáveis pelo tratamento das bases de dados, sendo o acesso só permitido a pessoas devidamente credenciadas por estas entidades, mediante atribuição de código de utilizador e de palavra-passe.[567]

7. A Lei n.º 37/2014, de 26 de junho, alterada pela Lei n.º 32/2017, de 1 de junho, criou a «Chave Móvel Digital» (CMD) como meio complementar e voluntário de autenticação dos cidadãos nos portais e sítios na Internet da Administração Pública e de assinatura eletrónica qualificada. Consiste na associação do número de identificação civil a um único número de telemóvel e ou a um único endereço de correio eletrónico ou, tratando-se de cidadão estrangeiro, ao respetivo número de passaporte, com a qual é emitido um certificado qualificado para assinatura eletrónica qualificada de ativação facultativa (cfr. n.ºs 1, 2 e 13, todos do artigo 2.º). À CMD aplicam-se todas as garantias em matéria de proteção de dados pessoais previstas quer no RGPD, quer na Lei n.º 7/2007, de 5 de fevereiro, que, como vimos supra, cria o cartão de cidadão e rege a sua emissão e utilização, não sendo permitido o rastreamento e o registo permanente das interações entre os cidadãos e a administração pública processadas através da CMD. No desenho e operação dos sistemas de informação nos quais se baseia a CMD a AMA[568], enquanto entidade responsável pela gestão e segurança da

---

[567] Cfr. artigo 6.º do Decreto-Lei n.º 92/2004, de 20 de Abril, que estabelece a forma, extensão e limites da interconexão de dados entre os serviços da administração fiscal e as instituições da segurança social.

[568] De harmonia com o artigo 1.º do Decreto-Lei n.º 43/2012, de 23 de fevereiro, com as alterações introduzidas pelo Decreto-Lei n.º 126/2012, de 21 de junho, e pelo Decreto-Lei n.º 20/2018, de 23 de março, que aprova a sua orgânica, a Agência para a Modernização Administrativa, I. P., abreviadamente designada por AMA, I. P., é um instituto público de regime especial, equiparada a entidade pública empresarial, integrado na administração indireta do Estado, dotado de autonomia administrativa e financeira e património próprio, que prossegue atribuições da Presidência do Conselho de Ministros nas áreas da modernização e simplificação administrativa e da administração eletrónica, sob superintendência e tutela do membro do Governo responsável pelas mesmas áreas. A AMA, I. P. tem por missão identificar, desenvolver e avaliar programas, projetos e ações de modernização e de simplificação administrativa e regulatória e promover, coordenar, gerir e avaliar o sistema de distribuição de serviços públicos, no quadro das políticas definidas pelo Governo (cfr. N.º 1 do artigo 3.º deste diploma legal).

infraestrutura tecnológica que suporta a CMD, garante a adequada separação entre as diversas bases de dados utilizadas por aqueles sistemas de informação, sendo a informação das interações concretas realizadas entre os cidadãos e os serviços ou organismos da Administração Pública apenas guardada nos sistemas de informação desses serviços ou organismos.[569]

8. O Sistema de Certificação de Atributos Profissionais (SCAP) tem como objetivo a certificação de atributos profissionais, empresariais e públicos, associados ao Cartão de Cidadão e ou Chave Móvel Digital, carecendo a sua utilização de aceitação expressa das respetivas condições de utilização, definidas pela AMA.[570] O SCAP tem, pois, como objetivo possibilitar aos cidadãos, nos serviços eletrónicos que careçam de uma validação da sua capacidade profissional para determinados atos, validarem e anexarem à sua identificação eletrónica a certificação do seu atributo profissional pela entidade competente pela validação do mesmo.

(Alexandre Sousa Pinheiro/Carlos Jorge Gonçalves)

ARTIGO 88.º
Tratamento no contexto laboral

1. Os Estados-Membros podem estabelecer, no seu ordenamento jurídico ou em convenções coletivas, normas mais específicas para garantir a defesa dos direitos e liberdades no que respeita ao tratamento de dados pessoais dos trabalhadores no contexto laboral, nomeadamente para efeitos de recrutamento, execução do contrato de trabalho, incluindo o cumprimento das obrigações previstas no ordenamento jurídico ou em convenções coletivas, de gestão, planeamento e organização do trabalho, de igualdade e diversidade no local de trabalho, de saúde e segurança no

---

[569] Cfr. n.º 1 do artigo 12.º da Portaria n.º 77/2018, de 16 de março, que procede à regulamentação necessária ao desenvolvimento da Chave Móvel Digital (CMD) e revoga a Portaria n.º 189/2014, de 23 de setembro.

[570] Cfr. artigos 1.º, 3.º e 4.º, todos da Portaria n.º 73/2018, de 12 de março, que define os termos e as condições de utilização do Sistema de Certificação de Atributos Profissionais (SCAP), para a certificação atributos profissionais, empresariais e públicos através do Cartão de Cidadão e Chave Móvel Digital.

trabalho, de proteção dos bens do empregador ou do cliente e para efeitos do exercício e gozo, individual ou coletivo, dos direitos e benefícios relacionados com o emprego, bem como para efeitos de cessação da relação de trabalho.

2. As normas referidas incluem medidas adequadas e específicas para salvaguardar a dignidade, os interesses legítimos e os direitos fundamentais do titular dos dados, com especial relevo para a transparência do tratamento de dados, a transferência de dados pessoais num grupo empresarial ou num grupo de empresas envolvidas numa atividade económica conjunta e os sistemas de controlo no local de trabalho.

3. Os Estados-Membros notificam a Comissão das disposições de direito interno que adotarem nos termos do n.º 1, até 25 de maio de 2018 e, sem demora, de qualquer alteração subsequente das mesmas.

COMENTÁRIO:
I
1. De uma perspetiva empresarial, afigura-se fundamental estabelecer a *accountability* dos intervenientes na relação laboral e qual o seu *estatuto* perante os titulares dos dados (trabalhadores, ou prestadores de serviços, que sejam pessoas singulares).

A diversidade de setores e ramos de atividade gera necessidades distintas de tratamento de dados, no que tange à quantidade de dados, à extensão do tratamento, ao fundamento jurídico, ou a prazo de conservação. Destarte, as atividades que pressuponham tratamento de dados pessoais, e em particular de dados sensíveis, deveriam regulamentar o tratamento de dados, nomeadamente em sede de instrumento de regulamentação coletiva.

Mesmo quando o responsável pelo tratamento se encontre estabelecido em vários Estados-membros – tipicamente o caso de um grupo empresarial –, a qualidade de empregador de titulares que se encontrem num só Estado-membro pode ter a relevância, na medida em que pode levar a que a autoridade de controlo principal autorize a autoridade de controlo interessada a tratar os casos relacionados com esse tipo de tratamento, nos termos do Considerando 127 e do artigo 56.º, n.º 2 do RGPD.

Neste domínio, é importante abordar o contrato de uma perspetiva que se pode dizer *temporal*, que inclui a fase de recrutamento e seleção, a vigência e a cessação do contrato de trabalho. Em cada uma destas fases, os intervenientes na dinâmica da relação laboral tratam dados pessoais no âmbito da atividade que prosseguem.

No recrutamento e seleção, importa abordar o estatuto do empregador ou da empresa de recrutamento que é contratada para prestar esses serviços, no âmbito do tratamento de dados que essa atividade pressupõe.

No que concerne ao contrato de trabalho, afigura-se importante aferir a *accountability* do empregador, da empresa de trabalho temporário, do utilizador de trabalho temporário; e, fora do âmbito estritamente laboral, será feita menção ao contrato de prestação de serviços.

Por fim, será feita uma breve referência ao tratamento de dados após a cessação do contrato de trabalho.

Recrutamento e seleção

1. O centro da atividade das empresas de recrutamento e seleção consiste essencialmente no tratamento de dados pessoais. Trata-se de uma atividade marcadamente concorrencial, na qual fica em vantagem a empresa que trate a maior quantidade de dados, durante o maior período de tempo. Cremos que, ante as incertezas na aplicação do RGPD e os riscos económicos inerentes ao seu incumprimento, as empresas neste ramo de atividade beneficiariam de uma regulamentação harmonizada em matéria de tratamento de dados em processo de recrutamento, nomeadamente no que respeita à responsabilidade pelo tratamento e aos prazos de conservação dos dados.

Responsabilidade pelo tratamento

1. O empregador pode realizar o processo de recrutamento e seleção na sua organização ou externalizar esse serviço.

Se o empregador optar por levar a cabo o recrutamento na sua organização será inequivocamente responsável pelo tratamento.

Os *futuros* empregadores externalizam os serviços de recrutamento e seleção, sendo que a adjudicação do serviço em muito depende da flexibilidade da empresa de recrutamento e seleção moldar os termos do serviço aos interesses do seu *cliente* – ou seja, nem todos os serviços de recrutamento e seleção têm as mesmas características, na medida em que os beneficiários dos serviços podem reservar para si determinados passos do processo, ou delega-los no prestador. Porém, cremos estar em condições de partir de um modelo comum de processo de recrutamento e seleção para estabelecermos uma lógica de qualificação do estatuto das partes no âmbito destes serviços.

A prestação de serviços de recrutamento e seleção pressupõem que o *futuro empregador* estabeleça um perfil de candidato. Consoante o mencionado perfil, a empresa de recrutamento e seleção publicita anúncios de ofertas de emprego, estabelece contactos com os candidatos, procede à respetiva avaliação e, com base na mesma, envia uma lista com a identificação dos candidatos pré-selecionados ao cliente, acompanhada do respetivo *curriculum vitae*, que pode incluir o relatório de avaliação de cada um, para que este selecione os candidatos a admitir.

Na prestação dos serviços de recrutamento e seleção, o prestador de serviços aplicará os seus métodos e estratégias de recrutamento, com autonomia técnica em relação ao cliente. O que significa que não recebe quaisquer instruções quanto à recolha e ao tratamento de dados pessoais, exceto quanto ao perfil de candidato a selecionar.

Pese embora o futuro empregador possa facultar alguns dados à empresa de recrutamento para que esta aplique os seus métodos de pré-seleção – tal dependerá da concreta modalidade de serviço acordada entre as partes –, normalmente, os dados pessoais tratados pela empresa de recrutamento não são facultados pelo cliente. O que sucede é que os dados pessoais são recolhidos pela empresa de recrutamento e seleção junto dos titulares que responderam ao anúncio de oferta de emprego publicada.

Ora, se a empresa de recrutamento não recebe quaisquer instruções do cliente (*futuro empregador*) quanto aos métodos e técnicas de recrutamento, não poderá ser entendida como subcontratante, no âmbito do tratamento de dados pessoais, mas sim como responsável pelo tratamento – cf. artigo 28.º, n.º 3, alínea a) e 29.º do RGPD.

Ademais, se o cliente determina um perfil de candidato e posteriormente escolhe os candidatos a contratar, só poderá entender-se que este define as finalidades do tratamento de dados, sendo, por isso, também responsável pelo tratamento de dados pessoais – sendo que os dados dos candidatos que não sejam selecionados devem ser eliminados, pelo facto de já não serem necessários à finalidade que determinou o tratamento[571]; sobre o prazo de conservação de dados de candidatos, pronunciar-nos-emos *infra*.

Salvo melhor opinião, o enquadramento da responsabilidade da empresa de recrutamento no âmbito do artigo 28.º do RGPD não se afigura adequado, pois nenhuma das entidades se limita a tratar dados pessoais por conta da contraparte.

---

[571] No mesmo sentido, DOMÈNEC, CARLOS HUGO PRECIADO, *El derecho de la protección de datos en el contrato de trabajo – adaptado al nuevo Reglamento 679/2016, de 27 de abril*, Editorial Aranzadi e Thomson Reuters, Pamplona, 2017, pp. 163-164.

O presente entendimento encontra eco no recente Acórdão do Tribunal de Justiça da UE, de 10 de julho de 2018[572]. Ainda que aplicado a uma realidade distinta da do recrutamento e seleção, e ainda no âmbito da Diretiva 95/46/CE, de 24 de outubro de 1995, este contém asserções úteis à densificação da noção de responsável pelo tratamento, que passamos a sumular.

Desde logo, e convocando a tese já vertida no Acórdão do mesmo Tribunal, datado de 5 de junho de 2018, Wirtschaftsakademie Schleswig-Holstein, o ponto 65 do acórdão refere que o conceito de responsável pelo tratamento não remete necessariamente para uma pessoa singular ou coletiva única e pode dizer respeito a vários intervenientes que participem no referido tratamento, sendo que cada um deles deve estar sujeito às disposições aplicáveis em matéria de proteção de dados.

No que concerne à intervenção de mais do que uma entidade no tratamento de dados, o acórdão de 10 de julho de 2018 é claro quando refere que a existência de uma responsabilidade conjunta não implica necessariamente uma responsabilidade equivalente dos diferentes intervenientes para um mesmo tratamento de dados pessoais (cf. ponto 66). Pelo contrário, os referidos intervenientes podem estar envolvidos em diferentes fases desse tratamento e em diferentes graus, pelo que, para avaliar o nível de responsabilidade de cada um, há que tomar em consideração todas as circunstâncias pertinentes do caso concreto.

Com o que se conclui que o estabelecimento da responsabilidade das partes deverá ser proporcional ao nível de intervenção no tratamento de dados – sendo que o acórdão acima referido conclui que uma pessoa singular ou coletiva que, para fins que lhe são próprios, influencia o tratamento de dados pessoais e contribui assim para a determinação da finalidade e dos meios do tratamento pode ser considerada responsável pelo tratamento.

Destarte, entendemos que a empresa de recrutamento e o cliente (*futuro empregador*) determinam conjuntamente as finalidades e os meios de tratamento no âmbito dos serviços de recrutamento e seleção, pelo que as respetivas responsabilidades devem ser determinadas por acordo celebrado ao abrigo do artigo 26.º do Regulamento Geral de Proteção de Dados.

Se as partes tratam dados em momentos distintos do processo de recrutamento, faz sentido que as suas obrigações e responsabilidades sejam repartidas em função da influência no tratamento momento em cada momento. O que o

---

[572] Texto disponível em http://curia.europa.eu/juris/document/document.jsf?text=&docid=203822&pageIndex=0&doclang=PT&mode=req&dir=&occ=first&part=1&cid=335296. Consultado em 30 de outubro de 2018.

artigo 26.º pretende assegurar é que os direitos do titular dos dados não fiquem prejudicados pela circunstância de existirem várias partes no tratamento. O que o Regulamento pretende, em nosso ver, evitar é que a diluição da responsabilidade pelo tratamento impeça a imputação de responsabilidade pelo incumprimento dos seus princípios e normas.

Poderão, no entanto, existir processos de recrutamento sujeitos a regulamentação específica, como sejam os referidos no Regulamento de Execução (UE) 2015/1998 da Comissão, de 5 de novembro de 2015, que estabelece as medidas de execução das normas de base comuns sobre a segurança da aviação.

Se a empresa de recrutamento se limitar a reunir candidatos que detenham determinadas qualificações ou observem determinadas condições delimitadas pelo direito interno ou da UE – e, portanto, se limitem a recolher os documentos indicados pelo cliente – e a entregar uma lista de candidatos que preenchem os requisitos do cliente, poderá considerar-se subcontratante deste. Nestes caos, a empresa de recrutamento não tem qualquer intervenção autónoma em relação às instruções do responsável, limitando-se a verificar se os candidatos comprovadamente reúnem os requisitos por ele indicados.

A realidade concreta de cada tratamento determinará os termos da responsabilidade das partes.

Prazo de conservação

1. Um dos principais ativos, se não mesmo o principal, das empresas de recrutamento e seleção é a sua base de dados, cuja dimensão determina a dimensão do negócio e, por conseguinte, do lucro. Contudo, e nos estritos termos do princípio da finalidade, no termo do processo de recrutamento, as empresas de recrutamento são obrigadas a eliminar os dados dos candidatos, incluindo currículos, das respetivas bases de dados.

No que respeita aos encargos administrativos, o processo de destruição dos dados não seria simples, na medida em que, por candidato, a empresa de recrutamento teria de eliminar seletivamente os dados, com exceção do género e manter os resultados dos testes, provas de seleção ou admissão. Semelhante tratamento visa cumprir o disposto no artigo 32.º, n.º 1 do Código do Trabalho, *todas as entidades devem manter durante cinco anos o registo dos processos de recrutamento efetuados, devendo constar do mesmo, com desagregação por sexo, os seguintes elementos:*

a) Convites para o preenchimento de lugares;
b) Anúncios de oferta de emprego;
c) Número de candidaturas para apreciação curricular;
d) Número de candidatos presentes em entrevistas de pré-seleção;

e) Número de candidatos aguardando ingresso;
f) Resultados de testes ou provas de admissão ou seleção;
g) Balanços sociais relativos a dados, que permitam analisar a existência de eventual discriminação de pessoas de um dos sexos no acesso ao emprego, formação e promoção profissionais e condições de trabalho.

Se a empresa deve fazer um tratamento estatístico dos dados constantes do processo de recrutamento, será conveniente que, durante o prazo de conservação legalmente definido, mantenha os suportes em que constam esses dados – o que, uma vez mais, implicaria o encargo administrativo de eliminar seletivamente dados que permitissem a identificação do titular.

Acresce que, na maioria dos casos, os contratos de trabalho celebrados na sequência destes processos de recrutamento são contratos a termo ou de trabalho temporário. O contrato a termo certo tem a duração máxima de três anos (exceto nos casos referidos nas alíneas a) e b) do n.º 1 do artigo 148.º do Código do Trabalho); o contrato a termo incerto tem a duração máxima de seis anos (artigo 148.º, n.º 4 do Código do Trabalho) e o contrato de trabalho temporário, sendo que está dependente da causa justificativa, pode durar até dois anos (sendo que, em certos, terá um limite de duração inferior). Em muitos casos, findo o contrato, os trabalhadores iniciam novo processo de recrutamento dentro da mesma empresa. Ademais, se a empresa mantiver conservados os dados curriculares de um candidato com a finalidade de o considerar em futuro processo de recrutamento, não poderá afirmar-se que a finalidade é incompatível – na verdade, visa a mesma finalidade que determinou a recolha dos dados.

Admitimos que a conservação dos dados curriculares do candidato em processo de recrutamento por um período máximo de cinco anos – por referência à necessidade conservar os registos dos processos de recrutamento realizados (e, dizemos nós, dos respetivos suportes), prevista no artigo 32.º, n.º 1 do Código do Trabalho – possa ser considerado um *interesse legítimo* da empresa de recrutamento. Uma vez que a finalidade da conservação coincide com a que determinou a recolha dos dados e, na condição de ser garantido o direito de informação, o tratamento não se apresenta particularmente lesivo para os direitos e liberdades do titular.

Neste particular, levando em conta a estreita ligação com a atividade da empresa e por todas as razões acima indicadas, admitimos que os interesses da empresa possam prevalecer sobre os direitos dos titulares dos dados.

Seria conveniente que as empresas do setor estabelecessem regras relativas ao tratamento de dados, nomeadamente em relação ao prazo de conservação, pois tal nivelaria as condições mínimas que o tratamento de dados deve respeitar.

Fundamento de licitude

1. Uma palavra final sobre o fundamento de licitude do tratamento de dados pessoais para fins de recrutamento e seleção. Dos fundamentos previstos no artigo 6.º do RGPD, entendemos que o tratamento se poderá basear no consentimento do titular ou em diligências pré-contratuais a pedido do titular dos dados.

Em geral, as empresas de recrutamento e seleção tratam dados pessoais ao abrigo do consentimento do titular, com base na crença de que a posse de uma declaração de consentimento (com as inerentes informações) garante a licitude do tratamento. Porém, o processo de recrutamento corresponde a uma fase pré-contratual, em que as partes avaliam mutuamente o interesse em contratar. Ao enviar um *curriculum vitae* a uma empesa de recrutamento, o titular dos dados está a requerer que aquela proceda a diligências que idealmente conduzam à celebração de um contrato de trabalho. Tal não significa que o contrato seja celebrado; *diligência pré-contratual* não equivale a promessa de contrato e o insucesso de um processo de recrutamento não impede a cessação de tais diligências – a menos que o titular apenas se tenha candidatado a um processo de recrutamento.

Se o titular dos dados que envia o *curriculum* estará certamente na convicção – e, aliás, terá essa expectativa – de que a empresa de recrutamento e seleção tratará os seus dados com a finalidade de o integrar em processo de recrutamento, que, em último termo, visa a celebração de contrato de trabalho. Em tais termos, o titular dos dados que envia o *curriculum vitae* está a solicitar diligências pré-contratuais. Na verdade, o consentimento poderá, neste contexto, não ser (sequer o mais adequado) fundamento de licitude do tratamento.

Vejamos, se o titular recusar consentir o tratamento dos dados necessários ao processo de recrutamento, este será inviabilizado; pelo que o titular não dispõe de uma alternativa a não ser facultar os seus dados – o que torna duvidoso, o caráter *livre* do consentimento.

Particularidades do contrato de trabalho temporário

1. A relação de trabalho temporário é uma relação tripartida entre a empresa de trabalho temporário, o utilizador e o trabalhador.

Nesta relação tripartida, o papel tradicional do empregador, que cumula as obrigações inerentes à subordinação jurídica, é repartido entre a empresa de trabalho temporário e o utilizador. Durante a execução do contrato de trabalho temporário, o poder de direção compete ao utilizador, conservando a primeira o poder disciplinar – cf. respetivamente artigo 185.º, n.ºs 2, 3 e 4 do Código do Trabalho.

Consideramos não existir qualquer dúvida de que a empresa de trabalho temporário é responsável pelo tratamento, na medida em que está sujeita a obrigações jurídicas que implicam o tratamento de dados, nomeadamente, o pagamento da retribuição (processamento salarial), a gestão de documentos com dados pessoais, como sejam baixas médicas, a realização de exames de saúde, ou a instauração de procedimento disciplinar.

Não consideramos razoável a pretensão de qualificar a empresa de trabalho temporário como sendo um subcontratante da empresa utilizadora[573], na medida em que não trata quaisquer dados sob as instruções desta[574].

Já o estatuto do utilizador de trabalho temporário no âmbito do tratamento de dados pode levantar dúvidas.

O contrato de trabalho temporário é moldado pelo contrato de utilização. Desde logo, é o utilizador que tem a necessidade transitória que justifica o recurso ao trabalho temporário, sendo ele quem solicita a admissão de um trabalhador e, em momento posterior, a cessação do contrato. De facto, o recurso ao trabalho temporário supõe que o trabalhador contratado venha suprir uma necessidade de recursos humanos, cujos factos devem ser concretizados pelo utilizador no motivo justificativo do recurso ao trabalho temporário. Donde se conclui que o utilizador determina o início e o termo da atividade do trabalhador e, como veremos, (grande parte) da sua execução.

Conforme sobredito, o utilizador detém o poder de direção sobre os trabalhadores temporários; o que significa que o dia-a-dia da relação laboral é essencialmente dominado pelos seus interesses, competindo-lhe definir, nomeadamente, o local, a duração e horário do trabalho e a marcar as férias dos trabalhadores temporários (cf. artigo do Código do Trabalho).

Acresce que o utilizador de trabalho temporário tem para com os trabalhadores temporários obrigações jurídicas em matéria de segurança e saúde no trabalho, que *infra* se sumulam.

Desde logo, o trabalhador temporário beneficia do mesmo nível de proteção que os trabalhadores próprios do utilizador, devendo este assegurar a formação

---

[573] No mesmo sentido, Domènec, Carlos Hugo Preciado, *El derecho de la protección de datos en el contrato de trabajo – adaptado al nuevo Reglamento 679/2016, de 27 de abril*, Editorial Aranzadi e Thomson Reuters, Pamplona, 2017, pp. 192-193.

[574] Mesmo no caso do registo dos tempos de trabalho, que a empresa utilizadora remete para a empresa de trabalho temporário efetuar o processamento salarial em conformidade, não se trata de um tratamento em subcontratação, mas, antes, de uma simples transmissão de informação entre as partes, informação essa de que ambas necessitam no contexto da relação de trabalho temporário.

suficiente e adequada ao posto de trabalho e comunicar o início da atividade do trabalhador temporário aos serviços de segurança e saúde no trabalho, aos representantes dos trabalhadores para a segurança e saúde no trabalho, aos trabalhadores com funções específicas neste domínio e à comissão de trabalhadores – cf. n.ºs 1, 6 e 8 do artigo 186.º do Código do Trabalho.

O trabalhador temporário deve ser incluído no número de trabalhadores do utilizador para determinação das obrigações deste no que respeita à organização de serviços de segurança e saúde no trabalho e à classificação de acordo com o tipo de empresa – cf. n.º 2 do artigo 189.º do Código do Trabalho. É igualmente considerado para efeitos de aplicação do regime relativo a estruturas de representação coletiva dos trabalhadores, consoante estejam em causa matérias referentes à empresa de trabalho temporário ou ao utilizador, nos termos do n.º 1 do mesmo artigo 189.º.

O utilizador tem, ainda, a obrigação legal de incluir informação relativa ao trabalhador temporário no relatório anual da atividade dos serviços de segurança e saúde no trabalho, nos termos do disposto no n.º 3 do artigo 189.º do Código do Trabalho, sob pena de incorrer em contraordenação grave nos termos do n.º 4 do mesmo inciso.

Esta súmula das obrigações do utilizador de trabalho temporário demonstra que este não poderá ser encarado como um subcontratante da empresa de trabalho temporário, na medida em que sobre ele impendem obrigações jurídicas próprias, que implicam o tratamento de dados. Acresce que o utilizador não trata dados pessoais sob e apenas mediante as instruções da empresa de trabalho temporário, pelo que inexiste o elemento constitutivo da relação de subcontratação.

O fundamento para o tratamento de dados pessoais dos trabalhadores pela empresa de trabalho temporário consiste na sua necessidade à execução do contrato de trabalho temporário – no qual o titular de dados é parte – e ao cumprimento de obrigações jurídicas dele decorrentes, sendo este último fundamento comum ao utilizador.

Com o que se conclui que a empresa de trabalho temporário e o utilizador repartem entre si as obrigações e responsabilidade típicas de um empregador em relação ao trabalhador temporário.

Na verdade, se a finalidade do tratamento de dados pessoais para efeitos do cumprimento obrigações jurídicas é determinada pela ordem jurídica portuguesa, a verdade é que os meios de tratamento são definidos por quem se encontra vinculado ao seu cumprimento.

Com o que se conclui que nem a empresa de trabalho temporário, nem o utilizador se limitam a tratar dados por conta um do outro, na medida em que cada uma destas entidades está sujeita a obrigações jurídicas próprias relativamente aos trabalhadores **temporários, sendo que nenhuma delas poderá substituir-se à outra no seu cumprimento**

Cessação do contrato de trabalho

1. Considerando a regra da limitação da finalidade, os dados pessoais do trabalhador deveriam ser eliminados apos a cessação da relação laboral, a menos que sobre o empregador impenda uma obrigação jurídica de conservação. N estabelecimento do prazo máximo de conservação devem ser tidas em conta não apenas as obrigações jurídicas, mas a eventualidade de necessidade dos dados para efeitos de participação em processos de natureza administrativa ou judicial.

No que concerne às obrigações de conservação, consideramos que alguns dos dados pessoais de trabalhadores cujo contrato haja cessado podem ser conservados ao abrigo do disposto no artigo 123.º, n.º 4 do Código do IRC, que estabelece que *os livros, registos contabilísticos e respetivos documentos de suporte devem ser conservados em boa ordem durante o prazo de 10 anos.*

No que respeita à necessidade de conservação dos dados para fins de eventual apresentação de defesa em processo administrativo ou judicial, importa considerar o prazo máximo de prescrição das contraordenações laborais de sete anos e meio, nos termos do disposto na leitura conjugada dos artigos 52.º e 54.º, n.º 3 da Lei n.º 107/2009, de 14 de setembro, que estabelece o Regime processual aplicável às contra-ordenações laborais e de Segurança Social.

Prestação de serviços

1. O artigo 10.º do Código do Trabalho estente a aplicação das normas respeitantes aos direitos de personalidade, igualdade e não discriminação e segurança e saúde no trabalho *a situações em que ocorra prestação de trabalho por uma pessoa a outra, sem subordinação jurídica, sempre que o prestador de trabalho deva considerar-se na dependência económica do beneficiário da atividade.*

Com o que se conclui que as normas relativas à proteção da reserva da intimidade da vida privada, às garantias de não discriminação e à segurança reconhecidas aos trabalhadores estendem-se aos prestadores de serviços.

(*Tatiana Duarte*)

III

1. O artigo 14.º e seguintes do Código do Trabalho regulamentam os direitos de personalidade.

2. Exatamente o artigo 14.º, ao dispor sobre a Liberdade de expressão e de opinião, consigna que é reconhecida, no âmbito da empresa, a liberdade de

expressão e de divulgação do pensamento e opinião, com respeito dos direitos de personalidade do trabalhador e do empregador, incluindo as pessoas singulares que o representam, e do normal funcionamento da empresa.

3. O artigo 16.º trata da reserva da intimidade da vida privada, que abrange o acesso, a divulgação de aspetos atinentes à esfera íntima e pessoal das partes, nomeadamente relacionados com a vida familiar, afetiva e sexual, com o estado de saúde e com as convicções políticas e religiosas (vide n.º 2). Verbi gratia, nesta matéria, o Tribunal da Relação do Porto decidiu que:

"I – O empregador e o trabalhador devem respeitar os direitos de personalidade da contraparte, nestes incluído o estado de saúde respetivo."
"II – O empregador não pode, por princípio, exigir ao trabalhador que preste informações relativas à sua saúde, salvo se este der o seu consentimento."[575]

4. A Proteção de dados pessoais, que abrange o candidato a emprego e o trabalhador, está prevista no artigo 17.º. Este preceito refere-se especificamente à vida privada e, à saúde ou estado de gravidez, salvo quando particulares exigências inerentes à natureza da atividade profissional o justifiquem e seja fornecida por escrito a respetiva fundamentação. Note-se que o n.º 2 do artigo 19.º proíbe o empregador de exigir a candidata a emprego ou a trabalhadora a realização ou apresentação de testes ou exames de gravidez.

5. O n.º 3 do artigo 17.º identifica alguns direitos do candidato a emprego e do trabalhador: direito ao controlo dos respetivos dados pessoais, direito de acesso, direito à informação e direito de retificação e atualização. O n.º 4 é uma norma remissiva para a legislação em vigor relativa à proteção de dados pessoais, isto é, para o RGPD.

6. O artigo 18.º, relativo aos dados biométricos, define as condições do tratamento desta categoria de dados sensíveis. O tratamento de dados biométricos do trabalhador apenas pode ser efetuado pelo empregador após notificação à Comissão Nacional de Proteção de Dados, acompanhada de parecer da comis-

---

[575] Acórdão do Tribunal da Relação do Porto de 24 de setembro de 2012, proferido no processo n.º 203/11.2TTBCL-A.P1, acessível no endereço eletrónico, com o URL http://www.dgsi.pt/jtrp.nsf/56a6e7121657f91e80257cda00381fdf/739c97c6da433a9e80257a8c005206df?OpenDocument

são de trabalhadores ou de comprovativo do respetivo pedido (cfr. n.ºs 1 e 4). Este tratamento só é permitido se os dados a utilizar forem necessários, adequados e proporcionais aos objetivos a atingir (n.º 2). A conservação dos dados ocorre somente durante o período necessário para a prossecução das finalidades do tratamento a que se destinam.

7. A parte final do n.º 3 do artigo 18.º consagra o direito automático ao apagamento dos dados biométricos sempre que o trabalhador seja transferido ou cesse o seu contrato de trabalho.

8. O artigo 19.º, subordinado à epígrafe "Testes e exames médicos", estabelece as condições para a realização de testes e exames médicos e a divulgação do respetivo resultado ao empregador. O Tribunal da Relação de Coimbra decidiu que: "(...) a apresentação e realização de testes e de exames clínicos são admissíveis quando a finalidade seja a proteção e a segurança do trabalhador ou de terceiros, ou quando a atividade desenvolvida ou a desenvolver o requeira. (...) Na realização ou apresentação de testes e de exames clínicos, constituindo uma intromissão na vida privada do trabalhador, deverá ser respeitado os princípios da proporcionalidade e da necessidade."[576] Convém salientar que "(...) mesmo que a razão seja a proteção da segurança do trabalhador ou de terceiros, tem de haver comunicação escrita desse fundamento e propósito ao trabalhador e o resultado dos exames ou testes não pode ser comunicado pelo médico responsável, só sendo permitido a este que informe o empregador da aptidão ou inaptidão para a função ou atividade. Dúvidas, portanto, sobre a recorrente não poder ter acesso à análise de sangue do trabalhador e à taxa de álcool nela encontrada? Nenhumas. É um dado relativo ao estado de saúde do trabalhador que a recorrente nunca podia conhecer."[577]

9. Os artigos 20.º e 21.º dispõem sobre os meios de vigilância a distância. O n.º 1 do artigo 20.º prevê uma regra de proibição de utilização; o n.º 2 exce-

[576] Acórdão do Tribunal da Relação de Coimbra de 3 de julho de 2014, proferido no processo n.º 1162/11.7TTCBR.C1, acessível no endereço eletrónico, com o URL: http://www.dgsi.pt/jtrc.nsf/c3fb530030ea1c61802568d9005cd5bb/41b4ee648e79d5e880257d48004d4cd9?OpenDocument

[577] Acórdão do Tribunal da Relação do Porto de 10 de julho de 2013, proferido no processo n.º 313/12.9TTOAZ.P1, acessível no endereço eletrónico, com o URL: http://www.dgsi.pt/jtrp.nsf/56a6e7121657f91e80257cda00381fdf/607f88788f74558980257bab0055e0f9?OpenDocument

ciona da proibição se a utilização de meios a distância tiver por fim a proteção e segurança de pessoas e bens ou quando particulares exigências inerentes à natureza da atividade o justifiquem. "A regra geral prevista no art.º 20.º n.º 1 do CT concede a exceção prevista no n.º 2 do mesmo artigo, quando a utilização dos meios de vigilância à distância, de acordo com as circunstâncias de cada caso, tem por finalidade a proteção e segurança de pessoas e bens, a qual no caso tem uma especial acuidade, face à natureza da atividade exercida (bancária), onde são movimentados valores muito elevados e está em causa o património e a segurança dos clientes, trabalhadores e do banco."[578] O n.º 3 do artigo 20.º prevê deveres de informação do empregador. O artigo 21.º prevê os procedimentos necessários à utilização lícita de meios de vigilância a distância, dispondo essencialmente sobre o pedido de autorização à CNPD, devendo, por isso, os n.ºs 1, 2 e 4 do artigo 21.º considerar-se revogados pelo RGPD. O n.º 3 do artigo 21.º consagra, à semelhança do que ocorre no n.º 3 do artigo 18.º, o direito automático ao apagamento dos dados sempre que o trabalhador seja transferido ou cesse o seu contrato de trabalho.

10. O Tribunal da Relação do Porto decidiu que:

"– O artigo 20.º, n.º 1 do Código do Trabalho consagra um princípio geral que consiste na proibição de o empregador utilizar quaisquer meios tecnológicos com a finalidade exclusiva de vigiar, à distância, o comportamento do trabalhador no tempo e local de trabalho ou o modo de exercício da prestação laboral."

"– A vigilância a que se refere a proibição deste princípio incide sobre o comportamento profissional do trabalhador no tempo e local de trabalho. Ao empregador é vedado controlar não apenas condutas que reentrem na esfera da vida privada do trabalhador [cfr. art. 16.º], como vigiar ou fiscalizar o modo de execução da prestação laboral pelo trabalhador."

"– "A utilização de meios de vigilância à distância só será lícita se e enquanto tiver por finalidade exclusiva a proteção de pessoas e bens. Proteção ou segurança dos sujeitos da relação de trabalho, de terceiros ou do público em geral, mas também de instalações, bens, matérias-primas ou processos de fabrico,

---

[578] Acórdão do Tribunal da Relação de Guimarães de 25 de junho de 2015, proferido no processo n.º 522/14.6TTGMR-A.G1, acessível no endereço eletrónico, com o URL: http://www.dgsi.pt/jtrg.nsf/86c25a698e4e7cb7802579ec004d3832/51296bb510548a9580257eb600 55f9d6?OpenDocument

nomeadamente. Significa isto que a vigilância não será permitida se tiver por finalidade última ou determinante o mero controlo do modo de execução da prestação laboral."

"– Seja através de uma interpretação extensiva ou mediante uma interpretação atualista o dispositivo GPS instalado no veículo automóvel atribuído ao trabalhador deve ser englobado no conceito de meio de vigilância à distância no local de trabalho."

"– A geolocalização mediante a utilização do GPS pode ser utilizada com o objetivo de "proteção de pessoas e bens", mas não pode servir de meio de controle desempenho profissional do trabalhador, uma vez que a respetiva utilização com esses objetivos comprime o direito à reserva da vida privada do trabalhador."

"– A utilização do GPS – como equipamento eletrónico de vigilância e controlo que é – e o respetivo tratamento, implica uma limitação ou restrição do direito à reserva da intimidade da vida privada, consignada no artigo 26.º n.º 1 da CRP, nomeadamente uma restrição à liberdade de movimento, integrando esses dados, por tal motivo, informação relativa à vida privada dos trabalhadores." (...)

"– A consequência da utilização ilícita dos meios de vigilância à distância invalida a prova obtida para efeitos disciplinares. Assim, à luz do artigo 32.º, n.º 8 da Constituição da República Portuguesa, a prova produzida através desses registos é nula, uma vez que a sua aquisição, o seu tratamento e posterior utilização constitui uma evidente violação da dignidade e privacidade do trabalhador, não podendo, assim, a mesma ser utilizada como meio de prova em sede de procedimento disciplinar."[579]

11. O artigo 22.º consagra os direitos do trabalhador à reserva e à confidencialidade relativamente ao conteúdo das mensagens de natureza pessoal e acesso a informação de carácter não profissional que envie, receba ou consulte, nomeadamente através do correio eletrónico. Por exemplo, o Tribunal da Relação do Porto decidiu que:

---

[579] Acórdão do Tribunal da Relação do Porto de 22 de abril de 2013, proferido no processo n.º 73/12.3TTVNF.P1, acessível no endereço eletrónico, com o URL: http://www.dgsi.pt/jtrp.nsf/56a6e7121657f91e80257cda00381fdf/5ce6ac2d39e5c7c080257b6300301ec5?OpenDocument

"– A recolha e tratamento de dados relativos a correio eletrónico (emails, anexos e dados de tráfego) está sujeita à tutela da Lei 67/98, bem como da Lei 41/2004."

"– O conteúdo dos emails enviados ou rececionados pelo trabalhador, quer de conta de correio pessoal, quer de conta de correio profissional que tenham natureza pessoal/extraprofissional, estão abrangidos pela tutela dos direitos à privacidade e à confidencialidade das mensagens conferida pela CRP e pelo CT/2009."

"– Sendo disponibilizado ao trabalhador conta de correio eletrónico profissional, mas sem definição de regras quanto à sua utilização, mormente sem que seja proibida a sua utilização para efeitos pessoais (arts. 22.º, n.º 2, e 106.º, n.º 1, do CT/2009), não pode o empregador aceder ao conteúdo dos emails, e dos seus anexos, enviados ou rececionados nessa conta, mesmo que não estejam marcados como pessoais ou dos seus dados externos não resulte que sejam pessoais."

"– Pelo menos nas situações em que o empregador, ao abrigo do disposto nos citados arts. 22.º, n.º 2, e 106.º, n.º 1, não haja regulamentado e proibido a utilização de contas de correio eletrónico pessoais, o controlo dos dados de tráfego dos emails enviados ou rececionados em tais contas é sempre inadmissível."

"– No que se reporta a contas de correio eletrónico profissionais com utilização indistinta para fins profissionais e pessoais, o empregador pode tomar conhecimento da data e hora do envio do email, dos dados externos dos anexos (que não do seu conteúdo), mas não do remetente e/ou destinatário do email que seja terceiro."

"– Em qualquer caso, o acesso e tratamento de correio eletrónico (emails, anexos e dados de tráfego) pelo empregador tem que observar os princípios consagrados na Lei 67/98, designadamente os princípios da finalidade, da transparência e da notificação da CNPD."

"– A violação da proibição de recolha e utilização dos dados de correio eletrónico (conteúdo dos emails, anexos e dados de tráfego) e/ou dos princípios previstos na Lei 67/98 determina a nulidade da prova obtida por via dessa recolha, bem como da que assente, direta ou indiretamente, no conhecimento adveniente dessa prova nula."[580]

---

[580] Acórdão do Tribunal da Relação do Porto de 15 de dezembro de 2016, proferido no processo n.º 208/14.1TTVFR-D.P1, acessível no endereço eletrónico, com o URL: http://www.

12. Porém, note-se que "a uma mensagem de correio eletrónico – "e-mail" – enviada por um trabalhador (a) em moldes que podem ser abertos para utilização de todos os colaboradores de determinado Departamento da entidade patronal, não se pode conferir, até por maioria de razão, qualquer cariz de confidencialidade ou até, inclusive, cariz pessoal, a menos que a(o) remetente não se importe de os remeter por essa via (ou seja com inteiro conhecimento da possibilidade de os mesmos, à posteriori, poderem ser alvo de consulta por terceiros), o que implica autorização tácita da respetiva consulta pela sua entidade empregadora."[581] Além disso, "(...) estando o trabalhador ciente de que publicações com eventuais implicações de natureza profissional, designadamente porque difamatórias para o empregador, colegas de trabalho ou superiores hierárquicos, podem extravasar as fronteiras de um "grupo" criado na rede social *facebook*, não lhe assiste o direito de invocar o carácter privado do grupo e a natureza "pessoal" das publicações, não beneficiando da tutela da confidencialidade prevista no artigo 22.º do Código do Trabalho."[582]

13. O artigo 32.º ainda do Código do Trabalho prevê o registo de processos de recrutamento a efetuar por todas as entidades, que deverá ser conservado durante cinco anos, do qual constarão, inter alia, com desagregação por sexo, os resultados de testes ou provas de admissão ou seleção (cfr. alínea f) do n.º 1).

14. Constitui um dos deveres do empregador manter atualizado, em cada estabelecimento, o registo dos trabalhadores com indicação de nome, datas de nascimento e admissão, modalidade de contrato, categoria, promoções, retribuições, datas de início e termo das férias e faltas que impliquem perda da retribuição ou diminuição de dias de férias (cfr. alínea j) do n.º 1 do artigo 127.º). Este dever acha-se igualmente previsto na alínea j) do n.º 1 do artigo 71.º da Lei Geral do Trabalho em Funções Públicas.

dgsi.pt/jtrp.nsf/56a6e7121657f91e80257cda00381fdf/df89d957d1942212802580a70058cc70?OpenDocument

[581] Acórdão do Tribunal da Relação de Lisboa de 25 de janeiro de 2017, proferido no processo n.º 2330/16.0T8LSB-4, acessível no endereço eletrónico, com o URL: http://www.dgsi.pt/jtrl.nsf/33182fc732316039802565fa00497eec/a2a6b4fcf4d104af802580cd00373bc7?OpenDocument

[582] Acórdão do Tribunal da Relação do Porto de 8 de setembro de 2014, proferido no processo n.º 101/13.5TTMTS.P1, acessível no endereço eletrónico, com o URL: http://www.dgsi.pt/jtrp.nsf/56a6e7121657f91e80257cda00381fdf/917c9c56c1c2c9ae80257d5500543c59?OpenDocument

14. O artigo 202.º consigna a manutenção, pelo empregador, do registo dos tempos de trabalho, incluindo dos trabalhadores que estão isentos de horário de trabalho, em local acessível e por forma que permita a sua consulta imediata e deve conter a indicação das horas de início e de termo do tempo de trabalho, bem como das interrupções ou intervalos que nele não se compreendam, por forma a permitir apurar o número de horas de trabalho prestadas por trabalhador, por dia e por semana. Este registo deverá ser conservado por um período de cinco anos. O artigo 104.º da Lei Geral do Trabalho em Funções Públicas, *mutatis mutandis*, solução semelhante.

15. Nos regimes especiais, é também possível descortinar normas específicas. Efetivamente, o artigo 12.º da Lei n.º 101/2009, de 8 de Setembro, que estabelece o regime jurídico do trabalho no domicílio, prevê a manutenção, pelo beneficiário da atividade, no estabelecimento em cujo processo produtivo se insere a atividade realizada, de um registo atualizado de trabalhadores do qual constem os seguintes dados pessoais: nome, morada e local do exercício da atividade do trabalhador, número de beneficiário da segurança social, número da apólice de seguro de acidentes de trabalho, data de início da atividade, atividade exercida, as incumbências de execução de bens ou serviços e as respetivas datas de entrega e remunerações pagas.

16. O artigo 3.º da Lei n.º 4/2008, de 7 de Fevereiro, alterada, por último, pela Lei n.º 28/2011, de 16 de Junho, que aprova o regime dos contratos de trabalho dos profissionais de espetáculos, cria o Registo Nacional de Profissionais do Sector das Atividades Artísticas, Culturais e de Espetáculo (RNPSAACE), com vista a contribuir para a sua valorização profissional e técnica, no qual se devem inscrever estes profissionais.

17. O artigo 14.º da Lei n.º 54/2017 de 14 de julho (regime jurídico do contrato de trabalho do praticante desportivo, do contrato de formação desportiva e do contrato de representação ou intermediação), consagra o direito de imagem do praticante desportivo e proíbe a sua utilização ilícita por outrem para exploração comercial ou para outros fins económicos.

18. O artigo 8.º da Lei n.º 24/2010, de 30 de Agosto, que regula certos aspetos das condições de trabalho dos trabalhadores que prestam serviços transfronteiriços no sector ferroviário, transpondo a Diretiva n.º 2005/47/CE, do Conselho, de 18 de julho, prevê a manutenção pelo empregador de um registo atualizado do número de horas de trabalho prestado pelo trabalhador, por dia e por semana,, do qual conste: a indicação das horas de início e de termo do trabalho, dos intervalos de descanso e dos tempos de descanso diário e semanal. O empregador deverá manter o suporte do registo à disposição da entidade com competência fiscalizadora, em condições que permitam a sua leitura, durante cinco anos. É consagrado, na alínea b) do n.º 2 o direito à portabilidade dos dados, independentemente do suporte, que consiste na entrega ao trabalhador, a pedido deste e no prazo de oito dias úteis, cópia dos registos.

19. A alínea a) do n.º 1 do artigo 6.º do Decreto-Lei n.º 260/2009, de 25 de Setembro, alterado, por último, pela Lei n.º 28/2016, de 23 de agosto, que regula o regime jurídico do exercício e licenciamento das agências privadas de colocação e das empresas de trabalho temporário, determina, no âmbito do procedimento de concessão da licença para o exercício da atividade de empresa de trabalho temporário, a recolha dos seguintes dados pessoais: nome do requerente, número fiscal de contribuinte, número do bilhete de identidade ou número de identificação civil, e domicílio.

20. A alínea b) do n.º 2 do artigo 9.º do Decreto-Lei n.º 260/2009, de 25 de Setembro, estatui uma transferência de dados, por via eletrónica, até aos dias 15 de Janeiro e 15 de Julho, da empresa de trabalho temporário para a unidade orgânica local competente do serviço público de emprego, contendo a relação completa dos trabalhadores, quer nacionais quer estrangeiros, cedidos no semestre anterior, com indicação dos seguintes dados pessoais: nome, sexo, idade, número do bilhete de identidade ou número de identificação civil ou passaporte, número de beneficiário da segurança social, início e duração do contrato, local de trabalho, atividade contratada, retribuição base e classificação da atividade económica. A alínea c) prevê a comunicação ao serviço competente pelos assuntos consulares e comunidades portuguesas do ministério responsável pela área dos negócios estrangeiros, por via eletrónica, até aos dias 15 de Janeiro e 15 de Julho, a relação dos trabalhadores cedidos para prestar serviço no estrangeiro no semestre anterior, com indicação do nome, sexo, idade, número de beneficiário da segurança social, início e duração do contrato, local de trabalho, atividade de trabalho, atividade contratada, retribuição base, datas de saída e entrada no território nacional, bem como identificação, classificação da atividade económica (CAE) e localidade e país de execução do contrato.

21. O artigo 25.º ainda deste Decreto-Lei Direitos e deveres do candidato, que, para o que aqui releva são: o direito de ser informado, por escrito, sobre: (i os métodos e técnicas de recrutamento aos quais se deve submeter e as regras relativas à confidencialidade dos resultados obtidos, (ii) o carácter obrigatório ou facultativo das respostas aos testes ou questionários, bem como das consequências da falta de resposta e (iii) as pessoas ou empresas destinatárias das informações prestadas, no termo dos processos de recrutamento, mediante pedido do candidato a emprego. A alínea b) do n.º 2 prevê os direitos de acesso e de retificação das informações prestadas nos processos de colocação e a alínea c) consigna o direito de recusar responder a questionários ou testes que se relacionem com a sua vida privada.

22. O artigo 46.º da Lei n.º 102/2009, de 10 de Setembro, Regime jurídico da promoção da segurança e saúde no trabalho, alterada, por último, pela Lei n.º 28/2016, de 23 de agosto, prevê, em matéria de registos de dados e conservação de documentos, a organização e conservação pelo empregador de arquivos atualizados, nomeadamente por via eletrónica, sobre: (i) os critérios, procedimentos e resultados da avaliação de riscos, (ii) a identificação dos trabalhadores expostos com a indicação da natureza e, se possível, do agente e do grau de exposição a que cada trabalhador esteve sujeito, (iii) os resultados da vigilância da saúde de cada trabalhador com referência ao respetivo posto de trabalho ou função, constantes de ficha médica individual de cada trabalhador, (iv) os registos de acidentes ou incidentes e (v) identificação do médico responsável pela vigilância da saúde. O prazo de conservação destes registos e arquivos é de, pelo menos, 40 anos após ter terminado a exposição dos trabalhadores a que digam respeito. Se a empresa cessar a atividade, os registos e arquivos devem ser transferidos para o organismo competente do membro do Governo responsável pela área laboral, com exceção das fichas clínicas, que devem ser enviadas para o organismo competente do ministério responsável pela área da saúde, os quais asseguram a sua confidencialidade.

23. O artigo 109.º versa sobre a ficha clínica, que, de acordo com o n.º 3, não deve conter dados sobre a raça, a nacionalidade, a origem étnica ou informação sobre hábitos pessoais do trabalhador, salvo quando estes últimos estejam relacionados com patologias específicas ou com outros dados de saúde. O n.º 4 consagra o direito à portabilidade dos dados constantes da ficha clínica, independentemente do respetivo suporte ao impor ao médico responsável pela vigilância da saúde a entrega ao trabalhador que deixar de prestar serviço na empresa cópia da ficha clínica.

24. o artigo 36.º da Lei n.º 98/2009, de 4 de Setembro, que regulamenta o regime de reparação de acidentes de trabalho e de doenças profissionais, incluindo a reabilitação e reintegração profissionais, consigna O direito do sinistrado a receber, em qualquer momento, a seu requerimento, cópia de todos os documentos respeitantes ao seu processo, designadamente o boletim de alta e os exames complementares de diagnóstico em poder da seguradora.

25. o artigo 12.º do Decreto-Lei n.º 503/99, de 20 de Novembro, alterado, por último pelo Decreto-Lei n.º 33/2018, de 15 de maio (normas de execução do Orçamento do Estado para 2018), que aprova o novo regime jurídico dos acidentes em serviço e das doenças profissionais no âmbito da Administração Pública, estabelece o registo da situação clínica do sinistrado, até à alta, conforme os casos, pelo médico que o assista ou pela junta médica, no boletim de acompanhamento médico, que deve conter, nomeadamente, os seguintes elementos: identificação do sinistrado e do serviço ou organismo onde exerce funções, sintomatologia, as lesões ou doenças diagnosticadas e o eventual tipo de incapacidade, eventuais restrições temporárias para o exercício da atividade habitual, data do internamento, quando ocorra, e da respetiva alta e data da alta e, se for caso disso, respetivo grau de incapacidade permanente proposto. O n.º 3 possibilita, caso se revele necessário, a entrega do boletim de acompanhamento médico ao trabalhador ou à entidade prestadora da assistência médica.

26. O Decreto-Lei n.º 309/2007, de 7 de Setembro, que estabelece a forma, extensão e limites da interconexão de dados entre diversos serviços e organismos da Administração Pública e introduz medidas de simplificação de procedimentos e de desburocratização no âmbito da Caixa Geral de Aposentações, abrange, para o que aqui releva, as seguintes matérias: bases de dados (artigo 2.º), categorias de dados tratados (artigo 3.º), entidades com acesso (artigo 4.º), modalidades de transmissão (artigo 5.º), condições de acesso (artigo 6.º), registo de acessos (artigo 7.º), atualização de dados (artigo 8.º), conservação de dados (artigo 10.º) e sigilo (artigo 11.º). O artigo 9.º reconhece, ao titular dos dados o direito de acesso e o direito de retificação, devendo as entidades com acesso às bases de dados garantir que seja dada satisfação ao respetivo requerimento ou comunicar-lhe o que tiverem por conveniente no prazo de 30 dias.

(Carlos Jorge Gonçalves)

ARTIGO 89.º
Garantias e derrogações relativas ao tratamento para fins de arquivo de interesse público ou para fins de investigação científica ou histórica ou para fins estatísticos

1. O tratamento para fins de arquivo de interesse público, ou para fins de investigação científica ou histórica ou para fins estatísticos, está sujeito a garantias adequadas, nos termos do presente regulamento, para os direitos e liberdades do titular dos dados. Essas garantias asseguram a adoção de medidas técnicas e organizativas a fim de assegurar, nomeadamente, o respeito do princípio da minimização dos dados. Essas medidas podem incluir a pseudonimização, desde que os fins visados possam ser atingidos desse modo. Sempre que esses fins possam ser atingidos por novos tratamentos que não permitam, ou já não permitam, a identificação dos titulares dos dados, os referidos fins são atingidos desse modo.

2. Quando os dados pessoais sejam tratados para fins de investigação científica ou histórica ou para fins estatísticos, o direito da União ou dos Estados-Membros pode prever derrogações aos direitos a que se referem os artigos 15.º, 16.º, 18.º e 21.º, sob reserva das condições e garantias previstas no n.º 1 do presente artigo, na medida em que esses direitos sejam suscetíveis de tornar impossível ou prejudicar gravemente a realização dos fins específicos e que tais derrogações sejam necessárias para a prossecução desses fins.

3. Quando os dados pessoais sejam tratados para fins de arquivo de interesse público, o direito da União ou dos Estados-Membros pode prever derrogações aos direitos a que se referem os artigos 15.º, 16.º, 18.º, 19.º, 20.º e 21.º, sob reserva das condições e garantias previstas no n.º 1 do presente artigo, na medida em que esses direitos sejam suscetíveis de tornar impossível ou prejudicar gravemente a realização dos fins específicos e que tais derrogações sejam necessárias para a prossecução desses fins.

4. Quando o tratamento de dados previsto nos n.ºs 2 e 3 também se destine, simultaneamente, a outros fins, as derrogações aplicam-se apenas ao tratamento de dados para os fins previstos nesses números.

COMENTÁRIO:

1. O n.º 3 do artigo 35.º da CRP "a informática não pode ser utilizada para tratamento de dados referentes a convicções filosóficas ou políticas, filiação partidária ou sindical, fé religiosa, vida privada e origem étnica, salvo (...) para pro-

cessamento de dados estatísticos não individualmente identificáveis." "Assim, quanto à exceção do final do preceito, no respeitante a dados estatísticos, é óbvio que, não sendo eles individualmente identificáveis, deixam de ser dados pessoais."[583]

2. O n.º 1 do presente artigo consagra as garantias e os restantes números aludem às derrogações, relativas ao tratamento para fins de arquivo de interesse público ou para fins de investigação científica ou histórica ou para fins estatísticos. Como veremos, os direitos que podem ser objeto de derrogações variam consoante estejamos perante um tratamento de dados para fins de arquivo de interesse público ou um tratamento para fins de investigação científica ou histórica ou para fins estatísticos. "o tratamento de dados pessoais para outros fins que não aqueles para os quais os dados pessoais tenham sido inicialmente recolhidos apenas deverá ser autorizado se for compatível com as finalidades para as quais os dados pessoais tenham sido inicialmente recolhidos. Nesse caso, não é necessário um fundamento jurídico distinto do que permitiu a recolha dos dados pessoais. (...) As operações de tratamento posterior para fins de arquivo de interesse público, para fins de investigação científica ou histórica ou para fins estatísticos, deverão ser consideradas tratamento lícito compatível."[584](Cfr. alíneas b) e e), ambas do n.º 1 do artigo 5.º).

3. As garantias para os direitos e liberdades do titular dos dados a que estão sujeitos os tratamentos previstos neste artigo asseguram a adoção de medidas técnicas e organizativas, tais como a pseudonimização, o recurso a um algoritmo de encriptação irreversível a fim de assegurar, nomeadamente, o respeito do princípio da minimização dos dados e a aposição de um código "cego" de emparelhamento, isto é, um código que inviabilize o regresso à identidade dos titulares dos dados, mas que sirva o propósito de relacionar as respostas nos momentos considerados.. Sempre que esses fins possam ser atingidos por novos tratamentos que não permitam, ou já não permitam, a identificação dos titulares dos dados, os referidos fins são atingidos desse modo.

4. Os direitos que podem ser objeto de derrogação, por parte do direito da União ou por parte do direito dos Estados-Membros, dependem do fim para

---

[583] J. J. Gomes Canotilho/Vital Moreira, "Constituição da República Portuguesa Anotada", Volume I, 4a edição revista, p. 555 e 556.
[584] Vide Considerando (50).

que sejam tratados os dados pessoais. Quer o tratamento dos dados pessoais se destine à investigação científica ou histórica ou fins estatísticos, quer se destine a fins de arquivo de interesse público, os direitos que podem ser objeto de derrogação são: o direito de acesso do titular dos dados, o direito de retificação, o direito ao apagamento dos dados («direito a ser esquecido») [cfr. alínea f) do n.º 3 do artigo 17.º], o direito à limitação do tratamento e o Direito de oposição. Se os dados pessoais forem tratados para fins de arquivo de interesse público, além daqueles direitos, podem ser também objeto de derrogação a obrigação de notificação da retificação ou apagamento dos dados pessoais ou limitação do tratamento e o direito de portabilidade.

> "(...) os titulares de dados deverão ter direito a que os seus dados pessoais sejam apagados e deixem de ser objeto de tratamento se deixarem de ser necessários para a finalidade para a qual foram recolhidos ou tratados, (...). No entanto, o prolongamento da conservação dos dados pessoais deverá ser efetuado de forma lícita quando tal se revele necessário (...) para fins de arquivo de interesse público, para fins de investigação científica ou histórica ou para fins estatísticos.[585]

Saliente-se que os fins de arquivo de interesse público assumem maior relevância do que os fins de investigação científica ou histórica ou fins estatísticos, já que o respetivo tratamento prevê mais derrogações.

As derrogações devem alicerçar-se nos seguintes pressupostos cumulativos: (i) condições e garantias de segurança, que adotam medidas técnicas e organizativas a fim de assegurar, nomeadamente, o respeito do princípio da minimização dos dados, incluindo a pseudonimização ou novos tratamentos que não permitam, ou já não permitam, a identificação dos titulares dos dados; (ii) o exercício desses direitos seja suscetível de tornar impossível ou prejudicar gravemente a realização dos fins específicos; e (iii) que tais derrogações sejam necessárias para a prossecução desses fins.

5. O n.º 4 dispõe que, quando o tratamento de dados também se destine, simultaneamente, a outros fins, as derrogações aplicam-se apenas ao tratamento de dados para fins de arquivo de interesse público ou para fins de investigação científica ou histórica ou para fins estatísticos.

---

[585] Cfr. Considerando (65) do RGPD.

6. O Direito Português consagra já algumas derrogações, permitindo a divulgação de dados para fins estatísticos e de investigação de relevante interesse público, desde que não possam ser identificadas ou identificáveis as pessoas a que os dados respeitem.[586]

(Alexandre Sousa Pinheiro/Carlos Jorge Gonçalves)

ARTIGO 90.º
Obrigações de sigilo

1. Os Estados-Membros podem adotar normas específicas para estabelecer os poderes das autoridades de controlo previstos no artigo 58.º, n.º 1, alíneas *e)* e *f)*, relativamente a responsáveis pelo tratamento ou a subcontratantes sujeitos, nos termos do direito da União ou do Estado-Membro ou de normas instituídas pelos organismos nacionais competentes, a uma obrigação de sigilo profissional ou a outras obrigações de sigilo equivalentes, caso tal seja necessário e proporcionado para conciliar o direito à proteção de dados pessoais com a obrigação de sigilo. Essas normas são aplicáveis apenas no que diz respeito aos dados pessoais que o responsável pelo seu tratamento ou o subcontratante tenha recebido, ou que tenha recolhido no âmbito de uma atividade abrangida por essa obrigação de sigilo ou em resultado da mesma.

2. Os Estados-Membros notificam a Comissão das normas que adotarem nos termos do n.º 1, até 25 de maio de 2018 e, sem demora, de qualquer alteração subsequente das mesmas.

COMENTÁRIO:
1. "No que se refere aos poderes das autoridades de controlo para obter, junto do responsável pelo tratamento ou do subcontratante, o acesso aos dados pessoais e o acesso às suas instalações, os Estados-Membros podem adotar no seu ordenamento jurídico, dentro dos limites do presente regulamento, normas específicas que visem preservar o sigilo profissional ou outras obrigações equi-

---

[586] Cfr. artigo 17.º da Lei n.º 13/99, de 22 de março, que estabelece o novo regime jurídico de recenseamento, e artigo 28.º da Lei n.º 33/99, de 18 de maio, que regula a identificação civil e a emissão do bilhete de identidade de cidadão nacional.

valentes, na medida do necessário para conciliar o direito à proteção dos dados pessoais com a obrigação de sigilo profissional. Tal não prejudica as obrigações de adotar regras em matéria de sigilo profissional a que os Estados-Membros fiquem sujeitos por força do direito da União."[587]

2. O presente Regulamento já contém normas que preveem o sigilo profissional. Note-se que nas situações, excecionais em que a proibição do tratamento de categorias especiais de dados pessoais é levantada, nomeadamente, se aquele for necessário para efeitos de medicina preventiva ou do trabalho, para a avaliação da capacidade de trabalho do empregado, o diagnóstico médico, a prestação de cuidados ou tratamentos de saúde ou de ação social ou a gestão de sistemas e serviços de saúde ou de ação social com base no direito da União ou dos Estados-Membros ou por força de um contrato com um profissional de saúde, ou por motivos de interesse público no domínio da saúde pública, tais como a proteção contra ameaças transfronteiriças graves para a saúde ou para assegurar um elevado nível de qualidade e de segurança dos cuidados de saúde e dos medicamentos ou dispositivos médicos, com base no direito da União ou dos Estados-Membros que preveja medidas adequadas e específicas que salvaguardem os direitos e liberdades do titular dos dados, em particular o sigilo profissional (cfr. artigo 9.º, n.º 1, n.º 2 alíneas h) e i) e n.º 3). A Obrigação de sigilo profissional veda a prestação de informações ao titular dos dados pessoais quando estes não são recolhidos junto daquele e devam permanecer confidenciais (cfr. alínea d) do n.º 5 do artigo 14.º). O Levantamento do sigilo profissional apenas é possível quando os dados são recolhidos junto do seu titular e não devam permanecer confidenciais.

O encarregado da proteção de dados está vinculado à obrigação de sigilo ou de confidencialidade no exercício das suas funções, em conformidade com o direito da União ou dos Estados-Membros (cfr. n.º 5 do artigo 38.º).

Não obstante os poderes de acesso aos dados e às instalações dos responsáveis e subcontratantes, os membros e o pessoal de cada autoridade de controlo ficam sujeitos, nos termos do direito da União ou dos Estados-Membros, à obrigação de sigilo profissional, tanto durante o mandato como após o seu termo, quanto a quaisquer informações confidenciais a que tenham tido acesso no desempenho das suas funções ou exercício dos seus poderes (cfr. n.º 2 do artigo 54.º).

---

[587] Cfr. Considerando (164).

3. Além das normas do RGPD que preveem a existência de sigilo profissional, o artigo em anotação admite a adoção de normas nos ordenamentos dos Estados-Membros que visem a compatibilização entre o exercício dos poderes das autoridades de controlo, junto dos responsáveis e subcontratantes de acesso aos dados e de acesso às instalações e a obrigação de sigilo profissional. As normas específicas visam, por conseguinte, a densificação dos poderes das autoridades de controlo de acesso aos dados pessoais e de acesso às instalações, cujas operações de recolha e tratamento se encontrem sujeitas a obrigações de sigilo profissional, e visam conciliar o direito à proteção de dados pessoais com a obrigação de sigilo, com arrimo no princípio da proporcionalidade.

4. Portugal poderá, pois, adotar normas específicas de concretização dos poderes da CNPD de obter, da parte do responsável pelo tratamento e do subcontratante, sujeitos a uma obrigação de sigilo profissional ou a outras obrigações de sigilo equivalentes, acesso a todos os dados pessoais e a todas as informações necessárias ao exercício das suas funções e de obter acesso a todas as suas instalações, incluindo os equipamentos e meios de tratamento de dados, contanto que esses dados tenham sido recolhidos no âmbito das atividades sujeitas a sigilo.

5. Entre nós, existem responsáveis pelo tratamento e subcontratantes sujeitos, quer nos termos do direito da União, quer nos termos do direito nacional, a obrigações de sigilo profissional, aos quais tais normas específicas, *de iure constituendo*, se poderão aplicar, designadamente os membros de associações públicas profissionais. Efetivamente, os estatutos de grande parte das associações públicas profissionais, bem como outros diplomas legais, preveem normas de sigilo profissional e meios ou formas do seu levantamento.[588]

---

[588] Cfr. artigo 92.º do Estatuto da Ordem dos Advogados, aprovado pela Lei n.º 145/2015. de 9 de setembro, n.º 2.3 do Código de Deontologia dos Advogados Europeus, artigos 127.º, 141.º e 142.º todos do Estatuto da Ordem dos Solicitadores e dos Agentes de Execução, aprovado pela Lei n.º 154/2015, de 14 de setembro, artigo 81.º do Estatuto da Ordem dos Notários, aprovado pela Lei n.º 155/2015, de 15 de setembro, artigo 112.º do Estatuto da Ordem dos Psicólogos Portugueses, aprovado pela Lei n.º 57/2008, de 4 de setembro, alterada, por último pela Lei n.º 138/2015, de 7 de setembro, artigo 139.º do Estatuto da Ordem dos Médicos, aprovado pelo Decreto-Lei n.º 282/77, de 5 de julho, alterado, por último, pela Lei n.º 117/2015, de 31 de agosto, Alínea c) do n.º 1 do artigo 20.º e artigo 106.º do Estatuto da Ordem dos Médicos Dentistas, aprovado pela Lei n.º 110/91, de 29 de agosto, alterado, por último, pela Lei n.º 124/2015, de 2 de setembro, artigo 106.º do Estatuto da Ordem dos Enfermeiros, aprovado

6. As normas específicas de concretização dos poderes da CNPD apenas serão adotadas se forem necessárias e proporcionais para conciliar o direito à proteção de dados pessoais com a obrigação de sigilo. Estão aqui consagradas duas dimensões do princípio da proporcionalidade: a necessidade e a proporcionalidade em sentido restrito, previstas no n.º 2 do artigo 18.º da CRP. O acesso aos dados e/ou às instalações dos responsáveis ou subcontratantes, sujeitos a obrigações de sigilo, deverão ser previstas se não existir outra medida menos intrusiva e limitar-se estritamente ao exercício dos poderes pela CNPD.

A aplicação de tais normas circunscreve-se aos dados pessoais que o responsável ou o subcontratante tenha recebido, ou que tenha recolhido no âmbito de uma atividade abrangida por essa obrigação de sigilo ou em resultado da mesma. Quanto aos dados pessoais recolhidos ou obtidos no âmbito de qualquer outra atividade.

Não se lhe aplicam as normas específicas previstas neste artigo.

Em qualquer caso, a consagração do direito à proteção dos dados pessoais e a obrigação de sigilo visam tutelar a intimidade da vida privada.

E, se assim é, em conclusão, pode dizer-se que, (i) se estas normas se destinam aos responsáveis pelo tratamento ou aos subcontratantes sujeitos, nos termos do direito da União ou do Estado-Membro ou de normas instituídas pelos organismos nacionais competentes, a uma obrigação de sigilo profissional ou a outras obrigações de sigilo equivalentes, (ii) se Nas situações, excecionais, em que a proibição do tratamento de categorias especiais de dados pessoais é levantada, está previsto o sigilo profissional como medida adequada à tutela dos direitos e liberdades do titular dos dados, (iii) se o sigilo profissional constitui, por isso, uma das medidas adequadas e específicas para salvaguardar os direitos e liberdades do titular dos dados, (iv) se o encarregado da proteção de dados está vinculado à obrigação de sigilo ou de confidencialidade no exercício das suas funções e (v) se os membros e o pessoal de cada autoridade de controlo ficam sujeitos, nos termos do direito da União ou dos Estados-Membros, à obrigação de sigilo profissional, tanto durante o mandato como após o seu termo, quanto a quaisquer informações confidenciais a que tenham tido acesso no desempenho das suas funções ou exercício dos seus poderes, não se antolha que utilidade

pelo Decreto-Lei n.º 104/98, de 21 de Abril, alterado, por último, pela Lei n.º 156/2015, de 16 de setembro, e artigo 18.º do regime de garantia de qualidade e segurança dos órgãos de origem humana destinados a transplantação no corpo humano, de forma a assegurar um elevado nível de proteção da saúde humana, aprovado pela Lei n.º 36/2013, de 12 de junho, alterada, por último pela Lei n.º 2/2015, de 8 de janeiro.

terão tais normas, tanto mais que o direito à proteção dos dados pessoais e a obrigação de sigilo profissional visam alcançar os mesmos desideratos. A compatibilização entre aquele direito e esta obrigação está feita sem necessidade de novas normas que mais não seriam que redundâncias no âmbito desta matéria.

Nos termos do n.º 2, Os Estados-Membros notificam a Comissão das normas que adotarem, até 25 de maio de 2018 e, sem demora, de qualquer alteração subsequente das mesmas. Seria curioso verificar quantas notificações recebeu a Comissão, quer relativamente às normas adotadas pelo Estados-Membros, e, por maioria de razão, quer relativamente às normas que já sofreram alterações.

(*Carlos Jorge Gonçalves*)

ARTIGO 91.º
Normas vigentes em matéria de proteção dos dados das igrejas e associações religiosas

1. Quando, num Estado-Membro, as igrejas e associações ou comunidades religiosas apliquem, à data da entrada em vigor do presente regulamento, um conjunto completo de normas relativas à proteção das pessoas singulares relativamente ao tratamento, tais normas podem continuar a ser aplicadas, desde que cumpram o presente regulamento.

2. As igrejas e associações religiosas que apliquem um conjunto completo de normas nos termos do n.º 1 do presente artigo ficam sujeitas à supervisão de uma autoridade de controlo independente que pode ser específico, desde que cumpra as condições estabelecidas no capítulo VI do presente regulamento.

COMENTÁRIO:

1. O artigo em anotação, conforme a respetiva epígrafe, dispõe acerca das normas vigentes em matéria de proteção dos dados das igrejas e associações religiosas. Porém, trata apenas das normas pré-existentes à sua entrada em vigor. Não veda a continuidade da aplicação dessas normas pré-existentes, contanto que se verifiquem dois pressupostos: correspondam a "um conjunto completo de normas relativas à proteção das pessoas singulares relativamente ao tratamento" e (ii) cumpram o RGPD[589].

---

[589] Conferência Episcopal Portuguesa, "Instrução sobre o direito de cada pessoa a proteger a própria intimidade [1]" disponível em: **http://www.conferenciaepiscopal.pt/vl/instru-**

2. De facto, o n.º 1 do artigo em anotação alude a "um conjunto completo de normas relativas à proteção das pessoas singulares relativamente ao tratamento". Isto significa que se as igrejas e associações religiosas, antes da entrada em vigor aplicassem normas escassas, esparsas e, por isso, incompletas, relativas à proteção das pessoas singulares em matéria de tratamento de dados pessoais, deverão aplicar o Regulamento em detrimento daquelas normas. O RGPD enfatiza, neste preceito a existência de um conjunto de normas estruturado e sistematizado que, em conformidade, com as suas disposições poderia permanecer em vigor.

3. O preceito deveria definir quais os critérios para se determinar a completude de um certo conjunto de normas. Na verdade, se o próprio ordenamento jurídico, pelo menos para alguma doutrina é incompleto, difícil se torna fixar a completude de um grupo de normas, concernentes à proteção de dados pessoais, no seio de comunidades religiosas. Melhor seria que o RGPD se lhes aplicasse e, em consequência, se operasse uma revogação global das normas anteriores.

4. Por exemplo, no domínio de vigência da Diretiva 95/46/CE do Parlamento Europeu e do Conselho, de 24 de outubro de 1995 e das legislações nacionais de harmonização, o TJUE decidiu que:

"1) O artigo 3.º, n.º 2, da Diretiva 95/46/CE do Parlamento Europeu e do Conselho, de 24 de outubro de 1995, relativa à proteção das pessoas singulares no que diz respeito ao tratamento de dados pessoais e à livre circulação desses dados, lido à luz do artigo 10.º, n.º 1, da Carta dos Direitos Fundamentais da União Europeia, deve ser interpretado no sentido de que a recolha de dados pessoais pelos membros de uma comunidade religiosa no âmbito de uma atividade de pregação porta a porta e os tratamentos posteriores desses dados não constituem nem tratamentos de dados pessoais efetuados no exercício de atividades referidas no artigo 3.º, n.º 2, primeiro travessão desta diretiva nem tratamentos de dados pessoais efetuados por pessoas singulares no exercício de atividades exclusivamente pessoais ou domésticas, na aceção do artigo 3.º, n.º 2, segundo travessão da referida diretiva."

"2) O artigo 2.º, alínea c), da Diretiva 95/46 deve ser interpretado no sentido de que o conceito de «ficheiro», previsto nesta disposição, abrange um

cao-sobre-o-direito-de-cada-pessoa-a-proteger-a-propria-intimidade-1/ (consultado a 16 de novembro de 2018).

conjunto de dados pessoais recolhidos no âmbito de uma atividade de pregação porta a porta, do qual constem os nomes e endereços e outras informações relativas às pessoas abordadas, desde que tais dados sejam estruturados segundo critérios específicos que, na prática, permitam encontrá-los facilmente para utilização posterior. Para que esse conjunto de dados seja abrangido por este conceito, não é necessário que inclua fichas, listas específicas ou outros sistemas de pesquisa."

"3) O artigo 2.º, alínea d), da Diretiva 95/46, lido à luz do artigo 10.º, n.º 1, da Carta, deve ser interpretado no sentido deque permite considerar uma comunidade religiosa conjuntamente responsável com os seus membros pregadores pelo tratamento de dados pessoais efetuado por estes últimos no âmbito de uma atividade de pregação porta a porta organizada, coordenada e promovida por esta comunidade, não sendo necessário que a referida comunidade tenha acesso aos dados, nem que deva ser demonstrado que essa comunidade deu orientações escritas ou instruções a respeito desses tratamentos aos seus membros."[590]

Se esta comunidade religiosa finlandesa aplicasse "um conjunto completo de normas relativas à proteção das pessoas singulares relativamente à recolha e ao tratamento de dados, poderia continuar a aplicá-las, contanto que estivessem em conformidade com o RGPD. Ao invés, se se regesse por normas extravagantes e avulsas, deveria preteri-las em favor do RGPD.

4. O n.º 2 estatui que as igrejas e associações religiosas que apliquem um conjunto completo de normas ficam sujeitas à supervisão de uma autoridade de controlo independente que pode ser específica, desde que mantenham um estatuto independente e disponham de Competência, atribuições e poderes idênticos aos das autoridades de Controlo. As comunidades religiosas podem, pois, ficar sujeitas a autoridades de supervisão específicas, que terão que ter um estatuto e competência, atribuições e poderes idênticos aos das autoridades de controlo independentes laicas.

5. O n.º 2 do preceito não esclarece que entidade ficará incumbida de aquilatar se as entidades de controlo específicas, criadas pelas comunidades religiosas, cumprem os pressupostos previstos no capítulo VI do RGPD. Tão-pouco ficou

---

[590] TJUE, Ac. de 10 de julho de 2018, proferido no Processo n.º C-25/17

previsto quais seriam as consequências do incumprimento das disposições do capítulo VI pela entidade religiosa específica de controlo.

(*Alexandre Sousa Pinheiro/Carlos Jorge Gonçalves*)

CAPÍTULO X
Atos delegados e atos de execução

ARTIGO 92.º
Exercício da delegação

1. O poder de adotar atos delegados é conferido à Comissão nas condições estabelecidas no presente artigo.

2. O poder de adotar atos delegados referido no artigo 12.º, n.º 8, e no artigo 43.º, n.º 8, é conferido à Comissão por tempo indeterminado a contar de 24 de maio de 2016.

3. A delegação de poderes referida no artigo 12.º, n.º 8, e no artigo 43.º, n.º 8, pode ser revogada em qualquer momento pelo Parlamento Europeu ou pelo Conselho. A decisão de revogação põe termo à delegação dos poderes nela especificados. A decisão de revogação produz efeitos a partir do dia seguinte ao da sua publicação no *Jornal Oficial da União Europeia* ou de uma data posterior nela especificada. A decisão de revogação não afeta os atos delegados já em vigor.

4. Assim que adotar um ato delegado, a Comissão notifica-o simultaneamente ao Parlamento Europeu e ao Conselho.

5. Os atos delegados adotados nos termos do artigo 12.º, n.º 8, e do artigo 43.º, n.º 8, só entram em vigor se não tiverem sido formuladas objeções pelo Parlamento Europeu ou pelo Conselho no prazo de três meses a contar da notificação do ato ao Parlamento Europeu e ao Conselho, ou se, antes do termo desse prazo, o Parlamento Europeu e o Conselho tiverem informado a Comissão de que não têm objeções a formular. O referido prazo é prorrogável por três meses por iniciativa do Parlamento Europeu ou do Conselho.

COMENTÁRIO:

Como ficou demonstrado na parte introdutória do trabalho, a competência da Comissão para emitir atos delegados foi consideravelmente diminuída depois da intervenção do Pralamento Europeu e do Conselho.

Nos termos do artigo em comentário ficaram apenas a depender de delegação matérias relativas ao direito de informação e à certificação.

Esta competência foi deferida à Comissão por tempo indeterminado (n.º 2), embora se admita a sua revogação pelo Parlamento Europeu ou pelo Conselho, a qualquer momento (n.º 3).

A prática de um ato delegado implica a sua notificação simultânea ao Parlamento Europeu e ao Conselho. Os atos entram em vigor caso não exista objeção do Parlamento Europeu e do Conselho.

(Alexandre Sousa Pinheiro)

ARTIGO 93.º
Procedimento de comité

1. A Comissão é assistida por um comité. Esse comité é um comité na aceção do Regulamento (UE) n.º 182/2011.

2. Caso se remeta para o presente número, aplica-se o artigo 5.º do Regulamento (UE) n.º 182/2011.

3. Caso se remeta para o presente número, aplica-se o artigo 8.º do Regulamento (UE) n.º 182/2011, em conjugação com o seu artigo 5.º

COMENTÁRIO:

A Comissão é assistida em processo de comitologia por um comité destinado a procedimento de exame (artigo 5.º) ou passa-se a atos de execução imediatamente aplicáveis (artigo 8.º).

"Artigo 5.º
Procedimento de exame

1. Caso se aplique o procedimento de exame, o Comité dá parecer, pela maioria prevista nos n.ᵒˢ 4 e 5 do artigo 16.º do Tratado da União Europeia e, se for caso disso, no n.º 3 do artigo 238.º do TFUE, sobre os actos a adoptar sob proposta da Comissão. Os votos dos representantes dos Estados-Membros no comité são ponderados nos termos dos referidos artigos.

2. Caso o comité dê parecer favorável, a Comissão adopta o projecto de acto de execução. 28.2.2011 Jornal Oficial da União Europeia

3. Sem prejuízo do disposto no artigo 7.º, caso o comité dê parecer negativo, a Comissão não adopta o acto de execução. Caso se considere necessário um acto de execução, o presidente pode optar entre apresentar, no prazo

de dois meses a contar da data de emissão do parecer negativo, uma versão alterada do projecto de acto de execução ao comité ou submeter, no prazo de um mês a contar da mesma data, o projecto de acto de execução ao comité de recurso para nova deliberação."

"Artigo 8.º
Actos de execução imediatamente aplicáveis

1. Não obstante o disposto nos artigos 4.º e 5.º, os actos de base podem prever que, por imperativos de urgência devidamente justificados, se aplique o disposto no presente artigo.

2. A Comissão adopta actos de execução que são imediatamente aplicáveis, sem apresentação prévia ao comité, e permanecem em vigor por um prazo não superior a seis meses, salvo disposição em contrário do acto de base.

3. No prazo máximo de 14 dias a contar da sua adopção, o presidente apresenta os actos referidos no n.º 2 ao comité competente, a fim de obter o seu parecer.

4. No caso do procedimento de exame, caso o comité dê parecer negativo, a Comissão revoga imediatamente os actos de execução adoptados nos termos do n.º 2.

5. Caso a Comissão adopte medidas provisórias anti-dumping ou compensatórias, aplica-se o procedimento previsto no presente artigo. A Comissão adopta medidas provisórias após consultar ou, em casos de extrema urgência, após informar os Estados-Membros. Neste último caso, devem realizar-se consultas no prazo máximo de 10 dias a contar da notificação aos Estados-Membros das medidas adoptadas pela Comissão."

No caso do n.º 3 admite-se a possibilidade de serem aplicados os dois regimes de uma forma conjugada.

(Alexandre Sousa Pinheiro)

CAPÍTULO XI
Disposições finais

ARTIGO 94.º
Revogação da Diretiva 95/46/CE

1. A Diretiva 95/46/CE é revogada com efeitos a partir de 25 de maio de 2018.

2. As remissões para a diretiva revogada são consideradas remissões para presente regulamento. As referências ao Grupo de proteção das pessoas no que diz respeito ao tratamento de dados pessoais, criado pelo artigo 29.º da Diretiva 95/46/CE, são consideradas referências ao Comité Europeu para a Proteção de Dados criado pelo presente regulamento.

COMENTÁRIO:

1. O primeiro efeito desta disposição é a revogação da Diretiva 95/46/CE, sendo a sua produção deferida para 25 de maio de 2018. A sua compreensão carece de análise aturada do considerando 171.

2. As consequências da revogação da Diretiva são: (i) a manutenção em vigor – logo não caducidade – da legislação de transposição que não seja incompatível com o RGPD; (ii) a concessão de um período de dois anos, contado desde a entrada em vigor do RGPD, para a adaptação dos tratamentos em curso à nova legislação; (iii) existe uma referência específica ao consentimento, determinando-se que caso um tratamento de dados pessoais não cumpra as regras do RGPD (por exemplo, n.º 11, do artigo 4.º e artigo 7.º) torna-se ilícito; (iv) "as decisões da Comissão que tenham sido adotadas e as autorizações que tenham emitidas pelas autoridades de controlo com base na Diretiva 95/46/CE, permanecem em vigor até ao momento em que sejam alteradas, substituídas ou revogadas.", desde que não colidam com o RGPD. Só assim, se compreende a extensão do período de dois anos para a produção de efeitos da fonte de Direito da UE.

3. O n.º 2 tem um carácter instrumental e estabelece que as remissões feitas para a Diretiva ou para o Grupo do Artigo 29.º devem ser tidas como efetuadas para o RGPD ou para o Comité Europeu para a Proteção de Dados.

Atendendo à diferença de regimes jurídicos entre a Diretiva e o RGPD, a nova interpretação da remissão pode implicar um diferente resultado normativo. Porém, na maior parte das situações, respeitará a elementos formais de identificação do objeto da remissão.

(Alexandre Sousa Pinheiro)

ARTIGO 95.º
Relação com a Diretiva 2002/58/CE

O presente regulamento não impõe obrigações suplementares a pessoas singulares ou coletivas no que respeita ao tratamento no contexto da prestação de serviços de comunicações eletrónicas disponíveis nas redes públicas de comunicações na União em matérias que estejam sujeitas a obrigações específicas com o mesmo objetivo estabelecidas na Diretiva 2002/58/CE.

COMENTÁRIO:

De acordo com o Considerando (173):

(i) O RGPD deverá aplicar-se a todas as matérias relacionadas com a defesa dos direitos e das liberdades fundamentais em relação ao tratamento de dados pessoais, não sujeitas a obrigações específicas com o mesmo objetivo, enunciadas na Diretiva 2002/58/CE do Parlamento Europeu e do Conselho[591], incluindo as obrigações que incumbem ao responsável pelo tratamento e os direitos das pessoas singulares.

(ii) A fim de clarificar a relação entre o presente regulamento e a Diretiva 2002/58/CE, esta última deverá ser alterada em conformidade. Uma vez adotado o presente regulamento, a Diretiva 2002/58/CE deverá ser revista, em especial a fim de assegurar a coerência com o presente regulamento.

(Alexandre Sousa Pinheiro)

ARTIGO 96.º
Relação com acordos celebrados anteriormente

Os acordos internacionais celebrados pelos Estados-Membros antes de 24 de maio de 2016, que impliquem a transferência de dados pessoais para países terceiros ou organizações internacionais e que sejam conformes com o direito da União aplicável antes dessa data, permanecem em vigor até serem alterados, substituídos ou revogados.

---

[591] Diretiva 2002/58/CE do Parlamento Europeu e do Conselho, de 12 de julho de 2002, relativa ao tratamento de dados pessoais e à proteção da privacidade no setor das comunicações eletrónicas (Diretiva relativa à privacidade e às comunicações eletrónicas) (JO L 201 de 31.7.2002, p. 37).

COMENTÁRIO:
1. Ao invés do que é comum no RGPD, este artigo produz efeitos desde a data da sua entrada em vigor, e não da data de produção de efeitos.

2. A disposição deve ser interpretada como uma concretização do princípio da segurança jurídica, no sentido de garantir que os países terceiros não devem ser afetados pela modificação da legislação da UE.

No entanto, se os acordos violarem a legislação nacional de transposição da Diretiva 95/46/CE considera-se, também, que não devem ser aplicados, independentemente de não terem sido alterados, substituídos ou revogados

3. O RGPD não define datas, mas fixa a necessidade de os acordos em causa serem ou adaptados à nova legislação ou eliminados do ordenamento jurídico, até lá, utilizando a expressão britânica *they shall remain in force*.

(*Alexandre Sousa Pinheiro*)

ARTIGO 97.º
Relatórios da Comissão

1. Até 25 de maio de 2020 e subsequentemente de quatro anos em quatro anos, a Comissão apresenta ao Parlamento Europeu e ao Conselho um relatório sobre a avaliação e revisão do presente regulamento. Os relatórios são tornados públicos.

2. No contexto das avaliações e revisões referidas no n.º 1, a Comissão examina, nomeadamente, a aplicação e o funcionamento do: a) Capítulo V sobre a transferência de dados pessoas para países terceiros ou organizações internacionais, com especial destaque para as decisões adotadas nos termos do artigo 45.º, n.º 3, do presente regulamento, e as decisões adotadas com base no artigo 25.º, n.º 6, da Diretiva 95/46/CE; b) Capítulo VII sobre cooperação e coerência.

3. Para o efeito do n.º 1, a Comissão pode solicitar informações aos Estados-Membros e às autoridades de controlo.

4. Ao efetuar as avaliações e as revisões a que se referem os n.ºs 1 e 2, a Comissão tem em consideração as posições e as conclusões a que tenham chegado o Parlamento Europeu, o Conselho e outros organismos ou fontes pertinentes.

5. Se necessário, a Comissão apresenta propostas adequadas com vista à alteração do presente regulamento atendendo, em especial, à evolução das tecnologias da informação e aos progressos da Sociedade da Informação.

COMENTÁRIO:
1. Tendo em conta a sua vocação para a promoção do interesse geral da União e para a adoção das iniciativas adequadas para esse efeito (cfr. primeiro período do n.º 1 do artigo 17.º do TUE), o n.º 1 define uma competência da Comissão, que consiste na elaboração de relatórios sobre a avaliação e revisão do RGPD, a apresentar ao Parlamento Europeu e ao Conselho – o primeiro até 25 de maio de 2020 (decorridos dois anos da entrada em vigor do RGPD) e os seguintes quadrienalmente – que serão publicitados.

2. Com vista à elaboração dos relatórios, a Comissão examina, nomeadamente, a aplicação e o funcionamento (i) do Capítulo V sobre a transferência de dados pessoas para países terceiros ou organizações internacionais, com especial destaque para os atos de execução de declaração de garantia de um nível de proteção adequado e de procedimentos de avaliação periódica, e as decisões adotadas, no âmbito da Diretiva 95/46/CE, no mesmo sentido e (ii) do Capítulo VII sobre cooperação e coerência.

3. Com vista à elaboração dos relatórios, a Comissão tem a faculdade de solicitar informações aos Estados-Membros e às autoridades de controlo (n.º 3).

4. Para além das informações que poderá solicitar aos Estados-Membros e às autoridades de controlo, a Comissão, ao efetuar as avaliações e as revisões do RGPD e da sua aplicação, tem em consideração as posições e as conclusões a que tenham chegado o Parlamento Europeu, o Conselho e outros organismos ou fontes pertinentes (n.º 4).

5. O n.º 5 apresenta uma competência acometida à Comissão, derivada daquela que consta do n.º 1, que consiste na apresentação de propostas adequadas ao Parlamento Europeu e ao Conselho, com vista à alteração do RGPD. Tais propostas terão que se basear, em especial, (i) na evolução das tecnologias da informação e (ii) nos progressos da Sociedade da Informação. Ao que parece, no exercício desta competência, a Comissão terá que demonstrar a existência de um nexo de causalidade entre, por um lado, a evolução das tecnologias da informação e/ou os progressos da Sociedade da Informação e, por outro, a necessidade de revisão do RGPD.

6. Esta competência está prevista, genericamente, no n.º 2 do artigo 17.º do TUE.

(*Carlos Jorge Gonçalves*)

ARTIGO 98.º
Revisão de outros atos jurídicos da União em matéria de proteção de dados

Se necessário, a Comissão apresenta propostas legislativas com vista à alteração de outros atos jurídicos da União sobre a proteção dos dados pessoais, a fim de assegurar uma proteção uniforme e coerente das pessoas singulares no que diz respeito ao tratamento. Tal incide nomeadamente sobre as normas relativas à proteção das pessoas singulares no que diz respeito ao tratamento pelas instituições, órgãos, organismos e agências da União e a livre circulação desses dados.

COMENTÁRIO:

1. O primeiro período deste artigo confere à Comissão a competência de apresentar propostas legislativas com vista à alteração de outros atos jurídicos da União sobre a proteção dos dados pessoais.

2. Esta competência insere-se no poder mais genérico da Comissão, segundo o qual "os atos legislativos da União só podem ser adotados sob proposta da Comissão, salvo disposição em contrário dos Tratados." (cfr. primeiro período do n.º 2 do artigo 17.º do TUE).

3. As propostas de alteração dos atos legislativos da União terão sempre que se basear na necessidade, enquanto dimensão do princípio da proporcionalidade, em sentido amplo.

4. Estas propostas de alteração terão sempre como principal objetivo assegurar uma proteção uniforme e coerente das pessoas singulares no que diz respeito ao tratamento.

5. O segundo período precisa que as propostas a apresentar pela Comissão incidirão (i) sobre normas de atos legislativos, relativas ao tratamento de dados pessoais realizado pelas instituições, órgãos, organismos e agências da União e (ii) sobre a livre circulação desses dados.

(*Carlos Jorge Gonçalves*)

ARTIGO 99.º
Entrada em vigor e aplicação

1. O presente regulamento entra em vigor no vigésimo dia seguinte ao da sua publicação no *Jornal Oficial da União Europeia*.
2. O presente regulamento é aplicável a partir de 25 de maio de 2018.

COMENTÁRIO:
O RGPD distingue entre entrada em vigor e produção de efeitos.

Assim o diploma entrou em vigor no dia 24 de maio de 2016, na medida em que a data de publicação foi a de 4 de maio de 2016.

A produção integral de efeitos operou a partir de 25 de maio de 2018.

Ainda que não tenha determinado a invalidade de atos, a entrada em vigor do RGPD produziu efeitos jurídicos, deles se destacando a revogação da Diretiva 95/46/CE (n.º 1, do artigo 94.º).

Verifique-se, por exemplo, que o artigo 96.º (ver nota), tem como data de referência a de entrada em vigor do RGPD, e não a da produção de efeitos.

(Alexandre Sousa Pinheiro)

O presente regulamento é obrigatório em todos os seus elementos e diretamente aplicável em todos os Estados-Membros.

Feito em Bruxelas, em 27 de abril de 2016.

Pelo Parlamento Europeu O Presidente M. SCHULZ

Pelo Conselho A Presidente J.A. HENNIS-PLASSCHAERT

ÍNDICE

APRESENTAÇÃO 5
ABREVIATURAS 7

O PROCESSO DE APROVAÇÃO DO RGPD:
BREVE INTRODUÇÃO E CONTEXTO 9

REGULAMENTO (UE) 2016/679 DO PARLAMENTO
EUROPEU E DO CONSELHO 27

CAPÍTULO I – DISPOSIÇÕES GERAIS 97
Artigo 1.º – Objeto e objetivos 97
Artigo 2.º – Âmbito de aplicação material 100
Artigo 3.º – Âmbito de aplicação territorial 109
Artigo 4.º – Definições 115
CAPÍTULO II – PRINCÍPIOS 204
Artigo 5.º – Princípios relativos ao tratamento de dados pessoais ... 204
Artigo 6.º – Licitude do tratamento 212
Artigo 7.º – Condições aplicáveis ao consentimento 227
Artigo 8.º – Condições aplicáveis ao consentimento de crianças
em relação aos serviços da sociedade da informação 230
Artigo 9.º – Tratamento de categorias especiais de dados pessoais ... 234
Artigo 10.º – Tratamento de dados pessoais relacionados com condenações
penais e infrações 334
Artigo 11.º – Tratamento que não exige identificação 337
CAPÍTULO III – DIREITOS DO TITULAR DOS DADOS ... 338
SECÇÃO 1 – TRANSPARÊNCIA E REGRAS PARA O EXERCÍCIO
DOS DIREITOS DOS TITULARES DOS DADOS 338

Artigo 12.º – Transparência das informações, das comunicações e das regras
para exercício dos direitos dos titulares dos dados   338
SECÇÃO 2 – INFORMAÇÃO E ACESSO AOS DADOS PESSOAIS   345
Artigo 13.º – Informações a facultar quando os dados pessoais
são recolhidos junto do titular   345
Artigo 14.º – Informações a facultar quando os dados pessoais
não são recolhidos junto do titular   352
Artigo 15.º – Direito de acesso do titular dos dados   356
SECÇÃO 3 – RETIFICAÇÃO E APAGAMENTO   362
Artigo 16.º – Direito de retificação   362
Artigo 17.º – Direito ao apagamento dos dados («direito a ser esquecido»)   365
Artigo 18.º – Direito à limitação do tratamento   367
Artigo 19.º – Obrigação de notificação da retificação ou apagamento
dos dados pessoais ou limitação do tratamento   371
Artigo 20.º – Direito de portabilidade dos dados   374
SECÇÃO 4 – DIREITO DE OPOSIÇÃO E DECISÕES INDIVIDUAIS
AUTOMATIZADAS   383
Artigo 21.º – Direito de oposição   383
Artigo 22.º – Decisões individuais automatizadas, incluindo
definição de perfis   386
SECÇÃO 5 – LIMITAÇÕES   390
Artigo 23.º – Limitações   390
CAPÍTULO IV – RESPONSÁVEL PELO TRATAMENTO E SUBCONTRATANTE   395
SECÇÃO 1 – OBRIGAÇÕES GERAIS   395
Artigo 24.º – Responsabilidade do responsável pelo tratamento   395
Artigo 25.º – Proteção de dados desde a conceção e por defeito   397
Artigo 26.º – Responsáveis conjuntos pelo tratamento   406
Artigo 27.º – Representantes dos responsáveis pelo tratamento
ou dos subcontratantes não estabelecidos na União   413
Artigo 28.º – Subcontratante   416
Artigo 29.º – Tratamento sob a autoridade do responsável pelo tratamento
ou do subcontratante   441
Artigo 30.º – Registos das atividades de tratamento   442
Artigo 31.º – Cooperação com a autoridade de controlo   447
SECÇÃO 2 – SEGURANÇA DOS DADOS PESSOAIS   448
Artigo 32.º – Segurança do tratamento   448
Artigo 33.º – Notificação de uma violação de dados pessoais à autoridade
de controlo   451

Artigo 34.º – Comunicação de uma violação de dados pessoais
ao titular dos dados   455
SECÇÃO 3 – AVALIAÇÃO DE IMPACTO SOBRE A PROTEÇÃO DE DADOS
E CONSULTA PRÉVIA   457
Artigo 35.º – Avaliação de impacto sobre a proteção de dados   457
Artigo 36.º – Consulta prévia   462
SECÇÃO 4 – ENCARREGADO DA PROTEÇÃO DE DADOS   467
Artigo 37.º – Designação do encarregado da proteção de dados   467
Artigo 38.º – Posição do encarregado da proteção de dados   474
Artigo 39.º – Funções do encarregado da proteção de dados   478
SECÇÃO 5 – CÓDIGOS DE CONDUTA E CERTIFICAÇÃO   481
Artigo 40.º – Códigos de conduta   481
Artigo 41.º – Supervisão dos códigos de conduta aprovados   490
Artigo 42.º – Certificação   493
Artigo 43.º – Organismos de certificação   497
CAPÍTULO V – TRANSFERÊNCIAS DE DADOS PESSOAIS PARA PAÍSES
TERCEIROS OU ORGANIZAÇÕES INTERNACIONAIS   502
Artigo 44.º – Princípio geral das transferências   502
Artigo 45.º – Transferências com base numa decisão de adequação   504
Artigo 46.º – Transferências sujeitas a garantias adequadas   512
Artigo 47.º – Regras vinculativas aplicáveis às empresas   517
Artigo 48.º – Transferências ou divulgações não autorizadas
pelo direito da União   522
Artigo 49.º – Derrogações para situações específicas   524
Artigo 50.º – Cooperação internacional no domínio da proteção
de dados pessoais   530
CAPÍTULO VI – AUTORIDADES DE CONTROLO INDEPENDENTES   533
SECÇÃO 1 – ESTATUTO INDEPENDENTE   533
Artigo 51.º – Autoridade de controlo   533
Artigo 52.º – Independência   535
Artigo 53.º – Condições gerais aplicáveis aos membros
da autoridade de controlo   539
Artigo 54.º – Regras aplicáveis à constituição da autoridade
de controlo   541
SECÇÃO 2 – COMPETÊNCIA, ATRIBUIÇÕES E PODERES   543
Artigo 55.º – Competência   543
Artigo 56.º – Competência da autoridade de controlo principal   545
Artigo 57.º – Atribuições   550
Artigo 58.º – Poderes   555

Artigo 59.º – Relatórios de atividades ... 560

COOPERAÇÃO E COERÊNCIA ... 561
SECÇÃO 1 – COOPERAÇÃO ... 561
Artigo 60.º – Cooperação entre a autoridade de controlo principal
e as outras autoridades de controlo interessadas ... 561
Artigo 61.º – Assistência mútua ... 567
Artigo 62.º – Operações conjuntas das autoridades de controlo ... 570
SECÇÃO 2 – COERÊNCIA ... 573
Artigo 63.º – Procedimento de controlo da coerência ... 573
Artigo 64.º – Parecer do Comité ... 574
Artigo 65.º – Resolução de litígios pelo Comité ... 579
Artigo 66.º – Procedimento de urgência ... 583
Artigo 67.º – Troca de informações ... 584
SECÇÃO 3 – COMITÉ EUROPEU PARA A PROTEÇÃO DE DADOS ... 585
Artigo 68.º – Comité Europeu para a Proteção de Dados ... 585
Artigo 69.º – Independência ... 589
Artigo 70.º – Atribuições do Comité ... 589
Artigo 71.º – Relatórios ... 594
Artigo 72.º – Procedimento ... 595
Artigo 73.º – Presidente ... 612
Artigo 74.º – Funções do presidente ... 612
Artigo 75.º – Secretariado ... 614
Artigo 76.º – Confidencialidade ... 623
CAPÍTULO VIII – VIAS DE RECURSO, RESPONSABILIDADE E SANÇÕES ... 624
Artigo 77.º – Direito de apresentar reclamação a uma autoridade de controlo ... 624
Artigo 78.º – Direito à ação judicial contra uma autoridade de controlo ... 626
Artigo 79.º – Direito à ação judicial contra um responsável pelo tratamento
ou um subcontratante ... 628
Artigo 80.º – Representação dos titulares dos dados ... 629
Artigo 81.º – Suspensão do processo ... 631
Artigo 82.º – Direito de indemnização e responsabilidade ... 633
Artigo 83.º – Condições gerais para a aplicação de coimas ... 637
Artigo 84.º – Sanções ... 648
CAPÍTULO IX – DISPOSIÇÕES RELATIVAS A SITUAÇÕES ESPECÍFICAS
DE TRATAMENTO ... 650
Artigo 85.º – Tratamento e liberdade de expressão e de informação ... 650
Artigo 86.º – Tratamento e acesso do público aos documentos oficiais ... 653
Artigo 87.º – Tratamento do número de identificação nacional ... 660

Artigo 88.º – Tratamento no contexto laboral — 664
Artigo 89.º – Garantias e derrogações relativas ao tratamento para fins de arquivo de interesse público ou para fins de investigação científica ou histórica ou para fins estatísticos — 685
Artigo 90.º – Obrigações de sigilo — 688
Artigo 91.º – Normas vigentes em matéria de proteção dos dados das igrejas e associações religiosas — 692
CAPÍTULO X – ATOS DELEGADOS E ATOS DE EXECUÇÃO — 695
Artigo 92.º – Exercício da delegação — 695
Artigo 93.º – Procedimento de comité — 696
CAPÍTULO XI – DISPOSIÇÕES FINAIS — 698
Artigo 94.º – Revogação da Diretiva 95/46/CE — 698
Artigo 95.º – Relação com a Diretiva 2002/58/CE — 699
Artigo 96.º – Relação com acordos celebrados anteriormente — 699
Artigo 97.º – Relatórios da Comissão — 700
Artigo 98.º – Revisão de outros atos jurídicos da União em matéria de proteção de dados — 702
Artigo 99.º – Entrada em vigor e aplicação — 703

Artigo 88.º – Tratamento no contexto laboral	684
Artigo 89.º – Garantias e derrogações relativas ao tratamento para fins de arquivo de interesse público ou para fins de investigação científica ou histórica ou para fins estatísticos	685
Artigo 90.º – Obrigações de sigilo	688
Artigo 91.º – Normas vigentes em matéria de proteção dos dados das igrejas e associações religiosas	692
CAPÍTULO X – ATOS DELEGADOS E ATOS DE EXECUÇÃO	695
Artigo 92.º – Exercício da delegação	695
Artigo 93.º – Procedimento de comité	696
CAPÍTULO XI – DISPOSIÇÕES FINAIS	698
Artigo 94.º – Revogação da Diretiva 95/46/CE	698
Artigo 95.º – Relação com a Diretiva 2002/58/CE	699
Artigo 96.º – Relação com acordos celebrados anteriormente	699
Artigo 97.º – Relatórios da Comissão	700
Artigo 98.º – Revisão de outros atos jurídicos da União em matéria de proteção de dados	702
Artigo 99.º – Entrada em vigor e aplicação	703